Continuous Deployment

지속적 배포

| 표지 설명 |

표지 그림은 북극 풀마$^{\text{Arctic fulmar}}$라고도 하는 북부 풀마$^{\text{northern fulmar}}$ (학명: *Fulmarus glacialis*)로, 태평양 및 대서양 북부 지역에 서식하는 바닷새다. 겉보기는 갈매기와 비슷해 보이지만 페트렐^{petrel}과 알바트로스^{albatross}에 더 가까운 종이다. 북부 풀마는 배나 가슴이 흰색이고 날개만 회색인 종부터 온몸이 회색 빛을 띠는 종까지 색깔이 다양하며, 위쪽 가장자리를 따라 두 개의 비강이 있는 갈고리 모양의 부리를 갖고 있다.

북부 풀마의 날개는 1.1미터, 몸통은 0.5미터까지 자란다. 야생에서 최대 30년까지 사는 장수조로, 보통 8~10세에 이르러 번식을 시작한다. 북부 풀마는 다양한 해양 생물은 물론 썩은 고기와 쓰레기도 마다 않는 사냥꾼으로, 수중 3미터까지 잠수하여 물고기를 잡을 수 있다. 또 새끼에게 줄 먹이를 찾아 최대 왕복 965킬로미터까지 이동하는 것으로 알려져 있다. 또한 북부 풀마는 침입자나 포식자에 맞서기 위한 독특한 자기 방어 기제를 가지고 있는데, 뱃속에서 고약한 냄새가 나는 기름을 몇 야드나 뿜어내기도 한다.

북부 풀마는 최소관심종으로 지정됐다. 오라일리 표지의 동물들은 대부분 멸종위기종이며, 이들은 모두 우리에게 소중한 존재다. 표지 삽화는 『Animate Creation』에 실린 그림을 바탕으로 한 에디 프리드먼$^{\text{Edie Freedman}}$, 엘리 볼크하우젠$^{\text{Ellie Volckhausen}}$, 캐런 몽고메리$^{\text{Karen Montgomery}}$의 작품이다.

지속적 배포

트렁크 기반 개발부터 자동화 배포, 기능 토글까지 실무에서 통하는 안전한 시스템 구축 가이드

초판 1쇄 발행 2025년 7월 28일

지은이 발렌티나 세르빌 / **옮긴이** 이일옹 / **펴낸이** 전태호
펴낸곳 한빛미디어(주) / **주소** 서울시 서대문구 연희로2길 62 한빛미디어(주) IT출판2부
전화 02-325-5544 / **팩스** 02-336-7124
등록 1999년 6월 24일 제25100-2017-000058호 / **ISBN** 979-11-6921-412-4   93000

책임편집 박지영 / **기획 · 편집** 김지은 / **교정** 홍원규
베타리더 박상길, 서재완, 이기성, 이병호, 이석곤, 정현석, 최성욱, 허린
디자인 표지 윤혜원 내지 박정우 / **전산편집** 홍원규
영업마케팅 송경석, 김형진, 장경환, 조유미, 한종진, 이행은, 김선아, 고광일, 성화정, 김한솔 / **제작** 박성우, 김정우

이 책에 대한 의견이나 오탈자 및 잘못된 내용은 출판사 홈페이지나 아래 이메일로 알려주십시오.
파본은 구매처에서 교환하실 수 있습니다. 책값은 뒤표지에 표시되어 있습니다.
한빛미디어 홈페이지 www.hanbit.co.kr / **이메일** ask@hanbit.co.kr

© HANBIT MEDIA INC. 2025.
Authorized Korean translation of the English edition of **Continuous Deployment**
ISBN 9781098146726 © 2024 Valentina Servile.

This translation is to be published and sold by permission of O'Reilly Media, Inc., the owner of all rights to publish and sell the same.

이 책의 저작권은 오라일리와 한빛미디어(주)에 있습니다.
저작권법에 의해 보호를 받는 저작물이므로 무단 전재와 무단 복제를 금합니다.

지금 하지 않으면 할 수 없는 일이 있습니다.
책으로 펴내고 싶은 아이디어나 원고를 메일(writer@hanbit.co.kr)로 보내주세요.
한빛미디어(주)는 여러분의 소중한 경험과 지식을 기다리고 있습니다.

Continuous Deployment

지속적 배포

O'REILLY® 한빛미디어

> **일러두기**

- 이 책은 국립국어원 한글 맞춤법과 외국어 표기법 준수를 기본 원칙으로 합니다.

- IT 기술 용어는 단어의 사전적 의미 외에 IT 분야에서 사용되는 독특하면서 중의적인 뉘앙스가 있으므로 가능한 한 원어를 음차 번역하는 방식을 택했습니다.
  예) 프랙티스(practice), 디펜던시(dependency) 등

- 한국인에게 영문 약어(abbreviation)로 더 잘 알려진 용어는 가급적 약어로 표기하고, 필요 시 처음 등장할 때 간단히 의미를 풀어 썼습니다.
  예) DB, XP, CI/CD

- 원서에 등장하는 용어를 한 번도 들어보지 못한 독자를 위해, 또 들어봤더라도 정확한 의미를 한 번 더 환기하는 차원에서 위키백과 등을 참고하여 각주에 부연 설명을 덧붙였으며 편의상 출처 표기는 생략합니다.

- 원서에는 DB 관련 객체 명칭이 대소문자가 혼용되어 등장하는데, 이 책에서는 전후 일관성과 독자의 가독성을 고려하여 모두 소문자로 맞추어 표기합니다.
  예) table, column, primary key, foreign key

지은이 · 옮긴이 소개

지은이 발렌티나 세르빌 Valentina Servile

방콕에 본사를 둔 소트웍스Thoughtworks의 수석 소프트웨어 개발자로, 분산 시스템의 지속적 배포 분야에서 수많은 고객과 협업하며 컨설팅을 해왔다. 여러 다기능 팀에서 근무하며 대규모 분산 시스템과 마이크로서비스, 지속적 배포 프랙티스, 진화하는 아키텍처 등 다양한 기술 스택을 쌓아왔다.

평소 코드 작성은 물론, 다른 동료를 멘토링하는 일을 즐긴다. 소트웍스의 고객사에서 소프트웨어 배포 프랙티스를 개선하고 안정적인 릴리스를 더 자주 수행함으로써 비즈니스 환경 변화에 신속하게 대응할 수 있도록 지원하는 일에 보람을 느낀다.

옮긴이 이일웅 leeilwoong@gmail.com

20년 동안 국내외 엔터프라이즈 현장에서 자바 전문 풀스택 개발자, 소프트웨어 아키텍트로 다양한 프로젝트에 참여해왔다. 어느덧 지천명의 시기에 이른 중년 아재가 되었지만 여전히 기술이 재밌고 궁금한 천상 엔지니어다. 20여 권의 IT 전문서를 번역하면서 동료, 후배 개발자들과 지식과 경험을 나누는 일에도 힘쓰고 있다. 집에서는 세 여인의 분에 넘치는 사랑을 받고 사는, 세상에서 제일 행복한 딸바보 아빠다.

● 베타리더의 한마디

이 책은 지속적 통합, 지속적 전달, 지속적 배포의 개념부터 실제 적용 사례까지 체계적으로 다루고 있어, 실무자와 입문자 모두에게 큰 도움이 됩니다. 소프트웨어 개발과 배포 과정에서 효율성과 품질을 극대화하기 위한 핵심 원리와 자동화 전략이 어떻게 결합되어 생산성과 서비스 품질을 혁신적으로 높이는지 구체적으로 설명합니다. 특히 코딩 이전 준비 단계에서 작업을 잘게 나누는 전략, 일상 개발을 안전한 작은 증분으로 관리하는 방법, 점진적 기능 배포 및 단계적 리팩터링, 데이터 저장소 변경의 자동화 등 실무에 바로 적용 가능한 기술적 세부 사항을 예제를 통해 풀어냅니다. 또한 프로덕션에서의 안전한 탐색 테스트, 효과적인 릴리스 및 A/B 테스트 전략까지 폭넓게 다루어, 실질적이고 깊이 있는 인사이트를 제공합니다. 전반적으로 최신 트렌드와 현장 경험이 잘 녹아 있어, 지속적 배포를 도입하거나 개선하려는 팀에게 적극 추천합니다.

박상길
소프트웨어 엔지니어

더 이상 배포는 인프라나 백엔드 개발자만의 영역이 아니라고 생각합니다. 프런트엔드에서도 다양한 기능이 서버와 밀접하게 연결되면서, 사용자 경험을 빠르게 반영하기 위해 배포에 대한 이해와 주도적인 참여는 이제 필수가 되었습니다. 이러한 변화 속에서 『지속적 배포』는 프런트엔드 개발자에게도 꼭 필요한 배포 개념과 사고방식을 일목요연하게 설명합니다. 단순히 도구나 파이프라인 설정에 그치지 않고, 지속적 배포가 왜 중요한지, 어떤 사고방식이 이를 뒷받침해야 하는지를 실제 경험과 사례를 통해 설득력 있게 풀어냅니다. 지속적 배포를 처음 접하는 개발자라도 이 책을 통해 전체적인 그림을 이해하고, 팀의 배포 문화에 적극적으로 기여할 수 있는 역량을 기를 수 있습니다.

서재완
프런트엔드 개발자

AX 기술을 프로젝트 현장에 어떻게 효과적으로 배포할 수 있을지 고민하던 저에게, 이 책은 큰 도움이 되었습니다. 단순한 기능 설명을 넘어서, 실제 현장에 적용할 수 있는 지속 가능한 배포 전략을 수립할 수 있도록 도움을 주며, 지속적 배포를 쉽게 이해할 수 있도록 구성된 실용적인 가이드입니다.

지속적 배포의 이론과 최신 기술을 알기 쉽게 설명하고 있어, 실무에 강한 전문가를 꿈꾸는 이들에게 유용한 참고 자료가 될 수 있습니다. 다양한 예제와 구성 방법을 통해 실제 작업에 필요한 개념과 실행 방안을 쉽게 풀어내, CI/CD에 처음 입문하는 개발자부터 숙련된 실무자까지 모두에게 도움이 됩니다. 또한, 지속적 배포를 위한 최적의 전략과 효율성을 극대화하는 방법도 상세히 다루고 있어, 개발자뿐 아니라 설계자와 아키텍트 등 이 기술을 실제 현장에 적용하려는 이들에게도 실질적인 가이드를 제공합니다. 저 역시 이 책을 통해 큰 도움을 받을 수 있었습니다.

이기성
KT AXD Quality Manager

이 책은 워크플로를 간소화하고 출시 기간을 단축하면서도, 높은 수준의 품질과 보안을 유지하려면 왜 지속적 배포를 도입해야 하는지를 설득력 있게 설명합니다. 또한 배포 프로세스가 완전히 최적화되지 않았을 때 발생하는 문제, 즉 동시 업데이트 시의 비효율성, 잠재적 병목 현상, 모니터링 없이 중요 시스템을 취약하게 만들 위험 등을 강조합니다.

지속적 배포의 주요 장점 중 하나는 배포 프로세스를 간소화하여 모든 환경에 업데이트가 원활하게 적용되도록 보장하는 것입니다. 이러한 접근 방식은 시간과 리소스가 많이 소요될 수 있는 불필요한 롤백이나 재배포 작업을 제거합니다. 더불어, 이 책에서는 테스트 및 모니터링 자동화의 중요성을 강조하는데, 이는 문제를 조기에 발견하고 예기치 못한 다운타임으로 인한 손실을 줄이는 데 핵심적인 역할을 합니다. 이러한 기반 위에 클라우드 환경에 최적화된 지속적

● 베타리더의 한마디

배포 방식을 실무에 적용하면 운영 효율성은 물론 시스템의 안정성과 복원력까지 크게 향상될 수 있으며, 왜 이러한 접근법이 지금 필요한지 명확한 방향을 제시합니다.

이병호
핸디소프트 책임연구원

실무에서 '코드를 잘 짜는 것'보다 '코드를 안전하게 배포하는 것'이 더 어렵다는 걸 매번 느낍니다. 이 책은 단순한 CI/CD 개념 설명을 넘어서, 실제 팀이 지속적 배포를 실현하기 위해 무엇을 준비하고 어떻게 운영해야 하는지를 구체적으로 알려줍니다. 시스템 설계, 팀 운영, 코드 구조까지 유기적으로 연결된 실전형 가이드로 아키텍트, 프로젝트 관리자, 효율적인 소프트웨어 개발 프로세스를 고민하는 모든 리더에게 강력 추천합니다. 이 책을 통해 조직이 더욱 민첩하고 견고한 소프트웨어 개발 생태계를 구축하는 데 필요한 핵심 지식과 인사이트를 얻을 수 있을 것입니다.

이석곤
(주)아이알컴퍼니 부설연구소 팀장

애자일의 가치와 원칙을 조직에 내재화하려면 다양한 실천 방법들을 꾸준히 시도해야 합니다. 테스트 주도 개발, 페어 프로그래밍, 지속적 통합, 지속적 전달과 같은 실천 방법들은 유기적으로 연결되어 서로를 보완하고 시너지를 창출합니다. 특히 지속적 통합과 지속적 전달을 꾸준히 실천하며 그 효과를 체감하고 있는 조직이라면, 지속적 배포는 어쩌면 자연스러운 다음 단계이자 궁극적인 목표일 것입니다.

이 책은 지속적 배포라는 실천 방법을 실제로 도입할 때 마주칠 프로세스, 인프라 설계, 팀 조직, 문화적 도전까지 전체를 생생하게 담아냈습니다. 기술적 설명을 넘어 테스트 전략을 어떻게 재편해야 하는지, 롤백·기능 토글·점진적 릴리스를 어떻게 운영해야 하는지, 그리고 무엇보다 변화에 대한 두려움을 어떻게 조직 문화 안에서 해소해야 하는지를 구체적인 사례와 함께 제시합니다. 개발자로서 좋은 책을 만났습니다. 단순한 기술서를 넘어, 두고두고 참고하며 실질적인 도움을 받을 수 있는, 오랫동안 많은 독자에게 사랑받을 책입니다.

정현석
공부하는 소프트웨어 엔지니어

이번에 베타리딩을 수행한 『지속적 배포』는 소프트웨어 개발과 운영의 본질을 근본적으로 바꾸는 혁신적인 실천서라는 생각이 듭니다. 이 책은 코드가 개발자의 손을 떠나 실제 사용자에게 도달하기까지의 모든 과정을 세밀하게 분석하며, Lean Production, DevOps, CI/CD 등 소프트웨어 엔지니어링 프로세스의 역사와 원칙이 어떻게 '지속적 배포'라는 자동화의 정점으로 수렴하는지 설득력 있게 설명합니다. 수작업과 병목, 긴 릴리스 주기로 인한 비효율과 리스크를 극복하고, 커밋마다 자동으로 프로덕션 환경에 배포하는 체계가 가져오는 압도적인 속도와 품질, 조직 문화의 변화를 실제 사례와 함께 깊이 있게 다룹니다.

특히 이 책은 기능 토글, 확장/축소 패턴 등 실무에 바로 적용할 수 있는 구체적 전략을 다양하게 제시하며, 분산 시스템 환경에서의 도전과 해법, 배포와 릴리스의 분리, 품질에 대한 shift-left, DORA 메트릭 등 최신 IT 업계의 성과 지표와 실천 방안에 대해 체계적으로 설명합니다. 저자는 단순한 기술적 자동화를 넘어서, 개발자를 비롯한 팀 전체가 변화에 민첩하게 대응하고 품질과 책임 의식을 내재화하며, 협업과 오너십을 강화할 수 있도록 하는 문화적 전환의 중요성을 강조하고 있다는 부분이 개인적으로 매우 공감이 되었습니다.

『지속적 배포』는 단순한 이론서가 아니라, 실제 엔지니어링 현장에서 겪는 고민과 시행착오, 그리고 궁극적으로 '코드가 곧바로 가치가 되는' 이상적인 소프트웨어 전달 체계를 구현하는 데 필요한 모든 인사이트를 담고 있습니다. 소프트웨어 개발의 패러다임이 빠르게 변화하는 시장

베타리더의 한마디

과 고객 요구에 신속하게 대응하고 싶은 개발자, 테크 리더 등 소프트웨어 개발과 관련된 모든 분에게 이 책은 새로운 표준이자 든든한 동반자가 되어줄 것입니다. 소프트웨어 가치 흐름의 혁신을 꿈꾼다면, 이 책을 강력히 추천합니다.

최성욱
삼성전자 VD사업부 클라우드 보안 엔지니어/개발자

『지속적 배포』는 현재 라이브 서비스를 운영 중이거나 앞으로 준비 중인 분들에게 큰 도움이 될 책입니다. 신입 개발자에게는 IT 분야의 역사서처럼 흥미로운 이야기로 다가올 수 있으며, 아직 CI/CD를 도입하지 않았거나 고민 중인 팀에게는 실용적인 가이드라인을 제공합니다. 이미 적용하고 있는 팀이라면, 이 책을 통해 시행착오를 줄이고 성공에 가까워질 수 있는 다양한 패턴을 배울 수 있을 것입니다.

허린
라인 백엔드 개발자

추천사

지난 수십 년간 소프트웨어 개발 업계에 많은 발전이 있었지만, 그중에서 개발 프로세스 자체에 대한 접근 방식이 가장 근본적인 변화로써 중요한 족적이다.

이제 반복적이고 점진적인 소규모 단계를 반복하는 엔지니어링 접근 방식, 즉 우리가 작업한 결과물의 품질에 대해 각각의 작은 단계마다 피드백을 수집하는 방식이 좀 더 확고하게 정착되었다. 이 프로세스는 오늘날 소프트웨어 개발의 베스트 프랙티스best practice(모범 사례)로 여겨지는 거의 모든 기업(예 스페이스X SpaceX, 테슬라Tesla, 구글Google, 아마존Amazon, 페이스북Facebook, 넷플릭스Netflix)을 비롯해 AAA 게임[1]과 의료 기기까지 소프트웨어 개발의 거의 전 분야에서 고루 활용되고 있다. 이 접근 방식의 성공에 관한 경험적empirical 증거 외에도 지금까지 수행된 소프트웨어 개발 프랙티스에 대해 가장 과학적이면서 오래 지속된 DORA DevOps Research and Assessment 연구에 따르면, 지속적 전달, 지속적 배포 기술을 도입하면 더 우수한 소프트웨어를 더 빨리 구축할 수 있음이 입증되었다.

이런 성장은 그간 소프트웨어 업계가 거쳐온 일련의 과정을 통해 이뤄졌으며, 이 책을 쓴 일 역시 그중 일부였다. 켄트 벡Kent Beck의 『익스트림 프로그래밍(2판)』(인사이트, 2006)과 지속적 통합에서 시작해서 지금까지 나와 다른 이들이 지속적 전달과 데브옵스DevOps 프랙티스를 발전시켜왔지만, 논리적인 결론은 이 모든 단계를 프로덕션까지 적용하는 것이다. 지속적 전달이 많은 부분을 자동화했지만 아직도 릴리스 여부는 수동으로 결정해야 한다.

궁극적인 목표는 이 결정까지도 자동화하는 것이다. 어떤 면에서는 사소한 결정 같지만, 나와 제즈 험블Jez Humble이 함께 쓴 책[2]에서 강조했듯이, 지속적 전달의 정의는 **소프트웨어를 항상 릴리스 가능한 상태로 만드는 것**이다. 『Continuous Delivery』에서 우리는 **릴리스 가능한**releasable 상태를 어떻게 자동으로 결정할 것인지에 대해서 이야기했다.

---

[1] 옮긴이_ 비디오 게임 산업에서 AAA(트리플-A)는 일반적으로 다른 게임 계층보다 개발 및 마케팅 예산이 더 높은 중형 또는 대형 퍼블리셔가 제작하거나 배포하는 비디오 게임을 분류하는 데 사용되는 비공식 분류입니다.

[2] 옮긴이_ 원서는 『Continuous Delivery』(Addison-Wesley, 2010)이며, 번역서는 『Continuous Delivery』(에이콘출판사, 2013)입니다. 현재 번역서는 절판된 상태이므로, 이후에 언급되는 『Continuous Delivery』는 모두 원서를 지칭합니다.

추천사

그러나 『Continuous Delivery』를 집필할 당시, 잦은 릴리스의 주기란 대략 매주 한 번이나 매일 한 번 정도를 의미했다. 요즘은 하드웨어 중심적인 환경에서 소프트웨어가 상당히 복잡해진 상황에서도 **매초 한 번 릴리스**를 밀어붙이는 회사도 드물지 않을 정도로 그 경계가 달라졌다. 테슬라는 모델 3의 물리적 충전 시스템을 재구성하여 최대 충전 속도를 200kW에서 250kW로 늘렸고, 그 덕분에 250kW 차량을 작업 시작 후 프로덕션 라인에서 출고시키는 데 3시간밖에 안 걸렸다.

다음 단계인 지속적 배포에 대해서는 『Continuous Delivery』에도 별도의 장chapter이 있지만, 자세히 다루지는 않았다. 이 책은 이 허전한 부분을 채워준, 일종의 푸딩 테스트proof of pudding[3]라고 할 만하다. 소프트웨어가 유저의 손으로 넘어가 어떤 가치를 전달하기 전까지 우리의 일은 끝난 게 아니다. 가치가 어마어마한 피드백 루프가 닫히는 시점도 바로 이때다. 이로써 개발 팀은 더 쉽고 더 안정적으로 좋은 제품을 만들어낼 수 있다.

이 책은 지속적 배포에 관한 다양한 아이디어를 자세히 파헤치고, 다양한 예시와 해결책을 제시하며 그 이면에 숨겨진 미묘한 차이와 복잡성을 밝힌다. **파이프라인을 빠르게 유지하기** 같은 광범위한 배포 자동화automation 전략부터 **가능한 한 스테이트리스stateless하게 유지하기, 이벤트 기반 아키텍처로 전환하기** 등의 설계 및 아키텍처링, 그리고 클라이언트 사이드 캐시 무효화cache invalidation[4] 같은 세부적인 주제에 관한 조언까지 실로 넓은 범위의 주제를 다루고 있다.

정말 재미있고 매력이 넘치는 책이다. 기술적인 콘텐츠 외에도 페이지가 술술 잘 넘어가게 쓰인 책이다. 멋진 책을 집필한 저자, 발렌티나에게 감사드리며, 여러분에게 이 책을 자신 있게 추천한다.

데이비드 팔리Dave Farley

---

3   옮긴이_영미권의 'The proof of the pudding is in the eating'라는 속담인데, '푸딩의 테스트는 먹는 데 있다'라는 뜻으로 푸딩의 맛은 먹어봐야 알 수 있다는 말입니다. 다시 말해, 뭐든지 직접 사용해보고 경험해봐야 어떤 것의 진가를 알 수 있다는 의미입니다.

4   옮긴이_캐시에 저장된 데이터가 더 이상 최신 상태가 아닐 때 이를 삭제하거나 갱신하는 과정으로, write-through, write-around, write-back 등 다양한 무효화 알고리즘이 있습니다.

이 책에 대하여

지속적 배포$^{\text{continuous deployment}}$(CD)는 사람의 개입이 필요 없도록 소프트웨어 파이프라인을 구성하고, 품질 게이트$^{\text{quality gate}}$를 통과한 모든 코드 커밋$^{\text{code commit}}$을 프로덕션에 자동으로 배포하는 프랙티스다.

이는 사실 소프트웨어 엔지니어링에서 논란이 분분한 주제 중 하나다. 프로덕션에 빠르게 도달하는 것과 안정적으로 도달하는 것 중 무엇이 먼저냐, 하는 문제이기도 하다. 언뜻 보면 지속적 배포는 전자에 해당될 것 같지만, 자세히 들여다보면 후자에 더 가깝다. 여기서 조금 더 자세히 살펴보면, 굳이 둘 중 하나를 선택할 필요가 없다고 본다.

지난 수십 년 동안 소프트웨어를 전달하는 문제에 관한 한, 속도와 안정성이 얼마나 밀접한 연관 관계를 맺는지 제시한 수많은 프랙티스가 있었다. 예를 들어, 데브옵스, 익스트림 프로그래밍$^{\text{eXtreme Programming}}$(XP), CI/CD 같은 프랙티스만 보더라도 짧은 이터레이션^{iteration}(반복적인 프로세스)이 프로덕션 시스템의 안정성을 해친다기보다 오히려 향상시킨다는 사실이 거듭 입증되었다. 이터레이션이 짧을수록 각 릴리스의 변경 크기가 작아지고, 역할 간 소통이 활성화되면서 자동화 문화가 촉진되며, 조기에 지속적인 피드백이 가능해진다. 한마디로, 이터레이션이 짧고 배포가 잦을수록 소프트웨어의 안정성과 품질은 나아지는 것이다.

이런 점에서 나는 지속적 배포가 지극히 자연스러운 다음 단계라고 생각한다.

소프트웨어 컨설턴트로 커리어를 쌓는 동안 나는 운 좋게도 이미 지속적 배포를 실천하고 있거나, 입사 직후 지속적 배포를 채택한 회사에서 근무할 기회가 있었다. 그 단순함과 속도에 매료되어 지금까지도 내가 알게 된 가장 효율적인 소프트웨어 개발 방법이 지속적 배포라고 생각한다. 하지만 나는 모든 사람이 처음부터 이 방식을 익숙하게 받아들이지 않는다는 사실을 깨닫게 되었다. 특히 경험이 별로 없는 동료 팀원이나 이런 방식으로 개발한 경험이 전무한 신입 사원들이 그랬다. 장황한 기능 브랜치를 손으로 테스트하며 일일이 결재 받고 진행하던 프로세스에 익숙한 그들에게 코드가 수 분 내로 프로덕션에 반영되는 광경은 상당히 큰 문화적 충격이었으리라 본다. 나는 관련 자료를 적극적으로 공유하여 그들에게 도움을 주고자 했지만, 정작 현장에서 바로 활용 가능한 자료는 매우 부족했다. 프로덕션 배포를 실시간에 가깝게 실행할

● 이 책에 대하여

수 있음을 알게 된 후, 내가 실무에서 워크플로를 어떻게 조율했는지, 코드를 어떻게 다르게 작성하기 시작했는지, 하는 정도가 내가 공유할 만한 유일한 지식이었다.

그러다 여러 팀을 전전하면서 내 자신이 비슷한 일을 반복 중임을 자각하게 되었고, 내 머릿속에 축적된 지식이 더 많은 사람과 공유할 만한 가치가 있다고 생각했다. 정작 그때는 잘 몰랐지만 이미 나는 그 시절부터 이 책을 쓰기 시작했던 것 같다.

나는 지속적 배포가 그 자체만으로도 논할 가치가 충분한, 지속적 전달continuous delivery의 중요한 일부라는 점을 발견했다. 팀 내부에서 잘 활용하려면 추가적인 장단점 등 고려해야 할 부분이 있는데, 이 책은 이 모든 **부가 요소**까지 파헤쳐 지속적 전달 기반으로 완전 자동화한 지속적 프로덕션 배포를 어떻게 구축하는지 안내한다. 이 책은 사람의 손길에서 완전히 자유로운 소프트웨어 파이프라인을 구성하는 지속적 배포 프랙티스를 다룬다. 이 프랙티스를 실무에 적용하면 품질 게이트를 통과한 모든 코드 커밋이 자동으로 알아서 프로덕션에 배포될 것이다.

대상 독자

이 책은 소프트웨어 업계에 종사하는 동료 전문가, 특별히 코드가 프로덕션에 도달하는 경로를 개선하는 일에 보람을 느끼는 소프트웨어 엔지니어들을 위해 썼다.

여러분이 다음 중 하나에 해당한다면 책을 제대로 고른 것이다.

- 지속적 전달은 익숙하지만 지속적 배포는 그렇지 않아서 늘 제대로 한번 배워보고 싶었다.
- 지속적 배포를 잘 알고 있긴 하나, 과연 우리 팀에 적합한 프랙티스인지 의문이다.
- 이미 지속적 배포로 전환하기로 했지만, 수동 프로덕션 게이트를 없애면 무슨 일이 벌어질지 알고 싶다.
- 완전 새로운 제품을 기획 중이고 이를 계기로 지속적 배포를 적용해보고 싶은데, 아무래도 처음이라 어디서부터 어떻게 시작해야 할지 막막하다.
- 지속적 배포를 도입한 팀에 합류하게 됐는데, 지속적 배포를 하는 이유와 방법을 알고 싶다.

매일 코드를 작성하는 사람들이 이 책의 주요 독자층이겠지만, QA 엔지니어, 제품 소유자, 제품 관리자, 스크럼 마스터Scrum master[1], 엔지니어링 관리자 등 다양한 기술 직군에 종사하는 분들에게도 유용할 것이다. 여러분이 이런 직군에 속해 있다면, 이 프랙티스를 전체적으로 개괄한 **1부**에 특히 관심을 갖게 될 것이다. **2부**와 **4부**에서는 프로덕션 자동 배포의 워크플로에서 다른 팀의 역할을 어떻게 통합하는지 설명하는데 이는 그들의 잠재력을 최대한 끌어낼 수 있는 중요한 토대가 될 것이다.

만약 여러분이 개발자라면, 개발 프로세스를 어떻게 소규모의 자기 완비적인self-contained[2] 여러 프로덕션 배포로 나누는지 자세히 설명한 **3부**를 집중해서 읽어보자. 지속적 배포를 실천한 기업의 실제 사례를 통해 실무에서 파이프라인과 관련 도구를 어떻게 구성했는지 엿볼 수 있는 **5부**도 빠뜨리지 말자.

필수 사전 지식

지속적 배포는 데브옵스, CI/CD 등 애자일에서 비롯된 다양한 개념을 토대로 구축된 프랙티스라서 이 책을 최대한 활용하려면 깊숙히는 몰라도 어느 정도 개념은 알고 있어야 한다.

다행히 요즘 대부분의 회사는 이런 프랙티스에 대해 최소한의 지식은 보유하고 있으며, 이미 어느 정도 구축하여 실행 중인 회사도 많다. 여러분이 다시 **왜**로 돌아가 기억을 되살릴 수 있도록 익스트림 프로그래밍, 데브옵스, CI/CD에 대해 **1장**에서 복습할 것이다.

만약 여러분이나 다른 팀원들이 이런 프랙티스를 한 번도 들어본 적이 없다면 지속적 배포 도입을 검토하기 전에 먼저 해당 프랙티스를 하나씩 살펴본 이후에 이 책을 읽어도 늦지 않다.

---

1 옮긴이_애자일(Agile) 개발 방법론에 의해 팀이 원활하게 스크럼(Scrum)을 운영하도록 지원하는 사람입니다.
2 옮긴이_외부 디펜던시가 제거됐거나 최소화한 상태로, 필요한 모든 것을 자체적으로 갖고 있기 때문에 외부 요소 없이도 알아서 동작한다는 뜻입니다.

이 책에 대하여

책의 구성

이 책은 총 5부로 구성되어 있다.

1부. 지속적 배포

1부에서는 지속적 배포와 관련된 핵심 이론과 실무에서 꼭 알아야 할 프랙티스들을 설명한다. 지속적 배포의 개요와 역사적 배경(1장), 지속적 배포의 이점(2장), 지속적 배포의 결과와 주요 문제점(3장), 지속적 배포 도입에 필요한 전제 조건(4장)과 해결해야 할 과제(5장)를 차례로 소개한다.

2부. 개발 이전 단계

2부부터 좀 더 실용적인 내용이 등장한다. 주로 팀이 코드 작성을 시작하기 전, 지속적 배포를 지원하는 모든 활동을 설명하며, 이 책의 나머지 부분에서 계속 사용하게 될 예제를 소개한다. 잦은 배포를 최대한 활용하기 위해 제품 백로그를 분할하는 최선의 방법(6장)과 각 증분을 프로덕션에 곧바로 반영할 수 있도록 다기능 요건을 묶는 방법(7장)을 알아본다.

3부. 개발 단계

3부는 지속적 배포의 성패를 좌우하는 세부 사항, 즉 작고 안전한 일련의 프로덕션 증분으로 나누어 일상적인 개발 업무를 수행하는 방법을 집중 조명한다. 2부에서 소개한 그로서루^{Groceroo} 예제를 다시 보면서, 업계에서 가장 널리 쓰이는 세 가지 기술(리액트, 스프링 부트, SQL)로 작성된 상세한 예제 코드를 제시한다. 하나씩 배포하며 새로운 기능을 추가하는 방법(8장), 이미 고라이브된 복잡한 기능을 점진적으로 리팩터링하는 방법(9장), 자동 배포를 이용해 데이터 스토리지^{storage}를 리팩터링하는 복잡한 문제(10장)를 차근차근 설명한다.

4부. 개발 이후 단계

4부는 개발이 끝난 이후의 모든 활동, 즉 지속적 배포가 결실을 맺는 과정에 집중한다. 프로덕션에서 탐색 테스트를 안전하게 수행하는 방법(11장)과 모든 종류의 릴리스 및 A/B 테스트(12장)를 설명한다.

5부. 사례 연구

마지막으로 5부는 지속적 배포의 실제 적용 사례를 업계 전문가들이 작성한 사례 연구로, 지속적 배포를 현장에서 사용 중인 기업의 풍부한 경험이 담겨 있다. 지속적 배포를 도입하게 된 과정, 당면한 문제점, 제품의 프로덕션 경로를 구성하는 방법 등 알짜배기 실무 노하우를 배울 수 있다.

감사의 말

대개 저자들은 "…가 없었다면 이 책은 탄생하지 않았을 것"이라는 식으로 말한다. 이런 표현이 대부분 과장이 아닐까 의심했으나 나의 경우에는 정말 사실이었다. 소트웍스Thoughtworks의 두 동료의 도움이 없었다면 단언컨대 이 책은 존재하지 않았을 것이다. 크리스 포드Chris Ford와 앤드루 하멜 로Andrew-Harmel Law는 내가 책을 쓰는 내내 나를 격려하며 사려 깊은 기술 리뷰와 소중한 의견을 제시했(고 그중 일부는 이 책의 핵심 파트가 되었)다. 개인적으로 많은 분에게 감사하고 싶지만, 특별히 모든 면에서 아낌없이 기술적인 조언을 해주고 나의 열정을 북돋아 준 러거스 오바흐Fergus Orbach, 그리고 마지막 장을 마무리할 때 전문가로서 탁월한 식견을 보여준 대니얼 포스버그Daniel Forsberg에게 고마운 마음을 전한다. 이 책을 집필하는 1년 동안 나를 묵묵히 뒷받침해준 두 분에게 진심으로 감사한다. 나의 절친한 친구인 라레스 무시나Rares Musina, 엠마 배델레이Emma Baddeley, 앤서니 스카첼Anthony Scatchell, 기울리아 메르큐리오Giulia Mercurio, 글렌 울프스춘Glenn Wolfschoon, 니콜로 가도니Nicolò Gardoni, 프렌체스코 구아티에리Francesco Guatieri, 다비데 오수치Davide Orsucci에게도 감사를 표한다.

이 프로젝트를 현실로 만든 오라일리 임직원 여러분들, 특히 편집자 쉬라 에븐스Shira Evans와 루이스 코리건Louise Corrigan 님에게 감사의 말을 전한다. 두 분과 함께 일하게 되어 정말 행복했다. 내가 이 책에 시간을 바치고, 사례 연구를 수집하고, 책을 홍보하는 데 도움을 주신 소트웍스의 모든 동료의 이름을 적고 싶지만 지면의 한계가 있다. 이 책이 빛을 볼 수 있게 도와준 소트웍스에 통째로 감사를 표한다. 이번 프로젝트를 통해 내가 일하는 소트웍스가 사고 리더십과 작가 지망생을 육성하는 최고의 산실임이 확실히 증명됐다.

직접 겪은 실무 경험담을 기고해주신 모든 회사와 직원분들, 마르텐 애커만스Maarten Ackermans, 줄리안 오스틴Julian Austin, 일리아스 바톨리니Ilias Bartolini, 알베르토 라미레즈 페르난데즈Alberto Ramírez Fernández, 애트 허타칸가스Atte Huhtakangas, 로이드 존스Lloyd Jones, 사이먼 미터뮬러Simon Mittermüller, 로베르트 모스카Roberto Mosca, 앨리슨 로즈원Alison Rosewarne, 하비에르 테헤로Javier Tejero, 타이아고 바카레Thiago Vacare, 톰 볼러슨Tom Vollerthun에게도 진심으로 감사드린다.

발렌티나 세르빌

CONTENTS

지은이·옮긴이 소개 ·· 5
베타리더의 한마디 ·· 6
추천사 ·· 11
이 책에 대하여 ··· 13
감사의 말 ··· 18

PART 1 지속적 배포

CHAPTER 1 지속적 배포

1.1 수개월, 수년마다 한 번 배포 ·· 35
1.2 며칠마다 한 번 배포 ··· 37
1.3 지속적 배포 ··· 38
1.4 익스트림 프로그래밍 ··· 40
    1.4.1 힘들수록 더 자주 하라 ··· 41
1.5 데브옵스 ·· 43
    1.5.1 데브와 옵스 사이의 장벽 ·· 44
    1.5.2 데브와 옵스를 하나로 ··· 45
    1.5.3 자동화, 자동화, 자동화 ·· 46
1.6 지속적 통합 ··· 47
1.7 지속적 전달 ··· 50
1.8 최종 프로덕션 게이트 ··· 52
    1.8.1 지속적 배포로 진일보 ··· 53
    1.8.2 구현 ··· 57
1.9 시사점 ·· 59
1.10 지속적 배포는 위험한가? ··· 60
1.11 정리하기 ·· 61

● CONTENTS

CHAPTER 2 이점

2.1 원피스 플로와 린 생산	64
2.1.1 린 생산의 기원	64
2.1.2 린과 소프트웨어 개발	69
2.2 DORA 메트릭	79
2.2.1 처리량 메트릭	81
2.2.2 안정성 메트릭	86
2.3 품질 시프트 레프트	91
2.3.1 지속적 배포로 품질을 시프트 레프트하는 방법	92
2.3.2 품질 게이트 자동화의 효과	94
2.4 정리하기	94

CHAPTER 3 사고방식의 전환

3.1 변경사항을 정의하는 것과 적용하는 것	96
3.2 진행 중인 작업 숨기기	98
3.2.1 버전 관리 브랜치	99
3.2.2 실행 브랜치	100
3.3 분산 시스템	110
3.3.1 시스템 간의 계약	110
3.4 프로덕션 경로 간의 계약	114
3.4.1 새 기능 추가: 순서가 중요한 경우	116
3.4.2 리팩터링: 시점이 중요한 경우	121
3.5 배포는 릴리스가 아니다	128
3.5.1 릴리스	128
3.5.2 배포	129

3.5.3 차이점 ·· 129

3.5.4 겹치는 부분 ··· 130

3.6 엔드투엔드 전달 라이프 사이클 ·· 131

3.6.1 지속적 배포를 안 하는 경우 ··· 132

3.6.2 지속적 배포를 하는 경우 ··· 137

3.7 정리하기 ·· 141

CHAPTER 4 최소 요건

4.1 자율적 다기능 팀 ·· 144

4.1.1 빠른 의사 결정 ··· 145

4.1.2 구현 자율성 ·· 145

4.1.3 잦은 통합 ··· 147

4.1.4 잦은 코드 리뷰 ··· 151

4.1.5 자동 코드 분석 ··· 153

4.1.6 테스트 자동화 ·· 154

4.1.7 무중단 배포 ·· 162

4.1.8 관찰 가능성과 모니터링 ·· 168

4.2 이해관계자의 신뢰 ·· 173

4.2.1 상사를 어떻게 납득시킬 것인가? ··· 173

4.2.2 언제면 준비될까? ··· 174

4.3 정리하기 ·· 175

CHAPTER 5 도전 과제

5.1 배포에 민감한 시스템 ··· 178

5.1.1 장기 실행 프로세스 중단 ··· 178

5.1.2 스티키 세션 ·· 180

CONTENTS

- 5.1.3 클라이언트 사이드 캐시 무효화 · · · · · · 181
- 5.1.4 스케일링 중단 · · · · · · 182
- 5.1.5 콜드 인스턴스의 일관된 흐름 · · · · · · 184
- **5.2 유저 설치 소프트웨어** · · · · · · 186
  - 5.2.1 데스크톱 애플리케이션 · · · · · · 187
  - 5.2.2 모바일 앱 · · · · · · 187
  - 5.2.3 어플라이언스와 기타 기기 · · · · · · 191
  - 5.2.4 라이브러리와 프레임워크 · · · · · · 192
- **5.3 규제 대상 산업** · · · · · · 193
  - 5.3.1 대책: 크리티컬 컴포넌트 격리 · · · · · · 193
  - 5.3.2 대책: 제약조건의 근원 찾기 · · · · · · 194
  - 5.3.3 대책: 린 프랙티스를 실천하여 컴플라이언스 요건 충족 · · · · · · 194
- **5.4 인지 부하** · · · · · · 197
  - 5.4.1 과도하게 붐비는 프로덕션 경로 · · · · · · 197
  - 5.4.2 배포 중 태만 · · · · · · 199
  - 5.4.3 필요한 지식의 너비 · · · · · · 201
  - 5.4.4 가파른 온보딩 커브 · · · · · · 202
  - 5.4.5 개발 작업 스케줄링 · · · · · · 202
- **5.5 정리하기** · · · · · · 204

PART 2 개발 이전 단계

CHAPTER 6 예정된 작업 나누기

- **6.1 수평 분할 vs 수직 분할** · · · · · · 208
  - 6.1.1 수평 분할 · · · · · · 208
  - 6.1.2 수직 분할 · · · · · · 209

6.2	지속적 배포를 하면	210
6.3	효과적인 수직 분할	211
	6.3.1 MVP	212
	6.3.2 INVEST	213
	6.3.3 작은 조각	214
6.4	예제: 그로서루	215
	6.4.1 기능: 라스트–미닛 아이템	215
	6.4.2 유저 인터페이스	216
	6.4.3 관리자 인터페이스	217
	6.4.4 수평 분할 구현의 문제점	218
	6.4.5 수직 분할 구현	222
6.5	정리하기	233

CHAPTER 7 프로덕션 빌드

7.1	배포성 요건	238
	7.1.1 기능 토글로 숨기기	238
	7.1.2 확장/축소 패턴으로 숨기기	240
	7.1.3 버전 관리 브랜치 안에 숨기기	244
	7.1.4 숨김 해제	245
	7.1.5 파이프라인 일시 중지	245
7.2	테스트성 요건	246
	7.2.1 고수준의 자동 테스트	247
	7.2.2 수동 탐색 테스트	247
7.3	관찰 가능성 요건	248
	7.3.1 로그와 메트릭 관리	248
	7.3.2 대시보드와 알림 관리	248
7.4	보안 요건	249

CONTENTS

    7.4.1 새로운 유저 입력 · 249
    7.4.2 새로운 데이터 저장 · 250
    7.4.3 새로운 디펜던시 · 250
    7.4.4 새로운 인프라 · 251
7.5 성능 요건 · 252
    7.5.1 새로운 네트워크 요청 · 252
    7.5.2 데이터 크기 · 253
    7.5.3 퍼시스턴스 레이어 · 254
7.6 (좀 더) 완전한 유저 스토리 템플릿 · 254
7.7 예제: 그로서루 유저 스토리에 CFR 추가 · 256
    7.7.1 유저 스토리 1: 단순 캐러셀 추가 · 256
    7.7.2 유저 스토리 2: 관리자 영역 · 259
    7.7.3 유저 스토리 3: 장바구니 추가 버튼 · 262
    7.7.4 유저 스토리 4: 수량 선택기 · 264
7.8 정리하기 · 266

PART 3 개발 단계

CHAPTER 8 새로운 기능 추가

8.1 유저 스토리 · 270
8.2 그로서루 애플리케이션 · 271
    8.2.1 현재 상태 · 273
    8.2.2 목표 상태 · 274
    8.2.3 어떻게 목표를 달성할까? · 279
    8.2.4 기능 토글 · 280

	8.2.5 기능 토글을 사용하여 구현	282
8.3	정리하기	293

CHAPTER 9 라이브 기능 리팩터링

9.1	해야 할 일	296
9.2	상품 식별 체계	296
	9.2.1 문제점	297
	9.2.2 해결책	297
9.3	현재 상태	298
	9.3.1 프런트엔드	298
	9.3.2 백엔드	302
	9.3.3 퍼시스턴스	306
9.4	목표 상태	308
	9.4.1 프런트엔드	308
	9.4.2 백엔드	309
	9.4.3 퍼시스턴스	310
9.5	어떻게 목표를 달성할까?	312
	9.5.1 확장/축소	312
	9.5.2 다계층: 인사이드 아웃	313
9.6	확장/축소 구현	317
	9.6.1 외부 확장 단계: products 테이블	318
	9.6.2 POST /product 엔드포인트 이전	320
	9.6.3 GET /product 엔드포인트 이전	324
	9.6.4 basket 테이블 이전	329
	9.6.5 외부 축소 단계: products 테이블 정리	335
9.7	정리하기	336

CONTENTS

CHAPTER 10 데이터와 데이터 손실

10.1 해야 할 일 ·· 338
    10.1.1 문제점 ·· 338
    10.1.2 해결책 ·· 339

10.2 현재 상태 ·· 339
    10.2.1 퍼시스턴스 ·· 339
    10.2.2 백엔드 ·· 340

10.3 목표 상태 ·· 341
    10.3.1 퍼시스턴스 ·· 341
    10.3.2 백엔드 ·· 341

10.4 어떻게 목표를 달성할까? ·· 342
    10.4.1 실패 모드: 동시에 변경 ·· 343
    10.4.2 실패 모드: 단순한 확장/축소 ·· 345
    10.4.3 해결책: 임시 DB 트리거 ·· 347
    10.4.4 해결책: 이중 쓰기 ··· 350
    10.4.5 해결책: 이중 읽기 ··· 353

10.5 이중 쓰기 구현 전략 ··· 357
    10.5.1 배포 1: DB 컬럼 확장 ·· 357
    10.5.2 배포 2: 두 컬럼 모두 이중 쓰기 ·· 358
    10.5.3 배포 3: 데이터 동기화 ··· 359
    10.5.4 배포 4: 두 컬럼 모두 읽기/쓰기 이전 ·· 359
    10.5.5 배포 5: 컬럼 축소 ··· 360

10.6 이중 읽기 구현 전략 ··· 361
    10.6.1 배포 1: DB 컬럼 확장 ·· 361
    10.6.2 배포 2: 두 컬럼 모두 이중 읽기/쓰기 이전 ··· 362
    10.6.3 배포 3: 데이터 동기화 ··· 363
    10.6.4 배포 4: 컬럼 읽기 이전 ··· 364

10.6.5 배포 5: 컬럼 축소 ·········· 364
10.7 NoSQL ·········· 365
10.7.1 읽을 때 이전 ·········· 365
10.7.2 커스텀 배치 업데이트 ·········· 367
10.7.3 NoSQL에 대한 결론 ·········· 368
10.8 정리하기 ·········· 368

PART 4 개발 이후 단계

CHAPTER 11 프로덕션에서 테스트

11.1 왜 프로덕션에서 테스트를 해야 하나? ·········· 372
11.1.1 데이터 볼륨의 정확도 ·········· 372
11.1.2 데이터 형상의 정확도 ·········· 373
11.1.3 실제적인 요청 패턴 ·········· 374
11.1.4 실제적인 수신 트래픽 볼륨 ·········· 375
11.1.5 실제적인 발신 트래픽 볼륨 ·········· 375
11.1.6 실제적인 서버 크기 및 수량 ·········· 375
11.1.7 실제적인 애플리케이션 구성 ·········· 376
11.1.8 실제적인 네트워크 구성 ·········· 376
11.1.9 다른 팀 서비스의 실제 버전 ·········· 377
11.1.10 서드파티 서비스의 실제 버전 ·········· 378
11.1.11 비용 절감 ·········· 378
11.1.12 데이터 위생 개선 ·········· 379
11.2 어떻게 프로덕션에서 테스트를 할까? ·········· 379
11.2.1 기능 토글 활성화 전략 ·········· 380
11.2.2 도전 과제 ·········· 390

CONTENTS

11.3 스테이징 이후의 스토리 ··· 394

11.4 정리하기 ·· 397

CHAPTER 12 릴리스

12.1 안티패턴: 빅뱅 릴리스 ··· 400
    12.1.1 빅뱅 전후 상태 비교 ··· 400
    12.1.2 동시적 상태 비교 ·· 401

12.2 안티패턴: 부분 배포로 일부만 릴리스 ·· 402

12.3 릴리스에 기능 토글 응용 ·· 403
    12.3.1 분산 시스템에서 기능 토글 릴리스 조정 ·· 403
    12.3.2 안티패턴: 서비스마다 독립적인 플래그 상태 ································ 404
    12.3.3 플래그 상태를 호출 체인 밑으로 전파 ··· 405
    12.3.4 중앙 집중식 기능 토글 상태 ·· 407

12.4 카나리 릴리스 ·· 408
    12.4.1 기준: 트래픽 비율 ··· 408
    12.4.2 기준: 기기 ·· 409
    12.4.3 기준: 국가 ·· 411
    12.4.4 기준: 유저 세그먼트 ··· 412

12.5 A/B 테스트 ··· 413
    12.5.1 분석 ·· 414
    12.5.2 베스트 프랙티스 실험 ·· 414
    12.5.3 다양한 A/B 테스트 ·· 416
    12.5.4 카나리 릴리스나 A/B 테스트가 나에게도 필요한가? ···················· 420

12.6 정리하기 ·· 421

맺음말 ·· 422

PART 5 사례 연구

CASE STUDY A 오토스카우트24

A.1 오토스카우트24의 당시 상황 ·· 427
A.2 오토스카우트24의 지속적 배포 도입 ·· 429
    A.2.1 조직적 장애 극복 ·· 429
    A.2.2 기술적 장애 극복 ·· 431
A.3 오토스카우트24의 지속적 배포 구현 ·· 431
    A.3.1 지속적 배포의 안정성 보장 ··· 432
    A.3.2 주니어 엔지니어 지원 체계 ··· 434

CASE STUDY B 오토

B.1 오토의 당시 상황 ·· 435
B.2 오토의 지속적 배포 도입 ·· 436
    B.2.1 조직적 장애 극복 ·· 437
    B.2.2 기술적 장애 극복 ·· 438
B.3 오토의 지속적 배포 구현 ·· 439
    B.3.1 프로덕션 경로 ··· 440
    B.3.2 지속적 배포의 안정성 보장 ··· 441
    B.3.3 주니어 엔지니어 지원 체계 ··· 444
B.4 참고 자료 ·· 446

CASE STUDY C N26

C.1 N26의 당시 상황 ·· 447

● CONTENTS

C.2 N26의 지속적 배포 도입 ·· 447
    C.2.1 업계 규제 준수 ·· 448
    C.2.2 기술적 장애 극복 ·· 449
C.3 N26의 지속적 배포 구현 ·· 450
    C.3.1 지속적 배포의 안정성 보장 ································ 451
    C.3.2 주니어 엔지니어 지원 체계 ································ 453
C.4 참고 자료 ·· 454

CASE STUDY D 클라이밋파트너

D.1 클라이밋파트너의 당시 상황 ·· 455
D.2 클라이밋파트너의 지속적 배포 도입 ·································· 456
D.3 클라이밋파트너의 지속적 배포 구현 ·································· 456
    D.3.1 지속적 배포의 안정성 보장 ································ 457
    D.3.2 주니어 엔지니어 지원 체계 ································ 459

CASE STUDY E 모타빌리티 오퍼레이션즈

E.1 모타빌리티 오퍼레이션즈의 당시 상황 ································ 461
E.2 모타빌리티 오퍼레이션즈의 지속적 배포 도입 ·························· 462
    E.2.1 조직적 장애 극복 ·· 462
    E.2.2 기술적 장애 극복 ·· 463
E.3 모타빌리티 오퍼레이션즈의 지속적 배포 구현 ·························· 464
    E.3.1 지속적 배포의 안정성 보장 ································ 465
    E.3.2 사내 팀 지원 체계 ··· 466

CASE STUDY F 레아 그룹

- **F.1** 레아 그룹의 당시 상황 ·· 469
- **F.2** 레아 그룹의 지속적 배포 도입 ·· 470
  - F.2.1 조직적 장애 극복 ·· 471
  - F.2.2 기술적 장애 극복 ·· 472
- **F.3** 레아 그룹의 지속적 배포 구현 ·· 473
  - F.3.1 지속적 배포의 안정성 보장 ·· 474
  - F.3.2 주니어 엔지니어 지원 체계 ·· 476

CASE STUDY G 메이즈

- **G.1** 메이즈의 당시 상황 ·· 479
- **G.2** 메이즈의 지속적 배포 도입 ·· 480
  - G.2.1 조직적 장애 극복 ·· 480
  - G.2.2 기술적 장애 극복 ·· 481
- **G.3** 메이즈의 지속적 배포 구현 ·· 482
  - G.3.1 지속적 배포의 안정성 보장 ·· 483
  - G.3.2 주니어 엔지니어 지원 체계 ·· 484

CASE STUDY H 트래블퍼크

- **H.1** 트래블퍼크의 당시 상황 ·· 485
- **H.2** 트래블퍼크의 지속적 배포 도입 ·· 486
- **H.3** 트래블퍼크의 지속적 배포 구현 ·· 487
  - H.3.1 지속적 배포의 안정성 보장 ·· 488
  - H.3.2 주니어 엔지니어 지원 체계 ·· 490

찾아보기 ·· 491

PART 1

지속적 배포

1부에서는 지속적 배포의 이론을 전체적으로 살펴본다. 역사적 배경부터 시작해 자동 배포를 받아들이기 위해 필요한 사고방식의 전환과 이점을 설명한다. 지속적 배포를 도입하는 데 어떤 어려움이 따르는지, 단점과 유의해야 할 점을 살펴본 후, 마지막으로 기술과 조직 측면에서 선행 조건은 무엇인지 이야기한다.

PART 1

지속적 배포

1장 지속적 배포

2장 이점

3장 사고방식의 전환

4장 최소 요건

5장 도전 과제

CHAPTER 1

지속적 배포

소프트웨어 엔지니어링이 어엿한 학문으로 정착된 이래, 사람들은 애플리케이션 코드와 그 아키텍처에 많은 관심과 주의를 기울였다. 개발자의 편집기에서 깔끔하게 정리된 코드가 나중에 프로덕션production[1]에서 매끄럽게 잘 실행되도록 온갖 패러다임과 프로그래밍 언어, 아키텍처 패턴이 쏟아져 나왔지만, 정작 그 중간에 일어나는 일들에 대해서는 제대로 고민하지 않았다는 사실을 깨닫기까지 무려 반 세기 넘는 시간이 걸렸다.

1.1 수개월, 수년마다 한 번 배포

2000년대 초반만 하더라도 소프트웨어 제품이 프로덕션에 도달하는 경로는 대개 수많은 수작업이 반복되는, 그래서 오류가 발생하기 쉬운 태스크로 가득 찬 여정journey이었다. 각 컨트리뷰터contributor[2]의 변경사항change[3]을 통합하는 과정에서 거의 항상 지연이 발생했고, 아티팩트artifact[4]

---

1 옮긴이_ 개발자가 작성한 코드를 실제 유저에게 서비스하는 운영 환경 전체를 가리키는 말로, 실무 현장에서는 운영계, 운영기, 운영 시스템이라는 용어를 사용하기도 합니다. 이 책에서는 '프로덕션 환경'을 간단히 '프로덕션'으로 줄여 표기합니다.

2 옮긴이_ 일반적으로 오픈 소스 프로젝트에 기여하는 사람을 가리키는 용어지만, 이 책에서는 소스 코드를 작성하여 원격 리포지터리에 푸시하는 개발자에 더 가까운 의미입니다.

3 옮긴이_ 이 책의 원어 'change'는 일반적인 의미의 '변화, 변경'이라기보다는, 소스 코드나 DB 스키마, 인프라 구성 등의 좁은 의미의 변경을 의미하므로 '변경사항'이라는 용어로 구분합니다.

4 옮긴이_ 소프트웨어 개발 과정에서 만들어지는 여러 종류의 유형적 부산물 중 하나입니다. 유스 케이스, 클래스 다이어그램, 요구 사항 및 설계서처럼 소프트웨어의 기능, 아키텍처, 설계 방향을 이해하는 데 도움이 되는 아티팩트도 있고, 프로젝트 계획, 비즈니스 사례, 리스크 평가처럼 개발 프로세스 자체와 연관된 아티팩트도 있습니다.

는 일일이 수동 빌드했으며, 구성configuration(설정)과 디펜던시dependency(의존체)는 버전 관리가 안 되어 수작업으로 조정했고, 배포 과정도 제대로 문서화되어 있지 않아 늘 불안한 마음으로 조심스럽게 진행해야만 했다. 테스트 역시 매번 새 버전이 나올 때마다 수동으로 힘들게 할 수밖에 없었다. 결국, 릴리스 라이프 사이클life cycle(수명 주기)은 수개월 내지 수년 단위인 경우가 보통이었다. [그림 1-1]은 당시 상황을 사실적으로 묘사한 그림이다.

그림 1-1 2000년대 초반 이전의 전형적인 프로덕션 배포 경로

이렇게 프로덕션 경로path to production[5]가 길다 보니 소프트웨어 설계에 선투자한 효과는 한참 후에야 빛을 볼 수 있었다. 그런데 (천신만고 끝에) 그렇게 새로운 코드가 유저에게 전달될 즈음이면 원래 요건이 이미 바뀌어 있거나, 그렇지 않더라도 시장 판도가 바뀌어 반영한 코드가 무의미해지기 일쑤였다.

다행히 이젠 바뀌었다. 지난 20년간 기업과 조직은 안정성을 희생하지 않고 소프트웨어를 빠르게 출시하여 운영하는 일에 점점 익숙해졌다. 어떤 회사가 완벽한 코드베이스와 우수한 제품을 뽐낼 수 있는 (매우 가상적인) 상황에서도 1, 2년에 한 번씩 빅뱅 릴리스big-bang release를 하는 것은 더 이상 시장 수요에 부응할 수 있는 지속 가능한 전략이 아니다. 이런 이유로 지난 20년 동안 **커밋된 코드**code committed가 **유저 앞에서 실행되는 코드**code running in front of users로 되는 과정을 단축시키는 작업에 점점 더 많은 관심을 갖게 되었고, 이제는 양질의 코드를 작성하는 일뿐만 아니라, 그런 코드를 프로덕션 환경에 빠르고 쉽게 배포하는 일에 초점이 맞춰졌다. 결국, 코드가 처음 작성될 때 생긴 빚을 되갚을 유일한 환경은 바로 프로덕션 환경이다.

---

5 옮긴이_ 이 책에서 자주 등장하는 'path to production'은 한국어로는 '프로덕션 환경에 이르는 경로'로 번역해야 정확하지만, 지면과 가독성을 고려하여 '프로덕션 경로'로 줄여 표기합니다.

1.2 며칠마다 한 번 배포

이미 많은 기업이 프로세스를 자동화automation하여 소프트웨어 전달 주기를 점점 더 줄여가는 추세다. 자동화하는 근거는 말할 나위도 없이 명백하다. 급변하는 소프트웨어 개발 세상에서 사람이 하는 일과 사람이 내리는 결정은 병목bottleneck[6]을 일으킬 수밖에 없다. 인간이 사고하고 분류하는 체계는 코드가 실행되는 속도보다 수십, 수백 배 정도order of magnitude는 더 느린데다, 대체로 오류가 발생하기 쉽다. 따라서 아티팩트 빌드, 테스트, 배포처럼 기존에 수작업으로 처리했던 프로덕션 경로의 주요 컴포넌트는 점점 시간이 지나면서 다양한 도구를 이용하여 자동화되었다(그림 1-2).

그림 1-2 오늘날 일반적인 프로덕션 배포 경로

그러나 자동화의 의미를 단지 **어떤 도구를 사용하는 것**으로 제약하면 잘못된 길로 빠지게 될 것이다. 도구는 어디까지나 코드 작성에서 소프트웨어 전달로 패러다임을 변화시킨 일련의 사고방식을 가시적으로 나타낸 흥미로운 결과물에 불과하다. 지금은 널리 보급된 익스트림 프로그래밍, 데브옵스, CI/CD 등의 프랙티스가 변화를 이끈 주역들이며 지속적 배포 역시 바로 이 거인들의 어깨 위에 있으므로, 만약 여러분이 이런 용어에 익숙하지 않다면 이 책을 읽기 전에 좀 더 자세히 알아두는 것이 좋겠다.[7]

익스트림 프로그래밍, 데브옵스, CI/CD는 코드가 체크인되는 순간부터 배포되는 시점까지 프로덕션 경로를 자동화하고 이터레이션을 적용하여 사람의 개입을 최소화했다. 이러한 자

---

[6] 옮긴이_ 전체 시스템의 성능이나 용량이 하나의 구성 요소로 인해 제한을 받는 현상입니다.
[7] 『지속적인 통합』(위키북스, 2008), 『Continuous Delivery』(Addison-Wesley, 2010), 『익스트림 프로그래밍 (2판)』(인사이트, 2006), 『데브옵스 핸드북』(에이콘출판사, 2024)

동화는 안전성을 해치지 않으면서도 속도를 높이기 위해 반드시 필요한 기술적 베이스라인^{baseline}(기준선)이다. 소프트웨어 엔지니어는 단지 자신의 노트북에서 코드를 실행하는 것 이상의 수준으로 스크립팅 그리고 인프라와 연관된 광범위한 기술을 습득해야 하고, 자신이 하고 있는 일에 오너십^{ownership}(소유권)을 가져야 하는 숙제를 받게 되었다. 이러한 사고방식의 변화는 기술 인력에게만 국한된 것이 아니라, 조직 전체적으로도 커스텀 소프트웨어 제작에 대한 문화(및 구조)를 다시 생각하게 했다. 과거에는 각각 떨어진 부서 간에 소통이 거의 또는 전혀 이루어지지 않은 채 적잖은 작업이 한 부서에서 다른 부서로 전달되었다면, 이제는 제품을 처음부터 끝까지 관리할 수 있는 다기능$^{cross-functional}$[8] 팀이 주류로 자리잡기 시작했다.

이러한 움직임 덕분에 소프트웨어 릴리스 주기를 획기적으로 단축하면서도 안정적인 릴리스가 가능해졌고, 전에는 도저히 상상조차 할 수 없었던 긍정적인 결과가 만들어졌다. 실제로 지금은 3분의 2 이상의 회사에서 매일 한 번 내지는 한 달에 한 번 꼴로 프로덕션 배포를 할 수 있게 되었다.[9]

1.3 지속적 배포

지속적 배포는 소프트웨어의 프로덕션 경로를 자동화로 대체하는 엔지니어링 우수성$^{engineering\ excellence}$[10]의 발전 과정에서 한 걸음 더 나아간 개념이다. 어떤 의미에서 지속적 배포는 논리적 정점$^{logical\ culmination}$을 나타낸다. 과거에 코드가 유저에게 전달되는 과정의 일부 또는 거의 대부분을 자동화했다면, 지속적 배포는 그야말로 모든 것을 자동화한다. 최종 프로덕션 배포도 사람이 아닌, 파이프라인 에이전트$^{pipeline\ agent}$에 의해 결정된다.

한 마디로, 지속적 배포는 (모든 품질 게이트가 그린^{green}[11]이라는 전제 하에) 커밋이 메인 브랜

---

[8] 옮긴이_ 서로 다른 전문성을 가진 사람들이 공동의 목표를 향해 일하는 그룹으로, 재무, 마케팅, 운영, 인사 부서의 직원이 포함될 수도 있습니다. 일반적으로 조직의 모든 직급에 속한 직원이 포함되며, 조직 외부(특히 서드파티 업체, 주요 고객이나 컨설팅 회사)에서 온 직원도 포함될 수 있습니다.

[9] 전체 원문은 DORA, 『Accelerate State of DevOps Report 2023』 https://oreil.ly/ZJS1G 참고

[10] 옮긴이_ 높은 품질의 소프트웨어와 시스템을 개발하고 운영하는 최상의 엔지니어링 원칙과 프랙티스로, 단순히 기능을 구현하는 것을 넘어, 효율성, 확장성, 안정성, 보안성, 협업 문화 등을 극대화하는 것이 목표입니다.

[11] 옮긴이_ 이 책에서는 빌드/배포 또는 테스트가 성공한 상태를 'green', 실패한 상태를 'red'라고 나타냈습니다. 개발자들이 많이 사용하는 IDE에서 실제로 테스트 결과가 화면에 녹색, 적색으로 표시되는 것을 표현한 것으로, 역서에서도 원문의 느낌을 살리기 위해 '그린', '레드'로 음차합니다.

치에 푸시^{push} 또는 머지^{merge}되면^{12} 항상 프로덕션 배포로 귀결됨을 의미한다. 이제 **커밋된 코드**에서 **유저 앞에서 실행되는 코드**로 가는 여정에 수작업은 전혀 필요하지 않다. 모든 작업은 매 커밋이라는 세분도^{granularity}로 끝난다. 최후의 인간 병목까지 제거함으로써 지속적 배포는 소프트웨어 피드백 루프를 며칠이나 몇 시간, 심지어 단 몇 분 단위로까지 단축시킨다.

이처럼 드라마틱한 가속화는 엔지니어에게 더없이 중요하다. 이들은 아주 작은 코드의 증분^{increment}만으로도 프로덕션 레벨의 완전한 품질 피드백을 거의 실시간에 가깝게 받게 되리라 예상하며 작업을 진행한다. 지속적 배포 덕분에 이제 더 이상 **개발은 끝났고 프로덕션 배포는 나중에 하는 것**이 아니라, 실제로 프로덕션 배포까지 끝나 결과가 드러난다. 변경 증분$^{change\ delta}$은 며칠 또는 몇 주 동안 누적된 변경사항이 아닌, 코드 몇 라인의 분량에 불과하므로 프로덕션 배포 자체를 언제든 자주 할 수 있게 되었고 배포를 할 때마다 리스크도 크게 줄었다(배포 규모와 빈도 간의 상관 관계는 2장에서 좀 더 자세히 설명한다).

그러나 대부분의 엔지니어링 프랙티스가 그렇듯이, 지속적 배포에 관한 진정한 패러다임의 변화는 이를 채택하는 비즈니스 관점에서 그 진가가 드러난다. 프로덕션 코드 증분을 최대한 잘게 나누고 광속으로 반영할 수 있다면 제품 자체의 증분도 그렇게 만들 수 있다. 작은(또는 큰) 제품에 대한 결정을 훨씬 더 쉽게 내리거나 뒤집을 수 있고 가능한 한 마지막 순간에 결정할 수 있다. 이런 결정이야말로 가장 책임감 있는 결정이 아닐까?^{13} 덕분에 유저 행동$^{user\ behavior}$이나 요건^{requirement} 등이 갑작스레 변경되는 돌발 상황이 발생해도, 배포가 보류되어 프로덕션 경로가 적체되거나 막판에 변경사항이 복잡하게 꼬이지 않게 하면서도 바로바로 문제를 해결할 수 있다. 보통 릴리스 자체가 아주 잘게 나뉘어 있어서 원한다면 유저 행동을 꽤 정밀하게 실험하고 측정할 수 있는데, 이러한 프로세스를 활용하면 애자일의 **변화에 대응**하는 가치를 최대한 끌어내고, 반복적인 개발 패러다임 내에서 피드백 루프를 가장 짧게 만들 수 있다.

내가 경험한 바에 따르면, 지속적 배포를 하면 소프트웨어 전달 시 팀에 중요한 모든 종류의 (변경사항 전달에 소요된 시간, 전체적으로 전달 가능한 변경사항 수, 결함 발생률 및 복구 속도 등의) 메트릭^{metric}(지표)이 개선되는 효과가 있다. **커밋된 코드가 유저 앞에서 실행되기까지의 과정**에 대한 논의가 여전히 현재진행형이라고 생각하므로 이 책을 빌어 나의 경험을 공유하고

---

12 옮긴이_ 지금은 깃(git)이 거의 모든 소프트웨어 개발 프로젝트의 표준 버전 관리 도구로 자리를 잡았고, 이 책에서도 깃으로 소스 코드의 버전 관리를 한다는 전제로 설명하고 있습니다. 따라서 깃을 전혀 모르는 독자는 먼저 https://git-scm.com/book/en/v2에서 『Pro Git』을 무료로 내려받아 1~3장을 읽어보기 바랍니다.

13 LRM(Last Responsible Moment, 최종 책임 순간)은 『Lean Software Development』에 잘 설명되어 있듯이 결정을 내리지 않는 비용이 결정을 내리는 비용보다 커질 때까지 결정을 미루는 것이다. 정보를 최대한 얻게 된 다음에야 결정을 내릴 때 유용한 전략이다.

자 한다. 부디 이 책이, 지속적 배포가 널리 사랑받는 다른 프랙티스들과 어깨를 나란히 하는 데 긍정적으로 작용했으면 하는 바람이다.

자, 그럼 지속적 배포는 정확히 무슨 일을 할까? 미반영 코드가 프로덕션에 이르는 데 지속적 배포는 어떤 기여를 하는 걸까? 아주 가까운 친척 뻘인 지속적 전달과는 어떤 차이점이 있을까? 그리고 이 차이점이 중요한 이유는 무엇일까?

이런 질문에 답하려면 잠시 시간을 들여 자동화가 태동한 시절로 돌아가 지속적 배포가 등장하기 직전까지의 프랙티스를 이해할 필요가 있다. 우리 선배들이 어떤 원칙을 갖고 배포를 했는지 알아야 이를 바탕으로 지속적 배포가 어떻게 현재에 이르게 되었는지 알 수 있을 것이다.

연대순으로 살펴보겠다. 먼저, 익스트림 프로그래밍의 초창기로 가 보자.

1.4 익스트림 프로그래밍

테스트, 리뷰, 통합, 배포 등의 태스크는 프로덕션 경로에서 매우 중요하지만 막상 실행하기 불편하고 어려울 수 있어서 보통 긴 이터레이션 맨 끝으로 미뤄지고, 대부분 수작업으로 이루어지며 그나마 제대로 완료되는 경우는 드물다.

그런데 1990년대 후반부터 2000년대 초반까지 소프트웨어 개발의 변방에 있던 넌코딩 활동 noncoding activities[14]이 화두로 떠오르고 익스트림 프로그래밍eXtreme Programming(XP)이 널리 보급되면서 이러한 태스크에 대한 인식도 변화하기 시작했다. XP는 애자일 소프트웨어 방법론Agile software methodology의 하나로, 소프트웨어 개발에서 가장 중요한 부분(반드시 소프트웨어 작성인 것은 아니다)을 가능한 한 자주 하는 것이 중요하다고 강조한다. 켄트 벡은 XP가 '소프트웨어 엔지니어링에서 가치 있는 모든 것을 10으로 다이얼을 돌리는 것'이라고 말했다.[15] 이 프로세스는 두 명의 프로그래머가 하나의 작업대workstation에서 함께 작업하(면서 지속적으로 코드를 리뷰하)는 페어 프로그래밍pair programming, 코딩을 하기 전에 먼저 테스트를 작성하는 테스트 주도 개발Test Driven Development(TDD), 코드 변경사항을 가능한 한 자주 메인 브랜치에 통합하는 지

---

[14] 옮긴이_ 책을 읽고 글을 쓰고, 세미나에서 발표하고, 다른 엔지니어들과 네트워킹을 하는 등 코딩 이외에 개발자가 수행하는 다양한 활동입니다.

[15] 『Extreme Programming Explained, Second Edition』(Addison-Wesley, 2004), p. 127

속적 통합Continuous Integration(CI, 이 명칭에도 'continuous(연속)'라는 단어가 있다) 등의 프랙티스로 구성된다.

XP는 어렵고 고통스러운 단계를 자꾸 뒤로 미루는 구태에 도전한 초기 움직임으로써, 이러한 태스크의 수행 빈도를 늘리면(즉, 계속 수행하면) 작업의 난이도를 줄일 수 있다고 설파했다. 이 말이 직관적으로 마음에 와 닿지 않을 수 있지만, XP의 모토인 **힘들수록 더 자주 하라**는 코드가 프로덕션에 도달하는 전 과정을 자동화한 최초의 근본 원칙이었다.

1.4.1 힘들수록 더 자주 하라

솔직히 나도 처음에는 리뷰, 통합, 테스트, 배포가 너무 귀찮아서 나중으로 미루려고 했다. 이런 일을 필요 이상 자주 하고 싶은 사람이 과연 있을까? 몇 주간 나만의 기능 브랜치에서 코딩하다 **머지/릴리스 지옥**merge-and-release hell을 더 이상 미룰 수 없는 때가 찾아오면 어떻게든 며칠간 고개를 푹 숙이고 끝내면 됐다. 고생이 끝나면 시련은 모두 잊고 다시 나만의 코드 정원으로, 평화롭고 안온한 일상으로 돌아가면 된다. 하지만 누군가 우리 팀에 와서 그간 우리가 각자 작업한 새 기능이 모두 포함된 버전의 소프트웨어가 어떻게 작동되는지 보여달라고 요청하면 처음부터 또 시작이다. 이 성가신 이해관계자stakeholder들이 데모와 릴리스로 그만 좀 훼방 놓았으면 하고 바라면서…. 그러면 개발자가 진짜 할 일에 집중할 수 있을 텐데!

나는 상이한 스케줄에 따라 통합과 릴리스를 진행해야 하는 팀에서 근무한 이후에야 **힘들수록 더 자주 하라**는 말이 무슨 뜻인지 이해되기 시작했다. 신기하게도 주기가 짧아지면서 팀이 소프트웨어를 준비하기 위해 할 일이 줄었고, 재작업이 줄면서 책상에 다시 돌아오는 일도 줄었다. **힘들수록 더 자주 하라**는 말은 통합과 배포에서 고통의 쓴맛을 더 느끼라는 게 아니라, 빈도를 늘리면 느끼게 될 고통이 줄어든다는 뜻이다. 매번 릴리스하는 고통뿐만 아니라, 전체적인 고통도 줄어든다.

더 작고, 덜 고통스러운 배치

머지, 테스트, 배포 같은 고통 끝판왕인 일들은 갈수록 해당 작업을 거쳐야 하는 코드의 양이 점점 줄어드는 경향이 있다. 커밋은 처리 대기 중에는 쌓일 일이 없으므로, 소프트웨어를 더 자주 통합, 테스트, 배포할수록 그때마다 통합, 테스트, 배포할 소프트웨어의 양은 줄어들기 마련이다.

또한 통합을 자주 하면 변경 증분이 작아져서 머지하기 쉽고, 배포를 자주하면 조사하는 데 며칠씩 걸릴 버그를 몇 시간 내에 원인을 찾아내 해당 변경사항까지 추적할 수 있다. 눈에 불을 켜고 들여다봐야 할 코드 라인 수가 확 줄어드는 것이다.

자동화의 인센티브

더 자주 (그리고 더 작은 배치로) 수행하면 개발자가 반복적으로 수행하는 위험한 프로세스를 간소화하는 강력한 인센티브가 주어진다. 짧은 이터레이션을 당연시하기 이전 시절에는 어쩌다 한 번 가끔씩 수행하던 (악몽 같은) 태스크의 자동화는 그리 큰 의미가 없었다. 그러나 오류가 발생하기 쉬운 일상적인 작업 단계를 자동화하는 것은 분명 유의미한 일이었다. 이후 자동화는 점점 대세로 굳어져 이제는 버전 관리 시스템에서 최신 코드 변경사항을 자동으로 폴링polling[16]하여 아티팩트를 빌드하고, 온갖 종류의 자동 테스트를 실행하고, 배포까지 모두 자체적으로 이루어지는 파이프라인으로 발전했다. 이런 부류의 태스크를 더 자주, 자동화하면 할수록 사람의 손으로 하면 얼마나 느리고 비효율적인지, 솔직히 작업량이 더 늘어나는 경우가 얼마나 많은지 쉽게 부각되었다. 사실, 게으름은 여러분과 나 같은 프로그래머들에게 최고의 미덕 중 하나다.

어쨌든 그 결과, 예전에는 막연히 두려움의 대상이었던 통합, 테스트, 릴리스 단계가 훨씬 수월해졌고 많은 기업에서 이런 절차를 당연시하게 되었다. 이는 시장에서 이러한 작업을 더 자주 수행하라고 요구해서가 아니라, 기업들이 더 자주 수행하기 시작했기 때문에 가능한 일이었다.

덕분에 덜 고통스럽게, 더 자주 수행함으로써 새로운 이니셔티브initiative[17]에 대한 피드백을 더 빨리 받아볼 수 있게 되었다. 궁극적으로는 유저가 원치 않거나 불필요한 것을 구축하는 낭비가 줄었다.

힘든 일은 더 자주, 더 작은 배치로, 가능한 한 자동화하라는 아이디어를 적용한 결과, 소프트웨어를 전달하는 과정에서 가장 고통스럽던 부분이 획기적으로 간소화됐다. 하지만 앞서 말했듯이 갑자기 한꺼번에 이렇게 개선된 것이 아니라, XP의 초창기 좋은 본능을 따른 다양한 프랙티스가 이후 몇 년간 중요한 역할을 담당했다. **힘들수록 더 자주 하라** 원칙에 충실한 소프트웨어의 프로

---

16 옮긴이_ 클라이언트 프로그램에서 동기식으로 외부 장치의 상태를 능동적으로 샘플링하는 것입니다. 입출력(I/O) 분야에서 가장 많이 쓰이며, 하드웨어 구현체로는 감시 타이머(watchdog timer)가 대표적인 예입니다.

17 옮긴이_ 정해진 목표 달성이나 문제 해결을 위한 주도적, 자발적인 계획을 말합니다.

덕션 경로는 아티팩트 빌드부터 시작해 프로덕션 배포에 이르기까지 한 번에 한 단계씩 자동화되었다.

예를 들어, 잘 알려진 프랙티스인 CI/CD는 각각 코드를 다른 사람의 코드와 합치는 수고 및 프로덕션 레디한[production-ready][18] 소프트웨어를 전달하는 더 힘든 수고에 뿌리를 둔다. 어떤 이들은 데브옵스가 전통적인 데브[Dev](개발 팀)와 옵스[Ops](운영 팀) 간의 의사소통 오류 및 마찰로 인한 고통에서 비롯된 프랙티스라고 말하기도 한다.

요즘 XP를 언급하는 사람은 많지 않지만, XP가 뿌리내린 사고방식은 아직도 팀과 조직이 피드백 루프를 단축시키고 점점 더 빠르게 시장에 진출하는 가이드라인 역할을 톡톡히 해내고 있다. 그럼, XP 도입 이후의 역사를 조금 더 살펴보자.

1.5 데브옵스

데브옵스는 사실 (채용 담당자들에겐 유감이지만) 어떤 직책[job title]이 아니다. 소프트웨어의 작성과 실행 간의 역기능적 분리[dysfunctional separation][19] 문제에 대응하기 위한 움직임을 가리키는 명칭이다. 2007~2008년 사이에 등장하기 시작한 데브옵스 운동은, 패트릭 드보이스[Patrick Debois]가 2009년에 1회 데브옵스데이[DevOpsDays] 컨퍼런스를 개최[20]한 이후, 피닉스 프로젝트[Phoenix Project][21]와 데브옵스 핸드북[DevOps Handbook][22], 두 핵심 문헌과 더불어 전개되었다.

데브옵스의 목표는 서로 별개의 부서로 완전히 나뉜, 사일로화된[siloed][23] 소프트웨어 개발 팀과 IT 운영 팀 간의 낡은 장벽을 허무는 것이다. 개발 팀은 코드 작성에만 집중하고 운영 팀은 이를 배포하고 프로덕션 환경에서 코드를 유지보수하는 일만 담당했던 전통적인 체제 말이다.

데브옵스 운동은 이러한 역할 분리가 당시 소프트웨어 릴리스 및 운영에 관한 모든 고통스러운 작업의 근원이라 보고 변화를 모색했다. 또한 두 기능 간의 통합과 협업 문화를 장려함으로

---

18 옮긴이_ 어떤 제품이나 서비스를 실제 프로덕션 환경에서 바로 사용할 준비가 된 상태를 뜻합니다.
19 옮긴이_ 역할이나 기능을 분리한 결과, 오히려 협업이나 효율성이 떨어지는 현상을 말합니다.
20 'The Origin of DevOps: What's in a Name?', DevOps.com, 스티브 메자크(Steve Mezak), https://oreil.ly/TCzso
21 『The Phoenix Project』(IT Revolution, 2014)
22 『데브옵스 핸드북』(에이콘출판사, 2024)
23 옮긴이_ 대량의 시멘트, 곡물 등을 보관하는 저장고입니다. 여기서는 사내 부서 간 이기주의나 소통 장벽으로 인해 마치 사일로에 갇힌 것처럼 정보가 공유되지 않고 각각 분리되어 관리되는 모습을 말합니다.

1장 지속적 배포   **43**

써 서로가 서로에게 지속적으로 배울 수 있는 경로를 확립하고자 했다. 기술적인 측면에서 봐도 프로덕션에서 얻은 교훈이 개발 프로세스에 다시 피드백되는 구조로 지속적인 학습이 가능하다.

이 역기능을 좀 더 자세히 살펴보며 왜 그런지 알아보자.

1.5.1 데브와 옵스 사이의 장벽

데브옵스 이전에는 대개 개발 팀과 운영 팀이 따로 있어서, 다른 층이나 심지어 다른 건물에 있는 부서와 함께 근무하기도 했다. 그래서 서로의 업무와 우선순위를 잘 모르고 부서 간 인수인계가 매끄럽지 않은 경우가 많았다. 당연히 최종 배포가 예상대로 작동하지 않으면(실제로 그런 일이 흔했다) 소통이 원활하지 않아 서로 남탓만 하면서 **벽에다 물건 던지기**throwing stuff over the wall[24]하는 일이 잦았고 문제는 더욱 악화되었다.

이러한 분리는 결국 지식의 사일로화를 유발하며, 문제(특히, 애플리케이션 코드와 인프라의 경계선 부근의 문제)를 효과적으로 해결할 수 있는 능력을 떨어뜨렸다. 개발자는 제한된 사고에 갇혀 프로덕션 환경에서 코드가 어떻게 작동하는지 모르는 우물 안 개구리가 되고, 운영 팀은 코드베이스와 관련된 디펜던시나 설정에 대한 시야가 한정되었다. 서로 볼 수 있는 부분만 보니까 문제점을 정확하게 진단하기가 점점 더 어려워졌고, 문제 해결까지 소요 시간 및 전체 중단 시간downtime도 늘어났다. 또 애당초 프로덕션의 특수한 조건이나 운영성operability을 염두에 두고 소프트웨어를 개발하지 않아 어쩔 수 없는 일이었다.

무엇보다 중요한 점은, 이 부서 간 **떠넘기기**handover 과정이 배포 사이클을 더디게 만드는 주범이었다는 사실이다. 배포 목적으로 이렇게 부서 간에 손털기handoff를 하다 보면 배포 시간은 길어질 수밖에 없고, 배포 시간이 길어지면 신기능 릴리스가 지연되면서 변화하는 시장 요건이나 피드백에 신속하게 대응하기 어렵다.

이 모든 역기능을 해소하려면 그 핵심에 위치한 조직상의 문제, 즉 부서 간의 분리를 없애야 한다.

---

[24] 옮긴이_ 적절한 의사소통이나 협업 없이 프로젝트나 자기 할 일을 다른 사람에게 떠넘기는 것을 의미하는 관용어입니다.

1.5.2 데브와 옵스를 하나로

이런 여러 문제 때문에 데브옵스에서는 개발과 운영, 두 기능 간의 간극을 좁혀야 한다고 주장한다. 이 운동의 기본 원칙이 소통, 협업, 근본적인 조직 개혁$^{organizational\ reshuffling}$에 초점을 두고 있다는 점을 고려하면 사실 놀라운 일도 아니다.

데브옵스의 핵심은 업무를 서로 떠넘기는 대신, 코드, 배포 프로세스의 오너십을 공유함으로써 프로덕션의 계속성^{permanence}을 지향한다. 요즘 **진정한 데브옵스 팀**은 다기능$^{cross-functional}$ 팀이다. 다기능 팀은 코드와 인프라 모두를 알아서 변경하고, 배포하고, 그 결과 시스템이 프로덕션에서 잘 작동하도록 지원하는 팀이다. **직접 만들고 실행하라**$^{You\ build\ it,\ you\ run\ it}$는 아마존^{Amazon} CTO 베르너 보겔스$^{Werner\ Vogels}$의 유명한 말마따나 모든 팀원은 함께 일한다. 인프라에 국한된 얘기가 아니다. 데브옵스는 제품을 발전시키고 관리하기 위해 필요한 모든 기능(예 품질 보증, 보안)을 팀 자체적으로 보유해야 한다고 이야기한다. 물론, 전문 엔지니어가 필요 없다는 말은 아니다. 각 팀이 애플리케이션의 기술 스택을 위에서부터 아래까지 담당할 수 있으며, 또 그래야 한다고 주장한다. 다음은 『데브옵스 핸드북』에서 인용한 단락이다.

> 제품 소유자, 개발자, QA, IT 운영자, 보안 전문가가 조직 전체의 성공을 위해 서로 도와가며 협업하는 세상을 그려보라. 공동의 목표를 바라보고 달려감으로써 예정된 작업을 신속하게(예 하루에 수십, 수백, 수천 회의 코드 배포 수행) 프로덕션에 배포하면서도 국제적인 레벨의 안정성, 신뢰성, 가용성, 보안을 달성할 수 있다. 다기능 팀은 어떤 기능이 유저를 가장 기쁘게 하고 조직의 목표를 달성하는 데 기여하는지 엄격하게 가설을 세우고 테스트한다. 그들은 기능 구현에만 신경 쓰지 않고, 전체 가치 흐름$^{value\ stream}$에서 IT 운영 팀이나 내외부 고객들에게 혼란과 중단 없이 업무가 원활하게, 자주 진행되도록 적극적으로 노력한다. […] 자동 셀프 서비스 도구 및 플랫폼과 전달 팀에 QA, IT 운영자, 보안 전문가의 전문성을 추가하여 팀은 이제 일상 업무에서 다른 팀에 의존하지 않고도 이러한 전문 지식을 십분 활용할 수 있다.[25]

사일로화된 부서에서 다기능 팀으로의 전환은 아주 근본적인 변화다. 소프트웨어 라이프 사이클이 시작될 때부터 자주 협업하면 개발 초기에 필요한 모든 부분을 고려하여 나중에 문제가 생기거나 재작업을 하게 될 가능성을 줄일 수 있고, 결과적으로 소프트웨어 자체의 품질도 향

---

[25] 『데브옵스 핸드북』(에이콘출판사, 2024)

상된다. 예를 들어, 개발자는 자신이 내린 결정이 운영에 어떤 영향을 주는지에 따라 최종적으로 이익(또는 손해)을 보게 되므로, 프로덕션 환경에서 소프트웨어의 운영성이 개선된다. 나는 이야말로 **[데브와 옵스 간의 소통이] 힘들수록 더 자주 하라**는 원칙을 완벽하게 실현한 사례라고 생각한다.

협업과 다기능 팀은 데브옵스 운동의 두 번째 원칙이자 이 장의 주제인, 소프트웨어가 프로덕션에 도달하는 여정의 자동화에 꼭 필요한 원동력이다. 오너십이 여러 부서에 흩어져 있으면 프로덕션 경로 자동화는 영영 불가능했을 것이다.

1.5.3 자동화, 자동화, 자동화

데브옵스 운동의 또 다른 핵심 교리는 자동화다. 앞서 언급한 이유로, 인프라 프로비저닝infrastructure provisioning, 구성 관리configuration management, 테스트, 배포 등의 반복적이고 수동적인 태스크의 자동화는 더 빠르고, 덜 위험하고, 투박하고 오류가 나기 쉬운 프로세스를 간소화하는 데브옵스의 핵심 관심사였다.

자동화는 예전에도 널리 사용되었지만, 데브옵스는 자동화를 가장 강조하는 운동으로 다른 프랙티스의 긍정적인 부수 효과side effect가 아닌, 핵심 원칙이자 일급 시민first-class citizen으로 격상시켰다.

마침, 클라우드 컴퓨팅의 발전은 데브옵스의 등장 시점과 맞물려 이 원칙을 뒷받침하는 훌륭한 기술적 기반이 되었다. 클라우드 컴퓨팅은 물리적 인프라를 토대로 반드시 필요한 추상화 레이어abstraction layer를 개발자에게 제공함으로써, 서버 및 네트워크 분야의 심도 있는 전문 지식의 필요성을 감소시켰다. 또한 팀 차원에서 직접 인프라를 재빠르게 해체하고 재구축할 수 있게 되면서 인프라의 불변성immutability과 예측성predictability은 한층 높아졌다.

그 이유를 데브옵스 커뮤니티에서 자주 쓰이는 **반려동물**pet 서버와 **가축**cattle 서버의 비유를 통해 알아보자. 온프레미스on-premise 데이터 센터의 서버는 보통 반려동물로 취급되는 반면, 클라우드에 있는 서버는 사실 가축에 더 가깝다. 반려동물은 전원을 내리는 것이 불가능한, 고도로 커스터마이징된customized(맞춤화된) 서버다(반려동물은 누군가에게 귀속되므로 오너십을 공유한다는 것 자체가 어불성설이다). 이와 달리 가축 서버는 언제든 처분이 가능하다. 장애가 발생하면 지웠다가 처음부터 다시 구축하면 그만이다. 단, 그 과정에서 커스터마이징한 부분은 모조리 사라진다. 즉, 불변성이 필수 요건이고 일회성 수동 변경은 안티패턴antipattern이 되는데, 이는 최선의 자동화 베이스라인이다.

이후 클라우드 컴퓨팅에 의한 추상화 레이어가 한층 발전을 거듭하며 코드형 인프라Infrastructure as Code(IaC) 도구가 널리 확산되었다. 이제 팀은 IaC를 이용해서 소프트웨어 실행에 필요한 인프라 버저닝versioning(버전 관리)도 가능한 **실행체**executable로 인프라를 표현할 수 있게 되었다. 이로써 더 많은 자동화가 가능해졌으며, 개발자가 마치 인프라를 애플리케이션 코드처럼 손쉽게 버전 관리를 하고 자체 문서화self-documentation를 할 수 있게 되어 더없이 간편해졌다.

물리적 인프라를 추상화하여 자체 코드베이스 내에 이를 표현할 수 있는 능력은, 지속적 통합 및 지속적 전달의 근본에 해당하는, 자동 파이프라인을 통한 배포 가능성의 원동력이 되었다. 바로 이 프랙티스가 다음 절에서 이야기할 주제다.

1.6 지속적 통합

『지속적인 통합』(위키북스, 2008)에 의해 널리 알려진 지속적 통합continuous integration(CI) 역시 소프트웨어 전달 자동화에 있어서 프로덕션 경로의 초기 단계를 근본적으로 변화시킨 근간이 된 프랙티스였다. 이미 지속적 통합은 XP에서 엄연한 하나의 프랙티스였고, 이후 CI 도구는 점점 확산되어 지금은 대세가 되었다(이 책에서 관련 프랙티스를 전부 다 살펴보기엔 지면이 부족하고 듀발이 쓴 책이 이에 관한 가장 완벽한 해설서이므로, 여기서는 지속적 통합을 문맥에 포함시켜 간단히 살펴보겠다).

수년간 자동 파이프라인 도구의 대명사로 떠오른 지속적 통합은 너무 많은 도구가 쏟아져 나오고 그 인기에 가려져 그 진정한 의미를 확산[26]하는 데 어려움을 겪었다. CI의 핵심은 젠킨스Jenkins나 코드십CodeShip, 트래비스Travis 같은 도구를 설치하는 것이 아니라, 개발자가 변경한 코드를 동일한 버전 관리 브랜치에서 가능한 한 자주 통합하는 프랙티스다.

육중한 변경사항 청크를 통합하기란 어렵고 오류가 발생하기 쉽기 때문에 변경사항을 자주, 지속적으로 통합하면 작업이 훨씬 수월해진다. CI는 한 마디로 머지하고 확인해야 할 코드 양을

---

26 의미 확산(semantic diffusion)은 처음에는 아주 구체적으로 정의되었던 용어가 그 용어를 사용하는 커뮤니티가 점점 넓어지면서 원래 정의가 약해지는 방향으로 확산되는 현상을 말한다.

최소화하는 행위다.

CI를 하려면 우선 트렁크trunk[27]에 코드 변경사항을 가능한 한 자주 추가해야 한다. 트렁크는 모든 개발자의 최신 버전 코드가 집결된 곳이므로 진정한 통합이 일어나는 유일한 장소다. 실제로 코드가 항상 메인 브랜치에 바로 푸시되는 트렁크 기반 개발Trunk Based Development(TBD) 체제가 가장 바람직하다. TBD는 커밋이 계속 쌓이고 통합이 무한정 지연될지 모를 코드의 **월드 가든**walled garden[28]에 해당하는 기능 브랜치를 버린다는 의미다.

그럼 CI에서는 브랜치는 사용할 수 없는 걸까? 이 문제는 3장에서 더 깊이 살펴보겠지만, 일단 지금은 이렇게 말할 수 있다. 아예 불가능한 건 아니지만 훨씬 더 어려운 것은 분명하다. 수명이 짧은short-lived 브랜치나 풀 리퀘스트Pull Request(PR)[29]을 사용하여 CI를 원활하게 추진하는 팀도 있지만, 가급적 자주(이상적으로는 적어도 하루에 한 번 이상) 트렁크에 통합하는 방식으로 CI를 수행한다.[30] 이런 까닭에 브랜치와 PR로 CI를 올바르게 수행하기는 어렵지만(통합을 자주 해야 한다는 사실을 기억하자), 잘못된 일을 저지르기는(통합하지 않고 그냥 다른 커밋을 추가하기는) 쉽다. TBD는 정반대다.

통합 이야기가 나온 김에 CI 방법론에서 더 널리 알려진 자동 빌드 파이프라인automated build pipeline도 알아보자. [그림 1-3] 코드가 트렁크에 머지나 커밋되면 모든 팀이 공유하는 중앙 집중식centralized 서버가 버전 관리 시스템에서 변경사항을 감지하여 곧바로 해당 코드를 아티팩트로 빌드한다. 아티팩트는 새 버전의 애플리케이션의 작동에 필요한 모든 코드와 디펜던시, 구성이 포함된 최종 **번들**bundle[31]이다. 예를 들어, 컴파일된 바이너리, 아카이브archive, .jar나 .war 파일, 컨테이너 이미지가 아티팩트다. 파이프라인은 아티팩트 생성 후 자동 테스트와 코드 검사 도구로 다른 문제점은 없는지 확인한다. 그리고 공유 빌드 파이프라인은 정보 확산기information radiator[32]를 통해 팀에 피드백하고, 코드 검사를 통과하지 못할 때마다 해당 팀에 알림을 보낸다.

---

27 master나 main이라고도 한다.
28 옮긴이_ 직역하면 '울타리 쳐진 정원'이라는 뜻으로, IT 용어로는 유저들이 미리 준비된 콘텐츠만을 이용할 수 있게 제한하는 '폐쇄형 서비스'를 의미합니다.
29 옮긴이_ 깃(git) 리포지터리의 한 브랜치에서 다른 브랜치로 변경사항을 머지해달라고 다른 동료(보통 상위 개발자 또는 리더)에게 요청하는 것입니다.
30 마틴 파울러가 지속적 통합에 관하여 쓴 글을 참고하자. https://oreil.ly/SqElv
31 옮긴이_ 소프트웨어의 작동에 필요한 모든 코드가 포함된 패키지입니다.
32 옮긴이_ 프로젝트나 제품에 대한 실시간 정보를 시각적으로 전달하는 시스템입니다.

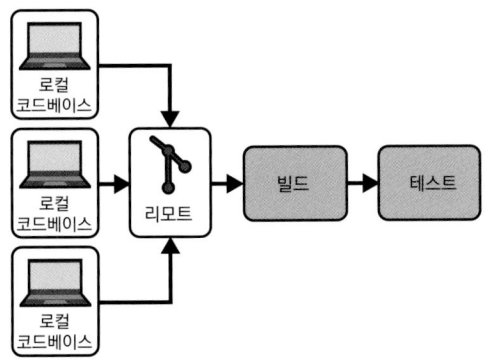

그림 1-3 CI 자동 파이프라인

파이프라인 자동화는 일찍, 그리고 자주 통합해야 한다는 조건과 맞물려 빌드 및 테스트 단계의 세분도를 크게 개선한다. 다시 말해, 전에는 어쩌다 한 번 했던 작업이 이제는 커밋을 할 때마다 트리거되므로 통합-빌드-테스트의 피드백 루프가 단축되면서 결함을 훨씬 쉽게 발견할 수 있다.

사실, 자동 빌드 파이프라인은 아주 강력한 개념이지만, CI는 도구 이상의 팀 내부에서 통용되는 다양한 프랙티스 모음이자, 상호 합의$^{\text{mutual agreement}}$다. CI의 요체는 통합을 자주함으로써 공유 파이프라인을 그린^{green}으로 유지하는 것이다. 파이프라인의 상태는 검증된 버전의 소프트웨어를 운영할 근본적인 능력을 나타낸다. 최신 버전의 잘 작동되는 코드라면 단시간 내에 프로덕션 배포 준비를 마치는 건 이제 식은 죽 먹기다.

파이프라인이 레드^{red} 상태이거나, 오랫동안 머지를 안 했다면, 사실상 최신 아티팩트가 없고 배포할 새 코드가 없는 것이나 다름없다. 가장 최근에 그린으로 빌드한 이후 팀에서 아무것도 진행하지 않은 것이다. 데이비드는 이 책을 감수하면서 "그냥 아무 일도 하지 않은 것이다!" 하고 말했다.

이렇게 중앙화한 단일 진실 공급원$^{\text{Single Source Of Truth}}$(SSOT)[33]과 검증 절차 때문에 개발자의 작업 방식은 근본부터 달라졌고, 완료^{done}라는 말의 정의가 **내 컴퓨터에서 잘 작동한다**에서 **통합, 빌드가 잘 돼야 잘 작동하는 것이다**로 바뀌었다. 과거에 통합, 빌드, 테스트는 정말 고된 작업이었지만 지금은 일상 다반사가 되었으며, 더 이상 막판에 뭔가 준비하느라 허둥지둥할 필요가 없다.

---

[33] 옮긴이_ 사내 여러 시스템의 데이터를 단일 위치로 통합하는 프랙티스를 가리키는 용어입니다. SSOT 자체는 어떤 전략이나 시스템, 도구가 아닌, 하나의 참조 지점을 통해 모든 데이터를 찾을 수 있다는 관점에서 회사 데이터의 상태를 의미합니다.

그리고 이해관계자들은 이보다 고마운 일은 없다고 안도한다.

이 장을 시작하며 말했듯이, CI 개념 이전에는 코드 작성 이후 유저에게 도달하는 프로세스에 엔지니어링이라 할 만한 요소가 거의 없었다. 지속적 통합은 처음으로 이 부분에 변화를 가져온 프랙티스로, 중앙 파이프라인 개념은 이후 등장한 모든 자동화의 토대가 되었다.

1.7 지속적 전달

지속적 통합 직후, 프로덕션 경로 자동화의 다음 단계인 지속적 전달continuous delivery 개념이 등장했다. 이 용어는 『Continuous Delivery』에서 제즈 험블, 데이비드 팔리가 처음 사용한 이래 지속적 통합과 함께 널리 알려지게 되었고, 지금은 대다수 기업에서 구축하고 있는 엔지니어링 프랙티스의 사실상 최신 표준이다. 현재 가장 인기 있는 자동 파이프라인 도구가 지속적 통합은 물론, 지속적 전달의 수행에 필요한 모든 능력을 갖추고 있다는 사실만 봐도 분명하다.

사실, 이 프랙티스의 기술적 베이스라인은 자동 파이프라인의 기능 확장을 요한다. [그림 1-4] 파이프라인 그 자체는 최신 버전의 코드를 빌드하고 검증하지만, 지속적 전달은 파이프라인을 이용하여 언제, 어떤 환경에서라도 자동으로 코드 배포가 가능해야 한다는 점을 강조한다. 배포의 자동화 및 반복성repeatability을 보장하는 IaC와 프로비저닝 도구(데브옵스 운동의 또 다른 수혜)가 있기에 가능한 얘기다.

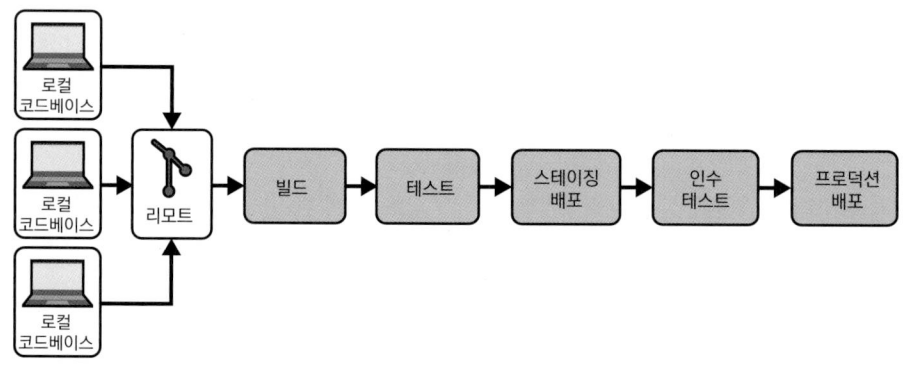

그림 1-4 지속적 전달 자동 파이프라인

가장 일반적인 지속적 전달 프로세스에서는 모든 빌드가 자동 승격되어promoted[34] 스테이징staging(품질 검증 환경)이나 유저 수용 테스트user acceptance test(UAT) 또는 기타 환경으로 배포된다. 일단 배포가 자동화되면 정교하게 작성된 자동 테스트를 프로덕션에 가까운 환경에서 실행할 수 있고, 파이프라인의 최종 단계에 도달하는 각각의 코드 증분은 바로 릴리스해도 될 만큼 정확도가 높아진다. 이들 릴리스 후보release candidate의 프로덕션 배포는 동일한 파이프라인 도구로 필요 시 원하는 만큼 트리거할 수 있다.

지속적 전달을 적용하면 개발 팀이 소유한 자동 파이프라인으로 애플리케이션의 전체 프로덕션 경로를 커버할 수 있다. 이로써 기존의 데브와 옵스 간의 간극을 좁혀 어느 한 팀이 개발과 배포를 둘 다 완전히 소유하게 된다.

그러나 지속적 통합과 마찬가지로 지속적 전달 역시 단순히 어떤 도구를 나타내는 개념이 아니라, 그러한 도구를 성공적으로 활용하는 데 필요한 일련의 작업 방식을 나타낸다. 지속적 전달은 코드베이스를 항상 배포 가능한 상태로 유지하고(매 커밋을 릴리스 후보로 취급한다) 자동 파이프라인을 활용하여 언제든지 프로덕션에 배포할 수 있도록 만드는, 아주 단순한 한 가지 개념에 중점을 둔다. 그래서 팀은 배포 빈도를 획기적으로 늘릴 수 있고, 배포를 자주 하면 A 배포와 그 다음 B 배포 간의 코드 라인 수가 점점 줄어들어 배포 리스크도 평균적으로 낮아진다. 재차 강조하지만, 이 또한 **힘들수록 더 자주 하라** 원칙의 소산이다.

지속적 전달을 실천하여 피드백 루프를 단축시키면 단지 배포 작업의 번거로움이 줄어드는 것보다 훨씬 더 값진 또 다른 이점이 있다. 우선, 이해관계자들에게 최신 버전의 소프트웨어를 시연하는 일이 예전만큼 불편하지 않다. 최신 버전의 소프트웨어는 늘 최신 파이프라인을 거쳐 프리프로덕션preproduction 인스턴스에 새로 배포되어 있으므로 누구든지 브라우저에서 접속하여 실제 환경에서 데모를 돌려볼 수 있다. 데브 팀과 옵스 팀이 분리된 채 소통 오버헤드가 일상이었던 수동 배포 시절에는 도저히 상상할 수 없었던 일이다.

덕분에 이해관계자는 소프트웨어를 빠르게 확인할 수 있고, 엔드 유저end user(최종 사용자)에게 릴리스하는 작업도 아주 간편해졌다. 이제 수개월 전에 미리 프로덕션 배포 일정을 수립할 필요 없이 한 주에도 여러 번, 쉽고 편하게 수행할 수 있다. 테스터, 이해관계자, 그리고 가장 중요한 시장으로부터 훨씬 더 빠르게 요건을 검증받을 수 있고, 피드백도 빨리 받을 수 있어서 시장에 더 민첩하게 대응할 수 있다. 일반적으로 조기 피드백을 통해 제품 소유자가 원하는 어떤

---

34 옮긴이_ 각 환경을 중요도 순으로 나열하면 개발, 스테이징, UAT, 프로덕션이므로 '승격(promotion)'이라는 용어를 사용합니다.

기능이나 전체 시스템이 의외로 **어느 정도 괜찮은** 수준임을 일찍 확인하게 되어 구축할 소프트웨어 자체가 줄어드는 효과도 있다.

지속적 전달이 잘 뿌리내린 조직에서 개발자의 진짜 업무는, 월드 가든에 갇혀 밤새워 코딩하는 것이 아닌, 소프트웨어를 조기에 자주 릴리스하여 작동시키는 작업이다. 사실 또 그래야만 유저에게 가능한 한 빨리 가치를 전달할 수 있을 것이다.

요컨대, 지속적 통합에서 지속적 전달로의 발전은 **무엇을 자동화할 것인가**로 정리할 수 있다. 지속적 통합이 **나의 변경사항이 안전하고 자기 완비적인가?**[35]를 기준으로 자동화한다면, 지속적 전달은 **나의 변경사항이 배포 가능한가**의 결정을 자동화하는 것이다. **지금 배포해도 되나**, 하는 질문에 지속적 전달이 어떻게 자동으로 답변하는지는 잠시 후 살펴보자.

1.8 최종 프로덕션 게이트

대부분의 회사는 빌드할 때마다 적어도 일부 프리프로덕션 환경에서는 사람의 개입 없이도 배포가 일어나는 방식으로 지속적 전달을 구현한다. 하지만 이러한 자동화가 변경사항이 프로덕션에 도달하는 모든 과정에 적용되는 것은 아니다. 최종 단계에서는 여전히 사람이 파이프라인 도구에서 버튼을 눌러 릴리스 후보를 배포해야 한다(그림 1-5). 이 **수동 버튼**manual button의 유무가 바로 지속적 배포와 지속적 전달의 가장 중요한 차이점이다.

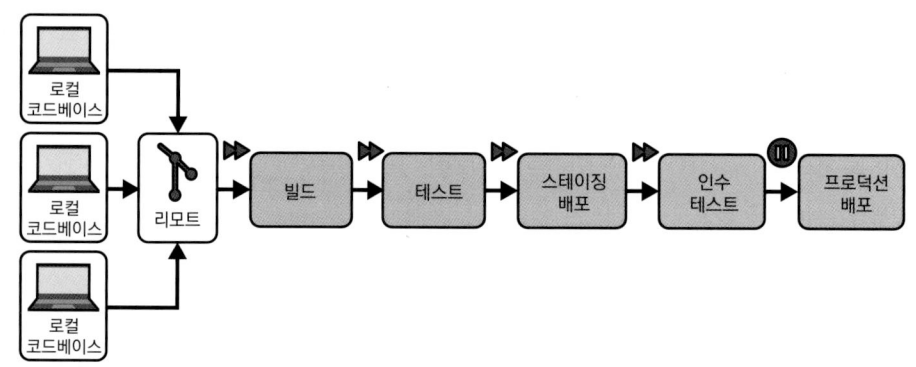

그림 1-5 최종 프로덕션 게이트

---

35 옮긴이_ 여기서는 변경사항 그 자체만으로도 다른 변경사항과 독립적으로 실행이 가능한지를 의미합니다.

최종 수동 게이트는 있지만 그래도 프로덕션 경로상의 더 많은 단계가 간소화되어, 몇 주 동안 쌓인 변경사항이 아닌, 코드 증분이 발생할 때마다 고수준으로 추상화한 프리프로덕션 배포 및 테스트를 수행할 수 있다. 실제로 프로덕션 경로의 99%를 완전 자동화할 수 있는데, 이는 완벽에 가까운 수준이다.

하지만 그래도 코드를 유저 앞에 전달하는 전체 프로세스에서 최종 배포는 사람이 승인해야 한다는 점에서 병목 지점이 남는다. 이 1%가 하찮게 보일지 몰라도 사실 아주 큰 차이다.

팀은 제법 큰 변경사항이 있을 때마다 임시$^{ad\ hoc}$ 배포부터 (세세한 스케줄에 따라 실행되는) 정기 배포까지 다양한 방법으로 프로덕션에 배포할 수 있다. 그러나 수동 개입이 일어날 즈음이면, 이미 프리프로덕션에 커밋 배치가 쌓여 있을 가능성이 높고, 많은 커밋을 한꺼번에 배포하면 배포 리스크는 증가하며 피드백은 지연되고 문제가 생겼을 때 디버깅도 느려진다.

배포가 커질수록 더 많은 관리/감독이 필요하다. 배포 대기열이 길수록 더 많은 결함이 도사리고 있을 공산이 크다. 한 번에 더 많은 변경을 적용하면 문제를 일으킨 원인을 찾기 위해 더 많은 코드를 들춰봐야 한다.

프로덕션 배포 프로세스에 길고 지루한 사람의 개입(예 스테이징 또는 UAT에서 포괄적인 수동 테스트)이 필요하다면, 이는 사실 지속적인 프로세스가 아니다. 엄밀히 말해서 지속적 전달의 기준에 미치지 못하는 것이다. 수동 개입은 배포를 더욱 크고 복잡하게 해서 결국 릴리스 타임$^{release\ time}$을 지연시키고 문제는 더욱 악화시킨다.

게다가 앞서 TBD와 브랜치를 비교한 것과 마찬가지로, 어떤 게이트가 버티고 있는 프로덕션 환경에서는 올바른 일(가능한 한 자주 배포)을 하기 어렵고 잘못된 일(배포 이전에 **그냥 또 다른 커밋 추가**)은 하기가 쉽다.

이제 많은 기업이 지속적 전달의 덕을 보고 있지만, 아직도 원하는 만큼의 빈도로, 즉 매 커밋 단위로 세분화하여 프로덕션에 배포하지는 못하고 있다.[36]

1.8.1 지속적 배포로 진일보

자, 지금까지 XP, 데브옵스, CI/CD의 기본 원리를 배운 여러분은 지속적 배포에 깔린 아이디어를 짐작했을 것이다.

---

[36] 이것을 린 생산 광팬들은 '원피스 플로'라고 알고 있을 것이다(2장 참고).

프로덕션 경로에 대한 이야기가 오가기 시작한 지 20년 후, 소프트웨어의 가장 힘든 부분을 자주 수행해야 한다는 XP의 초창기 직감을 검증하기 위해 니콜 포스그렌[Nicole Forsgren]이 주도한 DORA[DevOps Research and Assessment] 데브옵스 현황 리서치 프로그램이 등장했다.[37] DORA는 가장 오랫동안 소프트웨어 배포 프랙티스를 학술적으로 연구한 프로그램으로, 무려 6년 동안 변경사항의 리드 타임[lead time][38]을 줄이고 프로덕션 배포 빈도를 늘리는 것이 개발 팀(및 해당 조직)의 높은 성과를 보장하는 신뢰성 요소임을 확인했다. DORA의 연구는 조금 이기적인 관점에서 이 메트릭과 엔지니어 삶의 질 간에도 강한 상관관계가 있어, 전반적으로 직무 만족도가 높고 번아웃[burnout](과로)이 적다는 사실도 밝혀냈다. 이 점은 영리/비영리 조직 모두에 적용된다.

DORA 연구 결과를 바탕으로 이미 XP, 데브옵스, CI/CD의 가치를 추종한 팀들은 배포를 더욱 더 자주 하고 게이트키핑[gatekeeping][39]을 더욱 더 줄이려고 노력한다. 어떻게든 최대한 프로덕션에 자주 배포하는 엔지니어링 프랙티스는 시장 출시 시간을 단축하고 변화에 민첩하게 대응하는 능력을 제고하는 조직의 핵심 과제가 되었다.

그러므로 이제 지속적 전달에서 한 걸음 더 나아가 프로덕션으로 가는 마지막 수동 장벽을 없애고 자동 파이프라인의 마지막 단계까지 완전히 자동화한 지속적 배포의 달성은 자연스러운 수순이다(그림 1-6).

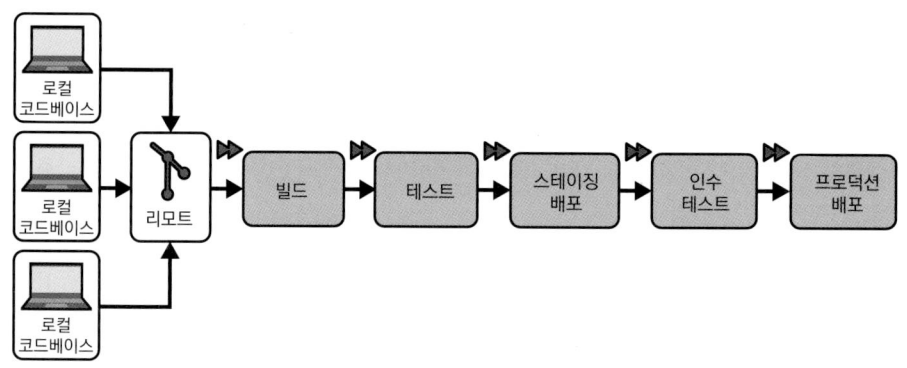

그림 1-6 지속적 배포 자동 파이프라인

---

37 DORA, 『Accelerate State of DevOps Report 2023』 리포트를 내려받을 수 있다. https://oreil.ly/epiI8

38 옮긴이_ 제품의 주문부터 납품까지 걸리는 소요 시간입니다. 여기서는 변경사항의 대상 및 필요성을 인지한 시점부터 실제 프로덕션에 반영하기까지 걸린 모든 시간을 의미합니다.

39 옮긴이_ 결정권자가 마치 게이트(gate)를 지키고(keep) 있는 수문장처럼 각종 결재나 승인 프로세스를 통해 취사 선택하는 일입니다.

지속적 배포는 2009년 티모시 피츠$^{Timothy\ Fitz}$가 동명의 기고문[40]에서 처음 사용한 용어다. 이후 여러 문헌에서 이 개념이 그리 자주 포함되진 않았지만, 점점 관심을 얻게 되면서 메타^{Meta}[41], 구글^{Google}[42] 등의 회사에 성공적으로 정착됐다. 지속적 배포는 아직 문서화가 비교적 덜 된 상태여서 전체적으로 얼마나 많은 기업이 채택했는지 공식적인 데이터는 없다(대부분의 연구는 지속적 배포만 따로 구체적으로 파고들기보다는 지속적 전달에 더 초점이 맞춰져 있다). 그래서 여러분에게 아이디어를 제시하고자 소매업, 은행, 자동차 등 다양한 업종의 기업들이 지속적 배포를 일상 업무에서 어떻게 적용하고 있는지 직접 수집한 사례 연구를 이 책의 5부에 추가했다.

지속적 배포는 매 코드 증분을 프로덕션에 바로 적용시키는 프레임워크 내에서 작동되는 지속적 전달의 특정한 구현체라고 볼 수 있다. 실제로 지속적 배포는 **프로덕션-레디**[43] 원칙을 있는 그대로 실천한다. 코드를 프로덕션에 배포하는 결정이 사람이 개입할 필요 없이 파이프라인에 의해 완전히 자동화된다는 점이 가장 큰 특징이다.

파이프라인을 통과하는 모든 커밋은 프로덕션에 배포 가능한 것으로 간주되며 실제로 프로덕션에 배포된다. 즉, 수동 탐색 테스트$^{exploratory\ test}$에 필요한 UAT 또는 스테이징 환경에서 대기할 필요가 없고, 변경사항을 고라이브^{Golive}[44]할지 여부를 사람이 끼어들어 결정할 필요도 없다. 모든 일은 파이프라인이 처리하고, 사람은 편히 앉아 자동화가 끝까지 이루어지는 광경을 지켜보면 그만이다.

XP의 **힘들수록 더 자주 하라** 원칙이 데브옵스, CI/CD 프랙티스에 어떻게 반영되어 있는지는 이미 앞서 이야기했다. 바로 이와 동일한 원칙이 프로덕션 환경에 지속적 배포를 도입하는 주된 동기라고 생각한다. 어쩌면 지속적 배포는 이 원칙을 극단으로 밀어붙인 프랙티스일 것이다.

소프트웨어를 만드는 사람에게 프로덕션 배포보다 더 고통스러운 일이 또 있을까? 서드파티 서비스의 라이브 버전과 연동시켜야 하고, 대량 트래픽 조건 하에 유저 행동은 예측이 불허하며, 그렇게 유저가 만들어낸 실데이터는 아무리 릴리스 계획을 철저하게 수립한들 예상을 벗어

---

[40] https://oreil.ly/gBltB
[41] https://oreil.ly/dS1qF
[42] https://oreil.ly/l4GGL
[43] 옮긴이_ 소프트웨어를 라이브 환경(프로덕션)에 배포할 준비가 된 상태를 가리키는 용어로, 그만큼 탄탄한 테스트를 거쳐 안정적이고 성능이 우수하다는 사실이 입증되었다는 의미입니다.
[44] 옮긴이_ 프로덕션에 최종 소스를 반영한 후 실제 유저가 사용할 수 있도록 서비스를 오픈하는 것입니다.

나기 일쑤다. 그리고 그 결과는 머지를 잘못해서 망가지거나 데모가 실망스러운 경우보다 훨씬 심각하다. 실제 유저real user는 망가진 애플리케이션, 사용 불가한 기능, 심지어 데이터 손실까지 겪게 되었다. 프로덕션 배포 과정에서 셀 수 없이 많은 팀이 몇 시간 또는 며칠 동안 모든 것을 제치고 이 일에 매달려야 했다. 다음 장에서 얘기하겠지만, 프로덕션 환경은 개발자 노트북에서는 재현하기 어렵거나 불가능하면서 기기묘묘한 쿼크quirk(꼼수)로 가득하다. 제 아무리 정교하고 멋진 프리프로덕션을 구축해도 이 모든 쿼크를 포착할 만큼 프로덕션 환경과 유사한 환경을 만들어 내기는 어렵다.

프로덕션 배포는 정말 겁나는 일이고 자칫 많은 이가 곤경에 빠질 수 있다. 며칠, 몇 주 동안 고생 끝에 프로덕션 배포 후 유저, 이해관계자들 앞에서 자신 있게 시연하는데, 코드에 예기치 못한 버그가 있다는 사실을 알게 되면 얼마나 끔찍한가? 여러분이 경험 많은 개발자라면 굳이 얘기하지 않아도 잘 알고 있을 것이다. 설상가상으로, 엄청난 신기능을 완성하기 위해 장시간 작업을 해왔는데 유저가 기꺼이 무시해버릴 때 느끼는 실망감은 말할 나위도 없다.

프로덕션 배포는 당연히 문제가 생길 수 있다. 그래서 (진정한 XP 방식으로) 가능한 한 자주, 더 바라건대 매 커밋이 일어날 때마다 최고의 자동 테스트를 거쳐 배포되어야 한다. 그래야만 매달 한 번 배포도 무서워서 벌벌 떠는 대신, 하루에 몇 번이든 배포할 수 있는 것이다. 이것이 바로 지속적 배포의 실체이자, 앞으로 이 책에서 다룰 주제다.

나는 지속적 배포가 이 장에서 기술한 수십 년에 걸친 자동화 여정의 정점이라고 생각한다. 지속적 배포를 적용해야 전체 프로덕션 경로를 처음부터 끝까지 자동화할 수 있고 소프트웨어의 가치 흐름에서 수작업을 없앨 수 있다.

즉시 배포immediate deployment를 할 경우, 코드 커밋 라이프 사이클과 배포 라이프 사이클은 서로 딱 맞아떨어진다. 코드베이스의 각 코드 증분이 실시간에 가깝게 프로덕션의 코드 증분으로 반영되므로 모든 커밋은 애초부터 프로덕션 레디 상태여야 한다. 개발자는 매일, 심지어 매시간 단위의 가능한 한 짧은 피드백 루프 내에서 작업한다.

실제로 개발자는 한 가지 태스크에 관한 코드를 작성하면서 다수의 프로덕션 배포를 쉽게 살펴볼 수 있으므로 프로덕션 환경과 갖가지 쿼크, 상호의존성interdependency, 성능 제약조건constraint 등에 익숙해진다. 지속적 배포를 하며 개발자가 자신이 변경한 코드의 가치와 파괴적인 잠재력을 모두 책임지는 완전한 자율권을 획득하는 것이다. 결국, 이 프레임워크는 코드를 작성하는 일상의 인지적 노력에 있어 프로덕션을 일급 시민으로 격상시킨다. 원래 당연히 그래야 하는 것임에도 불구하고, 배포가 **언젠가 나중에, 다른 누군가가 담당**하는 경우에는 쉽게 잊혀지기 쉽다.

커밋과 배포가 1:1로 대응되면 코드베이스의 상태와 프로덕션 상태가 언제나 하나의 동일한 상태로 맞춰지게 되면서 만사가 편해진다. 라이브 이슈를 디버깅하려고 옛[45] 버전의 코드로 돌아갈 필요도 없고, 현재 어떤 버전이 릴리스됐는지 궁금해할 필요도 없다. 긴급 조치$^{urgent\ fix}$하는 경우 배포되지 않은 변경사항을 되돌릴 필요도 없다. 디버깅용 로그 라인을 새로 추가하거나 기능 토글의 버튼 색깔을 바꾸는 등의 아주 자그마한 실험조차 수 분 안에 고라이브가 가능하(고 또 사실 당연히 그래야 한)다.

이러한 작업 방식 덕분에 가능한 작은 단위, 즉 매 커밋 단위로 잘게 나누어 관리할 수 있어 프로덕션 예측 불가능성^{unpredictability}의 리스크를 낮출 수 있다.

1.8.2 구현

지속적 배포를 구현하는 일 자체는 매우 간단하다. 기존의 지속적 전달 파이프라인이 지속적 배포를 지원하도록 프로덕션 배포 단계만 재구성하면 된다.

먼저, 소프트웨어가 다음 조건을 모두 충족하는지 확인하자.

- 버전 관리를 하고 있다.
- 자동 테스트 커버리지가 있다.
- 자동 파이프라인이 있다.
- 트렁크(메인 브랜치)에 새로운 커밋이 발생할 때마다 자동 파이프라인이 실행된다.
- 자동 파이프라인이 커밋부터 테스트, 모든 환경(프로덕션 포함)으로의 배포 등 전체 프로덕션 경로를 담당한다.
- 소프트웨어의 **트렁크** 버전은 메인 프리프로덕션 환경과(당연히) 프로덕션 환경에 배포된다.
- 자동 파이프라인은 합리적인 시간 내에 실행된다(예를 들어, 수동 체크로 인한 일시 중지 시간을 제외하고 모든 단계의 실행에 1시간 미만이 소요된다).

이런 조건이 충족되면, 커밋이 트렁크로 푸시(또는 머지)되고 모든 품질 게이트를 통과하는 순간 즉시 프로덕션에 배포되어야 한다. 수동 단계는 없어야 하며, 탄소 기반의 생명체(인간)가 눌러주길 바라는 버튼도 있어선 안 된다. 이미 지속적 전달 체제를 구축했다는 것은 일반적으

---

[45] 옮긴이_ 이전(previous)과 이전(migration)의 한국어 발음이 동일하므로 이 책에서는 전자를 '옛'으로 표기하여 구분합니다. '오래된', '구식의'라는 뜻이 아니라, 단순히 현재 버전 이전(before)에 작성된 버전을 의미합니다.

로 파이프라인 도구에서 프로덕션 배포 직전에 **일시 중지** 명령을 없앴다는 의미다.

푸시와 프로덕션 배포 사이에 여타 변경사항에 관한 승인 절차나 수동 게이트가 있으면, 이 또한 자동화해야 한다. 메인 브랜치에 푸시/머지하는 이벤트 자체만으로 프로덕션 배포가 트리거되면 비로소 모든 작업은 완료된 셈이다.

여러분의 자동 품질 게이트와 인프라가 이런 식으로 전환할 만큼 충분한지는 어떻게 판단할 수 있을까? 어떻게 해야 **준비됐다**고 말할 수 있는지는 3장에서 좀 더 자세히 살펴보겠다.

> ### 지속적 배포를… 스테이징으로?
>
> 자사의 릴리스 프로세스를 지속적 배포라고 내세우는 회사들이 있는데, 그들이 **지속적**이라고 하는 대상은 스테이징이나 UAT까지만 해당된다는 점에 유의하자. 그 이후는 자동화로만 진행하기에 **너무 리스크가 크다**고 판단되므로 누군가 나서서 프로덕션으로 진행하라는 사인을 보내야 한다. 나는 프리프로덕션 환경에 지속적 배포를 하는 것이 지속적 전달을 실천하는 자연스러운 일부분이라고 생각하지만, 이것 자체는 지속적 배포가 아니다. 나는 이미 2010년에 이 문제를 진지하게 고민하기 시작한 데이비드 팔리와 제즈 험블의 다음 의견에 동의한다.
>
> *물론, 그건 그냥 지속적 배포가 아니다(UAT에 지속적으로 배포하는 것은 얼마든지 가능하다. 아무 문제 될 게 없다). 프로덕션으로의 지속적인 배포가 핵심이다.*
>
> – 『Continuous Delivery』, 266쪽
>
> 지속적 배포를 하면 그 정의에 걸맞게 지속적 전달 자동 파이프라인에서 모든 수동 게이트가 사라진다. 각 단계는 그 다음 단계를 자동으로 트리거하며, 이 모든 단계의 정점은 프로덕션 배포다. 메인 브랜치에 푸시된 코드 변경사항은 그 자체로 완전한 릴리스 후보로서 자동으로 그 유효성이 입증되면 곧바로 유저에게 전달될 것이다.

이게 전부다. 이 책에서 더 이상 파이프라인 구현체에 대한 구체적인 내용은 없다. 사실상 지금까지 얘기한 것이 지속적 배포의 **구현**에 필요한 모든 것이기 때문이다.

지속적 배포 파이프라인을 구축하기란 별로 어렵지 않다. 지속적 전달에서 지속적 배포로 전환하고자 최선임 개발자가 배포 단계, 클라우드 퍼미션 설정, IaC, 정교한 테스트 구축 등을 수행하는 복잡한 스크립트를 코딩하느라 몇 주를 날릴 필요가 없다. 대부분 기존 파이프라인에서 한 단계만 제거하면 간단히 끝난다. 처음부터 지속적 전달 체계를 구축하려면 수개월 내지 수년이 걸릴 수도 있지만, 지속적 전달에서 지속적 배포로 전환하는 과정은 한 라인짜리 변경이

보통이다. 근래 이미 지속적 전달 프로세스에 투자한 회사가 많은 터라 대부분 전환 작업은 그리 어렵지 않을 것이다.

자, 그럼 이 책의 나머지 부분에서 어떤 이야기 보따리를 풀어야 할까?

1.9 시사점

지속적 배포를 지속적 전달의 하위 카테고리 중 하나로 치부하는 이들도 있지만, 이는 푸시에서 프로덕션으로 곧장 이어지는 자동 파이프라인의 단순성을 과소평가한 것이다.

지속적 배포의 어려움은 놀라울 정도로 간단한 그 구현 과정에 있는 게 아니라, 오히려 지속적 배포에 의존하는 프랙티스와 이를 통해 실현 가능한 프랙티스에 있다고 볼 수 있다. 한 라인짜리 변경일지 몰라도 (내 경험상) 라인 하나만 변경한 결과가 일상적인 소프트웨어 개발 프로세스를 완전히 뒤바꾸는 것이다.

예를 들어, 다음은 이 책의 나머지 부분에서 대답해야 할 질문 중 일부를 정리한 것이다. 내가 일하는 팀에서 지속적 배포로 전환한 이후에야 팀원들이 한 질문이기도 하다.

- 모든 커밋을 배포한다면, 미완성 코드는 어떻게 숨겨야 할까?
- 모든 커밋이 하위 호환되도록 backward compatible[46] 하려면 어떻게 해야 할까?
- 다른 프로덕션 서비스와의 계약 contract 이 깨지지 않게 하려면 어떻게 해야 할까?
- 배포와 기능 릴리스는 어떻게 분리해야 할까?
- 배포를 자주 하면 인프라의 안정성에 어떤 영향을 미칠까?
- 앞으로 팀의 업무 방식과 **완료**에 대한 정의는 어떻게 바뀔까?
- 프리프로덕션 환경에서는 무슨 일이 일어날까?
- 만사가 다 프로덕션에 있으면 **개발 완료**라고 할 만한 것이 있을까?
- 배포가 즉시 이루어지면 수동 탐색 테스트는 어떻게 **완료**할까?

지속적 배포 워크플로는 프로덕션 게이트가 존재하는 기존의 지속적 전달 워크플로와 완전히 다르다. 자, 그럼 지속적 배포를 **구현**하는 방법은 이미 말했으니, 그 파급 효과와 모든 지원 프랙티스의 구현에 대해서는 이 책의 나머지 부분에서 이야기하겠다.

---

[46] 옮긴이_ 이전 버전을 염두에 두고 만들어 별도의 수정 없이 그대로 쓸 수 있도록 하는 것입니다.

1.10 지속적 배포는 위험한가?

프로덕션 배포 승인 절차가 없어져 가슴이 철렁 내려앉았다면 걱정하지 말자. 여러분은 혼자가 아니다.

팀이 여태껏 지속적 통합을 잘 해왔고 수명이 짧은 기능 브랜치나 트렁크 기반으로 개발 업무를 진행한다면 매일 여러 가지 변경사항을 파이프라인을 통해 흘려보낼 것이다. 심지어 어떤 팀은 매시간 단위로 여러 변경사항을 보내서 모두 프로덕션에 하나씩 차례차례 적용한다. 엔지니어의 워크플로는 상당히 간소화되지만, 동시에 그 책임을 가벼이 여겨서는 안 된다.

매 커밋이 프로덕션에 적용되므로 개발자는 지속적 전달의 모든 원칙을 아주 엄격하게 준수해야 한다. 파이프라인, 프리프로덕션 환경, 자동 테스트는 잘못된 변경사항을 정확하게 집어낼 수 있도록 한 치의 오차도 허용해선 안 되며, 개발자는 필히 모든 코드 증분을 잠재적인 배포 후보로 취급해야 한다. 앞으로 모든 커밋은 더 이상 단순한 **후보**가 아닌, 실제 배포로 귀결될 것이다.

사실, 지속적 배포를 안 하는 지속적 전달이 제공하는 프로덕션 레디니스 production readiness[47]는 이론에 불과하다고 주장할 사람도 있으리라.

이 프랙티스가 화려하고 눈부신 것 같지만, 개발자가 코드를 고칠 때마다 프로덕션에 즉시 적용되므로 갖가지 서비스가 복잡하게 얽혀 있는 시스템에서는 어떤 식으로든 영향을 줄 것이다. 사실 XP와 **지속적 ○○ 시리즈**가 처음 등장한 이후 업계에도 많은 변화의 물결이 있었다. 많은 조직이 **단순한** 모놀리식 monolithic 애플리케이션에서 벗어나 분산 아키텍처, 서비스 지향 아키텍처를 채택했다. 이런 아키텍처에서 다수의 서비스는 서로가 서로를 호출하는 꽤 복잡한 구조인데, 분산 시스템의 상호의존성은 테스트를 가장 어렵게 만드는 주된 요인이다. 지속적 배포를 신중하게, 책임감을 갖고 수행하지 않으면 잘못 생각한 커밋 하나로 프로덕션 전체가 중단될 수도 있다.

지속적 전달 프랙티스가 필수 베이스라인이지만, 프로덕션에 안정적으로 지속적 배포를 수행하려면 앞 절에서 언급한 몇 가지 추가 예방 조치가 필요하다. 지속적 전달이 널리 알려지게 된 이후 수년에 걸쳐 나타난 회귀 regression[48] 리스크를 최소화하기 위해 부가적인 안전망 safety net을

---

[47] 옮긴이_ 실제 유저가 서비스를 사용하기에 충분히 안정적이고, 운영 가능한 상태인지를 판단하는 기준입니다.
[48] 옮긴이_ 이전에는 작동했던 기능이 작동을 멈추는 소프트웨어 버그의 일종입니다.

구축해야 한다. 지금까지 보지 못했던 프로덕션 환경의 새로운 근접성^{proximity}을 고려하여 품질 게이트를 재구축하고 즉시 배포를 염두에 두도록 팀원들의 작업 방식도 조정이 필요하다.

책임감 있게 지속적 배포를 수행하는 것은 가능하다. 전 팀원이 경험 많은 엔지니어가 아니어도 상관없다. 이미 많은 팀이 매일 지속적 배포를 하면서 엄청난 이점과 기막히게 빠른 피드백의 혜택을 보고 있다. 이 책에서 여러분은 대체 어떤 이점이 있는지, 그런 이점을 어떻게 누리게 되는지 자세히 알게 될 것이다. 일상적인 개발 업무를 하면서도 안전하게 점진적인 릴리스를 수행할 수 있는 프레임워크에 대해 배우게 되며, 이는 중요하지 않은 분산 시스템에서의 지속적 배포 문제를 중심으로 구성되어 있다.

1.11 정리하기

이 책에서 집중적으로 살펴볼 방법론인 지속적 배포에 대해 소개했다. 지속적 배포를 적용하면 프로덕션에 배포하는 최종 결정을 비롯하여 코드가 프로덕션에 배포되는 모든 경로가 완전히 자동화된다.

XP의 **힘들수록 더 자주하라**는 모토에서 시작된, 개발과 운영 간의 장벽을 허문 데브옵스, 아티팩트 빌드까지 자동화한 지속적 통합, 이를 고수준의 테스트 및 배포로, 그리고 마지막으로 자동 파이프라인에서 모든 인적 요인$^{human\ factor}$을 제거하는 지속적 배포까지, 최근 수년간 코드를 프로덕션에 반영하는 경로의 프랙티스에 관하여 간략히 설명했다.

지속적 배포가 엔지니어의 워크플로에 얼마나 지대한 영향을 미치는지, 그리고 지속적인 프로덕션 배포를 감안하여 워크플로를 조정해야 할 필요성에 대해서 논의했으며, 그 결과 어떻게 더 세분화된 피드백이 제공되고 탄탄한 품질 게이트를 구현해야 할 책임이 따르는지 이야기했다. 커밋과 배포는 신중하게 계획해야 프로덕션을 정상 작동하고 성능이 좋은 상태를 유지할 수 있다.

다음 장에서는 지속적 배포에 이렇게 투자할 만한 가치가 있는 이유에 대해서 알아보겠다.

CHAPTER 2

이점

지속적 배포를 정착시키는 것은 이미 성숙한 엔지니어링 문화가 정착되어 지속적 전달에 익숙한 팀에게도 매우 중대한 문화적 모험이다. 지속적 배포가 잘 돌아가려면 경영진부터 새로 입사한 주니어 개발자까지 모든 계층에서 전체적으로 이 프랙티스를 받아들이고 실천하는 안전망이 갖춰져야 한다. 결코 쉬운 일은 아니지만, 목표를 달성하여 지속적 배포에 성공한 많은 기업에서 그 보상은 매우 달콤했다.

이 장에서는 지속적 배포에 이렇게 노력을 기울일 만한 가치는 무엇인지, 모든 커밋을 프로덕션으로 보내기 위해 필요한 문화적, 기술적 변화를 감수해야 하는 이유를 중점적으로 설명한다. 이 장을 읽고 나면 지속적 배포가 어떤 이점이 있는지 알게 되고, 이 책의 나머지 부분을 읽으면서 그러한 이점을 어떻게 살릴 수 있는지 배울 것이다.

지속적 배포의 이점을 요약하면 다음과 같다.

- 낭비와 재작업이 줄어(배치 및 재고^{inventory} 큐가 최소화되어) 소프트웨어 가치 흐름의 효율이 개선된다.
- 고객의 변경 주문을 접수한 이후부터 프로덕션에 반영되기까지 걸린 시간(리드 타임 + 사이클 타임)이 단축된다.
- 엔지니어링 건전성^{engineering health}의 핵심 메트릭인 배포 빈도가 획기적으로 증가한다.
- 프로덕션에 잘못된 변경사항이 반영되는 비율이 감소한다.
- 잘못된 변경사항의 평균 복구 시간^{Mean Time To Recover}(MTTR)이 단축된다.
- 개발 프로세스 초기부터 품질 관리를 병행함으로써 역할 간 협업이 개선된다.
- 엔지니어링 오너십의 강화로, 진행 중인 작업^{Work in Progress}(WIP)의 떠넘기기와 컨텍스트 손실이 사라진다.

여러분은 어쩌면 이미 소프트웨어 엔지니어링에서 익숙한 몇몇 개념, 특히 린 생산^{Lean} ^{manufacturing}의 기본 원리와 DORA 메트릭, 시프트 레프트$^{shift-left}$ 원칙 등이 이 리스트에 포함되어 있다는 사실을 알고 있을 것이다. 이런 개념들은 그 효용이 입증된 바 있으며, 고객과 함께 더 빠르고 안정적으로 가치를 창출하여 궁극적으로 비즈니스 성과를 개선하는 데 유용하다. 지속적 배포가 이들 개념과 어떻게 결합하여 시너지를 발휘하는지 이 장에서 모두 설명하겠다.

그럼, 먼저 린 생산과 재고 흐름에 관한 이야기부터 시작하자.

2.1 원피스 플로와 린 생산

지속적 배포의 가장 강력한 이점은, 고객 수요 및 시장 변화에 민첩하게 대응하고 전달 파이프라인에서 불필요한 작업을 최소화하는 것이다. 이는 린 생산의 핵심 원칙인, 재고의 지속적인 원피스 플로$^{one-piece\ flow}$[1]를 구현함으로써 달성할 수 있다. 배치, 큐, 병목을 관리하기 위해 린 사고 프로세스와 그 휴리스틱^{heuristics}으로 얻을 수 있는 장점을 최대한 이끌어내는 것이다. 다음 절에서 지속적 배포가 다른 어떤 방법론보다도 원피스 플로에 가까운지에 대해 설명한다. 본격적인 이야기를 시작하기 전에 린 원칙에 익숙지 않은 독자를 위해 필요한 내용을 압축하여 정리하겠다. 린 원칙을 잘 알고 있는 독자는 이 부분을 건너뛰어도 좋다.

2.1.1 린 생산의 기원

린 생산은 낭비를 없애고 효율을 최적화하여 고품질의 제품 전달을 지향하는 체계적인 생산 방식이다. 그 기원은 일본 도요타^{Toyota}에서 도요타 생산 방식$^{Toyota\ Production\ System}$(TPS)과 칸반 시스템$^{Kanban\ system}$으로 자동차 업계에 혁명을 일으킨 1940년대로 거슬러 올라간다.

당시 미국에서 일제 자동차는 수요가 적었다. 이런 까닭에 도요타는 동일한 품목의 재고를 가능한 한 많이 생산하여 결국 언젠가는 팔리게 만드는 전략을 구사한 포드^{Ford}나 제너럴 모터스$^{General\ Mortors}$(GM)의 대량 생산 모델을 그대로 따라할 수 없다고 판단했다. 대신 어떻게든 고객

---

[1] 옮긴이_ '지속적 흐름(continuous flow)', '싱글 피스 흐름(single-piece flow)'이라고 하며, 린 생산에 적용되는 개별 생산 방식입니다. 도요타 생산 시스템의 핵심 개념인 JIT 시스템과도 밀접한 연관이 있습니다.

의 수요에 따라서만 동일한 조립 라인에서 다양한 차종을 소량 생산할 수 있는 방법을 모색해야 했다.

도요타는 생산 라인을 최대한 능률화^{streamline}하는 것을 목표로, 진행 중인 작업 비용을 줄이고, 고객 주문에서 제품 전달까지 걸리는 시간을 단축하는 등 전체 프로세스에서 낭비를 줄이는 일에 주력했다. 그 과정에서 가능한 한 많은 부품을 생산하는 것(재고를 최대화하는 것)이 전혀 좋은 전략이 아님을 깨달았다. 오히려 정확히 고객 수요에 따라 제품을 생산하는 방법을 택했는데, 이것이 훗날 적시$^{Just-In-Time}$(JIT) 생산 및 원피스 플로 개념으로 발전하게 되었다.

[그림 2-1]을 보면, 기존에 전통적인 배치/큐를 사용한 생산 모델과 프로세스 간 재고 최소화를 지향하는 토요타의 원피스 플로 시스템 간의 차이점을 알 수 있다.

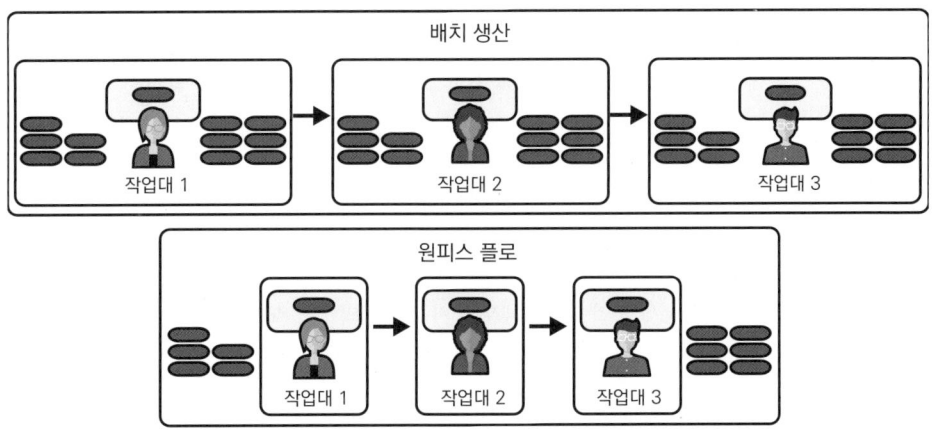

그림 2-1 배치/큐 vs 원피스 플로

그림에서 보다시피, 배치 생산은 작업대 사이에 재고가 쌓이는 반면, 원피스 플로는 한 번에 한 아이템씩 생산되므로 가치 흐름을 통해 쌓이는 재고가 최소화된다. 이 둘을 좀 더 자세히 비교해보자.

배치 생산

[그림 2-1] 상단을 보면 알겠지만, 전통적인 배치/큐 생산 시스템은 각 단계마다 중간에 상당한 재고가 쌓이는 특징이 있다. 예측된 수요만큼 배치가 대량 생산되고, 생산 라인을 통해 한 작업대에서 다음 작업대로 이동되거나 창고에 적재된다.

여기서 흥미로운 사실은, 각 작업대는 후속 프로세스의 실제 작업 진척도에 상관없이 아이템을 생산한다는 점이다. 이러한 국소 최적화localized optimization는 시스템 전체적인 최적화를 고려하지 않으므로 병목과 국소 과잉 생산local overproduction이 일어날 가능성이 높다.

게다가 재고가 쌓이기 시작하면 보관/취급 비용과 미묘한 (그리고 매우 바람직하지 않은) 비효율성이 발생한다. 재고의 **물리적 비용**physical cost과는 정반대로 이러한 비효율성이야말로 바로 린을 도입해야 하는 이유다.

특히, 과도한 재고는 품질 문제를 가려 결함을 조치하기 어렵게 만든다. 일단 전체 배치 생산이 완료된 후에야 결함이 발견되기 때문에 그렇다. 또 하자가 발생한 아이템은 폐기하거나 재작업을 해야 하므로 대량 배치 생산에서 결함의 영향은 더욱 클 수밖에 없다.

무엇보다 대량 배치 생산 시 개별 제품의 시작부터 완료까지의 전체 타임라인timeline이 더 길어진다는 점이 문제다. 가치 흐름 내부에 큐가 생겨 재고가 소진될 때까지 유휴 상태로 기다릴 수밖에 없는데, 이렇게 타임라인이 늘어지면 고객 요구사항에 대한 응답성이 떨어지며 전달 시간이 지연된다. 변동성과 예측 불가능성이 커지면 시스템 전체의 중단 리스크도 증가할 것이다.

다음은 제프리 라이커Jeffrey Liker가 『도요타 방식』(가산출판사, 2004)[2]에서 대량 배치에 대해 쓴 글이다.

> 문제는, 거대한 버퍼(프로세스 간 재고) 때문에 자꾸 차선의suboptimal (최적이 아닌) 결과로 이어져 지속적으로 공정을 개선할 동력이 저하된다는 점이다. 어차피 작업이 중단돼도 최종 조립에 곧바로 영향을 끼치지 않는다면 예방적으로 장비를 유지보수하는 일에 뭐 하러 신경쓰겠는가? 결함이 생긴 부품은 그냥 내버리면 되는데, 굳이 품질 오류를 고민할 필요가 있을까? 나중에 그런 부품이 후속 공정으로 흘러갈 즈음이면 버퍼에 불량 부품이 몇 주치는 쌓여 있을지도 모른다. […] 이렇게 미완성 제품과 완제품 재고가 엄청나게 쌓이고 품질 저하를 일으키는 문제(결함)를 확인하는 데 오랜 시간이 걸리는 등 가치 흐름을 느리게 만드는 대가로 국소 효율성local efficiency이 강조되어 왔다. 그 결과 공장은 고객 수요 변화에 유연하게 대처하지 못했다.[3]

---

2 옮긴이_ 원서는 『The Toyota Way, Second Edition』(McGraw Hill, 2020)이고 초판 번역서는 김기찬이 번역했습니다.
3 『The Toyota Way』, p. 30

원피스 플로

원피스 플로는 작업대 사이에 배치를 쌓아두지 않고 이상적으로 한 번에 한 아이템만 작업한다. 이 접근 방식은 다음 두 가지 중요한 효과가 있다.

첫째, 재고가 쌓이지 않아 낭비가 줄어든다. 유휴 재고는 가치를 창출하지 못한 채, 불필요한 비용을 유발하고 앞 절에서 설명했듯이 시스템을 덜 최적화된 방향으로 이끈다.

둘째, 시스템 내부에서 개별 아이템이 큐에서 기다리는 시간이 줄어든다. 이 부분이 더 중요한데, 바로 도널드 G. 레이너츠슨$^{Donald\ G.\ Reinertsen}$이 『The Principles of Product Development Flow』(Celeritas, 2009)에서 설명한 배치 크기 큐잉 원리$^{Batch\ Size\ Queueing\ Principle}$다. [그림 2-2]는 하나의 작업대/프로세스가 존재하는 시스템에서 배치 크기에 따라 작업이 어떻게 처리되는지 나타낸 누적 흐름 다이어그램이다. 여기서 아이템의 상태는 도착^{arrival}, 대기 중$^{in\ queue}$, 처리됨^{processed} 중 하나다.

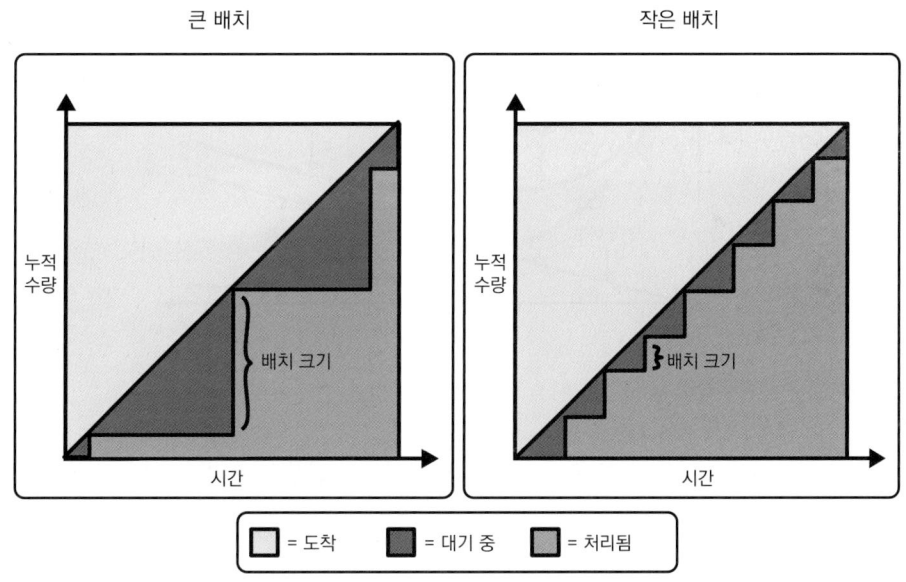

그림 2-2 배치 크기 큐잉 원리

처리 배치를 작게 하면 큐에서 보내는 시간이 줄어들고 변동성과 예측 불가능성도 낮아진다. 또한 각 프로세스 간 대기 시간이 짧아지면서 시작부터 끝까지 전체 사이클 타임도 줄어드는 효과가 있다.

이렇게 효율이 높아지면 최종 결과물을 더 세분화할 수 있고, 실험을 더 빠르게 할 수 있으며, 진정한 적시 전달$^{JIT\ delivery}$이 가능하다. 이것이 바로 린 생산이 지향하는 목표다. **규모의 경제**$^{economies\ of\ scale}$[4]를 추구하는 일반 경제학 개념과 달리, 작은 배치 덕분에 예측과 빠른 전달이 보장된다.

배치 크기 줄이기

하지만 배치 크기를 줄이기란 그리 간단치 않다. 예기치 않은 결과를 예방하려면 여러 가지 다른 요인들^{factor}도 신중하게 고려해야 한다. 각 배치를 처리하는 시간이 상당히 길 경우는 특히 더 그렇다. 최적의 배치 크기를 찾는 일이야 말로 재고 보관 비용$^{holding\ cost}$과 트랜잭션당 처리 비용 간의 균형을 맞추는 지름길이다(그림 2-3).

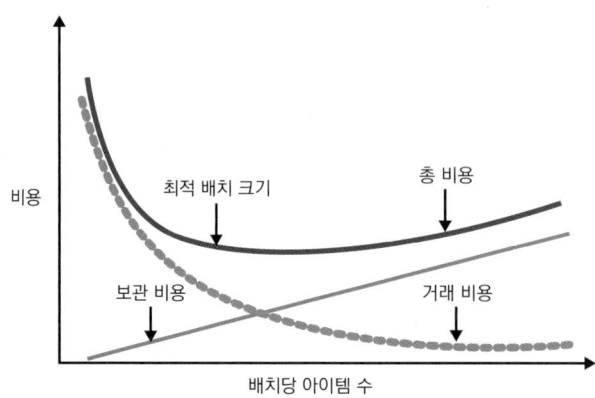

그림 2-3 배치 크기 최적화 문제

보관 비용(가는 실선으로 표시)에는 유휴 재고가 쌓이면서 발생하는 갖가지 비용이 포함되어 있다. 재고를 쌓아두는 비용 외에도, 앞 절에서 말했듯이 누적된 재고로 인한 전체적인 비효율성도 포함된다. 반면, 거래 비용$^{transactional\ cost}$(점선으로 표시)은 배치 처리와 관련된 모든 활동에 따른 비용이다. 거래 비용이 높을수록 작은 배치로 나누어 작업하면 많은 비용이 반복적으로 발생하므로 비효율적이다. 따라서 배치당 거래 비용을 줄이는 것이 배치 크기를 줄이는 핵심이다.

---

4 옮긴이_ 생산량이 증가함에 따라 평균 비용이 감소하는 경험 법칙입니다.

거래 비용 절감

거래 비용은 고정 불변이라 생각하기 쉽지만 항상 그런 것은 아니며, 실은 그렇지 않은 경우가 더 많다. 도요타는 다이 스탬핑die stamping 기계의 교체 시간이 너무 길어 소량 배치 처리가 불가능했던 문제를 해결함으로써 이런 고정관념을 깨뜨렸다. 실제로 토요타는 SMED$^{Single\ Minute\ Exchange\ of\ Die}$를 도입하여 다이 교체 시간을 24시간에서 10분 미만으로 줄이는 데 성공했다. 자릿수 자체가 달라질 정도의 엄청난 시간 단축 덕분에 이 회사의 배치 크기 경제성이 완전히 달라졌고, 거래 비용 증가 없이도 배치 크기를 상당히 줄일 수 있었다.

지금까지 재고, 배치, 거래 비용을 설명했다. 요약하면, 린 생산의 목표는 적시 전달을 활성화하는 것으로, 이는 전체 시스템의 사이클 타임을 최대한 줄여 달성할 수 있다. 시스템 내부에서 큐를 최소화하면 사이클 타임을 단축시킬 수 있고, 이로써 더 작은 배치의 재고를 처리(원피스 플로)할 수 있다. 배치당 거래 비용을 낮추면 배치 크기를 더 작게 만들 수 있다. [그림 2-4]는 재고와 효율의 관계를 압축해서 보여준다.

그림 2-4 린 생산 원칙

여러분은 이런 내용이 소프트웨어 개발과 어떤 관련이 있는지 궁금할 것이다. 먼저 커스텀 소프트웨어 제조와 물리적 제조 사이에 어떤 유사점이 있는지 이해할 필요가 있는데, 다음 절에서 이 부분을 알아보자.

2.1.2 린과 소프트웨어 개발

린의 핵심 원칙은 제조업 외에 다양한 분야에도 영향을 미쳤는데, 그중 하나가 바로 소프트웨어 개발이다. 짧은 이터레이션과 빠른 피드백을 강조하는 애자일 방법론은 앞 절에서 소개한 린 원칙과 아주 잘 맞는다. 그 결과, 애자일 운동이 탄력을 받으면서 린 사고 프로세스도 재빨리 자리를 잡게 되었다.

린과 애자일의 찰떡궁합은 『린 소프트웨어 개발』(인사이트, 2007)[5] 등의 책이 출간되면서 주목을 받기 시작했다. 이 책은 낭비 최소화, 흐름 최적화, 지속적 개선 촉진 등 소프트웨어 제품에 특화된 린 원칙의 적용 사례를 소개했다. 이후 린 소프트웨어 개발은 전 세계적으로 확산되어 효율적인 소프트웨어 전달 및 실험으로 이어졌다.

소프트웨어에서의 재고

많은 기업이 린 원칙을 수용하고자 노력하고 있지만, 실제 제품을 생산하는 일과 커스텀 소프트웨어를 제작하는 일 사이의 유사성을 항상 마음에 새기기는 결코 쉽지 않다. 사실 소프트웨어에서 발생하는 갖가지 아티팩트를 재고 관점에서 바라본다는 것 자체가 영 어색하다. 그러나 작업을 개선하려면 반드시 필요하다. 그 이유는 레이너츠슨이 『The Principles of Product Development Flow』에서 정말 잘 설명해 놓았다.

> 제조업에서 재고는 아주 민감한 사안이다. 공장 현장 어디를 돌아다녀도 재고는 눈에 띈다. 최고 재무 책임자Chief Financial Officer(CFO)는 대차대조표를 대충 보기만 해도 정확한 WIP 재고 수량을 알 수 있다. WIP가 천만 달러 줄면, CFO는 천만 달러라는 현금을 손에 넣은 것이나 다름없으니 아주 기뻐할 것이다.
>
> 하지만 불행히도 제품 개발에서는 상황이 전혀 다르다. 우리가 CFO에게 설계 중인Design-In-Process(DIP) 재고는 얼마나 되는지 물어보면, 그는 의아한 표정으로 "대차대조표에 그런 재고는 없소." 하고 잘라 말할 것이다. CFO가 미덥지 못하면 기술 팀에 가서 재고를 확인해보면 알겠지만, 소프트웨어에서 제품 개발 프로세스의 재고는 실제 물건이 아닌 정보라서 눈에 띄지 않는다. 기술 팀의 재고는 하룻밤 새 두 배로 늘어날 수 있지만, 외견상 해당 부서에는 아무런 변화도 없다.
>
> 휴렛팩커드Hewlett-Packard(HP)의 한 기술 팀 관리자가 한 말이 생각난다. "우리 재고는 디스크 드라이브에 있는 비트죠. 고로, HP에는 아주 큰 디스크 드라이브가 있습니다!" 제품 개발의 재고는 물리적으로나 회계상으로나 눈에 안 보인다.
>
> 그러나 안 보인다고 재고가 존재하지 않는 것은 아니다. 제품 개발 재고는 사이클 타임의 증가, 피드백 지연, 계속 바뀌는 우선순위, 상태 보고 등을 통해 관찰 가능하다. 물론, 이런 작용

---

[5] 옮긴이_ 원서는 『Lean Software Development』(Addison-Wesley, 2003)이고 번역서는 김정민, 김창준이 번역했습니다.

은 모두 경제적 성능을 저해하는 결과를 가져온다.

[…]

(재고의) 제품 개발 큐$^{product\ development\ queue}$는 제조 큐$^{manufacturing\ queue}$보다 훨씬 더 큰 폐를 끼친다. 두 가지 이유에서 그렇다. 첫째, 제품 개발 큐는 보통 제조 큐보다 규모가 크고, 제품 개발 파이프라인은 제조 파이프라인보다 작업 결과가 파이프라인을 통과하는 시간이 수십, 수백 배는 더 길다. 더 큰 문제는, 이런 큐는 눈에 보이지 않기 때문에 통제할 수 있는 천적조차 없다는 사실이다. 대부분의 회사는 큐를 측정하지도, 관리하지도 않은 채 큐가 문제라는 사실조차 깨닫지 못한다. 역설적으로 어떤 회사는 자사의 제품 개발 파이프라인의 규모를 떠벌리며 큐를 자랑스럽게 여기기도 한다.[6]

소프트웨어 개발에서 재고는 정말 위험하며 눈에 보이지 않기 때문에 어떻게든 이를 찾아내 최대한 줄인 다음 시스템 내부에서 흘러가게 만들어야 한다.

소프트웨어의 프로덕션 경로에서는 지적 아티팩트$^{intellectual\ artifact}$가 생성되는 곳이라면 어디든지 다 재고다. 기능 발견 게시판$^{feature\ discovery\ board}$도, UX$^{User\ Experience}$(유저 경험) 목업^{mockup}도, 아키텍처 비전 다이어그램도, 백로그^{backlog}[7]에 쌓인 유저 스토리도, 기능 브랜치에 보관된 코드와 미배포 아티팩트도, 프로덕션에 있으나 기능 토글을 끈 기능도 전부 다 재고다. 유저 앞에 있지 않은, 가치를 창출하는 모든 것이 재고이며, 따라서 시스템에서는 쓰레기다.

이 책에서는 주로 소프트웨어의 프로덕션 경로를 따라 형성되는 기술적인 형태의 재고, 즉 소프트웨어를 개발하는 엔지니어와 그 실행을 트리거하는 유저 간에 생성되는 재고에 초점을 두겠다. 다시 말해, 우리가 관심 있는 재고의 주요 형태는 코드다. 코드 재고가 통합, 분석, 테스트, 배포의 형태로 여러 **작업대**를 거쳐 어떻게 흘러가는지 살펴볼 것이다.

하지만 그렇다고 지속적 배포가 다른 형태의 재고를 줄이는 데 도움이 안 된다는 뜻은 아니다. 배포를 자주 한다는 것은 설계, 유저 스토리, 기타 지적 아티팩트 역시 신속하게 전달한다는 뜻이다.

---

[6] 『The Principles of Product Development Flow』, pp. 47~48
[7] 옮긴이_ 제품 로드맵이나 요건 도출 과정에서 개발 팀의 우선 순위를 순서대로 정리한 작업 리스트입니다.

소프트웨어에서의 배치

재고 얘기가 나온 김에 소프트웨어에서 **배치**batch란 정확히 무엇인지 짚고 넘어가자. 결국, 배치 크기를 줄이는 것이 린의 기본 원칙이자, 소프트웨어 개발에서 우리가 추구해야 할 목표이므로, 소프트웨어와 직접 연관된 어휘를 사용해야 배치에 대해 구체적인 논의가 가능할 것이다. 하지만 코드에 관한 한 배치를 어떻게 정의할 것인가? 배치는 정의상 어떤 단위unit의 그룹이다. 그럼, 코드에서 **단위**란 무엇일까?

코드는 수량화하기 어렵다. 명령어나 코드 라인 하나하나는 그 개념 자체만으로는 가치를 제공하지 않기 때문에 단위라고 보기 어렵다. 그나마 우리 개발자가 가장 직관적으로 떠올릴 만한 소프트웨어의 단위는 코드 커밋code commit이다.

적절히 수행된 코드 커밋은 코드베이스에 대한 원자적atomic 변경사항을 나타낸다. 이는 자기 완비적이고 실행 가능한 동시에, 소프트웨어를 리뷰하고, 파이프라인에서 빌드하고, 마지막에는 배포까지 가능한 가장 작은 단위다. 앞으로 이 책의 나머지 부분에서 코드 커밋을 코드의 단위라고 정의할 것이다.

하나의 커밋을 코드의 **단위**로 생각하면, 코드 재고의 배치는 프로덕션에 이르는 모든 단계에서 쌓인 코드 커밋이라고 볼 수 있다.

커밋(단위)이 쌓이면 코드 변경사항은 배치 형태를 갖추기 시작한다. 이런 모습은 오랫동안 머지되지 않은 수명이 긴 기능 브랜치, 또는 TBD 방식으로 개발하다 한동안 푸시하는 것을 잊은 메인 브랜치의 로컬 복사본에서 흔히 발견된다. 레드 빌드red build(실패한 빌드)에 가려져 커밋이 적체되어 있거나, 예정된 배포를 프로덕션에 반영하기 전에 프리프로덕션에 변경사항이 점점 더 많아져 수동 테스트를 대기하게 되어도 커밋은 쌓일 것이다. 어쨌든, 프로덕션 경로에 어떤 식으로든 병목이 생기면 커밋이 누적되어 배치가 생긴다.

물론, 예외적으로 한 커밋이 아주 큰 경우도 그 자체로 대규모 재고 배치로 볼 수 있다. 하지만 이러한 에지 케이스edge case[8]는 안티패턴으로 잘 알려져 있으므로 애써 해결할 필요가 없거나 적어도 "그냥 그렇게 하지 마세요, 안 좋으니까"하고 말하면 간단히 해결될 문제라고 생각한다.

소프트웨어 재고가 많이 쌓이면 물리적 재고처럼 전체적인 전달 속도에 바람직하지 않은 영향을 미치고, 보이지 않는 결함이 가려져 후속 단계에서 비효율과 재작업이 일어나기 쉽다. 폭포

---

[8] 옮긴이_ 다소 극단적인(최대 또는 최소) 매개변수가 주어진 경우에서만 발생하는 문제나 상황입니다.

수^{waterfall} 모델 기반의 전통적인 배치/큐 프로세스 대신, 린 방식으로 접근하면 배포되지 않은 코드의 양을 줄여 리드 타임을 최소화할 수 있다.

린이 시스템 전체적으로 한 조각의 재고만 흘리려고(원피스 플로) 노력하는 것처럼, 프로덕션 경로를 흐르는 커밋은 하나만 있는 상태가 가장 좋다. 그래야 큐와 전체 사이클 타임을 최소화하여 가장 효율적인 시스템을 만들 수 있다.

소프트웨어에서 거래 비용 절감

실제 제조업과 마찬가지로, 배치 크기를 하나의 커밋으로 줄이려면 우선 거래 비용을 낮춰야 한다. 이제 코드에서의 재고와 단위, 배치를 논하기에 충분한 어휘를 습득했으니, 프로덕션 경로에서 하나의 커밋을 처리하는 소요 시간(거래 비용)을 줄이는 문제를 고민해보자.

소프트웨어 개발 분야에서 거래 비용을 줄이는 주된 방법은 언제나 자동화였다. 예를 들어, QA 팀에서 각 릴리스에 대해 수동으로 회귀 테스트를 하는 데 이틀이 걸린다면, 릴리스당 거래 비용은 증가할 것이다. 이런 조건에서 대부분의 회사는 당연히 릴리스를 할 때마다 가능한 한 많은 작업을 몰아넣으려고(배치를 더 크게 하여 비용을 최적화하려고) 할 것이다. 경제적 최적화 측면에서는 이런 접근 방식이 타당할지 모르겠지만, 전체 릴리스 프로세스 관점에서는 비효율적이다. 정반대로 하면 어떨까? 릴리스의 배치 크기를 줄이려면 먼저 수동 테스트를 자동화하여 거래 비용을 줄여야 한다. 시간을 많이 잡아먹는 수동 배포 프로세스도 마찬가지다. 수동 작업과 의사 결정을 자동화하는 일은 프로덕션 경로를 간소화하여 더 작은 배치를 더 자주 처리할 수 있게 만드는 중요한 발판이다.

1장에서 나는 XP의 **힘들수록 더 자주하라** 원칙에 따라 프로덕션 경로의 다양한 활동에서 더 적은 양의 코드를 처리하는 일이 얼마나 중요한지 설명했다. 그래서 이런 활동들을 자동화하려는 것이다. 우연히 이러한 관계가 맺어진 것은 아니다. 사실, 작은 배치 크기와 낮은 거래 비용 사이의 관계에 대한 린의 관찰 결과가 이와 긴밀하게 연관되어 있음을 알 수 있다. 린 사고방식은 작은 코드 배치와 효율적인 자동화가 밀접하게 상호 연관된 이유에 대해 깊이 있는 통찰력을 제공한다.

자동화를 통해 변경사항 배치 크기를 줄이면 개별 **작업대**에서 대기하는 유휴 시간은 물론, 개발자의 작업대에서 프로덕션까지 재고를 옮기는 데 소요된 총 시간도 줄일 수 있다. 리드 타임을 짧게 하면 고객 주문에 직접 대응하여 신속하게 프로덕션 변경사항을 반영할 수 있다. 효율은 극대화하고 낭비는 최소화하는, 이것이 바로 소프트웨어의 프로덕션 경로에 완벽하게 들어맞는 원피스 플로 개념이다.

배치 크기를 작게 만드는 촉매제로 자동화에 초점을 두었으니, 프로덕션 경로 전체에 자동화를 적용한 핵심 프랙티스인 지속적 통합, 지속적 전달, 지속적 배포로 다시 돌아가자. 이런 프랙티스가 배치와 큐의 역학 관계에 어떻게 영향을 미치는지 중점적으로 살펴보겠다.

하나의 커밋 = 지속적 통합을 통한 하나의 아티팩트

지속적 통합(CI)부터 시작하자. 테스트 및 빌드 단계를 자동화하기 전에는 개발 초기에 개발자 노트북이나 오래된 브랜치에 변경사항이 꽤 오랫동안 쌓여 있었다. 코드 재고는 프로덕션 경로의 제일 첫 단계로 넘어갈 때부터 이미 골치 아픈 배치를 형성하여 통합, 테스트, 릴리스를 복잡하게 만들었다. 개발자의 노트북은 대개 구형 배치/큐 프로세스의 첫 번째 작업대였다(그림 2-5).

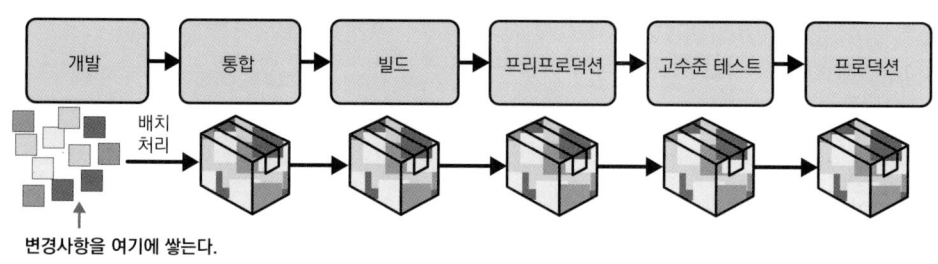

그림 2-5 지속적 통합 이전의 프로덕션 경로에서의 배치 처리

'월드 코드 가든walled code garden'에서 코딩을 하는 것은 코드가 로컬에 있든, 브랜치에 있든 개발자 입장에서는 아주 생산적으로 느껴질 수 있다. 수년 동안 나도 장시간 방해받지 않고 작업하면 **물 만난 고기가 된 듯한** 느낌이 든다는 말을 주변 동료들로부터 많이 들었다. 그러나 전통적인 배치/큐 제조에서 그랬듯이, 이는 국지적인 최적화에 불과하며 글로벌한 가치 흐름을 느려지게 만들 뿐이다.

지속적 통합의 자동화를 적용하면 코드 증분의 통합, 검증, 빌드가 한꺼번에 되는 것이 아니라, 한 번에 한 커밋씩 수행된다. 모든 개발자가 **일찍, 자주 통합하라** 원칙을 받아들이면 자동 파이프라인을 통해 통합, 빌드, 테스트 단계를 간소화한 **하나의 커밋 = 하나의 아티팩트** 워크플로를 달성할 수 있다. 하나의 아티팩트에 상응하는 하나의 커밋은 배치/큐 워크플로 대신, 린 생산의 원피스 워크플로에 더 가깝다. 지속적 통합은 프로덕션 경로의 첫 단계에 원피스 플로 원칙을 적용한다(그림 2-6).

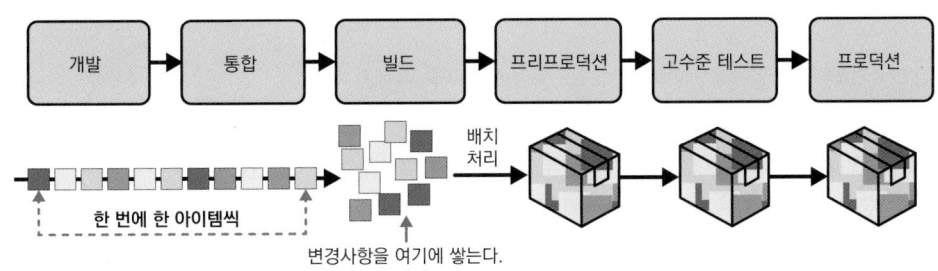

그림 2-6 지속적 통합 이후 프로덕션 경로에서의 배치 처리

하지만 지속적 통합만으로는 아티팩트 빌드 단계 이후에도 변경사항이 계속 쌓일 수 있다. 문제가 없는 변경사항이라도 일단 리포지터리repository에 들어가면 여전히 배치 형태로(더 많은 커밋이 포함된 최신 아티팩트와 함께) 프로덕션에 이를 때까지 큐에서 대기한다. 지속적 통합은 개발 팀으로 하여금 인간이라는 병목을 자동화로 대체함으로써 보다 작업을 효율화했지만, 지속적 전달은 이를 한 차원 더 발전시켰다.

하나의 커밋 = 지속적 전달을 통한 하나의 프리프로덕션 배포

1장에서 말했듯이, 가장 일반적인 지속적 전달 구현체는 프리프로덕션에 이르기까지 자동 파이프라인이 자율적으로 결정을 내리며, 모든 검사를 통과한 빌드를 릴리스 후보로 승격시킨다. 지속적 통합을 통해 보다 세분화된 원피스 코드 흐름은 고수준의 자동 테스트와 프리프로덕션에 이르는 전체 경로로 확장된다. 여기서 한 단계만 더 나아가면 바로 프로덕션이다(그림 2-7).

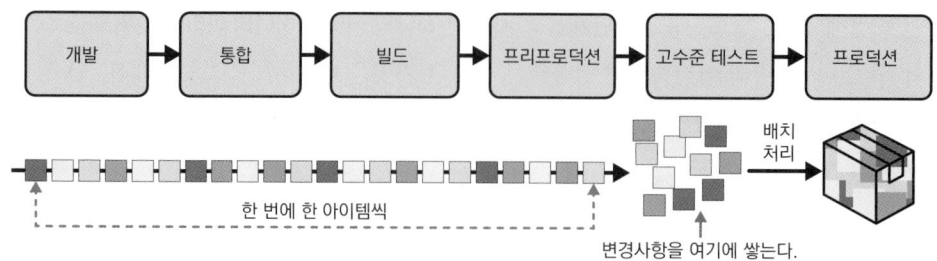

그림 2-7 지속적 전달 및 수동 게이트가 적용된 프로덕션 경로에서의 배치 처리

이렇듯 더 많은 단계를 자동화한 덕분에 몇 주 동안 쌓인 배치가 아닌, 개별 커밋을 할 때마다 프리프로덕션에 배포하여 더 고수준의 테스트를 실행할 수 있다. 지속적 전달은 **하나의 커밋 = 하나의 프리프로덕션 배포** 워크플로가 달성된 셈이다.

하지만 아직도 파이프라인 제일 끝에 사람의 승인을 받는 단계가 있으면 병목이 일어날 수밖에 없다. 이는 모든 이전 단계에 걸쳐 매 커밋마다 세분화된 검증을 하는 대신, 여전히 프로덕션에 변경사항을 한꺼번에 몰아서 반영하려는 경향이 있음을 의미한다. 전체 가치 흐름은 거의 완벽하게 원피스 플로지만, 마지막 한 가지 자동화되지 않은 결정이 장애물로 남아 있다.

프리프로덕션에 며칠 내지 몇 주 동안 재고가 쌓이면 결함 식별이 지연되어 결국 프로덕션 배포 이후 수많은 부작용이 발생할 수밖에 없다. 디버깅이 힘들어지고, 현재 가동 중인 상태와 점점 더 괴리가 생기게 되며, 배포 시 문제가 많은 변경사항이 포함될 가능성이 높아지는 등의 문제가 생길 것이다.

하나의 커밋 = 지속적 배포를 통한 하나의 프로덕션 배포

지속적 배포는 지속적 전달의 특수한 구현체로서, 프로덕션 경로에 있어서 커밋의 마지막 병목에 해당하는 최종 수작업까지 깔끔하게 제거한다.

이는 시스템 내부의 재고 흐름에 엄청난 파급 효과를 일으킨다. 자동화 전달 프로세스에 인간이 개입하는 순간, 병목이 발생하고 미완성 WIP가 배치로 쌓이면서 큐가 형성된다. 지속적 배포를 하면 한 단계가 다음 단계를 트리거함으로써 인간이 하는 일이 훨씬 빠른 계산으로 대체된다. 이로써 개발 팀은 진정한 **하나의 커밋 = 하나의 프로덕션** 배포 워크플로를 달성할 수 있다 (그림 2-8).

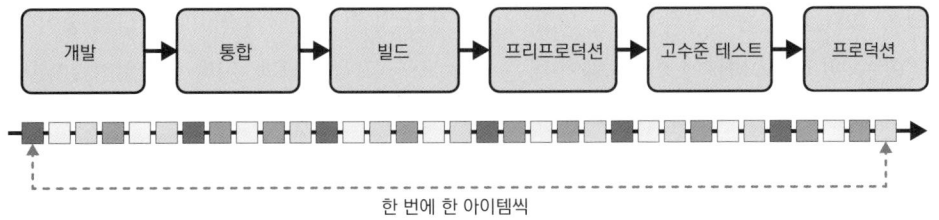

그림 2-8 지속적 배포를 적용한 이후 프로덕션 경로에서의 배치 처리

[그림 2-8]처럼 지속적 배포를 통해 프로덕션 경로에서 배치와 큐를 제거하면, 비로소 코드의 흐름은 린 생산에서 강조하는 엔드투엔드$^{End-to-End}$(종단간, E2E)[9] 원피스 플로와 거의 비슷하게 맞아 떨어지게 된다. 원피스 플로의 완전한 실현은 지속적 배포의 가장 주요한 이점으로, 실제 물건을 만드는 제조 공장에서 입증된 린의 모든 이점을 활용할 수 있다. [그림 2-9]는 둘 간의 유사점을 보기 좋게 비교한 것이다.

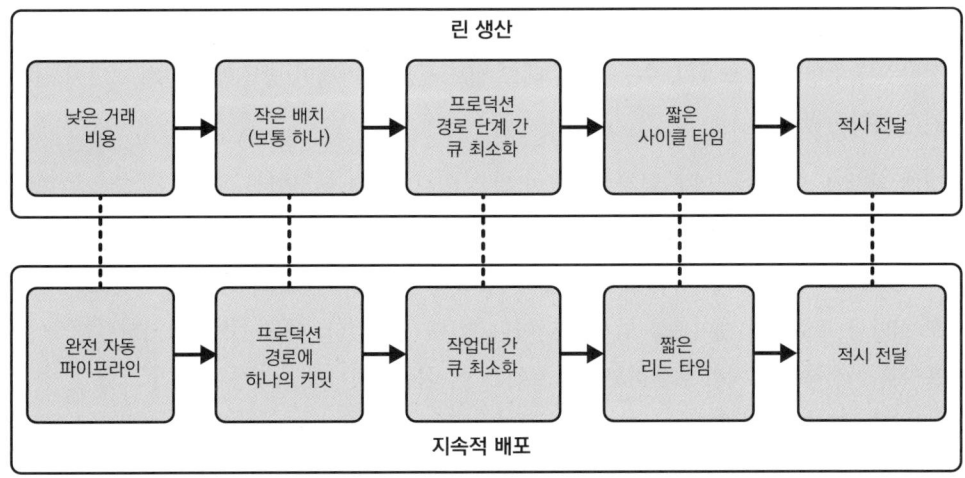

그림 2-9 린 생산과 지속적 배포의 유사점 비교

정리하면, 지속적 배포는 효율과 변화 응답성에 방대한 영향을 미친다. 수동 게이트가 없는 완전한 자동 파이프라인을 구현하면 소프트웨어 가치 흐름에서 큐/배치를 없애 코드를 끊김 없이

---

9 옮긴이_ 프로세스의 한쪽 끝(end)에서 다른 쪽 끝(end)까지 전체에 걸친 상태를 뜻합니다.

흘릴 수 있다. 회사는 지속적 배포를 도입하여 린 생산 및 적시 전달의 원칙을 현장에 충실하게 반영할 수 있고, 그 덕분에 소프트웨어 팀은 시장 요구, 고객 피드백, 기타 끊임없이 발생하는 갖가지 요건에 신속하고 능동적으로 대처할 수 있다.

지속적 흐름비

린의 목표는 프로덕션에 이르는 모든 단계에서 배치와 큐를 없애는 것이므로, 지속적 배포의 정의는 단지 사람이 개입하지 않는 중앙 파이프라인에 국한되지 않는다. 파이프라인이 개입되기 전에 가급적 변경사항을 작게 유지하고 자주 통합하는 일 또한 마찬가지로 중요하다.

프로덕션 경로의 양단에서 바라본 변경사항의 비율, 즉 지속적 흐름비^{continuous flow ratio}를 측정하면 팀이 원피스 플로(또는 원커밋 플로)에 얼마나 가까운지 알 수 있다.

> **프로덕션 배포 횟수 / 총 커밋 횟수**

여기서 총 커밋 횟수는 모든 소스 관리 브랜치에서의 횟수를 합산한 수치다. 이 비율이 1:1에 근접할수록 수명이 긴 브랜치, 수동 리뷰, 레드 빌드 등의 일반적인 병목으로 인해 커밋이 적체되지 않았다는 뜻이다.

이렇게 지속적 배포의 정의를 확장함으로써 팀은 일시적으로 프로덕션 게이트를 닫을 수밖에 없는 불가피한 시나리오도 수용 가능하다. 간혹 자동 회귀 테스트를 수행하여 변경사항을 확인할 수 없는 경우도 있는데, 이럴 때는 어쩔 수 없이 수동 개입이 필요하다. 내가 몸담았던 팀에서도 이따금 프로덕션 게이트를 임시로 닫아야 할 때가 있었다. 예를 들어, 크리티컬한^{critical}[10] 인프라를 이전하는 것처럼 위험하고 테스트하기 어려운 변경사항을 적용할 때가 그랬다. 하지만 이러한 예외적인 상황은 가급적 최소화하여 지속적 흐름비를 1:1에 가깝게 유지해야 하며, 다른 팀원이 일시 중지된 파이프라인에 코드를 추가하는 행위를 삼가야 한다.

지속적 통합에서 레드 파이프라인은 팀이 하던 작업을 모두 멈추고 파이프라인을 다시 그린으로 되돌리는 작업에 전념해야 한다는 뜻이다. 마찬가지로, 지속적 배포에서도 프로덕션 앞 단계에서 파이프라인이 일시 중지되면, 팀원들이 하던 일을 모두 중단하고 병목을 제거하는 일에 집중해서 가능한 한 빨리 코드가 프로덕션으로 계속 흘러갈 수 있게 되살려야 함을 의미한다.

---

[10] 옮긴이_ '없으면 가동 자체가 안 되거나 심각한 결과를 초래할 정도로 결정적으로 필수적인'으로 이해하면 쉽습니다.

지속적 흐름비를 일종의 서비스 수준 목표$^{\text{Service-Level Objective}}$(SLO)로 바라보면, 팀은 **오류 예산**$^{\text{error budget}}$[11]을 중심으로 업무를 배치하고 지속적 배포를 수행하여 현재 성능이 어떤지 관찰할 수 있다. 만약 이 비율이 급격히 감소했다면, 빌드가 여러 차례 실패했거나 현재 하는 일에 대해 팀원들의 자신감이 떨어졌다는(어쩌면 장황한 브랜치에 커밋을 잔뜩 쌓아두고 있을 가능성이 높다는) 방증이리라.

2.2 DORA 메트릭

린 생산은 재고 관리 및 가치 흐름 최적화에 더없이 훌륭한 프레임워크지만, 매우 이론적인 주제로 빠질 수도 있다. 이 절에서는 지속적 배포가 소프트웨어 배포의 4대 주요 메트릭에 어떤 영향을 미치는지 구체적으로 살펴보겠다.

DORA$^{\text{DevOps Research and Assessment}}$는 오랜 기간 전 세계 수만 명의 IT 전문가들로부터 얻은 연구 데이터를 분석한 데브옵스 현황 연구 프로그램이다.[12] 소프트웨어 전달 프랙티스에 관한 가장 오래된 학술 조사 결과로, 매년 배포 주기와 IT 성과 사이에 높은 상관관계가 있음을 밝혀냈다. 대부분의 산업 분야에서 소프트웨어가 한 기업의 핵심 차별 요소인 만큼, 경쟁력을 유지하고 고객을 만족시키려는 회사에서 IT 성과는 주된 관심사가 아닐 수 없다. 다음은 이러한 관계를 잘 설명한 단락이다.

> 조직적 성과를 측정하기 위해 설문 응답자는 수익성, 시장 점유율, 생산성 등 다양한 측면에서 조직의 상대적인 성과를 평가해달라는 요청을 받는다. […] 수년 동안 분석한 결과, 성과가 높은 조직은 성과가 낮은 조직보다 이러한 목표를 초과 달성할 가능성이 거의 두 배는 높았다. 이로써 실제로 조직의 소프트웨어 전달 역량이 비즈니스 경쟁 우위에서 유리한 고지를 점할 수 있게 해주는 요인이라는 사실을 알 수 있다.[13]

---

[11] 옮긴이_ 시스템이 서비스 수준 목표(SLO)를 위반하거나 고객 불만이 발생하기 전에 시스템이 허용할 수 있는 최대 오류 횟수 내지 중단 시간을 뜻합니다.
[12] https://oreil.ly/SIFwg
[13] 옮긴이_ 『디지털 트랜스포메이션 엔진』(에이콘출판사, 2020)에서 인용했습니다. 이 책의 원서는 『Accelerate』(It Revolution, 2018)이고 번역서는 박현철, 류미경이 번역했습니다.

DORA 연구진은 IT 성과를 처리량throughput과 안정성stability이라는 두 그룹의 메트릭으로 측정한다. 처리량은 코드 변경의 리드 타임(코드 커밋이 프로덕션에 반영되기까지 걸린 시간)과 배포 빈도로 측정하며, 안정성은 배포를 잘못한 이후 서비스를 되돌리는 데 걸린 시간과 변경 실패율(인시던트incident[14]와 잘못된 배포의 발생 비율)로 측정한다. [그림 2-10]은 이 네 가지 메트릭을 알기 쉽게 나타낸 것이다. 성과가 우수한 조직은 재작업 및 비계획 작업unplanned work에 드는 시간이 적고 생산성과 수익성이 우수하며, (마지막으로 정말 중요한 부분인데) 엔지니어 삶의 질이 훨씬 나아졌음이 입증됐다.

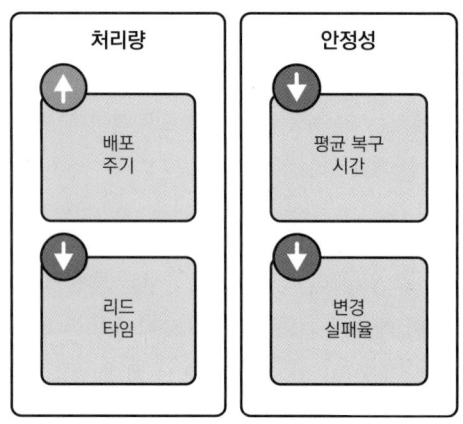

그림 2-10 DORA 메트릭

지속적 배포는 일상적인 소프트웨어 개발 라이프 사이클에 중대한 변화를 일으킨 프랙티스로, 이런 메트릭에도 긍정적인 영향을 준다.

이 절의 나머지 부분에서는 지속적 배포 프랙티스가 방금 전 설명한 네 가지 주요 메트릭 각각에 어떤 영향을 미쳤는지, 또 그런 변화를 인지하게 된 이유를 자세히 살펴본다. 지속적 배포의 영향도를 완전하게 파악할 만한 학술적인 연구 자료는 아직 없지만, 조만간 나오리라 기대한다. 이 책에서는 내가 비즈니스 규모와 모델이 전혀 다른 여러 조직에서 지속적 배포 업무를 하면서 유사한 경력을 지닌 동료 업계 전문가들과 교류하며 체득한 정성적인qualitative 지식을 소개하겠다.

---

14 옮긴이_ '서버 다운, 서비스 장애 등 현재 발생한 예기치 않은 장애나 성능 저하, 보안 이슈' 등이 해당합니다.

2.2.1 처리량 메트릭

처리량은 개발 팀이 새로운 기능 및 업데이트를 전달하는 속도를 나타낸다. 팀 처리량이 높다는 것은 그만큼 신기능과 업데이트를 더 빨리 전달할 수 있다는 뜻이고, 반대로 팀 처리량이 낮으면 팀 자체가 덜 효율적이라서 신기능을 전달하거나 이터레이션하는 시간이 오래 걸린다는 의미다. 처리량은 팀의 기술 레벨, 도구와 프로세스의 품질, 팀 내부의 협업 및 소통 수준 등 다양한 요인의 영향을 받는다.

지속적 배포는 주로 프로세스 최적화를 의미하며, 배포 빈도와 리드 타임, 두 가지 처리량 메트릭의 개선 효과가 가장 두드러진다.

배포 빈도

배포 빈도는 주어진 기간 동안 프로덕션에 배포된 새로운 코드의 업데이트 횟수다. 예를 들어, 24시간 내 프로덕션 배포 횟수처럼 그냥 어떤 기간 동안 배포된 횟수를 센 것이다(그림 2-11).

배포 빈도 측정 시 주의할 점은, 배포(코드 업데이트)가 반드시 릴리스(유저가 볼 수 있는 새로운 기능)와 똑같지는 않다는 사실이다(자세한 내용은 **3장**에서 다시 다룬다). 지금은 모든 코드 업데이트의 목표가 시스템의 외부 동작 변경은 아니며, 모든 릴리스에 코드 업데이트가 반드시 필요하지는 않다는(예 런타임 기능 토글 사용) 사실에 집중하자.

그렇기 때문에 릴리스 횟수는 응당 배포 횟수보다 훨씬 적다. 그리고 릴리스는 엔지니어링이나 유지보수 요건보다는 (배포 횟수가 늘면 릴리스 횟수도 늘어날 수는 있겠지만) 제품 자체의 니즈에 따라 전혀 다른 일정으로 진행된다.

지금부터 **배포 빈도**^{deployment frequency}라고 함은, 기능 릴리스의 빈도가 아닌, 코드 배포의 빈도를 가리키는 용어라고 이해하자.

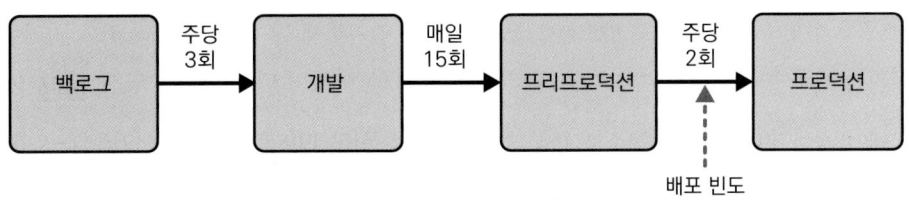

그림 2-11 배포 빈도

지속적 배포를 하면 당연히 배포 빈도가 엄청나게 증가한다. 지속적 배포가 없던 시절에는 프로덕션 바로 앞에 버티고 있는 수동 게이트 때문에 갖가지 변경사항이 프리프로덕션에 쌓여 수동으로 한 번에 릴리스되길 기다려야 했다. 이러한 프로덕션 게이트를 제거하면 (대부분의 경우에) 단일 커밋은 곧 단일 코드 배포로 이어지며, 결국 배포 빈도가 팀의 코드 커밋 속도와 비슷해질 정도로 증가한다.

개발자가 매일 얼마나 많은 커밋을 할 수 있을지 생각하면 전체적으로 배포 횟수가 너무 많은 것 아닌가 싶을지도 모른다. 하지만 배치 크기가 작아지면 (2.2.2절의 '변경 실패율'에서 다시 얘기하겠지만) 배포당 리스크가 낮아지므로 두려워할 필요가 없고, 사실 요즘은 일일 배포 횟수가 많은 것이 오히려 더 자연스러운 추세다. 2016년 초반의 연구 자료에 따르면, 성과가 우수한 조직은 하루에도 몇 번이나 서비스를 프로덕션 환경에 배포했는데, 실제로 아마존^{Amazon}이나 넷플릭스^{Netflix} 같은 회사는 (프로덕션 환경을 구성한 수백 개의 서비스를) 매일 수천 번도 더 넘게 배포한다. DORA 「Accelerate State of DevOps Report 2016」에도 다음과 같이 언급되어 있다.

> 올해 높은 성과를 낸 기업은 온디맨드$^{on-demand}$(요구가 있을 때마다 즉시) 배포가 일상화되어 있고 매일 여러 번 배포를 수행한다고 응답했다. 이에 반해 성과가 신통찮은 기업은 한 달에 한 번 내지 반 년에 한 번 꼴로 배포한다고 답했다. 이를 토대로 수치를 정규화하면, 고성과 기업은 연간 1,460회(하루 4회×365일), 저성과 기업은 연간 7회(평균 2회, 12회 배포) 배포하는 것으로 파악된다. 대략 고성과 기업이 저성과 기업보다 200배 더 자주 코드를 배포하는 셈이다. 매일 80회 배포하는 엣시^{Etsy} 같은 회사나 매일 수천 번 배포하는 아마존, 넷플릭스 같은 회사의 관점에서는 하루 4회 배포도 상당히 보수적인 수치라는 사실이 흥미롭다.[15]

조직 전체의 배포 횟수를 모두 합하면 수치가 커져서 꽤 괜찮은 결과처럼 보일 수도 있지만, 여러분에게는 팀 레벨에서의 배포 빈도에 초점을 맞추라고 권장한다. 서비스가 어느 정도 디커플링된^{decoupled}[16] 상태라면 팀별로 독립적으로 배포할 수 있고, [그림 2-12]에서 보다시피 지속적 배포를 수행하는 팀별 배포 빈도는 코드 처리량과 일치하게 될 것이다. 팀의 코드 처리량은 조직의 규모와 무관하게 거의 일정한 경향이 있다. 다시 말해, 스타트업이든 아마존 같은 대기

---

[15] DORA, 「Accelerate State of DevOps Report 2016」, p. 16. 리포트 전문은 https://oreil.ly/rw8BS를 참고하라.
[16] 옮긴이_ 소프트웨어 모듈 간의 상호의존성 정도, 즉 두 루틴이나 모듈이 얼마나 밀접하게 연결되었는지를 나타내는 척도로서, 모듈 간의 관계의 강도를 의미합니다. 디커플링은 반대로, 소프트웨어 모듈이 서로 영향을 미치거나 의존하지 않고 독립적으로 기능함을 의미합니다.

업이든 팀의 평균 배포 빈도는 동일한 크기 정도를 나타낸다. 배포 빈도는 제품의 현재 라이프 사이클 단계마다 다르겠지만, 언제나 팀의 인지 부하cognitive load 및 능력capacity의 제약을 받는다. 내 경험상, 보통 지속적 배포를 실천하는 (개발자 4~10명으로 구성된) 제품 팀은 매일 평균 10~30개의 커밋을 푸시하며 이와 동일한 횟수만큼 배포를 수행한다.

물론, 배포를 위한 배포는 하지 말아야 한다. 배포 자체가 우수한 조직 성과로 이끄는 것도 아니다. 결국, 누구든지 자신이 즐겨 쓰는 파이프라인 도구에 로그인하고 프로덕션에서 배포 버튼을 여러 번 다시 트리거하면, 0개의 라인을 배포하고 0개의 가치를 부가하는 꼴이다.

대신, 배포 횟수를 코드 변경 횟수와 거의 똑같이 맞추면 각 팀이 신속하게 움직일 수 있다. 매 변경사항을 독립적으로 배포할 수 있다면 팀은 변화하는 상황에서 최대한 빠른 속도로, 더 세분화하여 대응이 가능하므로 유연성이 크게 향상된다.

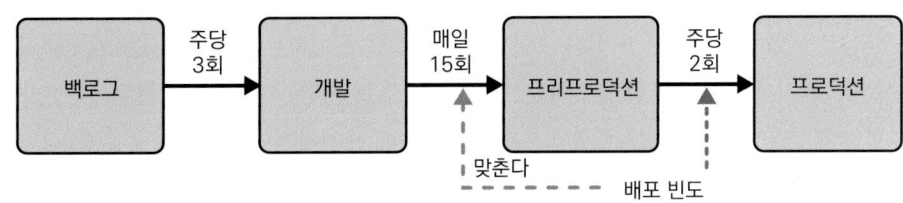

그림 2-12 배포 빈도와 코드 빈도 맞추기

잦은 배포는 팀이 통합을 자주 하고 있으며 통합한 것을 매끄럽게 배포하고 있다는 점에서 건강한 심장 박동과 비슷하다. 지속적 배포가 정착되면 프로덕션 배포가 너무 잦아 마치 코드 커밋이 (글자 그대로 모든 배포의 트리거이므로) 깃 리모트git remote로 푸시하는 것처럼 느껴진다. 버전 관리에서 코드 변경을 정의하는 프로세스와 프로덕션에 코드 변경을 적용하는 프로세스는 동일하거나, 적어도 쉽게 구분하기 어려울 정도로 거의 동시에 일어난다. 따라서 개발자와 이해관계자들 모두에게 배포는 더 이상 특별한 작업이 아니며, 매일 코드를 작성하며 발생하는 자연스러운 부수 효과일 뿐이다. 덕분에 모두가 프로덕션 배포를 두려워 멈칫하는 대신, 빠르고 유연한 실험을 계속할 수 있다.

변경사항의 리드 타임

리드 타임은 새로운 업데이트를 프로덕션에 전달하는 데 걸린 시간이다. DORA 방식에 따르면, 모든 브랜치에서 변경사항이 소스 관리 시스템의 깃 리모트에 공유된 시점부터 프로덕션에 전달되기까지 소요된 시간이다. 리드 타임을 더 일찍 측정하여 정의하는 이들도 있고, 새로운 증분이 완전히 개발되는 데 소요된 시간을 추가하는 사람도 있다. 이 장에서는 문맥상 코드 체크인 이후 일어난 일들에 집중하겠다(그림 2-13).

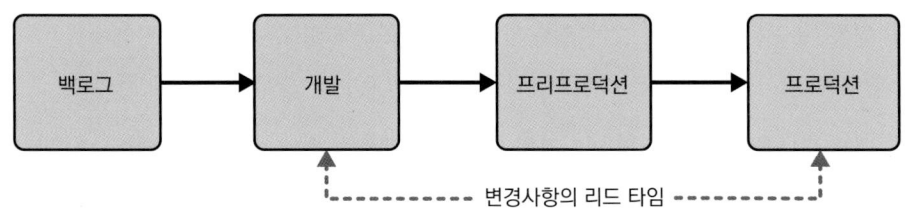

그림 2-13 변경사항의 리드 타임

지속적 전달을 실천은 하지만 여전히 프로덕션 게이트를 운영하는 팀에서는 변경사항이 프로덕션에 적용되기까지 얼마나 걸릴까? 내 경험상 적어도 몇 시간 내지 며칠은 걸린다. 변경사항은 일정한 롤아웃rollout[17] 흐름으로 프리프로덕션 환경에 도착하지만, 사고가 발생하거나 긴급한 버그 픽스bug fix 등의 강력한 동기가 있는 경우에 한하여 신속하게 프로덕션으로 승격된다. 하지만 프로덕션 배포는 일정을 잡아 계획하지 않으면 한동안 잊힐 수 있으며, 일정을 잡는다 해도 최소 몇 시간은 누적되어 대기할 수밖에 없다.

그러나 2021년 **자료**[18]에 따르면 성과가 가장 좋은 조직의 리드 타임이 한 시간 미만이다. 이는 며칠 단위로 측정됐던 수년 전에 비해 상당히 개선된 결과로, 이제 업계 전체가 점점 더 빠르게 움직이고 있다는 증거다.

승인 게이트가 있으면 특정한 배포를 (다른 무관한 변경사항을 먼저 처리할 필요가 없다면) 프로덕션에 아주 빠르게 반영할 수 있지만, 리드 타임이 짧기 때문에 수동으로 배포를 리뷰하고 결정하는 개발자가 있어야 하며 주의가 필요하다. 실제로 이런 방식은 우선순위가 높은 수정 사항에만 지속 가능하며, 업무 부하가 큰 시기에만 신속 경로expedited path를 실행하는 투트랙two-track 프로세스로 진행되므로 사람의 실수가 발생할 수 있다. 지속적 배포가 아니고서 평균 리드 타임을 한 시간 미만으로 일정하게 유지하기란 현실적으로 불가능하다. 특히, 팀이 하루에 여

---

17 옮긴이_ 새로운 제품이나 서비스를 시장에 도입하고 통합하는 비공식적인 비즈니스 용어입니다.
18 https://oreil.ly/VSAkq

러 번 배포를 할 때마다 얼마나 반복적인 리뷰가 이뤄질지 생각해보면, 말할 나위도 없이 시간 단위의 배포를 지원할 만큼 빠르게 작동하는 인간의 리뷰 프로세스는 자동화가 아니면 도저히 표현하기 어려울 것이다.

리뷰 프로세스를 완전 자동화로 대체하면, 리드 타임은 더 이상 파이프라인이 완료되는 데 걸린 시간과 인간이 결정을 내리고 조치를 취하는 데 걸린 시간에 좌우되지 않는다. 오히려 리드 타임은 훨씬 더 안정적이며 예측 가능한(그리고 당연히 훨씬 더 빠른) 자동화 속도로 측정되므로, 코드의 프로덕션 경로에서 인간의 개입을 제거함으로써 변경사항의 리드 타임은 크게 단축되고 일정하게 유지된다.

지속적 배포로 리드 타임이 엄청나게 단축된 덕분에 단순성과 예측 가능성 측면에서 모두 긍정적이다. 코드베이스가 프로덕션에서 크게 벗어날 시간이 없고 하나의 변경사항이 정확히 하나의 배포로 이어진 결과, 빠르고 직관적인 변경 흐름을 아주 간단히 추론할 수 있다. 예를 들면, 마지막 프로덕션 배포를 언제 했는지, 어떤 변경사항이 반영됐는지, 최종 배포 이후 얼마나 많은 변경사항이 포함됐는지, 배포 단계가 제일 마지막에 트리거된 이후에도 여전히 작동 중인지 혼동할 일이 없다.

무엇보다 중요한 점은, 리드 타임이 짧을수록 개발자와 테스터가 새로운 코드 변경사항을 개발하는 즉시 빠르게 피드백을 받고 인사이트를 얻을 수 있다는 것이다. 엔지니어와 이해관계자는 (특히 실험 중일 때) 다음 할 일을 결정하기 전에 프로덕션에서 변경사항을 확인해야 한다. 이해관계자와 고객에게 변경사항을 더 빨리 보여주면 전체 기능을 재고하든, 아니면 일부 세부분만 조정하든, 전체 프로세스를 지연시키지 않으면서 제품 결정을 검증하고 점진적으로 변경할 수 있다. 요컨대, 낭비가 줄어든다.

엔드 유저 입장에서도 리드 타임이 짧아지면 신기능과 개선사항을 더 빠르고 예측 가능한 방향으로 사용할 수 있게 되어 UX가 향상되며, 개발자가 버그 및 각종 이슈를 신속하게 조치하여 소프트웨어의 전반적인 안정성을 개선하는 측면에서도 유용하다. 이처럼 짧은 리드 타임은 소프트웨어 개발의 속도, 비용, 품질 개선에 큰 도움이 된다. 여기에 지속적 배포를 적용하여 수동 단계를 제거하면 거의 실시간에 가까운 변화를 느낄 정도까지 리드 타임을 단축시킬 수 있다.

2.2.2 안정성 메트릭

안정성stability은 소프트웨어 시스템이 예기치 않은 동작 또는 오류를 일으키지 않고 믿음직하게 작동하는 능력을 말한다. 안정성이 높은 소프트웨어는 자주 업데이트되어도 잘 작동되리라 믿을 수 있다.

과거에는 전달 속도와 소프트웨어 안정성을 상반되는 개념이라 보고, 어느 한쪽을 희생해야 다른 쪽을 얻을 수 있다고 생각했다. 하지만 DORA 연구에 따르면, 성과가 우수한 조직은 대부분 속도(처리량)와 안정성이 실제로 서로 맞물려, 한쪽이 다른 쪽의 엔지니어링 우수성의 선순환virtuous cycle을 일으킨다는 사실이 밝혀졌다.

이러한 선순환은 지속적 배포의 영향에도 반영된다. 가장 확실한 부수 효과는 증가된 처리량이지만, 안정성 메트릭에도 긍정적인 영향을 미친다. 이렇게 영향을 받는 메트릭을 평균 복구 시간부터 하나씩 살펴보자.

평균 복구 시간

평균 복구 시간Mean Time To Recover(MTTR)은 소프트웨어 시스템이 실패나 중단으로부터 복구하는 평균 시간이다. 즉, 애플리케이션의 복원성resilience과 예기치 않은 이슈로부터 신속하게 되돌아오는 능력의 척도다.

MTTR은 광범위한 메트릭이다. 기본적으로 인프라 오케스트레이션infrastructure orchestration 및 자동화를 이용하거나 애플리케이션의 구성을 런타임에 조정(예 토글 끄기)하는 방식으로 자동 조치가 가능한 중단 및 장애가 MTTR에 포함되지만, 새로운 코드를 만들거나 구성을 변경하는 것이 유일한 해결책인 갖가지 이슈들도 여기에 포함된다. 이 절에서는 후자 위주로 살펴보겠다 (그림 2-14).

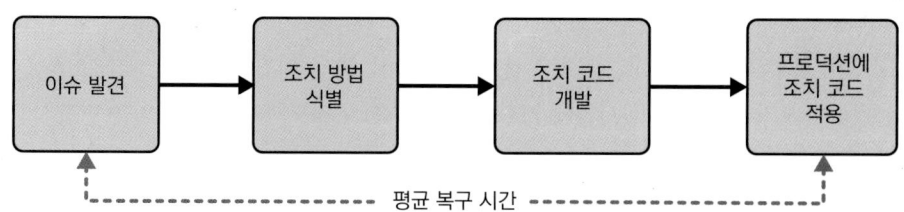

그림 2-14 코드 변경에 따른 평균 복구 시간

속도가 안정성에 이로운 부수 효과를 가져오는 가장 확실한 예는, 아마도 지속적 배포가 평균 MTTR에 미치는 긍정적인 영향일 것이다. 현장에서 일어나는 많은 사고를 해결하려면 전체 프로덕션 경로에 걸쳐 코드를 조정해야 한다. 의외로 사고가 심각해서 이런 일이 여러 번 되풀이되는 시행착오를 겪을 때도 있다(그림 2-15).

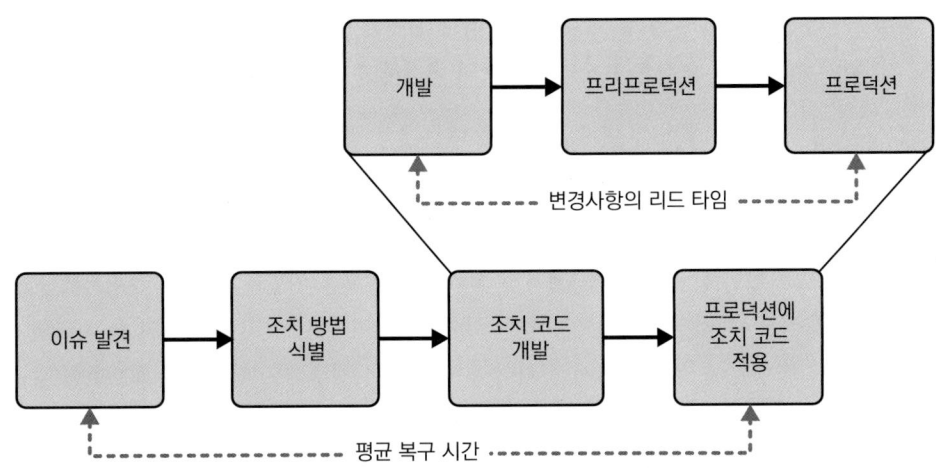

그림 2-15 변경사항의 리드 타임까지 포함된 평균 복구 시간

애플리케이션의 리드 타임을 최대한 짧게 유지하면 긴급 조치 사항을 릴리스하는 시간도 단축된다. 2021년에 **측정된** MTTR[19]이 같은 해에 측정한 리드 타임과 거의 같다는 사실도 그리 놀랍지 않다(성과가 가장 좋은 조직은 한 시간 미만이다).

어떤 버그는 프로덕션 환경에서만 드러나는데, 바로 이럴 때 리드 타임이 짧고 수동 프로덕션 게이트가 없으면 개발자가 디버깅 메커니즘과 개선된 코드를 신속하게 배포할 수 있다. 개발자는 매일 정해진 배포 횟수에 제약을 받거나 긴급한 상황에서 결재자를 찾아 헤매지 않아도 일단 급한 불을 끄는 데 필요한 만큼의 변경사항을 구현할 수 있으며, 이는 오직 파이프라인 자체의 속도 제약만 받는다.

조치 속도를 더 높이고 싶으면 지속적 배포를 수행하여 최신 버전의 코드를 항상 배포 가능한 상태로 유지하면 된다. 메인 브랜치의 최상단에는 항상 자기 완비적이고 배포 가능한 코드가

---

19 https://oreil.ly/uxFxA

있다. 실은 개발자가 수정 사항을 체크인할 때 이전 커밋은 이미 프로덕션에 있을 가능성이 크다. 즉, 개발자가 신경써야 할 변경사항은 수정한 코드밖에 없기 때문에 인지 부하가 높고 심한 스트레스를 받는 상황에서 특히 유용하다. 지속적 배포는 개발자가 각 코드 증분에 매우 엄격한 규칙을 적용하도록 강제하며, 언제라도 코드베이스의 배포성을 보장한다는 점에서 매우 유리하다. 현재 프로덕션 버전과 완전히 동떨어진, 뒤죽박죽 얽히고 설킨 변경사항 때문에 배포가 불가능한 상황은 절대 발생하지 않는다. 따라서 절반만 완료된 미배포 코드를 기다리지 않아도 긴급한 수정 사항은 곧바로 프로덕션에 보내 처리하면 된다.

그리고 지속적 배포를 사용하면 새로운 롤아웃 때문에 발생하는 프로덕션 이슈를 디버깅하기도 그리 어렵지 않다. 변경 증분이 하나의 커밋 단위만큼 작아서 조사할 코드 라인 자체가 얼마 되지 않기 때문이다. 원인과 결과도 더 명확해진다. 내 경험에 따르면 문제를 일으킨 근본 원인을 찾는 데 대부분 한 시간도 채 안 걸린다. 소스의 변경 전후 차이점을 몇 분만 살펴보면 된다. 근본 원인을 특정할 수 없거나, 성능 저하가 너무 심각하여 디버깅 및 수정 사항을 기다릴 수 없는 경우에도 각 증분이 정말 작아서 심지어 롤백을 하는 경우에도 영향도를 최소화할 수 있다. 롤백을 해도 문제가 된 변경사항과 함께 번들로 제공됐지만 다른 사람에게는 아주 긴급할 수 있는, 관련 없는 기능은 되돌리지 않는다. 그래야 프로덕션에서 코드 변경사항이 서로 디커플링되며, 특정 시점에 실행되는 코드 라인에 대해 세분화된 제어가 가능하다.

변경 실패율

변경 실패율change failure rate은 유저에게 오류 또는 기타 사용상 문제를 일으키는, 시스템에 가한 변경사항의 비율이다(그림 2-16). 이는 변경 자체의 안전성을 나타내는 척도로서, 소프트웨어 배포 프로세스의 전반적인 안정성을 의미한다. 일반적으로 변경 실패율은, 프로덕션에 반영한 변경사항의 수와 중단 시간, 회귀 등의 문제를 초래한 변경사항의 수를 계산하고 후자를 전자로 나누어 계산한다.

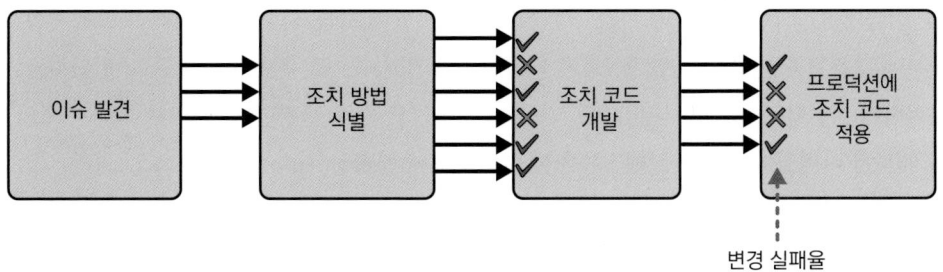

그림 2-16 변경 실패율

지속적 배포로 변경 실패율을 낮춘다면 얼핏 반직관적으로 느껴진다. 눈으로 직접 확인하지도 않은 변경사항이 하루에 여러 번 프로덕션에 전달되면 오히려 문제가 더 자주 발생하지 않을까?

정확히 그 반대다. 코드를 더 자주 통합하면 통합하기 더 쉬워지는 것과 같은 이치다. 한 번에 하나씩 작은 변경사항을 여러 개 배포하는 것보다 한번에 크게 묶어 일괄 배포하는 것이 더 위험하다.

비관적으로 생각하면, 변경된 코드 라인 하나하나는 롤아웃 이후 나타날 새로운 버그나 예상치 못했던 오류의 잠재적 원인이 될 수 있다. 항상 상황이 꼭 이렇게 나쁜 것은 아니지만, 각 롤아웃이 성공할 확률은 그 안에서 변경된 코드 라인 수에 반비례한다는 사실을 너무 비관적으로 바라볼 필요는 없다. 전혀 관련이 없는 기능을 변경하는 것은 매우 까다로울 수 있고 테스트하기도 부담스럽다.

지속적 배포는 한 배포에서 다음 배포로의 변경 증분을 극히 적은 수의 코드 라인, 즉 하나의 커밋 분량으로 줄인다. 이런 식으로 일괄 처리되는 변경사항의 수를 줄이면 좋은 변경사항이 나쁜 변경사항 때문에 오염될 일이 없으므로 변경 실패율은 줄어든다. 여러분의 이해를 돕기 위해 [그림 2-17]에 자세히 표시했다.

[그림 2-17]에서 양 시나리오의 커밋 샘플은 동일하며, 열 개 중 동일한 세 개 커밋에 잘못된 변경사항이 있다. 여기서 그냥 배치 처리하면 잘못된 커밋이 올바른 커밋과 한데 뒤섞여 전체 배치가 오염된다. 반면, 작은 단위로 잘게 쪼갠 배포를 더 자주하면 생기는 결함 수는 같아도 프로덕션에서 전체 변경 실패율은 줄어든다.

이런 결과가 단지 메트릭의 숫자 놀음에 불과하며 팀이 실제로 불량 코드를 만들어 내는 비율은 동일하지 않느냐며 반대하는 사람들도 있다. 틀린 말은 아니지만 다른 요인도 고려해야 한다. 이를테면, [그림 2-17]의 우측 그림에서 프로덕션 배포를 되돌릴 경우 좌측 그림처럼 그 내부에 포함된 다른 올바른 변경사항은 되돌릴 필요가 없다. 또 각 이슈를 훨씬 더 간단하고 세분화하여 진단할 수 있다. 마지막으로 좌측 그림을 보면 서로 무관한 두 이슈가 함께 배포되었기 때문에 디버깅이 더욱 복잡해졌음을 알 수 있다(내 경험상 지속적 배포를 하지 않는 시스템에서 이런 일은 아주 흔하다).

나는 잘못된 커밋이 만들어지는 비율은 그리 중요한 요인이 아니라고 본다. 내가 소프트웨어 엔지니어로 일하면서 깨달은 가장 큰 교훈 중 하나는, 어쩔 수 없이 실패가 발생해도 신속하고 우아하게 시스템을 복구할 수 있도록 실패를 예상하고 프로세스를 최적화해야 한다는 점이다.

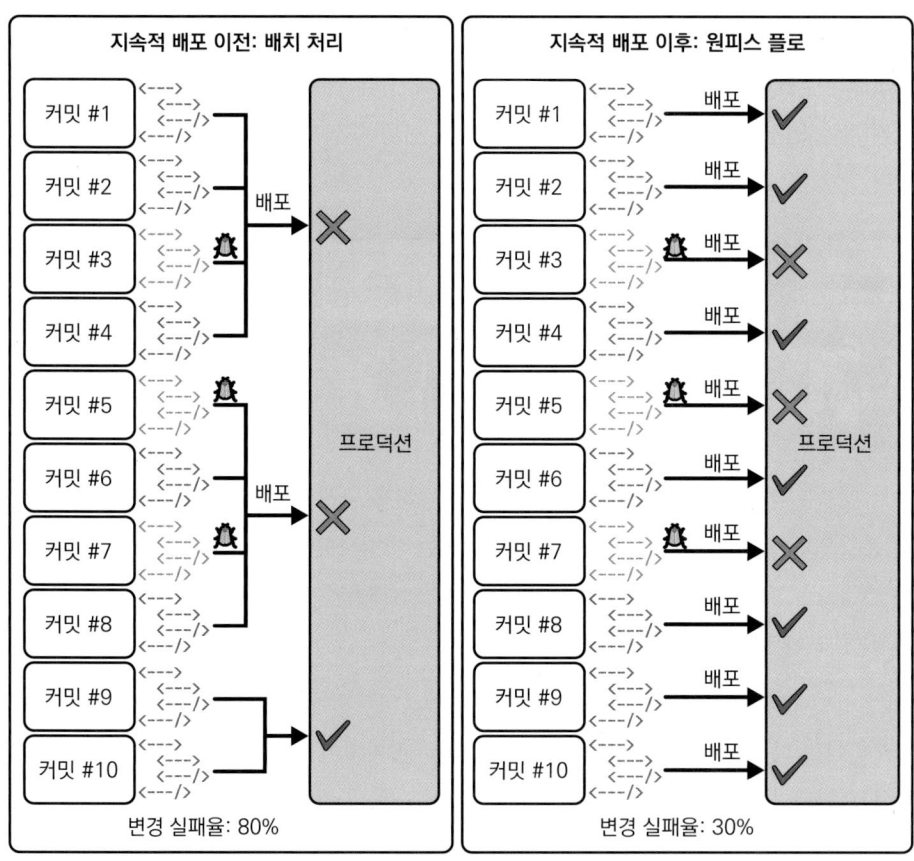

그림 2-17 지속적 배포 전후의 변경 실패율

잘못된 커밋 비율이 여기서 주된 관심사는 아니지만, 지속적 배포는 이에 긍정적인 효과를 가져올 수 있다. 내 경험상 그 이유는, 즉시 배포가 엔지니어로 하여금 높은 수준의 책임감을 부여하는 도구로서 작용하기 때문이다. 고품질의 프로덕션 코드, 자동화, 회귀 테스트를 목표로 팀의 모든 프랙티스가 코드를 변경할 때마다 철저하게 실천되며, 불과 수 분 내에 실제 유저가 실행하는 코드를 만드는 것이 가장 원대한 목표다. 이는 엔지니어를 더욱 철저하고 성실하게 만드는 경향이 있다. 또 앞서 언급한 긍정적인 피드백 루프, 즉 안정성이 지속적 배포의 속도를 가능케 하지만, 속도 자체도 모든 사람의 마음 속에 안정성을 유지하는 데 큰 영향을 미친다.

다음 절에서는 이 주제를 좀 더 자세히 살펴보고, 지속적 배포가 소프트웨어 품질에 관한 문화에 어떤 영향을 미치는지 자세히 알아보자.

2.3 품질 시프트 레프트

품질 시프트 레프트shifting quality left는 개발 프로세스 초기 단계부터 품질 보장의 중요성을 부각시키는 중요한 품질 전략의 원칙이다.

품질은 주로 테스트를 가리키는 광범위한 용어지만, 성능, 보안 등의 다기능 요건Cross-Functional Requirement(CFR)[20]을 검증하는 부분도 포함한다. 모든 테스트와 품질 게이트를 조기에 구현하면 개발자와 QA 엔지니어가 나중에 중요한 이슈가 되거나 조치하는 데 많은 비용이 들기 전에 문제가 될 만한 요소를 미리 발견할 수 있다.

시프트 레프트 원칙은 팀의 워크플로(예 현황판)의 관점과 코드가 프로덕션으로 이동하는 경로의 관점에서 바라볼 수 있다(그림 2-18).

---

[20] 특정 동작이나 기능과 무관한, 시스템의 특성을 측정하는 기준이다.

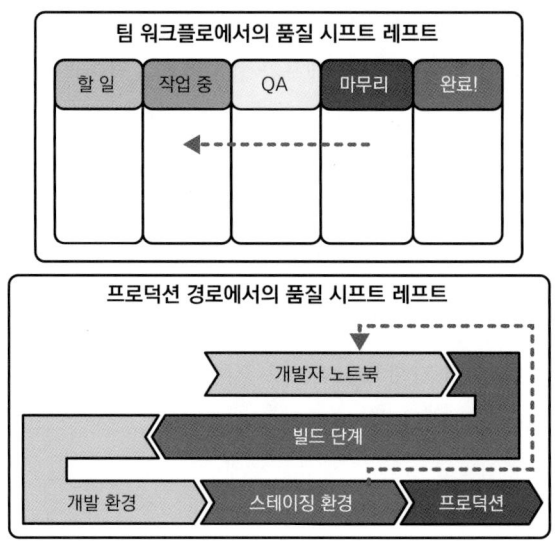

그림 2-18 다양한 관점에서 바라본 시프트 레프트 원칙

일찍부터 테스트 및 품질 관리를 시작하면 시간과 리소스를 절약하고 궁극적으로 더 나은 제품을 만들 수 있다. 이 사실은 이미 많은 데브옵스 현황 리서치 프로그램에서 확인된 바 있다.[21]

2.3.1 지속적 배포로 품질을 시프트 레프트하는 방법

지속적 배포는 매 코드 변경사항을 프로덕션에 보내 팀 전체가 품질 및 프로덕션의 레디니스를 각 테스트의 초기 단계로 시프트shift하는(옮기는) 데 지대한 영향을 미친다.

지속적 배포 이전의 개발자는 자기 코드가 프로덕션에 어떻게 도달하는지 지켜보기가 쉽지 않았다. 개발이 끝나면 스토리 주인이 테스트 또는 배포를 담당하는 다른 누군가로 바뀌기 때문이다. 작업 주체가 바뀌면 당연히 그 책임도 달라진다. 그래서 **코드를 담장 너머로 던지기**throw code over the fence가 쉬워지고(그렇게 하도록 유도한다), 나중에 누군가가 다시 살펴보겠지, 하는 그릇된 안전 의식에 빠져 자기가 작성한 코드나 테스트에 피상적인 태도로 일관하기 쉽다. 또 이렇게 떠넘기다 보면 팀원들 간에 핵심 정보가 제대로 전달되지 않아 지식이 손실되기도 한다.

---

21 DORA, 『Accelerate State of DevOps Report 2016』, 전문은 https://oreil.ly/ksQGT를 참고하라.
　　DORA, 『Accelerate State of DevOps Report 2018』, 전문은 https://oreil.ly/K9--m을 참고하라.

그러나 지속적 배포를 하면 프로덕션 배포는 모든 작업의 진행 단계에서 일상적으로 반복되는 일이 되며, 변경사항은 작성한 개발자가 직접 챙겨야 한다. 이와 같은 엔드투엔드 오너십^{end-to-end ownership} 덕분에 엔지니어는 좀 더 철저하게 자동 테스트를 작성하고 프로덕션에 보낼 만한지 관심을 갖게 되며, 경솔하게 변경하는 행위를 삼가게 된다.

과거에는 프리프로덕션에 잠시 코드가 머물다 마지막에 수동 테스트를 수행했지만, 이제 즉시 배포가 이루어지므로 개발자가 온갖 핑계를 대며 변명("나중에 할게요")할 여지는 없다. 나는 성능, 보안, 관찰 가능성^{observability} 등에 관한 태스크가 최후 순위로 미뤄져 나중에 추가 비용이 훨씬 더 많이 드는 경우를 참 많이 봤다. 최악의 경우는, 릴리스를 서두르는 이해관계자들 때문에 아예 우선 순위에서 배제되기도 했다. 예정보다 일찍 시스템을 배포하게 됐다는 사실을 통보받은 개발 팀원들의 황망한 표정이 아직도 눈에 선하다. 지속적 배포는 **품질 시프트 레프트**를 어떻게든 피해가려는 유혹을 그렇게 하지 못하게 만듦으로써 처음부터 차단한다. 코드가 한 시간 이내에 고라이브될 거란 사실을 알게 되면 테스트와 베스트 프랙티스를 미루기가 오히려 더 어려울 것이다.

내가 지속적 전달에서 지속적 배포로 전환시킨 첫 번째 팀에서 프로덕션 게이트가 오픈된 지 하루 정도 지나자, 상당한 책임감이 팀원들의 어깨를 짓누르는 느낌을 받았다. 변경사항을 새로 체크인 할라 치면 30분 후에는 실제 유저들이 변경된 부분을 경험하리라는 사실이 문득 상기되었다. 실수에 따른 잠재적인 결과에 대해 이토록 심한 중압감을 느낀 적은 없었다.

하지만 당시 우리가 느꼈던 책임감은 전혀 새로운 것이 아니었다. 코드가 조만간 프로덕션에 반영된다는 점만 제외하면 오류와 실수가 발생할 가능성은 매한가지다. 단지 예전에는 우리가 코드를 작성했다는 사실을 잊은 지 한참 후에 프로덕션에 반영되었다는 부분만 다를 뿐이었다. 그리고 그때 우리는 코드에 대해 개인적인 책임감은 느끼지 못했고 프로덕션에 반영되는 코드는 이미 내 손을 떠난 뒤였지만, 이제는 본인이 `git push` 커맨드를 실행한 직접적인 결과가 곧장 눈앞에 펼쳐지는 것이다.

우리는 이러한 즉각적인 책임감^{immediate accountability} 덕분에 테스트 및 코드의 다기능 측면^{cross-functional aspects}에 훨씬 일찍부터 관심을 갖게 되었다. TDD를 더 진지하게 받아들이고, 스토리 킥오프^{story kickoff}를 보다 철저하게 진행했다. 또 유저 스토리를 시작하기 전에 변경사항을 상세히 공유함으로써 상호 의존적인 시스템을 취급할 때 올바른 순서로 변경사항을 프로덕션에 보내도록 조심해서 작업했다. 그리고 진행 중인 작업을 숨기는 안전 메커니즘을 조기에 도입했다 (이 부분은 **3장**에서 다시 설명한다). 한 마디로, 품질이 향상되었다.

이 모든 작업은 사실 지속적 배포 없이도 수행할 수 있다. 하지만 지속적 배포는 우리로 하여금 어쩔 수 없이 가능한 한 조기에 (시프트 레프트하여) 수행하도록 강제했다.

2.3.2 품질 게이트 자동화의 효과

QA 엔지니어 입장에서 품질 게이트를 자동화하고 시프트 레프트한다는 건 정말 반가운 소식이다. 개발자가 기능 구현을 하면서 철저한 자동화 품질 게이트를 작성해야 하고, QA가 반복적이면서 세세한 회귀 검사를 수동으로 진행하던 일은 이제 과거지사다(컴퓨터는 체크리스트checklist를 사람보다 훨씬 더 꼼꼼하게 챙기며, 무한 반복에도 심신이 지칠 일이 없음을 고려하면 당연하다). 덕분에 사람들은 팀이 전체 품질 전략을 반영하도록 돕거나, 새로운 기능에 대해 탐색적 테스트를 수행하거나, 전체 제품 및 프로그램의 품질 요건을 기술하는 등 컴퓨터가 할 수 없는 가치 있고 보람 있는 일에 시간을 더 쏟을 수 있다.

구현 단계 초기부터 코드의 테스트와 갖가지 다기능 측면을 잘 관리하면 상이한 역할의 팀원들이 한층 더 가까워져 작업 중인 항목별로 협업이 원활해지는 부수 효과도 기대할 수 있다. 예를 들어, 개발자, QA 엔지니어, 디자이너가 함께 작업하며 코드가 잘 작성됐고, 테스트도 문제없으며, 배포 준비까지 다 끝났는지 확인할 수 있다. 이렇게 서로 다른 일을 담당한 팀원들이 개발 초기부터 각자의 고유한 경험과 식견을 공유하면 균형감 있고 탄탄한 제품을 만드는 데 도움이 된다.

2.4 정리하기

지속적 배포는 모험을 감행하는 팀에게 많은 개선 효과를 가져다줄 것이다. 무엇보다 린 생산의 요체인 재고의 원피스 플로에 가장 가까운 방법론이라는 점이 중요하다. 배포를 자주 하고 리드 타임을 대폭 줄여 평균 복구 시간을 낮게 유지하고, 변경 증분을 줄여 결과적으로 변경 실패율을 낮추는 등 DORA 연구에서 밝혀진 IT 성과에 관한 4대 주요 메트릭에 긍정적 영향을 미친다. 또한 지속적 배포는 시프트 레프트 원칙을 글자 그대로 해석한 개념으로, 코드를 프로덕션에 반영하고 철저하게 테스트하는 모든 활동을 **나중에** 프로덕션 경로에서 하는 게 아니라, 개발 단계부터 앞당겨 처리하도록 권장한다.

CHAPTER 3

사고방식의 전환

1장에서 말했듯이, 이미 지속적 전달 파이프라인을 구축한 팀은 약간의 변화만으로도 지속적 배포를 시작할 수 있다. 프로덕션 배포에서 수동 승인 절차를 제거하는 한 라인짜리 변경만으로도 가능한 일이다.

사실 이 프랙티스의 어려운 부분은 구현이 아니라, 개발자가 코드를 작성하는 사고방식을 달리해야 한다는 데 있다. 특히, 모든 커밋이 프로덕션에 즉시 반영된다는 사실을 늘 염두에 두고 코딩을 해야 한다.

즉시 프로덕션 배포를 의식하고 개발 계획을 세우는 것은 워크플로에서 아주 큰 변화로, 익숙해지려면 적잖은 시간이 걸린다. 나 역시 그랬다. 한동안 팀원들이 코드베이스를 건드릴 때 확신이 서지 않았다. 당시 나는 일상 업무를 이 패러다임에 맞추는 방법을 잘 설명한 자료가 있으면 참 좋겠다고 생각했는데, 이것이 내가 이 책을 집필하게 된 계기가 되었다. 처음에는 좀 무섭고 실수도 있었지만, 시간이 지나면서 점점 사고방식이 달라졌고 일을 하는 속도와 품질에 긍정적인 효과가 있음을 알아차렸다.

이 장의 목표는 지속적 배포의 주요 난제를 한데 모아 정리하여 내가 처음부터 맨땅에 헤딩하며 하나씩 배워야 했던 학습 과정을 여러분이 빠르게 따라잡고 그 혜택을 더 빨리 누리도록 돕는 것이다. 지속적 배포를 처음 시도하는 팀에서 초기 인지 부하를 줄이고 스스로 알아내야 하는 유용한 핵심 개념을 파악하는 데 도움이 되길 바란다.

먼저, 변경사항을 정의하는 것과 적용하는 것의 차이점을 자세히 알아보자.

3.1 변경사항을 정의하는 것과 적용하는 것

프로덕션 게이트가 있는(즉, 지속적 배포를 하지 않는) 경우에는 매번 변경할 때마다 변경사항을 정의하고 프로덕션에 적용하는 두 가지 액션이 일어난다. 변경사항을 정의하는 것은, 코드가 미래의 어느 시점에 프로덕션에서 어떤 모습으로 실행되어야 하는지 특정하고, 해당 스펙을 버전 관리 시스템에 커밋한다는 뜻이다. 변경사항을 적용하는 것은, 기존의 변경사항 정의(커밋 또는 빌드)를 선택하여 프로덕션이 그에 맞게 작동하도록 만드는 의도적인 행위다. 바꿔 말하면, 실제로 배포하는 것이다. [그림 3-1]은 이 두 가지 수동 액션을 나타낸 것이다.

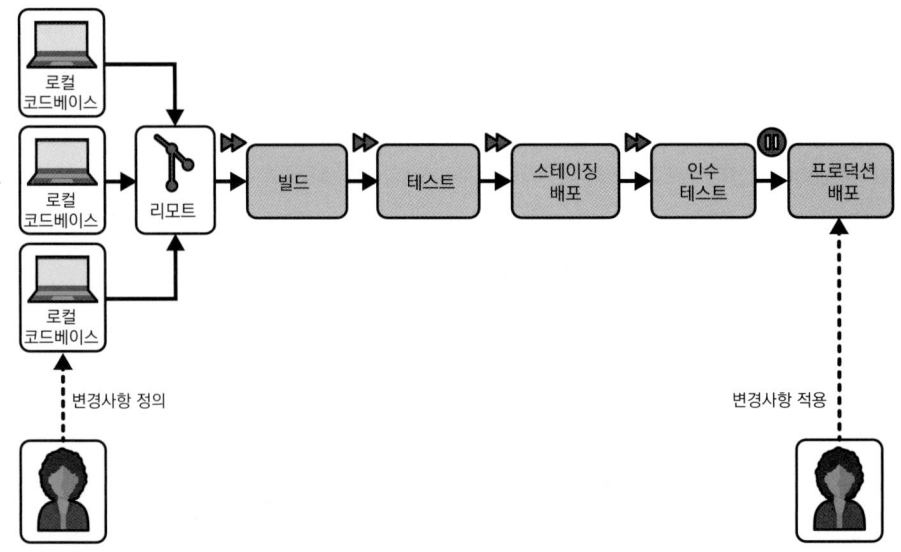

그림 3-1 프로덕션 게이트가 있는 상태에서 변경사항을 정의하고 적용

이렇게 단절된 두 수동 단계는 팀의 작업 방식에 강력한 영향을 미치며, 개발자는 코딩하는 동안 그릇된 보안 의식$^{\text{sense of security}}$을 갖게 된다. 개발자는 자신이 짠 코드가 프로덕션에 실제로 반영되려면 다른 누군가의 수작업이 필요하다는 사실을 항상 알고 있다. 즉, 모든 증분이 처음부터 정확하거나 자기 완비적이어야 한다는 사실을 별로 중요하게 생각하지 않는다. 어차피 코드 변경사항은 작성이 끝나면 그때마다 적어도 한번은 재검토를 받는다. 말하자면 배포 직전에 "정말 확실한가요?" 하고 묻는 셈이다. 물론, 이런 재검토는 대개 모든 이의 머릿속에서 해당 코드의 맥락이 흐려진 이후, 코드에 관한 지식이 별로 없는 다른 누군가에 의해, 이 모든 상황

이 복합적으로 얽힌, 별로 바람직하지 않은 상황에서 이루어진다.

이러한 보안 의식은, 옳고 그름을 떠나 지속적 배포를 도입하면서 확실히 종지부를 찍게 된다. 지속적 배포에서는 변경사항을 특정하는 데 필요한 작업(버전 관리 시스템의 트렁크에 코드를 커밋)이 사실상 변경사항을 프로덕션에 적용하는 작업과 동일하다. 물론, 어떤 파이프라인이라도 눈 깜짝할 사이에 이루어지진 않겠지만, 배포 시간이 며칠 내지 몇 주씩 걸리던 시절과 비교하면 아주 미미한 지연이다. 수동 개입은 더 이상 없으므로 변경사항을 정의하는 것과 적용하는 것은 동일한 행위인 셈이다.

그러므로 지속적 배포에서는 변경사항이 단 한 단계만으로 버전 관리 시스템과 프로덕션에 모두 반영된다(그림 3-2).

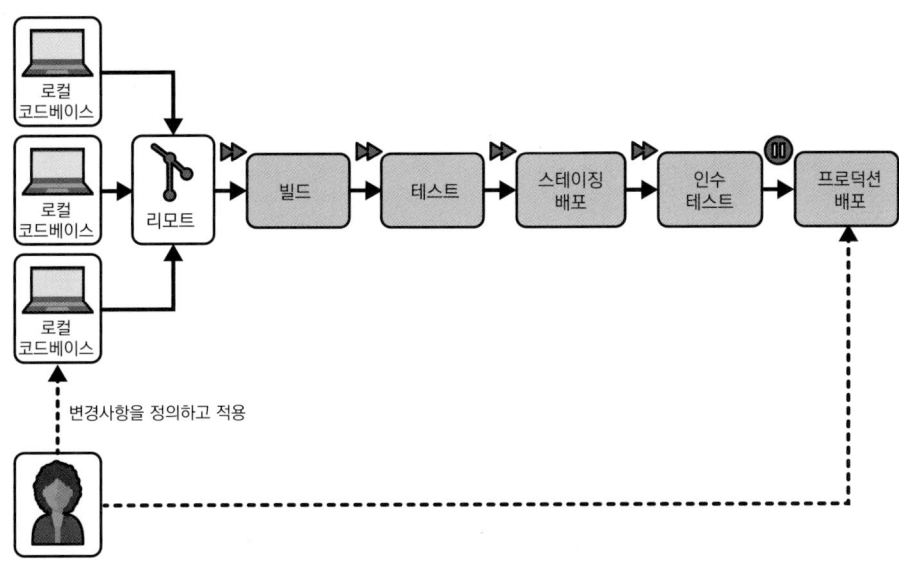

그림 3-2 지속적 배포를 적용하면 변경사항을 정의하는 동시에 적용한다

내 경험상 이렇게 변경사항을 정의하는 것과 적용하는 것 사이의 구분이 사라지면 코드를 작성하는 행위 자체가 완전히 다르게 느껴진다. 비유를 하자면, 전기 기사가 새 건물에 설치할 케이블을 처음부터 설계하는 것과 기존 시스템을 입주자의 사용에 지장을 초래하지 않으면서 유지보수하는 것의 차이와 비슷하다. 예를 들어, 어떤 대형 오피스 건물에서 전기 기사가 작업하는 광경을 상상해보자. 후자의 시나리오라면, 작업이 필요한 하위 시스템을 격리하고, 무중단 서

비스를 제공하기 위해 임시로 중복성redundancy 또는 우회책diversion을 마련하며, 진행 중인 작업을 더 큰 시스템이 준비된 시점에 한하여 통합하는 등의 추가적인 예방 조치를 강구해야 한다.

지속적 배포를 하지 않는 팀도 어차피 라이브 시스템은 관리해야 할 테니 가급적 무중단으로 변경하기 위해 노력해야 하는 것은 똑같지 않냐고 반문할 수도 있다. 그러나 변경사항이 나중에 언제, 어떻게 배포될지 모르는 막연한 상황에서 개발자는 대개 이런 부분까지 고려하지 않는다. 그들은 일반적으로 두 번째 사고방식(현장 유지보수)과 유사한 상황에서 일하면서, 첫 번째 시나리오(추상적 프로젝트를 창조하는 건축가나 아키텍트)의 사고방식으로 수동 지연을 유발한다. 나는 이것이 그토록 수많은 배포가 당초 의도와 거리가 먼 결과로 귀결됐던 이유라고 확신한다. 지속적 배포는 바로 여기에 가장 큰 강점이 있다. 프로덕션을 뜯어고치는 현실을 전면에 훤히 드러내는 것이다.

문제를 해결하고 싶으면 개발 프로세스 도중, 모든 품질 보증 단계를 완료하여 프로덕션에서 발생할 만한 이슈를 먼저 해결해야 한다. 즉, **개발이 끝난 이후에** 따위는 없다. 오직 프로덕션만 있을 뿐. 이 목표를 달성하는 데 유용한 지속적 코드 리뷰, 테스트 우선 자동화, 코드 스캐닝 도구 등의 프랙티스는 4장에서 소개하겠다.

하지만 나는 다음 절에서 변경사항의 정확성을 보장하는 방법보다는 어떤 변경을 어떻게 해야 하는지 먼저 설명하겠다. 특히, 전기 기사가 현장에서 변경 작업을 하는 것처럼 여러분이 우회책을 만들고, 임시 중복성을 설치하고, 하위 시스템을 격리하는 등의 사전 예방 조치를 취하는 데 도움을 주고자 한다.

3.2 진행 중인 작업 숨기기

앞 절에서 설명한 것처럼, 개발자가 트렁크로 보낸 커밋은 예외 없이 즉시 프로덕션에 반영된다. 지속적 통합 프랙티스에 따르면 트렁크에 커밋하는 작업은 매우 자주, 특히 트렁크 기반의 개발에서는 하루에 여러 번 하는 것이 최선이다. 그런데 어떻게 하면 개발자가 유저에게 **진행 중**in progress인 불완전한 코드를 노출시키지 않고 이 목표를 달성할 수 있을까? 이것이 내가 지속적 배포를 언급하면 거의 항상, 가장 먼저 받는 질문 중 하나다. 이 프랙티스가 개발하는 행위 자체를 얼마나 주의 깊게 고려하는지 잘 드러내는 아주 좋은 질문이기도 하다. 늘 하던 대로 코딩하고 프로덕션에 곧장 밀어 넣는 식으로는 지속적 배포를 성공시키기 어렵다.

코드에 있어서 **진행 중**이란 말은 대개 **미완성**unfinished을 뜻하는데, 이는 거의 항상 **깨진**broken과 동의어다. 유저에게 깨진 변경사항을 노출시키고 싶을 사람은 아무도 없으리라. 하지만 **진행 중**과 **깨진**이 반드시 연관된 개념은 아니다. 아직 완성되지 않은 변경사항을 유저에게 숨겨서 코드베이스와 프로덕션 모두 미완성된 상태로 온전하게 유지할 수는 없을까?

3.2.1 버전 관리 브랜치

지속적 배포를 안 하는 경우에도 어쩌다 한 번씩은 프로덕션에 배포를 해야 한다. 그리고 그럴 때는 라이브 상태로 올리기엔 아직 준비가 덜 된, 진행 중인 기능이 있기 마련이다. 규모가 큰 기능을 개발하거나 리팩터링하는 동안 진행 중인 작업을 숨기는 것은 사실 지속적 배포에만 국한된 문제는 아니다. 자주는 아니더라도 어느 정도 빈도로 프로덕션에 배포하는 모든 팀에서 문제가 되는 부분이다.

진행 중인 작업 문제를 해결하기 위해 예전에는 코드를 릴리스할 만하다는 확신이 들 때까지 오랫동안 버전 관리 브랜치에 코드를 숨겨두는 방법을 많이 썼다(그림 3-3).

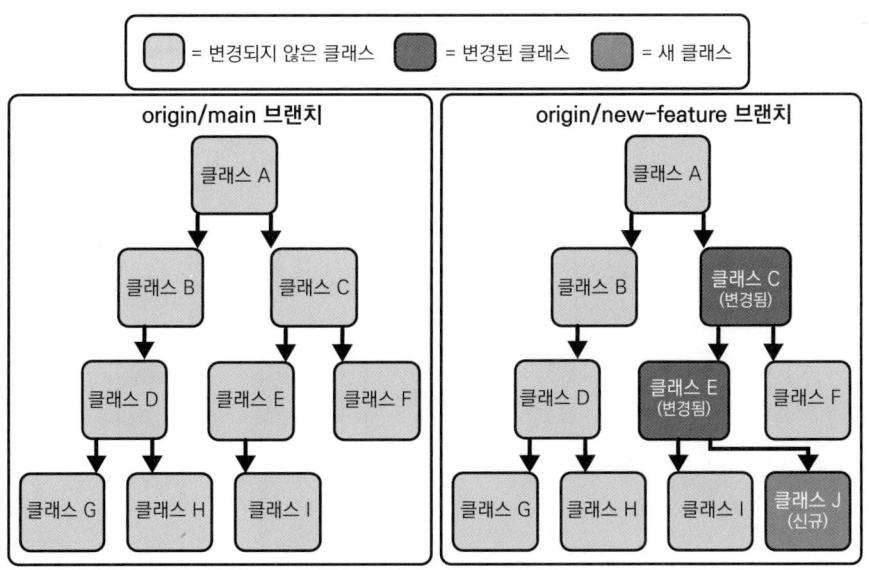

그림 3-3 기능 브랜치에서의 코드 확산

그러나 지속적 통합을 해보면 알겠지만 기능 브랜치의 수명이 길어질수록 머지하기가 힘들고 미확인 작업이 많이 쌓여 좋지 않다. 재고(커밋) 배치가 쌓이면 어떤 폐해가 있는지는 이미 **2장**에서 자세히 얘기했다. 이 원칙을 잘 지키는 팀은 브랜치 수명을 짧게 유지하거나 트렁크 기반으로 개발한다. 그들은 아직 준비가 덜 된 기능이라도 프로덕션 배포를 일상적으로 수행한다. 어떻게 그렇게 할 수 있을까?

3.2.2 실행 브랜치

최근에는 **기능 토글**(또는 **기능 토글**)과 **확장/축소**(또는 **병렬 변경**), 이 두 가지 기법이 인기를 얻고 있다. 덕분에 개발자가 트렁크에 변경사항을 커밋해도 유저에게 변경사항을 감출 수 있다.

이 두 기법 모두 진행 중인 코드를 버전 관리 브랜치가 아닌, 다른 코드 실행 브랜치로 분리한다(그림 3-4). 즉, 개발자는 코드를 직접 변경하는 게 아니라, 코드가 완성될 때까지 모든 코드 변경사항을 어떤 호출부에 의해서도 호출되지 않는 대체 코드 경로에 묶어 둔다. 데이비드 팔리와 제즈 험블은 이 패턴을 **추상화 브랜치**branch by abstraction라고 부른다.

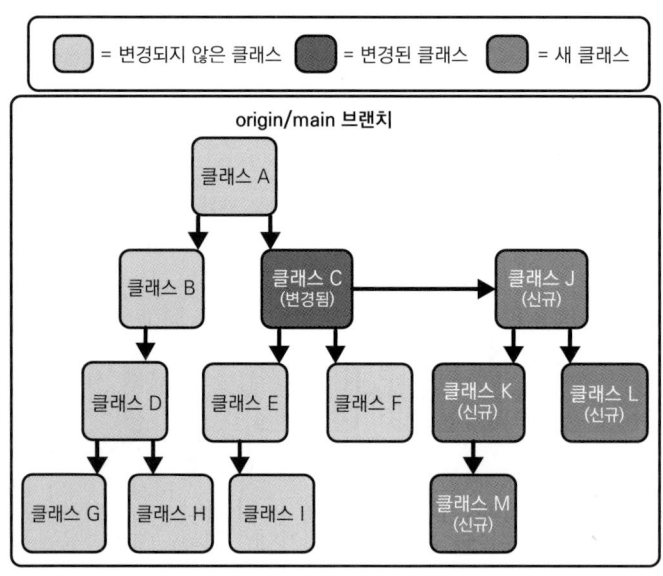

그림 3-4 main 브랜치에서의 대체 코드 실행 경로

추상화 패턴별 브랜치는 아주 편리한 기법이다. 프로그래밍 언어를 사용하여 진행 중인 작업을 숨길 수 있고, 버전 관리 시스템의 텍스트 조작에만 의존하는 것보다 더 많은 도구를 사용할 수 있고 표현력이 향상되기 때문이다. 예를 들어, 버전 관리 시스템으로도 머지 및 되돌리기(체리 픽cherry-pick이라고도 한다) 등으로 기능을 켜고 끌 수 있지만, 코드를 사용하면 기능을 보이거나 숨겨야 할 복잡한 조건을 나타낼 수 있다. 그중에는 스위치 ON/OFF처럼 단순한 조건도 있고, 특정 테스트 유저나 위치에 따라 제한하는 복잡한 조건도 있을 것이다.

기능 토글과 확장/축소는 모두 코드를 별도의 실행 브랜치에 저장한다. 이 둘의 가장 중요한 차이점은 새로 생성된 실행 브랜치로 어떻게 전환을 허용할 것인가, 하는 부분이다. 기능 토글은 런타임에 이러한 구성이 가능한 반면, 확장/축소 패턴은 컴파일 타임에 수정을 해야 한다.

어쨌든, 이 두 기법을 잘 활용하면 팀 전체가 트렁크에서 작업하고 코드를 자주 통합해도 그들이 진행 중인 작업을 유저의 눈에 띄지 않도록 안전하게 숨길 수 있다. 지속적 배포를 하게 되면 프로덕션 배포가 수시로 일어나기 때문에 팀원 모두가 이 두 가지 방법을 익숙하게 잘 사용하는 것이 중요하다. 테스트 스위트test suite 실행 결과가 그린이라고 해서 해당 기능을 실제로 유저에게 선보일 준비가 다 됐다고 장담할 수는 없기 때문이다. 구체적인 방법과 예제는 3부에서 다시 소개하기로 하고 지금은 이론 중심으로 알아보자.

기능 토글

기능 토글feature toggle을 사용하면 런타임에 상이한 여러 코드 실행 경로를 왔다 갔다 할 수 있다. 한 마디로, 새 코드를 배포하지 않고 어떤 기능을 켜고 끄는 것이다. 그래서 점진적인 기능 롤아웃, A/B 테스트, 다양한 유저 그룹별로 기능 액세스를 제어할 수 있다. 기능 토글은 다음과 같은 기술을 사용한다.

- 토글 상태를 평가하여 그 값에 따라 옛 흐름을 호출할지, 새 흐름을 호출할지 판단하는 코드 결정점decision point이다.
- 토글 상태(ON, OFF, 또는 더 복잡한 상태)를 저장하는 퍼시스턴스 레이어persistence layer다. 어떤 팀은 토글 활성화 여부를 저장하도록 애플리케이션을 구성하여 기능 토글을 사실상 정적으로 만듦으로써 퍼시스턴스 레이어를 우회한다(자세한 내용은 곧이어 설명한다).
- 개발자와 이해관계자가 외부 퍼시스턴스 레이어에 편리하게 액세스해서 런타임에 토글 상태를 변경할 수 있는 인터페이스다.

구현

실제로 기능 토글은 지극히 간단한 if 문 하나만으로도 구현 가능할 정도로 단순하다.

```
const useNewAlgorithm = ... // <- 토글 상태 조회
if(useNewAlgorithm) {       // <- 기능 토글링
    return newWayOfCalculatingResult();
} else {
    return oldWayOfCalculatingResult();
}
```

물론, 코드의 두 브랜치(토글을 켠 브랜치와 토글을 끈 브랜치)는 토글이 제거될 때까지 계속 유지보수와 테스트를 해야 한다. 이로 인해 품질 게이트 관리에 약간의 부담이 가중될 수 있는데, 특히 일부 테스트 커버리지는 중복될 수 있다. 이는 기능 토글이 제공하는 유연성을 위해 지불해야 할 작은 대가다. 수명이 짧고 단순한 토글에서 그리 큰 부담은 아니라고 본다.

하지만 토글 상태를 저장하는 엔진과 여기에 액세스를 하는 방법까지 고려하면 애플리케이션 런타임 외부의 스토리지, 관리자 역할, 관련 인터페이스(예 그림 3-5)가 필요하므로 단순 if 문보다는 훨씬 더 복잡해질 것이다.

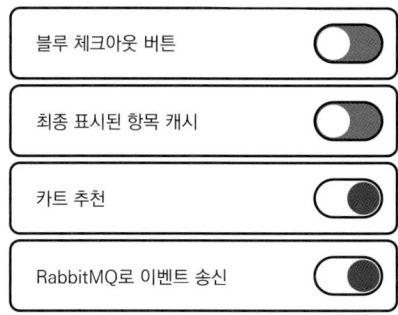

그림 3-5 기능 토글 시스템의 인터페이스 예

다행히 이 부분은 일회성 투자이고 여러분이 직접 다 구축할 필요도 없다. 이미 관계형/비관계형 DB, 파일 스토리지 서비스 등 다양한 퍼시스턴스 엔진을 사용 가능한 옵션과 함께 모든

기술 스택을 수용 가능한 고급 기능 토글 프레임워크가 다양하다. **언리시**Unleash[1]처럼 여러 서비스가 사용 가능한 전용 외부 기능 토글 플랫폼도 고려해 봄직하다. 빌드나 설치하는 시간이 아깝다면 **론치다클리**LaunchDarkly[2] 같은 기업에서 제공하는 서비스로서의 기능 토글feature toggle as a service(이것이 최고의 선택인 경우가 많다)도 검토해보자.

대부분의 기능 토글 프레임워크와 서비스는 **모두를 상대로 켜고 끄는** 단순 기능 이상의 고급 구성 옵션을 제공한다. 덕분에 요청을 하는 유저, 쿠키, 헤더, 유저 비율, 지리 위치geolocation 데이터, 그 밖에 유저가 임의의 조건을 충족하는지 여부에 따라 토글을 활성화할 수 있다.

지속적 통합과 지속적 전달이 점점 보급되던 시절에는, 새 프로젝트를 시작할 때 자동 빌드 파이프라인을 구축하는 초기 비용에 대해 의문을 품은 팀이 많았다. 하지만 지금은 유저에게 안정적으로 전달하기 위해 반드시 필요한 투자라는 인식이 확산되었으며, 모든 새 프로젝트의 이터레이션 0[3]에서 구축하는 것이 일종의 관례처럼 굳어졌다. 나는 기능 토글 인프라 역시 동일한 관점에서 접근해야 한다고 생각한다. 기능 토글 인프라는 코드베이스를 언제라도 릴리스하고 테스트 가능한 상태로 만들기 위한 필수 전제다. 왜 그런지 자세히 알아보자.

이점

기능 토글을 장착하면 새로운 코드 실행 경로에서 모든 기능을 안전하게 개발할 수 있다. 토글 값이 OFF인 한, 진행 중인 작업은 안 보이기 때문에 아무리 불완전한 코드라도 다른 기능에 영향을 미치지 않도록 커밋할 수 있다. 그리고 더 고급 토글 전략을 구사하여 이해관계자가 수동 탐색 테스트를 하고, 차후 고도로 제어된 방식으로 기능을 릴리스하여 소중한 인사이트를 얻을 수 있다.

이 모든 목표를 달성하기 위해 동일한 기능 토글을 해당 기능의 라이프 사이클 동안 다양한 용도에 맞게 재구성할 수 있다. 이를테면, 개발 단계에서는 아직 구축 중인 새 기능을 단순 ON/OFF 구성으로 숨긴다. QA 단계에서는 상위 환경, 특히 프로덕션 환경에서 테스트할 수 있도록 유저나 요청에 따라 활성화 여부를 세팅한다. 마지막으로 릴리스 단계에서는 이해관계자가

---

1 옮긴이_ https://www.getunleash.io을 참고하기 바랍니다.
2 옮긴이_ https://launchdarkly.com을 참고하기 바랍니다.
3 옮긴이_ 애자일 방식이나 스크럼, 익스트림 프로그래밍 같은 개발 방법론에서 실제 기능 개발을 시작하기 전에 프로젝트 초기 설정 등의 준비 작업을 하는 단계를 말합니다.

신규 기능을 유저에게 선보이는 방법을 통제할 수 있도록 랜덤random(무작위) A/B 실험이나 점진적 램프업ramp-up[4]을 구성한다.

토글은 기능의 전체 라이프 사이클 단계에 걸쳐 전체 팀원을 보호한다. 개발자는 미완성 코드를 노출하지 않아도 되고, QA는 신뢰할 수 없는 테스트를 수행하지 않아도 되며, 제품 소유자는 유저가 좋아하지 않는 기능을 릴리스하지 않아도 된다(그림 3-6).

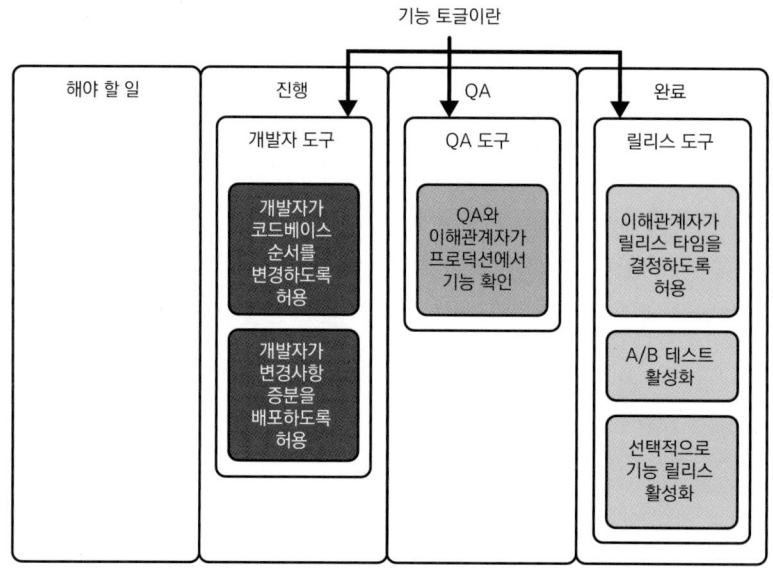

그림 3-6 기능 라이프 사이클의 단계별마다 다른 기능 토글의 속성

기능 토글은 진행 중인 작업의 공개 여부(및 그 대상)를 세밀하게 제어할 수 있다. 실로 코드를 프로덕션에 즉시 배포하는 팀 입장에서는 꼭 필요한 도구가 아닐 수 없다.

마틴 파울러Martin Fowler도 자신이 쓴 유명한 글[5]에서 이와 비슷하게 릴리스 토글release toggle, 실험 토글experiment toggle, 운영 토글ops toggle로 구분했다. 팀이 정한 목표에 따라 토글의 성격도 완전히 다르겠지만, 나는 이러한 전환이 실제로 매 단계마다 전혀 다른 토글을 필요로 한다기보다는 토글 자체의 라이프 사이클 내에서 일어날 수 있다고 생각한다. 예를 들어, 내 경험상 릴리스를

---

4 옮긴이_기능이나 제품 인크리먼트를 점진적으로 확대 적용하면서 안정성과 성능을 검증하고, 전체 배포를 준비하는 전략적 과정입니다.
5 옮긴이_ https://martinfowler.com/articles/feature-toggles.html을 참고하기 바랍니다.

제어하고 A/B 실험을 수행하기 위해 다른 토글을 사용한 일은 거의 없었다. 대부분의 토글 프레임워크에서 동일한 토글을 재사용하고 구성만 변경하면 됐었다.

토글의 관리 방법과 활용 예시는 **4부**에서 중점적으로 다룰 것이다.

정적 기능 토글

팀에서 런타임 기능 토글 평가를 그리 달갑게 생각하지 않을 만한 이유가 몇 가지 있다. 첫째, 애플리케이션 흐름에 부가적인 네트워크 요청을 유발하고 그에 따라 레이턴시^{latency}(지연)가 생기기 때문이다. 두 번째가 더 중요한 이유인데, 대부분의 요청이 토글을 평가할 때 토글 플랫폼 자체가 애플리케이션의 새로운 단일 장애점$^{Single\ Point\ Of\ Failure}$(SPOF)이 되기 때문이다.

그래서 어떤 팀은 토글 상태를 빌드 타임$^{build\ time}$의 변수로 두고 애플리케이션 구성 및 그 코드의 일부분으로 만들어 새 버전의 배포에 함께 묶는 방식을 더 선호하기도 한다.

물론, 이렇게 하면 많은 유연성이 사라진다. 기능을 켜고 끄려면 새로운 코드 변경과 배포가 필요하지만, 당연히 런타임에 변경하는 것만큼 빠르지는 않다. 이 방법으로 릴리스를 안전하게 수행하려면 아주 빠른 파이프라인이 필요하다. 어느 유저가 어느 토글 그룹에 속하는지 **기억하는** 중앙 집중식 엔진이 없으므로 트래픽 비율과 A/B 테스트 등의 다른 활성화 전략도 일반적으로 사용할 수 없다.

그러나 모든 걸 다 잃는 것은 아니다. 정적 기능 토글은 약간만 조정하면 적어도 프로덕션에서 수동 테스트는 가능하다. 팀이 런타임 매개변수(**예** 특수한 헤더 또는 쿠키)에 따라 토글을 오버라이드^{override}(재정의)할 수단을 마련하면 토글을 정적으로 유지하고 요청 단위로 오버라이드가 가능하므로, 애플리케이션 인스턴스를 떠나는 트래픽 없이도 토글을 계속 사용할 수 있다.

나는 대체로 완전한 런타임 기능 토글 플랫폼을 권장하는 편이다. 유연성, 되돌리기 속도, 제품 실험이 가능하기 때문이다. 하지만 네트워크 집약적인 애플리케이션에서는 정적 토글이 좋은 절충안이 될 것이다.

우연찮게도 정적 기능 토글은 바로 이어서 설명할 또 다른 코드 실행 경로 전략인 (역시 빌드 타임에 작동하는) 확장/축소와 비슷하다.

확장/축소

확장/축소(병렬 변경parallel change이라고도 한다)는 개발자가 대체 코드 실행 경로를 점진적으로 전환할 수 있는 코딩 기법이다. 옛 코드 브랜치와 대체 코드 브랜치를 (대개 상이한 인터페이스로) 병렬로 구현한 다음, 모든 호출부를 한 번에 하나씩 새로운 흐름으로 옮긴다. 바로 이러한 세분도 덕분에 확장/축소 패턴을 실행하는 동안 코드베이스를 배포 가능한 그린 상태로 유지할 수 있는 것이다.

변경사항은 확장, 이전, 축소의 3단계로 이루어진다(그림 3-7).

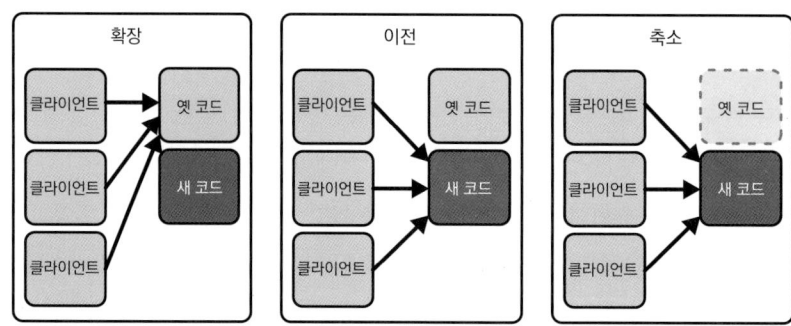

그림 3-7 확장, 이전, 축소 단계

구현

확장 단계expand phase에서 대체 구현체alternative implementation는 완전히 처음부터 새로 구축할 수 있다. 아직 호출되지 않으므로 진행 중인 작업은 기존 기능에 아무 영향을 미치지 않고 안전하게 커밋할 수 있다.

새로운 실행 브랜치 작업이 끝나면 이전 단계migrate phase가 시작된다. 옛 코드의 각 클라이언트는 앞으로 새 코드를 대신 호출하도록 업데이트된다. 실행 경로는 옛 코드, 새 코드 모두 서로 동일해야 하므로 아직 일부 클라이언트는 이전이 안 됐지만 안전하게 커밋할 수 있다.

어느덧 모든 클라이언트가 새 코드를 호출하고 옛 실행 브랜치를 더 이상 사용하지 않게 되면, 축소 단계contract phase로 넘어가 옛 브랜치를 안전하게 삭제한다.

좀 더 구체적으로 말해, 코드베이스의 나머지 부분과 복잡하게 얽힌, 아주 장황하고 복잡한 함수를 우리가 확신할 수 없는 방식으로 리팩터링한다고 해보자. 이 저승사자 같은 함수가 calculateResult라고 하자. 확장/축소를 이용해 리팩터링을 안전하게 수행하려면, 먼저 해당 코드와 테스트를 처음부터 다시 작성해서(확장) calculateResultNew 같은 새 이름을 붙인다. calculateResultNew는 절대로 호출될 일이 없으니 아직 테스트할 시간은 충분하다. 모든 테스트를 철저하게 수행한 이후에는 calculateResult를 호출하는 모든 코드를 찾아 calculateResultNew를 대신 호출하도록 업데이트한다(이전). 호출부를 모두 업데이트하면 이제 사용하지 않는 원본 calculateResult는 안전하게 삭제할 수 있다(축소). 이 3단계를 거치는 동안 코드베이스는 배포 가능한 상태를 유지했는데, 만약 원본 calculateResult에 복잡한 변경을 한꺼번에 적용했으면 도저히 불가능했을 것이다.

이점

확장/축소는 개발자가 코드 곳곳을 건드리며 오류를 일으킬 수 있는 변경을 하는 대신, 코드베이스를 가동 상태로 유지할 수 있으므로 리팩터링 시 특히 유용하다. 이러한 작업 방식은 프로덕션에 소규모의 지속적인 배포를 하는 프랙티스와 아주 잘 어울린다.

확장/축소를 하면 (대다수 개발자가 알고 있듯이) 기존 코드를 재작업하는 것보다 처음부터 구현하는 것이 훨씬 더 빠르기 때문에 리팩터링이 용이해진다. 옛 버전을 고치고 또 고치고 하지 말고, 리팩터링이 필요한 부분의 사본^{copy}을 처음부터 다시 만드는 것이다. 그러면서 항상 옛 코드를 참조하며 쉽게 학습할 수 있는(유용한 부분을 복사 후 붙여넣기할 수 있는) 추가적인 이점도 있다. 버전 관리 이력을 뒤져보며 어디서부터 시작할지 찾아야 하는 기존 리팩터링 방식으로는 결코 쉽지 않은 일이다.

확장/축소는 리팩터링을 하면서 안전하게, 점진적으로 변경하는 훌륭한 전략이다. 지속적 배포를 수행 중인 팀에게는 아마 매일 사용하는 도구 상자의 일부일 것이다. 이 패턴은 수동 게이트 없이 대부분의 중요한 리팩터링 작업을 수행할 수 있는 안전한 여러 방법 중 하나다.

변경 유형별 기능 토글 및 확장/축소

주의 깊은 독자라면 눈치챘겠지만, 기능 토글은 리팩터링을 하면서 진행 중인 작업을 숨기는 용도로 사용할 수 있다. 정말 가능하다. 어떤 경우(예 리팩터링의 리스크가 정말 높을 때)에 나는 이 방법을 권장한다.

그러나 리팩터링하며 변경할 기능은 이미 고라이브된 상태다. 개발자는 코드를 복제하여 새 토글을 붙일 수 있지만, 그렇게 하면(결국, 해당 기능의 릴리스 프로세스가 이미 진행된 상태라서) 릴리스 실험의 이점을 전혀 누리지 못한 채 새 토글의 라이프 사이클을 관리해야 하는 오버헤드가 생긴다. 예를 들어, 기존 함수의 시그니처를 변경하는 모든 리팩터링 변경사항마다 일일이 토글을 붙이면 금세 불편해질 공산이 크다.

리팩터링용 토글은 다른 유의미한 이점(예 런타임 롤백, 프로덕션에서 새 경로를 테스트, 트래픽을 서서히 램프업하는 등)이 있겠지만 오버헤드가 크기 때문에 나의 기본 옵션은 아니다. 만약 변경사항이 큰 경우 토글의 필요성이 느껴진다면, 리팩터링을 더 작고, 더 안전하고, 더 점진적인 여러 단계로 쪼갤 수 있다는 방증이리라.

그 반대도 마찬가지다. 확장/축소는 새로운 기능을 릴리스하는 데에도 사용할 수 있다. 미완성 기능 코드를 대체 실행 브랜치에 숨긴 다음, 코드 한 라인을 (런타임 플래그로 제어하는 대신) 새 기능의 릴리스로 배포하는 것이다. 다시 말하지만, 이 방법은 확실히 가능하다. 사실, 방금 전에 언급한 정적/빌드 타임 기능 토글과 비슷하다. 단, 이는 트래픽의 일부분만 대상으로 카나리 릴리스를 하거나 랜덤 A/B 테스트를 수행하는 등 런타임에 수집 가능한 신속한 피드백을 모두 포기한다는 뜻이다.

결국, 어떤 방법으로 진행 중인 작업을 숨기느냐, 하는 문제는 여러분의 취향에 달려 있겠지만, 내 개인적인 경험을 토대로 정리한 [표 3-1]을 참고하기 바란다.

표 3-1 변경 유형별 기능 토글과 확장/축소 비교

	릴리스/되돌리기 속도	오버헤드	변경 유형: 새로운 기능 도입	변경 유형: 라이브 기능 리팩터링
기능 토글	매우 빠르다. 런타임에 이루어진다.	높다. 토글의 상태, 구성, 점진적 릴리스, 라이프 사이클 관리가 필수다.	기본적으로 사용한다.	새로운 실행 브랜치의 규모가 크거나 성능, 복원성 등 CFR에 많은 영향을 미칠 것으로 예상되는 경우에 사용한다.
확장/축소 패턴	느리다. 프로덕션으로 흘려보내려면 새로 커밋을 해야 한다.	낮다. 코드로만 관리한다.	새로운 기능을 실험할 필요가 없고 아주 안전하게 릴리스할 수 있는 경우에 사용한다.	기본적으로 사용한다.

코드베이스와 프로덕션을 관리하며 발전시켜온 나의 일상 업무를 바탕으로 정리하면, 지금까지 소개한 두 가지 접근 방식은 갖가지 변경의 맥락에서 속도와 오버헤드의 균형이 잘 맞춰진, 가장 실용적인 방안이다. 기능 토글을 실제로 적용하고 확장/축소하는 방법은 8장, 9장에서 예제와 함께 설명하겠다.

진행 중인 작업 숨기기 결론

기능 토글, 확장/축소 패턴을 응용하면 작업 중에 코드베이스를 배포 가능한 상태로 유지하는 동시에 새로운 기능을 구현하거나 작업 시간이 오래 걸리는 리팩터링을 안전하게 수행할 수 있다. 기능 브랜치에 코드를 숨기는 일에 익숙해진 팀이 이 패턴에 익숙해지려면 다소 시간이 필요할 것이다. 개발자는 옛 동작이 발생하는 곳, 즉 가장 자연스럽게 느껴지는 지점에서만 변경사항을 구현할 수 없게 될 것이다. 대신, 전체 애플리케이션을 미리 살펴보면서 어떻게 하면 모든 변경사항을 대체 코드 경로에 가장 잘 묶을 수 있을지 결정해야 할 것이다. 즉, 이제 앞으로는 기존 코드를 그 자리에서 바로 변경하려는 유혹을 뿌리쳐야 한다. 또 변경할 동작이 코드베이스 전체에 흩어져 있는 경우 깔끔하게 분기하려면 약간의 예비 리팩터링preparatory refactoring이 필요할 수도 있다.

어쨌든, 이 두 기법을 폭넓게 활용하면 개발 중에 코드베이스를 거의 항상 안정적이며 배포 가능한 상태로 유지할 수 있다. 어떻게 변경을 적용할지 심사숙고하는 일은 그 보상에 비하면 작은 비용처럼 여겨질 것이다.

이는 지속적 배포를 통해 엔지니어가 일상적인 코딩 과정에서 사고방식을 재고하도록 유도하는 완벽한 사례다. 육감을 좇아 관련 코드 라인을 발견하자마자 고치는 게 아니라, 한 발짝 물러나 향후 변경사항이 어떻게 배포되고 현재 실행 중인 애플리케이션에 어떤 영향을 미칠지 먼저 계획을 세우게 된다.

> **경고** 실행 브랜치에 코드를 숨기는 것은 버전 관리 브랜치를 사용하는 것보다 많은 장점이 있지만, 해당 코드는 어쨌든 아직 전달되지 않은 재고를 나타낸다.
>
> 확장 단계나 어떤 기능 토글에 쌓인 변경사항도 배치를 형성하기 시작할 것이다. 버전 관리 브랜치와 마찬가지로 변경사항을 계속 쌓아두면 결국 잊어버리게 되고 프로덕션에서 테스트하지 않은 상태로 장기간 방치하게 되어 위험하다.
>
> 그러므로 어떤 방법으로 진행 중인 작업을 숨기든 간에, 실제 유저에게 그때그때 변경사항을 릴리스하는 것이 중요하다. 이 부분을 소홀히 하면 빠른 이터레이션이라는 지속적 배포의 주요 강점을 포기하는 것과 다름없다. 하지만 더 중요한 것은, 릴리스의 안전성이 위협받는다는 사실이다.

3.3. 분산 시스템

내가 우리 팀의 워크플로에 도입한 또 다른 침습적인pervasive[6] 사고방식의 변화는, 지속적 배포가 하나의 배포 가능한 소프트웨어 단위로만 취급하는 것이 아니라는 점을 인식하는 것이었다. 오히려 대부분의 팀들은 전부 독립적이면서 지속적으로 배포되는, 분산된 하위 시스템의 네트워크를 다루는 경우가 더 많다.

예를 들어, 내가 담당했던 단일 마이크로서비스는 퍼시스턴스 레이어, 애플리케이션 레이어, UI 등 서로 다른 분산 단위들로 구성되었다. 여기에 외부 캐시, 큐, 람다 함수lambda function[7] 같은 인프라 조각 형태의 더 많은 분산 단위도 있을 것이다. 이런 컴포넌트는 모두 동일한 코드베이스 안에 있지만 따로 배포하기 때문에 컴포넌트 간 계약 관리가 복잡해진다.

여러 분산 컴포넌트에 영향을 미치는 지속적 배포에서 계약을 관리하는 방법은 이 절의 나머지 부분에서 설명한다. 실제로 이 프랙티스를 실천하면 어떻게 계약 관리를 더 잘 하게 되는지도 함께 살펴보겠다.

3.3.1 시스템 간의 계약

분산 시스템의 복잡도를 논할 때 거의 빠지지 않는 단골 주제는 통합integration(연동), 즉 시스템 간의 계약이다.

이 주제는 지금까지 여러 문헌에서 심도 있게 다루었다. 그 결과 **계약 테스트**[8], **컨슈머 주도 계약**Consumer-Driven Contract(CDC)[9] 등의 개념이 정립되었고, 이를 실제로 적용하기 위해 많은 도구가 개발되었다. 나는 이 모든 프랙티스에서 대화의 초점이 대부분 팀의 시스템과 **외부 세계**outside world의 시스템 사이에 존재하는 계약에 맞춰져 있음을 알게 되었다. 외부 세계 시스템은 다른 팀이나 서드파티 벤더에서 관리할 수 있지만, 여기서 내가 이미 암시한 것처럼 아직 논의가 덜 된 상황이 한 가지 있다. 팀이 관리하는 서비스에 (동일한 논리적 마이크로서비스 내에서) 서로 계약을 맺은 분산된 하위 컴포넌트가 있는 경우로, 계약 자체는 비교적 형식에 구애받지 않

---

6 옮긴이_ 사고방식이나 문화 또는 기술, 시스템이 광범위하게 퍼져 있거나 또는 깊숙이 스며들어 뿌리가 박힌 상태입니다.
7 옮긴이_ https://docs.aws.amazon.com/ko_kr/lambda/latest/dg/welcome.html을 참고하기 바랍니다.
8 https://oreil.ly/9ZX7_
9 https://oreil.ly/dshFP

는다. 이는 팀의 지속적 배포 성공 여부와 밀접한 관련이 있으니 여러분의 이해를 돕기 위해 내가 앞서 소개한 예제를 좀 더 자세히 살펴보겠다.

정규 계약

자, 가상의 A라는 팀이 관리하는 서비스가 있다고 하자. [그림 3-8]처럼 이 서비스의 API(컨슈머)는 다른 서드파티 시스템(프로듀서)에 의존하여 어떤 태스크를 처리하며, 그 반대도 마찬가지다. 변경 요건이 생기면 그때마다 A 팀의 개발자는 외부 시스템 담당자의 협조를 받아 영향받는 계약을 업데이트하는 일을 담당한다.

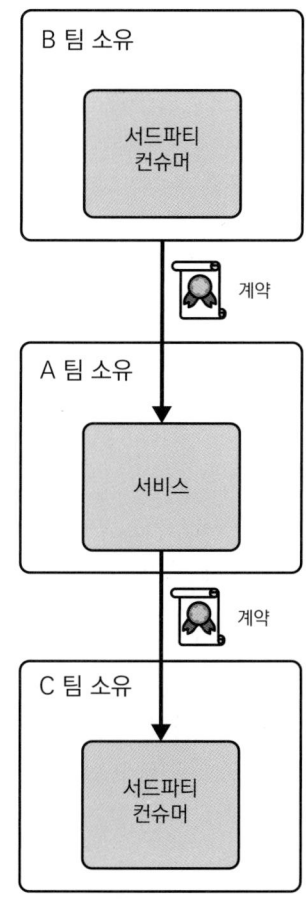

그림 3-8 외부 시스템과 연동되는 서비스 예

대부분의 조직에서는 이미 이런 시나리오에 대응하기 위한 프로세스가 갖추어져 있다. 가령, A, B, C 팀 간에 하위 호환성이 보장되도록 변경을 하기 위해 업무 협의 일정을 수립할 수 있다. A 팀이 부지런하면 이런 계약을 CDC로 관리하고 계약 테스트 도구를 도입하여 그 유효성을 검증하는 프로세스를 자동화할 것이다. 이때 A 팀이 지속적 배포를 사용하더라도 이와 호환되는 변경을 해야 하는 다른 팀에 의해 제약을 받는 동시에 보호를 받게 된다. 이렇듯 서로 미리 합의한 일정에 따라 움직여야 한다.

> **데이터 형상 너머의 계약 호환성**
>
> 계약 호환성에 관한 고려 사항이 데이터 형상(data shape)을 훨씬 뛰어넘을 수 있다는 점에 유의해야 한다. 응답 시간과 보안 등의 요소는 프로듀서 시스템 계약의 일부가 될(그리고 그래야 할) 수 있으며, 특히 외부와 맞닿은 시스템이면 더더욱 그렇다.
>
> 합의되지 않은 고객의 기대치조차 계약의 일부가 될 때도 많다. 관찰 가능한 부수 효과(예) 속도가 빨라지거나, 데이터 주문 방식이 변경되는 등)가 존재하는 한, 문제가 되는 부분이 사전에 합의되지 않았다 하더라도 운영 내부 구현에 변경을 가하면 컨슈머에게 피해를 줄 가능성이 있다.
>
> 다음은 이 개념을 가장 잘 정리한 **하이럼의 법칙**(Hyrum's Law)이다.
>
> *API 유저가 충분히 많으면 계약에서 무슨 약속을 하는지는 별로 중요하지 않다. 시스템의 모든 관찰 가능한 동작이 누군가에 의해 좌우되기 때문이다.*

비정규 계약

외부 시스템과의 정규 계약(formal contract)은 연구가 많이 된 분야이고 지속적 배포의 영향을 크게 받지 않는다. 이번에는 A 팀 오너십의 경계를 자세히 들여다보자. A 팀이 소유한 시스템은 대체로 여러 부위와 조각들로 분산된 편이다. [그림 3-9]를 보면 퍼시스턴스 레이어, API, UI 모두 네트워크를 통해 상호 통신하는, 배포 가능한 세 단위로 나누어져 있다. 따라서 이들 간의 계약도 반드시 잘 관리해야 한다. UI는 API를 소비하고 정해진 대로 응답이 오리라 기대한다. API는 퍼시스턴스 레이어의 컨슈머로서, 특정 스키마의 가용 여부에 의존한다.

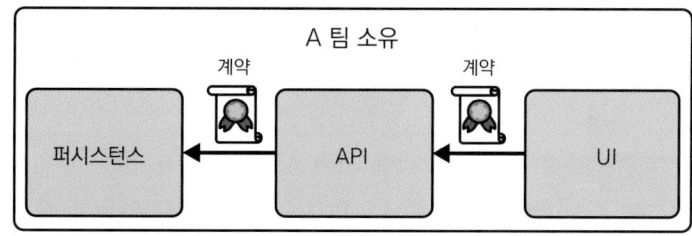

그림 3-9 A 팀이 소유한 분산 컴포넌트

A 팀을 B 팀과 통합하는 문제는 정규 계약의 형태로 바라볼 수 있지만, A 팀만 단독 배포한 독립적인 단위들 간의 계약은 보통 명시적으로 고려하지 않는다. 예를 들어, 지금까지 나는 프런트엔드/백엔드 사이에 계약 테스트 도구를 두고 실행하는 팀은 거의 본 적이 없다. 백엔드와 DB 스키마 사이에 정규 계약을 맺은 팀 역시 한 번도 못 봤다. 그럴 만한 이유가 있다. 모든 변경사항을 같은 팀에서 관리하는데 CDC나 계약 테스트 같은 프랙티스의 오버헤드가 발생하면 유연성이 떨어지며 개발 속도가 불필요하게 느려지기 때문이다. 그래서 대부분의 경우 이런 성격의 계약은 비정규 형태로 유지되며, 팀의 상식 차원에서 계약을 관리한다.

이것이 변경사항이 외부와 맞닿아 있어 소통이 필요한 정규 계약과 분명히 다른 점이다. 적어도 프로듀서 및 컨슈머 간에 하위 호환되는 변경이고 순서가 올바른지 확인하기 위해 공식적인 벤더/고객 회의를 하는 일은 없다.

하지만 이런 서비스는 프로덕션에서 서로 통신해야 하는 별도의 실행체다. 그러므로 정규든, 비정규든 이들 사이에 계약이 존재하며, 이런 컴포넌트를 어떻게 배포할지 주의를 기울이지 않으면 자칫 계약(과 프로덕션)이 깨질 수 있다.

이 두 종류의 계약 모두 개발 및 배포 과정에서 신경을 써야 하며, 특히 비정규 계약에 관심을 가질 필요가 있다.

우리 팀은 어떤 형태로든 프로세스 간 통신이 발생하는 그 순간, 컴포넌트와 비정규 계약을 분산시켰다. 이런 통신은 네트워크나 파일 시스템, 파이프, 소켓 등을 통해서도 일어날 수 있으며, 대부분의 중요한 시스템은 대부분 이 정의에 부합한다.

우리는 가장 모놀리식처럼 보이는 배포에서도 하위 컴포넌트를 분산시켰고 프로덕션 계약마저 깨질 리스크도 기꺼이 감수했다. 예를 들어, 어떤 백엔드 시스템의 코드와 DB 스키마를 보통 함께 버저닝하고, 배포 도중 두 곳에 반영한 변경사항을 연속적으로 빠르게 프로덕션에 반영한다고 하자. 그런데 DB와 애플리케이션은 서로 실행체로, 대부분 위치한 머신 자체가 다르다. 하위 호환이 안 되는 변경사항은 이 둘 간의 계약을 수 초 내지 수 분까지 깨뜨릴 수 있다. 모놀리식처럼 보이는 배포의 또 다른 유형은, 동일한 애플리케이션으로도 서비스 가능한(예 서버 사이드 렌더링server-side rendering) 자바스크립트 UI와 API가 동일한 리포지터리에 위치한 경우다. 언뜻 보면 HTTP 호출 계약의 양쪽을 모두 변경해도 아무 탈이 없을 것 같지만, 백엔드 변경 시 이미 자바스크립트가 로드된 유저의 브라우저에서는 변경사항이 하위 호환되지 않을 경우 통신이 중단될 것이다. 대부분의 애플리케이션은 코어에서 분산될 수밖에 없는 구조다.

이는 아주 기본적인 예일뿐, 메시지 큐, 이벤트 버스, NoSQL DB, 파일 스토리지, 외부 캐시 등 도메인 리치domain-rich 시스템[10]에서는 더 복잡할 것이다.

이쯤 되면 아마 여러분은 "뭐, 맞는 말이긴 한데… 이게 지속적 배포와 무슨 상관이지?" 하는 의문을 가질 것이다. 정답은 "의외로 훨씬 더 관련이 많다"이다.

3.4 프로덕션 경로 간의 계약

하위 컴포넌트(즉, 별도의 실행체)를 분산시키면 이들이 프로덕션에 도달하는 경로도 거의 항상 따로 나뉘어져 있다. 별도의 파이프라인이 없는 경우에도 동일한 파이프라인 내에서 여러 단계로 나누어 배포해야 한다. 만약 프로덕션에서 서로 의존하는 시스템이 있으면 그들의 배포 간에도 의존 관계가 생긴다.

여러분도 알다시피, 지속적 배포는 우리가 **프로덕션 경로**의 개념을 바라보는 사고방식을 비동기 asynchronous에서 동기synchronous로 완전히 변화시킨다. 따라서 상이한 실행체 간의 상호 의존적인 프로덕션 경로는 논의의 중심이 될 수밖에 없다.

개발자에게 주어진 태스크는 다수의 분산된 하위 컴포넌트에 걸쳐 있을 수 있다. 또 그들 컴포넌트 간에는 비정규 계약이 존재할 수도 있다. 예를 들어, 프런트엔드와 백엔드가 그렇다. 팀이 유저 스토리를 어떤 가치 있는 단위로 분할했다면 개발자는 설계상 엔드투엔드로 기능을 전달할 것이다.

---

[10] 옮긴이_ 특정 도메인(업무 분야, 산업, 기술 영역 등)에 대한 깊은 지식과 복잡한 로직이 반영된 시스템입니다.

이 절의 나머지 부분에서는 컨슈머 시스템과 프로듀서 시스템(예 프런트엔드와 백엔드), 두 프로덕션 경로 사이의 관계(즉, 계약)를 살펴볼 것이다(그림 3-10). 특히, 정규 계약이 하나도 없는 경우(그리고 있으면 안 되는 경우) 지속적 배포로 반영한 변경사항이 프로덕션에 어떤 영향을 미치는지 설명하겠다.

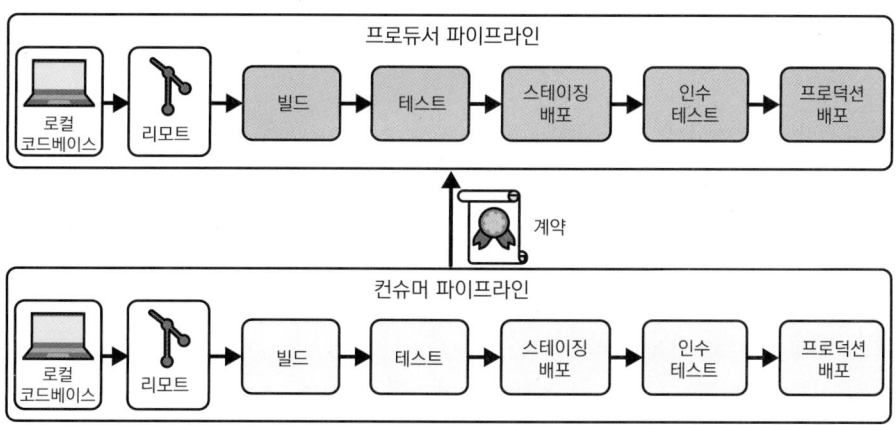

그림 3-10 프로듀서 시스템과 컨슈머 시스템의 프로덕션 경로

컨슈머 시스템과 프로듀서 시스템의 프로덕션 경로 간 상호의존성은 배포의 순서^{order}와 시점^{timing}이라는 두 개의 주된 축을 따라 형성된다. 순서는 컨슈머가 프로듀서에게 의존하는 경우(프로듀서가 먼저 업데이트되어야 하므로)에 중요하며, 시점은 서로가 서로를 의존하는 경우(예 동시 업데이트가 필요하므로)에 중요하다. 이러한 요소가 다양한 프로덕션 경로 스타일(말하자면, 지속적 배포를 하고 안 하고)에 따라 어떤 영향을 받는지 [표 3-2]에 정리했다.

표 3-2 수동 게이트가 있는 경우와 없는 경우의 배포 순서와 시점 비교

구분	배포 순서	배포 시점
수동 게이트가 있는 프로덕션 경로 (기존 지속적 전달 방식)	컴포넌트가 수작업으로 배포되는 순서(배포 순서)대로 변경사항이 고라이브된다.	컴포넌트를 수동 배포할 때(배포 시점)에만 변경사항이 고라이브된다.
수동 게이트가 없는 프로덕션 경로 (지속적 배포 방식)	개발되는 순서(개발 순서)대로 변경사항이 고라이브된다.	개발되는 즉시(개발 시점) 변경사항이 고라이브된다.

그럼, 새로운 기능 추가 및 라이브 기능 리팩터링, 소프트웨어 제품과 연관된 이 두 가지 주요 활동에 배포 순서와 시점이 어떤 영향을 미치는지 알아보자. 먼저 전자부터 시작하자.

3.4.1 새 기능 추가: 순서가 중요한 경우

새로운 기능을 추가하려면 거의 항상 비정규 계약으로 묶여 있는 여러 시스템을 함께 변경해야 한다. 사실 서로 의존하는 프로덕션 경로는 거의 대부분 그렇다.

프로듀서/컨슈머 모두 변경이 필요한 새로운 기능을 추가할 때에는 변경사항을 정해진 순서대로(예 프로듀서를 먼저 변경한 다음에 컨슈머를 변경) 프로덕션에 적용해야 한다. 하부 프로듀서 API가 준비되지 않으면 유저가 보기에 컨슈머는 깨진 상태여서 사용할 수 없을 것이다.

그럼, 지속적 배포 없이 이런 계약은 어떻게 관리하는지, 프로덕션 게이트를 제거하면 이 프로세스가 어떻게 중단되는지 알아보자.

프로덕션 게이트 있음: 배포 순서

커밋할 때마다 프로덕션 배포를 하지 않으면, 배포 시점의 프로듀서/컨슈머 간 의존 관계는 수동으로 관리할 수 있다. 일반적으로 프로듀서를 먼저, 컨슈머를 나중에 배포하는 식으로 순서를 정확히 지켜 프로덕션에 배포한다. 지속적 전달을 보수적으로 구현한 체계에서 흔히 발견되는 구조다.

이 장을 시작하면서 나는 변경사항을 정의하는 것과 변경사항을 적용하는 것의 차이점에 대해 언급했다. 변경사항은 작업 담당자라면 누구나 원하는 컴포넌트에서 원하는 순서대로 정의할 수 있고, 변경사항은 일단 프리프로덕션에서 대기하다가 나중에 배포 시점에 올바른 순서대로 반영될 것이다.

다시 말해, 코드 변경사항이 배포 순서대로 고라이브되는 것이다.

[그림 3-11]은 동일한 팀이 소유한 두 코드베이스(프로듀서 시스템과 컨슈머 시스템의 코드베이스)에 걸쳐 있는 변경사항의 배포 사례다. 보다시피 개발 순서(좌측)는 배포 순서(우측)에 영향을 미치지 않는다.

프로덕션 게이트를 두면 개발자가 어느 코드베이스에서 먼저 작업을 시작하든 중요하지 않다. 프로듀서를 변경하지 않으면 컨슈머 코드베이스가 쓸모 있는 일을 전혀 하지 못해도 컨슈머 변경사항을 먼저 커밋할 수 있다.

이 경우 프로덕션 게이트는, 팀이 개발 시점에 분산시킨 컴포넌트 간 상호의존성을 고려하지 않은 채 이 결정을 배포 시점으로 연기할 수 있도록 해준다.

물론, 할 수 있다고 꼭 그렇게 해야 하는 건 아니다. 프로덕션을 안정적으로 유지하기 위해 프리프로덕션에 대기시킨다는 것은, 정말 필요할 때 다른 긴급 변경사항은 릴리스할 수 없다는 뜻이다. 진행 중인 작업을 프리프로덕션에 쌓아두는 행위는 (모든 것을 릴리스 가능한 상태로 유지하는) 지속적 전달의 원칙에 위배되지만, 지속적 배포가 아니면 사실상 강제하기가 어렵다.

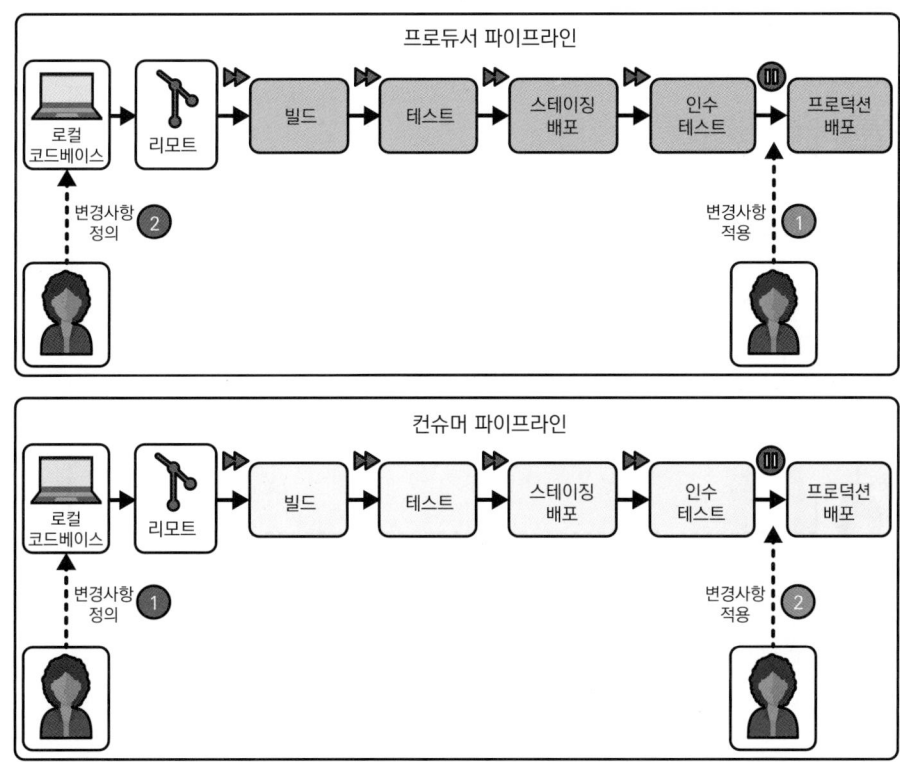

그림 3-11 변경사항이 배포 순서대로 프로덕션으로 이동

프로덕션 게이트 없음: 개발 순서

이번에는 지속적 배포의 의도에 맞게 프로덕션 게이트와 이를 지키는 사람이 없다고 상상해 보자. 이제 상호 의존적인 변경사항은 어떤 스테이징 환경에서 일시 중지되지 않고 즉시 배포된다.

프로듀서/컨슈머를 순서대로 업데이트하지 않으면 프로덕션은 적어도 프로듀서의 변경사항이 커밋될 때까지 중단될 것이다(그림 3-12). 그 결과, 유저는 페이지에서 오류 메시지를 보거나, 아직 유저가 보면 안 될 기능이 부분적으로 빌드될 수 있다.

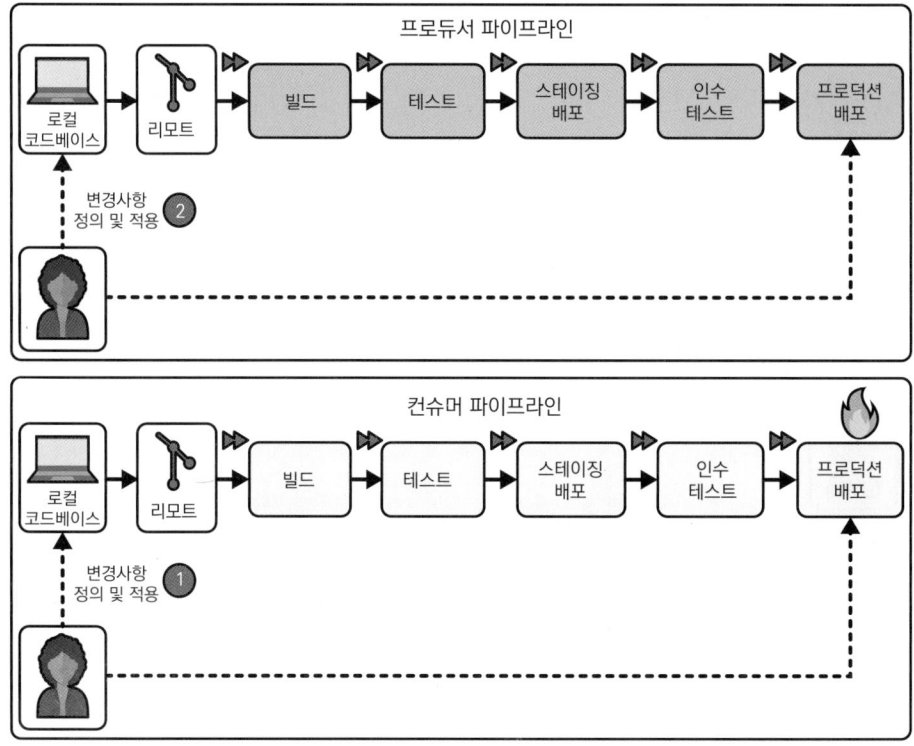

그림 3-12 잘못된 개발 순서

이제 같은 개발자가 다른 작업을 하지 않고 동일한 순서로 동일한 변경사항을 적용하더라도 잘못된 변경사항이 릴리스될 수 있다.

지속적 배포 시 주의할 점은, 개발자가 작성한 변경사항이 배포 순서가 아닌, 개발 순서대로 고라이브된다는 사실이다. 따라서 분산된 컴포넌트 간의 상호의존성을 해치지 않도록 일상 업무 워크플로를 잘 조정해야 한다. 예를 들어, [그림 3-13]처럼 시스템 상의 프로듀서/컨슈머 관계의 방향에 맞게 리포지터리에 변경을 가하는 순서를 맞추어야 한다.

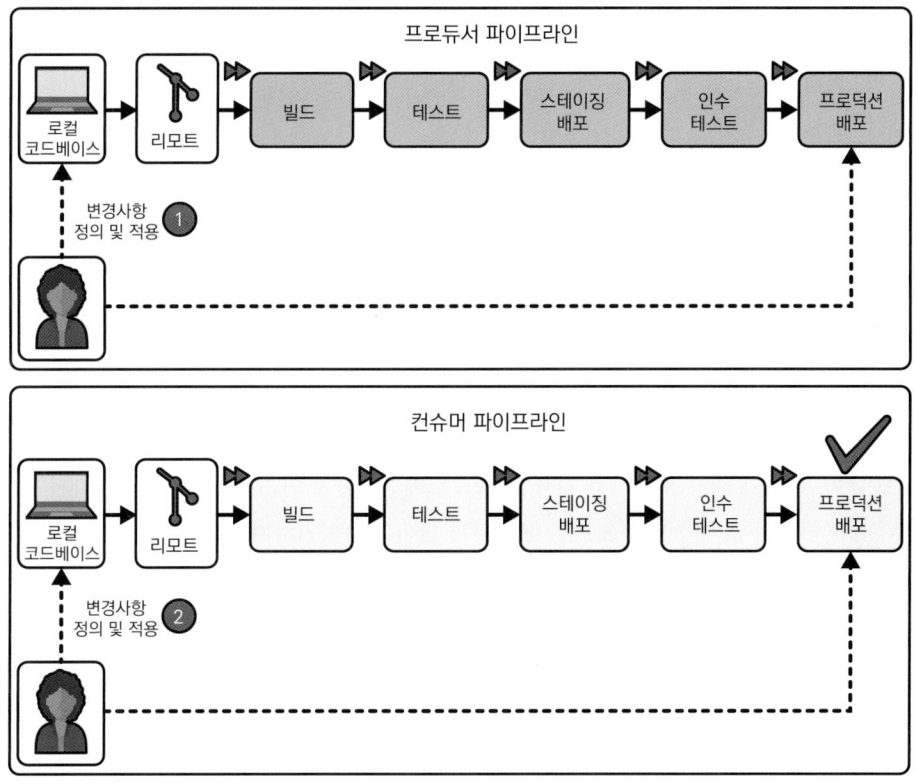

그림 3-13 올바른 개발 순서

이것은 매우 근본적인 변화다. 프로덕션 게이트가 있던 시절에는 개발자가 백로그에서 새 작업을 골라 자신이 가장 익숙한 코드베이스나 가장 먼저 떠오르는 변경사항부터 작업을 시작해도 별 문제가 없었다. 하지만 지속적 배포를 하게 되면 어느 컴포넌트를 어떻게 바꾸어야 할지 아는 것만으로는 충분하지 않고, 이런 변경을 결함 없이 완벽하게 수행하는 것만으로도 불충분하다. 개별 커밋 단위로 세분화하여 코드 변경사항을 어느 순서로 적용할지 철저히 계획을 세워야 한다. 지속적 전달에서 부지런함은 과거에는 선택이었으나 이제는 필수다.

이 점을 간과하면 통제 불능한 상황에 빠져 신속하고 독립적으로 움직여야 할 팀의 발이 꽁꽁 묶이게 될 수 있다. 다행히, 지속적 배포 시 어느 정도 실수를 허용하고 인지 부하를 줄일 수 있는 도구가 있다.

기능 토글

진행 중인 작업 숨기기 절에서 나는 기능 토글이 단일 코드베이스 내에서 진행 중인 작업을 관리하는 데 얼마나 유용한 도구인지 설명했다. 기능 토글은 코드 커밋 직후 프로덕션에 즉시 반영되면서 일어날 수 있는 시스템의 상호의존성 문제를 예방하는 데 아주 효과적이다. 모든 커밋을 계획해야 하는 수고를 덜 수 있고, 개발자에게 숨쉴 여유를 안겨주는 정말 고마운 방법이다.

> **참고** 기능 토글은 지속적 전달과 동일한 목적으로 사용돼야 하나, 상호 의존적인 시스템에서 지속적 배포를 처리할 때 반드시 필요한 기능이다.

프로듀서/컨슈머 시스템의 프로덕션 경로에서 기능 토글을 사용하는 방법은 이렇다. 첫 번째 단계로, 컨슈머 쪽에 기능 토글을 배치하면 두 코드베이스를 어떤 순서로든 배포(따라서 작업)할 수 있다. 컨슈머 쪽에서 깨진 기능은 프로듀서 없이는 불완전하지만, 이는 문제가 되지 않는다. 깨진 기능은 적어도 팀이 프로듀서 변경사항을 마무리할 때까지는 OFF 토글 아래에 안전하게 숨겨져 있다. 이제 팀은 원래 순서대로 다시 작업할 수 있다(그림 3-14).

내가 지속적 배포를 연습하던 시절에도 이런 식으로 광범위하게 기능 토글을 사용해서 변경사항을 디커플링하고 개발 순서 때문에 일어나는 문제를 예방했다. 이 설정 덕분에 개발자는 기능 토글이 포함된 코드 커밋이 항상 제일 먼저 나오고 최외곽(유저에게 가장 가까운) 컨슈머 시스템에 있다는 전제 하에 모든 코드베이스를 자유롭게 건드릴 수 있었다. 물론 모든 테스트와 점검 항목 결과가 그린이라는 암묵적인 조건 하에서 말이다.

기능 토글을 사용해 실제 분산 시스템에서 신규 기능을 추가하는 내용은 **10장**에서 자세히 살펴보겠다.

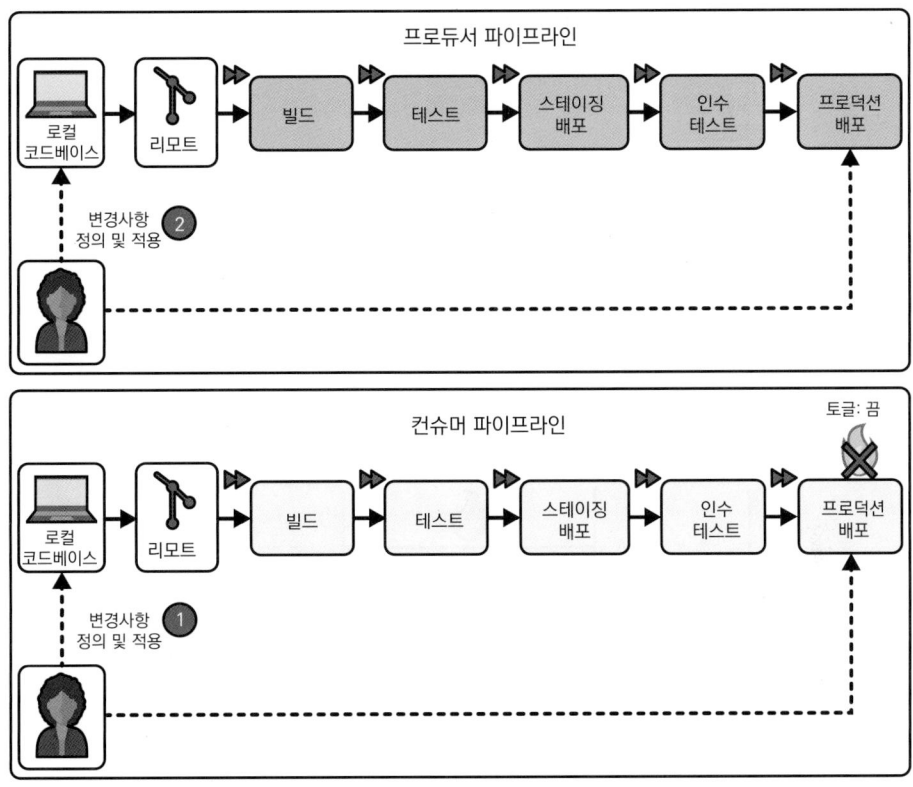

그림 3-14 기능 토글 밑에 숨겨진 프로듀서/컨슈머 간의 잘못된 순서

3.4.2 리팩터링: 시점이 중요한 경우

서로 다른 시스템의 프로덕션 경로가 서로 의존하는 일반적인 시나리오가 하나 더 있다. 상호 의존성은 새로운 기능을 추가할 때에만 발생하는 것이 아니라, 팀이 다수의 컴포넌트에 걸쳐 있는 기존의 라이브 기능을 재설계하는rearchitect 경우에도 작용한다. 계약을 리팩터링하여 그 형상을 변경하면 새로운 문제가 생긴다.

예를 들어, A, B 두 서비스에 걸쳐 있는 변경사항을 생각해보자. 서비스 A는 서비스 B의 엔드포인트를 호출하거나 큐를 통해 메시지를 보낸다고 하자. 이때 두 서비스가 서로 주고받는 매개변수의 타입을 X에서 Y로 바꾸려고 한다. A와 B의 변경사항은 **올바른 배포 순서**라는 것이 없다. 먼저 업그레이드되는 쪽이 다른 쪽과 호환되지 않기 때문에 오류가 발생하기 시작할 것이다(그림 3-15).

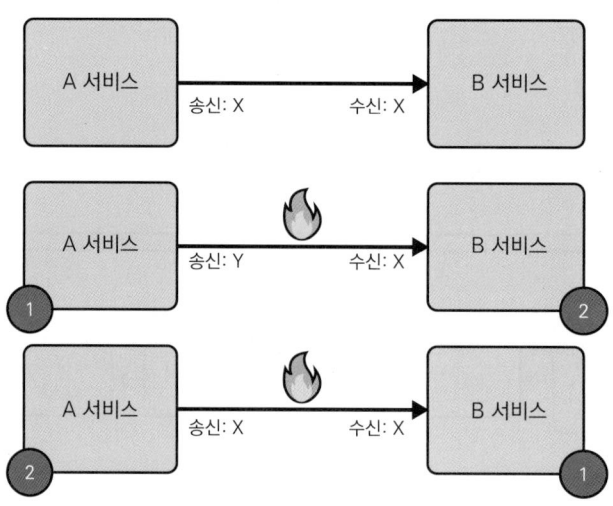

그림 3-15 기존 계약 변경 시 상호의존성

프로듀서/컨슈머의 변경사항은 **올바른** 순서로는 해결되지 않는, 다른 방식으로 상호의존적 관계를 나타낸다. 다시 호환이 되려면 둘 다 N+1 버전으로 업데이트돼야 한다.

프로덕션 게이트 있음: 배포 시점

이 상황은 일견 까다로워 보이지만, (기존 지속적 전달 프랙티스에 따라) 프로덕션에 수동 배포하는 팀은 대부분 늘 이렇게 처리한다. 심지어 별로 의식하지도 않는다. 프로덕션 게이트를 두면 [그림 3-16]처럼 프로듀서/컨슈머 시스템을 **동시에** N+1 버전으로 업그레이드하여 호환성을 맞출 수 있다. 모든 시스템이 정해진 **주간 배포 일정**까지 기다리거나, 간발의 차이로 **배포** 버튼을 손으로 클릭하면 공짜로 가능하다. 배포 시간대^{deployment window}를 지정하면 팀이 모든 것을 한 번에 배포하므로 긴밀한 상호의존성을 명시적으로 처리할 필요가 없다.

하지만 이렇게 배포하면 정확히 같은 순간에 여러 배포를 강제로 적용할 수 없으므로 짧은 기간이지만 애플리케이션 오류는 피할 수 없다. 넌크리티컬^{noncritical} 시스템이라면 이 정도 짧은 기간은 견딜 만하다고 생각하는 사람이 많고, 아예 눈치조차 못 채는 사람도 있을 것이다. 내 경험상 동시 배포에서 비호환 증분incompatibility delta은 수초 내지 1분 미만이라 놓치거나 무시하기 쉽다.

여기서 중요한 점은, 프로덕션 게이트를 두면 배포의 시점(예 동시에 진행)과 순서를 모두 분명하게 제어할 수 있다는 사실이다. N 버전과 N+1 버전 간의 비호환 이슈를 짧은 배포 시간대로 줄일 수 있다.

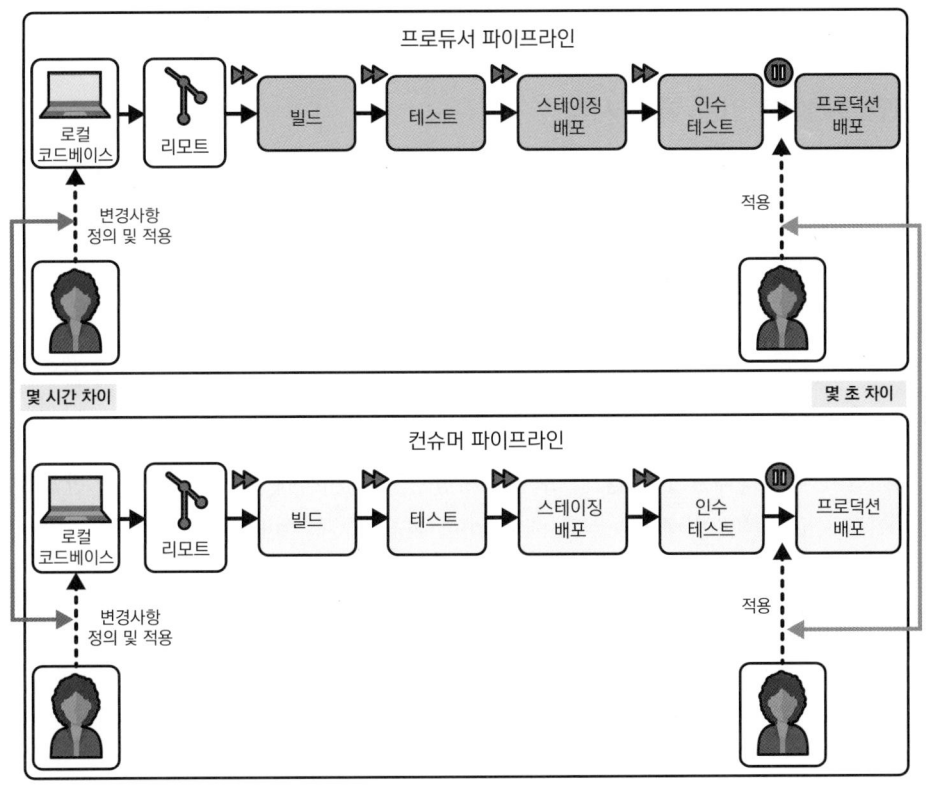

그림 3-16 변경사항이 배포 시점에 따라 프로덕션으로 이동

이런 식으로 프로덕션 게이트를 두어 상호의존성 문제를 해결하는 방법은 상당히 솔깃하게 들린다. 하지만 몇 가지 이유로 이런 식으로 접근하는 것을 권하지 않는다. 무엇보다 여전히 짧은 오류 기간이 있으므로 유저의 믿음에 금이 갈 수 있으며, 개발자가 배포 중에 이상한 행위를 하도록 부추긴다. 감지되지 않은 더 심각한 이슈를 공개적으로 초대하는 셈이다. 예를 들어, 나는

주간 배포일에 애플리케이션에서 HTTP 500 오류가 분수처럼 쏟아져 나오는데도, 아무도 이를 배포 결함이라고 의심하지 않는 것을 당연시하는 것이다(실제로 내가 보았던 많은 팀이 그랬다).

그러나 무엇보다 내가 동시 배포를 권장하지 않는 이유는, 긴급 조치를 한답시고 프리프로덕션에 코드를 쌓아 두었다 처리하는 행태가 다시 조장되기 때문이다. 컴포넌트가 서로 어떻게 의존하는가, N 버전에서 N+1 버전으로 안전하게 업그레이드하려면 어떻게 해야 할까, 하는 부분을 생각하지 않게 되면서 계약은 더욱 더 암시적으로 굳어진다.

프로덕션 게이트 없음: 개발 시점

프로덕션 게이트가 없으면 **동시 배포** 접근 방식은 고려 대상이 아니므로 전혀 문제가 되지 않는다. 사고 과정을 복습하는 차원에서, 이번에는 지속적 배포 방식으로 변경사항을 적용하면 어떻게 되는지 알아보자.

변경사항이 개발과 동시에 적용되므로 상이한 코드베이스에서 개발이 지연되면 그만큼 배포 간에도 지연이 발생한다. 배포를 완전히 동시에 수행하는 건 불가능하다. 몇 시간 동안은 오류가 발생할 수밖에 없는데, 대부분의 프로덕션 시스템에서 이는 받아들일 수 없다(그림 3-17).

배포 시간이 따로 정해져 있지 않으므로 변경사항은 개발 시점에 프로덕션에 즉시 반영된다. 이로 인해 상호 의존적인 배포를 수동으로 제어할 여지가 사라지며, 개발자의 코드 커밋과 동일한 박자에 맞춰 프로덕션에 변경사항이 반영된다.

이처럼 수동 제어가 제거되기 때문에 상호 의존적인 배포를 **배포 버튼** 외의 다른 방법으로 프로덕션과 동기화하고픈 유혹이 느껴진다. 하지만 그렇게 하면 좋은 결과를 기대할 수 없는데, 그 이유를 알아보자.

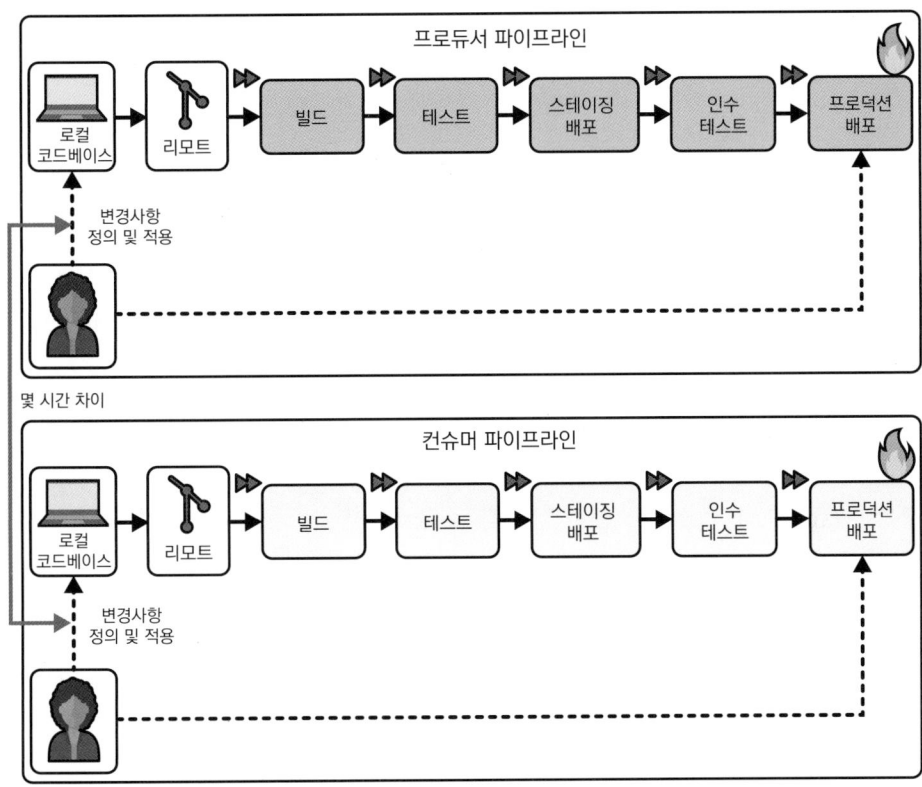

그림 3-17 변경사항이 개발 시점에 따라 프로덕션으로 이동

안티패턴: 통합 지연

파이프라인이 자동 배포를 하고 있는 경우에도 배포를 동기화할 묘안이 없을까 생각해보자. 우선 변경사항을 정의한 다음, 모든 코드베이스가 준비될 때까지 트렁크에 머지하여 기다리는 방법이 있다. 하지만 개발자 입장에서 그리 실용적이지도, 효과적인 방법도 아니다. 코드 푸시를 동시에 한다 해도 각 코드베이스의 자동 파이프라인이 거의 같은 시간에 실행 완료되리란 보장이 없다. 또 그 파이프라인 중 하나라도 장애가 발생하면 무슨 일이 벌어질까?(정상적이고, 빈번한 통합이 중단되었으니 장애가 발생할 가능성이 아주 높다)

안티패턴: 파이프라인 일시 중지

통합을 지연시키는 것은 별로 효과적이지 않기 때문에 파이프라인을 일시 중지시켜 프리프로

덕션에서 일단 멈춘 다음 모든 준비가 끝났다는 확신이 생기면 프로덕션에 수동 배포하는 방법도 있다. 이렇게 하면 동시 프로덕션 배포에 가깝다고 할 수 있지만, 어렵사리 구축한 지속적인 변경사항의 흐름이 끊어지는 문제는 불가피하다. 이런 종류의 상호 의존적 변경사항은 꽤 자주 발생할 수 있으므로, 일시 중지된 파이프라인은 자주 수행하는 지속적 배포에 방해가 될 것이다.

보다 근본적인 해결책이 필요하다. 배포를 동기화하려는 시도는 지속적 배포를 하지 않더라도 좋은 해결책이 아니며, 배포를 동기화하는 것 자체가 실용성이 떨어진다. N+1개 버전 사이의 긴밀한 상호의존성 문제를 해결하는 진정한 해결책은 애당초 이러한 긴밀한 상호의존성을 두지 않는 것이다. 시스템에 있는 모든 N+1 버전이 다른 시스템의 프로덕션 N 버전과 언제나 호환되도록 변경사항을 구성하면 된다. 그 방법을 알아보자.

확장/축소 패턴

확장/축소는 지금까지 상술한, 진행 중인 작업을 숨기는 또 다른 패턴이다. 시스템 간의 통합이 깨지는 문제를 예방하는 매우 효과적인 방법으로, 아예 처음부터 변경사항들 간의 상호의존성을 없애는 것이다. 계약 변경이 뒤따르는 유형의 리팩터링을 할 때 내가 자신 있게 추천하는 방법이기도 하다.

이 패턴을 지속적 배포 워크플로에 적용하면 확장과 이전의 중간 단계를 활용함으로써 개발 시점으로 인해 라이브 시스템의 기능이 간섭을 받지 않게 만들 수 있다(그림 3-18).

[그림 3-18]의 세 단계를 보자. 새 계약과 옛 계약을 둘 다 지원하도록 프로듀서 API를 확장하는데(확장 단계), 이는 프로덕션에 독립적으로 적용 가능한 변경사항이다. 이렇게 변경한 다음, 컨슈머 시스템이 새 계약을 사용하도록 또 다른 변경사항을 정의한다(이전 단계). 마지막으로, 프로듀서 시스템을 다시 업데이트해서 옛 코드를 제거한다.

이 패턴을 적용하면 변경사항 간의 상호의존성이 완전히 사라진다. 즉, 프로듀서 각각의 새 버전(N+1)과 컨슈머가 다른 프로듀서 및 컨슈머의 현재 프로덕션 버전(N)과 호환되므로 기능 중단 없이 중간의 불완전한 상태로 프로덕션을 계속 실행시킬 수 있다.

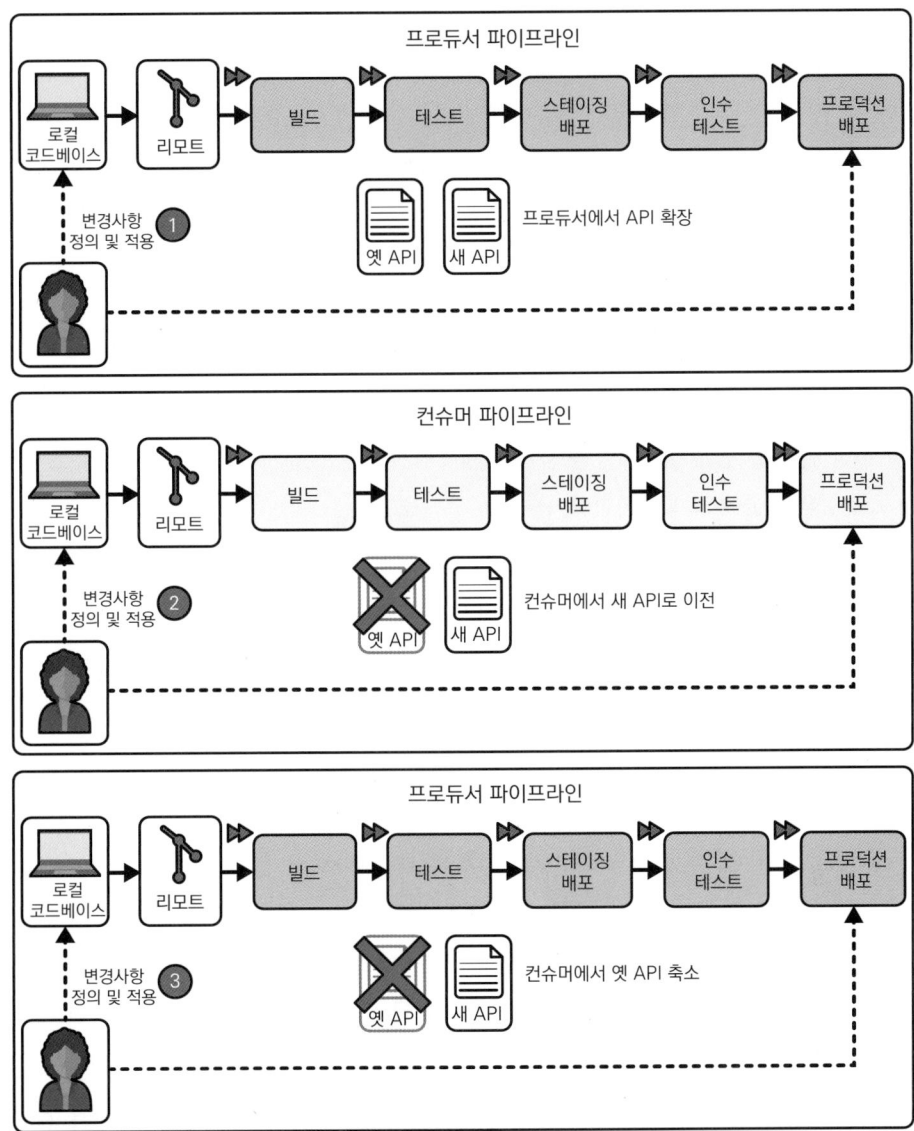

그림 3-18 프로듀서/컨슈머 시스템 전체에 확장/축소 패턴 적용

이 패턴은 변경사항을 (동기화하는 게 아니라) 조정하는 것으로, 상이한 단계를 반드시 순서대로 구현해야 한다. 동일한 변경사항의 영향을 받는 프로듀서/컨슈머가 여러 층으로 맞물린 구조(다계층 프로듀서/컨슈머)라면 한층 복잡해지겠지만, 전체 시스템이 항상 서로 호환되고 상

대와 무관한 변경을 적용해야 할 때 프로덕션 경로상에 아무 장애물도 없다는 점에서 보상은 매우 달콤하다. 이는 지속적 배포가 적용된 워크플로가 안정성에 얼마나 긍정적인지 잘 나타낸 사례. 이 패턴을 다계층 프로듀서/컨슈머에게 적용하는 방법은 **9장**에서, 데이터 일관성 이슈 없이 DB 중심으로 리팩터링을 수행하는 방법은 **10장**에서 각각 자세히 설명하겠다.

3.5 배포는 릴리스가 아니다

지금까지 이 장에서 설명했듯이, 지속적 배포는 코드 변경사항의 선언과 적용을 구분하지 않는다. 다시 말해, 개발 팀은 변경사항을 숨기고 계약의 호환성을 유지하기 위해 확장/축소 패턴, 기능 토글 등의 기술에 크게 의존한다.

이런 기술을 일상 업무로 통합하는 것은 이미 그 자체로 사고방식의 전환이지만, 그러한 기술이 널리 퍼지면서 **프로덕션 배포와 프로덕션 릴리스**의 구분이라는 또 다른 주제가 화두가 되었다.

3.5.1 릴리스

릴리스는 엔드 유저가 경험하는 시스템의 관찰 가능한 동작을 달리하는 변경이라고 정의할 수 있다. 단, 프로덕션 게이트가 없는 대부분의 배포에서는 해당되지 않는다. 결국, 대부분의 배포 유형은 지속적 배포를 통해 새로운 기능을 **릴리스**하지 않는다. 새로운 기능에 대해 진행 중인 작업은 보통 OFF 기능 토글 또는 별도의 실행 브랜치에 숨겨져 있으므로 엔드 유저의 관점에서는 배포가 눈에 띄지 않는다. 활성화 가능한 기능 토글로 숨기는 경우처럼 프로덕션 배포가 반드시 필요한 릴리스만 있는 것도 아니다.

한 마디로 말해서, 지속적 배포에서는 모든 배포가 릴리스는 아니며, 릴리스는 배포를 요하지 않는다.

실제 릴리스(예 런타임에 기능 토글 ON)는 시스템의 가시적인 동작을 변경하므로, 비즈니스 메트릭(예 전환율, 유저 참여율 등)과 제품의 성과에 투자한 이해관계자들에게 어떤 식으로든 영향을 미친다. 가시적인 추가 기능은 마땅히 팀의 경계 너머로 많은 프로세스와 조정을 수반한다. 성공 여부는 선보인 기능에 대한 반응에 따라 좌우되므로, 보통 유저 행동을 추적해서 그들이 해당 기능을 어떻게 경험하는지 파악한 다음, A/B 테스트 기간을 조정하여 옛 행동과 비교하고, 새로운 기능을 그대로 유지할지, 아니면 비활성화할지 결정하는 프로세스가 이어진다. 릴리스는 엔드 유저가 경험하는 시스템의 외적 품질을 향상시키는 활동이다.

3.5.2 배포

이와 달리, 프로덕션 배포는 대부분 별도의 실행 경로에 숨겨진 새로운 코드나 리팩터링, CFR 개선, 테스트 커버리지 업데이트 등 눈에 안 보이는 각종 변경사항을 포함한다. 무엇보다 배포는 시스템의 내부 품질을 향상시키는 활동으로, 여기에는 나중에 릴리스될 가능성이 있는 새로운 능력의 추가까지 포함된다.

지속적 배포를 하면 외부 유저는 프로덕션 배포를 인지할 수 없으므로, 배포는 순전히 기술적인 이벤트로 취급할 수 있다. 따라서 팀 내부 엔지니어가 전담할 수 있으며, 시스템의 유지보수성을 개선하거나 트렁크와 프로덕션 간의 코드 증분을 작게 유지하는 등의 기술 요건 위주로 진행할 수 있다. 물론, 이 말은 배포를 수행한 결과, 관찰 가능한 동작의 예기치 않은 변화는 회귀로 간주되어야 한다는 뜻이다.

3.5.3 차이점

프로덕션의 배포와 릴리스 간의 차이점은 [표 3-3]에 정리했다. 이러한 차이점은 지속적 전달에서도 존재하지만, 지속적 배포에서 더욱 뚜렷하게 드러난다.

요약하면, 프로덕션 배포는 엔지니어가 시스템을 건강하게 유지하고 비즈니스 요건에 따라 자주 또는 뜸하게 릴리스하는 기술적 수단이라고 볼 수 있다. 이상적인 지속적 배포 시나리오에 따르면, 프로덕션 배포의 프로세스와 빈도는 팀 내부 엔지니어가 결정하지만, 릴리스 프로세스와 빈도는 전적으로 제품 담당자가 결정할 수 있는 사안이다. 양측 모두 업무를 잘 하고 있다면 제품 담당자가 프로덕션 배포에 끼어들 필요가 없으며, 그 반대도 마찬가지다.

표 3-3 배포와 릴리스의 차이점

	배포	릴리스
가시성	시스템 동작에 두드러진 변화가 없다.	시스템 동작에 가시적인 변화가 있다.
동기	기술적인 니즈에 따라 추진한다.	제품 요건에 따라 추진한다.
품질 보증	포괄적인 수동 테스트가 필요 없다. 자동 테스트로 회귀 오류를 잡아낼 수 있다.	요건이 충족되는지 확인하려면 수동 탐색 테스트, 유저가 긍정적인 반응을 보이는지 확인하려면 A/B 테스트가 각각 필요하다.
이해관계자	엔지니어가 스스로 관리한다. 다른 이해관계자는 관여할 필요가 없다.	제품 소유자를 비롯한 기타 이해관계자들과 조율이 필요하다.
영향을 받는 메트릭	비즈니스 메트릭은 영향이 없지만, 기술 메트릭은 영향을 받을 수 있다.	유저 참여율 등의 비즈니스 메트릭에 영향을 미칠 수 있다.
되돌리는 시기	변경사항이 뭔가 잘못된 경우(회귀 오류)다.	제품 가설이 충분히 좋은 결과를 보여주지 않은 경우다.
빈도	매일 여러 번 수행한다.	다른 부서와의 협조 하에 뭔가 릴리스할 만한 중요하고 자기 완비적인 내용이 있을 때 수행한다.

예를 들면, 제품 소유자가 현재 다른 실험이 진행 중이라는 이유로 개발자에게 배포를 보류해 달라고 요청하는 일 따위는 없어야 한다(결국, 모든 새로운 배포는 감지돼선 안 된다). 마찬가지로, 개발자가 배포 파이프라인이 적체되었다고 제품 소유자에게 배포 연기를 요청하는 일 또한 일어나선 안 된다(해당 기능의 코드는 릴리스 타임 이전에 잘 배포되어 있어야 한다).

제품 팀이 수행하는 릴리스 횟수는 프로덕션 배포 횟수보다 **훨씬** 적은 편이다. 몇 크기 정도의 차이가 나는 경우도 있다.

3.5.4 겹치는 부분

프로덕션 배포는 릴리스가 아니며, 릴리스는 프로덕션 배포가 아니다. 하지만 어떤 경우에는 배포와 릴리스가 겹치기도 한다. 예를 들어, 확장/축소 패턴 또는 정적 기능 토글을 통해 가시적인 동작을 드러내는 경우가 그렇다(둘 다 모두 코드 업데이트가 필요하다). 팀에서 버그 픽스나 사소한 레이아웃 개선처럼 굳이 기능 토글이 필요하지 않을 정도로 작은 가시적 변경을 할 때도 그렇다. [그림 3-19]는 이러한 몇 가지 사례와 더불어 배포와 릴리스가 겹치는 부분을 나타낸 것이다.

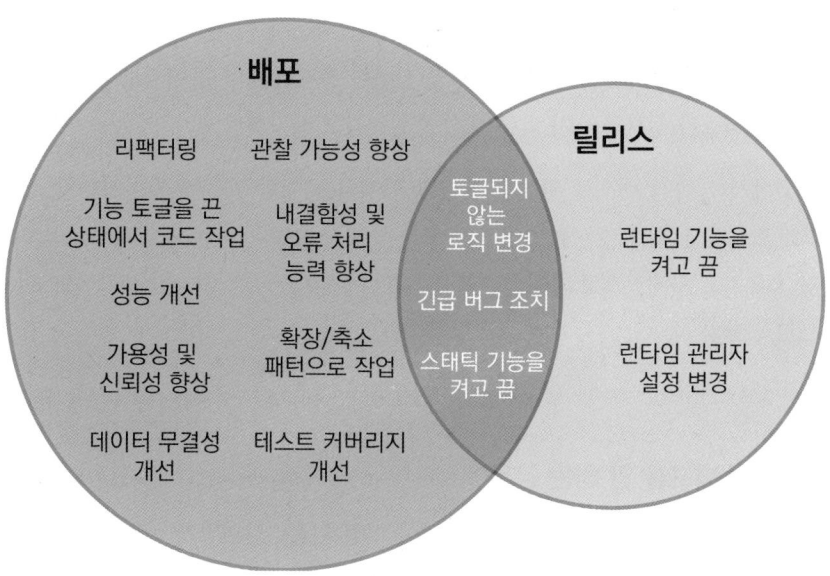

그림 3-19 배포 vs 릴리스

배포와 릴리스는 꽤 오랫동안 동의어처럼 사용되어 왔지만, 지속적 배포에서는 특히 이 둘을 잘 구분할 필요가 있다. 배포는 일상적으로 수행하더라도 릴리스는 이에 영향을 받지 않고 유지해야 할 수 있기 때문이다.

배포와 릴리스라는 어휘 자체를 의도적으로 구분하면 그 프로세스도 따로따로 정립할 수 있다. 상이한 프로세스와 이에 참여하는 인원을 분리하면 개발자는 필요에 따라 독립적으로 배포할 수 있는 기반을 갖게 되며, 이해관계자는 릴리스를 통해 제품이 시장에 미치는 영향을 완전하게 통제할 수 있다.

지속적 배포는 릴리스를 더 자주 할 수 있게 해주지만, 그렇다고 지속적인(그리고 통제되지 않은) 릴리스를 의미하는 것은 아니다.

3.6 엔드투엔드 전달 라이프 사이클

앞 절에서는 개발 프로세스 전반에 걸쳐 프로덕션 배포를 정기적으로, 릴리스와 독립적으로 수행하는 방법에 대해 얘기했다. 지속적 배포에서 가장 논의가 덜 된 부분 중 하나는, 바로 이러한 변화가 팀의 일상 워크플로를 획기적으로 간소화한다는 점이다. 내가 지속적 배포를 처음 사용했던 팀에서 이러한 새로운 깨달음은 정말 신선한 충격이었다. 돌이켜보건대, 이야말로 지속적 배포 프랙티스가 선사하는 가장 큰 개선 포인트라고 생각한다.

지속적 전달에서 지속적 배포로 완전히 전환한 팀에서는 어떤 일들이 벌어지는지, 평범한 팀 워크플로가 프로덕션 게이트를 열기 전후의 모습을 비교해보자. 나는 개인적으로 팀의 워크플로를 가장 유용하고 구체적으로 가시화한 것이 일일 게시판daily board이라고 생각하므로, 이를 비교 기준으로 삼겠다.

3.6.1 지속적 배포를 안 하는 경우

프로덕션 게이트를 둔 팀의 게시판에서는 작업이 어떻게 흘러갈까? 지속적 배포를 안 하는 팀에서 근무한 내 경험상, 보통 [그림 3-20] 같은 형태의 게시판에서 작업 아이템이 진행된다.

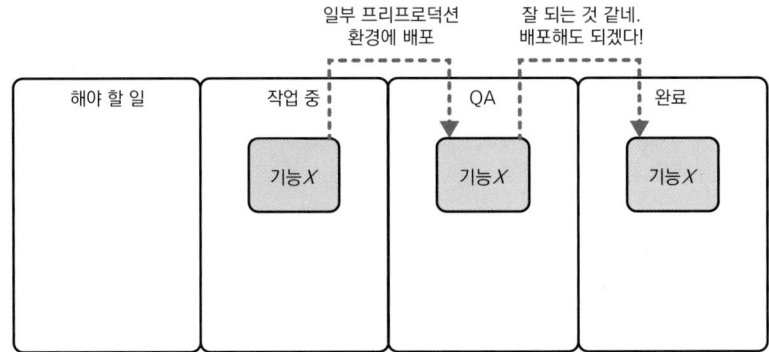

그림 3-20 지속적 배포를 하지 않는 팀의 게시판

게시판의 각 컬럼은 대략 코드가 실행될 환경과, 코드가 예상대로 작동하는지 확인하기 위해 여기저기 찔러보는 사람들로 매핑된다. **작업 중** 컬럼의 태스크는 개발자가 작업대에서 확인하며, **QA** 컬럼의 태스크는 주로 프리프로덕션에서 작업하는 테스터가 살펴본다(그림 3-21).

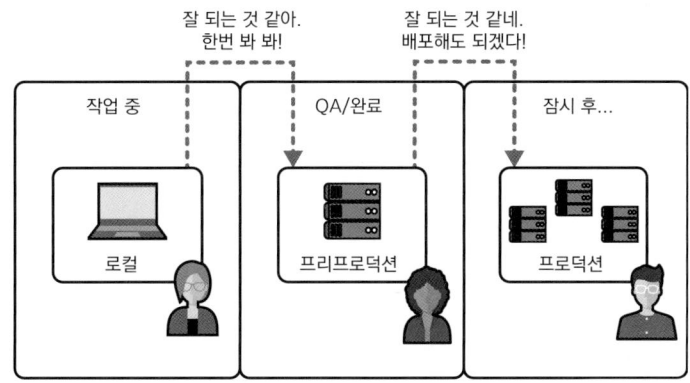

그림 3-21 지속적 배포를 하지 않는 팀의 워크플로 및 환경

[그림 3-20]에 표시된 각 단계별로 벌어지는 일들을 좀 더 자세히 살펴보자. 아마 대부분의 독자들에게 익숙한 내용이리라.

작업 중

개발자가 하는 작업의 대부분은 **작업 중** 컬럼에 집중된다. 개발자는 자신이 작업 중인 변경사항을 로컬에서 테스트한 후, 프리프로덕션 환경에 배포하여 추가적인 수동 검사를 한다. 어느 정도 기능이 완성됐다고 생각되면 태스크를 QA 단계로 넘긴다.

QA

그림에 나타낸 QA 단계는 많이 단순화한 것으로, 실제로는 여러 단계가 있을 수 있다. QA 방침은 회사마다, 팀마다 조금씩 다르지만, 여기서는 이론적으로 설명하기 위해 일반화한 QA 단계로 뭉뚱그렸다. 이 단계에는 기능을 망가뜨리려는 테스터, 제품 소유자, 기타 이해관계자들과의 빡빡한 회의 일정, 데모, 다른 환경에 배포하는 등등의 모든 작업이 포함될 것이다. QA 작업의 핵심은 대개 수동 승인 검사와 회귀 검사로 구성되는데, 이런 검사는 프로덕션 대신 프리프로덕션 환경에서 수행된다. 모든 이해관계자가 프리프로덕션에서 기능이 작동되는 모습을 직접 눈으로 확인하면 수용 기준을 충족한 것으로 보고 다음 단계이자 최종 단계인 릴리스 가능, 즉 **완료** 상태로 표시한다.

완료

'완료' 컬럼의 각 아이템은 프로덕션 배포 준비가 다 된 것으로 보고 나중에 릴리스된다. 다음 프로덕션 배포 시 최종 배포일 이후 완료된 모든 변경사항을 한데 묶어 프로덕션에 배포한다. 일정 및 필요에 따라, 아니면 팀원 누군가가 변경사항을 롤아웃해도 일관성이 충분히 지켜지리라 여겨질 때마다 배포를 수행한다.

시사점

표면상으로 이 워크플로는 지극히 단순해 보인다(또 많은 독자에게 아주 익숙하리라). 하지만 이토록 일반적인 프로세스에서도 아주 흥미로운 부분은, 어떤 태스크를 완료된 것으로 간주하기 위해 프로덕션에서 실제 작동되는 모습을 굳이 안 봐도 된다는 점이다. 실제로 개발 단계, 심지어 QA 단계에서조차 **프로덕션에서의 작동**을 합격 기준으로 보지 않는다(나는 오히려 이것이 가장 중요한 합격 기준이라고 주장하는 사람이다).

> 참고 나는 프로덕션 환경에서 작동한다고 입증되지 않은 코드는 작동한다고 입증되지 않은 것과 같다고 본다. 이런 변경사항을 **완료**로 간주하면 실제로 프로덕션에 배포하기 전에 모든 팀원이 경계를 늦추게 되는 가장 위험한 단계가 될 것이다.

지속적 배포를 안 하는 상태에서 완료의 정의는 보통 사람들이 **개발 완료**라고 부르는 것에 더 가깝다. 나는 애자일 팀에서 일하는 동안 이 개념이 안티패턴의 일종임을 깨달았다. 실제로 프로덕션에 배포하는 작업은 진행 중인 모든 작업의 진짜 마지막 단계임에도 불구하고 눈에 보이지 않게 일어나며 팀의 주요 작업 프로세스 시각화에서 벗어난다(그림 3-22).

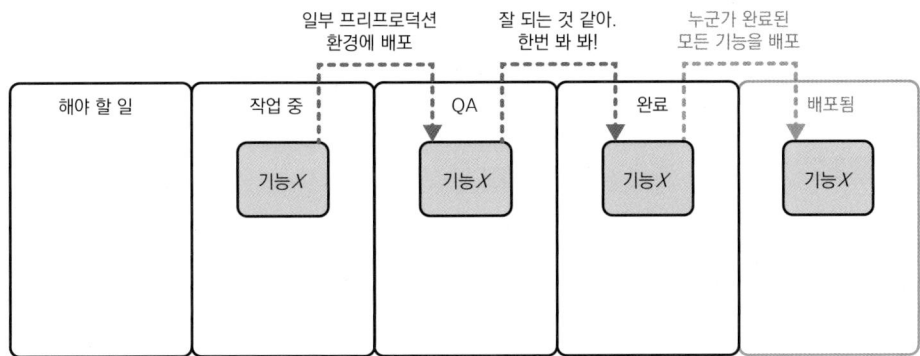

그림 3-22 배포 단계가 안 보인다

어떤 회사는 아예 코드가 프로덕션에 도달하는 모든 여정을 추적하려고 시도한다. 그래서 필요한 배포 및 검사 단계를 하나도 빠짐없이 분류하려는 시도 끝에, **배포 대기 중, 다음 배포 스케줄링 완료, 프로덕션 배포 완료, 프로덕션에서 테스트 완료 및 실제로 잘 작동됨** 등의 혼란스럽기 그지없는 이름의 컬럼이 게시판에 여럿 등장한다(물론, 마지막 컬럼은 실제 명칭과 다를 수 있다. 어쨌든 개념 자체는 알겠지만 너무 복잡해서 구제 불능인 게시판도 많이 봤다).

팀이 프로덕션 배포를 어떻게 추적하든, 핵심은 워크플로의 가장 마지막에서 배포가 일어난다는 사실이다. 그리고 (유쾌하지 않은) 예상치 못한 일이 벌어지는 것도 바로 이 시점이다. 11장에서 자세히 설명하겠지만, 프리프로덕션 환경은 원래 그 자체로 불완전하고 결함이 빠져나갈 틈새투성이다. 특히 프로덕션이 상당한 부하를 받고 있고, 오래된 데이터가 많으며, 다양한 팀 또는 서드파티 시스템과 서비스가 복잡하게 연계되는 중대형 기업에서 더더욱 그렇다. 이 모든 요인들 때문에 아무리 애써도 프로덕션을 그대로 옮겨 놓은 듯한 완벽한 스테이징 환경의 실현은 매우 어렵다.

따라서 이 워크플로는 단순해 보이지만, 프로덕션 배포를 하던 중 QA 단계에서 예기치 못한 결함이 발견되면 급격히 혼돈의 늪에 빠지고 만다(그림 3-23).

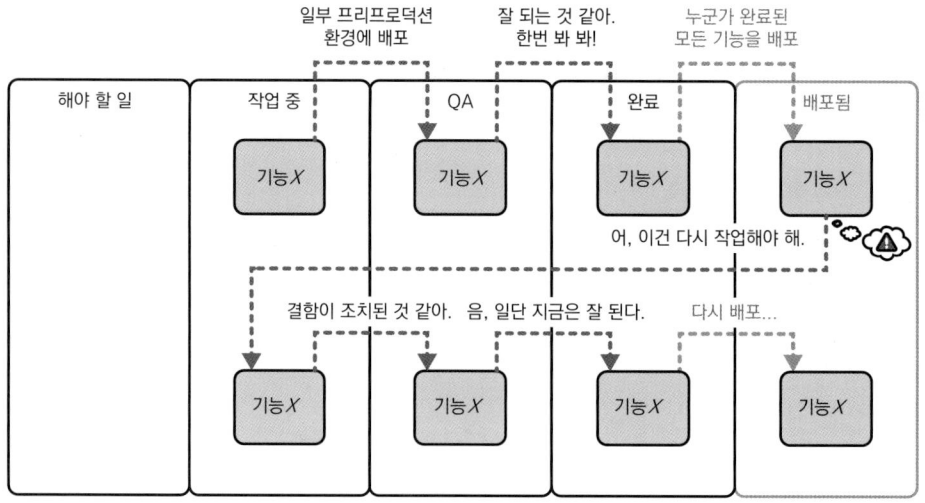

그림 3-23 지속적 배포를 하지 않는 팀의 재작업

재작업을 요하는 기능은 원래 담당했던 엔지니어가 새로운 태스크로 넘어간 한참 이후에 갑자기 개발 단계에서 재발되고 긴급 조치가 필요하다. 개발자는 문제가 된 기능을 바로잡기 위해 현재 하던 일을 멈추고 컨텍스트를 전환context-switch한다. 이 때문에 **진행 중**으로 표시된 실제 아이템 수가 작업 가능한 개발자 수를 초과하기 시작해 미완성 재고는 점점 더 늘어간다. 일시 중지된 아이템은 장시간 대기 또는 차단 상태로 방치되어 코드는 반쯤 완성된 상태로 이미 녹이 슬어가고 있을 것이다. 내 경험상 이 모든 것이 개발자의 주의를 흩트리고 어떤 아이템이 실제로 현재 작업 중인지 파악하기 어렵게 만든다.

이슈가 해결된 후에도 문제가 포함된 원래 기능은 전체 QA와 떠넘기기 춤을 한 번 더 춰야 하므로 남은 팀원들의 인지 부하는 증가한다. 이제 그들은 처음에 테스트했던 아이템, 재테스트해야 하는 아이템, 깨진 아이템, 그리고 다른 스트림을 통해 인입된 전혀 새로운 아이템도 전부 기억해야 한다.

이 시나리오는 전반적으로 개발자의 피드백 루프가 너무 길다. 그리고 프로세스의 모든 단계를 완전히 우회하지 않는 한 문제를 신속하게 실험하고 디버깅하기가 어렵다. 따라서 긴급 이슈 발생 시 **투트랙 체계**two-track system로 가거나, 프로덕션과 개발 사이를 여러 번 오가는, 짜증날 정도로 답답한 이터레이션이 길게 이어지기 쉽다(그림 3-24).

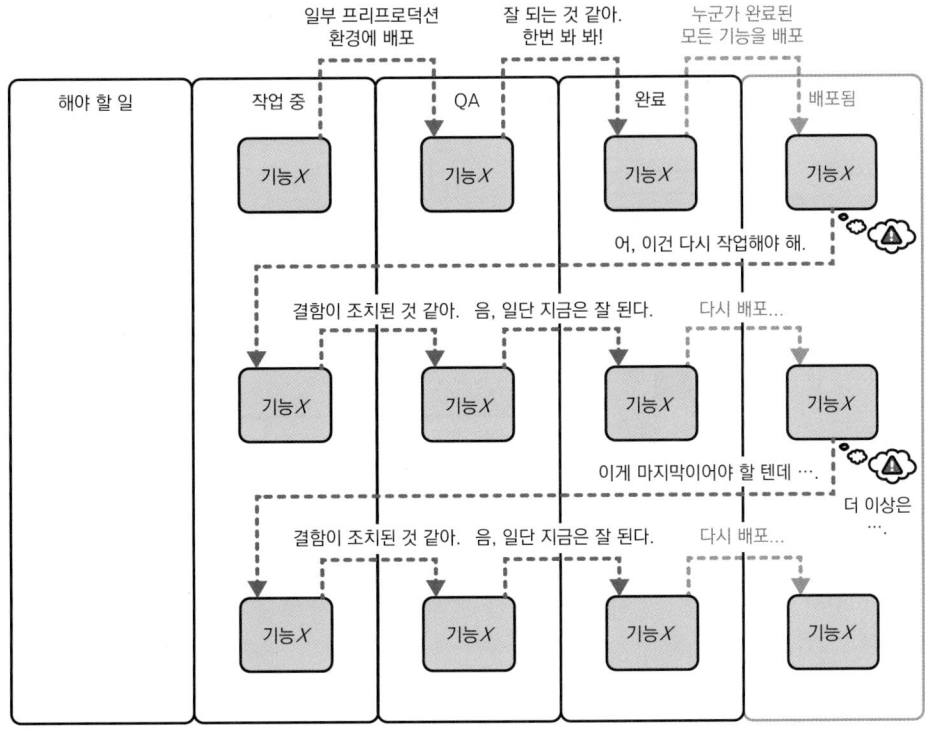

그림 3-24 지속적 배포를 하지 않는 팀의 반복되는 재작업

3.6.2 지속적 배포를 하는 경우

지속적 배포를 해도 팀 게시판의 외관은 비슷하지만, 각 단계와 그 활동의 의미는 사뭇 달라진다. 이제 게시판의 컬럼은 (개발자 노트북은 **진행 중**, 스테이징은 **QA** 식으로) 더 이상 실행 중인 환경과 직접 매핑되지 않는다. 대신, 모든 코드 커밋은 전체 환경을 통해서 승격되며 **진행 중** 단계서만 적어도 한 차례 프로덕션에 도달한다(그림 3-25).

모든 필요한 배포는 워크플로의 한 단계에 집중되어 있으며, 일반적으로 다양한 역할의 사람들이 협업한다. 이를테면, QA 엔지니어, 디자이너가 개발자와 병행 작업하는 일도 드물지 않다.

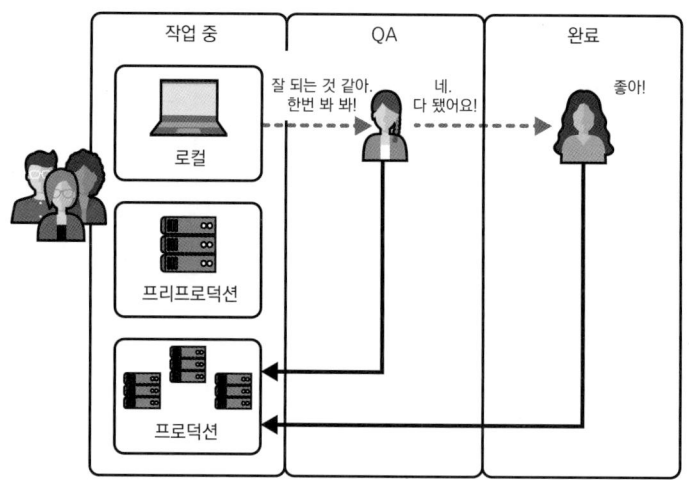

그림 3-25 지속적 배포를 하는 팀의 워크플로 및 환경

이번에는 팀이 코드를 프로덕션에 지속적으로 배포한다는 가정 하에 각 단계를 다시 살펴보자. 나와 내 동료들이 직접 경험한 내용을 바탕으로 각 단계가 어떤 모습이 되는지 자세히 설명하겠다.

작업 중

작업이 진행되는 도중에 이미 코드는 프로덕션에 계속 배포되고 있다. 팀원들은 작은 단위의 커밋을 작업하고 트렁크에 자주 통합하기 때문에 하루에도 여러 번 배포가 가능하다.

진행 중인 작업 숨기기 절에서 말했듯이, 이 단계에서는 기능 토글, 확장/축소 등의 기법을 상당히 많이 사용한다. 이러한 기술 덕분에 엔지니어는 작업 중인 코드베이스도 얼마든지 배포할 수 있으며, 유저를 방해하지 않고도 프로덕션에서 토글과 모니터링을 통해 변경사항을 엿볼 수 있다.

개발자가 태스크를 **완료** 표시한 이후에만 발견되는 통합 이슈는 이미 여기서 드러난다. 개발자는 이 단계에서 문제 해결에 필요한 컨텍스트를 가장 많이 갖고 있기 때문이다(그림 3-26).

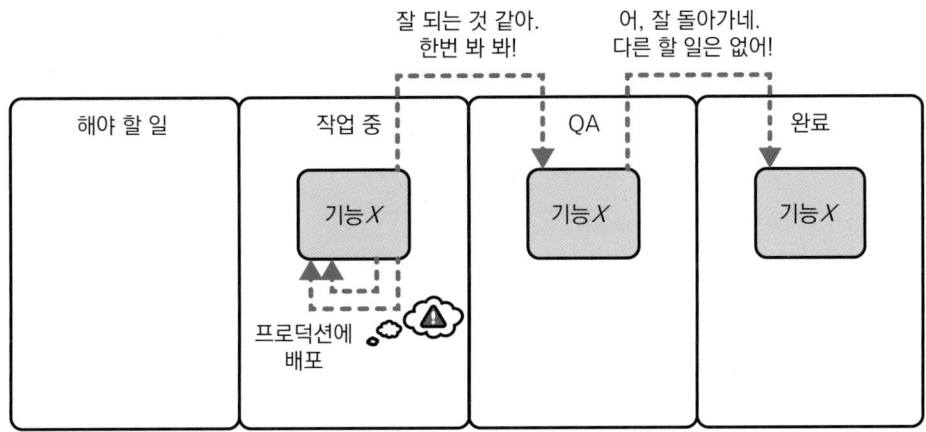

그림 3-26 지속적 배포를 하는 팀의 게시판

QA

QA 단계에서는 보통 여러 사람이 기능 토글을 통해 프로덕션에서 해당 기능이 가용한지, 기능적으로도 완벽한지 확인하는 방식으로 이루어진다(자세한 내용은 **11장**에서 이야기한다). 이 시점에서 변경사항이 완전히 작동되는 것으로 입증되면 나중에 예기치 못한 문제로 놀랄 일은 없을 거란 강한 신념이 생긴다. QA 단계에서 프로덕션에서만 나타나는 결함이 발견되면 전체 피드백 루프는 훨씬 짧아진다. 태스크를 너무 일찍 **완료**로 간주하지 않기 때문에 전체 게시판을 여러 번 통과하지 않아도 되며, [그림 3-27]에서 보다시피 QA와 개발 사이만 왔다 갔다 할 뿐이다. 이렇게 피드백 루프가 짧기 때문에 수정 사항 배포 후 피드백을 받을 때까지 오래 기다릴 필요가 없으며, 개발자, 테스터와 최신 컨텍스트를 유지하는 데 도움이 된다.

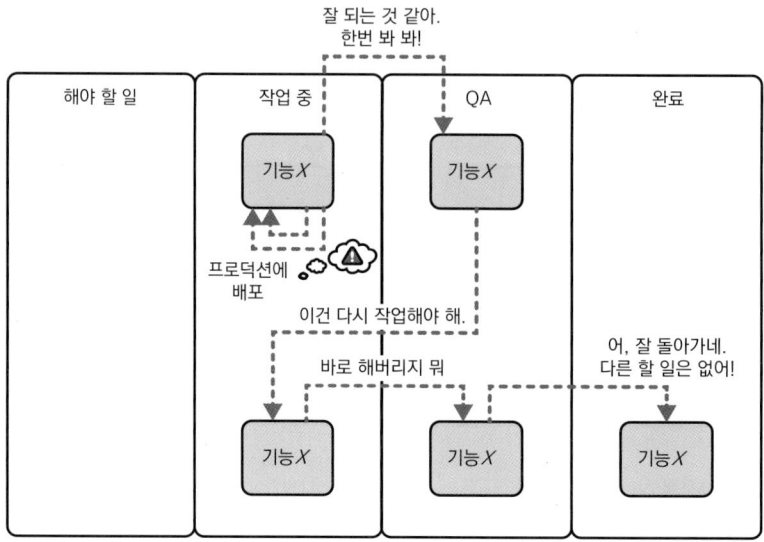

그림 3-27 지속적 배포를 하는 팀의 재작업

더 나아가 개발 중인 아이템별로 개발자, 테스터, 이해관계자가 모두 아주 긴밀하게 협력하여 진행 중인 단계와 QA 단계를 완전히 통합하기로 결정할 수 있다. 어떤 팀은 자동 테스트만으로도 충분하다는 판단 하에 테스터 역할을 아예 없애기도 한다.

완료

'완료' 상태로 넘어가도 이미 코드가 꽤 오랫 동안 프로덕션에 적용된 상태이므로 개발자는 사실상 할 일이 없다. 즉, 필요한 배포는 이미 다 끝난 것이다. 가장 **프로덕션과 유사한** 환경, 즉 프로덕션 자체에서 안전하게 실행되었으니 코드는 작동된다고 입증된 셈이다. 한번 **완료** 컬럼에 들어간 태스크가 나중에 프로덕션에서 문제가 생겨 다시 돌아가는 경우는 거의 없다. 이 단계에서 이해관계자와 제품 소유자는 구현체가 프로덕션 환경에서 살아남을 수 있을까, 걱정하지 않아도 카나리 릴리스나 A/B 테스트(3부에서 다룬다)를 실행하여 모든 유저에게 기능을 언제, 어떻게 릴리스할 것인가, 등의 제품 결정에 집중할 수 있다.

시사점

프로덕션 배포가 많은 사람의 신경이 집중된 이벤트에서 거의 매시간 일어나는 따분한 개발자 태스크로 바뀌면서, 팀의 워크플로 역시 이 환경, 저 환경 배포하는 문제에 더 이상 집중할 필요가 없다. 결과적으로, 제품에 관한 좀 더 흥미로운 작업과 의사 결정을 더 많이 반영할 수 있다.

팀 게시판은 인프라(와 특정 머신에서 물리적으로 실행되는 코드)에 단단히 커플링되는 대신, 순수한 인간의 활동을 반영하게 된다. 탐색적 테스트, 릴리스 결정, 사용성 평가 등 사람이 하는 작업을, 코드를 언제, 어떻게 배포할 것인가 등의 기술적인 결정과 독립적으로 수행할 수 있다.

3.7 정리하기

지속적 배포를 통해 변경사항을 정의하고 적용하는 것 사이의 구분을 없애는 방법을 설명했다. 이로써 팀은 프로덕션에서 진행 중인 작업을 숨겨야 하는 까다로운 요건이 있더라도 기능 토글, 확장/축소 등 숨겨진 실행 브랜치에 기반한 기술을 활용해 이를 구현할 수 있다.

변경사항을 정의하는 동시에 적용하는 일은 분산 시스템을 관리하는 팀에게 새로운 도전 과제가 아닐 수 없다. 프로듀서/컨슈머 간에 숨겨진 상호의존성 때문에 변경사항을 엉뚱한 순서로, 또는 엉뚱한 시점에 개발(적용)하면 프로덕션 시스템이 기능 장애를 일으킬 가능성이 높아진다. 이런 상호의존성 탓에 하위 시스템 간의 호환성을 유지하려면 대체 코드 실행 브랜치를 적극 활용해야 한다.

새로운 워크플로를 도입하면 (개발 시 정말 지루하게 반복되는) 단순 배포와 실제 릴리스가 한층 뚜렷하게 구분된다. 따라서 기술 활동과 제품 활동을 디커플링함으로써 팀 전체의 워크플로(및 게시판)도 다시 구성할 수 있다.

이러한 개념은 프로덕션 게이트가 있는 경우와 없는 경우의 주요한 차이점을 잘 나타낸다. 이 책의 2부, 3부, 4부를 읽고 나면 달라진 작업 방식에 편안함을 느끼게 될 것이다.

CHAPTER 4

최소 요건

놀이 공원에 가면 시설물마다 이용 가능한 고객의 최소 신장 요건을 알리는 문구('키가 이 정도는 되어야 탈 수 있습니다')가 곳곳에 적혀 있다. 이는 게이트키핑^{gatekeeping}이 아니라, 안전한 탑승을 위한 팻말이다. 마틴 파울러는 마이크로서비스 아키텍처^{microservices architecture}의 전제 조건에 관한 글[1]에서 이 비유를 사용한 바 있다. 이 장 역시 팀이 지속적 배포라는 엄청나게 빠른 놀이 기구를 타는 것이 안전한지 가늠하기 위한, '키가 이 정도는 되어야 합니다'라고 적힌 표지판과 같다. 특별히 나는 이 장에서 완전 자동 파이프라인으로 전환하기 전에 팀이 강구해야 하는, 안전에 초점을 둔 프랙티스 목록을 자세히 설명하겠다.

물론, 수동 개입 없이 각 커밋을 프로덕션에 보내면 뭔가 깨질 가능성이 있다. 부실한 품질 게이트를 통과한 크리티컬한 결함은 비즈니스에 심각한 비용을 초래할 수 있으므로, 이해관계자가 릴리스 프로세스를 지나치게 복잡하게 하거나 프로덕션에 게이트키핑을 과도하게 적용하기 쉽다. 팀이 지속적 배포를 할 준비가 됐는지 면밀하게 평가하고, 준비가 안 된 경우에는 지속적 배포를 성숙한 지속적 전달이라는 더 큰 여정의 맥락에 두는 것은 소프트웨어 전문가인 여러분과 나의 책임이다. 이 여정의 목적은 결국 다양한 수준의 경험을 지닌 사람들이 빠른 페이스로 진행되는 배포 라이프 사이클에 참여할 수 있도록 기술적, 조직적 기반을 다지는 것이다.

그렇다고 개발자의 실수를 방지하는 방법을 설명하려는 의도는 아니다. 개발자도 인간이므로 언제라도 실수할 수 있는 존재임을 받아들여야 한다. 개발자의 절대적 완벽함이라는, 달성 불

---

[1] https://oreil.ly/NFbbH

가능한(그리고 불공정한) 기준에 억지로 맞추려 하지 말고, 오류를 조기에 발견해서 빠르게 조치하는 일에 집중해야 한다. 단, 실패해도 괜찮고 복구하기 쉬운 프랙티스, 그리고 자동화라는 안전망을 구축하는 노력이 필요하다. 그래서 잦은 통합, 철저한 테스트, 코드 스캐닝, 관찰 가능성 등의 지속적 피드백 도구에 대해서도 이야기하겠다. 팀의 성과는 간간이 저지르는 실수가 아닌, 바로 이렇게 안전에 초점을 둔 프랙티스의 숙련도를 기준으로 판단해야 한다.

이 정도면 충분히 운은 띄운 것 같으니, 이제 프랙티스를 좀 더 자세히 들여다보자. 대부분 잘 정립된 지속적 전달 프랙티스에 대해 간단히 복습하고, 지속적 배포와 연관되어 비교적 최근에 등장한 프랙티스들을 함께 살펴보겠다. 이 리스트는 어쩔 수 없이 불완전한 것이다. 이 책이 출간된 후에도 새로운 혁신 기술은 계속 등장하겠지만, 일단 이 리스트를 출발점으로 알아보자.

4.1 자율적 다기능 팀

사일로화된 팀은 일반적으로 개발, 테스트, 설계 등의 역할 또는 분야에 따라 구성된다. 반면, 다기능 팀은 폭넓은 기술을 보유한 팀원들로 구성되며, 제품 전체를 전달하는 데 필요한 모든 역할이 포함된다(그림 4-1). 인프라, 프런트엔드, 백엔드 기술은 물론, 테스트, 보안, 설계, 프로젝트 관리까지 범위가 넓다.

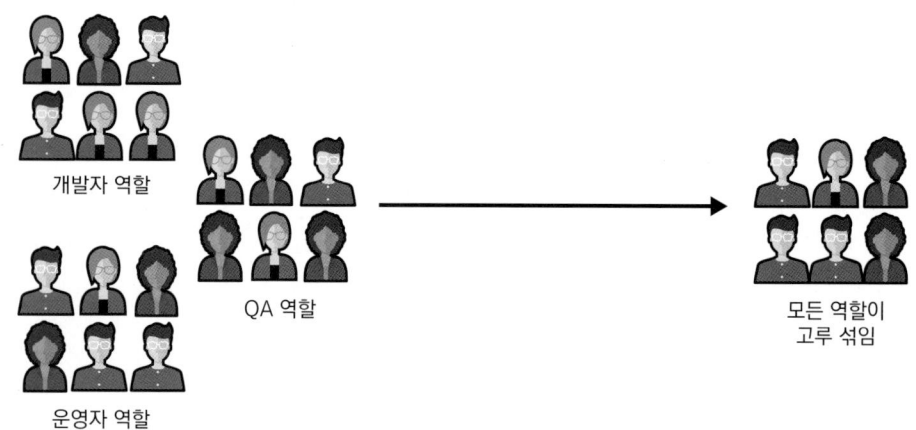

그림 4-1 사일로화된 팀(좌측) vs 다기능 팀(우측)

다기능 팀은 사일로화된 팀보다 여러모로 장점이 많다. 그중 역할 간 긴밀한 협업 및 빠른 속도, 조직 내 마찰이 덜한 것이 가장 큰 장점이다. 진정한 다기능 제품 팀은 지속적 배포를 가능케 하는 몇 가지 특징이 있다.

4.1.1 빠른 의사 결정

다기능 팀이 빠른 속도로 전달 가능한 가장 큰 원동력은, 의사 결정 과정에서 타인의 개입 없이 자율적으로, 유연하게 행동할 수 있다는 사실에 있다. 팀 내부의 의사 결정은 자체적으로 완료되므로 변경을 구현하기 위해 팀 경계를 굳이 넘나들지 않아도 변경 요건에 재빠르게 대처할 수 있다.

작은 증분을 프로덕션에 지속적으로 배포하는 팀은, 지극히 짧은 주기의 피드백을 받아가며 빠르게 변화하는 속도를 따라갈 수 있게 준비해야 한다. 지속적 배포를 하면 매일 한 번, 또는 하루에 여러 번까지도 새로운 코드 업데이트가 유저에게 릴리스된다. 이런 체제로 움직이려면 변화의 방향성과 잠재적 조치 사항에 민첩하게 대응할 수 있는 높은 수준의 적응성이 요구된다.

외부 지원 또는 승인에 의존하는 팀에서 하루에 여러 번 배포를 시작할 경우, 외부 작업자는 상당히 곤란한(아니면 귀찮은) 상황에 처할 수 있다. 팀이 릴리스를 자주 하겠다는 목표를 성취하면 할수록 그들의 분노를 사게 될 텐데, 이는 팀이 바라는 바가 아닐 것이다.

4.1.2 구현 자율성

진정한 다기능 팀은 애플리케이션의 구축과 배포에 필요한 모든 엔지니어링 스킬을 자체 조달한다. 백엔드 전담 팀, 프론트엔드 전담 팀, 인프라 전담 팀은 지속적 배포와는 (심지어 지속적 전달조차도) 잘 안 맞는다. 막상 배포를 해보면 모든 소프트웨어 컴포넌트 간의 복잡한 상호의존성이 드러나기 때문이다. 시스템의 어느 한 부분을 바꾸면 다른 부분도 바꿔야 안전하게 배포할 수 있고, 그 반대도 마찬가지다. 또 작은 변경사항을 프로덕션에 개별 적용 시, 팀 경계로 인해 진행 중인 대량의 작업을 적체시키는 장애물을 제거하는 일이 중요하다.

예를 들어, 기능 토글과 확장/축소는 지속적 배포에서 많이 쓰이는 코딩 기법인데, 프로덕션 환경의 안정성을 보장하려면 개발자가 프로듀서/컨슈머 시스템을 빠르게 연달아 업데이트해야 한다. 하지만 팀이 기술 스택이나 시스템의 특정 파트별로 사일로화되어 있으면 변경사항을 조정하기가 쉽지 않다. 결국, 자연스럽게 우선순위가 제각각인 백로그가 여럿 쌓이게 되며, 정작 기능을 구현하기보다는 서로가 서로를 기다리느라 허비하는 시간이 점점 많아진다.

즉, 비즈니스를 수직적으로 분할한 조각들을 처리하는 데 필요한 역할과 기술력을 전부 다 갖춘 제품 팀이야말로 지속적 배포에 이상적인 팀이다. 이런 팀은 기술적으로나, 조직적으로나 제품이 서로 격리되어 있는 마이크로서비스 지향 아키텍처^{microservices-oriented architecture}에서 더욱 빛을 발한다.

다기능 팀이 있다고 해서 모든 팀이 똑같아 보여야 한다거나, 전담 팀은 더 이상 낄 자리가 없다는 말은 아니다. 매튜 스켈톤^{Matthew Skelton}과 마누엘 페이스^{Manuel Pais}가 집필한 『팀 토폴로지』(에이콘출판사, 2020)[2]에서 팀을 네 가지 범주로 분류했는데, 이 중 하나가 바로 고도로 전문화된 팀이다.

가치 흐름 중심 팀

이름에서 알 수 있듯이, 가치 흐름 중심 팀^{stream-aligned team}은 특정 업무(또는 도메인)의 흐름에 딱 맞춰져 있다. 이 유형의 팀은 유저와 맞닿은 새로운 기능과 개선을 통해 고객에게 신속하게 가치를 제공한다.

활성화 팀

활성화 팀^{enabling team}은 전문 지식과 도구를 응용하여 가치 흐름 중심 팀을 지원한다. 예를 들어, 다른 팀이 새로운 프랙티스 또는 기술을 채택하거나 복잡한 문제를 해결하는 일을 도와준다.

복잡한 하위 시스템 팀

해박한 기술 지식이 필요한 복잡한 하위 시스템^{subsystem}, 예를 들어 수학이나 계산 분야의 전문 지식이 필요한 하위 시스템에서 작업하는 팀이다.

플랫폼 팀

다른 팀이 작업 속도를 높이는 데 응용 가능한 각종 내부 제품 및 도구(대개 셀프 서비스 방식으로 사용 가능)를 제작하고 유지보수하는 팀이다.

이런 팀들은 비즈니스 도메인, 특정 기술, 복잡한 문제 유형 등 각자 특화된 전문성을 갖고 있다. 이들 모두 내외부와 연계되는 자사 제품을 관리할 수 있으며, 이런 제품은 모두 지속적 배포의 잠재적 후보들이다. 하지만 이런 제품을 지속적으로 배포하려면, 먼저 해당 팀의 전문 분야(무엇이 됐든 간에) 내에서 제품의 개발과 배포에 필요한 모든 역량을 갖추어야 한다. 다시

---

[2] 옮긴이_ 원서는 『Team Topologies』(IT Revolution, 2019)이고, 번역서는 김연수가 번역했습니다.

말해, 자신들이 선택한 소프트웨어 스택을 처음부터 끝까지 완전히 자율적으로, 완벽하게 다룰 줄 알아야 한다.

예를 들어, 이 책 부록에서 오토^{OTTO} 사의 톰 볼러툰$^{Tom\ Vollerthun}$이 쓴 사례 연구를 보면, 한 명의 게이트키핑 팀이 QA 역할을 하던 구조에서 개별 QA 엔지니어가 제품 팀의 멤버가 될 수 있는 체제로 전환한 과정이 자세히 기술되어 있다. 실제로 이는 오토에서 지속적 배포를 도입하는 핵심 원동력이 됐는데, 여러분도 그의 이야기를 잘 참고하면 도움이 될 것이다.

4.1.3 잦은 통합

1장과 2장에서 말했듯이 코드를 자주 통합하는 것은 지속적 통합의 근간이자, 지속적 전달 및 배포의 기초다. 여기서 **자주**라는 말은 적어도 하루에 한 번(또는 여러 번) 팀의 공유 메인 브랜치에 코드 변경사항을 추가한다는 뜻이다. 자주 통합하면 변경 증분을 작고 관리하기 편하게 유지할 수 있다. 프리프로덕션 환경에서 수동 검사를 하지 않는 환경에서는 꼭 지켜야 할 원칙이다.

수천 개에 달하는 변경사항을 개발 머신이나 어느 한 브랜치에 쌓아 뒀다가 한꺼번에 프로덕션에 적용하면 그야말로 카오스^{chaos}가 펼쳐진다. 유저, 이해관계자, 나머지 팀원 모두가 혼란의 도가니에 빠질 수 있다. 따라서 무엇보다 팀원 모두 기본적으로 변경사항은 작게 만들고 메인에 자주 통합하는 코드 커밋 에티켓을 지켜야 한다.

버전 기록을 쉽게 이해할 수 있는 수단 역시 지속적 배포의 바람직한 커밋 에티켓 중 하나다. 이를테면, 상호 의존적인 커밋은 함께 커밋하고 패스트-포워드 병합$^{fast-forward\ merge}$이 가능하도록 리베이스^{rebase}를 자주 하며 태스크 식별자$^{task\ identifier}$와 공동 작성자^{coauthor}가 기재된 유의미한 커밋 메시지를 작성하는 것이다. 이 모든 작은 행위 덕분에 팀은 어느 코드 변경사항이 어느 프로덕션 배포에 묶여 있는지 확실히 알 수 있다.

그러나 뭐니뭐니 해도 잦은 통합이야말로 무엇이 배포됐는지 가장 확실하게 알 수 있는 수단이다. 요즘 소프트웨어 개발 팀은 수명이 (아주) 짧은 브랜치와 TBD, 두 가지 방법을 통해 배포를 자주 수행한다. 둘 다 지속적 배포 전략과 잘 맞지만, 나는 단순한 TBD를 더 선호한다.

수명이 짧은 브랜치

개발자는 메인 브랜치에서 수명이 짧은 브랜치short-lived branch를 만들고 코드를 변경한 후, 자신의 결과물이 충분히 자기 완비적이라고 판단되면 PR을 제출한다. 그러면 이 변경사항은 다른 사람이 리뷰 후 승인하며, 메인 브랜치에 다시 병합되어 프로덕션으로 직행한다. 이때 풀 리퀘스트는 일종의 코드 리뷰를 위한 선택적인 체크포인트checkpoint 역할을 한다. 어떤 브랜치가 **수명이 짧은 브랜치**가 되려면, 대개 큰 기능의 개발이 오픈 브랜치의 보관 기간보다 길어야 하며, 개발자는 개발 중에 여러 번 메인 브랜치로 다시 병합해야 한다는 사실에 유의하자. 그래서 수명이 짧은 브랜치는 기능 토글처럼 버전 관리에 의존하지 않는, 진행 중인 작업을 숨기기 위한 다른 기법과 함께 사용해야 한다.

모든 브랜치가 똑같이 태어나는 것이 아니다. 수명이 짧은 브랜치는 작고 특화된 태스크에 알맞은 브랜치로, 장기적인 개발 작업이나 전체 기능을 개발하는 용도로는 적합하지 않다는 점을 기억하자. 수명이 짧은 브랜치는 하루 이상 두지 않는 것이 좋다. 수명이 짧은 브랜치는 기능 브랜치와는 직접적으로 대비되지만, 버전 관리 시스템에서는 동일하게 보일 수 있다.

수명이 짧은 브랜치와 기능 브랜치

지속적 통합에서 수명이 긴 기능 브랜치는 안티패턴이다. 이런 브랜치는 프로덕션으로 보낼 준비가 될 때까지 전체 이니셔티브의 변경사항 분리를 목표로 하는, 깃플로Gitflow[3] 같은 개발 워크플로의 전형이다. 이 워크플로에서는 릴리스 프로세스와 버전 관리 시스템의 기능이 서로 단단히 커플링되어 기능 토글 같은 최신 기술을 사용하기가 어렵다.

사실, 깃플로 같은 모델은 여러 개발자가 오랜 기간 협업하면서 서로 비동기적으로 소통하는 깃헙 같은 협업 플랫폼의 오픈 소스 프로젝트에서는 아주 효과적이지만, 실시간 소통 채널을 두고 활발한 커뮤니케이션이 이루어지는 응집된cohesive 팀에서 수명이 긴 기능 브랜치는 그 가치에 비해 오버헤드가 크다. 아니, 실은 매우 해롭다. 프로덕션과 코드가 따로 노는 코드 드리프팅code drifting[4] 현상이 일어나며, 거대하고 다루기 힘든 배치가 쌓여 병합과 릴리스가 힘들고 지저분해진다.

---

3 옮긴이_ https://www.atlassian.com/git/tutorials/comparing-workflows/gitflow-workflow를 참고하기 바랍니다.
4 옮긴이_ 처음 의도했던 설계나 코드 스타일, 아키텍처의 원칙에서 점점 멀어지는 현상을 말합니다.

많은 팀에서 수명이 짧은 기능 브랜치를 잘 사용하여 지속적 배포를 하고 있지만, 자칫 수명이 긴 기능 브랜치로 변질되지 않으려면 적잖은 연습이 필요하며 지속적 통합에 관한 성숙도^{maturity}가 요구된다. 한 개발자가 타성에 젖어 하루, 이틀만 통합을 잊어도 더 이상 **수명이 짧**다고 할 수 없을 정도로 많은 변경사항이 쌓인 브랜치가 만들어질 것이다.

팀의 일상적인 코딩의 일부로 브랜치를 사용하면 잘못된 일(변경사항 쌓아두기)을 저지르기 쉽고, 올바른 일(의식적으로 자주 통합하기)을 하기 어렵다. 그래서 바람직한 프랙티스를 추구하는 많은 팀에서는 트렁크 기반 개발이라는 또 다른 패러다임을 적극 활용한다.

트렁크 기반 개발

트렁크 기반 개발$^{Trunk\ Based\ Development}$(TBD)은 전체 개발자가 보통 트렁크나 메인이라고 명명된 단일 브랜치에서 작업하는 방식이다. 개발자가 메인 브랜치에서 떨어져 나온 별도의 브랜치에서 변경사항을 작성한 뒤 주기적으로 병합하는 타 모델과는 대조적이다.

TBD 방식에 따르면 개발자는 코드베이스를 항상 최신으로 유지하되, 언제라도 배포할 수 있도록 작고 점진적인 변경사항을 커밋하는 것이 바람직하다. 그래야 변경사항이 커밋되면 바로 다른 개발자도 볼 수 있어 피드백 루프가 아주 짧아진다. 지속적 배포를 하면 유저도 수 분 후에 변경된 기능을 사용할 수 있다.

TBD의 또 다른 주된 이점은 팀의 버전 관리에 수반되는 복잡도가 낮아진다는 것이다. 온갖 브랜치를 다 사용하면 충돌과 지연이 발생하기 쉽고, 나중에 변경사항을 추적해서 다시 메인 브랜치로 병합하기가 어렵다. 단일 브랜치로 작업하면 개발자는 이런 문제를 신경 쓰지 않고 새로운 코드 작성에 전념할 수 있다.

TBD는 아직도 일부 커뮤니티에서 논란이 분분하지만, 내가 운 좋게도 함께 일했던 대부분의 팀에서는 아주 잘 쓰고 있다. 이와 관련하여 2018년, DORA 연구원들이 공유한 글을 인용한다.

> 연구 결과, 수명이 긴 기능 브랜치보다는 트렁크/마스터 브랜치에서 개발하는 것이 더 높은 배포 성과와 상관관계가 있음이 밝혀졌다. 성과가 우수한 팀은 활성 브랜치가 항상 세 개 미만이었고, 브랜치가 트렁크에 병합되기 전까지 수명이 매우 짧았으며(하루 미만), **코드 프리즈**

code freeze[5]나 안정화 기간도 따로 없었다. 이 결과는 팀과 조직의 규모, 업종과는 무관하다는 점을 다시 한번 밝힌다.

TBD 방식이 소프트웨어 배포 성능 향상에 긍정적인 영향을 준다는 사실이 알려진 후에도 **깃헙 플로**Github Flow[6]에 길들여진 개발자는 여전히 회의적인 시선을 갖고 있다. 깃헙 플로는 브랜치를 사용해서 개발하고 주기적으로 트렁크에 병합하는 방식에 크게 의존한다.[7]

그런데 이 모든 장점에도 TBD에는 몇 가지 난제가 따른다. 팀 전체가 동일한 브랜치에 코드를 추가하는 구조에서는 여러 태스크를 동시에 진행하거나 여러 개발자 간의 활동을 조율하기가 더 어려워질 가능성이 높다. 또한 개발자들이 서로의 발가락을 밟지(즉, 상대방이 짠 코드를 건드리지) 않도록 일상 업무를 계획하는 과정에서 잘 살펴야 한다. 그러나 이런 부분이 반드시 부정적이라고만 보기는 어렵다. 여러 브랜치로 나누어 작업하면 여전히 변경사항이 중복될 리스크가 있고, 컨텍스트가 너무 오래되어 경합contention이 발생한 라인들이 서로 간극이 더 벌어지는 병합 시점이 되어서야 변경사항이 중복됐음을 알 수 있다. TBD는 문제를 더 일찍, 더 쉽게 바로잡도록 병합하는 데 유용하다고 볼 수 있다.

TBD와 지속적 배포를 병행하면 모든 코드 커밋은 즉시 프로덕션에 배포된다. 가장 직관적인 한 조각의 연속적인 변경 흐름이 구현되는 것이다. 1장에서도 말했듯이, 린 생산에서 비롯된 이 개념은 프로덕션 경로에서 낭비와 배치 처리가 제거된, 아주 강력한 지속적 배포 체제의 근간이다. 이런 이유에서 나는 TBD와의 조합이 지속적 배포의 가장 순수한 구현체라고 확신한다. 물론, TBD를 사용할 수 없는 경우 수명이 아주 짧은 브랜치가 훌륭한 대안이 될 것이다.

5부의 N26 디지털 은행 사례 연구에서도 그런 상황이 나온다. 각종 규제 때문에 TBD를 사용할 수 없는 N26 엔지니어는 동료 평가peer review를 증빙하고 어느 한 개발자가 시스템을 맘대로 변경하지 못하게 마이크로브랜치와 PR을 사용한다. 하지만 그들은 이런 프로세스를 페어 프로그래밍, 몹 프로그래밍mob programming[8]과 잘 조화시켜 코드 리뷰가 실시간으로 진행되고 메인으로 신속하게 통합되도록 만들었다.

이제 다음 주제인 코드 리뷰로 넘어가자.

---

5 옮긴이_ 코드 변경을 일시적으로 중단하는 것으로, 대개 제품 릴리스, 배포, 서비스 오픈 등의 중요한 일정 직전에 적용됩니다.
6 옮긴이_ https://docs.github.com/en/get-started/using-github/github-flow를 참고하기 바랍니다.
7 『Accelerate』(IT Revolution, 2018), p. 91
8 옮긴이_ 모든 팀원이 어떤 문제를 집중하여 해결하기 위해 하나의 컴퓨터(즉, 작업 환경)에서 함께 실시간으로 협업하는 코딩 방식입니다.

4.1.4 잦은 코드 리뷰

코드 리뷰는 코드의 설계, 정확성, 완성도에 대해 인적 피드백을 제공하는 핵심이다. 지속적 배포에서 인적 피드백 채널은 프로덕션 경로 전체를 통틀어 유일하게 사람이 하는 피드백이다. 특히, 코드 리뷰는 프로덕션 이전에 전체 코드 라인을 한 세트 이상의 눈으로(두 사람 이상이 함께) 체크할 수 있는 유일한 도구로써 각별하다.

아무리 테스트가 잘 된 기능이라도 담당 개발자가 요건을 잘못 이해하면 잘못된 구현체와 잘못된 테스트를 작성할 수밖에 없다. 또 정교한 코드 스캐닝 도구가 있어도 코드가 원하는 기능 요건을 구현했는지, 설계 및 구조에 관한 팀 합의 사항을 준수했는지는 오직 사람이 확인할 수 있다. 사소한 린트 규칙 레벨 이상의 코드 설계 원칙은 워낙 다양해서 이에 관한 책도 많다. 코드는 잘 분리되어 있어야 하고, 술술 잘 읽혀야 하며, 적절한 수준으로 추상화되어 있고, 아키텍처 개념과도 잘 맞아야 한다는 코드 설계 원칙이다. 따라서 다른 사람이 아닌, 기계만 이해할 수 있는 코드를 작성하는 것은, 모든 설계 관련 도서와 고도로 추상화된 프로그래밍 언어를 모두 무시한 채 우리 할머니들[9]이나 다루던 고대 어셈블리^{assembly} 범벅으로 돌아가는 꼴이다.

코드 리뷰를 이토록 강조하는 이유가 지금까지 이 책에서 내가 전달한 메시지와 잘 안 맞는 것처럼 느낄지도 모른다. 1장에서 얘기했듯이, 지금 우리는 프로덕션 경로에서 수동 병목을 완전히 제거하려는 것이다. 코드 리뷰는 변경사항이 쌓여 적체될 수 있는 수동 병목의 일종 아닌가? 그리고 앞 절에서 TBD의 이점을 긴 기능 브랜치 그리고 PR과 비교하여 설명하지 않았나? 어떻게 하면 PR 없이 코드 리뷰를 할 수 있을까?

풀 리퀘스트

브랜치를 작게 만들어 아주 조그마한 PR을 생성하면 프로덕션으로 향하는 지속적 코드 흐름을 방해하지 않고 신속하게 코드 리뷰를 할 수 있다. 이런 팀은 모든 개발자가 코드 리뷰 프로세스에 적극 참여함으로써 자신의 코드를 통합하려는 동료가 기다리는 시간을 최소화할 수 있다. 많은 엔지니어가 이런 식으로 작업을 하는데, 대기 시간이 대폭 줄어 워크플로가 간소화된다.

하지만 내 생각에 이것보다 더 잘할 수 있다.

지난 수년간 나는 공개 PR 리뷰가 코드를 리뷰하는 유일한 시간과 장소임을 알게 됐다. 이제

---

[9] 의외로 모르는 사람이 많은데, 프로그래밍은 원래 여자들이 많이 하던 직업이었다. 실제로 19세기 초 최초의 프로그래머도 여성이었다. 자세한 내용은 https://oreil.ly/cQb11을 참고하기 바란다.

이 개념에 도전하겠다. XP 프로그래밍 도구 상자에 들어 있는 페어 프로그래밍이야말로 코드 리뷰 엔진으로서 PR을 대체할 수단이다.

페어 프로그래밍

페어 프로그래밍pair programming은 프로그래밍의 역사만큼이나 오래된 프랙티스다.

> 베티 스나이더Betty Snyder와 나는 처음부터 페어pair였다. 나는 최고의 프로그램과 설계는 함께 만드는 것이라고 확신한다. 서로를 지적하고 서로의 오류를 찾아내며 최선의 아이디어를 적용할 수 있기 때문이다.
>
> – 진 바틱Jean Bartik, 최초의 프로그래머 중 한 사람[10]

페어 프로그래밍은 애자일 초기 시절에 다시 인기를 얻었지만, 안타깝게도 많은 기업이 페어 프로그래밍을 **애자일 전환**Agile transformation의 일부로 만드는 것을 망각한 나머지 지금은 다소 구시대 유물이 된 듯하다. 하지만 TBD와 지속적 배포 같은 프랙티스가 점점 더 각광을 받는 흐름에서, PR을 통한 일반적인 코드 리뷰보다 더 안전한 페어 프로그래밍은 재평가할 가치가 충분하다고 본다.

페어 프로그래밍하는 두 개발자는 키보드와 화면(리모트 페어링의 경우 가상 키보드와 화면)을 공유하면서 모든 프로덕션 코드를 함께 개발한다. 두 사람은 설계한 코드를 타이핑하고 추론하는 역할을 서로 교대하며 작업한다. 페어의 구성원은 각자 자신의 가정과 설계 아이디어를 말로 표현해야 하므로, 구현과 요건에 대해 계속 토론하면서 지속적으로 코드를 리뷰한다.

두 번째 사람의 눈동자는 코드가 작성된 이후는 물론, 작성하기 전과 작성 중인 코드에 집중한다. 이렇게 하면 설계 오류를 바로잡거나 요건에 대한 오해를 정정할 기회가 (더 이른 시기에) 더 많이 주어지므로 PR 시점의 리뷰보다 훨씬 유용하다. 또 다른 팀원이 PR을 제출하려고 많은 작업을 한 이후에 큰 변경을 해야 하는, 사회적으로 난처한 상황도 예방할 수 있다. 사실, 이런 일은 코드 품질에 관한 (슬프지만 나도 지금껏 여러 차례 경험한) 또 다른 장애물이다.

페어 프로그래밍을 하면 이슈가 터져도 둘 이상의 두뇌로 조치할 수 있으므로 기능 구현 및 버그 해결 속도가 빠르다. 또 당장 작업 가능한 (자신의 동료가 하던 일을 방해하지 않기 위해 컨텍스트 전환을 해야 할) 평가자reviewer를 찾아 헤매는 병목이 사라지므로 통합 속도도 빨라진다.

---

10 『ENIAC's Programmers』(Computer History Museum, 2011, video), https://oreil.ly/4S38P를 참고하라.

이렇게 지속적이면서 더 적극적으로 개입하는 코드 리뷰 프로세스를 거치면서 코드의 최종 설계는 점점 품질이 올라가며 재작업이 줄어 많은 시간이 절약된다.

페어 프로그래밍에 반대하는 이들은 주로 "같은 것을 구현하는 데 작업 시간이 두 배는 더 들더라고요!"하고 주장한다. 하지만 이는 대부분 절약된 시간은 고려하지 않은 부정확한 의견임을 알게 되었다. 설령, 그들의 의견이 맞고 실제로 지속적 코드 리뷰가 더 값비싼 프로세스라 해도, 여전히 투자할 만한 가치가 있다고 본다. 모든 커밋이 결국 프로덕션에 반영되는 과정에서 역시 관건은 사람의 오류로부터 높은 수준의 안전성을 확보하는 것이다. 속도와 민첩성을 얻으려면 반드시 투자가 필요하다.

개인적으로 나는 거의 모든 팀에서 페어 프로그래밍을 코드 리뷰 도구로 사용해왔다. 나와 함께 일한 개발자는 대부분 제품을 전달하고, 신규 팀원을 온보딩onboarding하고, 코드 오너십을 공유한다는 인식을 전파하는 데 페어 프로그래밍이 큰 도움이 된다는 사실을 알게 되었다.

심리적 안정감

PR이든 페어 프로그래밍이든, 지속적 배포를 도입하는 팀이라면 코드 리뷰를 구체적이면서 자주 실시하는 프로세스로 정착시켜야 한다. 특히 시니어 팀원들은 모든 동료, 특히 주니어 팀원이 정직한 피드백을 주고 어려운 질문을 하도록 유도할 책임이 있다. 좋은 코드의 정의는 주관적일 수 있으나, 그렇다고 매일 팀에서 토론하고 협의하면 안 되는 주제라는 뜻은 아니다. 다른 사람의 기분을 상하게 하는 일은 결코 유쾌하진 않지만, 제품의 안정성을 희생하며 서로의 등을 토닥여주는 파멸적 공감이 계속되는 것보다는 낫다.

4.1.5 자동 코드 분석

코드를 두 사람의 눈동자로 바라보는 것의 중요성을 얘기했지만, 그렇다고 흔한 실수와 부주의까지 자동화할 수 있는 건 아니다. 바로 이 부분에서 코드 분석 도구가 지속적 배포의 안전성을 높이는 중요한 역할을 한다. 자동화 덕분에 개발자와 페어 개발자(즉, PR 평가자)는 사람이 간과하기 쉬운 저수준의 문제를 발견하는 일에 시간을 뺏기지 않고 더 큰 그림에 집중할 수 있다. 예를 들어, 변경사항이 기존 아키텍처에 얼마나 부합하는지, 릴리스는 어떻게 해야 하는지, 요건을 충족하는지 살피는 것이다.

정적 코드 분석 도구는 실제로 코드를 실행하지 않은 상태로 코드를 분석한다. 실행 속도는 보통 매우 빠르기 때문에 파이프라인 초기부터 연동하여 개발자가 흔히 저지르는 실수를 포착하거나 IDE와 프리-커밋 후크$^{pre-commit\ hook}$[11]에 연결시킨다. 버그, 보안 취약성, 리소스 활용 이슈 등 모든 종류의 흔한 문제를 식별하고 일찍부터 코딩 표준을 강제하는 데 활용된다.

다양한 프로그래밍 언어를 지원하는 오픈 소스 코드 분석 도구는 이미 다양하다. 사전 구성 및 설정을 해야 하는 수고는 따르지만, 대부분 직관적이라서 간편하게 사용할 수 있다. 나는 절대 다수의 상황에서 이 도구를 포함시켜야 할 이유가 이 도구를 배제해야 할 이유를 압도한다고 생각한다.

요컨대, 정적 코드 분석 도구는 개발자의 부주의 및 일반적인 프로그래밍 실수에서 비롯된 버그 예방에 매우 효과적이다. 그중 지속적 배포 시나리오에서 특히 유용한 두 가지, 즉 보안 취약성 스캐닝과 성능 분석을 강조하고 싶다.

사람들이 많이 찾는 애플리케이션에서 끔찍한 재난을 일으키는 인적 오류는 대개 보안 및 성능과 직접으로 연관된다. 일반적으로 자동 테스트는 소프트웨어의 다기능적 특성보다 동작의 회귀 현상을 찾기 때문에 이런 오류는 특정하기가 아주 어렵다. 개발자는 작은 단위로 작업하기 때문에 잊어버리기 쉽고, 리소스 누수로 인해 프로덕션처럼 부하가 많은 환경에서만 문제가 생길 가능성이 높다. 모든 커밋마다 입력한 데이터를 정확히 정제하는 일도 잊어버리기 쉬워서 신뢰할 수 없는 미지의 유저 앞에서만 드러나는 문제점도 있다. 자동 코드 스캐닝은 이런 우려를 불식시키고, 지속적인 변경으로 잘못될 수 있는 모든 부분을 고려할 때 개발자와 이해관계자 모두에게 평화를 가져다줄 것이다.

4.1.6 테스트 자동화

21세기인 지금, 배포할 때마다 수동 회귀 테스트를 하는 것보다 자동 테스트가 더 낫다는 말은 당연지사다. 더 빠르고, 더 효율적이고, 더 일관되고, 더 저렴한 자동 테스트가 백번 낫다. 자동 테스트는 사람이 개입하지 않고 신속하게 반복 실행이 가능하므로 수동 테스트를 하는 경우처럼 사람의 실수나 변수의 영향에서 자유롭다. 모든 커밋마다 수행되는 소프트웨어 테스트는 컴

---

[11] 옮긴이_ 깃에서 커밋을 실행하기 전에 특정 스크립트를 자동으로 실행하는 기능으로 코드 품질 유지 및 불필요한 오류 방지를 위해 적용합니다.

퓨터의 무한한 인내심에 완벽히 들어맞는, 반복적이고 정확한 태스크의 교과서적인 예로, 사람의 손으로 한다는 건 말도 안 된다. 인간의 창의력과 주의력은 동일한 기능을 몇 번이고 반복해서 검사하는 행위가 아닌, 가정에 도전하고 예상을 벗어난 방향으로 시스템을 밀고 나가는 데 아낌없이 바쳐야 한다.

수작업으로 하던 회귀 테스트의 자동화는 모든 회사의 할 일 리스트에서 최상단에 두어야 한다. 특히 지속적 배포를 리뷰하는 팀이라면 더욱 진지하게 받아들일 필요가 있다.

테스트 커버리지가 불충분한 코드는 지속적으로 배포하면 안 된다. 마이클 페더스^{Michael Feathers}가 집필한 『레거시 코드 활용 전략』(에이콘출판사, 2018)[12]에서 말했듯이, 테스트를 제대로 안 한 코드는 레거시 코드만큼이나 나쁜 것이다.

> 내게 레거시 코드란 그저 테스트 없는 코드일 뿐이다. [...] 테스트 없는 코드는 나쁜 코드다. 코딩을 얼마나 잘 했는지는 중요하지 않다. 얼마나 예쁘게, 객체 지향적으로 캡슐화가 잘 된 코드인가도 중요치 않다. 테스트가 있어야 코드의 로직을 빠르고 검증 가능한 방향으로 변경할 수 있다. 테스트가 없으면 코드가 좋아졌는지 나빠졌는지 알 길이 없다.

실제로 아무리 코드가 정갈해 보여도 철저한 자동 테스트가 뒷받침된 파이프라인 없이는 프로덕션 배포 과정에서 회귀를 막을 방도가 없다. 테스트 커버리지가 아예 없거나 대충 해도 프리프로덕션 단계에서 변경사항을 수동 검증할 수 있으면 어느 정도 견딜 수 있겠지만, 프로덕션 게이트가 활짝 열려 있고 수동 검증이 불가능한 상황에서는 무리다. 페더스는 『레거시 코드 활용 전략』의 후반부에서 소프트웨어 시스템을 변경하는 방법은 **(테스트로) 커버하고 수정하기**와 **편집하고 기도하기**, 두 가지라고 말한다. 편집하고 기도하는 식으로 지속적 배포를 적용한다면, 당연히 기도도 더 정성껏 드려야 할 것이다.

자, 그럼 어떤 종류의 테스트가 필요한지 알아보자. 개발자의 도구 상자에는 단위 테스트, 통합 테스트, 인수 테스트, 컴포넌트 테스트, 시각적 회귀 테스트, 계약 테스트, 여정 테스트 등 실로 다양한 자동 테스트가 들어 있다. 각각의 추상화 및 세분도 역시 제각각이고 이 주제만 갖고도 책 한 권을 쓸 분량이라 이 절에서 모두 다루는 건 무리다. 가장 잘 알려진 단위 테스트 외에도 IT 업계마다 정의하는 방식이 조금씩 달라 테스트 용어 자체의 의미가 모호한 경우도 많다. 여

---

[12] 옮긴이_ 원서는 『Working Effectively with Legacy Code』(Pearson, 2004)이고 번역서는 심윤보, 이정문이 번역했습니다.

러분이 일하고 있는 회사에서 개발자 두 사람을 불러 놓고 동일한 테스트 코드를 보여줘도 아마 부르는 명칭이 한 세 가지는 될 것이다.

그러나 나는 팀 전체가 동일한 정의에 합의하고 이를 준수하면 용어 자체는 크게 문제될 일이 없다고 생각한다. 팀원 각자 자신의 팀에서 사용하는 테스트의 유형, 추상화 수준, 적절한 테스트 시기와 장소, 테스트 중인 시스템의 경계는 숙지해야 한다. 팀은 제품을 발전시키면서 필요한 테스트 전략과 범위에 대해서 정기적으로 팀원들과 의견을 나누며 업데이트해야 한다.

사용할 테스트 레이어는 애플리케이션마다, 기술 스택마다 다를 것이다. 어떤 유형의 테스트를 얼마나 많이 추가할지는 팀마다 의견이 갈리겠지만, 내가 생각하는 가장 유용한 경험 법칙은 저 유명한 테스트 피라미드 모델$^{testing\ pyramid\ model}$을 따르는 것이다.

테스트 피라미드 모델

테스트 피라미드는 시스템에서 수행해야 할 다양한 범주의 테스트를 시각화한 것이다. 단위 테스트 같은 저수준의 테스트는 아주 많고, 엔드투엔드 테스트 같은 고수준의 테스트는 소수라는 아이디어에 착안해 피라미드 형태로 나타냈다. 피라미드 맨 아래의 테스트는 세분도가 높고 (예 개별 클래스나 함수) 실행이 매우 빠르며 작성하기 쉽기 때문에 개수가 많다. 반면, 피라미드 맨 위의 테스트는 포괄적이고 중요하지만 실행이 훨씬 느리며 정교한 설정을 필요로 하므로 시스템의 모든 부분을 하나하나 테스트하기보다는 가장 중요한 동작을 검증하는 용도로만 사용하는 것이 좋다.

[그림 4-2]는 REST API 및 단일 페이지 애플리케이션$^{Single\ Page\ Application}$(SPA)[13] 프런트엔드, 두 애플리케이션에 대한 테스트 피라미드를 예시한 것이다.

---

13 옮긴이_ 전체 새 페이지를 로드하는 대신, 웹 서버에서 받은 데이터로 하나의 웹 페이지(single page)를 동적으로 업데이트하는 웹 애플리케이션입니다.

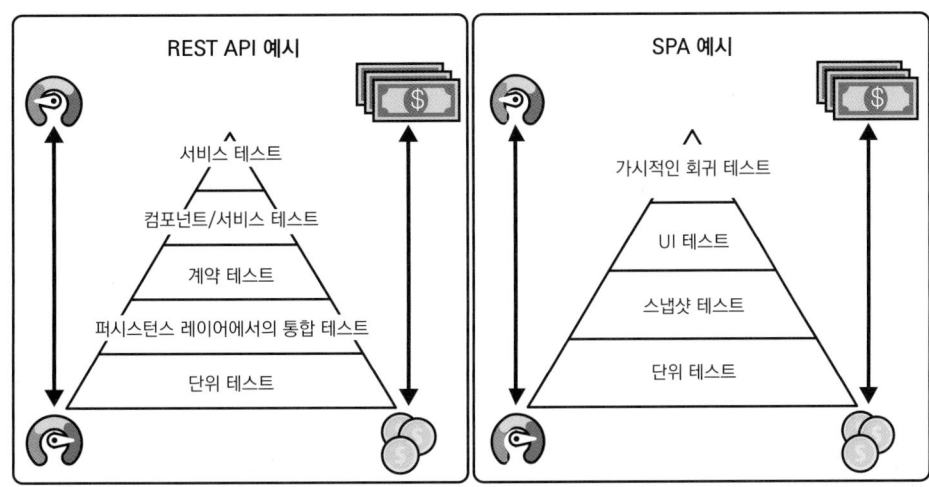

그림 4-2 두 가지 테스트 피라미드 예

예전에는 구현 단계에서 피라미드 맨 아래의 단위 테스트만 개발자가 손수 작성했다. 고수준의 커버리지를 작성하는 고된 작업은 어차피 자신이 수행해야 할 수동 테스트의 생산성을 최적화하는 QA 역할 담당자의 몫이었고, 보통 개발 단계 이후에 이뤄졌다.

2장에서 설명했듯이, 이러한 테스트 자동화 접근법은 지속적 배포를 사용하는 팀에서는 오래 버틸 수 없다. 코드가 아티팩트 리포지터리나 프리프로덕션에서 대기하지 않는 구조에서, **나중에 고수준의 테스트를 추가할 수 있는 시간은 따로 없다**. 따라서 팀은 개발 중에 테스트를 시프트 레프트함으로써 테스트 피라미드의 각 레이어를 업데이트해야 한다.

테스트 피라미드의 각 레벨에서 자동 테스트는 코드를 작성하는 (직급과 상관없이) 전 팀원이 익숙해져야 한다. 그래야 누가 만들었든지 변경사항을 각각 안전하게 프로덕션에 배포할 수 있다. 즉시 프로덕션 배포 체제에서는 좋은 코드를 작성하는 것보다 좋은 테스트를 작성하는 일이 더 중요하다.

스위스 치즈 모델

스위스 치즈 모델Swiss cheese model은 고전적인 테스트 피라미드를 보완한 또 다른 테스트 커버리지 모델이다. 제임스 리즌James T. Reason이 처음 제안[14]했는데, 초기에는 항공 안전, 엔지니어링,

---

14 https://oreil.ly/fYhYZ

헬스케어 등의 분야에 적용됐지만 소프트웨어 테스트를 나타내는 모델로도 아주 훌륭하다.

이 모델은 테스트 피라미드의 모든 레이어를 서로 다른 스위스 치즈 조각들로 바라본다. 각 조각에 난 구멍들은 테스트 레이어에서 드러난 갖가지 결함이나 누락된 커버리지를 나타낸다. [그림 4-3]처럼 한두 레이어를 통과한 결함도 있고, 나중에 커버리지가 살짝 다른 타 레이어에서 발견되는 결함도 있다. 치즈 조각을 모두 통과한 버그가 바로 유저가 프로덕션에서 경험하게 될 버그다.

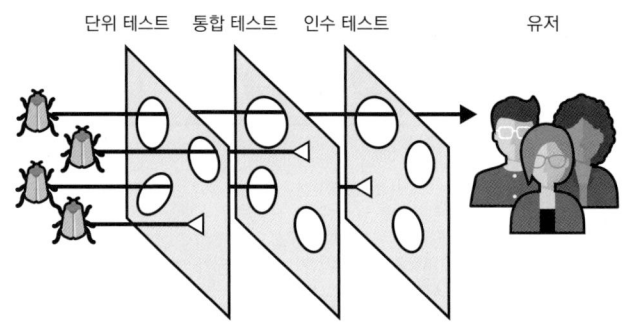

그림 4-3 스위스 치즈 모델

레이어별 특성(예 속도, 잠재적인 허점이나 실패 요소)을 고려하면 적정한 레벨의 커버리지를 도출할 수 있다. 예를 들어, 더 상세한 첫 번째 레이어에서 작성하기 알맞은 테스트가, 더 느리고 비용이 많이 드는 레이어에서는 너무 세분화되어 중복이 날 가능성이 높다.

스위스 치즈 모델은 레이어 간에 어쩔 수 없이 겹치는 부분에 대해 의사 결정을 할 때도 유용하다. 겹치는 부분이 많을수록 다른 어느 한 레이어에서 커버리지가 잘못되면 더 많은 보호가 필요하겠지만, 기능 자체를 변경하면 더 많은 레이어의 테스트를 업데이트해야 하므로 유지보수 비용이 더 든다.

테스트 우선

지속적 배포를 하려면 코드 구현 단계에서 테스트를 작성해야 하는데, 사실 이 말 자체는 그리 새로운 개념은 아니다. **테스트 우선**test-first 원칙과 TDD가 등장하면서 단위 테스트는 이미 오래전 개발 라이프 사이클의 일부로 통합되었다. TDD에 관한 자세한 내용은 『테스트 주도 개발』

(인사이트, 2014)[15]을 참고하자. 여기서는 작동 원리만 간단히 요약하겠다.

[그림 4-4]에서 보다시피, TDD는 실패한 테스트를 작성하고, 이 테스트를 성공하는 최소한의 코드를 작성한 다음, 테스트에 의해 보호받은 코드를 리팩터링하는 세 단계로 구성된다.

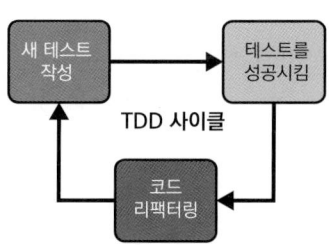

그림 4-4 TDD 라이프 사이클

나는 기본적으로 자동 배포를 고려 중인 팀에게 TDD를 연습하라고 항상 권한다. 이유는 간단하다. 실패하는 테스트를 먼저 작성하고 이를 그린으로 바꾸는 것은, 테스트를 실제로 작성하고 커버리지가 견고한지 확인하는 믿음직한 방법이다. 상응하는 테스트 코드 없이 프로덕션 코드를 작성하는 행위를 금지한 규칙 때문에 이 말은 명백해 보이지만, 테스트 커버리지 측면에서는 테스트를 나중에 작성하는 것$^{test-after}$보다 테스트를 먼저 작성하는 것$^{test-first}$이 긍정적인 영향을 미치는 묘한 이점이 있다.

코드보다 테스트를 먼저 작성하면 테스트는 코드의 API를 제일 먼저 사용하는 일종의 컨슈머 역할을 한다. 따라서 개발자는 구현에 착수하기 전부터 클래스 및 함수의 계약과 인터랙션^{interaction}(상호작용)에 대해 심사숙고하게 된다. 그래서 결과적으로 테스트를 먼저 작성한 코드는 그 자체로 테스트 및 모듈화가 가능하다. 반대로, 구현을 마친 후에 테스트를 작성한 코드는 문제가 생길 때가 많다. 이를테면, 개발자가 테스트성을 염두에 두고 코드를 설계하지 않았을 때 테스트에 필요한 목^{mock}을 주입하거나 시스템을 설정하는 과정에서 어려움을 겪을 수 있다. 수많은 어설션^{assertion}이나 설정을 수행하는 복잡한 테스트가 서로 뒤엉킨, 아주 난해한 코드가 만들어질 수도 있다. 이렇게 난이도가 올라가면 사후에 개발자가 테스트 작성을 꺼리게 되고 필요한 만큼 철저하게 기능을 커버하지 못할 것이다. 직관에 반하는 것처럼 들리겠지만, 테스트는 먼저 작성하는 것이 나중에 작성하는 것보다 더 쉽다.

---

15 옮긴이_ 원서는 『Test Driven Development: By Example』(Addison-Wesley, 2002)이고 번역서는 김창준, 강규영이 번역했습니다.

지속적 배포에서는 진행 중인 모든 작업이 컴파일과 테스트를 통과하면 언제라도 커밋할 수 있게 기능 토글이나 확장/축소 밑에 숨겨야 한다. 신속한 TDD 루프가 갖춰지면 코드베이스는 언제나 많아야 한 번의 테스트 실패로 커밋이 가능하므로 프로덕션에 바로 배포할 상태가 된다.

아웃사이드-인

TDD는 단위 테스트 중심으로 소프트웨어를 설계하는 아주 유용한 프랙티스지만, 테스트 피라미드의 **단위** 레이어, 즉 스위스 치즈만 커버할 뿐이다. 더 고수준의 테스트는 이 프로세스의 어디에 적합할까?

고수준의 테스트 역시 테스트 우선 워크플로에 통합하기 쉽다. 『테스트 주도 개발로 배우는 객체 지향 설계와 실천』(인사이트, 2013)[16]은 이 프로세스를 다음과 같이 기술한다.

> 어떤 기능을 구현할 때 일단 구축하려는 기능을 실행할 인수 테스트부터 작성하기 시작한다. 인수 테스트가 실패하면 시스템에 아직 해당 기능이 구현되지 않았다는 뜻이고, 성공하면 개발이 완료된 것이다. 기능 구현 시 때 인수 테스트를 기준으로 작성하려는 코드가 정말 필요한지 판단하고 직접적으로 연관된 코드만 작성한다. 인수 테스트를 기반으로 기능을 개발하는 단위 레벨의 테스트/구현/리팩터링 사이클을 따라가는 것이다.

이 과정을 그림으로 나타내면 [그림 4-5]와 같다.

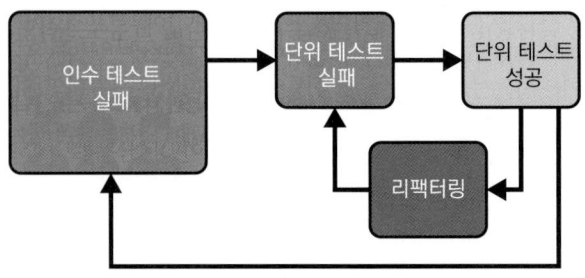

그림 4-5 아웃사이드-인 TDD

---

16 옮긴이_ 원서는 『Growing Object-Oriented Software, Guided by Tests』(Addison-Wesley, 2009)이고 번역서는 이대엽이 번역했습니다.

구현하기 전에 작성한 고수준의 테스트는 개발자에게 기능 완성도에 대한 피드백을 제공하며, 개발자가 구현한 코드가 충분히 만족스러운지 알려주는 척도다. 하지만 고수준의 테스트는 꽤 오랫동안, 어떤 경우에는 코드 커밋 간의 바람직한 간격보다 훨씬 긴 시간 동안 레드 상태가 될 수 있다. 따라서 파이프라인이 실패하지 않도록 진행 중인 작업을 커밋하기 전에 일단 **무시됨**ignored으로 표시하고 로컬에서 다시 활성화한 다음, 그린으로 바뀌면 체크인하는 방법도 괜찮다. 물론, 불완전한 코드가 잘 숨겨져 있고 기존 기능에는 영향을 미치지 않아야 한다.

내 경험상, 지속적 배포를 할 때 테스트 우선 원칙과 아웃사이드-인 원칙을 잘 조합하여 적용한 것이 애플리케이션의 테스트 커버리지에 자신감을 갖게 된 중요한 계기가 되었다. 새 코드 라인을 추가할 때마다 단위 테스트와 고수준 테스트의 자취가 고스란히 남았다. 마찬가지로, 우리가 수정한 모든 버그는 먼저 실패한 자동 테스트가 그린으로 바뀌어 동일한 버그가 재발하지 않도록 조치 완료됐음이 증명됐다. 이러한 접근 방식 덕분에 제품이 발전하면서 회귀 버그를 미연에 방지되는 안전망이 더욱 더 견고해졌다.

레거시 테스트

모든 팀이 코드를 작성하면서 점진적으로 테스트 커버리지를 구축 가능한 이상적인 코드베이스에서 작업할 호사를 누릴 수는 없을 것이다. 또한 오래된 레거시 애플리케이션을 지속적으로 배포해도 별 문제가 없을지, 만약 그렇다면 어느 시점부터 적용할지 결정하기는 쉽지 않다. 그리고 TDD에만 의존해서는 테스트 커버리지를 넓히기 어려운 경우도 있다. 이를테면, 일부 레거시 코드 중에는 오랫동안 아무도 손을 대지 않았거나 앞으로도 리팩터링하기 어려운 영역이 있을 것이다. 이런 상황에서 시스템을 안전하게 변경하려면 테스트 커버리지 작업을 미리 해두어야 하는 경우가 많다. 하지만 애플리케이션 코드가 아주 복잡하게 꼬여 있다면, 테스트를 추가할 틈새를 만드는 일조차 아직 커버되지 않은 무관한 영역에 영향을 미칠 가능성이 있다.

그래서 나는 단위 레벨의 테스트를 추가하기 위해 엉킨 코드를 풀려고 애쓰기보다는, 시스템을 외부에서 바라보며 블랙박스처럼 취급하는 고수준의 테스트 스위트를 먼저 구축하는 것이 최선이라고 생각한다. 그래야 비즈니스상 크리티컬한 기능이 제대로 보호되고 있는지 확인하고 일부 취약한 부분은 나중에 리팩터링해도 될 것이다.

그런 테스트 스위트는 (어쩌면 아주 오랫동안 요건이 변경된 결과, 복잡하게 잔뜩 뒤얽힌 코드 산더미에 묻혀 있을지도 모를) 시스템의 기능을 전부 다 알지 못해도 만들 수 있다. 마이클 페더스가 **특성화 테스트**characterization testing[17]라고 지칭한 접근 방식에 따르면, 테스트를 이용해 시스템을 쿡쿡 찔러가며 어떻게 작동되는지 추정을 해볼 수 있다.

특성화 테스트에서는 테스트하려는 값을 입력해 동작을 트리거하는 테스트를 작성한 다음, 널값을 상대로 어설션하는 것처럼 실패한다는 사실을 이미 알고 있는 **더미**dummy 어설션을 작성한다. 실제로 실행한 결과는 실패 메시지에 표시될 텐데, 이것을 보고 다시 돌아가 테스트 결과가 그린이 되도록 수정한다. 그리고 시스템이 실제 환경에서 받게 될 다양한 유형의 입력이 모두 잘 처리되는 모습을 확인한 뒤, 다음 테스트로 넘어간다. 이런 프로세스를 거치면 현재 프로덕션 시스템이 수행하는 작업의 실행 가능한 스펙이 남게 된다. 또 훗날 의도치 않은 변경이 일어나지 않도록 (그 동작이 직관에 반하는 경우에도) 시스템을 보호할 수 있다.

지속적 배포를 하지 않는 경우에도 특성화 테스트는 적어도 안전한 리팩터링 및 기능 추가를 위해 레거시 애플리케이션을 준비할 때 유용하다.

4.1.7 무중단 배포

무중단 배포zero-downtime deployment는 이 리스트에서 가장 뻔하지만 만약을 생각하면 빠질 수 없는 항목이다. 배포를 자주 하려는 팀에게 무중단 배포는 필수 조건이다. 인프라를 해체 후 새 버전으로 재구축하는 경우 늘 그래왔듯이 **서비스 점검 중** 메시지를 유저에게 보여주고 싶지는 않을 것이다(그림 4-6).

---

[17] https://oreil.ly/Xq2kz

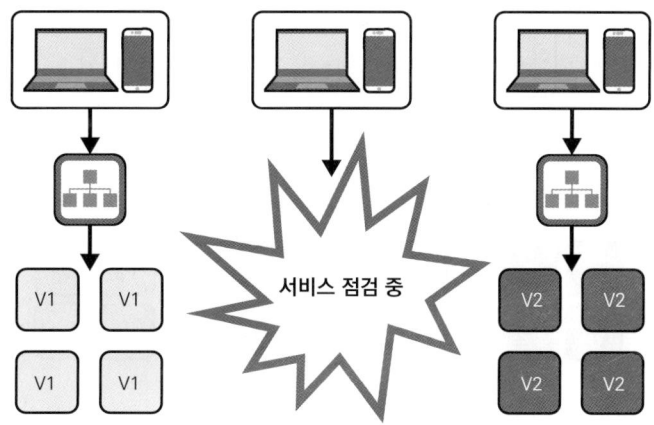

그림 4-6 중단 배포

지금부터 배포 시간대를 피하고 무중단 배포를 달성하는 기술을 소개한다. 가장 잘 알려진 것은 블루/그린 배포와 롤링 배포다.

블루/그린 배포

블루/그린 배포blue/green deployment는 각각 **블루**와 **그린**이라는 동일한 프로덕션 환경을 두 세트 만든다. 새 버전의 애플리케이션은 처음에는 블루 환경에 배포된다. 블루 환경에서 잘 작동되는 것 같고 고라이브 준비가 끝나면 인입 트래픽incoming traffic의 경로를 바꾸어 새 버전을 라이브 상태로 만든다. 배포 중에 블루, 그린 두 스택이 함께 실행되며 트래픽 진입점traffic entry point은 단순히 이 둘 사이를 왔다 갔다한다(그림 4-7).

실제로 블루/그린을 설정하는 방식은 회사마다 조금씩 다르다. 대부분의 회사는 배포 직전에 새 환경을 스핀업spin up[18]하지만, 안정성을 기하고자 두 환경을 (이중 인프라를 유지해야 하므로 비용은 더 들지만) 항상 실행시킨 상태로 언제라도 롤백할 수 있도록 만드는 회사도 있다. 어떤 스택을 **블루**라고 하고 어떤 스택을 **그린**이라고 하는지 기준도 제각각이다. 이름을 고정시킨 경우도 있고, 배포할 때마다 이름이 바뀌는 경우도 있다. 그러나 이러한 세세한 부분은 이 책의 집필 의도상 중요하지 않으므로 여기서는 동일한 프로덕션 서버를 오가는 모든 설정을 블루/그린 배포라고 가리키자.

---

18 옮긴이_ 주로 클라우드 환경에서 서버나 시스템을 생성하여 초기화 후 시작하거나 새로운 리소스를 배포하는 행위입니다.

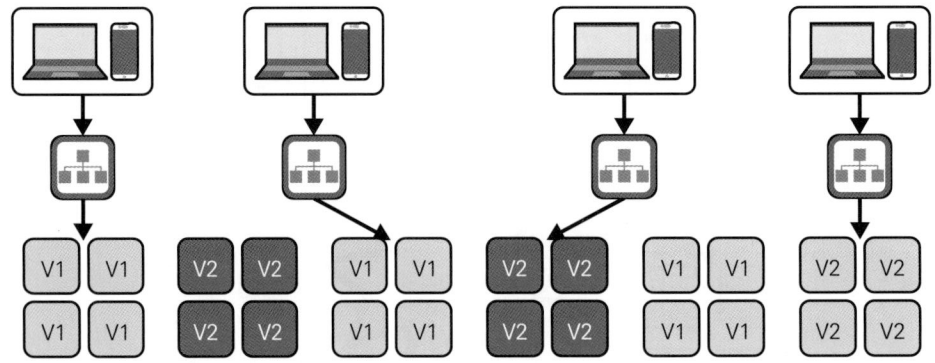

그림 4-7 블루/그린 배포

블루/그린 배포의 장점은 새 버전의 애플리케이션에 문제가 있으면 신속한 롤백이 가능하다는 것이다. 그린 환경에 이슈가 발생하면 간단히 블루 환경으로 트래픽을 되돌려 중단 시간 및 유저에게 미치는 영향도를 최소화할 수 있다.

블루/그린 배포는 짧은 중복 기간 동안 서로 다른 두 버전의 애플리케이션을 동시에 가동시키는 기술이다. 이렇게 하면 트래픽 처리에 가용한 애플리케이션의 실행 버전이 적어도 하나 이상은 반드시 존재하므로 중단 시간으로 인한 공백기는 없다.

하지만 이러한 중첩이 개발자에게 오버헤드라는 점은 알아두자. 변경사항을 작업하는 개발자가 항상 신경 써서 애플리케이션의 새 버전 N에 해당하는 코드베이스를 구 버전 N-1에 해당하는 코드베이스와 함께 실행되도록 관리해야 하기 때문이다. 유사 시 롤백하는 기능까지 갖추려면 더욱 정신차려야 한다.

N-1 호환성을 유지하기 위해서는, 개발자가 DB 스키마의 변경사항을 반영하고 프런트엔드/백엔드 간의 계약을 변경하거나, 다른 외부 컴포넌트와의 계약을 변경할 때 특별히 주의해야 한다.

롤링 배포

롤링 배포$^{\text{rolling deployment}}$(롤링 업데이트$^{\text{rolling update}}$라고도 한다)는 현재 인스턴스를 최신 버전이 포함된 새 인스턴스로 교체하는 방식으로, 애플리케이션 클러스터에 업데이트를 배포하는 기술이다. 새 인스턴스가 정상 가동되면 옛 인스턴스는 하나씩 제거한다(그림 4-8). ECS^{Elastic}

Container Service[19]나 쿠버네티스^{Kubernetes} 같은 컨테이너 클러스터에서 애플리케이션이 실행되는 환경에서 널리 쓰이는 배포 방식이다.

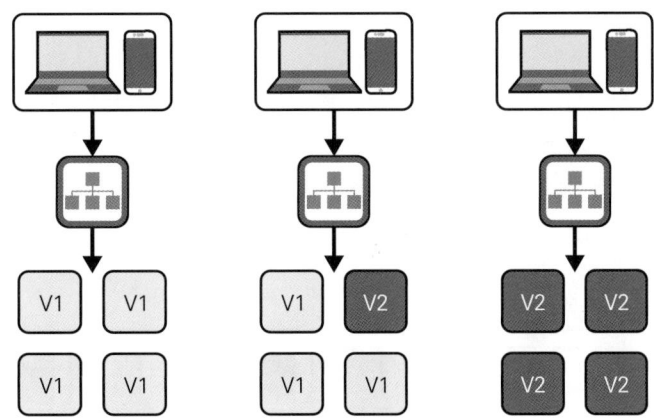

그림 4-8 롤링 업데이트

롤링 배포는 하나의 프로덕션 인프라 스택만 가동하므로 블루/그린 배포보다 비용이 덜 든다. 컨테이너 기반으로 배포할 때 가장 많이 쓰이지만, 구형 가상 머신에서도 사용할 수 있다.

이 접근 방식도 블루/그린 배포과 마찬가지로 N-1 호환성 문제가 있다. 즉, 두 버전의 신구 인스턴스가 짧은 시간이나마 공존하므로 외부 시스템과의 계약이 반드시 두 버전 모두 호환되도록 만들어야 한다.

카나리 배포

카나리 배포^{canary deployment}는 먼저 용어가 헷갈리기 쉽기 때문에 잠시 언급하겠다. 어떤 사람은 카나리 배포를 카나리 릴리스^{canary release}라고 하는데, 그 반대로 부르는 사람도 있다. 배포와 릴리스는 전혀 별개의 이벤트로서, 특히 (3장에서 설명했듯이) 팀이 릴리스와 배포를 기능 토글을 이용하여 일상적으로 디커플링한 지속적 배포의 경우에는 뚜렷이 구분된다. 나는 이 절에서 카나리 배포, 즉 최신 버전의 코드 및 구성으로 새 인스턴스를 롤아웃하는 부분에 대해서만 이야기하겠다. **카나리 릴리스**는 12장에서 눈에 보이는 기능을 (이상적으로는 런타임에 새 배포를

---

19 옮긴이_ https://aws.amazon.com/ecs를 참고하기 바랍니다.

필요로 하지 않는 기능 토글을 사용하여) 점진적으로 롤아웃하는 방법과 더불어 설명하겠다.

카나리 배포는 무중단 배포의 증분이라고 볼 수 있다. 목표는 중단 시간을 0으로 만드는 것 이상으로, 업데이트를 유저에게 롤아웃하기 전에 트래픽의 일부를 새 버전의 애플리케이션으로 흘려 전체 유저가 검증하도록 유도하는 것이다(그림 4-9).

일반적으로 일부 인스턴스에 새 버전(카나리)을 배포한 뒤, 새 버전의 작동 여부에 따라 나머지 다른 인프라로 롤아웃하는 식으로 진행된다. 새 버전과 옛 버전 양쪽에서 메트릭을 수집하고 서로 비교하는 방식으로 비교 행위 자체를 자동화할 수도 있다. 스피네이커^{Spinnaker}[20]가 이런 기능을 제공하는 도구다.

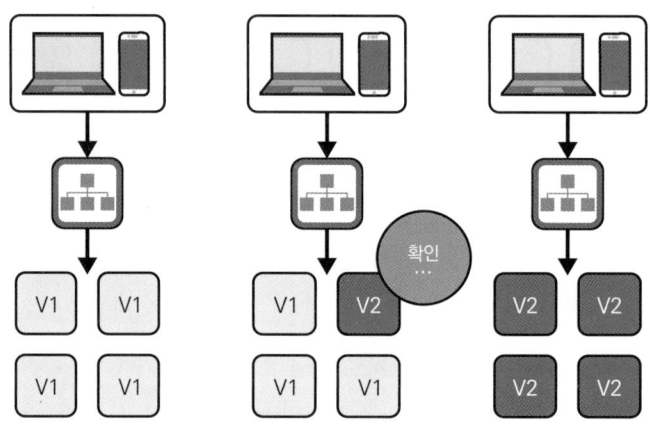

그림 4-9 카나리 배포

이 전략은 단순 롤링 배포, 블루/그린 배포보다 정확한 피드백을 전달한다. 여기서 자동 체크는 보통 단순 상태 확인이나 스모크 테스트$^{smoke\ test}$[21]로 구성된다. 카나리 배포를 하면 애플리케이션 오류율의 현저한 차이나 성능 이슈처럼 아주 흥미로운 부분이 드러나기도 한다.

애플리케이션 메트릭에 따라 자동화된 카나리 배포는 새 버전의 코드가 어떤 예기치 못했던 영향을 프로덕션에 미치는지 확인하는 매우 강력한 도구다. 지속적 배포를 도입하고 싶지만 성능을 비롯한 크리티컬한 다기능 요건에 미치는 영향을 우려하는 대기업이라면 이런 종류의 철저

---

20 옮긴이_ https://spinnaker.io를 참고하기 바랍니다.
21 옮긴이_ 말 그대로 '연기가 나는지' 확인하는 것처럼 소프트웨어의 기본적인 기능들이 잘 작동하는지 점검하는 초기 테스트입니다.

하고 포괄적인 피드백이 꼭 필요할 것이다.

그러나 카나리 배포에도 몇 가지 중요한 단점이 있다. 구축 자체가 상당히 복잡해질 수 있고, 안정적이고 유의미한 메트릭에 크게 의존한다. 또한 통계 분석에 필요한 데이터를 수집하여 정확한 결과를 얻기까지 시간이 오래 걸릴 수 있으므로, 배포 프로세스가 느려지면서 병목이 발생할 가능성이 있다.

이런 점에서 중소기업에서는 카나리 배포가 지속적 배포의 **필수 요건**은 아니라고 본다. 나는 개인적으로 지속적 배포를 실천한 모든 팀에서 이보다 더 간단한 배포 전략을 구사했다. 테스트 커버리지, 기능 토글, 관찰 가능성, 알림만으로도 충분히 안정적이며, 정교한 카나리 배포의 필요성은 느껴지지 않았다.

그래도 새로운 배포 체계의 리스크가 높다고 판단된다면, 카나리 배포가 이해관계자들을 안심시킬 만한 흥미로운 기술임은 분명하다. 앞으로 관련 기술이 발전하면 점점 더 많은 회사가 채택하리라 기대한다.

배포 전략과 수동 단계

어떤 팀은 블루/그린 또는 롤링 배포 내부에서 QA 도구나 기능 릴리스 도구를 수동으로 실행하는 절차를 추가한다. 예를 들어, 프로덕션에 일부만 배포한 다음, 일부 수동 검증 단계를 수행하여 배포를 완료하는 식이다.

이런 유형의 워크플로는 지속적 전달에는 합리적일지 몰라도 지속적 배포와는 어울리지 않는다. 프로덕션에 도달하는 커밋의 속도가 굉장히 빠른 환경에서 배포 도중 사람이 개입하면 정리해야 할 변경사항 큐가 엄청 쌓일 것이다. 또 수동 개입 때문에 프로덕션에 있는 새 버전의 애플리케이션은 마치 프리프로덕션처럼 동작할 텐데, 이로 인해 배포 자체가 **최종의 최종**final final 배포 단계 직전, 테스트나 실험이 끝나기를 기다리는 대기 지점queuing point이 될 것이다. 수동 작업을 동반한 부분 배포 역시 또 다른 프로덕션 게이트일 뿐이다.

나는 이런 접근 방식을 권장하지 않는다. 런타임 기능 토글과 자동 테스트야말로 QA와 제품 실험을 배포와 엮이지 않게 하며, 변경사항을 검증하는 데 훨씬 더 적합한 수단이라고 생각한다.

안티패턴 예: 블루/그린을 QA 도구처럼 사용

나는 블루 환경에서 새 버전을 테스트하기 위해 수동 블루/그린 배포를 사용하는 팀을 본 적이 있다. 비공개 URL로 임시 환경에 접근해서 만사가 제대로 작동하는지 회귀 테스트를 수행하여 확인하는 것이다. 새 버전이 잘 작동된다고 팀이 판단을 내린 경우에만 새 버전은 그린 환경으로 전환된다. 하지만 만약 팀이 지속적 배포를 추진 중이라면, 이 프로세스를 더 저수준의 환경에서 자동 회귀 테스트, 자동 스모크 테스트, 카나리 배포로 대체함으로써 자동화해야 한다.

안티패턴 예: 부분 배포를 카나리 릴리스 도구로 사용

팀 입장에서는 A/B 테스트 형식으로 롤링 배포를 수동으로 제어하여 새 기능을 검증하고픈 강렬한 유혹을 느낄 수 있다. 새로운 기능을 차기 버전의 애플리케이션에 포함시키되 일부 인스턴스에만 롤아웃해서 일부 트래픽을 흘려보고, 그 결과 해당 기능이 잘 작동되면 나머지 인프라에도 롤아웃하기로 이해관계자들이 결정할 것이다.

앞서 말했지만, 이런 종류의 수동적이고 부분적인 변경사항 롤아웃은 지속적으로 프로덕션에 배포하는 개념과 잘 안 맞는다. 배포는 완전 자동화돼야 하며, 유저와 맞닿은 A/B 테스트 프로세스는 기능 토글로 대체해야 한다. 유저 피드백에 기능 토글을 사용하면 어느 유저에게 기능을 드러낼지 부분 배포보다 더 세밀하게 제어할 수 있다. 예를 들어, 특정 인스턴스에 도착하는 요청 수가 랜덤한 요청 대신, 트래픽 비율이나 지역별로 유저의 하위 집합을 선택할 수 있다. 무엇보다 기능이 제대로 작동하지 않아도 롤백할 필요가 없고, 유저 피드백을 기다리는 동안에도 얼마든지 다른 코드 변경사항을 자연스럽게 배포할 수 있다는 점이 중요하다.

나는 지속적 배포로 전환하는 모든 팀에게 프로덕션 진입 직전의 수동 배포 단계를 '기능 토글과 자동 테스트의 조합'으로 대체하라고 권고한다. 지속적 배포 파이프라인에서 프로덕션 배포는 언제나 완전히 자동화되어야 한다.

4.1.8 관찰 가능성과 모니터링

아무리 코드 리뷰, 테스트, 배포 전략을 정교하게 수립해도 프로덕션에서 이슈는 언제라도 생기기 마련이다. 이따금 문제가 겉으로 드러나는 데 필요한 조건 자체가 랜덤해서 최종 배포 이후 한참이 지나서야 이슈가 발견될 때도 있다.

이런 까닭에 개발자는 프로덕션 상태에 관한 품질 정보를 얻을 수 있어야 한다. 그리고 팀원 모두가 사용 가능한 정보 방열기$^{\text{information radiator}}$[22]를 통해 가시적으로 드러나야 한다.

관찰 가능성^{observability}이란 로그, 메트릭, 트레이스 등의 출력을 가져와 애플리케이션을 배포한 시스템이 잘 동작하는지 지켜보며 이해하는 능력이다. 실행 중인 시스템에 대해 새로운 질문을 할 수 있는 근본적인 능력을 나타내며, 시스템을 이해하는 탐색적 수단을 제공한다. 이런 수단을 활용하여 팀은 문제를 식별/진단하고, 다양한 조건에서 시스템이 어떻게 작동(또는 실패)하는지 인사이트를 얻는다.

무엇을 모니터링할지 (적어도 기술적 측면에서) 막연하다면, 구글에서 발간한 SRE 책[23]이 훌륭한 출발점이 될 것이다. 이 책은 다음의 네 가지 골든 시그널$^{\text{golden signal}}$에 대해 설명한다.

- **레이턴시**: 시스템이 요청을 처리하는 데 걸린 시간이다.
- **트래픽**: 시스템에 얼마나 많은 수요(예 HTTP 요청, 수신 메시지, 초당 트랜잭션)가 발생하고 있는지를 측정한 것이다.
- **오류율**$^{\text{error rate}}$: 전체 트래픽 대비 오류 발생 비율이다.
- **포화도**^{saturation} : 시스템의 **능력을** 얼마나 많이 사용 중인가? 메모리와 CPU 사용량, 스케일링^{scaling}[24] 한계 대비 현재 인스턴스 수, 하드 드라이브 점유율 등으로 해석될 수 있다.

프런트엔드 쪽에서는 시간이 지남에 따라 다음과 같은 코어 웹 바이탈$^{\text{Core Web Vital}}$[25] 메트릭의 추이를 주시해야 한다.

- LCP$^{\text{Largest Contentful Paint}}$: 페이지에서 가장 큰 엘리먼트^{element}가 렌더링되는 시간이다. 유저가 느끼는 전체 로딩 속도를 나타낸다.
- CLS$^{\text{Cumulative Layout Shift}}$: 엘리먼트가 한 프레임에서 다음 프레임으로 위치가 바뀌면서 레이아웃 시프트가 발생하는데, 이는 여러모로 UX에 좋지 않으므로 가급적 최소화하는 것이 좋다.
- INP$^{\text{Interaction to Next Paint}}$: 웹 페이지에서 발생한 모든 클릭, 탭, 키보드 인터랙션, 특히 스팬(반응 시간)이 가장 긴 경우의 레이턴시를 측정한 값이다. 페이지 유저가 느끼는 응답성을 나타낸다.

---

22 옮긴이_ 팀이나 프로젝트에서 중요한 정보를 시각적으로 쉽게 공유하고 빠르게 접근할 수 있도록 표시한 도구나 공간(예 칸반 보드, 버그 대시보드, 테스트 결과 보드)입니다.

23 옮긴이_ https://sre.google/sre-book/table-of-contents 6장을 참고하기 바랍니다.

24 옮긴이_ 원어 'scaling'을 '확장'이라고 번역한 책이 많지만, 'scaling'은 규모를 늘리거나 줄이는 'scale-down', 'scale-up'의 개념이 중의적으로 포함된 단어이므로, '스케일링'으로 음차하여 옮기는 것이 더 정확합니다.

25 옮긴이_ 웹사이트의 로딩 속도, 인터랙션 반응성, 화면 안정성을 측정하는 핵심 성능 지표를 말합니다.

팀은 순수한 기술 메트릭 외에도 애플리케이션 도메인을 반영한 비즈니스 관련 메트릭(예 검색 횟수, 전환율, 클릭률, 이탈률)도 함께 수집해야 한다.

로그, 메트릭, 트레이스 등의 출력은 시스템에 추가된 모든 기능의 증분마다 생성돼야 하는데, 그 이유는 두 가지다. 첫째, 배포를 처음 시작할 때부터 가시성을 확보해야 하며, 둘째, 사후에 추가하면 코드를 재설계해야 하므로 불필요한 재작업이 수반되기 때문이다.

이 모든 정보는 개발자에게 상당한 부담이고 노이즈이기 때문에 가장 중요한 시그널을 가독성이 우수한 대시보드에 압축적으로 표시하는 일이 중요하다(그림 4-10, 그림 4-11 예시 참고). 시스템을 잘 아는 개발자는 이 대시보드만 보고도 시스템의 정상 여부를 재빨리 한눈에 파악할 수 있어야 한다. 또 문제가 발견되면 별도의 공간에서 디버깅할 수 있도록 개별 로그나 트레이스 등의 더 자세한 정보를 검색할 수 있어야 한다.

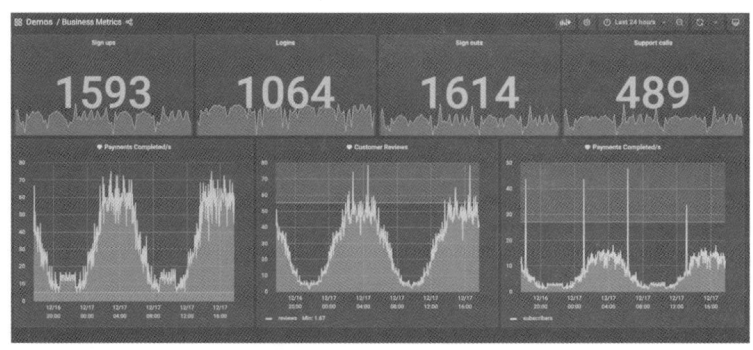

그림 4-10 비즈니스 메트릭이 표시된 대시보드 예

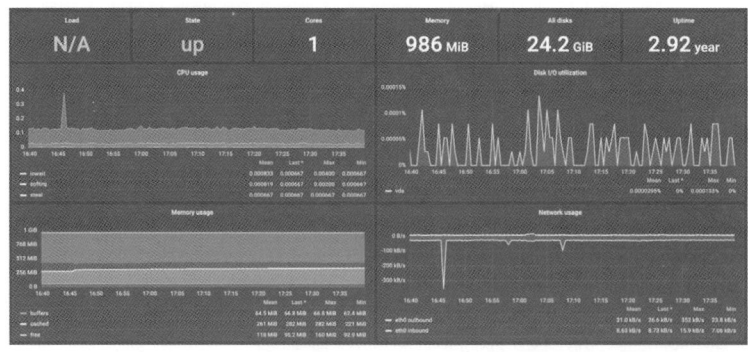

그림 4-11 기술 메트릭이 표시된 대시보드 예

최근 몇 년 동안 관찰 가능성 분야에도 데이터독[Datadog 26], 스플렁크[Splunk 27], 프로메테우스[Prometheus 28], 그라파나[Grafana 29], 뉴렐릭[NewRelic 30] 등의 도구가 점점 보급되면서 많은 혁신의 바람이 불고 있다.

알림

지속적 배포에서는 일상 업무를 수행하며 대시보드를 지켜보는 것도 중요하지만, 개발자가 24시간 데이터독 탭을 뚫어져라 바라보길 기대하긴 어렵다. 따라서 개발자가 모니터링 도구에 최선을 다해 주의를 집중해도 이상 징후가 발견되면 즉시 여러 사람들에게 알려져야 한다. 이것이 바로 알림[alert] 기능이다.

대부분의 관찰 가능성 도구는 특정 메트릭이 이상 증세를 보이기 시작하면 슬랙[Slack] 알림, SMS, 전화 통화 등 다양한 채널을 통해 개발자에게 알림 서비스를 제공한다. 배포를 자주하면 이런 기능은 반드시 필요하다.

알림은 시스템의 성능, 사용 패턴, 특정 로그 메시지나 오류 발생 등 다양한 요소별로 구성할 수 있다. 주요 메트릭에 이슈가 생기면 즉시 알림을 받을 수 있으므로 문제가 더 심각해지기 전에 선제적으로 대응하여 해결할 수 있다.

정보 vs 노이즈

알림과 모니터링은 적절하게 구성하지 않으면 오히려 너무 많아 압도당하기 쉽다. 항목이 너무 많거나 알림을 너무 자주 전송하면 개발자는 금세 알림을 무시하고 흥미를 잃게 되며, 정작 크리티컬한 문제는 놓쳐버릴 가능성이 커진다.

알림은 시끄럽고 중복되지 않도록, 적은 횟수로도 의미가 있어야 한다. 예를 들어, 기술적인 측면에서는 애플리케이션 오류 급증, 통제 불가능한 레이턴시, 부족한 정상 인스턴스 등 중요한 몇몇 메트릭에 대해서만 알림을 보내고 싶겠지만, 비즈니스와 맞닿은 메트릭도 무시해선 안 된다. 예를 들어, 특정한 유형의 요청이 갑자기 안 보이면(예 최근 커밋 때문에 체크아웃 버튼이 사라진 경우) 유저가 특정 흐름을 마치는 데 문제가 있다는 신호일 수 있다.

---

26 옮긴이_ https://www.datadoghq.com을 참고하기 바랍니다.
27 옮긴이_ https://www.splunk.com을 참고하기 바랍니다.
28 옮긴이_ https://prometheus.io를 참고하기 바랍니다.
29 옮긴이_ https://grafana.com을 참고하기 바랍니다.
30 옮긴이_ https://newrelic.com을 참고하기 바랍니다.

새로운 메트릭이 추가되면 새로운 알림을 만들어 더 자주 실행되도록 낮은 임곗값을 설정하는 팀들이 있는데, 넓은 범위를 커버할 수 있어 좋을 것 같지만 사실 별로 도움이 안 된다. 늑대 울음 소리를 내는 알림은 알림이 없는 것보다 더 나쁠 수 있다. 알림이 없으면 적어도 팀원들이 정보의 간극이 있음을 알고 있으니 알아서 주의하겠지만, 나쁜 알림은 대부분의 시간 동안 무시되면서 그 존재로 인해 오히려 그릇된 보안 인식을 갖게 될 수 있다.

잘못된 정보는 차라리 정보가 없느니만 못하다. 지속적 배포를 수행하는 팀은 관찰 가능성과 알림에 대해 애플리케이션 코드, 자동 테스트 및 파이프라인과 동등한 수준의 관심을 기울여 리팩터링하는 습관을 들이는 것이 좋다.

데이터독 팀은 무엇이 **의미 있는** 알림인지 훌륭한 휴리스틱을 제시한 글을 자사 블로그에 게시했다. 원인이 아닌 증상을 알림으로써 알림을 노이즈와 구분하는 내용으로서, 구글 SRE 책도 이 문제를 다루고 있다.

> 페이지[page 31]는 정보 전달에 매우 효과적이지만 과용하거나 설계가 잘못된 알림에 연결되면 상당한 혼선이 빚어질 가능성이 있다. 일반적으로 페이지는 여러분이 담당한 시스템에서 처리량, 레이턴시, 오류율 문제로 인해 유용한 작업이 중단될 때 가장 적절한 종류의 알림이다. 즉, 여러분이 즉시 알아야 하는 부류의 문제들이다.
>
> 시스템에서 유용한 작업이 중단됐다는 사실은, 수많은 원인이 복합적으로 작용하여 생길 수 있는 증상이다. 예를 들어, 웹사이트가 최근 3분간 엄청 느리게 응답했다면 이는 증상이며, DB의 높은 레이턴시, 애플리케이션 서버 장애, 멤캐시드[Memcached] 서버 다운, 부하 증가 등을 원인으로 의심해볼 수 있다. 가능한 한 원인보다 증상 위주로 페이지를 작성하자. […]
>
> 증상에 대해 페이징하면 이론적인 문제나 내부 이슈가 아닌, 실제로 유저가 직접 경험한 문제점이 드러난다. 느려 터진 웹사이트 응답 등의 증상을 페이징하는 것과 웹 서버의 높은 부하 같은 증상의 잠재적인 원인을 페이징하는 것의 차이점을 비교해보자. 웹사이트가 빠르게 응답하면 유저는 서버 부하에 대해 알지 못하고 신경 쓸 일도 없을 것이다. 또 엔지니어는 내부적으로만 눈에 띄고 자신이 굳이 개입하지 않아도 정상 수준으로 돌아갈 문제 때문에 붙들려 방해받는 것을 대단히 언짢게 생각할 것이다.[32]

---

31 옮긴이_ 2000년 전후에 출생한 독자들은 모를 수도 있지만, 1990년대 중후반까지 전 세계적으로 통용된 통신 수단으로, 국내에서는 삐삐 또는 무선호출기, 해외에서는 페이저(pager), 비퍼(beeper)라고 불렀습니다.

32 〈Monitoring 101: Alerting on what matters〉(https://oreil.ly/M3Wzn)

4.2 이해관계자의 신뢰

지금까지 이 장에서는 지속적 배포를 하면서 안전하게 작업하는 데 꼭 필요한 기술적 조건을 주로 다루었다. 마지막으로 인적 요인의 영향을 언급하며 마무리하겠다.

모든 커밋에 프로덕션 게이트를 오픈하는 것은 이해관계자와 팀원 간의 신뢰에 기반한다. 매일 시스템 작업을 하는 개발자로서 우리는 프로덕션에서 나쁜 일이 생기지 않도록 준비한 모든 안전 장치를 속속들이 알고 있다. 지속적 배포에서 품질 게이트를 좌우할 주체는 어쨌거나 우리들이다. 즉, 우리를 대신할 자동화 체계를 구현하고 구성하는 것도 결국 사람이 하는 일이다. 하지만 이해관계자들의 입장은 다르다. 그들의 관점에서 보면, 너무 늦기 전에 의견을 제시하고 위험한 변경사항을 차단할 기회가 영영 사라지는 것이다. 그들은 자신의 승인을 불필요하게 만든 자동화의 여러 레이어를 꼼꼼하게 들여다볼 수 없기 때문에 엔지니어인 우리가 하는 말을 믿을 수밖에 없다. 실제로 우리는 그들에게 프로덕션 경로에 대해 그들이 가진 유일한 권한을 내어달라고 요구하는 셈이다. 이렇게 큰 부탁을 하는 만큼, 엔지니어는 그들이 제기하는 모든 우려에 일단 공감하려고 노력해야 한다. 기술적 기반을 완벽하게 마련한 쾌거를 이루어도 마지막에 문화적인 요소가 가장 까다로울 수 있다.

지속적 배포를 가능케 하는 것은 팀의 노력 여하에 달려 있지만, 이 프랙티스를 최대한 활용하려면 이해관계자들의 참여가 반드시 필요하다. 그들이 확신을 가지면 팀이 새로운 업무 방식에 적응하면서 부딪히게 될 시행착오를 더 잘 견뎌낼 수 있다. 어떻게 하면 그들이 자동화 배포에 대해 두려움보다 열정을 갖도록 만들 수 있을까?

4.2.1 상사를 어떻게 납득시킬 것인가?

나는 컨설턴트로서 지속적 배포에 근접했으나 결국 다다르지 못한 팀을 설득하는 데 많은 노력을 바쳤다. 내 경험상 이러한 설득은 설득할 것이 거의 남아 있지 않을 때 가장 효과가 있다.

이 장에서 설명한 방법은 비단 지속적 배포에만 해당되는 것은 아니다. 각각 독립적으로 실천할 수 있으며, 그 자체로도 투자할 가치가 충분하다. 수동 프로덕션 게이트를 그대로 둘 경우에도 당연히 애플리케이션의 품질 향상에 큰 도움이 된다.

따라서 나는 내 주변 동료 엔지니어들에게 지속적 배포가 최종 목표이든 아니든 간에 지금부터 설명할, 지속적 배포를 더욱 탄탄하게 정착시킬 방법들을 실행하라고 적극 권장한다.

팀이 어느 정도 지속적 전달 성숙도에 도달하면, 모든 세부 사항을 일일이 수고스럽게 사람이 테스트하는 일은 불필요하게 느껴진다. 이 경지에 이르면 팀의 이해관계자들조차도 수동 테스트가 성가신 작업이라는 사실을 알게 된다. 이때가 바로 거센 반발을 일으키지 않으면서도 한 단계 더 나아가자고 제안하기 가장 쉬운 시기다. 이 제안은 중복 작업을 제거할 수 있으므로 환영을 받을 것이다.

내 경험상 이런 접근 방식은 상대와의 대화에서 대부분의 **협상거리**를 제거할 뿐만 아니라, 팀이 아직 자동화보다 사람의 눈에 얼마나 의존하고 있는지 평가함으로써 실제로 지속적 배포를 도입할 준비가 되었는지 확인하는 목적으로도 유용하다. 상사는 지속적 배포 준비가 팀의 지속적 개선을 유도하기 위해 채택할 수 있는 명확하고 구체적인 목표라는 점을 높이 평가할 것이다.

그럼, 준비가 됐는지는 과연 어떻게 알 수 있을까?

5부 사례 연구에서 소개하겠지만, 마이크로서비스, 기능 토글 등의 기술로 무장한 최신 프로덕션 체계로 전환한 첫날부터 지속적 배포를 즉시 적용하기로 결정한 오토스카우트24 같은 진취적인 회사도 있다. 하지만 여러분이 다니는 회사가 다들 주저하는 분위기라면 지금부터 몇 가지 유용한 팁을 제시할 테니 참고하기 바란다.

4.2.2 언제면 준비될까?

어쩌면 여러분은 파이프라인에서 사람의 개입을 없애는 방안을 모색하기 전에 이 모든 프랙티스를 하나하나 완벽하게 도금해야 한다고 여길 지도 모르겠다. 하지만 나는 독자들이 그런 생각은 버렸으면 한다. 2장에서 말했듯이, 지속적 배포는 일단 활성화되면 모든 품질 게이트를 아주 철저하게 테스트할 수 있다는 장점이 있다. 코드를 점점 더 자주 프로덕션에 배포하면 결국 프로세스의 구멍이 빠르게 드러나고 팀 전체가 똘똘 뭉쳐 즉시 조치할 수 있다. 안전망이 100% 완벽할 때까지 기다리다간 영원히 도약을 못 할 수도 있다. 매도 더 일찍, 더 자주 맞아야 프랙티스가 자연스럽게 다듬어질 것이다.

적절한 시기가 언제인지는 대답하기 어려운 질문이다. 각 팀이 처한 상황에 따라 스스로 답을 찾아야 한다. 나는 이 질문에 대해 다음과 같은 또 다른 질문들로 답을 대신하겠다. 여러분, 각자 충분히 잘 생각해서 현명한 판단을 내리기 바란다.

- 우리 팀은 이 장에서 설명한 모든 프랙티스를 알고 있나?
- 우리가 이 장의 각 프랙티스를 구현해본 적이 있나? 만약 그렇다면 어느 정도 정교하게 구현했나? 그렇지 않다면 그 프랙티스가 필요하지 않았던 타당한 이유가 있었나?
- 우리가 구현한 각 프랙티스를 모든 팀원이 무시하거나 회피하지 않고 자신감을 갖고 잘 활용하고 있나?
- 내일 지속적 배포를 구현한다면, 어떤 유형의 코드 결함(예 성능 악영향, 보안 취약성, 특정 기능의 회귀)이 가장 염려되는가? 이해관계자들이 가장 우려하는 종류의 결함은 무엇인가? 지금은 그런 결함의 조치를 수동으로 하는가, 아니면 자동으로 하는가?
- 내일 지속적 배포를 구현한다면, 프로덕션 시스템에서 특히 눈여겨봐야 할 시그널이 있나? 지금은 그런 시그널을 보기 좋게 나타내는, 접근하기 쉬운 메트릭이 있는가? 만약 성능 저하가 발생하면 이런 시그널에 대한 알림 기능은 있는가?
- 현재 수동으로 변경사항을 확인해야만 식별 가능한 결함이 많은가? 만약 그렇다면 그런 결함들은 어떤 공통점이 있을까? 결함을 더 일찍 발견하려면 어떤 유형의 자동화가 필요할까?
- 우리의 기술적 프랙티스를 고려할 때, 수동 프로덕션 게이트가 생명의 은인처럼 느껴질까, 아니면 불필요한 중복 요소처럼 느껴질까? 모든 팀원들이 같은 의견인가? 이해관계자들도 공감하는가?

어느 시점에 지속적 배포가 올바른 선택인지 가늠할 때 내가 곧잘 스스로에게 던지는 질문 중 일부를 추려봤다. 당장 구현할 계획이 없더라도 이들 질문에 답을 찾는 과정에서 팀의 품질 전략과 시스템의 견고함을 좀 더 명확하게 인식할 수 있으리라 믿는다.

4.3 정리하기

지속적 배포 체제로 전환하기 전에 팀이 구현해야 할 프랙티스에 대해 살펴보았다. 그중에는 이해관계자의 신뢰, 그리고 통합 및 코드 리뷰를 자주 하는 자율적인 다기능 팀과 같은 문화적, 조직적인 요건도 있다. 나머지는 대부분 무중단 배포, 여러 레이어의 자동 테스트를 수행하는 파이프라인, 관찰 가능성, 알림 등의 기술적 요건들이다.

사실, 이런 요건은 지속적 배포에서만 가치 있는 투자는 아니며, 그 자체로도 훌륭한 베스트 프랙티스다. 즉, 따로 개선사항으로 분리해서 구현해도 팀의 소프트웨어 전달 라이프 사이클에서 상당한 성과를 얻게 될 것이다. 어쨌든 지속적 배포로 전환키로 한 결정은 나중에 아무런 손실 없이 구현할(또는 되돌릴) 수 있을 것이다. 이와 같은 단단한 프랙티스를 토대로 최종 프로덕션 게이트를 제거하는 과정을 최대한 수월하게 진행할 수 있다.

CHAPTER 5

도전 과제

어떤 신기술이나 프랙티스도 만능은 아니다. 지속적 배포도 예외는 아니다. 지속적 전달에 익숙한 팀도 지속적 배포를 제대로 실천하려면 지속적 배포만의 고유한 난제를 해결해야 한다. 이 책에서 이런 난제를 언급하지 않고 지나간다면 저자인 나는 너무 무책임한 사람일 것이다. 나는 어려운 문제를 이해하는 것이 지속적 배포 자체를 있는 그대로 균형 있게 바라보는 토대라고 생각한다. 팀이 난관에 봉착하게 됐을 때, 이를 극복하거나 완화할 수 있는 몇 가지 전략을 소개한다.

이 장에서는 팀이 지속적 배포를 도입하느라 고군분투하거나, 프로세스나 시스템 일부를 조정해야 하는 다양한 시나리오를 살펴본다. 실무에서 발생하는 문제점과 팀에 어떤 영향을 미치는지 구체적으로 알아보겠다. 조직의 상황에 따라 어떤 문제점은 전혀 중요하지 않거나 충분히 관리할 수도 있지만, 아예 수용 불가할 수도 있을 것이다. 이를 평가하고 그 영향도를 따져보는 일은 결국 여러분의 몫이다. 내가 이 장에서 언급한 전략을 구사하여 문제를 완화할 수 있을지, 문제를 안고 살아가는 법을 배울지, 아니면 지속적 배포를 단념할지는 여러분이 결정해야 한다.

지속적 배포 특유의 빠른 속도가 적합하지 않거나 기술적으로 실현 불가능한 시스템도 살펴볼 것이다. 하지만 이런 사례는 예외지, 규칙은 아니다. 지속적인 프로덕션 배포의 적용 여부를 고려할 때는 어떤 전략을 취하고 버려야 할지 그 차이점을 인식하고 올바른 질문을 할 수 있는 능력이 중요하다.

5.1 배포에 민감한 시스템

DORA 프로그램의 연구 결과처럼 잦은 배포는 여러모로 이점이 많다. 1장에서 설명했듯이, 일반적으로 작은 단위로, 자주 배포하는 것이 시스템 안정성 측면에서 훨씬 유리하다. 하지만 많은 애플리케이션에서 단 한 번의 배포로 얼마나 심각한 장애가 유발될 수 있는지에 대해서는 충분한 논의가 없었다. 배포 도중 또는 그 이후에 애플리케이션에 발생한 오류나 성능 저하는 드문 일이 아니지만, 배포 자체를 가끔씩 할 경우에는 전체적인 영향도가 낮고 디버깅하기도 쉽지 않아 무시되는 경우가 많다.

그러나 자주 배포하면 작은 결함이라도 증폭되어 곧바로 문제가 된다. 이 절에서는 가장 흔한 배포 문제와, 이런 문제가 매일 여러 번 배포를 하기 때문에 애플리케이션의 실시간 안정성과 사용성에 영향을 미치지 않도록 완화하는 방법을 설명한다. 이 역시 **힘들수록 더 자주하라** 원칙이 효험을 나타내는 사례로, 주간, 월간 단위로 배포하는 팀에서 별로 관심을 두지 않던 부분을 개선할 좋은 기회다.

5.1.1 장기 실행 프로세스 중단

유저 요청에 따라 트리거되는 백그라운드 잡^{ob}처럼 배포 시 중단될 위험이 있는, 장기 실행 프로세스^{long-running process}가 포함된 애플리케이션이 있다. 예를 들어, 계산량이 상당한 리포트를 단시간 내에 생성하는 요청은 제때 완료하여 HTTP 응답을 보낼 수 없기 때문에 나중에 인스턴스에서 비동기로 처리하는 방식을 많이 쓴다.

장기 실행 작업은 동기 방식으로 완료되지만, 여전히 실행 시간이 너무 길고 여러 시스템과 트랜잭션이 복잡하게 얽힌 시스템도 있다. 특히, 분산 쓰기 작업^{distributed write operation}은 민감해서 자칫 중단되면 데이터 일관성 자체가 흔들릴 수도 있다.

여러 배포가 빠르게 연달아 일어나면, 모든 인스턴스 교체가 트리거되면서 장기 실행 프로세스가 방해받을 수 있다. 스케일다운^{scale-down} 발생 시 흔히 일어나는 문제지만, 지속적 배포를 수행할 경우에는 새 버전으로 교체하기 위해 서비스를 내리기 직전, 인스턴스를 드레이닝^{draining}[1] 하다가 타임아웃에 걸려 중단될 가능성이 높다.

---

[1] 옮긴이_ 서버 인스턴스에서 새로운 요청을 받지 않고, 기존 요청이 모두 처리될 때까지 대기하는 상태로, 주로 로드 밸런서 환경에서 특정 인스턴스를 서비스에서 제거하기 전에 수행됩니다.

대책: 메시징 또는 이벤트 기반 아키텍처로 전환

지속적 배포를 생각하지 않더라도, 트래픽을 서비스하며 수명이 긴 프로세스에 의존하는 개별 인스턴스는 그 자체로 안티패턴이다. 수평적 스케일링 horizontal scaling이 가능한 시스템의 인스턴스는 가능한 한 스테이트리스 stateless(무상태)로 만들어야 시스템의 일관성을 유지하면서 언제든지 시작하고 퇴역시킬 수 있다. 앞서 말했듯 스케일다운 이벤트는 언제라도 발생할 수 있다.

반드시 비동기로 끝내야 하거나 중단 자체가 불가능한 프로세스는 외부 메시징 플랫폼을 사용하는 것이 좋다. 예를 들어, 큐를 사용하면 작업이 중단되거나 손실되지 않게 하면서 불안정한 일련의 HTTP 호출이나 장황한 백그라운드 계산 없이도 처리할 수 있다.

배포를 가끔 하는 경우에는 조금 덜 최적화된 아키텍처도 그럭저럭 잘 버티겠지만, 지속적 배포를 확실하게 지향하는 팀은 이런 아키텍처 결정에 대해 신중히 검토해볼 필요가 있다. 지속적 배포로 나아가는 길을 여는 것은, 탄력적인 분산 모델에 비동기 처리를 적절히 구현해야 할 수많은 이유 중 하나일 뿐이다.

작업 완료를 위해 존재하는 인스턴스

그러나 모든 애플리케이션 인스턴스가 수명이 짧은 요청을 처리하도록 설계된 것은 아니다. 오직 장기 실행 잡 long-running job(앞 절에서 말했듯이 큐나 이벤트 시스템을 통해 인입된 작업)의 처리가 목표인 애플리케이션도 있는데, 이런 부류의 인스턴스는 오랜 기간 바쁜 상태가 지속되므로 인스턴스를 내리고 재배포하기가 상당히 불편하다.

작업의 내부 상태를 외부에 옮겨둔 다음, 배포 후 잠깐 중단했다 재시작할 수 있으면 좋으련만, 그렇게 하면 이미 길게 나열된 완료 대상 태스크 리스트에 상태를 저장하는 네트워크 요청이 추가돼서 작업 완료 시간이 더 늘어날 것이다. 하지만, 내가 근무했던 팀에서 이 방식으로 문제를 해결한 적이 있긴 하다. 이 팀에는 전체 제품 데이터를 일정에 따라 처리 후 변환하는 시스템이 있었는데, 원래 모든 연산 처리는 인메모리 in-memory로 30분 정도 걸렸다. 이 시스템은 재배포가 쉽지 않아 나중에 중간 상태를 외부 DB에 저장하는 방식으로 바꾸었고 이 때문에 처리 시간이 상당히 늘어났다. 하지만 이 경우 처리 시간은 별로 중요하지 않았다. 우아하게 재배포해서 옛 인스턴스가 중단된 지점부터 새 인스턴스를 재개할 수 있다는 사실만으로도 작업 완료 속도가 느려지는 고통을 훨씬 능가했기 때문이었다. 또 상태를 외부화하니 프로세스 디버깅이 쉬워졌고, 예기치 않게 인스턴스가 내려가도 데이터 일관성이 깨지거나 완전히 재실행할 일은 없다는 확신을 주었다.

만약 완료 시간이 중차대한 요소라면, 배포에 **락** 장치를 구현할 수는 있다. 사실상 그레이스풀 셧다운graceful shutdown[2]을 길게 늘인 버전인데, 이 방식은 인스턴스가 매우 바쁘거나 잡 실행 시간이 길어져 병목이 발생하면 배포 시간이 한도 끝도 없이 늘어날 수 있다. 또 유휴idle 상태와 바쁜busy 상태의 정의는 애플리케이션마다 제각각이므로 구현하기가 복잡해질 수 있는 메커니즘이다.

이러한 복잡성이 있으므로 팀은 지속적 배포의 트레이드오프를 신중하게 검토하여 타협점을 찾아야 한다.

5.1.2 스티키 세션

스티키 세션sticky session의 끊김 현상은 인스턴스 레벨의 상태와 잦은 배포가 조합되면 발생할 수 있는 또 다른 문제다. **세션 스티키니스**session stickiness(세션 퍼시스턴스session persistence라고도 한다)는 애플리케이션의 로드 밸런서가 특정 클라이언트가 처음 요청을 할 때 어느 인스턴스로 할당됐는지 추적하는 프로세스다. 스티키 세션을 사용하면 로드 밸런서는 세션이 지속되는 동안 동일한 클라이언트의 요청은 항상 동일한 인스턴스로 보낸다.

이 메커니즘은 주로 수명이 짧은 유저 세션 상태를 애플리케이션에 저장할 때 사용되는데, 유저 흐름을 올바르게 처리하려면 반드시 동일한 인스턴스와 통신해야 하는 경우가 있다. 예를 들어, 특정 유저가 여러 페이지를 방문하며 추가한 장바구니 데이터는 동일한 인스턴스가 처리하는 것이 안전하다.

장기 실행 잡과 마찬가지로, 메모리에 상태를 저장하는 애플리케이션은 지속적 배포 흐름이 계속되면 인스턴스가 자주 새 인스턴스로 교체되면서 상태가 전부 손실되기 때문에 불안정하다. 상태를 메모리에 두면 애플리케이션 자체는 단순화할 수 있지만, 배포나 스케일링 이벤트 도중에는 UX에 심각한 타격을 줄 수 있다.

---

[2] 옮긴이_ 시스템이나 애플리케이션 종료 시, 강제로 끊기지 않고 안전하고 종료하는 방식입니다. 데이터 손실을 방지하고, 현재 진행 중인 작업을 온전히 마무리하려고 이 방식을 사용합니다.

대책: 상태를 외부에 보관

재차 말하지만, 잦은 배포 시 상태 문제를 해결하는 주된 완화책은 외부에 상태를 저장하는 것이다. 애플리케이션 인스턴스는 가능한 한 스테이트리스여야 하며, 인메모리 상태는 사실상 버그라고 봐야 옳다. 여러 요청에 걸쳐 (짧은 기간이라도) 저장해야 할 데이터는 모두 배포의 영향을 받지 않는 외부 데이터 저장소에 보관해야 한다.

물론, 그렇게 하려면 (외부 캐시를 두면 항상 그렇듯이) 애플리케이션 아키텍처가 복잡해지겠지만, 전체 시스템의 기능상 매우 크리티컬한 애플리케이션 데이터는 비휘발성^{nontransient} 스토리지에 적절히 보관하는 것이 좋다. 나는 이런 점에서 **필수는 아니지만 있으면 좋은**$^{nice-to-have}$ 최적화라고 생각하며, 추가 오버헤드가 발생하더라도 상태를 퍼시스턴스 레이어로 옮기는 것을 권장한다.

5.1.3 클라이언트 사이드 캐시 무효화

많은 애플리케이션에서 배포할 때마다 변경되지 않을 데이터를 가져오지 않도록 일정량의 캐시를 클라이언트 사이드에 두고 쓴다. 일반적으로 HTML/CSS, 자바스크립트 자산은 콘텐츠 전송 네트워크$^{Content\ Delivery\ Network}$(CDN)를 통해 분산시킨다. 하지만 클라이언트 사이드 캐시는 약간 미묘한 형태로 끼어들 수 있는데, 예를 들면 캐시 제어를 하지 않는 경우[3] 브라우저가 자체 휴리스틱에 따라 알아서 캐시를 수행한다.

매월, 매주, 아니면 며칠마다 한 번씩 배포를 할 경우, 클라이언트 사이드 캐시는 간편하게 애플리케이션 성능을 유지할 좋은 방법이다. 그러나 하루에 10회, 20회, 또는 그 이상 배포를 하는 지속적 배포에서 모든 새 버전은 곧 캐시 무효화$^{cache\ invalidation}$를 의미한다. 따라서 당연히 캐시 미스$^{cache\ miss}$가 많이 발생하며, 이는 유저 관점에서 성능 저하로 이어져 시스템으로 유입되는 트래픽이 증가한다. 여러분도 나와 비슷한 성격의 소유자라면 애플리케이션 개발 단계에서 캐시 정책을 제일 먼저 떠올리지는 않겠지만, 이 정책을 잘못 수립하면 잦은 배포로 인해 클라이언트와 서버 간의 호환성 이슈가 불거질 수 있다.

---

[3] 옮긴이_ 서버 HTTP 응답 헤더에 Cache-Control: no-cache로 리턴한 경우에 해당합니다.

대책: 캐시 정책은 신중하게

캐시를 고민해야 할 정도로 애플리케이션이 인기가 많다면, 캐시 정책을 좀 더 세분화하여 제어할 필요가 있다. 예를 들면, 프런트엔드 코드에서 Cache-Control과 Expires 헤더를 정확히 사용하고 빌드 도구의 구성을 조정할 수 있을 것이다. 또 지속적 배포를 하더라도 정적 파일은 자주 바뀌지 않으므로 비교적 덜 공격적인 캐시 무효화 정책을 적용해도 괜찮을 것이다(예 리액트 애플리케이션의 index.html).

일반적으로 특정 인프라에서 클라이언트 요청 및 서버 응답 사이에 캐시가 일어날 만한 것이 어디인지, 새 배포 때문에 이들 캐시가 각각 어떻게 무효화되는지, 그런 일이 발생할 가능성은 얼마나 되는지 등을 잘 따져봐야 한다. 이런 정보가 있으면 캐시 만료를 올바르게 구성할 수 있고, 프로덕션 게이트를 활짝 열어젖힌 후에도 조금 더 높은 부하를 견딜 수 있도록 인프라 요소를 구축할 수 있을 것이다.

5.1.4 스케일링 중단

플랫폼과 자동 스케일링 구성에 따라 스케일업/스케일다운 이벤트 발생 시 잦은 배포가 방해가 될 수 있다. 이 문제는 각 팀의 배포 유형(예 블루/그린, 롤링 배포)과 인프라, 그리고 스케일링에 사용된 메트릭에 따라서 어느 정도 드러난다. 예를 들어, 어떤 인프라에서는 새로운 배포와 스케일링 이벤트가 동시에 일어나지 않을 수 있다. 새 배포는 문제가 되지 않더라도 CPU 사용률, 메모리, 인스턴스당 인입^{incoming} 요청 등 오토스케일러^{autoscaler}가 사용하는 메트릭에 영향을 미칠 가능성이 있다.

애플리케이션 트래픽은 평일 한낮에 가장 몰리는 편인데, 이 시간은 변경 작업을 하는 개발자도 가장 바쁠 때다. 전체 인스턴스를 강제 교체하는 식으로 배포하면 트래픽이 폭주하면서 트리거된 스케일업 이벤트와 겹칠 경우 응답성 문제가 발생할 수 있고, 원하는 능력에 다다를 때까지 지연이 생길 수 있다. 아무래도 대량의 지속적인 배포는 오토스케일러가 하는 일을 방해하면서 급격한 트래픽 변화에 대한 애플리케이션의 대응력을 떨어뜨릴 것이다.

팀은 현재 플랫폼에서 이러한 인터랙션이 어떻게 일어나는지 조사하여, 배포 중에 어느 프로세스가 중단되고, 어느 프로세스는 그렇지 않은지 파악할 필요가 있다. 그런데 이 문제를 어느 정도 해결하면서 거의 모든 상황에 들어맞는 방법이 몇 가지 있다.

대책: 애플리케이션 시동 시간은 짧게

애플리케이션의 시동 시간startup time을 단축시켜 새 인스턴스가 만들어지는 시간을 최소화하면 배포가 오토스케일링에 미치는 영향도를 (스케일업이든, 교체든 목적에 상관없이) 줄일 수 있다. 인스턴스가 자신의 상태가 정상임을 리턴하기 전에 애플리케이션이 시동될 때 하는 일을 최소화하면 충분히 가능하다. 예를 들면, 시동할 때 퍼시스턴스 레이어에서 데이터를 가져오거나, 다운스트림 서비스를 호출하는 등의 작업들이 있을 것이다. 애플리케이션 시동 시간은 분 단위가 아닌, 초 단위로 측정하는 것이 이상적이다.

실행 중인 머신이나 컨테이너를 대량 교체해도 새 인스턴스를 아주 빠르게 서비스를 할 수 있다면 배포 각각의 속도는 빠르게 유지할 수 있다. 배포 시간이 짧아지면 배포 시간대에 여유가 생겨 오토스케일링이 효과적으로 작동할 시간도 늘어난다.

[그림 5-1]은 프로덕션 애플리케이션의 상태를 시간대별로 나타낸 것이다. 스케일링과 배포가 동시에 일어나지 않는다는 전제 하에, 동일한 횟수로 배포하더라도 그 소요 시간에 따라 스케일링 응답성이 완전히 달라진다는 점을 알 수 있다.

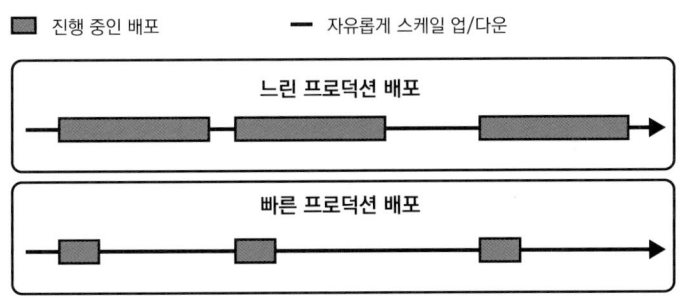

그림 5-1 느린 프로덕션 배포 vs 빠른 프로덕션 배포

반대 방향도 원리는 같다. 새 인스턴스를 빠르게 서비스할 수 있으면 오토스케일링 이벤트가 아주 빨리 끝나서 다음 배포를 위한 시간대를 더 많이 확보할 수 있다. 정리하면, 애플리케이션 시동 시간을 줄일수록 프로덕션 응답성은 향상된다.

대책: 보다 관대한 스케일링 정책 적용

용량 산정 시 보다 관대하게, 트래픽 변화가 감지되면 더 공격적인 방향으로 스케일링 설정을 조정하는 것도 배포와 연관된 까다로운 스케일링 문제의 해결 방법이다. 내가 있던 팀에서는 기본 인스턴스 수를 평소보다 높게 설정하고 임계값을 낮추어 스케일업 이벤트를 활성화했다.

이 방법은 단기적인 문제 해결에는 효과적이지만, 장기적으로는 인프라 비용 측면에서 다소 비싼 완화책이다. 따라서 이 방법은 애플리케이션의 시동 시간을 도저히 줄일 수 없거나, 그러려면 엔지니어링 비용이 (솔직히 상황에 따라서 가장 현실적인 대책이 될) 클라우드 업체의 견적 비용보다 훨씬 더 많이 드는 경우에만 권장한다.

대책: 프리스케일링 수행

골치 아픈 스케일링 문제를 해결하는 또 다른 방법은, 애플리케이션을 수동으로 프리스케일링 pre-scaling 하는 것이다. 최대 인입 트래픽을 미리 충분히 알 수 있다면 트래픽이 몰리기 전에 개발자가 미리 원하는 용량을 직접 설정할 수 있다. 그러면 민감한 시간대에 변경사항을 유저들에게 선보여도 팀과 이해관계자는 크게 걱정할 필요가 없을 것이다.

하지만 프리스케일링은 할 때마다 제품 팀과 개발 팀 간에 사전 조율이 필요하므로 가급적 이 전략은 아껴서 사용하는 것이 좋다.

나도 드물지만 프리스케일링을 사용할 수밖에 없던 경우가 있었다. 새로운 요청이 순식간에 시스템에 폭주하는 공개적인 이벤트를 준비하는 경우(어차피 시스템이 충분히 빠르게 스케일링 될 거라는 믿음이 없는 경우)였다. 실제로 마케팅 팀에서 기간 한정 세일 이벤트를 기획하는 리테일 시스템에 프리스케일링을 적용했었다. 평소에는 스케일링 시 최대한 신속한 대응과 배포 시간 단축에 집중하되, 트래픽 급증이 예상될 경우에는 자신의 도구 상자에 넣어 둔 프리스케일링을 꺼내어 요긴하게 활용하기 바란다.

5.1.5 콜드 인스턴스의 일관된 흐름

지속적 배포의 또 다른 부수 효과는, 어떤 컨테이너나 인스턴스가 완전 새것일 가능성이 매우 높은 것이다. 이는 가동 시간이 길어야 최상의 성능을 내는 애플리케이션(예 캐시 적재를 위한 준비 시간 warm-up time 이 필요한 서비스)에서 문제가 될 수 있다.

개발자와 유저는 보통 일과 시간에 시스템을 많이 사용하는 편이다. 따라서 많은 배포가 잇달아 일어나면 캐시가 가장 필요한 시점에 무효화되어 다운스트림 시스템의 부하는 물론, 엔드 유저에게 응답하는 시간도 늘어날 것이다.

[그림 5-2]에서 보다시피, 잦은 배포(가는 세로선 표시)는 애플리케이션 캐시 워밍업에 영향을 미칠 수 있다.

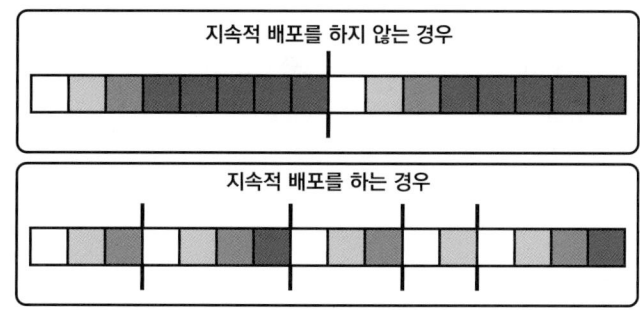

짙은 색일수록 웜 캐시, 옅은 색일수록 콜드 캐시

그림 5-2 지속적으로 배포하는 경우와 그렇지 않은 경우의 캐시

대책: 외부 캐시 사용

콜드 캐시 문제는 애플리케이션의 런타임 외부에 레디스[Redis][4]나 멤캐시드 같은 캐시 시스템을 두면 해결된다. 배포를 새로 해서 인스턴스가 전부 다 교체돼도 외부 캐시 시스템은 영향을 받지 않는다. 또 처음부터 다시 캐시를 채울 필요도 없다. 외부 캐시를 두면 인스턴스 가동 시간이 1초든, 한 시간이든, 애플리케이션 인스턴스의 동일한 응답 속도가 보장된다.

그러나 외부 캐시도 단점이 있다. 첫째, 아주 빠르게 동작하도록 설계된 외부 캐시 시스템이지만 네트워크 호출이 이루어지는 과정에서 약간의 레이턴시는 불가피하다. 즉, 요청할 때마다 밀리 초 단위의 아까운 손실이 발생한다. 만약 인메모리 캐시를 구축했다면 처음부터 애플리케이션의 속도를 가장 우선시했다는 뜻인데, 이 정도의 지연은 받아들이기 힘들 것이다.

또 외부 캐시는 별도의 인프라 컴포넌트라서 유지 관리 비용이 든다. 클라우드 업체의 청구 항목이 하나 더 늘어나는 부분도 있지만, 팀의 인지 부하 측면에서도 비싸다. 유지보수, 보안, 최신 상태 유지 등 관리해야 할 인프라 요소가 늘어나기 때문이다.

---

4 옮긴이_ https://redis.io를 참고하기 바랍니다.

끝으로, 외부 캐시 시스템을 도입하면 또 다른 퍼시스턴스 레이어가 수반된다. 모든 퍼시스턴스 레이어는 (비관계형 레이어조차) 보유한 데이터 형상에 대해 애플리케이션과 일종의 스키마(계약)를 맺는다. 이 계약은 명시적이어야 하며 애플리케이션 코드와 함께 변경되므로 리팩터링 비용이 발생한다. 이는 캐시 형상을 관리하는 코드가 캐시와 직접 통신하는 애플리케이션 코드와 아주 가까이 있는 단순 인메모리 캐시에 비해 성가신 부분이다.

하지만 요즘은 외부 캐시 시스템도 꽤 정교하게 많이 발전했다. 새로운 배포를 꾸준히 수행하면서 애플리케이션 성능을 걱정하는 팀에게 캐시는 괜찮은 옵션이다.

5.2 유저 설치 소프트웨어

지속적 배포는 제품 팀이 프로덕션 시스템과 그 안에서 작동되는 코드를 완전히 통제함을 전제로 한다. 그렇지만 만약 프로덕션 시스템이 유저의 손에 들린 모바일 기기나 책상 위 노트북, 아니면 고객이 있는 곳에 물리적으로 설치해야 하는 어플라이언스appliance[5] 장비라면?

이럴 때는 프로덕션 경로의 마지막 단계에서 새 서버를 만들어 옛 서버를 대체하는 자동 파이프라인을 구축하거나, 다음 새로고침 시 브라우저가 가져올 파일을 업데이트하는 것처럼 간단하지가 않다. 프로덕션 환경 자체가 물리적으로 유저에게 속해 있으면, 소프트웨어를 얼마나 자주 프로덕션에 배포할지는 애플리케이션 개발자가 아닌, 소유자의 선택에 좌우될 수밖에 없다. 따라서 이런 경우에 지속적 배포는 기술적으로 불가능하거나, 가능하더라도 적어도 실용적이지 못할 가능성이 크다. 배포의 정의도 그 자체로 모호해질 수 있다. 프로덕션 배포는 실제로 언제 끝나는 것일까? 코드가 최초 유저의 기기에 설치되는 시점인가, 아니면 마지막 유저의 기기에 설치되는 시점인가?

하지만 팀이 지속적 전달을 달성하겠다는 의지가 강하다면 유저가 제어하는 기기에서 실행되는 코드도 일부 렌더링 제어권을 다시 서버에게 돌려주거나, 유저가 명시적으로 새 버전을 설치하지 않고 업데이트를 수행하는 등의 방법으로 어느 정도 제어할 수 있다.

---

[5] 옮긴이_ 특수한 용도나 기능을 수행하는 하드웨어와 소프트웨어가 결합된 시스템입니다. HSM(Harware Security Module) 등의 보안 장비가 어플라이언스 형태로 판매되는 경우가 많습니다.

5.2.1 데스크톱 애플리케이션

데스크톱 애플리케이션은 개발자가 소프트웨어 설치를 제어할 수 없는 전형적인 환경이다. 새 설치 프로그램을 내려받지 않고 자체 업데이트가 가능한 애플리케이션도 매일 매시간 업데이트하는 메시지를 표시하면 유저는 상당히 성가실 것이다.

대책: 자가 적용 업데이트 도입

자가 적용 업데이트$^{\text{self-applying update}}$는 데스크톱 애플리케이션이 유저 기기에서 최신 버전의 코드로 실행되도록 만드는 가장 잘 알려진 방법이다. 자가 적용 업데이트를 하는 애플리케이션은 기기가 인터넷에 연결되어 있는 한 주기적으로 업데이트 서버를 폴링하므로 개발자는 필요할 때마다 지속적으로 새 버전을 릴리스할 수 있다.

만약 기기의 인터넷 연결이 끊어지면 업데이트가 불가능하므로 인터넷 연결이라는 조건이 문제되지 않나 싶겠지만, 클라이언트 사이드 업데이트가 누락되는 문제는 대부분 서버와의 호환성 때문에 발생한다. 오프라인 상태가 되면 기기는 서버에 접속할 수 없으므로 문제가 된 기능을 아예 사용할 수 없다. 이처럼 인터넷을 통한 지속적인 자가 적용 업데이트는 지속적 배포와 비슷한, 꽤 괜찮은 전략이다.

자가 적용 업데이트는 윈도우 클릭원스$^{\text{Windows ClickOnce}}$[6] 같은 배포 전략처럼 애플리케이션 플랫폼에서 제공하는 네이티브 기술을 이용하거나, 자동 업데이트 기능을 신중하게 수동 실행하는 형태로도 가능하다. 일렉트론 같은 멀티플랫폼 프레임워크도 자가 적용 기술을 제공한다.[7]

단, 유저가 자동 업데이트를 순순히 받아들일지는 애플리케이션에 달려 있으므로 제품 팀의 심사숙고가 필요하다.

5.2.2 모바일 앱

모바일 앱은 자가 적용 업데이트를 할 수 없다. 앱 버전 관리는 전 세계에서 가장 많이 사용되는 안드로이드와 iOS 플랫폼에서 플레이 스토어와 앱 스토어가 각각 담당한다.

---

[6] 옮긴이_ https://ko.wikipedia.org/wiki/클릭원스(혹은 https://oreil.ly/sBbdK)를 참고하기 바랍니다.
[7] https://oreil.ly/hnfpF

구글과 (특히) 애플은 자사 스토어를 통해 모든 업데이트를 관리할 뿐만 아니라, 예전부터 이를 새로운 앱 버전의 품질을 수동 관리하는 게이트로 활용해왔다. 따라서 개발자가 프로덕션에 지속적 배포하는 행위는 사실상 차단된다.

유저가 플랫폼에서 자동 업데이트 옵션을 임의로 끄거나 와이파이로 업데이트하는 것만 허용하는 복잡한 경우도 있다. 그래서 새 버전이 출시돼도 어떤 유저는 기기에 옛 버전이 오랫동안 남게 되어 백엔드 개발자는 몇 개월 내지 몇 년 동안 옛 버전의 앱도 계속 지원해야 한다. 이것을 롱테일long tail(긴 꼬리) 문제라고 하는데, 백엔드 사이드 코드를 지속적으로 배포하면 클라이언트 사이드client-side 코드와 서버 사이드server-side 코드가 점점 더 어긋나면서 문제가 심각해진다.

[그림 5-3]은 전형적인 롱테일 문제를 나타낸 것이다. 특정 시점의 현재(N) 및 옛(N-1, N - 2, …) 앱 버전별 유저 수가 그래프에 표시되어 있다.

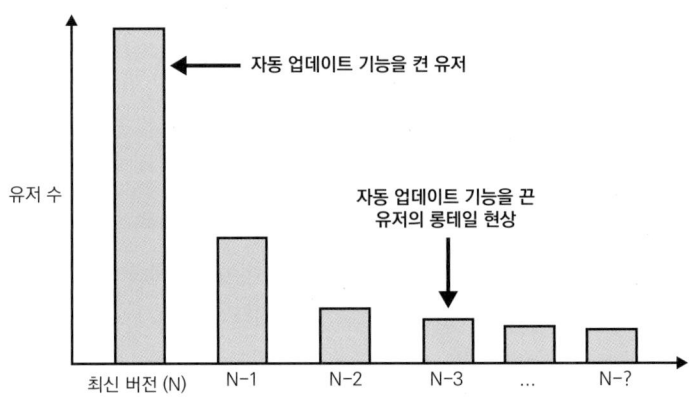

그림 5-3 계속 옛 버전을 쓰는 유저의 롱테일 그래프

일부 모바일 앱은 너무 오래된 버전을 사용 중인 유저가 강제 업데이트를 하도록 UI에 장벽barrier을 쌓거나 백엔드에서 특정 **강제 업데이트**force update 플래그를 리턴하는 식으로 문제를 해결한다. 왓츠앱WhatsApp, 메신저Messenger 같은 앱도 주기적으로 강제 업그레이드를 유도한다.

그러나 이 전략은 반드시 제품의 라이프 사이클 초기부터 도입해야 한다. 앞서 출시된 버전은 하나도 영향을 받지 않기 때문이다. 긴급 업데이트 필요 시 고통을 약간 경감하거나 너무 오래된 버전의 꼬리를 잘라낼 수는 있지만, 강제 업데이트 화면을 끊임없이 내보이며 유저를 괴롭힐 마음이 아니라면 모바일 앱 코드의 지속적 배포에 있어서 합리적인 전략은 아니다.

대책: 서버 사이드로 제어권 이양

모바일 앱을 지속적으로 배포하는 유일한 해결책은, 일부 클라이언트 사이드 코드를 개발자가 제어 가능한 서버로 옮기는 것이다.

몇 가지 방법이 있는데, 화면에 렌더링되는 대부분의 내용을 서버 사이드 코드에서 결정하는 프레임워크나 기능을 활용하면 된다. [그림 5-4]처럼 먼저 빈 껍데기 컨테이너 역할을 하는 래퍼 애플리케이션wrapper application을 기기에 설치한다. 이제 앱은 마치 웹 브라우저가 하는 것처럼 (사실, 브라우저도 배후에서 웹 브라우저 인스턴스에 의해 작동되는 것이다) 서버에서 렌더링 명령을 가져온다.

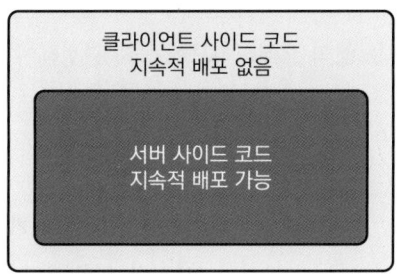

그림 5-4 서버 사이드 콘텐츠를 기기에서 렌더링

모바일 기기에서 지속적 배포에 꽤 근접한 방법이지만, (대개 성능, 호환성과 연관된) 단점이 있는, 구속력이 아주 강한 아키텍처라서 처음 개발을 시작할 때부터 결정을 잘 해야 한다. 개발 자체도 영향을 받지만, 특정 기기의 기능을 사용하지 못할 수 있어서 네이티브 앱을 구축한 지 이미 몇 년 지난 상태에서 코드를 완전히 뜯어고칠 생각이 아니라면 대부분의 팀에서 채택하기 어려운 방법이다.

이 책을 쓰고 있는 현재, 다양한 전략이 각 앱 스토어의 규칙 내에서 모두 그레이존greyzone[8]에 있는 것처럼 보인다. 언뜻 보면 허용되는 것 같지만(그리고 실제로 많은 회사가 이미 이런 전략을 사용하고 있지만) 새로운 앱 버전에 대한 감시 메커니즘을 효과적으로 회피할 수 있으며, 스토어 쪽에서는 이 문제를 매우 심각하게 받아들이기 때문에 이 부분에서는 주의가 필요하다.

서버 사이드에서 제어한다고 하여 개발자가 스토어에 새 버전을 릴리스하는 부담을 덜 수 있는

---

8 옮긴이_명확한 기준이나 규정이 없어 판단이 어려운 상태나 영역을 말합니다.

것은 아니다. 새 버전의 운영체제가 출시되거나 스토어 정책이 변경되면 그에 따라 기기에 필요한 권한 등의 요건을 업데이트하기 위해 새 버전을 릴리스해야 한다.

이런 단점은 있지만 몇 가지 해결책은 잘 알아두면 쓸모가 있으니 빠르게 짚고 넘어가자.

웹뷰

iOS와 안드로이드 앱에서 웹뷰^{WebView}는 앱 자체에 내장되어 웹 콘텐츠를 표시하는 브라우저다. 웹뷰를 이용하면 개발자가 다른 브라우저를 따로 실행하지 않아도 웹 콘텐츠를 네이티브 앱에 임베드할 수 있다.

네이티브 애플리케이션은 부분적으로, 또는 전체적으로 웹뷰로 구성할 수 있다. 팀은 더 나은 성능과 UX 측면에서 앱의 어느 영역을 네이티브에 둘지 결정해야 한다.

프로그레시브 웹앱

프로그레시브 웹앱$^{Progressive\ Web\ Apps}$(PWA)[9]은 웹 페이지 본연의 기능과 모바일 앱의 기능을 결합한 웹 애플리케이션의 한 부류이다. 말하자면 **설치 가능한 웹사이트**$^{installable\ website}$를 구현한 것이다. 웹 기술을 응용해서 구축하며 어느 기기든 웹 브라우저를 통해 액세스할 수 있으며, 기존 앱처럼 유저 홈 화면에 설치할 수 있고, 푸시 알림도 받을 수 있다. PWA는 모든 주요 앱 스토어에 일반 앱으로 등록 가능하며, 기존 모바일 앱 형태로 스토어에서 검색할 수 있도록 웹뷰로 래핑하거나 일급 앱$^{first-class\ app}$으로 만들 수 있다.[10]

PWA는 신속한 설치 및 빠른 로딩 시간 등 장점이 많다. 무엇보다 모든 플랫폼과 기기에서 작동되므로 운영체제마다 제품을 따로 만들 필요가 없다(대부분). 서버 사이드 제어가 가능한 모델이므로 새 버전을 지속적으로 배포 가능한 장점도 빼놓을 수 없다.

그러나 이 책을 집필하는 현재, PWA는 몇 가지 심각한 단점이 있다. 예를 들어, 네이티브 앱과 동일한 방법으로 휴대폰의 모든 API에 액세스할 수 없다. 많은 기업이 기존 전략을 보완하기 위해 PWA를 채택하고 있지만, PWA 전용 접근 방식은 아직까진 많이 알려진 것 같지 않다.

---

[9] https://oreil.ly/auNF8
[10] https://oreil.ly/MzMve

서버 구동 UI

서버 구동 UI$^{Server-driven\ UIs}$(SDUIs)는 이 분야에 새로 등장한 개념이다. SDUIs는 에어비앤비^{Airbnb}나 리프트^{Lyft} 같은 회사가 주도한, 서버가 모바일 앱의 인터페이스에 표시할 내용을 제어하는 새로운 패러다임이다. 웹뷰, PWA와 달리, 웹 기술을 사용하지 않고 앱과 서버가 공유한 커스텀 마크업 언어^{language}[11]를 사용한다. 앱은 데이터는 물론 마크업 정보도 함께 가져오기 때문에 새 기능이 출시돼도 서버를 통해 릴리스가 가능하며, 앱 코드는 변경되지 않은 상태로 놔둘 수 있다.

SDUIs 전략 역시 개발자를 앱 업데이트에서 완전히 해방시키지는 못한다. 커스텀 마크업 언어도 이따금 비즈니스 문제로 데이터를 새로운 형태로 배치하려고 하면 그때마다 새로운 기능 구현 및 재설계가 필요하다.

아직 SDUIs를 빠르게 구축할 수 있는 대중적인 프레임워크는 없다. 중소기업에서 이 패러다임을 완전히 처음부터 구현하기란 쉽지 않은 도전이지만, 전통적인 네이티브 앱을 대체할 괜찮은 대안으로 눈 여겨볼 가치는 있다. 웹뷰, PWA와 반대로, 기기의 전체 기능을 활용할 수 있으면서 앱 릴리스 사이클을 크게 간소화하고 새로운 기능을 어느 정도 지속적으로 배포할 수 있기 때문이다.

5.2.3 어플라이언스와 기타 기기

스마트폰, PC를 제외한 기기 용도로 제작된 방대한 소프트웨어의 세계에서는 인터넷을 통한 업데이트가 새 버전의 소프트웨어를 사용 가능한 유일한 방법인 듯싶다. 기기가 인터넷에 접속 가능하다면 말이다.

이런 애플리케이션의 범위는 실로 방대하여 업데이트가 가능한 경우에도 어떻게 관리하는 게 좋을지 말하기가 참 어렵다. 이를테면, 백그라운드에서 짧은 폴링 간격으로 자가 적용을 해야 할까, 아니면 몇 차례 경고 화면을 표시하고 유저의 명시적인 동의를 받은 후에만 조심스럽게 업데이트해야 할까?

보안도 고려할 부분이 많다. 예를 들어, 혼잡한 교차로 한가운데에 주행 중인 자율주행차에 소

---

[11] https://oreil.ly/eXIE2

프트웨어 업데이트를 적용하는 것과, 아침 식사를 준비하는 동안 스마트 토스터smart toaster에 자가 적용 업데이트를 하는 것은 차이가 있다. 배포가 잘못되면 전자는 인명 손실이라는 참극으로, 후자는 빵이 살짝 타는 정도의 전혀 다른 시나리오가 펼쳐질 것이다. 이처럼 극단적인 시나리오 외에도 POSpoint-of-sale 시스템[12]처럼 그레이존에 위치한 소프트웨어도 있다. 자가 적용 업데이트를 해도 치명적 사고가 날 가능성은 거의 없으니 문제없다고 볼 수도 있지만, 서비스 중단 시 전체 체인점이 일제히 문을 닫아야 하는 대형 사고로 이어질 수 있는 걱정도 있을 것이다. 어떤 이들은 그러한 서비스 중단이 배포를 잘못해서 결제 장애를 겪은 (유쾌하지는 않지만 전례가 전혀 없진 않은) 이커머스 웹사이트 사례와 유사할 거라고 주장할 것이다.

이런 사례는 일부에 지나지 않는다. 애플리케이션이 워낙 방대하고 케이스마다 고려해야 할 요인이 너무 많다 보니, 나도 지속적 배포를 기본 옵션으로 권고하기가 적잖이 망설여지는 분야다. 다양한 기기에서 작동되는 소프트웨어를 제작할 때 자가 적용 업데이트는 리스크가 아주 큰 편이므로, 유저의 동의를 받거나 지정된 시간대에 업데이트하는 것이 더 안전한 기본 옵션일 것이다. 일단 기존 지속적 전달 체제로 릴리스 주기를 짧게 하여 시작한 다음, 지속적 배포를 다음 단계로 도입할지 신중하게 검토해보는 것이 좋다.

5.2.4 라이브러리와 프레임워크

스스로 실행되는 게 아니라 다른 소프트웨어가 호출해야 동작하도록 개발된 소프트웨어 역시 지속적 배포를 적용하기 까다로운 대상이다. 이런 소프트웨어의 프로덕션 환경은 다른 개발자의 프로그램이 될 텐데, 소프트웨어를 설치하는 프로세스는 각 프로그램의 빌드 구성이며 이는 전적으로 작성자가 구성하기 나름이다.

이론적으로는, 라이브러리나 프레임워크를 제품화하는 팀이 완전히 자동화된 방식으로, 선택한 언어의 리포지터리에 새 버전을 계속 릴리스하는 것을 막을 도리는 없다. 이 프로세스는 사실 (거의) 지속적인 프로덕션 배포라고 볼 수 있다.

그러나 새로운 라이브러리 또는 프레임워크의 업데이트는 다른 개발자 쪽에서 버전 업그레이드를 해야 하며, 이 프로세스는 거의 자동화되어 있지 않다. 새 버전이 자주 등장하면 그렇지 않아도 자체 소프트웨어 버전을 관리해야 하는 개발자 입장에서는 성가실 수 있으며, 업데이트

---

[12] 옮긴이_ 판매와 관련한 데이터를 일괄적으로 관리하고, 고객정보를 수집하여 부가가치를 향상시키는 시스템입니다.

에 중요한 변경사항이 포함되어 있지 않더라도(즉, 마이너 또는 패치 버전 업그레이드인 경우) 골치 아픈 일이 생길 수 있다.

이런 이유로 라이브러리나 프레임워크의 사용성을 고려할 때 지속적 배포 대신 (현명하게) 새 버전으로 일괄 커밋하는 것이 더 바람직하다고 생각한다.

5.3 규제 대상 산업

공공, 교통, 의료, 금융 등 국가 기간 분야에 속한 기업은 프로덕션에 배포할 코드에 강력한 규제를 받는 경우가 많다. 이러한 규제의 목표는 고품질의 변경사항이 안전하게 프로덕션에 반영되는지 확인하고 문제 발생 시 각각의 변경사항을 감사할 수 있도록 보장하는 것으로, 일반 시민을 보호하자는 지극히 타당한 취지와 근거를 갖고 있다. 따라서 그 필요성에 섣불리 이의를 제기하긴 어렵지만, 그렇다고 이런 규제 자체가 개선 대상이 아니라는 의미는 아니다.

이러한 규제는 새 릴리스에 포함된 것을 감독하는 데 더 많은 눈이 필요한, 구체적인 형태를 띠는 경우가 많다. 이를테면, 긴 기능 브랜치나 게이트키퍼 역할을 하는 선발된 **관리자**, 스테이징 환경에서 필수 중지, 프로덕션 경로에 더 많은 추가 절차 등등 지속적 배포의 목표 달성에 하지 않아도 될 잡다한 요소들이 끼어들기 쉽다. 그래서 규제 대상 산업과 지속적 배포는 상호 배타적인 관계처럼 느껴지지만 반드시 그런 것은 아니다.

5.3.1 대책: 크리티컬 컴포넌트 격리

프로세스 제약을 해결하는 가장 간단한 방법은, 크리티컬 시스템을 별도로 배포가 가능한 단위로 나누어 독립적인 프로덕션 경로를 만들고, 무엇보다 별도의 변경 승인 프로세스를 마련하는 것이다. 이렇게 하면 비즈니스상 크리티컬하지 않은 영역(대부분이 여기에 해당된다)은 더욱 애자일하게 작업하고 꼭 필요한 곳에만 무거운 프로세스를 가져갈 수 있다.

나는 아주 엄격한 감사를 받는 운송 산업 분야의 팀에 근무한 적이 있다. 이 팀은 주로 회사의 크리티컬한 프로덕션 인프라와 전혀 연관이 없는 내부 제품을 만들어서 아주 느슨한 방식으로 배포에 접근할 수 있었다. 나머지 회사의 팀들은 느슨한 제약조건과 훨씬 더 공식적인 릴리스 프로세스 사이의 다양한 범주 내에서 운영되었다.

그러나 몇몇 운 좋은 팀에게만 가벼운 프로세스를 적용하는 것은 임시방편이며, 더 크리티컬한 시스템을 처리해야 하는 팀과 더 현대적인 방식으로 접근해야 이로운 팀에서는 이 방법으로 핵심 이슈를 해결할 수 없다.

5.3.2 대책: 제약조건의 근원 찾기

무거운 변경 승인 프로세스가 정말 불가피한 상황인지는 어떻게 판단할 수 있을까? 보통 어떤 개발자가 기존 팀이나 조직에 합류하면 수년 내지 수십 년에 걸쳐 계승된, 동료들이 당연시하는 프로세스에 의해 형성된 엔지니어링 문화를 접하게 된다. 만약 그 팀에 어떤 식으로든 게이트키핑이 있다면 감히 의문을 제기하면 안 될 합리적인 이유가 있으리라 생각하겠지만, 그렇지 않은 경우도 분명 있다. 시간, 조직의 변화, 아니면 기술 혁신 등으로 과거부터 전해 내려온 게이트키핑이 불필요해진 상황에서 아무도 곤란한 질문을 하려고 하지 않으면 엔지니어링 프랙티스의 군살을 뺄 기회를 영영 놓치게 될 것이다.

내 생각에는 강제로 전달이 지연되는 원인이 있다면 조사할 가치가 있다. 개발자와 관리자는 그들이 업계에서 어쩔 수 없이 지켜야 할 요건이라고 생각했던 것이 알고 보니 누군가(어쩌면 이미 오래 전에 회사에서 퇴사한 사람)의 위험 회피 성향에 기인한 전사 정책company-level policy임을 알게 될 것이다. 또는 그들이 만들고 있는 제품이 비즈니스에 크리티컬한 핵심에만 인접하여 실제로는 훨씬 더 여유가 있는 조건에서 구축할 수 있다는 사실을 발견할 수도 있다.

5.3.3 대책: 린 프랙티스를 실천하여 컴플라이언스 요건 충족

컴플라이언스compliance 프레임워크는 다양한 시나리오를 수용해야 한다. 따라서 실제로는 다양한 구현체에 개방적일 수 있다.

예를 들어, 많은 관리자들의 예상과 달리 NIST National Institute of Standards and Technology 프레임워크[13]에는 'PR은 깃헙 조직 관리자가 승인해야 하며, 이와 연관된 코드는 모두 하나의 기능 브랜치에 두어야 한다'는 따위의 규정은 없다. 대신, 개인이 임의적인 변경사항을 구현하고 승인하는 일

---

13 옮긴이_ 회사가 사이버 보안 위험을 관리하는 데 유용한 일련의 자발적 가이드라인입니다. https://oreil.ly/a3U3T

에 단독으로 책임지지 않는 업무 분리$^{\text{Segregation of Duties}}$(SoD)를 보다 광범위하게 보장하기 위해 노력한다.

DORA, 『Accelerate State of DevOps Report 2019』에 따르면, 이런 요건은 다양한 방법으로 충족될 수 있으며, 그중 일부는 다른 것들보다 가볍다.

> 변경사항을 작성자 이외의 다른 사람의 승인을 받아야 한다는 업무 분리는 규제 프레임워크에서 필수 요건이다. 개인이 어떤 프로세스의 엔드투엔드 제어권을 소유(이 제어권의 의도)해선 안 된다는 점은 우리도 동의하나, 무거운 접근 방식만큼의 조정 비용이 들지 않는 가볍고 안전한 방법으로도 목표를 달성할 수 있다. 먼저, (페어 프로그래밍의 일부로) 버전 관리 시스템에 커밋하기 전, 또는 메인 브랜치에 머지하기 전, 코드 리뷰의 일환으로 다른 팀원이 모든 변경사항을 승인하는 방법이 있다. 이렇게 하면 변경을 제한하는 자동 임계값과 결합시킬 수 있다. 이를테면, 개발자가 (동료 평가를 했더라도) 컴퓨팅이나 스토리지 비용이 어떤 임곗값 이상으로 늘어나는 변경사항을 푸시하지 못하도록 체크 로직을 구현한다. 간단히 구현 가능한 이 가벼운 프로세스는 실무자가 변경 관리를 개선할 수 있는 확실한 기회를 제공한다.[14]

페어 프로그래밍은 모든 변경사항이 반영되기 전에 별도 승인을 받았음을 입증하는 수단으로서 머지 타임$^{\text{merge time}}$ 코드 리뷰를 대체할 수 있다. 덕분에 긴 브랜치를 사용할 필요가 없으며 **팀은 하나의 커밋이 곧 하나의 배포**가 되는 워크플로에 한 걸음 더 접근할 수 있다. 앞서 말했듯이, 5부의 디지털 뱅크 N26 사례 연구에서 실제로 이런 직관적인 변경 관리를 적용한 사례를 소개한다. N26 엔지니어들은 페어 프로그래밍과 PR을 함께 사용하여 지속적 배포에서 리뷰 증명$^{\text{Proof of review}}$(PoRev)[15]을 제공한다.

규제 업종에서 가장 흔한 요건으로는, 프로덕션 시스템에 적용한 모든 변경사항에 대해 감사 기록$^{\text{audit trail}}$을 남겨 제출하라는 요건이 있다. 데이비드 팔리$^{\text{Dave Farley}}$는 자신이 쓴 지속적인 컴플라이언스에 관한 멋진 글[16]에서 자동 빌드 파이프라인을 통해 이 요건이 어떻게 자동으로 충족되는지 다음과 같이 설명한다.

---

14 DORA, 『Accelerate State of DevOps Report 2019』 p 48–49. 전문은 https://oreil.ly/x3mqW를 참고하기 바란다.
15 옮긴이_ 평판, 평가, 블랙리스트를 사용하여 거래에 동의하는 컨센서스(consensus, 합의) 모델입니다.
16 https://oreil.ly/8_kcB

> 요건 관리 시스템과 버전 관리 시스템을 함께 잘 사용하면 […] 완벽한 추적성traceability을 확보할 수 있다. 즉, 엔드투엔드의 모든 변경사항의 스토리를 알 수 있다.
>
> "누가 이 변경사항의 필요성을 포착했나?"
>
> "누가 테스트를 작성했나?"
>
> "이 작업과 관련된 변경사항을 누가 커밋했나?"
>
> "어떤 테스트를 실행했나?"
>
> "이 변경사항은 반려됐다. 무엇 때문에 반려되었나?"
>
> "수동 테스트에 개입한 사람은 누구인가?"
>
> "누가 프로덕션 배포를 승인했나?"
>
> "어느 버전의 운영체제, DB, 프로그래밍 언어를 배포했고 사용했나?"
>
> "어느 버전의 배포 스크립트 및 도구를 사용했나?"
>
> 이 모든 정보는 배포 파이프라인 구축의 부수 효과로 얻어진다. 이런 정보에 액세스할 수 없는 배포 파이프라인은 솔직히 상상하기 어렵다. 나는 배포 파이프라인의 중요한 특징이 **프로덕션 변경에 관한 모든 정보가 색인된 검색 공간**이라고 말한다. 컴플라이언스, 규제, 감사 분야에 종사하는 사람들에게는 금상첨화가 아닐 수 없다.

사실, 자동 빌드 파이프라인을 구축하면 모든 개별 변경사항에 대해 방대한 문서화 및 번거로운 절차를 생략할 수 있다. 문서가 알아서 만들어지기 때문이다. 이는 규제 요건을 기존 경량 소프트웨어의 베스트 프랙티스로써 충족시키는 좋은 예다.

이런 요건을 충족해야 하는 환경은 애자일의 도입이 더디고 일관된 품질을 유지하는 데 필요한 모든 추가 도구가 없는 환경과 동일하다는 사실이 중요하다. 이런 조직에서는 아주 형식적인 변경 승인 프로세스나 개발 팀과 운영 팀의 철저한 분리 같은 요소가 품질 저하 및 긴급 조치 요청이 쇄도하는 현상을 방지하기 위한 유일한 보호 수단으로 여겨지는 경우가 많다. 나중에 등장한 애자일 프랙티스(예 자동 배포 파이프라인, 테스트의 시프트 레프팅, TDD, IaC, 페어 프로그래밍)가 실제로 조직의 규제 요건을 동일하거나 더 나은 수준으로 충족시키면서, 개발자가 더 간결하게 작업할 수 있는 여건을 제공했는지 살펴볼 가치가 있다.

어쨌든 변경의 페이스를 늦추는 것은 대부분의 규제 프레임워크에서 바람직하지 못한 부작용이고 그런 프레임워크가 추구하는 목표와도 거리가 멀다. 애자일 원칙을 잘 실천하는 조직은 이런 프레임워크를 만족시키면서도 하루에 여러 번 지속적으로 배포한다.

하지만 동시에 우리는 전문가로서 마음에 들지 않는 답이라도 찾을 준비를 해야 하며, 어떤 게이트키핑은 결국 불가피하다는 사실도 수용할 마음가짐을 갖추어야 한다. 우리 자신을 느리게 만드는 것은 종종 엄청난 피해를 입힐 수 있는 결함이나 악의적인 망나니로부터 일반 대중을 보호하기 위해 치러야 할 정당한 대가다.

5.4 인지 부하

트렁크로 유입되는 커밋이 늘어나면 프로덕션 배포 횟수가 늘어나면서 팀은 혼란에 빠지거나 고민거리가 늘어나게 된다. 이 절에서는 보다 인간적인 측면, 특히 자동 배포가 팀의 인지 부하에 미치는 영향과 이를 완화하는 방법을 알아보겠다.

5.4.1 과도하게 붐비는 프로덕션 경로

규모가 아주 큰 팀이나 여러 팀이 하나의 서비스를 작업하는 경우, 자동 파이프라인은 당연히 항상 바빠 돌아갈 것이다. 변경사항이 트렁크에 자주 푸시되므로 테스트를 마친 후 더 상위 환경으로의 배포를 기다리는 빌드가 쌓이는데, 이 과정이 너무 빠른 속도로 진행될 때도 있다. 엔지니어가 완벽하게 상황을 통제하고 지금 어떤 변경사항이 처리되고 있는지 한 눈에 파악하기는 대단히 어렵다.

프로덕션 자동 배포가 뒤섞이면 혼란은 점점 더 위험에 빠진다. 프로덕션 배포 시 엔지니어는 어떤 변경사항이 적용되는지 분명히 알고 있어야 애플리케이션의 안정성을 모니터링하면서 자신 있게 대응할 수 있다. 그러나 파이프라인에서 프로덕션 배포 직후 곧바로 다음 배포가 빠르게 진행되면 각 변경사항의 영향도를 관찰할 시간대가 크게 단축된다. 결과적으로 좋은 변경과 나쁜 변경이 켜켜이 쌓여 팀 전체가 혼란에 빠질 공산이 크다.

이런 이유로 개발자 100명이 모놀리식 애플리케이션을 구축하는 팀에게 지속적 배포를 권장하기는 어렵다. 작업 중인 변경사항 수가 너무 많아 항상 언제든 배포가 진행 중인 상태에서 몇 개는 큐에서 대기하고 있을 것이다. 아무리 정교한 배포 전략을 수립해도 이런 상황에서 유쾌한 작업 환경을 만들기는 쉽지 않다. 또 프로덕션에 이슈가 생기면 대규모 릴리스 직후 발생한 이슈만큼이나 디버깅하기가 어려울 것이다.

5부에서 소개하는 트래블퍼크TravelPerk라는 스타트업도 이와 비슷한 상황이었다. 여러 팀에 걸친 대규모 모놀리스가 서비스의 일부인 이 회사는 너무 많은 배포가 너무 빨리 이루어지는 문제를 겪었다. 결국 이 회사는 고심 끝에 지속적 배포에서 모놀리스를 예외 적용하여 매 30분마다 커밋을 고라이브하기로 결정했다.

그런데, 이 문제를 근본적으로 해결할 수 있는 몇 가지 다른 방법이 있어 소개하겠다.

대책: 모놀리스 쪼개기

규모가 큰 모놀리식 애플리케이션은 쪼개는 것이 가장 확실한 방법이다. 작게 분리된 애플리케이션(마이크로서비스)은 독립적인 배포를 얼마나 더 자주 많이 하느냐, 하는 관점뿐만 아니라 독립적인 확장성, 결함 격리, 기술 선정의 유연함, 디버깅의 용이성, 팀 간의 명확한 경계 설정 등 여러 측면에서 유리하다. 그러나 모놀리스를 쪼개는 작업은 아주 장기적인 이니셔티브가 될 수 있으며, 중단기적으로 약간의 타협(예 자동 배포는 당분간 하지 않는다)이 필요할 수 있다.

대책: 팀과 도메인을 다시 생각하기

팀이 유지보수 중인 제품에 비해 팀 조직 자체가 너무 비대한 경우에도 큐에 배포가 과도하게 쌓일 수 있다.

지속적 배포에 **적절한** 팀 크기는 어느 정도일까? 『팀 토폴로지』 같은 책에는 팀이 어떻게 해야 인지 부하를 감당할 수준으로 유지할 수 있는지 자세히 나와있다. 이는 결국 프로덕션에 도달하는 모든 변경사항의 인지 부하라고 볼 수 있다. 하지만 나는 더 간단한 규칙, 아마존 초창기에 제프 베이조스Jeff Bezos가 말한 **피자 두 판 팀 규칙**Two Pizza Team rule을 언급하고 싶다. 이 규칙에 따르면, "내부의 모든 팀은 피자 두 판만 시켜도 충분할 정도(즉, 10명을 넘지 않게)로 작아야 한다."

다행히 마이크로서비스 아키텍처[17]와 탄탄한 DDD 바운디드 컨텍스트bounded context[18]를 수용하

---

[17] https://oreil.ly/TL-g9
[18] 옮긴이_ 에릭 에반스가 쓴 『도메인 주도 설계』(위키북스, 2011)에서 언급했습니다. 원서는 『Domain-Driven Design』(Addison-Wesley, 2003)이고 번역서는 이대엽이 번역했습니다.

면 팀과 제품의 규모를 합리적으로 유지하는 데 도움이 될 뿐 아니라, 개별 서비스를 독립적으로 배포하고 확장할 수 있으므로 잦은 변경으로 인한 영향을 줄일 수 있다. 중대형 조직에서 스트레스를 받지 않고 지속적 배포를 수행하려면 합리적인 규모로 서비스와 팀을 구성해야 한다.

제품 도메인, 마이크로서비스의 범위, 팀 규모를 면밀하게 관찰하면 기술 관리자가 단일 파이프라인을 통과하는 변경사항의 수(결국 이에 따른 배포 횟수)가 감당할 수 없을 만큼 늘어나지 않도록 방지하는 데 유용하다.

그러나 결국 누군가에겐 이런 점들이 한계처럼 느껴질 것이다. 예를 들어, 스타트업 단계의 회사들은 처음부터 모놀리식 애플리케이션으로 시작해 엔지니어 직원 수가 어느 임계점에 도달할 때까지 서비스를 분할하지 않는 경우가 많다.

5.4.2 배포 중 태만

엣시Etsy는 지속적 전달의 성숙도로 유명한 회사다. 이 회사 엔지니어들은 푸시 트레인push train이라는 개념을 창안했는데, 댄 맥킨리Dan McKinley는 다음의 일화를 통해 개발자가 완전 자동 배포에 대해 주의하지 않으면 어떤 일이 벌어지는지 잘 설명했다.

> 얼마 전 우버Uber는 샌프란시스코 도심에서 자율주행차 시험 운행을 중단했다. 빨간불이 켜진 건널목을 차가 그대로 지나가는 영상이 공개되기가 무섭게 갑자기 종료된 것이다. 여기서 중요한 점은, 운전석에 사람이 앉아 있었지만 그가 아무 개입도 하지 않았다는 사실이다. 우버는 그가 사고의 책임을 져야 한다고 주장했지만, 이는 문제를 잘못된 시각으로 바라본 것이다. 자동화는 사람의 주의를 끌 만큼의 충분한 능력이 있었지만, 인간을 대체할 정도의 능력은 아니었다. 인간과 자동차는 함께 하나의 시스템이다. 차를 자동화하려는 작업은 인간에게 영향을 미친다. 배포 자동화도 이와 비슷할 때가 많다.

이런 점에서 완전 자동을 내세우는 시스템이 사람을 더 편안하게 하고 경계심을 늦춰준다는 문구는 선뜻 받아들이기 어렵다. 하지만 내 생각에 이것은 어느 정도 완화할 수 있는 위험이며, 지속적인 프로덕션 배포를 수행하는 데 있어서 방해가 돼서는 안 된다고 본다.

일일 배포를 더 많이 할수록 자동화가 하는 일에 덜 관심을 갖게 될 가능성이 높고, 엔지니어는 너무 익숙해진 나머지 프로덕션 배포를 **넌이벤트**nonevent(아무것도 아닌 일)로 바라보게 될 것이다. 하지만 나는 개발자가 프로덕션 대시보드를 마냥 뚫어져라 지켜봐야 한다는 요건은 다소 부당하며, 그 반복성 때문에 결국 실패하게 된다고 생각한다.

이러한 리스크를 가장 효과적으로 관리하는 방법은, 자동화가 단순하고, 지나치게 똑똑하지 않으면서도 자신의 한계를 인식하며, 사람의 개입이 필요할 때 관리자에게 미리 알림을 전달하는 시스템을 구축하는 것이다.

대책: 유용한 알림 사용

다행히 알림을 보내려고 바퀴를 다시 발명할 필요는 없다. 4장에서 살펴봤듯이, 최근 수년간 관찰 가능성 및 알림 시스템 분야는 정말 많이 성숙했다. 신중하게 선별된 알림 세트는 배포가 예기치 않은 결과를 초래할 경우 즉시 개발자에게 알려주므로 새로 밝혀진 프로덕션 결함이 오랫동안 방치될 리스크가 줄어든다.

개발자는 문제가 발생해도 바로 알림을 받고 필요 시 작업을 중단시킬 수 있다는 믿음이 있으므로 최소한의 감독만으로도 코드 점검이 가능하다.

내 동료 중에 어떤 이는 메트릭은 보기 위해 생성돼서는 안 되며, 알림을 생성하기 위해 필요한 수단으로써 사용되어야 한다고 말했다. 이 말은 영감을 불어넣는 고견임과 동시에, 분명 올바른 방향의 사고방식이라고 생각한다.

물론 4장에서도 말했듯이, 이는 팀이 알림을 적극적으로 유지보수하는 것을 전제로 한다. 의도한 방향으로 나아가려면 팀은 새로운 기능과 애플리케이션 아키텍처의 변경사항을 모두 최신 상태로 유지해야 한다. 알림은 일급 시민으로 취급해야 하며, 모든 태스크의 **완료**를 정의하는 일부가 되어야 한다. 유의미한 알림에 관심을 가져야 **직접 만들고 실행하라**는 엔지니어링 팀의 핵심적인 마음가짐이 자리 잡을 것이다.

대책: 파이프라인을 빠르게

피드백 루프를 짧게 유지하는 것도 개발자가 프로덕션에 적용하는 변경사항에 계속 주의를 기울이게 만드는 좋은 방법이다. 변경사항의 커밋과 적용 간의 시간은 30분을 넘기지 않아야 하며, 가능한 한 이보다 더 짧게 하는 것이 좋다. 그러려면 파이프라인을 계속 유지보수하면서 속도가 느린 자동 테스트의 (테스트 피라미드 아래로 밀어내는) 정리 작업은 필요하지만, 매우 빠른 응답 시간이 보장된다.

대책: 개발 사고방식을 전환

하지만 전반적인 문화를 바꾸지 않은 채 지속적 배포를 기술적 수단에만 의존할 수는 없다. 지속적 배포를 도입하려면 개발자의 워크플로에 새로운 리듬을 불어넣는다고 생각해야 하며, 각각의 트렁크 커밋을 머지않아 프로덕션에 반영될 변경사항이라고 보는 사고방식이 필요하다.

나 역시 지속적 배포를 처음 도입한 팀에서 익숙해지까지 시간이 다소 걸렸지만, 모든 커밋 이후 프로덕션을 주의 깊게 지켜본다는 생각이 정착되고 난 이후에 눈에 띄지 않은 문제점은 거의 없었다. 또 그렇게 발견된 문제점도 대개 아주 미묘해서 수동 배포를 했다면 절대로 발견되지 않았을 것들이다.

5.4.3 필요한 지식의 너비

관심 많은 독자라면 눈치챘겠지만, 4장의 **키가 이 정도는 되어야 탈 수 있습니다**에 관한 내용은 꽤 길다. 여기에는 관리자가 준비해야 할 필수 조직 변경사항도 포함되어 있지만, 현실적으로 지속적 배포를 책임감 있게 수행하는 작업은 대부분 엔지니어의 어깨에 달려 있고, 지속적 배포를 수행하는 데 필요한 지식의 너비를 압도적으로 느낄 수도 있다.

깔끔하고 성능 좋은 애플리케이션 코드를 짜는 방법을 아는 것만으로는 팀이 제품을 관리하고 발전시키는 데 불충분하다. 지속적 통합과 전달이 널리 보급된 이후에는 더욱 그렇다. 이제 기본적으로 제품 팀 엔지니어는 파이프라인 도구, 다양한 유형의 테스트, 관찰 가능성, 자동화 및 스크립팅 도구, 운영체제, 네트워킹, 클라우드 제공업체, 인프라, 보안 등도 잘 알아야 한다. 지속적 배포는 이 모든 프로덕션 레디니스 관심사를 매 커밋 단위로 세분화하여 개발자가 나중에 추가할 여지를 없애버리므로 러닝 커브$^{learning\ curve}$는 더욱 가파르게 느껴진다.

물론, 모든 팀원이 각자 모든 주제를 섭렵할 필요는 없으며, 다기능 팀에서는 서로 부족한 부분을 메우기 위해 서로 간에 활발한 커뮤니케이션이 이뤄질 것으로 예상된다. 하지만 이렇게 계속 늘어나는 지식 요건이 팀의 자신감과 새로 입사한 엔지니어를 맞이하는 능력에 영향을 미칠 수 있다는 점은 부인하기 어렵다.

대책: 종합적인 훈련 프로그램 도입

여러분의 회사가 지속적 전달 및 배포 환경을 건강하게 유지하고 신입 엔지니어의 문화 충격을 최소화할 방법을 찾고 있다면, 종합적인 훈련 프로그램을 체계적으로 수립하여 채용(또는 순환 보직) 제도를 보완할 필요가 있다. 예를 들어, 새로 입사한 직원이 회사의 지속적 통합/전달 프랙티스를 적극적으로 배울 기회를 제공하여 기존 팀에 합류 시 타 직원과의 갈등을 줄이고 온보딩하는 동료들의 업무 부담을 덜어주어야 한다.

5.4.4 가파른 온보딩 커브

이론적 개념에 그치지 않고 지속적 배포를 실천하는 팀은 일상 업무에 필요한 여러 아티팩트에 관한 지식을 신선하게 유지해야 한다. 실제로 프로덕션에 바로 적용 가능한 커밋 하나를 작성하더라도 팀의 테스트 전략(대개 여러 아키텍처 레이어에 걸쳐 있다), 기능 토글 시스템, 대시보드, 메트릭, 로깅 시스템, 코드 스캐닝 도구, 알림 등을 숙지해야 한다.

이런 이유로 새 팀원이 지속적 배포의 이론을 꿰차고 있어도 온보딩은 더 많은 시간이 소요될 수 있다.

대책: 페어 프로그래밍과 몹 프로그래밍 활용

페어 프로그래밍이 뿌리내리지 못한 회사도 페어 프로그래밍을 온보딩 도구로 활용할 수 있다. 페어 프로그래밍은 신입 또는 주니어 엔지니어가 무언가를 변경할 때 그들이 혼자가 아니라는 믿음을 심어줌으로써 심적 부담을 덜어줄 수 있다. 동시에 코드베이스가 눈에 익기 전까지 수많은 자료를 읽어봐야 하는 수고도 덜 수 있다. 첫날부터 (시니어의 관리/감독 하에) 코드를 짜 보는 것이 가장 효과적인 학습 방법이자, 신규 입사자가 자신감을 얻는 가장 빠른 길이다.

따라서 나는 지속적 배포 도입에 진심인 회사라면 페어 프로그래밍을 온보딩이나 주니어 엔지니어 지원 용도로 꼭 한 번 시도해볼 것을 권장한다.

5.4.5 개발 작업 스케줄링

지속적 배포를 하지 않으면 개발자의 스케줄 관리가 상당히 느슨해질 수 있다. 커밋은 개발자가 자신의 진행 상황을 저장하고 나중에 재개할 수 있는 단순한 **세이브 포인트**save point다. 개발자는 예정된 배포의 시간과 장소가 정해져 있고 온전히 집중하여 실행할 수 있기 때문에 작업을 스스로 자유롭게 구성할 수 있다.

하지만 각각의 변경사항이 곧바로 프로덕션에 적용된다면 코드 커밋의 의미는 달라진다. 더 이상 부수 효과가 없는, 자유로운 세이브 포인트가 아닌, 프로덕션 시스템에 즉시 반영되는 변경인 것이다.

그래서 내가 일했던 어떤 팀에서는 엔지니어가 스스로 루틴을 관리하고 에티켓을 더 철저하게 지켜야 했다. 단순히 회의 직전에 변경사항을 밀어붙이지 않는 행위부터, 프로덕션 변경사항을 감독할 인력이 부족한 상황을 피하는 일까지 그 대상은 실로 광범위하다. 여기서 후자는 까다로울 수 있다.

모두가 직장 밖의 삶이 있다. 근무 시간을 바꾸거나, 약속 시간에 맞춰 한 시간 먼저 나가거나, 가끔씩 야근을 하는 직원들이 있을 것이다. 특히, 이런 자율 시간제는 최근 재택 근무가 인기를 끌면서 더욱 두드러진 추세다. 팀원들이 전 세계에 흩어져 서로 전혀 다른 시간에 근무하는 일도 더 이상 특별할 게 없다.

그러나 지속적 배포를 실천하는 팀이 언제나 유연하게 대처할 수는 없다. 예를 들어, 늦은 밤이나 이른 아침에 엔지니어가 혼자 작업하면 프로덕션에서 뭔가 잘못될 리스크가 증가한다. 또 코드 리뷰를 할 사람이 없어 문제가 생기거나, 새로 적용된 변경사항이 원래 엔지니어가 스스로 해결할 수 있을 만큼 충분한 컨텍스트가 주어지지 않은 경우에 예기치 못한 결과가 초래될 수 있다. 프로덕션에 문제가 생기면 대기 중인 사람들 모두에게 알림을 보내야 하므로 다른 사람의 개인 시간을 방해할 수도 있다.

혼자 일하는 엔지니어가 파이프라인을 잠시 중지시켜도 변경사항이 계속 누적되면서 모든 사람이 다시 온라인 상태가 되면 어떤 새로운 코드가 반영됐는지 아무도 모르기 때문에 배포가 점점 더 위험해질 것이다.

즉, 자동 배포의 효과는 주어진 시간에 시스템에서 작업하는 필요 인원 수에 대한 기준을 높이는 것이다. 메인 브랜치의 상태는 몇 분만 지나도 프로덕션 시스템과 최신 상태가 동기화되므로, 팀은 언제나 가용 상태를 유지하면서 메인 브랜치에 상태 변화를 알고 있어야 한다.

대책: 집중 개발 시간

그래서 내가 근무했던 어떤 팀에서는 아침 일찍 또는 늦은 오후에 혼자서 코딩을 하지 않고, 팀의 집중 근무 시간에 활발한 개발 업무를 하기로 비공식적인 합의를 했다. 해외에 있는 동료와 협업할 경우, 서로 시차를 고려하여 겹치는 시간대로 집중 근무 시간을 정했다.

집중 근무 시간 외에 일시적 또는 영구적으로 일하는 엔지니어는 프로덕션 코드 변경 이외의 작업(예 품질 게이트 개선 및 문서화)을 해야 할 수도 있다.

하지만 이러한 제약으로 인해 특별히 예외적인 경우가 아니고 소수의 사람들이 계속 다른 사람들과 다른 시간에 근무할 경우에는 지루해질 수 있다. 따라서 지속적 배포 도입을 고민 중인 팀이나 회사는 집중 근무 시간에 대한 기대치를 신중하게 설정해야 한다. 근무 제도의 지나친 유연성이 기업 문화에서 중요한 비중을 차지하는 회사라면 이러한 제약을 가하는 것이 자칫 큰 반발을 불러일으킬 수도 있다.

대책: 팀 코드 리뷰 수행

이 문제를 예외적으로 관리하는 또 다른 효과적인 방법은, 엔지니어가 혼자 일할 때 다른 팀원들과 함께 코드 리뷰를 하는 것이다. 로컬 사본이나 임시 브랜치에 저장하면 대부분의 팀원들이 사용할 수 있을 때까지 변경사항의 체크인을 잠시 연기할 수 있다.

정상 근무 시간이 되면 팀은 변경사항을 차근차근 리뷰해서 빠진 부분이 있으면 보완한다. 이로써 모든 팀원이 최신 코드베이스 상태로 업데이트할 수 있고, 마침내 필요한 모든 컨텍스트와 함께 미뤄졌던 프로덕션 배포를 수행할 수 있다.

5.5 정리하기

지속적 배포는 팀이 처한 상황에 따라 어느 정도 타협이 필요할 수도 있고, 합리적인 선택이 아닐 수도 있다. 특히, 배포에 민감하다든지, 아키텍처가 너무 모놀리식이든지, 프로덕션 환경을 개발자가 어찌할 수 없는 애플리케이션을 취급한다든지, 하는 기술적인 문제가 있을 수 있다. 규제가 엄격한 업종의 회사, 엔지니어가 대부분의 시간을 혼자 작업하는 것을 중요시하는 등 회사의 구조적인 문제도 있다. 하지만 아무리 어려운 환경이라도 지속적 배포를 구현하는 데 응용할 수 있는 여러 가지 완화책이 있다. 물론, 여러분의 각자 고유한 상황에서도 실행 가능한 방법인지(또는 권장할 만한지)는 팀과 이해관계자의 협조 하에 스스로 결정해야 한다.

PART 2

개발 이전 단계

2부에서는 지속적 배포의 실용적인 측면으로 여행을 떠난다. 팀이 성공하려면 코딩을 시작하기 전에 어떻게 준비해야 하는지, 특히 즉시 배포의 장점을 최대한 끌어내기 위해 예정된 작업을 잘게 나누는 방법을 중점적으로 설명한다. 프로덕션 레디니스를 갖추기 위해 다기능 요건을 프로세스에 녹이는 방법도 함께 소개한다.

PART 2
개발 이전 단계

6장 예정된 작업 나누기

7장 프로덕션 빌드

CHAPTER 6

예정된 작업 나누기

이 장에서는 지속적 배포 라이프 사이클이 시작되는 부분, 즉 코딩 작업 이전에 일어나는 일들에 집중한다. 특히, 지속적 배포와 함께 작동하는 제품 백로그의 구성 및 관리 방법을 주로 살펴보겠다.

제품 백로그는 원하는 기능, 개선/조치 사항 등 제품에 예정된 모든 작업의 진실 공급원source of truth이다. 백로그를 잘 구성하면 배포를 자주, 쉽게 할 수 있고 프로덕션에서 유의미한 조기 테스트가 가능하며, 지속적 배포의 속도와 세분도를 활용하여 실험도 자주 수행할 수 있다.

한 번의 이터레이션에 몽땅 넣기엔 너무 큰 이니셔티브(에픽epic[1])를 다룰 때는 제품 백로그에 담긴 작업을 분할하는 작업이 필요하다. 에픽을 신중하게 검토한 작은 조각들로 쪼개면 진행 상황이 좀 더 눈에 잘 들어오고 점진적인 전달이 가능하다. 이 장에서는 지속적 배포와 함께 사용하면 더욱 효과적인 두 가지 분할 방법을 설명하고, 한 가지 기능을 예로 들어 독립적인 배포/릴리스가 가능한 증분으로 분할하는 방법을 소개한다. 이 예제는 이 책의 나머지 부분에서도 다시 사용되니 주의 깊게 잘 봐두자!

그럼, 먼저 이론부터 시작한다.

---

[1] 옮긴이_ 완료하려면 많은 시간이 필요하거나 여러 번의 이터레이션을 거쳐야 하는, 규모가 큰 업무를 뜻합니다.

6.1 수평 분할 vs 수직 분할

가치 있는 기능은 대부분 단순 백로그 작업을 넘어 상호 의존적인 항목으로 구성된 전체 에픽을 필요로 하는 경우가 많다. 이런 에픽을 증분으로 나누는 방식(그리고 증분을 처리하는 순서)은 자동 프로덕션 배포에 지대한 영향을 미친다.

이 절에서는 큰 프로그램을 쪼개는 가장 일반적인 두 가지 방법인, 수평 분할horizontal slicing과 수직 분할vertical slicing을 비교한다(그림 6-1).

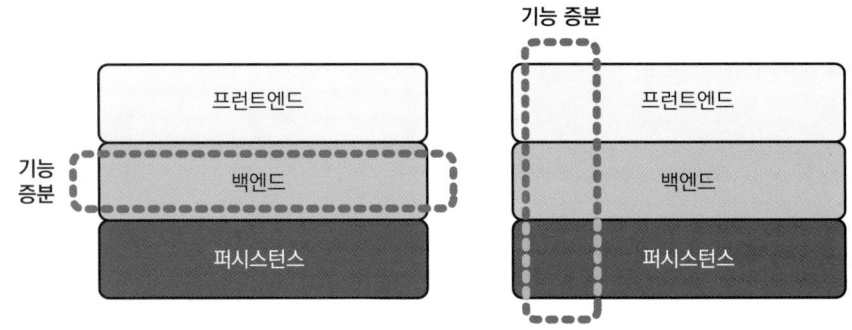

그림 6-1 수평 분할 vs 수직 분할

6.1.1 수평 분할

수평 분할은 작업이 필요한 기술 스택의 각 레이어에 따라 태스크를 나눈다. 예를 들어, 간단한 서비스는 백엔드, 프런트엔드, DB 레이어로 구성될 것이다. 수평 분할을 하면 전문 분야가 상이한 여러 개발자가 독립적으로 작업하는 동시에, 한 번에 한 영역의 아키텍처에만 집중할 수 있다. 그러나 각 레이어의 작업과 구현이 점점 사일로화되면서 나중에 연결하면 서로 잘 맞지 않을 때가 많다. 수평 분할은 그 특성상 유저에게 기능을 선보이기 전에 모든 레이어의 모든 기능이 전부 완성되어야 한다.

대개 사람들은 유저 스토리라는 용어로 백로그 아이템을 아주 느슨하게 가리키지만, 나는 수평 분할의 결과를 말할 때는 태스크에 대해 얘기하는 것이 더 정확하다는 사실을 깨달았다. 그 이유를 설명하기 위해 앨런 홀러브Allen Holub의 다음 트윗을 인용한다. 나는 그의 말에 전적으로 동의한다.

> 유저 스토리는 유저의 스토리다. 유저 스토리는 당신의 작업이 아닌, 당신의 유저 작업을 설명한 것이다.
>
> @allenholub, 2021년 7월 10일

유저 스토리는 유저의 니즈에 대한 응답을 나타낸 것이다. 기술 스택의 어느 한 레이어에 관한 기술 요건으로는 이를 유의미하게 표현할 방법이 없다. 따라서 수평 분할은 유의미한 유저 스토리를 만들어 내는 좋은 수단이 아니며, 이런 이유로 이제부터 나는 그 결과물을 **태스크**^{task}라고 부르겠다.

6.1.2 수직 분할

수직 분할의 목표는 전체 기능에서 자기 완비적인 하위 집합에 속하는, 작고 가시적인 증분을 전달하는 것이다. 각 태스크는 증분을 구축할 만한 가치가 있는 것으로 만드는 데 필요한 모든 아키텍처 레이어를 포함한다. 여기서 **가치**^{value}는 유저 관점에서의 가치를 말한다. 따라서 수직 분할을 하면 유저가 바라보는 시스템의 동작이 반영되므로 진정한 **유저 스토리**를 만들 수 있다. 유저가 이루고자 하는 목표의 관점에서 바라보는 것이 가장 좋다.

수직 분할은 대규모 작업 프로그램이 프로덕션 환경에서 독립적으로 존재할 수 있고, 독립적으로 가치를 창출할 수 있는 독립적인 유저 스토리로 분할하는 것이다. 이 과정에서 개발자가 각 태스크 내에서 아키텍처의 여러 레이어를 왔다 갔다 해야 하므로 많은 컨텍스트 스위칭이 수반되지만, 진행 상황을 신속하게 파악할 수 있고 솔루션의 여러 부분이 처음부터 함께 잘 작동되는지 확인할 수 있다. 또한 기능이 100% 완성될 때까지 기다렸다가 릴리스할 필요가 없으므로 팀이 범위를 좁히거나 방향을 바꿀 때 더 유연하게 대처할 수 있다. 더 작은(하지만 여전히 가치 있는) 기능의 하위 집합을 먼저 릴리스함으로써 팀은 많은 노력을 들이기 전에 유저가 얼마나 해당 기능에 만족하는지 시험해볼 수 있다. 제품 단위가 세분화되면 먼 미래에 성과가 불확실한 대규모 작업에 베팅하는 대신, 낭비를 최소화하면서 유저의 정확한 요건에 맞도록 플랫폼을 조정할 수 있는 이점이 있다.

개발 팀과 비즈니스 부서가 예정된 작업을 논의할 때 똑같은 어휘를 사용하는 점도 수직 분할의 또 다른 이점이다. 백로그 아이템으로 추가된 가치의 개념은 유저의 관점에서 표현되므로 전체 팀원, 심지어 팀 너머의 모든 이들에게도 동일한 의미를 지닌다. 이로써 (기술 용어와 비즈니스 용어를 왔다 갔다할 필요가 없으므로) 개발자의 인지 부하가 줄어들고, 소통이 원활해지며, 이해관계자가 백로그의 우선순위를 정할 수 있고, 용어를 옮기는 과정에서 작업의 완료 기준이 사라지는 문제점을 방지할 수 있다.

대부분의 애자일 프레임워크Agile framework[2]는 수직 분할을 권장한다. 일찍이 지속적으로 가치를 전달하는 행위를 강조하는(그래서 수평 분할을 하면 릴리스가 지연되는 현상을 바람직하지 않게 바라보는) 애자일의 특성상 당연하다.

2003년 빌 웨이크Bill Wake가 처음 언급한 계층 케이크layer cake는 이 두 스타일을 가장 잘 비교한 비유로 알려져 있다. 그는 이렇게 말한다.

> 전체 시스템을 네트워크 레이어, 퍼시스턴스 레이어, 로직 레이어, 프레젠테이션 레이어 같은 여러 층이 쌓인 다계층 케이크multi-layer cake라고 생각하자. 스토리를 분할하면 케이크의 일부만 서비스할 뿐이다. 우리는 고객에게 전체 케이크의 본질을 전하고 싶다. 가장 좋은 방법은 수직으로 여러 레이어를 관통하여 케이크를 자르는 것이다. 개발자는 한 번에 어느 한 레이어만 작업해서 **제대로** 완성하려는 성향을 갖고 있지만, (이를테면) 프레젠테이션 레이어 없이 완벽한 DB 레이어를 전달해도 고객에게는 거의 아무런 가치도 없다.[3]

수평 분할과는 반대로 각 조각이 모든 레이어를 의미 있게 나타내도록 **기능 케이크**feature cake로 나누는 것이 수직 분할의 핵심이다.

6.2 지속적 배포를 하면

지속적으로 배포되는 제품의 백로그를 구축할 때, 수평 분할보다 수직 분할의 이점이 훨씬 두드러진다. 수평 분할은 오히려 시스템의 상태와 팀의 워크플로에 해가 될 수 있다.

수평 분할과 지속적 배포를 병행하면 시스템의 더 깊은 레이어에서 충분히 검증되지 않은 다량의 코드가 프로덕션에 쌓이게 된다. 또 분명한 진입점이 없어서 배포할 코드에 대해 고수준의

---

2 스케일드 애자일(https://oreil.ly/bTrkJ), 아틀라시안(https://oreil.ly/DqNM0), 슬라이드셰어(https://oreil.ly/yhwBJ) 등의 회사들도 수직 분할에 적극적이다.
3 「INVEST in Good Stories, and SMART Tasks」(XP123.com, August 17, 2003), https://oreil.ly/TGNMI를 참고하라.

자동 테스트를 만들기가 어렵다. 특히, 개발하려는 영역이 유저 인터페이스$^{User\ Interface}$(UI)에서 멀리 떨어져 있는 경우가 더 어렵다. 수동 테스트도 마찬가지다. 결국에는 점점 더 많은 코드가 쌓이고 개발자는 프로덕션에서 변경사항이 제대로 작동하는지 판단하기가 곤란해진다. 수평 분할은 모든 레이어가 완성된 후 프로덕션에서 전체적인 기능을 평가하는 개발 막바지에 이를 때까지 테스트가 미뤄지므로 지속적 배포의 QA 단계와는 전혀 어울리지 않는다.

누구도 인지하지 못한 채 프로덕션에 박힌 수많은 코드는 예기치 않은 결과를 초래한다. 변경된 코드가 기존 라이브 기능이나 데이터 레이어의 변경사항과 뒤엉켜 반영된 경우에는 특히 더 그렇다. 버그 표면$^{bug\ surface\ area}$은 릴리스하는 날에 훨씬 넓어지기 마련이므로 결국 언젠가 릴리스할 때 오류가 발생할 리스크가 증가한다.

2장에서 린 생산의 재고 최소화 원칙에 따라 프로덕션에 반영되는 변경사항의 배치 크기를 왜 줄여야 하는지 설명했는데, 이는 주로 배포 위험을 줄이려는 의도였다. 마찬가지로, 릴리스 리스크를 낮추려면 프로덕션에 있지만 아직 릴리스 안 된 코드(예 토글 밑에 있는 코드)를 제한하는 노력도 필요하다. 지속적 배포는 코드를 마냥 쌓아두는 것이 아니라, 배포하자마자 바로 쓰겠다는 의도로 배포한다. 즉, 프로덕션이라는 다른 장소에 재고를 쌓는다는 의미다.

수평 분할 대신 수직 분할을 하면 이 목표에 더 다가갈 수 있다. 릴리스의 세분도를 높이고 이를 배포의 세분도에 더 가깝게 만드는 것이다. 이러면 언제라도 라이브인 것과 아닌 것을 더 세세히 제어할 수 있고(예 멀티 기능 토글), 고라이브가 잘못됐을 때 디버깅 범위를 좁힐 수 있으며, 무엇보다 제품의 증분을 작게 만들어 독립적인 측정이 가능하다.

만약 여러분의 회사에서 부서 간 합의 내지는 기술 스택의 특이성 때문에 수평 분할을 사용할 수밖에 없다면, 지속적 배포가 과연 적합한지 잘 따져보기 바란다. 이런 작업 스타일로 얻게 되는 이점을 상당 부분 잃을 수 있고, 지속적 배포 때문에 오히려 워크플로를 관리하기가 더 복잡해질 수 있기 때문이다.

6.3 효과적인 수직 분할

수직 분할의 이점은 분명한 것 같지만, 이를 실제로 구현하기란 그리 만만치 않다. 일단 팀 스스로 어떤 증분이 유저에게 가치가 있고 어떤 증분은 그렇지 않은지 파악하기가 쉽지 않다. 또 개발자 입장에서는 수평 분할이 확실히 직관적이다. 제품 소유자 등 다른 이해관계자의 협조 역시 수직 분할의 전제 조건이다.

[그림 6-2]는 헨릭 크니버그$^{Henrik\ Kniberg}$가 증분과 반복을 알기 쉽게 비교한 그림[4]이다. 사람들이 수직 분할을 얼마나 쉽게 오해하고 잘못된 길로 빠질 수 있는지 잘 나타냈다.

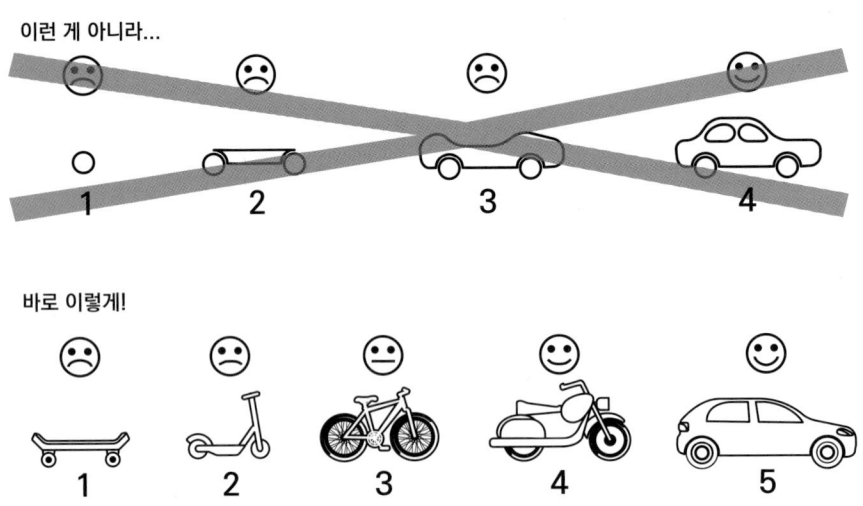

그림 6-2 증분 vs 반복

그럼, 지금부터 우리가 구축할 각각의 증분이 그 자체만으로 가치가 있는지 확인하는 기법을 소개한다.

6.3.1 MVP

수직 분할을 할 때는 먼저 기능을 가능한 한 가장 단순한 형태로 축소하고, 그 위에 다른 개선 사항을 하나하나 증분으로 취급해야 한다. 그리고 이 증분들은 합리적인 순서에 따라 처리되어야 한다.

여기서 가장 단순한 형태를 알아내려면 고객이 구현해달라고 요청한 것보다 고객이 달성하고자 하는 것에 초점을 맞춰야 한다. 예를 들어, [그림 6-2]에서 고객의 요구는 **A에서 B로 더 빨리**

---

[4] 옮긴이_ https://blog.crisp.se/2016/01/25/henrikkniberg/making-sense-of-mvp에서 원문을 확인할 수 있습니다.

이동하는 것이므로, 가장 가치 있는 최소 기능 제품$^{\text{Minimum Viable Product}}$(MVP)는 아무 쓸모도 없는 가상의 미래 자동차에 달린 바퀴 한쪽이 아닌, 스케이트보드다.

최초의 MVP를 파악했다면 모든 기능을 완성할 때까지 증분들로 나누어 구축하면 된다. 물론, 각 증분은 그 자체로 가치 있고 응집된 뭔가를 유저에게 전달해야 한다. 나는 개별 증분이 충분히 응집되어 있는지 궁금할 때 이렇게 자문한다. "만약 전체 예산이 삭감되고 이 유저 스토리가 구현된 이후 두 번째 유저 스토리의 타이핑을 중단해야 한다면, 이 스토리가 유저에게 그 자체로 어떤 가치가 있을까? 그래도 릴리스를 해야 할까?" 만약, 이 질문의 대답이 "아니다"와 "안 돼, 그냥 코드를 되돌리는 게 낫겠다" 사이에 있다면 다시 원점으로 돌아가는 게 좋다.

6.3.2 INVEST

이 경험 법칙이 여러분에게 너무 일반적이라고 느껴진다면, INVEST라는 약어로 잘 알려진 개념을 참고하여 유저 스토리가 잘 쪼개져 있는지 파악할 수 있다. INVEST에 따르면 의미 있는 유저 스토리는 다음과 같아야 한다.

독립적이다^{Independent}
모든 유저 스토리가 완전히 분리된 상태로 제공되는 것이 가장 이상적이다. 실제로 규모가 큰 작업 프로그램은 이렇게 하기가 쉽지 않지만, 실타래처럼 엮인 개발자의 일상 업무를 풀기 위해 스토리 간의 의존 관계는 가능한 한 최소화하려는 노력이 필요하다.

협상이 가능하다^{Negotiable}
스토리의 세부분은 협상 가능해야 하며, 스토리 자체의 우선순위도 마찬가지다. 결국 유저 스토리는 가치를 표현한 것이고, 이 가치에 어떻게 도달할지는 각자의 해석에 달려 있다.

가치가 있다^{Valuable}
앞서 말했듯이, 유저 스토리는 그 자체로 유저에게 어떤 식으로든 가치를 제공해야 한다. 만약 그렇지 않거나, 다른 스토리에 의존하여 가치를 제공할 수밖에 없다면 재고할 필요가 있다.

평가할 수 있다^{Estimable}
유저 스토리의 평가를 요청받은 개발자가 의아한 표정을 짓는다면, 그 스토리가 너무 모호하거나, 너무 방대하거나, 아니면 현재 시점에서 스토리를 다듬고 개선하기 위해 필요한 정보가 턱없이 부족하다는 뜻이다.

테스트할 수 있다^{Testable}
모든 유저 스토리는 외부에서 검증 가능한 동작을 시스템에 추가하고 어떤 수용 기준에 따라 테스트해야 할지 제시해야 한다. 유저 스토리의 결과를 테스트하느라 시스템의 내부를 들쑤셔야 한다면 테스트를 할 수 없는 것이다.

6.3.3 작은 조각

효과적인 수직 분할에서 중요한 원칙은 가능한 한 얇게 잘라야 한다는 사실이다. 이상적인 유저 스토리의 구현 기간은 몇 주 내지 몇 달이 아닌, 몇 시간이나 며칠 단위가 되어야 한다. [그림 6-3]처럼 스토리는 언제나 **수직 분할 스펙트럼**의 왼쪽 끝으로 보내는 것이 좋다.

당초 수평 분할보다 수직 분할이 더 나은 것과 같은 이유로 수직 분할이 더 바람직하다고 볼 수 있다. 릴리스 전에 많은 코드가 쌓이면 리스크가 크게 증가하고 실제 유저로부터 받아야 할 피드백이 지연될 수 있기 때문이다.

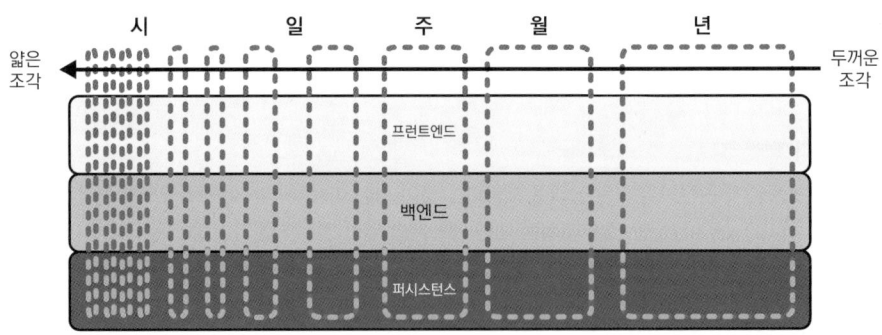

그림 6-3 수직 분할의 세분도

하지만 여전히 많은 팀이 더 나눌 수 있는데도 덜 나눈 것에 만족하면서, 전체 스프린트나 여러 스프린트에 걸쳐 있는 유저 스토리를 구현하는 경우가 많다. 하지만 이 역시 내가 경험한 바에 따르면 가치를 전달하면서도 얼마든지 기능을 얇게 나눌 수 있으며, 지속적 배포와 함께 곁들이면 제품 실험도 아주 효과적으로 수행할 수 있다.

지금까지 살펴봤듯이, 효과적이고 얇은 수직 분할은 엄밀히 말하면 과학이라기보다 바람직한 프랙티스의 모음집에 더 가깝다. 그래서 지금부터는 예제를 보면서 설명하겠다. 기능을 얇고 독립적인 단위로 나누고 독립적으로 릴리스하는 실제적인 예제다.

6.4 예제: 그로서루

지금부터 그로서루^{Groceroo}라는 가상의 스타트업 회사를 소개한다. 앞으로 이 책의 나머지 부분에서도 이 회사 예제로 프로덕션용 코드를 작성, 테스트, 배포하고, 반복적으로 릴리스하는 방법을 설명하겠다.

그로서루는 제휴 식료품 매장에서 상품을 받아 고객의 집으로 배송하는 서비스를 제공한다. 고객은 그로서루 웹 애플리케이션에 접속하여 주문할 매장을 선택하고 장바구니에 상품을 추가한 다음 대금을 결제한다. 결제가 완료되면 개인 쇼핑 도우미가 직접 매장이 위치한 곳으로 이동하여 정해진 시간대에 상품을 픽업 후 고객에게 배송한다.

그로서루는 매장 관리자가 자신의 크리덴셜^{credential}(자격 증명)로 접속 가능한 파트너 포털도 함께 운영한다. 매장 관리자는 파트너 포털에서 제품 재고를 임포트하고, 매장 로고를 커스터마이징하고, 재고 정보를 업데이트하는 일을 한다. 예제 편의상, 그로서루 웹 애플리케이션과 파트너 포털은 동일한 시스템에서 서비스된다고 가정한다. 이 회사의 이번 분기 목표는 평균 주문 크기를 늘리는 것으로, 새로운 기능을 통해 이 목표를 달성하고자 한다.

6.4.1 기능: 라스트-미닛 아이템

그로서루는 이 목표 달성을 위해 라스트-미닛 아이템$^{last-minute\ item}$[5]이라는 새로운 기능에 사운을 걸었다. 온라인 플랫폼의 흐름을 실제 동네 가게 계산대의 대면 환경과 유사하게 만들려는 것이다.

매장 계산대 근처에는 보통 고객이 줄을 서서 기다리는 동안 라스트-미닛 구매를 유도하는 상품을 진열한다. 주로 선크림 같은 계절 상품이나 건전지처럼 고객이 장을 보다 놓칠 만한 아이템, 아니면 충동 구매하기 쉬운 스낵이나 과자류 등 **죄책감은 들지만 행복감을 주는**$^{guilty\ pleasure}$ 작은 상품이다. [그림 6-4]는 여러분에게 아주 친숙한 동네 가게 풍경이다.

그로서루 제품 팀도 결제 흐름에 이와 비슷한 라스트-미닛 아이템 캐러셀^{carousel}[6]을 추가할 계획이다. 이 캐러셀에는 본사 관리팀과 매장에서 직접 선택한 제품이 포함되며, 아이템 구성은

---

5 옮긴이_ 어떤 일이나 프로젝트, 이벤트 등을 준비하는 과정에서 거의 마지막 시점에 포함된 아이템(물건이나 작업)입니다.
6 옮긴이_ 하나의 콘텐츠 영역 내에 서로 다른 여러 콘텐츠를 표시할 수 있는 컴포넌트입니다.

실제 매장의 계산대와 거의 똑같이 할 것이다. 이 기능은 유저가 웹사이트에서 쇼핑을 하다가 잊은 작은 아이템을 추가하거나, 디지털 심부름을 하느라 수고한 자신에게 간단한 간식거리를 선물할 가능성이 높다는 사실에 착안한 것이다.

그림 6-4 실제 계산대 모습

6.4.2 유저 인터페이스

캐러셀은 매장에서 미리 구성한 상품을 고객이 스크롤하면서 **카트에 추가하기** 버튼과 수량 선택기를 이용해 주문할 수 있도록 표시되어야 한다. 인기 아이템을 최대한 잘 보이게 하려면 다른 유저가 카트에 추가된 횟수로 제품 **순위**를 매기고 이 순위대로 진열하는 게 좋다. [그림 6-5]는 UI의 목업을 그려본 것이다.

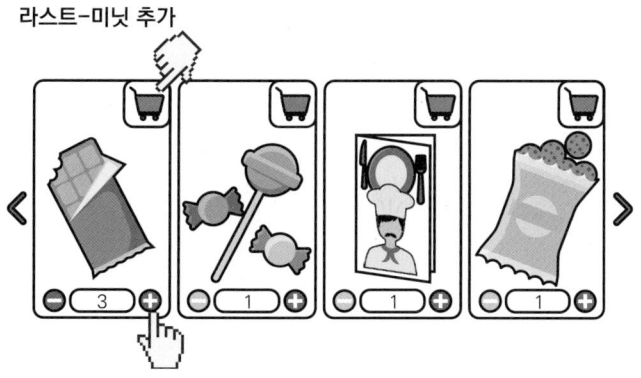

그림 6-5 라스트-미닛 아이템의 UI 설계

6.4.3 관리자 인터페이스

매장마다 고객이 결제하기 직전에 나타낼 상품을 커스터마이징할 수 있도록 매장 관리자 포털에 새로운 섹션을 라스트-미닛 아이템 기능의 일부로 추가해야 한다. [그림 6-6]처럼 제품 ID 리스트를 편집하는 간단한 폼 형태면 충분할 것 같다.

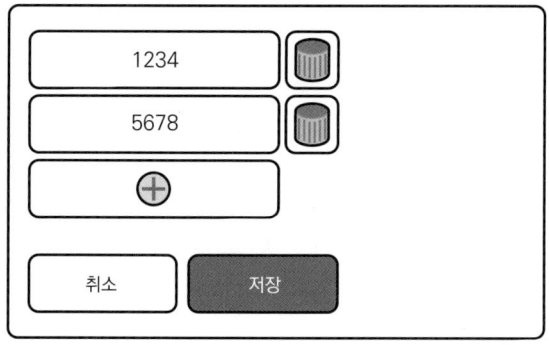

그림 6-6 라스트-미닛 아이템의 관리자 인터페이스 설계

6.4.4 수평 분할 구현의 문제점

자, 이 기능을 수평 분할하면 어떻게 될까? 레이어별로 담당 개발자가 배정되어 변경 작업을 진행한다고 하자.

이런 상황에서 많은 팀이 하는 것처럼 가장 안쪽의 DB 레이어부터 시작해서 점점 윗쪽으로 올라가보자.

태스크 1: 퍼시스턴스 레이어

우선, DB(관계형 DB라고 가정한다) 레벨에서 캐러셀에 표시할 상품 데이터가 포함된 신규 테이블 last_minute_items를 추가한다. 이 테이블에는 제품과 이 제품을 취급하는 매장을 가리키는 참조, 캐러셀을 통해 카트에 추가된 횟수(리스트의 순위)를 나타낸 필드가 있다. 유효성 제약 조건도 포함된다(그림 6-7).

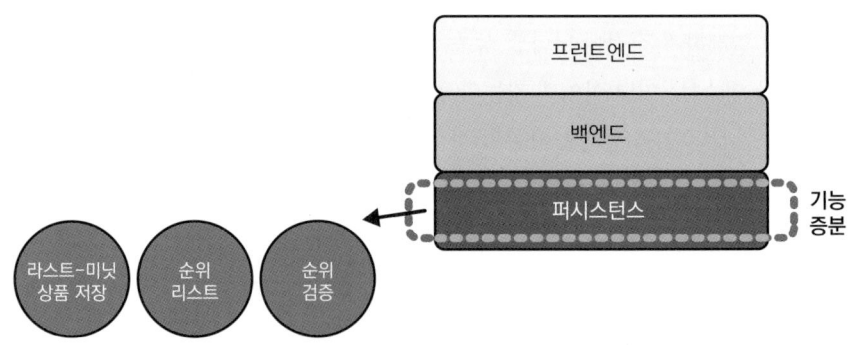

그림 6-7 퍼시스턴스 레이어의 수평 분할

지속적 배포를 할 경우에는 라이브 DB에 접속하지 않고서 프로덕션 환경에서 이 변경사항을 확인할 방법이 없다(아무리 좋게 보려고 해도 참 못마땅한 부분이다). 설사 변경사항을 성공적으로 배포했다 하더라도 이 접근 방식은 전체 기능의 구현 상세(즉, 애플리케이션의 내부 상태)만 확인할 수 있다. 수용 기준이나 백엔드의 기술적 구현에 대한 잘못된 가정을 바탕으로 만들었기 때문에 그럴 것이다.

여러분도 짐작하다시피, 바로 이 지점에서 미묘한 뭔가가 누락될 수 있다. 예를 들면, 새 테이블과 컬럼에서 꼭 필요한 인덱스나 유효성 체크 제약조건이 빠진 것이다. 이런 실수는 보통 전체 기능이 개발되고 배포가 끝날 때까지 알아차리기 힘들다. 컨텍스트 손실 측면에서 늦게 조치할수록 당연히 비싼 대가를 치르게 될 것이다.

태스크 2: 백엔드 레이어

이제 백엔드 쪽으로 넘어가자. UI와 관리 폼 둘 다 지원하려면 라스트-미닛 아이템 기능에 몇 가지 기본적인 CRUD$^{Create, Read, Update, Delete}$ 작업을 추가해야 한다(그림 6-8).

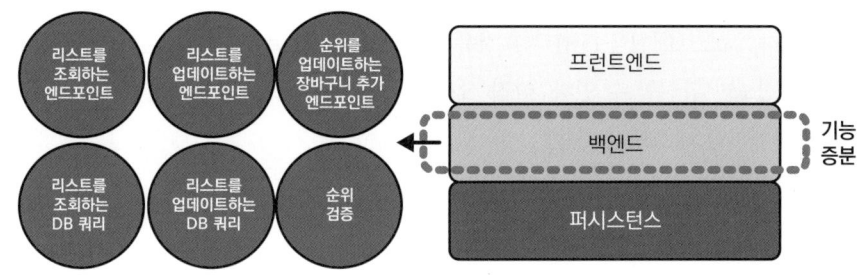

그림 6-8 백엔드 레이어의 수평 분할

아이템 생성 및 수정

구현할 엔드포인트는 두 개다. 아이템 리스트를 조회하는 (UI 화면에 폼을 표시하는) GET 엔드포인트와 리스트에서 PUT을 수행하는 (관리자만 사용하는) 엔드포인트다. 이중 PUT 엔드포인트는 고객이 선택한 제품의 재고가 있는지, 리스트가 비어 있거나 너무 크지 않은지 유효성 검사를 통해 확인해야 한다.

그렇다고 GET 엔드포인트에 로직이 전혀 없는 것은 아니다. 재고가 없거나 일시 판매 중단된 제품은 캐러셀에 표시하면 안 되므로 몇 가지 기본적인 필터링과 테이블 조인은 필요하다.

'장바구니 추가' 로직

제품은 장바구니에 추가된 횟수 순으로 나열해야 한다. 즉, 제품이 장바구니에 추가된 **위치를** 기억할 수 있도록 기존 **장바구니 추가** 엔드포인트를 변경해야 한다. 그래야 라스트-미닛 아이템의 순위를 이와 전혀 상관없는 다른 **장바구니 추가** 작업과 독립적으로 업데이트할 수 있다.

'장바구니 추가' 이벤트에 "source": "last-minute-carousel"이라는 페이로드 필드를 추가하기로 결정했다고 하자. 이 필드에는 **장바구니 추가** 호출을 트리거한 위치, 이를테면 product-detail-page나 catalog-page 같은 값을 담는다. 이 엔드포인트는 source가 last-minute-carousel인 경우에만 last_minute_items 테이블의 **장바구니 추가 횟수**를 증가시키는 DB 업데이트를 추가 수행한다.

이 정도만 해도 백엔드에서 하는 일이 꽤 많다. 이렇게 변경한 코드는 어떻게 테스트할까?

모든 엔드포인트는 개발이 끝날 즈음 이미 프로덕션에 반영되어 있겠지만, 아직 엔드포인트를 호출할 UI는 없다. 포스트맨이나 curl로 요청을 전송해서 테스트는 해볼 수 있겠지만, 전체 기능의 구현 상세 정도만 확인할 수 있다. 아직 실제 유저의 행동과는 한 레이어 떨어져 있으므로 엔지니어링 관점에서만 테스트가 가능한 것이다.

이럴 때는 백엔드 기능만 따로 설계하는 것이 당연하게 느껴지겠지만, 그러면 많은 부분을 놓쳐 결국 재작업을 하게 되는 경우가 많다. 예를 들어, (스프링 등의 프레임워크에서 흔히 그렇듯이) 테스트 도구가 컨트롤러 코드를 직접 호출하게 되면, 실제 HTTP 경로를 표출하는 것을 잊어버리기 쉽다. 더 저지르기 쉬운 실수는, 페이로드나 요청 매개변수, 특히 날짜처럼 중요도가 낮은 매개변수에 대한 잘못된 가정이다. 유닉스 타임스탬프[7]를 전달하나? 시간 단위는 초인가, 밀리 초인가? 날짜 포맷의 문자열인가? 그렇다면 어떤 포맷인가? 표준 시간대를 인식하는가? 인증 헤더는 어떤가? 공들여 만든 테스트가 파이프라인에서 그린으로 표시된 모습은 확인했지만, 막상 나중에 UI 변경사항을 통합했을 때 HTTP 400이나 500 오류 코드가 화면에 표시되는 일이 얼마나 많은가!

모든 작업이 아직까지 순조롭게 진행됐다 해도 아직 상당수의 유저는 변경한 엔드포인트를 호출하고 있지 않다. 즉, 코드나 DB 쿼리의 성능 문제도 한참 이후 수행할 릴리스 이전까지는 꼭 꼭 잘 숨겨져 있을 것이다.

또한 DB 레벨에서 잘못 이해한 요건도 애플리케이션 코드와 통합을 시작해야 비로소 드러나기 시작할 것이다. 태스크가 이미 종료된 상태면 어떻게 할까? 다시 진행 중 상태로 되돌릴까, 아니면 새로운 태스크를 오픈할까? 그럼 현재 작업은? 그 전까지 차단됨 상태로 두어야 하나? 이처럼 어느 한 수평 조각에서 다음 수평 조각으로 기능을 구현하면 상호의존성 문제가 발생할

---

[7] 옮긴이_ 1970년 1월 1일 00:00:00(UTC 기준)부터의 경과 시간을 초로 환산하여 정수로 나타낸 수치입니다.

가능성이 높다. 물론, 여기서는 태스크가 순차 진행된다고 가정했지만, 작업을 병렬화하는 도중에도 동일한 상호의존성이 발생할 것이다.

이제 마지막 조각으로 넘어가자.

태스크 3: 프런트엔드 레이어

프런트엔드 쪽에서는 캐러셀 및 관리자 인터페이스를 구현하기 위해 몇 가지 변경해야 할 부분이 있다. 모든 변경사항은 [그림 6-9]에 표시되어 있다.

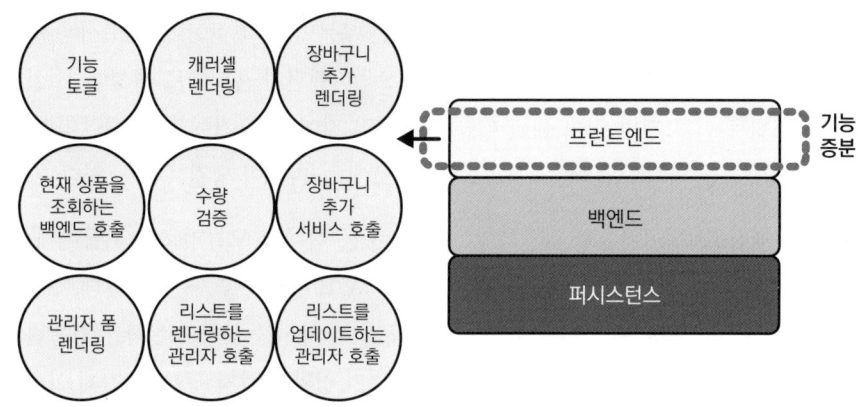

그림 6-9 프런트엔드의 수평 분할

캐러셀

캐러셀은 백엔드를 호출하여 유저가 선택한 매장에서 등록된 아이템을 타일 형태로 렌더링해야 한다. 각 타일에는 아주 기본적인 검사 로직이 구현된 수량 선택기와 클릭 시 다른 백엔드를 호출하는 **장바구니 추가** 버튼이 있다.

관리자 인터페이스

매장 관리자가 파트너 포털에서 리스트를 업데이트할 수 있도록 관리자 폼을 렌더링해야 한다. GET 호출을 해서 미리 폼에 현재 리스트를 채우고, 유저가 폼을 제출하면 인증된 PUT 요청을 트리거해서 콘텐츠를 업데이트한다.

기능 토글

새로운 기능을 모든 유저에게 바로 공개할 의도가 아니라면 바로 여기가 기능 토글을 넣기에 좋은 지점이다. 즉, 유저와 가장 가까이 맞닿은 레이어를 변경하는 것이다. 당장은 비활성화할 토글 밑에 캐러셀 디스플레이와 관리자 인터페이스를 감싼 뒤, 나중에 프로덕션에서 수동 테스트를 하면서 조금씩 릴리스하면 된다.

이때 토글을 잘 활용하면 유저 관점에서 최초로 프로덕션에서 수동 테스트를 할 수 있다. 그래서 전에는 안 보이던 백엔드와 DB 레이어의 문제점이 전혀 의외의 방법으로 UI를 사용하면서 수면 위로 드러난다(예 유저가 장바구니에서 아이템을 삭제하면 어떻게 되나?). 레이어 간의 상호의존성 문제가 다시 불거지면 일부 재작업이 필요한 부분이 생길 것이다. 그로서루 예제는 태스크를 완벽한 세 개의 수평 블록으로 분할하고 시스템 디펜던시 순서대로 재생했다. 실제로 태스크를 레이어별로 더 쪼개면 일이 훨씬 더 지저분해질 것이다. 요건이 늦게 전달되면 모든 레이어에 걸쳐 태스크를 다시 오픈해야 하므로 워크플로에 큰 파장이 생길 수밖에 없다.

하지만 더 큰 문제점은, 레이어별로 작업하다 보면 기능을 하나의 모놀리스로 취급하게 되고 하나의 기능만 토글할 수 있도록 코딩하게 되는 것이다. A/B 테스트를 하는 경우 테스트도 하나의 모놀리스로 다루어야 하는데, 어떤 기능의 선호도가 그 자신을 구성하는 작은 컴포넌트에 의해 영향을 받게 되면 유저가 왜 그 기능을 안 좋아하는지 정확히 알지 못한 채 전체 이니셔티브에 대해 잘못된 부정$^{\text{false negative}}$을 하게 된다.

지속적 배포를 실천하면 방금 전에 살펴본 것보다 훨씬 더 자주 릴리스할 수 있다. 따라서 다시 원점으로 돌아가 이 기능을 수직 분할하여 세분화한 배포의 장점을 살리는 방법을 알아보자.

6.4.5 수직 분할 구현

6.3절에서 언급했듯이, 라스트-미닛 아이템 캐러셀을 효율적으로 구축하려면 가능한 한 가장 단순한 형태로 줄여야 한다. 유저의 니즈에 꼭 필요하지 않은 기능은 일단 제거한다. 이런 기능은 나중에 조금씩 덧붙여도 된다. 이렇게 하면 수평 분할의 모든 어려움에서 벗어나 테스트, 릴리스를 더 세분화하여 수행할 수 있다. 만약 다른 방향으로 가야 할 것 같으면 피벗도 가능하다. 예제를 통해 자세히 살펴보자.

유저 스토리 1: 단순 캐러셀 추가

캐러셀은 다른 장식 없이 그냥 아이템 리스트를 표시하는 것이 가장 단순하다. **장바구니 추가** 버튼, 수량 선택기, 순위 로직, 관리자 폼 따위는 당장 관리자 포털에 없어도 된다. 이들은 모두 개선 항목에 해당할 것이다. [그림 6-10]은 MVP의 기본 인터페이스다.

1차 이터레이션에서는 간단히 매장 한두 곳의 초깃값을 테이블에 하드코딩한다(마케팅 팀에 협조를 구하면 이 기능을 요청한 매장 몇 군데서 리스트를 받을 수 있을 것이다). 유저가 아이템을 클릭하면 세부 정보 페이지로 넘어가고, 거기에서 카트에 아이템을 추가한다.

그림 6-10 1차 이터레이션 인터페이스

이런 기본 구현체만으로도 이미 유저의 주된 니즈, 즉 인터넷 쇼핑 중에 놓쳤을지 모를 사소한 구매를 상기시켜주는 기능이 충족됐음을 알 수 있다. 이후 돌연 예산이 삭감되어 전체 작업이 중단돼도 유저로부터 어떤 피드백이라도 받으려면 이 첫 번째 기능의 한 조각만이라도 프로덕션에 적용할 가치는 충분하다.

이 태스크는 다음과 같이 의미 있는 수용 기준을 추가한, 유저의 가치를 중심에 둔 유저 스토리로 표현할 수 있다.

> **요약**
>
> 나는 유저로서
> 내 주문을 완료하기 전 라스트-미닛 아이템을 한 번 더 확인하고 싶다.
> 혹시 내가 잊어버렸을지 모를 상품을 얼른 추가하기 위함이다.

> **수용 기준**
>
> 장바구니에 아이템이 담겨 있고,
> 현재 매장에 라스트-미닛 아이템이 구성되어 있다면,
> 내가 결제하려고 할 때,
> 현재 매장의 라스트-미닛 캐러셀이 표시되어야 한다.
> 장바구니에 아이템이 담겨 있고,
> 현재 매장에 라스트-미닛 아이템이 구성되어 있지 않다면,
> 내가 결제하려고 할 때,
> 다른 캐러셀 없이 일반 결제 페이지가 표시되어야 한다.

아주 일찍 고라이브를 해야 할 경우, 이 기본 구현체는 유저가 캐러셀에 흥미를 느끼는지 판단할 수 있는 파일럿이 될 것이다. 긴급 상황으로 인해 여기서 개발을 중단하더라도 최소한 이 기능은 그대로 유지할 수 있다. 다른 매장에 아이템을 구성하는 것은 그리 실용적이라 할 수는 없지만, DB에 아이템을 수작업으로 추가할 수 있는 개발자의 도움을 받으면 충분히 가능하다.

[그림 6-11]에서 보다시피, 작업 관점에서는 팀이 애플리케이션의 모든 레이어를 건드려야 하지만, 각 레이어를 구현하는 태스크는 비교적 간단하게 시작할 수 있다.

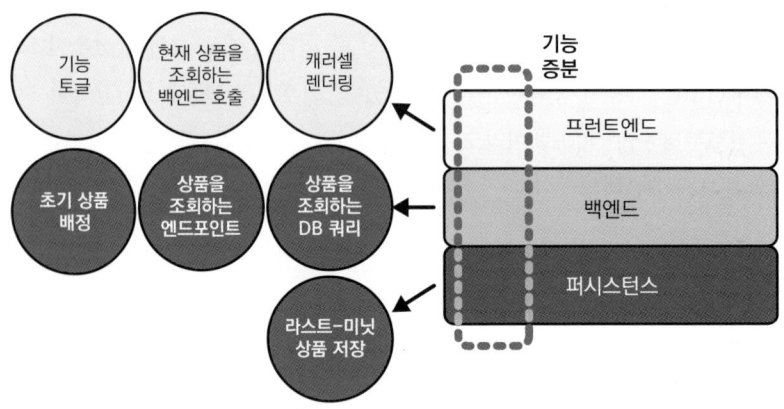

그림 6-11 1차 이터레이션 수직 분할

테이블이 있어야 하고 테이블에서 제품을 조회하는 엔드포인트가 필요하지만, 순위 지정이나 **기존 장바구니 추가** 동작의 업데이트, 심지어 아이템을 업데이트하는 엔드포인트도 지금은 염려

할 필요가 없다. 기능 토글과 제품을 조회하는 GET 호출, 그리고 기본적인 캐러셀 렌더링만으로 아주 간단하게 만들면 된다. 초기 제품은 테이블 생성 시 사용한 것과 동일한 DB 변경$^{database\ evolution}$[8]으로 추가한다.

기능 토글을 사용하면 전체 엔드투엔드 동작을 프로덕션에서 바로 수동으로 검증할 수 있다. 더 반가운 소식은, 토글을 우회하여 UI에서 기능을 트리거하는 엔드투엔드 테스트를 통해 이미 해당 기능이 커버된다는 사실이다. 따라서 데이터 형상이나 애플리케이션 레이어 간의 인터랙션에 대한 잘못된 가정을 훨씬 더 일찍 발견해서 개발 중에 바로잡을 수 있다.

작업량이 조금 많아 보일 수도 있지만, 이러한 반복적인 접근 방식 덕분에 기본적인 유저 스토리 하나만 구현해도 유저로부터 피드백을 바로 수집할 수 있다. 제품 소유자가 조기에 실험을 해보고자 한다면, 일부 유저에게 캐러셀을 즉시 활성화하여 관심도를 가늠할 수 있다. 대부분의 최신 기능 토글 프레임워크가 이런 기능을 제공한다. 심지어 하나 또는 서너 곳의 파일럿 매장에서만 토글이 활성화되도록 구성할 수도 있다.

조기에 실험을 수행하면 기능의 모양새를 완전히 바꿀 수도 있으므로 팀이 재작업을 하느라 희생할 소중한 시간과 노력을 아낄 수 있다. 새로 오픈한 기능에 유저가 별로 반응이 없거나 주의가 산만해져 결제 완료율이 떨어지는 부정적인 효과가 나타날 수도 있다. 이럴 때는 해당 기능을 포기하고 다른 제품 아이디어를 구상한다.

유저 스토리 2: 설정 가능한 캐러셀 만들기

1차 이터레이션은 유용했지만, 결코 완벽하다고 볼 수는 없다. 제품을 변경하기 위해 기존 DB를 점점 더 많이 변경하는 것은 출발점으로야 괜찮겠지만 실질적인 장기 전략과는 거리가 멀다. 따라서 우선순위에 따라 다음에 건드려야 할 부분은, 매장 관리자가 라스트-미닛 아이템을 관리하는 데 필요한 모든 것이 구비된 관리자 인터페이스다(그림 6-12).

---

[8] 옮긴이_ 원어 'database evolution'은 'DB 진화', 'DB 발전'이라고 직역할 수 있으나, 이 책에서의 의미는 DB에 생성된 테이블을 DDL 구문으로 바꾸거나 데이터를 적재하는 등의 '변경' 행위이므로 'DB 변경'이라고 옮깁니다.

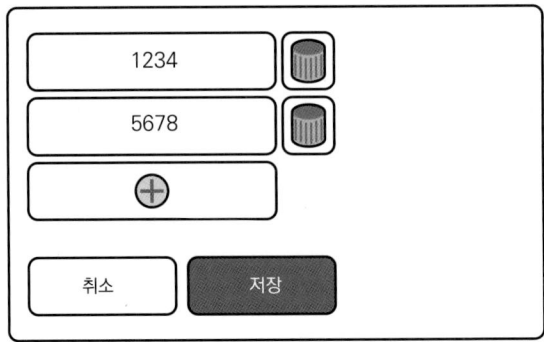

그림 6-12 2차 이터레이션 인터페이스

유저 스토리는 다음과 같다.

요약

나는 매장 관리자로서
내 매장에 라스트-미닛 아이템을 구성하고 싶다.
그로서루 팀에게 부탁하지 않고 나 혼자 직접 업데이트하기 위함이다.

수용 기준

관리자 포털에 로그인하고
내 매장의 대시보드에 가 보면
라스트-미닛 아이템이라는 추가 섹션이 표시되어야 한다.
그리고 여기에 상품을 추가/삭제할 수 있는 폼이 있어야 한다.
관리자 포털에 로그인하고
라스트-미닛 아이템 리스트에 상품을 추가하면
라스트-미닛 아이템 폼을 제출할 때
내 매장 결제 페이지에 해당 상품이 표시되어야 한다.
관리자 포털에 로그인하고
라스트-미닛 아이템 리스트에서 상품을 삭제하면
라스트-미닛 아이템 폼을 제출할 때
내 매장 결제 페이지에 해당 상품이 표시되지 않아야 한다.

이 작업 역시 애플리케이션의 여러 레이어를 업데이트해야 한다. [그림 6-13]에서 보다시피, 여기서는 백엔드 레이어와 프런트엔드 레이어가 그 대상이다. 수직 분할이라고 해서 모든 레이어를 다 고쳐야 하는 것은 아니다. 오히려 기술 스택의 어디에 있든지 가치 전달에 필요한 어떠한 변경이라도 하겠다는, 레이어에 구애받지 않는$^{layer-agnostic}$ 접근 방식이다.

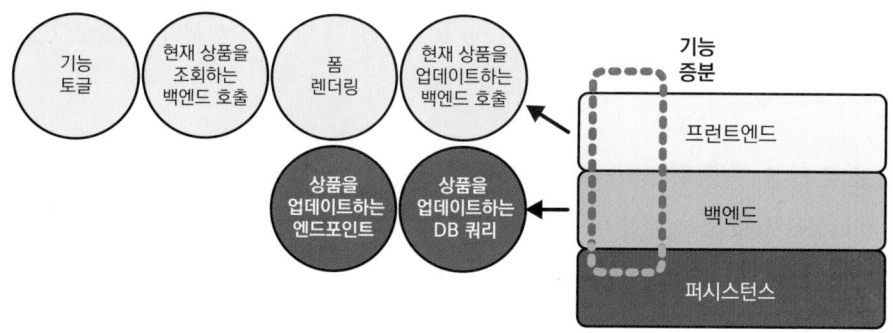

그림 6-13 2차 이터레이션 수직 분할

프런트엔드 쪽에서는 파트너 포털 내부에 새 폼을 표시할 새 탭을 렌더링해야 한다. 폼 자체는 유저에게 아이템을 서비스하는 동일한 GET 요청(이전 스토리에서 구현한 것과 동일한 요청)을 하여 현재 값들로 미리 채우면 되지만, 폼 제출 시 호출되는 PUT 엔드포인트는 새로 구현해야 한다.

이 인터페이스는 옛 태스크와 동일한 기능 토글 밑에 표시할 수도 있고, 필요하다면 별도의 토글로 조정하는 것도 가능하다. 예를 들어, 파트너에게 관리자 접근 권한을 조기에 부여하려면 별도의 기능 토글이 필요할 것이다. 이런 식으로 결제 페이지에서 유저에게 보이기 전에 미리 파트너가 자기 매장에서 기능 구성을 요리조리 시험해볼 수 있다.

그 과정에서 관리자 인터페이스의 문제점이나 잘못 생각했던 부분을 즉시 발견할 수 있다. 예를 들어, 대개 매장 관리자는 책상에 고정된 컴퓨터가 아닌 태블릿을 들고 매장을 돌아다니며 접속하는데, 온스크린 키보드$^{on-screen\ keyboard}$로 일일이 타이핑하는 과정에서 상당한 불편을 느낀다. 그래서 매장 주문량은 늘어날지 몰라도 이 기능을 잘 사용하지 않게 될 수 있다. 자동완성 검색을 지원하거나 카탈로그 디스플레이를 작게 하면 훨씬 더 간편하게 이용할 수 있을 것이다.

언제든지 별도의 기능 토글을 추가할 수 있는 이러한 자유로움 덕분에 제품 측면에서는 잦은 배포와 소규모 수직 분할의 조합을 통해 훨씬 더 많은 유연성을 확보할 수 있다.

물론, 수평 분할 솔루션을 이용해 여러 기능 토글을 추가할 수도 있지만, 이는 일반적으로 해당 기능 조각에 관한 모든 태스크의 설계 단계부터 미리 결정해야 하는 사항이다. 반면에 작은 기능을 하나씩 덧붙이면 이해관계자가 해당 기능이 엔드투엔드로 작동되는 모습을 확인하면서 여러 태스크 사이에 결정을 바로바로 내릴 수 있다. 가능한 한 마지막 책임 있는 순간에 내린 결정이 가장 많은 정보를 바탕으로 내린 결정이다.

유저 스토리 3: 원클릭 장바구니 추가

다음 이터레이션에서는 유저와 맞닿은 쪽에서 캐러셀의 사용성을 개선해보자. 각 아이템을 상세 정보 페이지에서 일일이 클릭하면서 장바구니에 넣는 형태는 유저의 결제 흐름을 방해하는, 바람직하지 않은 인터페이스다. UX 설계자는 유저가 결제를 막 마치려는 순간에 방해를 받으면 물건을 구매할 마음이 있다가도 사라져 페이지를 이탈할 가능성이 커진다고 지적할 것이다.

이 문제점을 개선하려면, [그림 6-14]처럼 아이템마다 **장바구니 추가** 버튼을 달아 유저가 리스트에 표시된 아이템을 간편하게 주문할 수 있는 인터페이스로 설계해야 한다.

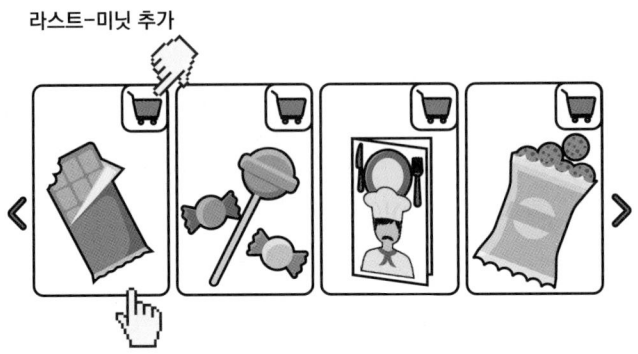

그림 6-14 3차 이터레이션 인터페이스

다음은 이번 이터레이션의 유저 스토리다.

> **요약**
>
> 나는 유저로서
> 라스트–미닛 아이템에 **장바구니 추가** 버튼이 달려 있으면 좋겠다.
> 결제 페이지와 상품 상세 페이지를 왔다 갔다 하지 않고 빠르게 주문하기 위함이다.
>
> **수용 기준**
>
> 장바구니에 아이템이 담겨 있고
> 내가 결제하려고 할 때
> 라스트–미닛 아이템에 **장바구니 추가** 버튼이 표시되어야 한다.
> 내가 라스트–미닛 아이템 캐러셀을 보면서
> **장바구니 추가** 버튼을 클릭하면
> 상품은 장바구니 추가되고
> 결제 페이지에 나와야 한다.

이렇게 변경하려면 애플리케이션의 세 레이어를 모두 업데이트해야 한다(그림 6–15).

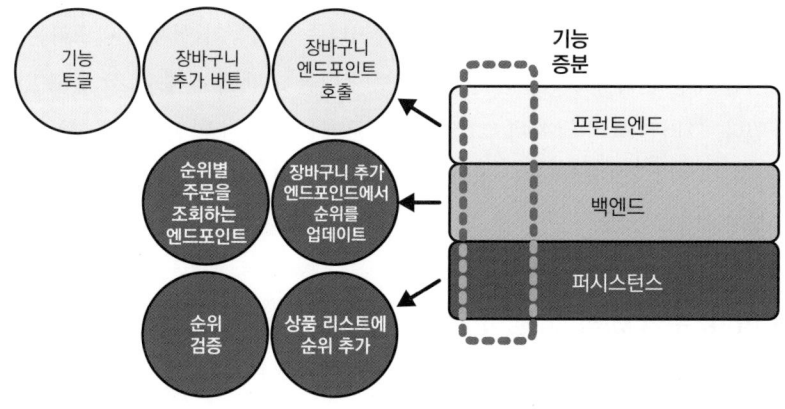

그림 6-15 3차 이터레이션 수직 분할

프런트엔드 레이어는 버튼 이미지를 렌더링하고 새 매개변수 source: last-minute-carousel 을 이용하여 기존 **장바구니 추가** 엔드포인트를 호출해야 한다. 또한 다른 **장바구니 추가** 진입점 은 다른 액션 소스를 전달하도록 업데이트해야 한다.

기존에 구현된 **장바구니 추가** 엔드포인트도 새 매개변수를 받도록 업데이트한다. **라스트-미닛 아이템**이 장바구니에 추가되는 경우에만 last-minute 테이블의 아이템 순위를 증가시켜야 하며, 이 순위에 따라 화면에 표시할 아이템을 정렬해야 하므로 GET 엔드포인트도 함께 수정해야 한다.

이제는 DB 레이어에서도 순위가 지원되어야 한다. 어떤 아이템이 장바구니 추가된 횟수(즉, 인기도)를 저장할 때 몇 가지 기본적인 데이터 무결성 체크가 필요하다.

이 기능이 이미 라이브 상태라면 새 버튼을 다른 별도의 기능 토글 밑에 두면 된다. 이렇게 하면 다른 나머지 모든 기능에 대해 영향을 미치지 않고, 새로운 개선사항을 따로 개발한 다음, 프로덕션에서 수동으로 테스트할 수 있다.

이제 개발이 완료되면 이해관계자들에게 버튼과 순위만 별도로 A/B 테스트를 할지, 아니면 그냥 토글을 켜서 개선사항을 진행 중인 실험에 포함시킬지 물어볼 수 있다.

그리고 나서 릴리스하면 순위 메커니즘의 성능에 대해 의사 결정을 할 수 있다. 예를 들어, 매장 관리자가 입력한 디폴트로 지정된 아이템 순서와 **인기 순위** 순서를 비교하는 A/B 테스트를 수행한 결과, 힘들게 구현한 새로운 인기 순위 메커니즘의 성능이 실제로 나쁘다는 사실이 밝혀졌다. 어쩌면 매장 관리자가 단순한 알고리즘보다 단골 고객에 대해 더 잘 알고 있기 때문에 그럴 수도 있다. 그러면 특정 날짜에 (그전까지는 구매율이 높지 않던) 계절 상품이 먼저 표시되도록 구성할 수 있을 것이다(겨울 내내 거의 주문이 없던 선크림이 6월에 갑자기 인기 상품으로 팔리는 것처럼).

유저 스토리 4: 수량 선택 후 장바구니 추가

마지막으로 추가할 기능은, 장바구니에 추가하기 직전에 아이템의 수량을 선택하는 **UX 슈가**sugar[9]다(그림 6-16). 수량을 선택하는 기능은 유저 흐름상 중요한 것은 아니며, 어차피 나중에 결제할 때 장바구니 수량을 늘려도 결과는 동일하다. 하지만 이 기능을 추가하면 평균 주문량이 증가할 가능성이 높다.

---

9 옮긴이_디자인의 외관을 향상시키기 위해 디자인에 추가되는 시각적인 장식 요소를 말합니다.

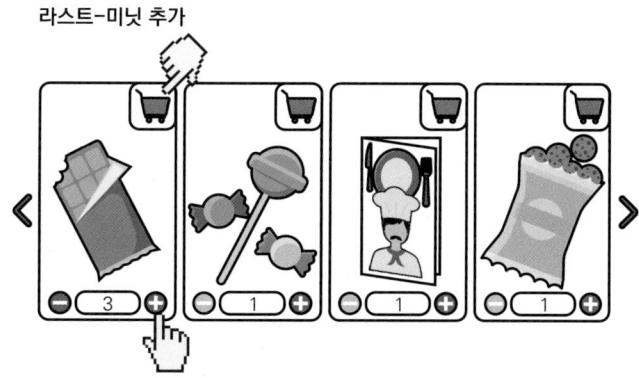

그림 6-16 4차 이터레이션 인터페이스

유저 스토리는 다음과 같다.

요약

나는 유저로서
한 번에 두 개 이상의 아이템을 라스트-미닛 아이템으로 추가하고 싶다.
장바구니 추가 버튼을 여러 번 클릭하는 일 없이 더 빨리 주문하기 위함이다.

수용 기준

장바구니에 아이템이 담겨 있고
내가 결제하려고 할 때
라스트-미닛 아이템에 수량 선택기가 표시되어야 한다.
그리고 선택기로(1~20 사이의) 수량을 지정할 수 있다.
라스트-미닛 아이템 캐러셀을 보고 있고
수량 선택기를 전혀 건드리지 않은 상태에서
장바구니 추가 버튼을 클릭하면
상품 한 개가 장바구니 추가된다.
내가 라스트-미닛 아이템 캐러셀을 보고 있고
수량 선택기에서 수량을 고친 상태에서
장바구니 추가 버튼을 클릭하면
장바구니 추가된 주문 수량이 선택기에 지정한 수량과 일치하고
선택기는 다시 1로 리셋되어야 한다.

현재 다른 기능은 다 구현되었으므로, [그림 6-17]처럼 프런트엔드와 백엔드를 약간 고쳐 수량 선택기만 추가하면 된다.

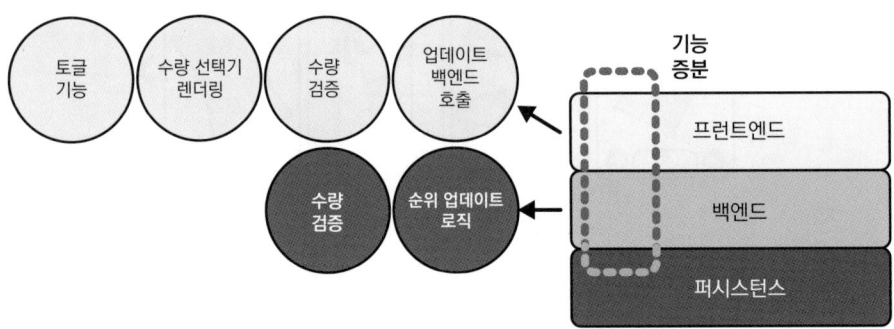

그림 6-17 4차 이터레이션 수직 분할

가장 큰 변경은 각 타일 내부에 수량 선택기를 렌더링할 프런트엔드 쪽에서 일어날 것이다. **장바구니 추가** 호출에도 수량 필드가 포함되도록 수정해야 한다.

백엔드에서는 장바구니에 하나 이상의 제품이 추가되는 부분을 고려하여 순위 로직을 업데이트해야 한다. 음수 또는 엄청나게 큰 숫자를 필터링하는 로직과, 해당 아이템의 재고 유무를 체크하는 로직도 함께 구현해야 한다.

다시 말하지만, 이해관계자들은 이 추가 기능이 다른 나머지 기능과 함께 묶어 선보여도 될 만큼 안전한지, 또는 별도 실험을 해봐야 할지 등의 결정을 해야 한다.

UI가 전보다 복잡해져 성능은 기대한 만큼 나오지 않을 가능성이 크다. 이 기능을 별도의 기능 토글 밑에 두면 아주 쉽게 제거할 수 있다. 그야말로 기능 토글을 끄면 되므로 다시 배포할 필요조차 없다. 사용성의 미세한 차이가 주문량에 큰 차이를 가져올 수 있으므로 이런 종류의 변경은 확실히 A/B 테스트를 수행할 가치가 있다.

후속follow-up A/B 테스트가 아무것도 구현되지 않은 **텅 빈** 현재 상태의 성능을 완전히 다 구현된 기능과 비교하는 것이 아니라는 점이 무척 흥미롭다. 캐러셀이 있으면 어떤 점이 좋은지는 한참 전에 입증됐지만, A/B 테스트를 해보면 동일한 전략이라도 실제로 다양한 버전의 UX를 세세하게 튜닝할 수 있다. 피드백을 얻는 수단은 훨씬 더 세분화되어 있고 반복적이며, 전체 작업 프로그램이 가치 유무를 검증하는 것은 물론, 범위를 좁혀서 해당 프로그램의 가장 좋은 변형을 대상으로 삼을 수도 있다.

이처럼 한 번에 하나의 **가치 있는 증분**valuable increment을 구축하는 방식으로 접근하면, 관련 메트릭을 통해 가치가 이미 전달된 것으로 입증될 경우, 작업의 일부만 완료되어도 팀은 작업을 중단시킬 수 있다. 수평 분할에서는 이렇게 할 수가 없다.

6.5 정리하기

그로서루 예제에서 설명했듯이, 예정된 작업을 수직 분할하면 지속적 배포 특유의 속도와 세분도를 최대한 활용할 수 있다. 작은 제품 증분을 재빨리 프로덕션에 반영할 수 있고, 사소한 고객 행동에 대해서도 독립적으로 해결이 가능하며, 런타임 기능 토글을 이용하여 아주 쉽게 결정을 내리거나 번복할 수 있다. 애자일 사고방식의 **계획을 따르는 것보다 먼저 변화에 대응하라**는 가치에 가장 가깝게 다가간 작업 스타일이다.

반면, 수평 분할은 자동 배포가 힘들고, 조기 프로덕션 테스트에 방해가 되며, 기능을 모놀리스로 다루기 때문에 얻는 신속한 배포의 이점을 제대로 누리지 못한다. 배포한 코드를 몇 주씩이나 유저에게 릴리스할 수 없다면 프로덕션에 코드를 배포하는 빈도는 중요하지 않게 된다.

무엇보다 지속적 배포는 엔지니어링 분야인 것은 맞지만, 이 프랙티스를 어떻게 제품 개발 프로세스에 녹여 팀 전체에 실질적인 비즈니스 가치를 창출할지는 각자 고민이 필요하다. 제품 소유자, 비즈니스 애널리스트 같은 비전문가들이 모인 부서에서 이 프랙티스를 이해하는 것은 투자 가치를 실현하는 측면에서 기본이다. 지속적 배포는 자신의 아이디어를 기술적으로 가능한 한 빨리 현실에 드러내는 것으로, 유저 행동처럼 미묘하고 난해한 것을 탐구할 때에는 일종의 초능력을 발휘한다.

CHAPTER 7

프로덕션 빌드

6장에서는 지속적 배포를 최대한 활용하는 백로그를 준비하는 일의 중요성을 알아보았다. 특히, 수직 분할으로 변경사항을 더 세분화하고 프로덕션으로의 점진적인 코드 업데이트를 잘 제어하는 방법을 설명했다.

수직 분할은 필요 조건이지만, 충분 조건은 아니다. 보통 우리가 수직 분할이라고 하면 새로운 기능 구현에 필요한 기능의 변경사항에만 집중하는 경향이 있는데, 변경 증분을 안전하게 프로덕션에 배포하려면 기능적인 변경 외에도 신경 쓸 부분이 많다. 또 눈에 띄지 않는 애플리케이션의 수많은 다기능 측면도 반드시 고려해야 한다.

다기능 요건^{Cross-Functional Requirement}(CFR)은 특정 기능에 묶여 있지 않지만 시스템의 올바른 작동에 꼭 필요한 시스템 요소다. [그림 7-1]은 CFR에는 어떤 것들이 있는지, CFR이 다양한 유저 스토리에 어떻게 걸쳐 있는지 나타낸 것이다.

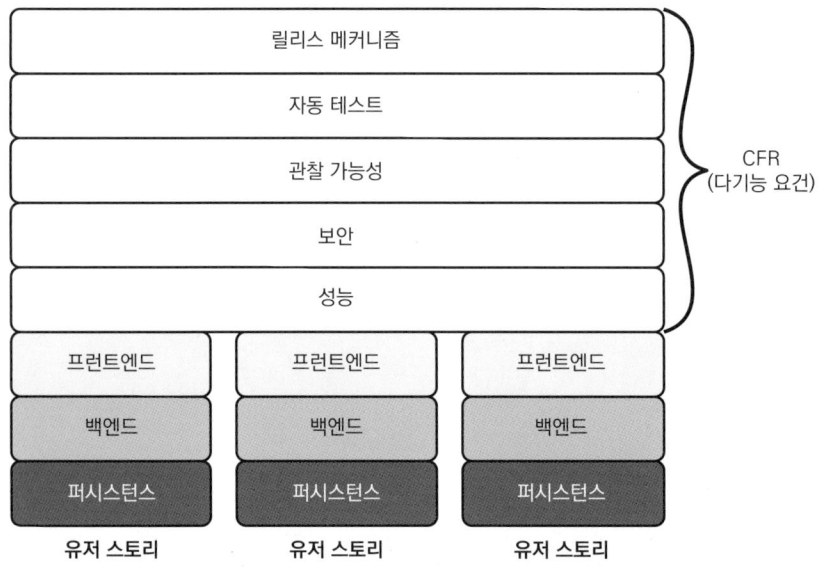

그림 7-1 유저 스토리와 CFR

CFR은 어떤 기능에도 매여 있지 않지만, 어떤 기능에 의해서라도 영향을 받을 수 있다. 프로덕션에서 코드를 변경하면 시스템이 얼마나 CFR을 잘 이행하는지 영향을 미칠 수 있으므로 새로운 기능을 개선하는 과정에서 신중하게 검토할 필요가 있다. 특히, 변경사항을 지속적으로 배포하는 워크플로에서 중요한데, 나는 개인적으로 CFR이 [그림 7-2]처럼 **수직 분할 케이크**의 부가 레이어extra layer라고 생각한다.

CFR이 될 수 있는 요소는 무궁무진하며, 프로젝트마다 가장 중요한 CFR은 그때그때 상황에 따라 결정된다. 이 장에서는 지속적 배포의 안전한 실천에 꼭 필요한 배포성, 테스트성, 관찰 가능성, 보안 및 성능에 집중한다. 이런 특성은 사실 대부분의 소프트웨어 제품에서 단골 손님이다.

지속적 배포 이전에는 기능 개발 프로세스가 끝날 때까지 CFR의 구현을 미루는 행위가 이론적으로는 (권장하지는 않지만) 가능했다(수직 분할 케이크를 냉동실에서 얼리는 것과 비슷하다). 그러나 이렇게 해도 참을성 없는 이해관계자가 CFR의 우선순위를 낮추거나 그대로 방치하기 일쑤였고, 그러다 나중에 추가하면 코드를 재설계해야 해서 비용이 더 드는 경우가 많았다.

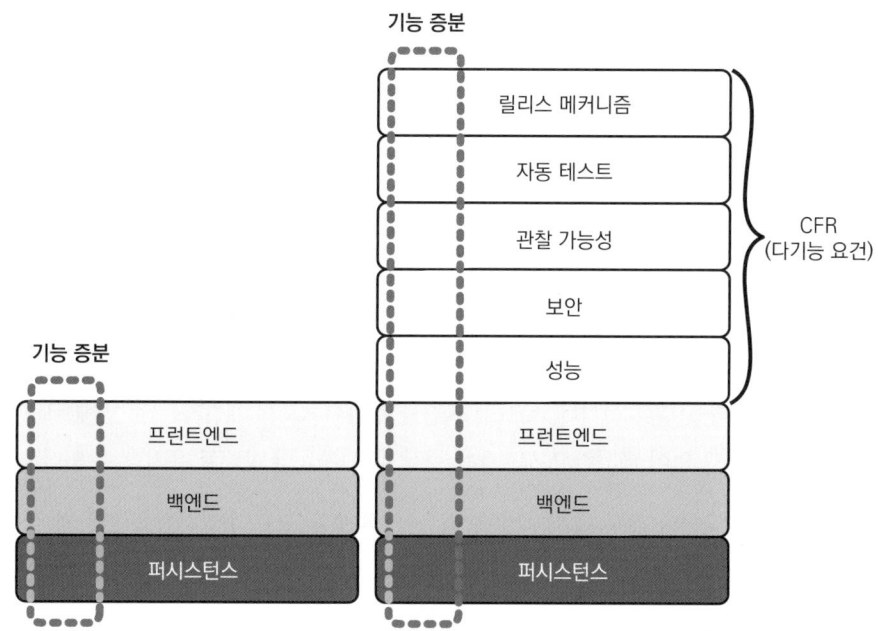

그림 7-2 기능 증분의 전체 레이어

지속적 배포에서는 이런 접근 방식이 더 이상 통하지 않는다. 모든 기능 증분이 프로덕션에 안전하게 반영되려면 처음부터 프로덕션 레디 상태로 출발해야 한다. 그러려면 우선 제품 백로그를 개선하는 일부터 시작해야 한다. 유저 스토리를 준비하고 다듬을 때 수용 기준에 맞추려는 것만큼 CFR에도 그만큼 정성을 들여야 한다.

유저 스토리의 핵심 가치는, 요건과 유저의 니즈를 소통하기 위해 체계적인 포맷을 제공하는 것이다. 유저 스토리는 팀 내부 토론의 자리표시자placeholder다. 어떤 CFR은 상당히 기술적으로 보일 수 있지만, 여기서 포인트는 유저 스토리를 토론의 토큰처럼 활용해서 이해관계자 및 제품 소유자가 결정에 참여하도록 유도하는 일이다. 사실, 제품 백로그의 지속적인 개선은 개발, QA, 제품 부서 간의 협업을 통해 이루어져야 하며, 지속적 배포를 할 때는 이러한 협업이 더욱 긴밀하게 추진되어야 한다.

이와 관련하여 이 장에서는 여러분에게 몇 가지 프롬프트를 제공한다. 먼저 앞서 언급한 주요 CFR을 자세히 살펴보고 구현 단계로 나아가기 전에 CFR을 어떻게 논의해야 할지 예시한다. 이로써 여러분의 팀에서도 좀 더 포괄적인 대화가 오가고, 그래서 좀 더 종합적인 유저 스토리와 구현체로 귀결되길 희망한다. 결국, 프로덕션 시스템은 딱 제품 백로그만큼만 건강할 뿐입니다.

7.1 배포성 요건

이 책의 제목을 생각하면 당연히 내가 언급할 첫 번째 CFR은 시스템의 배포성이다. 새 코드를 아무리 멋지게 짜도 지속적 배포 환경에서 작업하는 개발자가 롤아웃에 확신이 없으면 코드를 트렁크에 통합하느라 고생할 것이다. 배포성 요건을 추가함으로써 개발자는 첫 번째 코드 라인부터 변경사항을 차질 없이 계획하고 시스템을 항상 배포 가능한 상태로 유지할 수 있다.

예를 들어, 기능 토글이나 확장/축소 패턴을 적용할 때 모든 코드 변경사항을 별도의 실행 브랜치로 어떻게 묶을지 신중하게 계획해야 한다. 이는 최초 커밋을 할 때부터 매듭지어야 할 문제다.

태스크에 따라 배포성을 계획하는 몇 가지 전략을 알아보자.

7.1.1 기능 토글로 숨기기

기능 토글은 진행 중인 작업을 안전하게 배포하기 위해 가장 많이 쓰는 도구지만 제품을 릴리스하는 도구로도 사용되므로 몇 가지 추가로 고민할 부분이 있다.

새로운 최상위 토글

새로운 최상위[top-level] 토글은 큰 기능의 일부인 첫 번째 유저 스토리에 적용할 수 있다. 이 전략은 토글하려는 기능이 애플리케이션 동작에 가시적으로 영향을 미치고 다른 모든 기능과 독립적인 경우에 선택한다. 첫 번째 유저 스토리에는 애플리케이션의 어느 레이어에 토글이 추가되는지 명시한다. 토글은 동작이 점점 분기하기 시작하여 새로운 실행 경로가 필요한 최외곽 애플리케이션 레이어에 하나만 두는 게 이상적이다. 그래야 나머지 코드가 if 문으로 더럽혀지지 않을 것이다.

새로운 최상위 토글 밑의 모든 변경사항은 처음에는 토글을 꺼서 숨겼다가 프로덕션 환경에서 테스트를 수행한다. 이때가 유저 스토리 완료 이후 해당 기능을 릴리스할지, 아니면 기다려야 할지 논의하기에 딱 좋은 시기다.

토글의 라이프 사이클은 개별 유저 스토리를 벗어나 계속 이어질 수 있으므로 기능이 완전히 고라이브된 다음에 토글을 정리하는 것이 좋다. 즉, 릴리스가 현재 유저 스토리의 일부가 아니면, 백로그에 추가 태스크를 만들어 옛 토글을 제거(또는 에픽의 마지막 스토리에 포함)할 필요가 있다. 어떤 팀은 게시판에 **정리** 컬럼을 따로 만들어 해결하기도 한다.

이런 오버헤드 탓에 토글은 유저에게 동작을 숨기고 싶을 때 사용하는 게 최선이지만, 더 간단하게 관리할 수 있는 일상적인 리팩터링에는 사용하지 않는 것이 좋다. 코드베이스의 상당 부분을 재설계 중이고 성능 등이 우려된다면 토글을 릴리스 전략으로 선택하는 것이 제어와 안전을 더 많이 확보할 수 있으므로 합리적이다. 내가 일하던 팀에서는 기존 인프라 컴포넌트를 새 것으로 교체(**예** 카프카에서 SQS로 변경)하는 경우에도 토글을 사용했다. 이 역시 또 다른 **리팩터링** 시나리오다.

새로운 중첩 토글

중첩 토글nested toggle은 기존 기능의 증분에 해당하는 유저 스토리에 흔히 사용된다. 어떤 이해관계자는 기본 기능과 그 증분을 따로따로 릴리스하는 방식을 선호하는데, 이럴 때 메인 토글 밑에 중첩 토글을 추가하면 현재 증분에만 영향을 미친다. 메인 토글을 끄면 메인 토글을 끄면 중첩 토글(ON/OFF 어느 쪽이든) 밑에 있던 모든 기능이 숨겨진다.

덕분에 전체 파트를 독립적으로 유연하게 릴리스할 수 있지만, 그만큼 복잡해진다. 특히, 중첩 레이어가 여럿 존재하면, 중첩 토글 때문에 코드베이스가 지저분해질 수 있다. 또 조심하지 않으면 상이한 토글을 조합하면서 버그가 생길 가능성이 있고, 제품 기능의 모든 파트에 대해 여러 번 실험을 반복해야 하는 릴리스 오버헤드도 수반된다.

중첩 토글은 독립적인 마이크로릴리스microrelease에는 아주 강력한 기능이지만, 신중하게 사용하기 바란다. 이를테면, 나의 경우 중첩 토글은 2단계 이상 깊이 두지 말고, 언제나 철저한 자동 테스트를 통해 모든 ON/OFF 조합을 테스트하라고 권고한다.

이 규칙을 잘 지키면 중첩 토글의 라이프 사이클과 그 부모 토글의 라이프 사이클이 서로 일치할 것이다. 해당 기능과 그 증분 전체를 고라이브하면 전체 토글은 한 번에 모두 정리할 수 있다.

기존 토글 밑에 추가

기존 기능을 증분하는 또 다른 방법은, 그냥 기존 토글 밑에 간단히 변경사항을 추가하는 것이다.

간단한 전략이지만, 이렇게 하면 기반 기능의 릴리스와 신규 증분의 릴리스가 단단히 커플링된다. 메인 토글 밑의 코드가 모두 안정적이고 프로덕션에서 잘 작동하는 것으로 확인되면 그때 고라이브한다. 이런 이유로 예상보다 공수가 더 많이 드는 경우에는 지연될 수 있고, 작업은 이미 다 끝냈는데 나중에 고라이브하기로 결정되면 팀은 강제로 변경사항을 되돌릴 수밖에 없다. 이 모든 트레이드오프는 개선 시점에 충분한 논의가 필요하다.

이 전략은 새로운 증분을 따로 릴리스 또는 A/B 테스트할 필요가 없거나, 규모가 너무 작아 전체 기능에 별다른 영향을 미칠 일이 없는 때 가장 적합하다. 새로운 토글이 없기 때문에 정리 작업은 따로 필요 없다.

지금까지 설명한 세 가지 기능 토글 전략은 각기 다른 시점에 사용할 수 있다. 릴리스 간의 커플링이 얼마나 바람직한지(또는 그렇지 않은지)에 따라 선택은 달라질 것이다(그림 7-3).

그림 7-3 토글 전략과 릴리스 커플링의 관계

7.1.2 확장/축소 패턴으로 숨기기

확장/축소 패턴(3장)은 개발 도중 코드베이스를 배포 가능한 상태로 유지하는 데 특효약이다. 나는 이 패턴을 대규모 리팩터링 작업을 할 때 자주 활용한다. 리팩터링은 결국 제품 백로그의 태스크가 되기 때문에 여기서 확실히 짚고 넘어갈 필요가 있다.

사실, 리팩터링을 한다고 해서 기능 토글이 제공하는 유연성과 복잡성이 전부 다 필요한 것은 아니다. 이미 고라이브된 동작을 **유저에 의해 테스트**할 필요는 없기 때문이다. 그래서 큰 규모의 계획된 리팩터링 티켓에 (특히 리팩터링이 여러 시스템에 걸쳐 있는 경우) 이 전략을 대신 사용할 수 있다. 확장/축소 패턴을 사용하면 개발자는 강제로 많은 변경을 일으키지 않고 점진적으로 리팩터링할 수 있다.

3장에서 말했듯이, 이 패턴은 리팩터링하려는 프로듀서 시스템의 기능을 (현재 있는 그대로 리팩터링하는 대신) 임시로 복제한다. 컨슈머를 옛 버전에서 새 버전으로 단계적으로 탈바꿈시키려는 의도다. 이 복제는 프로듀서 인터페이스의 일시적인 **확장**expansion을 나타내며, 리팩터링의 깊이에 따라 여러 방법으로 수행할 수 있다.

프로듀서의 인터페이스를 확장시키기 위해 대체 프로듀서 시스템을 만들거나, 사용 중단된 deprecated API를 대체할 동등한 기능의 API를 제공하거나, API 로직 내부에 대체 필드를 두거나, 여러 포맷이 지원되도록 필드 타입을 제네릭화하는generify[1] 등의 방법을 주로 사용한다.

이런 전략은 장기간에 걸친 리팩터링에 돌입하기 전에 팀 내부적으로 충분한 협의가 필요하다. 이 문제는 다음 하위 절에서 더 자세히 이야기하겠다. 나는 개별 시스템에 초점을 두겠지만, 여기서 **시스템**이라는 용어를 **함수**나 **클래스**로 바꾸면 코드 레벨의 리팩터링에도 적용할 수 있음을 알아두자.

대체 시스템

대체 시스템alternative system을 제공하는 것은 가장 광범위한 확장 전략이다. 사실상 전체 프로듀서를 복제하는 방법으로, 모든 클라이언트가 옛 시스템에서 새 시스템으로 이동할 때까지 계속 두 시스템을 가동시키는 것이다. 기존 서비스를 리팩터링하는 것보다 처음부터 서비스 전체를 재작성하는 것이 더 저렴하기 때문에 레거시를 불용하거나, 경쟁 업체 또는 동등한 인프라(예 두 종류의 서로 다른 큐)를 교체하는 경우에 가장 일반적인 전략이다.

기존 코드는 건드리지 않고 완전히 새로운 컴포넌트를 생성하므로 기존 동작에 미치는 영향도는 거의 없다. 가장 깔끔하게 옛 컴포넌트를 새 컴포넌트로 옮기는 방법이다. 여러분도 예상하겠지만, 개발 비용이 가장 많이 들어서 거의 사용되지 않는 방법이기도 하다.

고가의 개발 비용이 드는 이유는 전체 시스템의 교체 때문만은 아니다. 데이터 동기화 문제도 있다. 현재 프로듀서 시스템에 데이터가 저장되어 있으면, 모든 클라이언트가 새 둥지로 옮길

---

1 옮긴이_ 타입을 매개변수로 받도록 수정하여 타입 자체를 매개변수화(parameterization)하는 것입니다.

때까지 새 시스템과 데이터를 백그라운드로 동기화하거나, 데이터 전환을 하는 도중에 클라이언트에 임시로 이전 코드를 만들어 두 시스템 간에 자기 데이터를 계속 복사해야 하는 어려움이 있다.

대체 작업

기존 프로듀서 시스템에서 작업을 하면서 옛 시스템을 대체할 완전히 새로운 작업[operation]을 제공하는 전략이다. 즉, 이름이 다른 새 HTTP 엔드포인트, 새 DB 테이블, 새로운 타입의 큐 또는 메시지, XML 피드의 새 엔티티 등을 준비하는 것이다.

이렇게 하면 리팩터링하려는 기능으로 향하는 진입점이 완전히 중복되어, 원한다면 구현체를 처음부터 재작성할 수 있으므로 기존 로직에는 거의 영향을 미치지 않는다. 하지만 DB 액세스 등의 일반적인 작업은 기존 코드를 재사용해야 할 수도 있는데, 일부 구현체는 중복될 수밖에 없으므로 작업을 진행하면서 기존 기능에 영향이 없도록 주의해야 한다.

이 전략은 정말 단순해서 많이 쓰이지만, 옛 API와 새 API 간의 이름 변경[renaming] 프로세스가 번거로운 단점이 있다. 이를테면, HTTP 엔드포인트에 이 전략을 구사하면 엔드포인트 명을 두 번 이상 변경해야 할 수도 있다. 예를 들어, GET /product라는 엔드포인트가 있다면, GET /product-new로 복제 후 다시 GET /product로 돌아가야 할 수 있다. 이벤트명과 메시지명도 마찬가지다. 이 문제는 버저닝으로 어느 정도 해결은 가능하지만, 막상 버저닝을 하기 시작하면 옛 버전을 꽤 오랫동안 지원해야 하는 등의 탐탁지 않은 프랙티스가 조장되어 코드베이스 작업이 더 어려워질 수도 있다.

대체 필드

대체 필드[alternative field]를 사용하여 동일한 작업을 하면서 다른 필드를 받거나 생성함으로써 프로듀서 시스템의 인터페이스를 확장하는 전략이다. 예를 들면, JSON 응답 페이로드에 새 필드를 추가하거나, 테이블에 새 컬럼을 추가할 수 있고, 이벤트나 메시지 바디에 새 필드를 추가하거나, XML 태그에 새 애트리뷰트[attribute]를 추가할 수도 있다.

프로듀서 시스템이 클라이언트가 보낸 새 필드를 받는 경우(쓰기 작업), 새 버전으로 이전되지 않은 클라이언트는 새 필드를 보내지 않기 때문에 처음에는 이 필드가 없을 수도 있음을 감안해야 한다. 즉, 널 값을 허용하거나, 이미 전달 또는 저장된 기존 데이터를 갖고 값을 계산할 수 있어야 한다.

이와 달리, 프로듀서가 클라이언트에게 새 필드를 만들어 보내는 경우(읽기 작업)는 아주 간단하다. 컨슈머 자신이 모르는 새로운 필드는 우아하게 무시하면 그만이다.

이 전략도 대체 작업만큼이나 구현하기 간단하고 비용도 싼 편이지만, 몇 가지 중요한 차이점이 있다. 동일한 API를 바로 수정하므로 명칭 변경 문제는 없어서 좋지만, 그래서 기존 코드와 한데 뒤엉킬 위험이 더 커지는 단점이 있다.

필드 타입의 제네릭화

필드 타입을 제네릭화하면 프로듀서 시스템의 계약을 확장하여 동일한 기능의 동일한 필드에서 일시적으로 다른 타입의 데이터를 받을 수 있다. 즉, 함수나 메서드의 시그니처에 보다 제네릭한 타입의 필드를 선언하는 것이다. 예를 들어, 다양한 날짜 포맷(포맷이 지정된 날짜 또는 유닉스 타임스탬프)을 문자열 타입으로 받거나, 정수나 소숫점 형식의 숫자(달러 또는 센트 단위의 가격)를 데시멀^{decimal} 타입으로 받는 식이다.

프로듀서 시스템이 제네릭한 필드를 사용하면 쓰기(예 한 레코드에 있는 다양한 타입의 날짜를 받음), 읽기(예 다양한 타입의 ID로 레코드 조회 가능) 모두 새로운 타입의 값을 지원하면서 원래 처리 로직도 그대로 유지해야 한다. 내부적으로 어떤 타입의 값을 처리해야 하는지 감지하고 변환하는 임시 로직은 구현해야 한다. 차후 모든 클라이언트가 새 필드 타입을 사용하게 되면, 일시적으로 느슨하게 만든 타입 제약 조건을 다시 엄격하게 적용하면 된다(예 문자열 대신 날짜 객체 사용).

이 전략은 계약을 수정할 필요가 없으므로 변경 흔적은 최대한 덜 남지만, 버그(예 데이터가 새 포맷에 속하는지 옛 포맷에 속하는지 제대로 감지하지 못해 클라이언트가 실수로 옛 포맷을 사용) 위험이 높고 코드 가독성이 떨어진다.

이 전략은 **리팩터링이 기존 기능에 미치는 영향도를 줄이려고 할수록 시스템에서 복제해야 할 표면적은 더 커진다**는 규칙을 잘 나타낸 사례다. 변경에 투입하는 노력을 줄이면 그만큼 더 위험해질 것이다(그림 7-4).

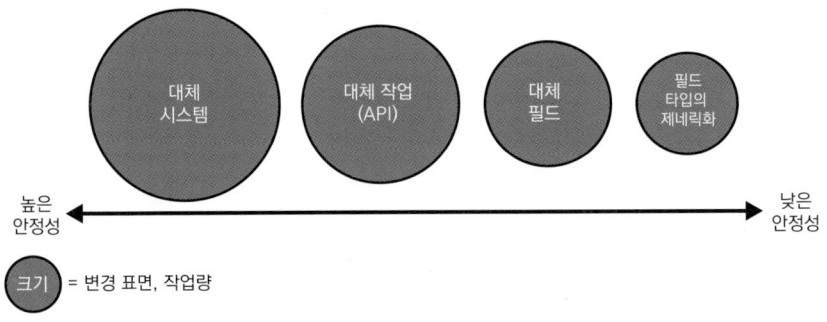

그림 7-4 확장/축소의 표면적과 안정성의 관계

나의 경우엔 이 스펙트럼의 중간에 위치한 전략, 즉 대체 작업, 대체 필드 전략으로 계약을 리팩터링한 적이 제일 많지만 대체 시스템 전략에 따라 레거시 시스템 전체를 다시 만든 프로젝트에도 참여한 바 있다. 다른 개발자를 간섭하지 않는 가장 간단한 임시방편이라는 점에서 필드 타입의 제네릭화 전략의 단순함을 최대한 활용한 적도 있다. 인생의 모든 선택이 다 그렇듯이, 트레이드오프를 잘 따져보고 결정하면 된다.

7.1.3 버전 관리 브랜치 안에 숨기기

어떤 태스크는 너무 침습적이라서 청크로 나누기 어렵고, 전체 코드베이스를 통째로 복제하지 않는 한 대체 실행 브랜치로는 불가능할 때가 있다. 애플리케이션 전체에 통용되는 기본 라이브러리나 프레임워크 업데이트(예 새 버전의 프런트엔드 프레임워크)가 그렇다.

이런 태스크는 아주 많은 파일이 변경되기 때문에 수명이 긴 브랜치에 의존할 수밖에 없는 예외적인 경우다. 즉, 변경 작업이 완료된 이후에만 테스트 및 배포가 가능하다. 영향을 받는 파일이 전부 업데이트되기 전에는 컴파일, 빌드가 안 되는 애플리케이션도 있다. 다시 말해, 그린 상태가 될 때까지 커밋들이 새 브랜치에 계속 쌓일 가능성이 높기 때문에 지속적인 프로덕션 배포는 일시 중단되는 전략이다.

다행히 이런 시나리오는 매우 드물다. 어쩔 수 없이 그런 일이 생긴다면 끔찍한 통합 이슈로 골치를 썩지 않기 위해서라도 동일한 코드베이스에서의 여타 모든 작업은 중단시켜야 한다. 이 문제는 팀 게시판 및 이터레이션 속도 예상치에도 반영되어야 한다.

7.1.4 숨김 해제

유저 스토리 중에는 유저가 보게 되더라도 기능 토글까지 할 만한 가치는 전혀 없는 것들도 있다. 예를 들면, 아주 사소한 외관 변경이 그렇다. 버그 픽스도 대개 토글 없이 릴리스된다.

이 배포 전략은 가장 단순하지만 가장 위험하다. 숨김 해제된 변경사항을 푸시한다는 것은 배포가 곧 릴리스라는 뜻이며, 만약 예상대로 작동되지 않으면 팀이 알아서 롤백이나 되돌려야 한다는 뜻이다. 이 프로세스는 런타임 토글을 끄는 것보다 오래 걸리므로 최악의 시나리오를 감안하여 반드시 변경 영향도를 최소화해야 한다.

또 이 전략을 지속적 배포와 함께 사용할 경우, 모든 변경사항은 단일 커밋(또는 단일 머지)으로 끝내야 한다. 변경 세트가 계속 불어날 가능성이 있다면 결코 바람직한 결과를 기대하기 어렵고, 결국 시스템을 빠르게 배포할 수 없게 될 것이다.

7.1.5 파이프라인 일시 중지

자동 테스트나 기능 토글만으로는 제대로 커버하기 어렵고 프로덕션 이전에 다른 환경에서 수동으로 검증해야 하는, 애플리케이션에서 취급하기 아주 까다로운 부분에 영향을 미치는 변경 사항도 있다. 애플리케이션의 하부 인프라를 변경하는 작업이 그렇다(예 오토스케일링 매개변수값, DB 구성 등의 변경).

이럴 때 안전하게 배포하려면, 프로덕션에 자동 배포하지 않고 프리프로덕션에서 파이프라인을 중지시켜 수동 검증을 하는 방법이 유일하다. 수명이 긴 브랜치와 마찬가지로 코드의 지속적 배포는 중단될 수밖에 없으므로 작업을 시작하기 훨씬 전부터 팀 내부적으로 논의가 필요하다.

이 책의 도입부에서 말했듯이, 리스크를 줄이기 위해 커밋과 배포의 비율은 가능한 한 일대일에 가깝게 맞춰야 한다. 그러므로 이 릴리스 전략을 구사한다면 프리프로덕션에서 성공적인 수동 테스트를 구성하는 요소를 비롯하여 파이프라인을 즉시 중지 해제^{unpause}할 수 있는 명확한 경로가 필요하다.

하지만 수명이 긴 브랜치가 필요한 변경사항과 마찬가지로, 이런 종류의 태스크도 아주 드문 편이다. 돌이켜보건대, 나도 이런 상황에 처해 있다고 생각했었지만 나중에 리스크가 낮은, 작은 태스크들로 나눌 수 있다는 사실을 깨닫게 된 사례가 얼마나 많은지 모른다. 예를 들어, 전체 퍼시스턴스 레이어를 인메모리에서 외부 레디스 인스턴스로 완전히 바꿔야 했던 적이 있었다. 코드베이스 곳곳을 뜯어고쳐야 해서 처음에는 모든 코드와 인프라를 한꺼번에 변경하는 것 외에는 달리 방법이 없었다. 그러려면 파이프라인을 일시 중지하고, 프리프로덕션에서 작동 여부를 철저히 테스트한 다음, 빅뱅 배포를 수행해야 했다.

그러나 고심 끝에 인메모리 스토리지와 레디스를 동시에 실행하고 기능 토글을 사용하여 둘 사이를 왔다 갔다 할 수 있다는 사실을 알게 되었다. 덕분에 자동 배포를 계속 진행하면서 토글의 보호 하에 레디스에 접속하는 새 코드를 조금씩 구축할 수 있었다. 빅뱅 배포를 안 해도 됐고 QA 유저 한 사람에게만 토글을 켜서 프로덕션에서 레디스 읽기/쓰기 테스트를 수행했다. 이는 내가 항상 팀원들에게 파이프라인을 일시 중지하기 전에 다른 방법은 없는지 다 알아본 이후에 결정하라고 권고하는 이유를 보여주는 좋은 예다.

7.2 테스트성 요건

유저 스토리를 작성하고 다듬는 작업은 지속적 전달 초기에, 팀에 QA 기능을 도입할 좋은 기회다. 특히 지속적 배포를 하게 되면 개발 이후 테스트 자동화를 추가할 만한 시간대가 (거의) 없기 때문에 더더욱 그렇다.

4장에서 설명했듯이, 다기능 팀은 지속적 배포를 위해 조직 전체적으로 반드시 필요한 전제 조건이다. 사내 모든 QA 엔지니어가 외부 게이트키퍼 집단에 소속되어 있는 것과 반대로, QA 기능은 팀에 완전히 통합되어야 한다. 단, 팀 내 QA 기능이 엔드투엔드 테스트의 큐레이션만 담당하는 **하위 팀**subteam 역할인 경우 아직 완전한 다기능이라고 볼 수 없다. 테스트 커버리지는 **사후**after the fact가 아닌, 기능에 따라 원자적으로 적용돼야 하므로 이 두 가지 설정은 지속적 배포에 해당되지 않는다.

완전한 다기능 팀에서는 QA 담당자가 개발자, 제품 소유자와 함께 일할 수 있다. 이들은 새로운 태스크의 테스트를 기존 품질 전략에 어떻게 맞출지 조언하고, 개발자가 테스트를 작성하고 기존 테스트를 유지 보수하도록 지원하며, 개선 프로세스에 어떤 종류의 상위 자동화가 이루어져야 하는지 유용한 인사이트를 제시한다.

7.2.1 고수준의 자동 테스트

QA의 입력이 많은 가장 확실한 영역은 인수 테스트, 컴포넌트 테스트, 계약 테스트, 엔드투엔드 테스트 등의 고수준의 자동 기능 테스트다. 이는 팀이 일반적인 단위 테스트 상위로 얼마나 많은 레이어를 두는지에 따라 조금씩 달라진다.

QA는 예정된 태스크에 알맞은 레이어가 무엇인지, 유저 스토리가 새로운 레이어를 필요로 하는지 판단할 수 있다.

또 QA는 테스트 인프라의 어느 파트를 새로운 스토리에 맞게 업데이트해야 하는지 부각시키는 데에도 도움을 준다. 예를 들어, 새로운 외부 시스템의 호출 코드를 추가할 때마다 컴포넌트 테스트용 스텁stub을 새로 만들어야 할 수도 있고, 신기능을 적용하려면 새로운 테스트 데이터를 준비해야 할 수도 있다.

이 모든 일은 유저 스토리에 노트로 포함시킬 수 있는데, 특히 아웃사이드-인 TDD 방식으로 작업 중인 개발자가 자신의 구현체를 가이드하는 올바른 종류의 테스트를 작성하는 데 유용하다. 물론, QA는 개발자가 미리 정의된 테스트를 직접 작성하도록 유도하기보다 기술적 가이드라인과 지원을 하는 것이 바람직하다.

7.2.2 수동 탐색 테스트

결국, 어떤 기능이든 로컬이나 프로덕션, 또는 두 곳에서 어떤 식으로든 사람이 테스트하게 될 것이다. 따라서 원하는 동작을 어떻게 트리거하는지, 필요한 설정은 무엇인지(예 테스트 데이터를 만들 수 있나), 그리고 시스템에서 관찰 가능한 효과는 무엇인지 잘 기록해두면 도움이 된다.

어떤 탐색 테스트든지 스토리의 수용 기준을 엄격하게 준수해야 하며, 이 단계에서 테스트를 실행하는 방법을 반영하면 유저 스토리를 유의미하게 분할했는지 검증할 수 있다. 예를 들어, 프로덕션에서 수동 테스트로 동작 검증이 불가하다면, 이는 현재 유저 스토리가 그 자체로 아무 가치도 전달하지 못함을 스스로 증명한 셈이다.

7.3 관찰 가능성 요건

4장에서 배웠듯이, 관찰 가능성과 알림은 일급 시민으로 간주하여 코드베이스가 진화함에 따라 항상 최신 상태로 유지해야 한다. 애플리케이션 코드보다 뒤처지지 않으려면 이 두 요건의 관리를 유저 스토리에 포함시키는 게 좋다.

7.3.1 로그와 메트릭 관리

우선, 새로운 기능이 새로운 로깅과 메트릭을 필요로 하는지, 아니면 기존 로깅과 메트릭의 의미가 달라지는지 등을 잘 따져봐야 한다. 변경 이후에 기존 로그와 메트릭(예 카운터와 타이머)이 무용지물이 될 수도 있기 때문이다.

이런 구체적인 내용까지 유저 스토리에 추가하면, 가령 특정 에지 케이스를 WARN과 ERROR, 둘 중 어느 것으로 나타내는 게 최선일지 등을 반영할 수 있다. 이로써 에지 케이스의 의미에 대해 더 의미 있는 논의가 이루어져 유저 스토리의 품질이 전반적으로 향상된다.

이런 부분을 미리 정해놓고 시작하면, 개발자가 관찰 가능성을 일급 관심사로 보고 함수와 클래스를 작성하게 되며, 나중에 로그와 메트릭을 욱여넣을 필요가 없으므로 긍정적이다. 이로써 코드 전체를 통틀어 책임 분담이 되고, 마지막 순간에 제대로 테스트가 안 된 로깅과 메트릭을 추가하는 일 또한 사라질 것이다.

끝으로, 각 유저 스토리에 로그와 메트릭을 추가하면 프로덕션에서 수작업 또는 카나리 릴리스를 통해 기능을 테스트할 때 해당 기능의 동작을 관찰할 수 있는 여러 다른 도구를 활용할 수 있다.

7.3.2 대시보드와 알림 관리

로그와 메트릭이 있는 곳이면 어디든 대시보드와 알림이 뒤따른다. 대시보드와 알림은 애플리케이션 코드에 내장되어 있지 않고 멀찍이 떨어져 있기 때문에 잊어버리기 쉽다. 모든 유저 스토리의 **완료** 상태를 정의할 때 이 둘을 포함하는 습관을 잘 들이면 최신 상태를 유지하는 원동력이 될 것이다.

유저 스토리에 따라서 대시보드와 알림은 작은 업데이트만 필요할 수 있고, 업데이트 자체가 필요 없을 수도 있으며, 프로덕션 시스템을 관찰하는 방법을 완전히 재구성해야 할 수도 있다. 어떤 경우든지 변경사항이 조금씩 고라이브되면 배포 이후 어떤 차이점이 있는지 확인할 수단이 마련되어야 한다. 사실, 대시보드를 바라보는 행위도 프로덕션 테스트의 일부가 되어야 맞다. 그래야 유저 관점에서 기능이 잘 작동하는지 확인할 수 있을 뿐만 아니라, 기능이 트리거되면 로그와 메트릭이 남게 되어 나중에 장애가 생기면 바로 알림을 받아볼 수 있다.

7.4 보안 요건

코드를 프로덕션에 배포한 후에 지킨다는 것은, 몇 시간 밖에 나갔다가 다시 돌아와 집 대문을 잠그겠다는 말과 같다. 아예 잠그지 않는 것보다야 낫지만 무모한 도박이나 다름없다.

따라서 보안 역시 개발 도중 시프트 레프트해야 할 영역이다. 자동 배포를 할 때는 특별히 더 그렇다. 아무리 우수한 코드 스캐닝 도구가 있어도, 유저 스토리를 정의하면서 보안을 고려해야 많은 골칫거리를 없애고 뭔가 크게 잘못될 위험을 줄일 수 있다.

백로그를 다듬는 과정에서 일반적인 고려사항을 리뷰하면 처음부터 안전하게 배포를 시작해서 나중에 다시 작업해야 할 가능성을 크게 줄일 수 있다. 이 절에서는 상습범으로 종종 지목되는 몇 가지 항목을 소개한다.

7.4.1 새로운 유저 입력

유저 입력이 시스템에 유입되거나, 기존에 유저가 생성한 데이터를 표시하는 새로운 채널을 만들어야 하는 태스크가 있다. 어떤 종류의 유저 입력이든지 적절히 소독을 안 하면 새로운 공격 벡터에 노출될 수 있으므로, 팀은 어떤 유형의 소독이 필요한지, 애플리케이션의 어느 지점에서 그 작업을 해야 할지 논의해야 한다. 간단한 예를 들면, 새로운 폼이 화면에 표시되는 유저 스토리라면 최소한 인젝션 공격 injection attack 정도는 고민해야 할 것이다.

7.4.2 새로운 데이터 저장

유저가 생성한 데이터를 취급할 때 데이터를 받아 표시하는 일만 신경 쓰이는 게 아니라, 스토리지 시스템에 저장된 데이터, 또는 전송 중인 데이터 역시 모두 취약하다는 점도 고민해야 한다. 옛 시스템에는 없던 새로운 유저 생성 데이터를 저장하는 작업을 한다면 적어도 다음과 같은 몇 가지 중요한 질문에 답해야 한다.

우선, 이 데이터는 예전 스토리지에 있던 데이터보다 더 민감한가, 아니면 덜 민감한가? 예를 들면, 전에는 그런 일이 없었는데 갑자기 이번에 개인 식별 정보$^{Personally\ Identifiable\ Information}$(PII)를 저장하게 된 경우라면 스토리지 구현체를 재고해볼 필요가 있다. 민감 데이터를 저장하려면 스토리지 메커니즘의 보안을 강화해야 하며, 저장된 데이터와 전송 중인 데이터에 암호화 솔루션을 적용하는 등의 준비 작업이 필요할 것이다.

PII는 어떤 정보(예 이메일 주소, 이름, 성씨)라도 절대로 로그에 남겨서는 안 된다는 등의 제약이 있다. 또 데이터를 쉽게 찾을 수 있어야 하며, 유저 요청 시 삭제가 가능하도록 CCPA, GDPR 같은 규정을 준수해야 한다.

가용성^{availability}도 생각해야 한다. 내가 구축하는 시스템이 앞으로 우리 회사에서 진실 공급원이 되는가, 아니면 다른 곳에 있는 메인 시스템의 데이터를 형태만 다르게 보여주기만 하면 되나? 마이크로서비스 아키텍처라면 일부 데이터 중복은 불가피하며 심지어 권장하기도 한다. 내가 만드는 시스템이 우리 회사에서 앞으로 저장하게 될 새로운 데이터의 주요 원천이라면, 스토리지 메커니즘의 중복성과 정기 백업 등 가용성 보장에 필요한 예방 조치는 했는지 살펴야 한다.

스토리지 메커니즘이 있어도 더러 문제가 발생하는 경우도 있다. 예를 들어, 새로운 국가의 고객을 기존 기능에 온보딩하는 경우가 그렇다. 나라마다 고객 데이터 보안에 관한 법률과 규정이 상이하므로 기능 자체는 있는 그대로 선보이더라도 새로운 시장에 릴리스하려면 저장하는 방법(이나 위치)을 바꿔야 할 수도 있다.

7.4.3 새로운 디펜던시

새로운 프레임워크나 라이브러리를 도입하는 것 역시 보안 측면에서 영향을 받게 되는 또 다른 경로다. 타사가 개발한 모든 코드는 언제라도 새로 탐지된 익스플로잇[exploit2]의 먹잇감이 될 수 있다. 팀은 새로운 디펜던시를 도입하기 전에 충분히 시간을 들여 신뢰성을 확인해봐야 한다. 나도 처음에는 원하는 기능이 정확히 구현된 괜찮은 라이브러리를 찾았다고 생각했는데, 한참 지난 후에 과거 10년 동안 한 번도 패치된 적이 없던 라이브러리로 밝혀져 당황스러웠던 기억이 헤아릴 수 없이 많다. 일일 트랜잭션이 수백만 건 발생하는 대기업 고객용 시스템을 구축 중이라면 그런 디펜던시는 삼가는 게 상책이다. 유저 스토리를 시작하기 전에 이런 부분을 자세히 확인하는 시간을 보냈기에 누군가가 폐기한 펫 프로젝트[pet project3]를 프로덕션 코드의 디펜던시로 추가하는 아찔한 상황을 모면할 수 있었다.

라이브러리 유지보수가 잘 되는 활성화된 커뮤니티도 거대한 전이적 디펜던시[transitive dependency4]를 왕창 빌드 시스템에 가져오는 경우가 있다(npm이 대표적인 예다). 새로운 전이적 디펜던시는 새로운 보안 취약점의 원천이 될 수 있고, 버전을 패치하거나 오버라이드하면 통제 불능 상태가 되기 쉽다. 이 모든 것이 팀에 막대한 오버헤드를 유발하여 결국 여러 라이브러리의 버전을 계속 캐치업하거나 믹스 앤 매치[mix and match]를 해야 한다. 실제로 나는 디펜던시를 최신 상태로 유지하는 장기적 비용이 코드를 직접 구현하는 비용보다 훨씬 더 많이 드는 경우도 봤다.

7.4.4 새로운 인프라

새로운 유저 스토리 때문에 현재 사용 중인 클라우드 제공업체에 새로운 인프라를 설치해야 할 때도 있다. 나의 지인 중 한 사람도 트래픽 폭증에 대비해 EC2 인스턴스를 신규 구성했다가 외부에 완전 오픈한 상태로 방치했다. 결국, 몇 분도 안 되어 크롤러가 이 인스턴스를 발견해 비트코인 채굴기로 만들어 버렸다.

클라우드 서비스를 만지작거리다가 인프라와 스토리지를 잘못 구성해서 회사의 귀중한 자산이 외부에 노출되는 일이 많다. 뭐든 새로 프로비저닝할 때는 항상 퍼미션에 대해 철저한 사전 조사를 해야 하며, 그래야 내 지인이 정보 보호팀 사람들에게 쩔쩔매며 사정했던 것과 같은 난처한 일을 겪지 않게 될 것이다.

---

2 옮긴이_ 컴퓨터의 소프트웨어나 하드웨어 및 컴퓨터 관련 전자 제품의 버그, 보안 취약점 등 설계상 결함을 이용해 공격자의 의도된 동작을 수행하도록 만들어진 절차나 일련의 명령으로, 스크립트, 프로그램 또는 특정한 데이터 조각입니다.

3 옮긴이_ 개발자가 개인적인 관심사나 학습 목적으로 여가 시간에 대충 만들어 배포한 프로젝트입니다.

4 옮긴이_ 내가 사용 중인 라이브러리에 의해 간접적으로 포함된 의존 관계입니다(예: A → B → C).

7.5 성능 요건

성능은 까다로운 주제다. 처음부터 성능이 좋은 시스템을 만들기도 어렵거니와, 성능 문제는 대부분 프로덕션에서 발생하므로 테스트(및 복제)하기도 어렵다.

하지만 보안과 마찬가지로, 상습범 리스트를 만들어 두었다가 예정된 태스크와 관련이 있는 것들을 메모하는 정도는 가능할 것이다. 이런 식으로 가장 확실한 이슈를 먼저 챙겨 재설계에 소요되는 시간을 최소화할 수 있다.

7.5.1 새로운 네트워크 요청

성능에 영향을 주는 흔한 요인 중 하나로, 아웃바운드 네트워크 요청이 추가로 필요하게 된 상황이 있다. 네트워크 요청을 동기식으로 하면 당연히 애플리케이션이 대기하게 되면서 응답 시간이 늘어난다. 팀은 가능한 한 작업을 모두 병렬로 수행하고 요청 스레드가 너무 오래 기다리지 않도록 프로그래밍 언어의 병렬화 메커니즘을 숙지해야 한다. 가끔은 애플리케이션 코드를 전면 재구성해야 할 수도 있다.

그러나 요청의 병렬화는 빙산의 일각일 뿐이다. 스레드 풀 크기, 최대 오픈 파일 수, 네트워크 소켓 수 같은 리소스 제약도 감안해야 한다. 네트워크를 집중적으로 사용하는 애플리케이션은 리소스 사용률이 다운스트림 애플리케이션의 응답 시간에 더 크게 좌우되므로 매우 불안정해지기 쉽다. 특히 처음에 많은 트래픽을 수신하는 경우, 새로 호출하는 시스템에서 어느 정도의 응답 시간이 예상되는지 파악하는 일이 중요하다. 성능이 도저히 안 나오면 캐시로 시스템을 보호하거나, HTTP 아닌 프로토콜로 바꿔야 할 수도 있다.

동시에 다양한 실패 모드도 고려해야 한다. 새로운 다운스트림 시스템이 중단되거나 굉장히 느려지면 무슨 일이 생길까? 타임아웃을 공격적으로 설정하고 오류 처리를 정교하게 하는 식으로 자기 방어를 할 수도 있고, 다운스트림 시스템이 재가동될 때 트래픽 과부하가 걸리지 않게 보호할 수도 있다. 서킷 브레이커circuit breaker(회로 차단기)[5]와 벌크헤드bulkhead[6] 같은 복원성 패

---

[5] 옮긴이_ 시스템의 일부가 고장나거나 비정상적인 동작을 할 때, 그 영향을 다른 부분으로 확산시키지 않도록 차단하는 패턴으로, 주로 소프트웨어 시스템의 안정성을 높이기 위한 디자인 패턴을 의미합니다.

[6] 옮긴이_ IT 시스템에서 부하 분리와 격리를 위한 디자인 패턴으로, 주로 내결함성(fault tolerance)과 고가용성을 확보하기 위해 사용됩니다. 'Bulkhead'라는 용어는 원래 선박의 격벽을 뜻하는 용어로, 선박이 침몰할 때 일부 구역을 물로부터 격리해 선박 전체가 침몰하는 것을 막는 구조물입니다.

턴resilience pattern을 고려해야 한다.

캐시는 아웃바운드 네트워크 호출의 스트레스를 줄이려고 많이 쓰는 패턴이지만, 새 기능을 구현하면 캐시 자체에도 영향을 줄 수 있다. 예를 들어, 이 기능 때문에 캐시의 히트율hit ratio과 미스율miss ratio이 달라질 수 있고, 캐시 무효화를 더 자주 해야 할 수도 있다. 새로운 작업을 계획할 때 이런 부분도 빠짐없이 반영되어야 한다.

7.5.2 데이터 크기

네트워크 호출을 다룰 때 또 다른 골칫거리는 처음에 전송해야 하는 데이터 양이다. 응답 크기가 감당할 수 없을 정도에 이르면 아무리 성능이 우수한 애플리케이션도 병목의 늪에 빠질 것이다.

예를 들면, 새로운 유저 스토리에 대량의 리소스를, 네트워크를 통해 전송해야 하는 요건이 있는지 잘 판단해야 한다. 그래야 리소스 제한을 어떻게 설정할지, 페이지네이션pagination[7]이나 지연 로딩lazy loading[8] 패턴 중 어느 쪽이 최선일지 파악할 수 있다.

문제 자체가 불분명한 경우도 있다. 어떤 시스템이든 처음에는 작은 데이터로 시작하지만, 시간이 지나면서 걷잡을 수 없이 커져 페이지네이션이 필요하게 될 수도 있다. 미래를 정확히 예측하기란 애당초 불가능하므로 나는 조기 최적화premature optimization에 회의적이다. 하지만 데이터 양을 너무 낙관적으로 예측하면, 수년 후 유저들이 로딩이 너무 오래 걸린다고 불평하게 될 것이다. 이 지경이 되면 기능을 변경하기가 아주 힘들다. 예를 들어, 소매 업종에서 주문 데이터가 계속 늘어나고 제품 카테고리 데이터가 어느 정도 적당한 크기로 유지될거란 기대는 합리적이다. 하지만 특정 제품 밑에 달린 댓글은 어떨까? 이커머스 인기가 좋아질 거라 보고 페이지네이션을 해야 할까, 아니면 유저들이 남의 리뷰에는 별로 관심이 없을 거라 봐야 옳을까?

이런 질문에 정답을 찾기는 쉽지 않으므로 제품 소유자와 함께 머리를 맞대고 논의하기 바란다. 제품 소유자는 시간이 지남에 따라 데이터가 어떻게 늘어날(또는 안정적으로 유지될)지 가장 잘 알고 있으므로, 과대 최적화over-optimizing와 과소 최적화under-optimizing 사이의 균형을 찾는 데 도움이 될 것이다.

---

[7] 옮긴이_ 웹 애플리케이션에서 대량 데이터를 여러 페이지로 나누어 화면에 표시하는 기법입니다.
[8] 옮긴이_ 초기 로딩 속도를 빠르게 하고, 불필요한 데이터 로딩을 줄이기 위해 어떤 리소스를 필요할 때까지 로드하지 않다가 실제로 사용하는 시점에 로드하는 기법입니다.

7.5.3 퍼시스턴스 레이어

애플리케이션을 느려지게 할 또 다른 원흉은 퍼시스턴스 레이어로, 여기는 그야말로 성능 세상의 축소판이라고 할 만하다.

새로운 유저 스토리에는 새 테이블/컬렉션이 포함되고, 기존 테이블/컬렉션을 상대로 새로운 쿼리나 업데이트를 수행할 가능성이 높다. 팀은 이런 컬렉션이 얼마나 증가할지, 쿼리는 어떻게 이루어지는지, 읽기/쓰기 비중은 어느 정도인지 기본적으로 알고 있어야 한다. 기존 데이터를 변경하는 경우도 마찬가지다. 그래야 인덱스 생성 같은 간단한 최적화부터 데이터 반정규화 denormalization[9] 같은 복잡한 성능 최적화까지 선제적으로 대응할 수 있다. 한 술 더 떠서 읽기 저장소와 쓰기 저장소를 아예 미리 분리해놓는 팀도 있다.

마지막으로, 어떤 새 기능은 상당히 영향도가 커서 데이터 저장소 자체의 형상에 영향을 미칠 수 있다. 예를 들어, 샤딩sharding[10]을 하거나 레플리카replica(복제된 저장소) 수가 늘어나는 경우가 그렇다.

7.6 (좀 더) 완전한 유저 스토리 템플릿

이 장 앞부분에서 말했듯이, 유저 스토리는 팀 내부 토론을 위한 자리표시자로 사용해야 한다. 그래서 나는 전통적인 수용 기준에 앞서 살펴본 핵심 CFR도 함께 포함된 유저 스토리 템플릿을 즐겨 쓴다. 그래야 논제의 범위가 확대되어 지속적 배포를 안전하게 수행하는 데 유용한 모든 대화를 이끌어낼 수 있다. 대부분의 유저 스토리는 모든 CFR을 깊숙이 논할 필요가 없지만, 리스트를 꼼꼼히 살펴보고 관련성이 떨어지는 항목을 명시적으로 인지하는 것만으로도 마음에 평화가 깃들 것이다.

나는 그 동안 일했던 대부분의 팀에서 다음의 템플릿을 조금씩 바꿔 사용해왔다. 이 템플릿은 백로그 개선 프로세스 초기에 난제를 밝혀내는 데 큰 도움이 되었고, 결국 지속적인 프로덕션 배포를 좀 더 자신 있게 수행할 수 있는 밑거름이 되었다.

---

9 옮긴이_ DB 성능을 최적화하기 위해 정규화된 데이터를 일부러 중복 저장하거나 테이블 구조를 변경하는 기법입니다.
10 옮긴이_ DB나 스토리지 시스템에서 수평적 스케일링(horizontal scaling)을 위해 데이터를 여러 개의 작은 부분으로 나누어 분산 저장하는 기법입니다.

요약

나는 〈유저〉로서
〈하고 싶은 일〉을 하고 싶다.
〈달성하려는 목표〉를 하기 위함이다.

수용 기준

〈전제 조건〉인 상태에서
〈액션〉을 하려고 할 때
〈결과〉가 되어야 한다.

배포성

〈기능 토글, 확장/축소 등〉

테스트성

〈자동 테스트 관련 참고 사항〉
〈프로덕션에서 수동 테스트는 어떻게 하나?〉

관찰 가능성

〈로그 및 메트릭 관련 참고 사항〉
〈대시보드 및 알림에 주는 효과〉

보안

〈새로운 유저가 들어오고 나가는가? 새 데이터는?〉
〈전에 없던 디펜던시가 생겼나?〉

성능

〈새로운 쿼리나 업데이트는? 새 데이터의 크기는 어느 정도인가?〉
〈새로운 네트워크 요청이 있나?〉

이 템플릿을 유저 스토리의 청사진으로 활용하면 기능 요건의 충족은 물론, 초기 배포부터 테스트 가능하고, 효율적이며, 안전한 기능으로 구성된 제품 백로그를 만들 수 있을 것이다.

7.7 예제: 그로서루 유저 스토리에 CFR 추가

이번에는 방금 전 제시한 유저 스토리 템플릿에 따라 그로서루 앱의 라스트-미닛 아이템 기능에 해당하는 유저 스토리에 CFR 정보를 추가하는 방법을 알아보자. 그로서루 예제가 잘 기억나지 않는 독자는 6장을 다시 읽어보기 바라며, 이론에만 관심이 있는 독자는 이 절을 건너뛰어도 좋다.

지금부터 네 개 하위 절에 걸쳐 6장에서 작성한 모든 예제 유저 스토리에 대해 배포성, 테스트성, 관찰 가능성, 성능, 보안 요소를 살펴볼 것이다. 겉보기엔 아주 간단할 것 같지만, 테스트, 보안, 릴리스의 정글 속으로 들어갈수록 점점 더 많은 디테일이 하나씩 튀어나올 것이다. 이 모든 요소를 **시프트 레프트**하여 논의한다면, 개발자가 프로덕션에 최초로 배포하는 순간부터 모든 다기능 영역을 염두에 두고 작업을 진행할 수 있다.

7.7.1 유저 스토리 1: 단순 캐러셀 추가

6장에서 말했듯이, 첫 번째 유저 스토리는 기능의 MVP로, 테스트 매장에서 하드코딩된 아이템만 선택할 수 있는, 스크롤 가능한 캐러셀이 표시된다(그림 7-5).

그림 7-5 1차 이터레이션 인터페이스

배포성 요건

새로운 기능을 소개하는 이 유저 스토리의 배포 전략은 모든 변경사항을 새로운 최상위 기능 토글 밑에 넣는 것이 적합하다. 토글을 통해 프로덕션에서 기능을 안전하게 배포하고 시험해보는 것이다. 필요 시 이 토글을 사용하면 초기 릴리스와 A/B 테스트 실행도 할 수 있다.

테스트성 요건

기존 결제 흐름에 새 인터페이스가 추가되므로, QA는 캐러셀까지 커버할 수 있도록 테스트를 확장할 방법을 권고해야 한다. 이때 토글을 켠 상태와 끈 상태를 모두 테스트할 방법을 논의해야 하며, 기존의 시각적 회귀 테스트와 스크린샷 테스트에 새 레이아웃을 적용할 수 있도록 업데이트하는 방안도 모색해야 한다.

캐러셀을 서비스하는 엔드포인트를 커버하는 API 테스트도 새로 만들어야 한다. 라스트-미닛 아이템을 화면에 표시하려면 시스템에 새로운 데이터를 추가해야 하는데, 테스트 캐러셀이 빈 상태로 보이지 않게 하려면 (실제 데이터든, 스텁 데이터든) DB에 테스트 데이터를 준비해야 한다. QA는 별난 에지 케이스 값들이 포함된 예제 데이터셋을 마련하는 방법에 대해서도 조언을 해야 한다.

프로덕션에서 탐색적 테스트를 하는 관점에서 최소한 하나의 매장에는 예제 데이터를 생성해야 한다. 그래야 개발자, QA 누구든 직접 토글을 켜고 예상대로 기능이 작동되는지 직접 확인할 수 있다. 팀은 나중에 이 데이터를 정리해야 한다는 메모를 어딘가에는 남겨둔다.

관찰 가능성 요건

새로운 캐러셀에 알맞은 메트릭을 새로 준비해야 한다. 예를 들면, 아이템을 서비스하는 엔드포인트의 응답 시간, 엔드포인트 오류율(예 2XX 응답 코드, 4XX 및 5XX 오류 코드) 등이다.

오류의 구성 요소가 무엇이고, 어떤 응답을 유효하다고 볼 것인지 논의가 필요할 수 있다. 예를 들어, 5XX 상태와 대부분의 4XX는 아주 간단히 짚어낼 수 있지만, 404는 상당히 일반적인 상황을 뭉뚱그려 나타낼 수 있다(예 현재 매장에서 찾는 아이템이 하나도 없는 경우에도 404 리턴). 팀원들끼리 의견을 나눠보면 어떤 경우에 각각의 상태 코드를 리턴해야 할지 재검토하게 될 것이다(예 찾는 아이템이 없는 경우에도 200을 리턴하기로 결정).

이런 것들은 프로덕션에서 기능이 제대로 작동하는지 확인하고 계속 성능을 관찰하는 데 도움이 되는 기술적 메트릭이다. 하지만 비즈니스와 관련된 몇 가지 중요한 메트릭도 추가해야 한다.

백엔드에서는 요청당 리턴되는 아이템 수를 메트릭으로 생각해볼 수 있다. 이로써 빈 캐러셀과 채워진 캐러셀이 어느 정도 비율로 화면에 표시되는지 흥미로운 그래프를 그려볼 수 있을 것이다. 유저에게 표시되는 캐러셀의 평균 크기도 계산할 수 있다. 이런 데이터는 나중에 UX/UI를 고려할 때에도 유용하게 쓰인다. 프런트엔드에서는 클릭률$^{\text{Click-Through Rate}}$(CTR)을 통해 유저 참여도^{engagement}를 가늠해보고 싶을 것이다. 무엇보다 실제 주문까지 이어지는 라스트-미닛 아이템을 추적할 수 있어야 실제로 (애당초 이해관계자가 캐러셀을 도입했던 동기인) 평균 주문 수량이 이 기능의 영향을 받았는지 측정할 수 있다.

모든 메트릭은 대시보드에 표시돼야 한다. 팀은 기존 대시보드에 새 그래프와 차트를 추가할지, 아니면 해당 기능만의 전용 대시보드를 신설할지 결정해야 한다. 기존 대시보드에서 노이즈를 줄이는 것과 기능의 모니터링 결과를 팀에 가시적으로 보이는 것 사이의 트레이드오프를 잘 생각해야 한다.

대부분의 메트릭에는 알림이 수반되어야 한다. 일단, 오류나 레이턴시가 짧은 시간 내에 급증하는 것처럼 간단한 문제부터 시작하면 된다. 리턴된 캐러셀 중 빈 캐러셀의 비율이 높거나, 조회 수 및 클릭 수가 0으로 떨어지는 것처럼 기능에 뭔가 이상 징후가 있음을 보이는 여타 유의미한 항목도 알림을 고려해야 한다. 이 중에는 토글이 아직 꺼진 상태이고 아직 아무도 이 기능을 사용하지 않는 상태에서도 즉시 알림이 전달되는 까다로운 항목이 있을 것이다. 팀은 이런 항목을 처음부터 넣을지, 아니면 나중에 넣을지 결정해야 한다.

보안 요건

이 유저 스토리는 캐러셀을 렌더링할 뿐, 유저 입력이 없고 모든 요청은 읽기 전용이다. 따라서 보안 측면에서는 대체로 안전하다고 볼 수 있겠지만, 개발자는 바퀴를 다시 발명하는 식으로 처음부터 캐러셀 컴포넌트를 구현하기보다는 기존에 있던 라이브러리를 사용하고 싶을 것이다.

유저 스토리 디테일에서 몇몇 합리적인 선택을 강조하거나, 알려진 취약점, 업데이트 빈도, 유지보수 인력, 문서화 등 선택의 기준이 되는 항목을 정할 수도 있다. 또한 배포 라이프 사이클에서 라이브러리가 어떻게 업데이트되는지 명시하고, 많은 전이적 디펜던시를 가져오는 라이브러리인지 (그리고 그런 디펜던시에도 알려진 취약점이 있는지) 잘 살펴야 한다.

성능 요건

그로서루의 활성 유저 수는 50만 명 정도이며, 분당 요청 수는 1,000개, 분당 주문 수는 20건이다. 아주 거대한 플랫폼은 아니지만, 성능 문제가 생기면 상당한 시스템 장애 및 손실이 불가피한 규모다.

신설된 라스트-미닛 캐러셀은 전체 애플리케이션에서 가장 크리티컬한 결제 흐름 영역에 표시된다. 첫 번째 유저 스토리에서는 캐러셀을 페이지의 나머지 부분과 비동기 렌더링하여 전체 페이지 로딩 시간을 줄이고 종착점에 이른 고객이 이탈하지 않도록 신경을 써야 한다.

하지만 비동기 로딩을 하면 레이아웃 시프트$^{layout\ shift}$ 현상[11]이 발생하여 페이지 성능 메트릭(특히, 누적 레이아웃 시프트$^{Cumulative\ Layout\ Shift}$(CLS))이 나빠질 수 있다. 이 문제는 로딩 도중 페이지에 자리표시자를 넣는 요건을 추가하면 해결할 수 있다.

캐러셀 엔드포인트의 성능과 관련하여, 데이터를 가져오는 DB 쿼리와 리턴되는 페이로드 크기라는 두 상습범이 있다. 쿼리가 너무 느리게 실행되면 인덱스를 추가하거나 데이터 일부를 반정규화하여 조인 횟수를 줄인다. 또한 쿼리에서 리턴되는 아이템 수를 적당한 디폴트 값으로 제한하면 실수로 수백 개의 제품을 리턴하는 구성 오류를 방지할 수 있을 것이다. 대부분의 화면에서 캐러셀의 페이지 크기, 그리고 고객이 캐러셀의 새 페이지에서 화면 스크롤을 하게 될 가능성 등을 예측하여 얻은 값을 설정하면 된다.

매장별 제품을 캐시하면 응답 시간을 줄일 수 있다. 매장 관리자가 구성 변경을 그렇게 자주 하지는 않을 테니, 매장별 캐시 엔트리의 TTL$^{Time\ To\ Live}$은 비교적 길게 설정한다. 하지만 바로 다음에 살펴볼 유저 스토리에서 품절$^{out-of-stock}$ 로직을 다룰 때 인기도에 따라 아이템을 정렬하는 기능이 있는데, 추가 기능을 구현하면서 캐시 로직은 점점 복잡해질 수 있으므로 캐시가 꼭 필요할 때까지는 결정을 미루는 것이 좋다.

7.7.2 유저 스토리 2: 관리자 영역

두 번째 유저 스토리에서는 (개발자가 아이템 리스트를 하드코딩하는 것과 반대로) 매장 관리자가 라스트-미닛 아이템 리스트를 직접 편집할 수 있는 기능을 추가한다. [그림 7-6]처럼 기본적인 CRUD 작업이 가능한 새 탭을 관리자 영역에 추가할 것이다.

---

[11] 옮긴이_ 웹 페이지가 로드되는 동안 페이지 엘리먼트가 예상치 못한 방식으로 이동하는 현상으로, 주로 페이지가 완전히 로드되기 전에 이미지, 광고, 글자 크기 등이 동적으로 변경되거나 로딩되면서 발생합니다.

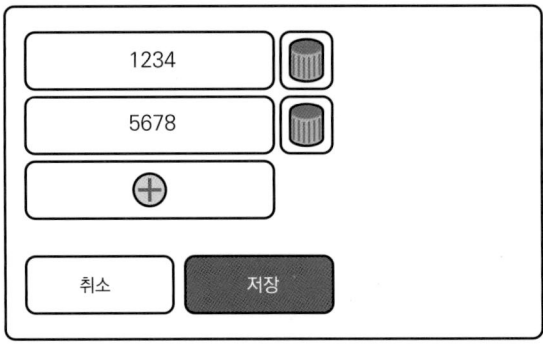

그림 7-6 2차 이터레이션 인터페이스

배포성 요건

기존 기능에 증분을 추가하는 것이어서 관리자 폼에 **기존 토글 밑에 추가** 전략을 사용하고픈 생각이 들 것이다.

그런데 한 가지 문제가 있다. 매장에서 캐러셀을 볼 수 있는 유저 그룹과 매장 구성을 변경하려는 유저 그룹이 같지 않다. 이 두 그룹을 동일한 토글 밑에 넣으면 릴리스가 커플링되어 매장 관리자는 유저가 아이템을 보기 전에 먼저 자신이 살펴보고 미리 구성할 기회가 없다. 릴리스 전략, 특히 백로그 개선 중에 이런 토글 커플링에 대해 논의를 하다 보면 제품 소유자는 매장 관리자에게 사전 구성을 허용하는 것이 어려운 요건이라고 지적할 것이다. 따라서 적절한 시점에 매장 관리자에게만 활성화되는 또 다른 최상위 토글을 사용해야 한다.

이는 릴리스를 더 잘게 쪼개고 미리 생각을 해보는 것이, 상호의존성을 발견하고 토글이 타 유저 그룹과 어떻게 연관되는지 이해하는 데 얼마나 유용한지 잘 나타낸 사례다.

테스트성 요건

매장 관리자 입장에서는 기존에 있던 것에 뭔가를 추가하는 게 아니라, 전혀 새로운 유저 흐름을 취급하는 것이므로, 기존 테스트에 변경사항을 욱여넣는 대신, 새로운 테스트(여정/인수 테스트, 시각적 회귀 테스트)를 작성해야 할 필요성이 있을 것이다.

탐색적 테스트의 경우, 팀은 옛 유저 스토리에서 생성된 테스트 데이터로 매장 관리자 쪽도 충분히 커버할 수 있는지 논의해야 한다.

관찰 가능성 요건

새로운 CRUD 엔드포인트에는 앞 절의 유저 스토리와 비슷한 오류 및 레이턴시 메트릭이 필요하지만, 매장 관리자만 사용하는 기능이라서 페이지 성능 같은 부문을 측정할 때는 약간 융통성을 발휘할 수 있을 것이다. 잘 알려진 소수의 유저에게만 인터페이스가 노출되므로 참여 메트릭은 굳이 추적할 필요가 없다.

그러나 시스템 전체에 구성된 라스트-미닛 아이템의 총 개수, 캐러셀을 구성한 전체 매장 수 같은 비즈니스 메트릭을 추적하여 그래프에 있는 총 매장 수와 비교하면 큰 도움이 될 것이다. 이를테면, 이 기능에 대한 매장 관리자의 관심도를 파악할 수 있을 것이다. 이런 데이터는 모두 DB에서 가져와 주기적으로 리포트하면 된다.

보안 요건

새로운 기능에서 관리자 인터페이스는 유저 입력의 주요 창구다. 매장 관리자로 한정되어 있으나 무조건 신뢰할 수 있는 유저라고 단정해선 안 되며, 새로운 공격 벡터에 노출되지 않도록 주의해야 한다. 이 유저 스토리에서는 인젝션 공격에 대비하여 모든 입력을 정제하고, 프런트엔드/백엔드 및 DB 레이어에서 철저한 유효성 검사가 필요하다는 메모를 추가해야 한다.

관리자 영역에 대한 기존 인증/인가 시스템과의 연동 문제도 더블 체크가 필요하다. 6장에서 보았듯이, 현재 제품을 조회하는 GET 엔드포인트는 오픈되어 있어 그대로 재사용할 수 있지만, 제품 정보를 업데이트하는 POST 엔드포인트는 관리자만 사용할 수 있도록 제한해야 한다.

성능 요건

관리자 인터페이스에서 성능은 크게 염려할 필요가 없다. 애플리케이션에서 이 부분으로 흐르는 트래픽 양이 미미하고, 준내부 직원만 사용하기 때문이다.

하지만 라스트-미닛 아이템과 연관된 쓰기 성능은 계속 지켜봐야 하며, 업데이트 때문에 읽기가 중단되는 일이 없도록 신경 써야 한다. 지난 스토리에서는 GET 엔드포인트를 호출 후 조회하는 아이템 수에 제한을 걸었는데, 아이템을 생성하는 POST 엔드포인트 역시 이와 비슷한 제한을 걸 수 있다. 이렇게 하면 실행 시간이 너무 긴 쿼리를 효과적으로 차단할 수 있다.

7.7.3 유저 스토리 3: 장바구니 추가 버튼

세 번째 유저 스토리에서는 [그림 7-7]과 같이 캐러셀 아이템 우측 상단에 **장바구니 추가** 버튼을 붙인다.

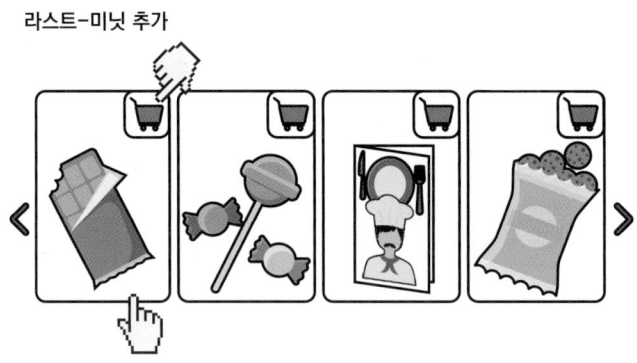

그림 7-7 3차 이터레이션 인터페이스

배포성 요건

첫 번째 스토리에서 만든 기능 토글 밑에 버튼을 달거나, 버튼만을 위한 중첩 토글을 생성하는 두 가지 릴리스 전략 중에서 선택한다. 예를 들어, 메인 캐러셀 토글이 이미 라이브 A/B 테스트를 지원하는데, 이 테스트에 간섭을 일으키고 싶지 않으면 중첩 토글을 선택해야 할 것이다. 그러나 캐러셀이 아직 라이브 상태가 아니고 제품 소유자가 버튼이 달리기 전에 고라이브를 원하지 않는다면 기존 토글 밑에 추가해서 전체 릴리스를 지연시킬 수 있다. 물론, 그러려면 향후 별도의 실험이 필요하지 않을 정도로 버튼이 안전하게 추가됐다는 믿음을 심어줘야 할 것이다.

보다시피 이런 요인 중 상당수는 유저 스토리를 거의 구현할 무렵에야 알게 되거나, 막판에 변경될 가능성이 매우 높다. 그러므로 대충 회의를 때우고자 제품 백로그를 쓸데없이 과도하게 세분화하지 말고 이런 종류의 심층적인 개선을 **제때** 수행하는 것이 중요하다.

테스트성 요건

테스트 기초 공사는 유저 스토리 1, 2에서 모두 끝났으므로, 기존 테스트 흐름에 버튼 하나를 추가하는 일은 식은 죽 먹기다. 여기서 생각해야 할 문제는 바로 테스트 중복 가능성이다. **장바**

구니 추가 기능은 이미 매장 어딘가에서 사용 중이고 이미 철저한 테스트를 거쳤을 것이다. 따라서 캐러셀 버튼을 커버하는 테스트가 기존 테스트 커버리지를 재탕하지 않도록 잘 살펴야 한다.

관찰 가능성 요건

캐러셀 관련 주요 메트릭, 대시보드, 알림은 이미 준비되어 있으니 **장바구니 추가** 버튼의 사용량만 추적하면 된다.

여기서 중요한 점은, 캐러셀에서 발생한 **장바구니 추가** 이벤트와 유저 흐름의 다른 원천에서 발생한 **장바구니 추가** 이벤트는 추적 시 구분해야 한다는 사실이다. 그러려면 이 유저 스토리를 시작하기 전에 기존 **장바구니 추가** 동작은 어떻게 추적했는지 확인하고, 여러 원천을 고려하여 문제가 없도록 기존 추적 방식을 변경해야 한다.

보안 요건

장바구니 추가 버튼을 추가하면 보안 관점에서 훨씬 더 가벼운 방식으로 접근할 수 있다. 이미 있는 기능에 의존하므로 통합 과정에서 새로운 공격 벡터가 발생하지 않게끔만 주의하면 된다.

성능 요건

장바구니 추가 버튼을 붙이면 **장바구니 추가** 이벤트의 또 다른 원천이 생기는 셈이다. 이 버튼의 엔드포인트는 이미 존재하므로 새로운 캐러셀 때문에 가중된 부하를 견딜 수 있도록 신경써야 한다. 지금부터는 유저가 라스트-미닛 아이템의 상세 페이지를 열지 않고 바로 **장바구니 추가** 할 수 있기 때문에 상세 페이지의 트래픽 감소에 대한 계획도 미리 세워두어야 한다.

또한 장바구니 데이터는 last_minute_items 테이블에 추가되고 주문 시 사용될 것이다. 따라서 새로운 (순위를 삽입하고 업데이트하는) DB 쿼리와 기존 (특정 순서로 아이템을 조회하는) 쿼리를 수정해야 한다. 퍼시스턴스 레이어를 수정할 때 이런 점들을 고려하여 **장바구니 추가** 프로세스나 아이템 읽기 프로세스가 느려지지 않도록 주의해야 한다.

7.7.4 유저 스토리 4: 수량 선택기

마지막 유저 스토리에서는 [그림 7-8]과 같이 장바구니 추가 기능에 수량을 선택할 수 있는 선택기를 추가한다.

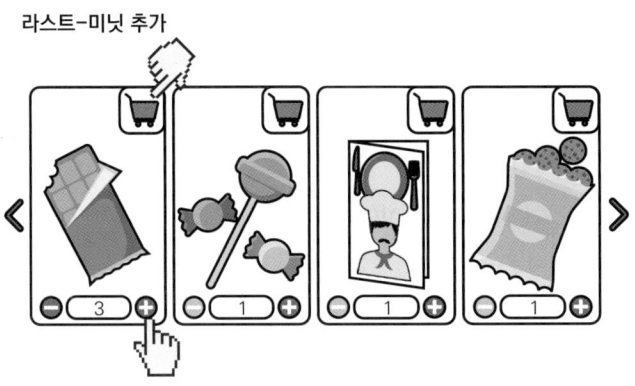

그림 7-8 4차 이터레이션 인터페이스

배포성 요건

이제 유저는 장바구니에 추가할 아이템의 수량을 직접 지정할 수 있다. 여기서도 **기존 토글 밑에와 중첩 토글** 전략 중에서 선택할 수 있는데, 이 기능을 구현하면 UI(및 코드베이스)가 꽤 복잡해지므로 나는 개인적으로 중첩 토글을 추천한다. 따로 실험을 해보고 유저가 실제로 새로운 UX를 맘에 들어 하는지 알 수 있기 때문이다.

나는 제품 소유자나 디자이너가 아니며, 아마 이 글을 읽는 독자 여러분도 대부분 마찬가지일 것이다. 그러나 우리가 이런 종류의 제품을 리뷰하며 엔지니어로서 의견을 제시해야 해당 담당자가 정보에 입각한 결정을 내릴 수 있도록 두 가지 릴리스 전략(즉, 커플링된 릴리스/실험)의 결과를 설명할 수 있을 것이다.

예를 들어, 기능의 미세한 변경을 일일이 A/B 테스트하려면 수많은 토글 조합과 실행 브랜치를 지원해야 하므로 업무 진행이 상당히 느려질 것이다. 또 진행 중인 실험이 서로 충돌하지 않도록 일정을 잡아야 하므로 토글 정리만 해도 몇 주 내지 몇 달간 지연되기 쉽다.

반면에 제품 소유자는 A/B 테스트와 릴리스에 더 많은 옵션이 있다는 사실을 미처 알지 못할 수 있다. 따라서 릴리스 프로세스를 통해 무슨 일을 할 수 있는지 조리 있게 잘 설명하는 것은 우리 엔지니어의 몫이다. 세분화된 유저 피드백을 조기에 확보하면 유저가 처음부터 어떤 추가 기능을 시큰둥하게 여기는지 파악하는 데 많은 시간을 절약할 수 있을 것이다.

테스트성 요건

다른 유저 스토리는 비교적 간단했지만, 수량 선택기는 테스트 관점에서 약간 복잡하다. 여러분이 QA 엔지니어라면 테스트가 필요한 수많은 에지 케이스가 머릿속에 떠올랐을 것이다. 예를 들어, 만약 유저가 0보다 낮은 수량을 선택하면 어떻게 될까? 수량을 선택하고 **장바구니 추가**를 클릭한 다음 이 행동을 재차 반복하면? 해당 아이템이 이미 장바구니에 있으면 카운터는 어떻게 표시돼야 할까? 이 모든 에지 케이스를 커버하려면 일단 피라미드에서 어떤 테스트 레이어가 가장 적합한지 논의가 필요하다.

이런 대화는 가급적 일찍 시작하는 게 바람직하며, 그래야 유저 스토리의 수용 기준을 더 포괄적으로 만들 수 있다. 개선 초기 단계부터 QA 기능을 도입하면 테스트성 외에도 유저 스토리 자체의 품질이 향상될 가능성이 높다. 방금 전에 나열한 에지 케이스들을 강조하는 데도 도움이 되며, 이는 대부분의 QA 엔지니어들이 교육받은 기술로서 백로그를 정리하는 과정에서 효과적으로 공유할 수 있다.

관찰 가능성 요건

수량 선택기를 추가하면 복잡한 유저 행동이 다수 발생하므로, 이 스토리에서 관찰 가능성은 대부분 유저 행동의 추적에 관한 것들이다. 수량 선택기의 유저 인터랙션을 고려하여 참여도의 측정 방법을 변경해야 하며, 전체 캐러셀의 참여도와 수량 선택기 기능의 참여도가 어떻게 다른지 구분하는 데 유용한 방향으로 메트릭을 구성하려면 어떻게 해야 할지 제품 소유자와 의논해야 한다. 이 기능이 별도의 A/B 테스트로 진행되므로 독립적으로 그 가치를 증명하고 싶기 때문이다. **장바구니 추가** 기능이 전에는 수량 선택기를 지원하지 않았다면, 평균 크기, 최대 크기 등의 수치를 나타낸 새로운 메트릭과 그래프가 필요할 것이다.

보안 요건

수량 선택기 역시 외부에 공개된 애플리케이션 파트에서 유저 입력을 받는 기능이다. 프런트엔드, 백엔드, DB 등 모든 레이어에 정제 로직을 추가하고 에지 케이스와 일어날 성싶지 않은 익스플로잇에 더욱 세심한 주의를 기울여야 한다는 점을 다시 한번 강조한다.

성능 요건

성능 측면에서는 쓰기, 읽기, 장바구니 추가에서 이미 상당 부분 골칫거리를 해결했기 때문에 추가로 고려할 사항은 별로 없다.

7.8 정리하기

지속적 배포를 하기 위해 제품 백로그를 준비할 때 포함시켜야 할 기존의 **수직 분할 케이크** 위로 얼마나 많은 레이어가 있는지 설명했다. 보안, 테스트성, 배포성, 관찰 가능성, 성능 등 우리가 흔히 소프트웨어 전달의 마지막 단계로 미뤄둔, 갖가지 다기능 요건에 관한 추가적인 레이어들이다. 처음부터 지속적으로 변경사항을 프로덕션에 배포하는 파이프라인을 사용할 경우에는 최초 커밋이 트렁크에 푸시되기 전에 이와 같은 요건을 개발 초기부터 해결하고 넘어가야 한다.

개발 착수 전에 이런 요건을 모두 충분히 심사숙고했는지 확인하기 위해 내가 일하던 팀에서 사용했던 확장된 유저 스토리 템플릿(예제 포함)을 제시하였다. 배포 라이프 사이클에 내재된 품질이 유지되도록 이런 템플릿(또는 약간 변형된 템플릿)을 지속적 배포와 함께 사용할 것을 권장한다.

작업량이 꽤 많아 보일 수도 있지만, 내 경험상 스토리를 다듬는 과정에서 이루어지는 대화는 대개 아주 짧고 간단했다. 크리티컬한 기능에 대한 근본적인 검토 없이 진행했다면 아마 개발 도중이나, 더 안 좋은 경우 릴리스 이후에 쓰디쓴 대가를 치르게 됐을 것이다.

PART 3

개발 단계

3부에서는 지속적 배포의 성공을 좌우하는 기술적인 세부사항, 특히 일상 개발 업무를 일련의 안전하고 작은 프로덕션 증분으로 나누어 관리하는 방법을 살펴본다. 또 새 기능을 점진적으로 배포하면서 복잡한 기존의 기능을 단계별로 리팩터링하는 과정과 배포 자동화 시 데이터 저장소를 안전하게 변경하는 방법을 배운다. 이 모든 내용은 실제적인 예제를 통해 설명한다.

PART 3

개발 단계

8장 새로운 기능 추가

9장 라이브 기능 리팩터링

10장 데이터와 데이터 손실

CHAPTER 8
새로운 기능 추가

앞서 지속적 배포에 알맞은 제품 백로그를 준비하기 위해 필요한 내용을 속속들이 살펴보았고, 이제 드디어 실제 구현 작업에 착수할 시간이다. 이 장에서는 그로서루 예제를 통해 지속적인 소규모 배포에 알맞은 크기로 세분화하여 기능을 개발하는 방법을 자세히 설명한다.

지속적으로 배포 중인 새로운 유저 스토리를 선택할 때 내가 권장하는 워크플로는 이 장의 구조와 일대일 대응된다. 우선, 유저 스토리와 모든 수용 기준을 면밀히 검토하여 어느 부분을 변경할지 결정한다. 그런 다음, 해당 영역을 커버하는 기존 코드를 자세히 뜯어보고 현재 모습과 기존 애플리케이션 아키텍처의 전체 그림을 머릿속으로 그린다. 끝으로, 코드베이스의 목표 상태, 즉 새 기능을 구현하려면 어떤 설계가 필요한지 떠올려본다. 기능 개발이 끝나고 릴리스된 이후의 코드베이스는 어떤 모습일까? 기존 아키텍처에는 어떤 영향을 줄까? 현재의 추상화로 충분한가, 아니면 좀 더 도전해야 할 필요가 있나?

현재 모습과 비교 가능한 목표 상태를 설정하면 비로소 흥미가 생긴다. 앞 장에서 소개한 기술도 활용해볼 수 있다. 프로덕션에 아무 영향을 주지 않으면서 현재 모습에서 목표 상태로 매끄럽게 나아가려면 불완전한 코드를 잘게 나누어 지속적으로 배포할 계획을 수립해야 한다.

구현 단계에서는 빌드를 그린으로 유지하고 새 코드를 격리하는 데 집중할 것이다. 이것이 아마도 지속적 배포에 꼭 필요한 주요 기술이리라. 처음 코드 몇 라인 정도만 프로덕션에 배포하고, 이후부터는 작은 증분으로 자주, 안전하게 배포할 것이다. 미배포 코드가 자꾸 축적되면 지속적 배포 프랙티스의 장점(원피스 흐름)이 빛을 바랠 뿐만 아니라, 작업의 배포성에 대한 불확실성도 높아진다.

이 모든 계획이 지속적 배포에만 필요한 추가 작업처럼 보일 수도 있고, 지속적 전달을 좀 더 보수적으로 구현했다면 이런 작업이 불필요하다고 여길 수도 있다. 하지만 프로덕션 환경이 있고 여기에 새 소프트웨어를 배포해야 한다면, 안전하고 일관된 프로덕션 배포를 하기 위해 오케스트레이션은 불가피하다. 나는 이 오케스트레이션을 개발 마지막 단계가 아닌, 앞 단계에 배치했다. 이 장이 끝날 무렵이면 어떤 추가적인 보상이 따르는지 확실해지리라 기대한다.

자, 이제 가상의 스타트업, 그로서루의 유저 스토리 예제로 넘어가자.

8.1 유저 스토리

그로서루 라스트-미닛 아이템 기능의 첫 번째 스토리로 돌아가자. 이 회사는 식료품을 고객의 집까지 배송해주는 가상의 회사라고 했다. 라스트-미닛 아이템 기능은 결제 페이지에서 마지막으로 회사가 추천한 상품을 캐러셀에 추가하는 기능이다. 이 정도만 알아도 충분하지만, 기억이 희미하거나 유저 스토리가 왜 이렇게 구성됐는지 궁금한 독자는 지금 6장을 빠르게 훑어 보기 바란다. 다음은 이 기능의 명세 및 수용 기준이다.

요약

나는 유저로서,
내 주문을 완료하기 전 라스트-미닛 아이템을 한 번 더 확인하고 싶다.
혹시 내가 잊어버렸을지 모를 상품을 얼른 추가하기 위함이다.

수용 기준

장바구니에 아이템이 담겨 있고,
현재 매장에 라스트-미닛 아이템이 구성되어 있다면,
내가 결제하려고 할 때,
현재 매장의 라스트-미닛 캐러셀이 표시되어야 한다.
장바구니에 아이템이 담겨 있고,
현재 매장에 라스트-미닛 아이템이 구성되어 있지 않다면,
내가 결제하려고 할 때,
다른 캐러셀 없이 일반 결제 페이지가 표시되어야 한다.

[그림 8-1]의 캐러셀 목업을 보면서 어떤 기능을 구현할지 떠올려보자.

그림 8-1 라스트-미닛 아이템 기능의 목업

CFR은 7장에서 장황하게 얘기했으니 이 장에서는 편의상 생략한다. 이 예제의 목표는 작은 코드 증분을 프로덕션에 전달하는 방법을 이해하는 것이므로, 로깅, 모니터링, 보안 등의 관심사에 따라 개별 배포를 보강하는 일은 여러분의 숙제로 남긴다.

8.2 그로서루 애플리케이션

그로서루라는 회사 얘기를 했는데, 정작 이 회사의 실질적인 기술 스택에 대해서는 자세히 설명하지 않았던 것 같다. 본격적으로 예제 코드를 살펴보기 전에 이 부분도 한번 들여다볼 필요가 있으니 잠시 짚고 넘어가자.

그로서루 플랫폼은 웹 기반의 애플리케이션이다. 대다수 개발자에게 아주 친숙한 형태의 단순 레이어드layered(계층형) 아키텍처다(그림 8-2). 애플리케이션은 퍼시스턴스 레이어(여기서는 관계형 DB)와 API를 제공하는 백엔드, SPA 프런트엔드로 구성된다. 백엔드는 컨슈머이자 프로듀서로서, 외부의 서드파티 시스템과 연동된다.

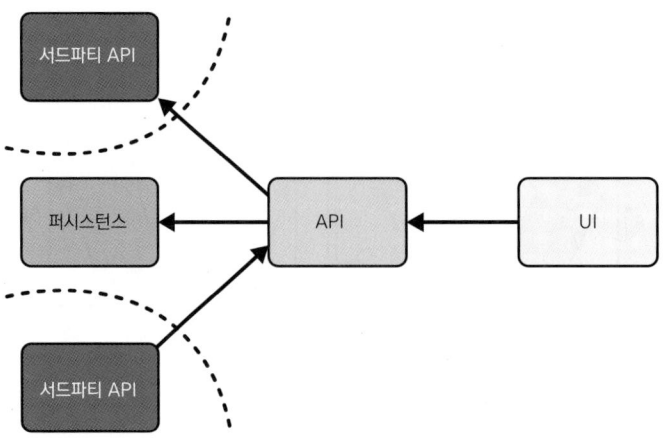

그림 8-2 그로서루 애플리케이션의 레이어드 아키텍처

다시 한번 문제를 단순화하기 위해 이 회사는 소프트웨어 업계에서 아주 인기 있는 기술 스택을 선택했다고 가정한다. 즉, 관계형 DB는 PostgreSQL, 백엔드 API는 자바와 스프링 부트 Spring Boot, 프런트엔드는 리액트 React.js를 사용한다. 독자 여러분은 이미 이런 프레임워크와 프로그래밍 언어에 익숙하겠지만, 그렇지 않아도 너무 걱정할 필요는 없다. 유사한 기술 스택을 경험한 독자라면 예제 코드를 읽는 데 어려움이 없을 것이다.

그로서루 웹 플랫폼의 소스 코드는 리포지터리 두 곳에 나누어 보관한다(그림 8-3). 첫 번째 리포지터리에는 백엔드 코드와 DB 변경, 그리고 이를 배포하는 인프라 코드, 두 번째 리포지터리에는 SPA를 구현한 전체 자바스크립트 및 자체 인프라 코드가 각각 담겨 있다.

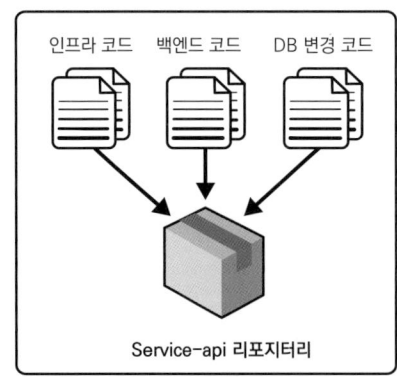 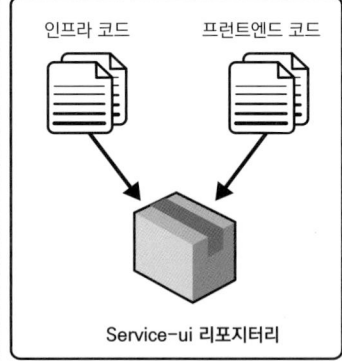

그림 8-3 그로서루 애플리케이션의 소스 코드 리포지터리

각 리포지터리는 모든 테스트를 실행하고 진정한 지속적 배포 스타일로 프로덕션에 자동 배포하는 독립적인 파이프라인을 갖고 있다. 7장에서 설명했듯이, 이 애플리케이션은 이미 유저에게 서비스 중이며, 수십만 명에 달하는 유저는 우리가 변경사항을 반영해서 이용에 지장을 받는 것을 원하지 않는다고 하자.

8.2.1 현재 상태

개발을 시작하려면 우선 현재 상태, 특히 프런트엔드의 기존 결제 기능을 살펴볼 필요가 있다. 코드 및 인터페이스 어디에 새 기능을 넣을지 정확한 위치를 찾아야 한다. 지금까지 파악한 바에 따르면, 새 캐러셀은 첫 번째 결제 단계 페이지의 중앙에 표시될 것이다.

기존 결제 프로세스(그림 8-4)는 배송, 결제, 리뷰의 세 단계를 거친다. 팀 UX 디자이너가 말하길, 캐러셀은 첫 번째 단계의 중앙에, 주문 요약 뒤에 배송 주소 앞에 추가되어야 한다. 기존 그로서루 결제 페이지의 구조상 유저가 잊어버렸을지 모를 추가 아이템과 이미 장바구니에 추가한 아이템을 쉽게 비교하려면 이렇게 배치할 수밖에 없다.

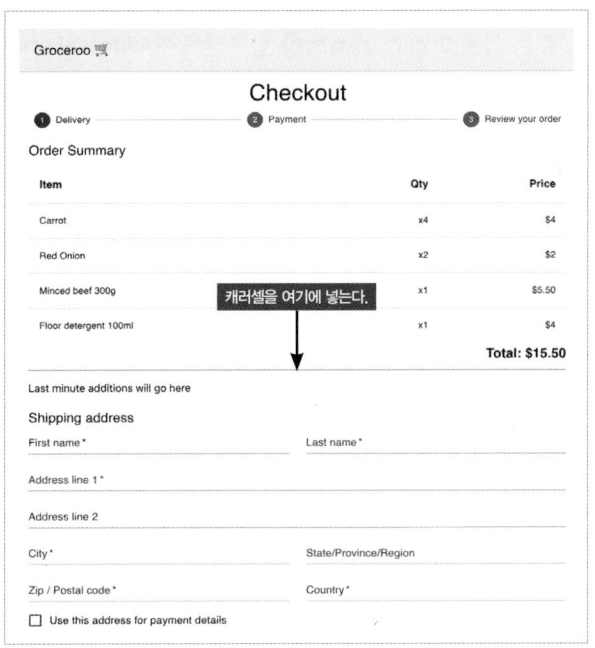

그림 8-4 기존 결제 페이지

다음 리액트 코드를 보자. 화면 인터페이스는 CheckoutPage 컴포넌트❶가 렌더링한다.

퍼시스턴스 < API < UI

```
export const CheckoutPage ❶ =() => {

    const cartItems = useContext(ShoppingCartContext);
    const [addressInfo, setAddressInfo] = useState({})

    return <>
        <AppHeader/>
        <PageContainer>
            <PageTitle>Checkout</PageTitle>

            <OrderSummary ❷ cartItems={cartItems}/>
            <AddressForm ❸
                addressInfo={addressInfo}
                onChange={setAddressInfo}
            />
        </PageContainer>
    </>;
}
```

새로운 캐러셀 컴포넌트는 기존 OrderSummary❷ 컴포넌트와 AddressForm❸ 컴포넌트 사이에 넣는 게 좋겠다.

백엔드 코드베이스는 아직 볼 필요가 없다. 캐러셀용으로 작성하는 엔드포인트는 모두 완전히 새로운 것들이기 때문이다.

이 정도면 개발 착수에 필요한 준비는 끝났다. 다음은 목표 상태로 넘어가 이 기능을 구현하려면 어떤 변경사항이 필요한지 알아보자.

8.2.2 목표 상태

기능 개발이 끝나 애플리케이션의 안정된 일부로 릴리스됐을 때 코드는 어떤 모습일까? 새로운 디자인을 머릿속에 그려보거나, 스티키 노트에 적어두거나, 사용 후 폐기 코드$^{throwaway\ code}$를 만들어 구현체를 미리 느껴볼 수 있을 것이다. 여기서는 내가 가장 선호하는 세 번째 방법, 즉 사용 후 폐기 코드를 작성하는 방법으로 접근하겠다.

이 절에서 설명한 꼭 그대로 구현할 필요는 없다. 지속적 배포를 향해 나아가는 과정에서 어차피 많은 것이 바뀔 수밖에 없을 것이다. 테스트 없이, 심지어 컴파일도 안 되는 의사 코드를 사용하여 초안을 재빨리 만들어 보는 단계라고 보자. 세상에 영원불멸한 것은 하나도 없지만 코드베이스의 어느 파트가 영향을 받을지, 기존 추상화가 적절한지 미리 알 수 있다면, 프로덕션에 코드를 배포할 계획을 세우고 돌발 상황을 피해가는 데 도움이 될 것이다.

프런트엔드

프런트엔드 쪽에는 최소한 캐러셀을 나타낼 새로운 컴포넌트가 필요하다. `LastMinuteItemsCarousel`❶라고 명명하자. 이미 말했듯이, 이 컴포넌트는 주문 요약과 주소 폼 사이에 들어간다. 매장마다 라스트-미닛 아이템이 제각각이므로 현재 선택된 매장 정보도 이 컴포넌트에 포함되어야 한다. 따라서 다음 코드처럼 범위가 더 넓은 컨텍스트❷에서 매장 정보를 가져온다.

퍼시스턴스 < API < UI

```
export const CheckoutPage =() => {
    const cartItems = useContext(ShoppingCartContext)
    const currentShop = useContext(CurrentShopContext) ❷
    const [addressInfo, setAddressInfo] = useState({})

    return <>
        <AppHeader/>
        <PageContainer>
            <PageTitle>Checkout</PageTitle>

            <OrderSummary cartItems={cartItems}/>
            <LastMinuteItemsCarousel ❶ currentShop={currentShop} />
            <AddressForm
                addressInfo={addressInfo}
                onChange={setAddressInfo}
            />
        </PageContainer>
    </>;
}
```

캐러셀을 구현한 코드는 아주 간단하다.

퍼시스턴스 < API < **UI**

```
const LastMinuteItemsCarousel =(currentShop) => {
    const [lastMinuteItems, setLastMinuteItems] =
        useState({loaded: false, response: null});

    useEffect(() => {
        fetchLastMinuteItems(currentShop.id) ❶
            .then(data => {
                setLastMinuteItems({loaded: true, response: data})

            })
    }, [currentShop])

    return lastMinuteItems.loaded ?
        <Carousel ❷
            itemComponent={CarouselItem}
            items={lastMinuteItems.response}
        /> :
        <CarouselPlaceholder /> ❸
};
```

LastMinuteItemsCarousel 컴포넌트는 해당 매장❶의 현재 라스트–미닛 아이템을 가져온 다음, 타이틀과 링크❷가 포함된 캐러셀 이미지로 렌더링한다. 어떤 이유에서 데이터를 가져오다 실패하면 자리표시자를 대신 렌더링한다❸. Carousel, CarouselItem, CarouselPlaceholder 컴포넌트의 코드는 대부분 지속적 배포와 관련 없는 UI 세부 구현 사항이므로 자세히 다루지는 않겠다. 가로 스크롤이 가능한 타일 컬렉션을 화면에 표시하는 일반적인 방법과 기타 필요한 애니메이션, 버튼 등의 요소들이 있다고 가정한다.

백엔드

앞서 말했듯이, 프런트엔드에서 호출해서 라스트–미닛 아이템의 데이터를 가져오는 GET 엔드포인트가 필요하다. 백엔드는 스프링 부트 애플리케이션이므로 이 엔드포인트를 서비스할 새로운 컨트롤러를 구현한다.

다음 LastMinuteItemsController 코드를 보자.

퍼시스턴스 < API < UI

```
@RestController
public class LastMinuteItemsController {
    private final LastMinuteItemsRepository repository;

    public LastMinuteItemsController(LastMinuteItemsRepository repository) {
        this.repository = repository;
    }

    @GetMapping("/shop/{id}/last-minute-items")
    @ResponseBody
    public List<Product> index(@PathVariable("id") String shopId) {
        return repository.lastMinuteItemsFor(shopId);  ❶
    }
}
```

이 엔드포인트가 하는 유일한 일은, 요청 경로에서 shopId를 추출하여 해당 매장의 아이템 리스트를 가져오는 리포지터리로 포워딩하는 것이다❶. 이 예제는 아키텍처를 아주 단순화한 애플리케이션이라서 컨트롤러가 리포지터리와 직접 통신하지만, 실제 애플리케이션은 둘 사이에 더 많은 레이어가 있을 것이다.

다음은 리포지터리 레이어의 구현 코드다. 방금 전 컨트롤러가 호출할 LastMinuteItems Repository다.

퍼시스턴스 < API < UI

```
@Repository
public class LastMinuteItemsRepository {

    private final JdbcTemplate jdbcTemplate;

    @Autowired
    public LastMinuteItemsRepository(JdbcTemplate jdbcTemplate) {
        this.jdbcTemplate = jdbcTemplate;
    }
    public List<Product> lastMinuteItemsFor(String shopId) {
        String query ❶ = "SELECT p.product_id, p.name " +
                "FROM last_minute_items l " +
                "LEFT JOIN products p " +
                "ON l.product_id = p.product_id " +
                "WHERE l.shop_id = ?";
```

8장 새로운 기능 추가 **277**

```
        return jdbcTemplate.queryForStream(
                query ,
                new ProductMapper(),
                UUID.fromString(shopId)
        ).toList();
    }

    private static class ProductMapper implements RowMapper<Product> {...}
}
```

보다시피, 이 리포지터리는 새로 만든 `last_minute_items` 테이블을 기존의 `products` 테이블과 조인하여 캐러셀에 표시할 상품 데이터를 가져온다❶. 물론, 컨트롤러가 전달한 `shopId`에 해당하는 데이터만 조회한다.

퍼시스턴스

퍼시스턴스 레이어에는 `last_minute_items` 테이블을 새로 만든다. 적어도 상품❶과 매장❷을 가리키는 기본적인 컬럼들은 반드시 필요하다. 테이블 정의는 다음과 같다.

퍼시스턴스 < API < UI

```
groceroo=# \d last_minute_items;
          Table "public.last_minute_items"
    Column    | Type | Collation | Nullable | Default
--------------+------+-----------+----------+---------
 product_id ❶ | uuid |           | not null |
 shop_id    ❷ | uuid |           | not null |
Foreign-key constraints:
    "fk_product" FOREIGN KEY(product_id) REFERENCES products(product_id)
    "fk_shop" FOREIGN KEY(shop_id) REFERENCES shops(shop_id)
```

다음과 같이 DB 변경 코드를 추가하여 테이블을 생성한다.

퍼시스턴스 < API < UI

```
CREATE TABLE last_minute_items(
    product_id UUID NOT NULL,
    shop_id UUID NOT NULL,
    CONSTRAINT fk_product
        FOREIGN KEY(product_id)
            REFERENCES PRODUCTS(product_id),
```

```
        CONSTRAINT fk_shop
            FOREIGN KEY(shop_id)
                REFERENCES SHOPS(shop_id)
);
```

8.2.3 어떻게 목표를 달성할까?

지속적 배포를 안 하면 세 컴포넌트(백엔드, 프런트엔드, 퍼시스턴스 레이어) 중 어느 하나부터 정해진 순서대로 코드를 작성하기 시작했을 것이다. 본인이 가장 익숙한 것, 변경사항이 대부분 한눈에 들어오는 것, 아니면 다른 이유 때문에 자신이 선호하는 부분부터 작업했을 것이다. 하지만 5장에서 배웠듯이, 앞으로는 모든 코드가 프로덕션에 즉시 적용되므로 약간 긴장할 필요가 있다. 변경사항을 프로덕션에 **정의**하는 행위와 그것을 프로덕션에 **적용**하는 행위 사이의 구분은 더 이상 없으며, 마땅히 변경을 가하는 순서에도 특정한 구조가 필요하다.

10.3절에서 언급한 코드를 구현하되 깨진 기능을 노출하지 않으려면, 가장 안쪽에 위치한 프로듀서 시스템에서 시작하여 인터페이스 방향으로 점점 올라가는 것이 좋다(그림 8-5).

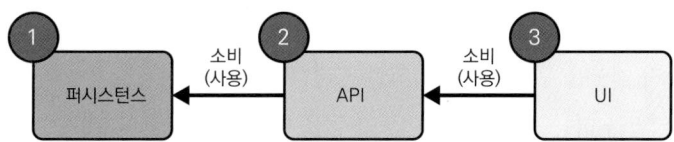

그림 8-5 프로듀서 → 컨슈머 순서로 구현

이 순서로 개발자(또는 페어)가 작업하면 작업 중인 코드가 유저에게 노출될 일은 없을 것이다. 모든 컨슈머는 자신과 연관된 프로듀서를 완벽하게 신뢰할 수 있는 경우에만 릴리스할 수 있으며, UI는 완전히 잘 작동하는 시스템에서 유저가 캐러셀을 볼 준비가 된 상태가 되어야 릴리스될 것이다.

이 방식은 잘 작동하지만 몇 가지 문제가 있다. 우선, UI가 배포되는 가장 마지막 시점에서야 모든 변경사항이 제대로 작동하는지 알 수 있다. 또 퍼시스턴스 레이어에서 배포하기 시작해 점점 바깥쪽으로 개발하면 프로덕션에서 테스트할 기회가 거의 없기 때문에 최종 UI를 배포하면 뭔가 잘못될 가능성이 크다. 무엇보다 이렇게 작업하면 최종 UI 배포와 기능의 릴리스가 서로 커플링된다는 점에서 좋지 않다. 지속적 배포의 유연함을 최대한 살리려면 극구 피해야 할 일이다. 릴리스는 제품의 관심사, 배포는 엔지니어링의 관심사여야 한다.

이제, 3장에서 설명한 도구인 기능 토글이 등판할 차례다. 이 유저 스토리에 기능 토글을 사용하면 릴리스와 배포를 디커플링할 수 있고, 프로듀서-컨슈머 관계를 신경 쓰지 않고 어떤 순서로든 변경사항을 적용할 수 있다.

8.2.4 기능 토글

지금까지 여러 차례 언급했던 기능 토글을 실제로 적용해보자.

프로덕션 게이트가 없을 때 기능 토글을 사용하면, 계약을 깨뜨리지 않기 위해 지켜야 할 변경 순서와 개발 순서를 서로 디커플링할 수 있다. 또한 코드를 완전히 프로덕션에서 롤아웃하더라도 아직 설익은 기능을 유저에게 숨길 수 있다. 하지만 무엇보다 기능의 배포와 릴리스를 디커플링함으로써 엔지니어링과 제품의 타임라인 간의 관심사를 분리할 수 있다는 점이 중요하다.

지속적 배포를 할 경우, 토글로 인한 오버헤드가 토글이 제공하는 가치보다 충분히 클 정도로 기능이 작고 무해한 경우가 아니면 대부분의 새로운 기능은 기능 토글 밑에 두어야 한다. 새 코드를 토글 밑에 숨기는 것은 (지속적 배포의 핵심 원칙 중 하나인 메인 브랜치의 배포성을 보장하므로) 지속적 전달을 구현하는 합리적인 프랙티스지만, 변경사항이 고라이브되는 것을 막는 **최후의 수단** 역할을 하는 프로덕션 게이트가 없을 때는 필수 사항이 된다.

다계층: 아웃사이드-인

기능 토글을 활용하면 개발 도중 한 코드베이스에서 다른 코드베이스로 이동할 때 변경 순서를 더 효율적으로 정할 수 있다. 개발자는 대개 뭔가 새로운 것을 개발할 때 아웃사이드-인 방식으로 애플리케이션에 접근하는 경향이 있다(그림 8-6). 엔드투엔드 테스트나 인수 테스트의 실패 경로를 따르는 아웃사이드-인 TDD를 수행하는 경우에 특히 더 그렇다(4장에서 이 워크플로에 대해 이야기했다).

더 효율적인 순서로 진행할 수 있는 이유는, 프로듀서-컨슈머의 호환성을 더 이상 걱정할 필요가 없기 때문이다. 일시적인 비호환성은 기능 토글에 의해 숨겨진다.

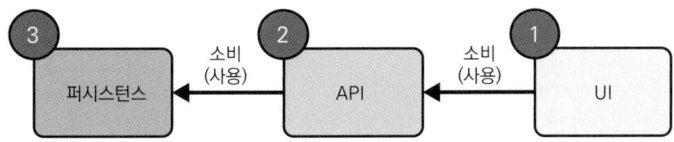

그림 8-6 컨슈머 → 프로듀서 순서로 구현

아웃사이드-인 순서의 장점을 모두 열거하는 것은 이 장의 범위를 벗어나므로, 몇 가지만 간략하게 요약하겠다.

- 유저에게 보여지는 레이어부터 시작하면 비즈니스 요건을 조기에 검증할 수 있다. 기능의 가시적인 효과가 불분명한 상태에서는 개발을 시작하자마자 바로 혼란스러워질 것이다. 개발의 시작은 잘못 작성된 유저 스토리를 수정해야 하는, 가장 마지막으로 책임을 지는 순간이다.
- 각 레이어의 API를 그 컨슈머(상위에 있는 레이어)가 직접 사용하므로 내부 레이어를 더 간단하게, 덜 이론적으로 설계할 수 있다. 따라서 컴포넌트가 어떻게 호출될지 내다보지 못해 재작업을 하거나, 결국 쓰지도 않을 기능을 추가할 위험이 줄어든다.
- 아웃사이드-인 순서는 목으로 둘러싸 한 번에 하나의 컴포넌트씩 구현하는 **모키스트**mockist, 즉 TDD의 런던 스타일London style[1]과 아주 잘 어울린다. 아웃사이드-인 방식으로 진행하면 현재 애플리케이션 레이어에서 호출되는 외부 디펜던시(예 프런트엔드에 있다면 백엔드 엔드포인트, 백엔드에 있다면 DB 호출)와 함께 그 하부 레이어의 협력자를 모킹할 수 있다.
- 시스템의 외부 레이어는 유저의 눈에 가장 잘 띄지만, 테스트에서도 가장 가시적인 레이어다. 즉, (토글 밑에 있는) UI부터 변경을 시작하면 배포하는 모든 코드 증분 하나하나를 프로덕션에서 탐색적으로 테스트할 수 있다. 덕분에 개발자는 자기가 작성한 변경사항에 강한 확신으로 탄탄한 워크플로를 구축할 수 있다.

이런 장점들이 있으므로 지속적 배포에서 새 기능을 추가할 때, 기능 토글을 지원하는 아웃사이드-인 순서로 개발하는 것이 좋다. 다음 절에서 예제를 구현하면서 배우겠지만, 유연성과 더불어 프로덕션에서 점진적인 테스트가 가능하다는 것이 가장 큰 장점이다. 자, 이 워크플로를 적용하여 소규모의 점진적 배포를 통해 시스템을 현재 상태에서 목표 상태로 만드는 방법을 살펴보자.

---

[1] 런던 스타일의 TDD는 애플리케이션의 외부부터 시작해 하위 레이어로 갈수록 목과 스텁과 같은 테스트 더블(test double)을 애용하는 편이다.

8.2.5 기능 토글을 사용하여 구현

이미 그로서루에는 런타임 기능 토글을 구현하기에 적합한 프레임워크가 있고, 프런트엔드/백엔드 모두 비슷한 방식으로 현재 값(ON/OFF 또는 TRUE/FALSE)을 참조할 수 있다고 가정하자.

기능을 토글 밑에 숨기는 방법은 여러 가지다. 기존 토글 밑에 새 코드를 추가하거나, 새로운 최상위 토글을 추가해도 되며, 중첩 토글(최상위 토글 밑의 또 다른 토글)을 추가할 수도 있다. 여러분도 기억하겠지만, 7장에서 이 유저 스토리에 가장 좋은 릴리스 전략을 소개했고, 당시 결론은 새로운 최상위 토글을 추가하는 두 번째 방법이었다. 이는 전체 이니셔티브의 첫 번째 유저 스토리이고, 다른 기능과는 의존 관계가 전혀 없다는 사실에 근거한 결정이었다. 앞으로 이 토글이 **라스트-미닛 아이템**의 주된 릴리스 메커니즘이 될 것이다.

배포 1: 토글 적용

애플리케이션 동작을 변경하는 코드를 추가할 때마다 무조건 최초의 커밋에 토글을 적용해야 한다. 그런데 여기서 의문이 든다. 토글 로직은 어디에 두는 게 좋을까? 한 레이어에만 두어야 할까, 아니면 모든 레이어에 두어야 할까?

내가 배운 기능 토글을 사용하는 요령 중 하나는, 토글의 평가 횟수를 최소화하는 것이다. `if`문이 코드 여기저기 막 흩어져 있으면, 토글을 제거하는 일 자체가 악몽이 되고 테스트는 취약해질 것이다. 그래서 단 하나의 `if` 문을, 동작이 변경되는 최외곽 레이어에 두어야 모든 새 코드를 별도의 실행 브랜치에 숨길 수 있다. 위치를 정확히 잘 선택하면 호출 트리의 더 낮은 지대, 심지어 다운스트림 시스템에서도 `if` 문을 넣을 필요가 전혀 없다.

그로서루 예제의 경우, 토글 배치는 아주 간단하다. 눈 여겨 봐야 할 유저의 주된 행동 변화 역시 그들과 가장 가까이 맞닿은 UI 레이어에서 일어난다.

일단, 다음과 같이 결제 페이지 코드에 최초이자 유일한 토글 평가 코드를 작성한다.

퍼시스턴스 < API < **UI**

```
export const CheckoutPage =() => {
    const cartItems = useContext(ShoppingCartContext)
    const currentShop = useContext(CurrentShopContext)
    const featureToggles = useContext(FeatureTogglesContext) ❶
    const [addressInfo, setAddressInfo] = useState({})
```

```
    const LastMinuteItemsCarousel =() => <>last minute items will go here</>


    return <>
        <AppHeader/>
        <PageContainer>
            <PageTitle>Checkout</PageTitle>

            <OrderSummary cartItems={cartItems}/>
            {
                featureToggles.LAST_MINUTE_ITEMS ❷ &&
                    <LastMinuteItemsCarousel
                        currentShop={currentShop}
                    />
            }
            <AddressForm
                addressInfo={addressInfo}
                onChange={setAddressInfo}
            />
        </PageContainer>
    </>;
}
```

보다시피 대상 상태의 코드와 거의 비슷하지만, 코드의 지속적 배포를 고려하면 몇 가지 차이점이 있다. 이 예제는 애플리케이션 글로벌 컨텍스트에 저장된 토글 상태를 전달하고❶, 렌더링 시점에 이 상태를 평가한다❷. 이러한 차이점은 일시적인 것으로 릴리스가 끝날 때까지만 지속되며, 추가 토글 코드는 나중에 정리하면 된다.

첫 번째 커밋에서 필요한 작업은 토글을 추가하는 일이 전부다. 그 후 지금은 불완전한 스텁이지만 **LastMinuteItemsCarousel** 컴포넌트를 프로덕션에 자유로이 배포하면 된다. 토글이 꺼진 상태에서는 테스트를 통과하는 한 만사가 공정한 게임이다.

첫 번째 푸시를 하고 프로덕션에 배포하는 코드는 이처럼 몇 라인 안 될 정도로 소박하다. 스텁 컴포넌트는 이미 프로덕션에서 볼 수 있다. 우리 눈에만 보이게 토글을 켜면 된다(그림 8-7).

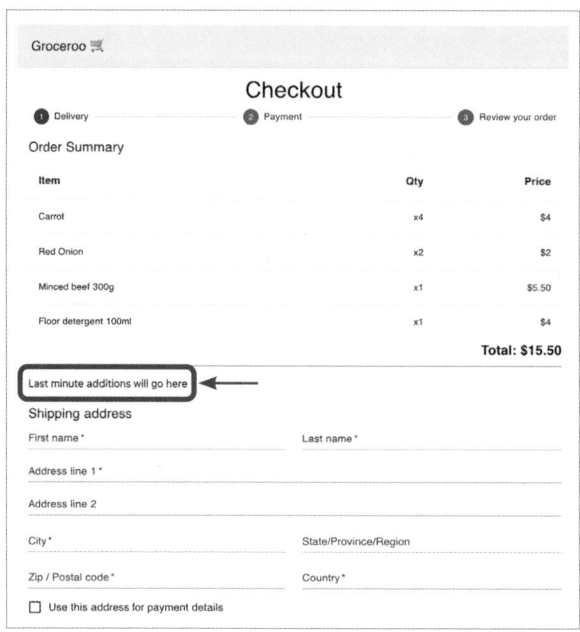

그림 8-7 캐러셀 자리표시자를 화면에 삽입

바로 지금이 컴포넌트가 UI에 알맞게 배치되어 상용구 코드가 잘 작동하는지 확인하기에 이상적인 타이밍이다. 이처럼 빠른 피드백 루프 덕분에 지속적 배포를 사용하면 개발 업무가 진짜로 재밌어진다. 간단한 코드 몇 라인만 추가해도 한 30분 (또는 파이프라인 실행에 걸리는 시간) 후에는 프로덕션에서 바로 수동 테스트가 가능하다.

폭포수 모델 기반으로 개발하던 시절을 회상하면 상당히 낯설지만, 프로덕션에서 변경사항을 눈으로 확인하기까지 며칠씩 걸리던 과거의 지속적 전달을 생각하면 실로 놀라운 진보가 아닐 수 없다.

배포 2: UI 레이어에 코드 추가

토글의 보호 하에 변경사항은 숨겨져 있으므로, 실제 개발은 아웃사이드-인 방식으로 하든, 아니면 다른 원하는 순서에 따라 자유롭게 시작하면 된다. 그럼, 나머지 UI를 완성하자. 캐러셀 컴포넌트와 스터빙부터 시작하여 그 하위 트리로 내려가 **리프 컴포넌트**leaf component를 전부 다 구현할 때까지 레이어별로 구현할 것이다. 다음은 스텝 ❷❸❹❺이 포함된 캐러셀의 첫 번째 구현체 ❶다.

퍼시스턴스 < API < UI

```
const Carousel ❺ = props => null;        // 해당 코드를 여기에
const CarouselItem ❹ = props => null;    // 해당 코드를 여기에

const fetchLastMinuteItems ❸ =() => {
    return Promise.resolve([])           // API 호출 코드를 여기에
}
const CarouselPlaceholder ❷ =() => <></> // 해당 코드를 여기에

const LastMinuteItemsCarousel ❶ =({currentShop}) => {
    const [lastMinuteItems, setLastMinuteItems] =
        useState({loaded: false, response: null});

    useEffect(() => {
        fetchLastMinuteItems(currentShop.id)
            .then(data => {
                setLastMinuteItems({loaded: true, response: data})

            })
    }, [currentShop])

    return lastMinuteItems.loaded ?
        <Carousel
            itemComponent={CarouselItem}
            items={lastMinuteItems.response}
        /> :
        <CarouselPlaceholder />
};
```

아직 코드가 불완전하고 스텁으로 가득 차 있지만, 어떤 부정적인 결과도 없이 언제든 푸시하여 프로덕션에 배포할 수 있다. 작업을 중단하고 진행 중인 코드를 트렁크로 푸시했다 나중에 다시 해도 되고, 프로덕션에서 직접 UI 완성도를 중간 상태로 점검하고 싶을 때 언제든지 재작업해도 된다. 후자는 특히 점진적으로 개발할 때 유용하므로 좀 더 자세히 살펴보자.

예를 들면, 캐러셀 유저 스토리에서 어떤 컴포넌트의 진행 중인 버전을 푸시해가면서 스타일을 직접 눈으로 확인할 수 있다.

퍼시스턴스 < API < UI

```
const Carousel =({itemComponent, items}) =>
    <Box sx={{display: "flex", flexDirection: "row"}}>
```

```
        {items.map(item => itemComponent({item}))}
    </Box>

const CarouselItem =({item}) => // 스텁
    <Box sx={{backgroundColor: "red", height: 100, width: 100, margin: 2}}>
        {item.name}
    </Box>;

const fetchLastMinuteItems =() => {
// API 호출 코드를 여기 삽입한다(아직 스텁 코드로 구현하기 전이다).
    return Promise.resolve([
        {name: "test 1"},
        {name: "test 2"},
        {name: "test 3"}
    ])
}
```

코드가 프로덕션에 배포되면 실제 페이지(그림 8-8)에서 중간 상태를 확인할 수 있다. 다른 프로덕션 컴포넌트가 주변에 있어도 잘 작동하는지 바로 피드백을 받을 수 있다.

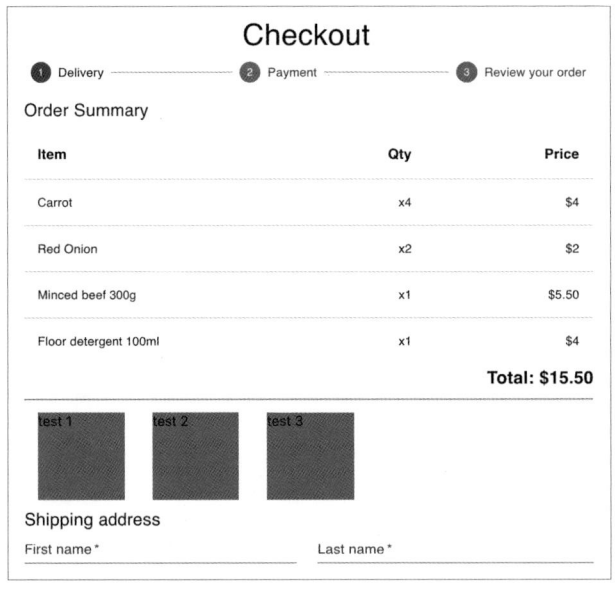

그림 8-8 캐러셀과 타일 자리표시자를 화면에 삽입

QA, 디자이너, 상품 소유자와 함께 만나 전체 레이아웃 간격이나 응답성 등을 주제로 조기에 피드백을 받을 수 있다. 덕분에 품질과 협업의 **시프트 레프트** 원칙에 충실할 수 있다.

이렇게 작은 단위로 프로덕션에 푸시하면 실제 컴포넌트와, 다른 팀이나 서드파티 벤더(예: 구글 애널리틱스)에서 관리하는 프런트엔드의 모든 부분이 어우러져 결국 유저가 보게 될 UI가 어떻게 달라지는지 알 수 있다. 이 절의 제목은 **배포** 2지만, 실은 변경사항을 원하는 만큼 작은 덩어리로 쪼개 한 번에 하나씩 프로덕션에 배포하는 것이다.

UI가 좋아 보인다는 확신이 들면 앞서 생성한 백엔드 스텁을 제거하고 실제로 백엔드를 호출하는 최종 코드를 배포한다. 당연히 (물론, HTTP 404 응답이 리턴되리라는 사실은 알고 있지만) 처음에는 빈 캐러셀이나 오류 메시지가 표시되겠지만, 일부 스텁 데이터를 사용하여 호출 자체를 테스트하고 싶다면 백엔드로 향하는 브라우저 호출을 가로채는 개발자 도구(예: mitmproxy[2], intercept[3])나 브라우저 익스텐션을 이용해서 HTTP 200 코드와 실제 상품으로 응답을 대체하면 된다.

다음은 백엔드로 넘어가자.

배포 3: 백엔드 레이어에 코드 추가

백엔드 레이어의 코드 역시 동일한 원칙에 따라 한 번에 한 레이어씩 점진적으로 추가한다. 재차 말하지만, 프런트엔드에서는 토글이 꺼진 상태에서 언제든지 프로덕션에 자유롭게 배포할 수 있다.

컨트롤러부터 시작하자. 여러분과 함께 목표 상태로 상상했던 바로 그 코드다.

퍼시스턴스 < `API` < UI

```
@RestController
public class LastMinuteItemsController {
    private final LastMinuteItemsRepository repository;

    public LastMinuteItemsController(LastMinuteItemsRepository repository) {
        this.repository = repository;
    }
```

---

2 https://oreil.ly/aOv8L
3 https://oreil.ly/Ck7vs

```
@GetMapping("/shop/{id}/last-minute-items")
@ResponseBody
public List<Product> index(@PathVariable("id") String shopId) {❶
    return repository.lastMinuteItemsFor(shopId);
}
}
```

엔드포인트❶를 토글로 보호하지 않아서 아직 호출되지는 않았지만 이 코드가 그대로 프로덕션에 배포될 경우, API에 대해 알고 있는 사람이면 누구든지 알아볼 수 있을 것이다.

보안 강화를 위해 여기에 토글을 추가하는 것을 선호하는 이들도 있다. 최외곽 컨트롤러 코드를 토글 평가 로직으로 감싸 기능이 릴리스될 때까지 404를 리턴하도록 만드는 것이다.

그러면 API는 숨겨진 상태로 악의적인 공격자가 아무리 찔러봐도 500을 리턴할 어떤 불완전한 코드도 트리거할 수 없다. 이렇게 하면 개발은 약간 복잡해지지만, 프로덕션에서 장황한 500 오류 메시지가 표시되는 등의 자잘한 보안 취약점은 해결된다고 본다. 예방 수칙 리스트에 토글을 추가하는 것이 타당한지, 아니면 중복인지는 각자의 취향과 상황마다 다를 것이다.

엔드포인트 주위를 토글로 감싸든, 감싸지 않든, 이제 조금씩 리포지터리 레이어로 내려갈 수 있다.

개발이 끝난 후의 리포지터리 코드는 다음과 같을 것이다.

퍼시스턴스 < API < UI

```
@Repository
public class LastMinuteItemsRepository {

    private final JdbcTemplate jdbcTemplate;

    @Autowired
    public LastMinuteItemsRepository(JdbcTemplate jdbcTemplate) {
        this.jdbcTemplate = jdbcTemplate;
    }
    public List<Product> lastMinuteItemsFor(String shopId) {
        String query = "SELECT p.product_id, p.name " +
                "FROM last_minute_items l " +
                "LEFT JOIN products p " +
                "ON l.product_id = p. product_id " +
                "WHERE l.shop_id = ?";
        return jdbcTemplate.queryForStream(
```

```
                query,
                new ProductMapper(),
                UUID.fromString(shopId)
        ).toList();
    }

    private static class ProductMapper implements RowMapper<Product> {...}
}
```

다시 말하건대, 이 절의 제목은 하나의 배포를 가리키는 것 같지만, 실제로는 백엔드 작업 분량을 원하는 만큼 작은 배포로 쪼개서 할 수 있다. 물론, 기능 토글로 계속 보호를 받는다. 예를 들어, 항상 하드코딩된 상품을 리턴하는, 진행 중인 스텁 버전의 컨트롤러를 제일 처음 푸시할 수 있다. 이렇게 하면 프로덕션에서 프런트엔드/백엔드 간의 통합에 문제가 없는지 검증할 때 특히 유용하다.

백엔드의 코드가 완성되었으니 이제 마지막 레이어인 퍼시스턴스로 가자. DB 테이블 없이는 리포지터리 구현체는 프로덕션에서 아무 일도 안 할 것이다.

배포 4: 퍼시스턴스 레이어에 코드 추가

마침내 라스트-미닛 아이템을 저장하는 새 테이블을 추가하여 지금까지 살펴본 모든 기능을 한데 엮을 차례다. 목표 상태에서 떠올렸던 것과 동일한 쿼리다.

퍼시스턴스 < API < UI

```
CREATE TABLE last_minute_items(
    product_id UUID NOT NULL,
    shop_id UUID NOT NULL,
    CONSTRAINT fk_product
        FOREIGN KEY(product_id)
            REFERENCES products(product_id),
    CONSTRAINT fk_shop
        FOREIGN KEY(shop_id)
            REFERENCES shops(shop_id)
);
```

이 쿼리까지 추가하면 비로소 기능이 작동할 것이다. 작업을 시작할 때 고수준의 엔드투엔드 테스트를 추가했으면 공식적으로 그린으로 표시되리라. 테스트 커버리지에 영구히 추가하고 프로덕션에서 전체 기능을 상대로 탐색 테스트를 해보자.

이 마지막 단계에서 프로덕션 DB 테이블에는 아직 아무것도 없다. 이런 상황에서 보통 나는 직접 DB에 테스트 데이터를 추가한다(손으로 직접 타이핑하거나, 약간 반항심이 들면 프로덕션 DB의 콘솔에 접속해서 직접 추가한다).

[그림 8-9]에서 보다시피, 이제 스텝 없이 전체 기능을 처음부터 끝까지 감상할 수 있다.

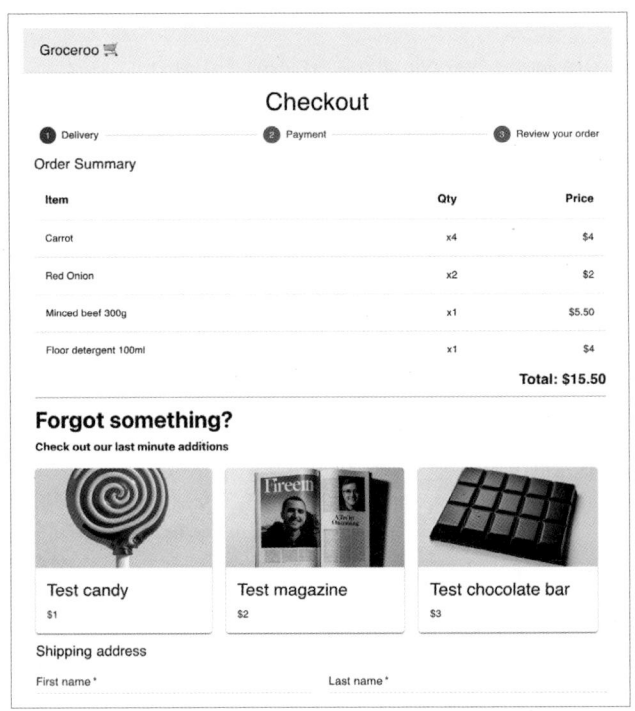

그림 8-9 테스트 상품이 표시된 캐러셀 UI 완성본

테스트 데이터는 여러 가지 방법(예 또 다른 기능 토글을 만들어 켜고 끔)으로 숨길 수 있고, 릴리스 직전에 DB에서 간단히 삭제해도 된다. 유저에게 영향이 없도록 테스트 데이터를 잘 관리하는 다양한 전략과 프로덕션에서 새로운 기능을 상대로 철저한 탐색 테스트를 수행하는 방법은 11장에서 자세히 설명하겠다.

테스트 데이터의 대안으로, 한두 개 파일럿 저장소에 하드코딩된 실제 데이터를 추가하는 방법도 있다. 이렇게 하면 MVP를 릴리스할 준비를 하면서 좀 더 현실적인 테스트를 할 수 있을 것이다.

릴리스

프로덕션에서 수동으로 철저하게 기능 테스트를 했다면 이제 릴리스를 할 차례다. 지금까지 예시한 런타임 기능 토글을 사용하면 새로운 배포는 필요 없고, 따라서 코드 변경 역시 할 필요가 없다. 본인이 선택한 프레임워크의 인터페이스를 통해 토글을 켜기만 하면 된다.

이 단계는 전혀 두렵지 않다. 이미 지금까지 개발하면서 여러 번 프로덕션에서 기능을 테스트하고 확인하는 과정을 거쳤기에 이 릴리스에서 문제가 발생할 가능성은 아주 낮다.

하지만 이렇게 바로 고라이브한다고 실제 유저가 결제 흐름에 추가된 새로운 기능을 좋아하리라 장담할 수는 없다. 그래서 기능 토글 프레임워크를 활용하여 새 기능을 사용하는 유저 수를 천천히 늘리거나(성능 문제를 파악하는 데에도 유용하다) A/B 테스트를 수행한다.

배포 5: 토글 정리

기능을 오랫 동안 켜고 끌 수 있다는 매력에 이끌려 이해관계자들이 기능 토글을 무기한 남겨두고픈 유혹을 느끼기도 할 것이다. 예를 들어, 상품 자체의 가용성에 관한 상품 추천 기능을 켜고 끌 수 있게 해달라고 요청할지도 모른다.

그러나 이런 상황에서 나는 기능의 설정 가능성^{configurability}을 단순 토글로 방치하지 말라고 권고한다. 오히려 이런 부분은 이해관계자가 변경사항을 완전히 스스로 관리할 수 있는 간단한 관리자 영역을 만들어 일급 비즈니스 로직으로 구현해야 한다. 토글은 보통 엔지니어링과 릴리스의 관심사이지, 변화무쌍한 애플리케이션 구성에 대한 새로운 요건에 따라 발전할 만큼 풍성하지는 않다. 토글 프레임워크를 통해 시스템을 구성할 수 있도록 만드는 것은, 제 아무리 토글 프레임워크가 강력해도 도메인 언어의 표현성을 해치는 처사라고 생각한다. 특히, 장기적인 관리 차원에서 기능 토글을 남용하면 시스템의 모든 기능이 쪼그라들고 켜고 끄는 불리언^{Boolean} 상태로 고정되어 흥미로운 대안을 찾을 기회가 사라진다. 또한 개발자는 어느 토글이 수명이 긴지, 어느 토글이 개발용으로 만든 토글인지 구분하기가 어려울 것이다. 모든 토글은 결국 동일한 코드와 동일한 도구로 표현되기 때문이다.

한 마디로, 릴리스된 지 한참 지난 기능의 토글은 잊지 말고 삭제해야 한다. 개인적으로 나는 기능에 이슈가 생길 때를 대비하여 (토글을 너무 일찍 삭제하면 릴리스가 뭔가 잘못될 것 같은 불안한 독자도 있겠지만) 1~2주 정도 기다리는 편이다.

이런 일이 나중에 발생해서 유저 스토리가 제때 완료 처리되지 않으면 안 되므로, 나는 보통 백로그에 토글을 정리하는 새로운 태스크를 만든다. 기술 부채tech debt 아이템에 추가하거나 대시보드에 컬럼을 추가해서 나타내는 사람들도 있다.

프런트엔드 코드에서 토글을 제거하려면 캐러셀❶의 조건부 렌더링 부분을 지우면 된다.

퍼시스턴스 < API < UI

```
export const CheckoutPage =() => {
    const cartItems = useContext(ShoppingCartContext);
    const currentShop = useContext(CurrentShopContext) // 새로운 코드!
    const [currentStep, setCurrentStep] = useState(0);
    const [addressInfo, setAddressInfo] = useState({})

    return <>
        <AppHeader/>
        <PageContainer>
            <PageTitle>Checkout</PageTitle>
            <CheckoutSteps
                currentStep={currentStep}
                setCurrentStep={setCurrentStep}
            />

            <OrderSummary cartItems={cartItems}/>
            <LastMinuteItemsCarousel ❶ currentShop={currentShop} />
            {/* 새로운 코드!*/}
            <AddressForm
                addressInfo={addressInfo}
                onChange={setAddressInfo}
            />
        </PageContainer>
    </>;
}
```

요즘 IDE에서는 토글 조건을 한두 군데 넣으면 기능 토글을 훨씬 간편하게 삭제할 수 있다. if 문을 지우면 토글 삭제 때문에 도달 불가능한 실행 경로가 즉시 회색으로 표시되므로, 앞으로 사용하지 않을 코드를 안전하게 지울 수 있다.

드디어 코드베이스가 우리가 처음에 꿈꾸었던 목표 상태에 도달했다. 만세!

물론, 지속적 배포를 안 해도 여러 단계를 거쳐 목표 상태에 도달하겠지만, 배포 자동화를 통해 최대한 태스크를 잘게 나누어 점진적으로 개발할 수 있었다. 우리가 작성한 코드 중 어느 것도 스테이징 환경에서 중단된 코드는 없었으며, 개발 내내, 그리고 프로덕션과 가장 유사한 테스트 환경에서 수동으로 기능 검증을 할 수 있었다. 또한 프로덕션에 추가되는 각 코드는 한 번에 몇 라인 정도밖에 안 되므로 문제가 생겨도 신속하게 진단할 수 있다. 담당자가 수동으로 프로덕션에 배포하는 방식으로는 영영 불가능하지 않았을까?

8.3 정리하기

지속적 배포를 통해 기능을 점진적으로 구현하는 방법을 실제와 가까운 예제를 들어 설명했다. 프런트엔드, 백엔드, DB라는 세 분산 컴포넌트로 구성된 모놀리식 단순한 시스템이지만, 어떤 유형의 분산 시스템이든지 원리, 원칙은 동일하다.

지속적으로 배포되는 애플리케이션에서 작업을 시작하기 전에, 코드베이스의 현재 상태를 살펴보고 원하는 설계나 목표 상태와 비교해봤다. 어떻게 변경해야 할지 파악이 되면 목표 상태에 도달하기 위한 점진적 배포 스케줄을 짤 수 있다.

특히, 분산 시스템에서 신규 기능을 추가할 때는 거의 항상 기능 토글을 활용해서 변경사항을 격리하고 아웃사이드-인 방식으로 조금씩 작업을 진행해야 한다. 변경사항의 영향을 받는 최외곽 시스템의 최외곽 레이어에 토글을 추가하면 의존 관계를 신경 쓰지 않고 작업할 수 있으며, 개발 기간 내내 프로덕션에서 테스트하는 일도 가능하다.

라스트-미닛 아이템 예제를 보면서 기능을 구현하는 동안 기능 토글이 개발 및 QA 도구로 사용되다가 기능 구현이 끝나면 릴리스 및 실험 도구로 발전되는 과정을 지켜보았다.

다음 장의 주제는 기능 토글이 별로 도움이 되지 않아 배포를 다른 방식으로 계획해야 하는 다른 종류의 변경, 즉 라이브 기능 리팩터링이다.

CHAPTER 9

라이브 기능 리팩터링

8장에서 기능 토글을 사용해서 분산 시스템의 여러 컴포넌트에 걸쳐 기능을 조금씩 프로덕션에 배포하는 방법을 알아보았다. 그런데 이미 고라이브한 기능은 토글 밑에 동작을 숨겨 볼 수 없게 하는 방법으로는 변경할 수 없다. 작업 중인 코드를 이미 많은 유저가 사용 중이고, 그들의 일상 생활에 지장을 주고 싶지 않다면 리스크는 더 커진다. 따라서 지속적 배포를 염두에 두고 아키텍처를 재설계할 경우에는 항상 하위 호환되는 작은 변경사항을 배포하는 게 기본이다.

리팩터링 작업은 대부분 간단하며, 한두 개 코드베이스만 연관된다. 이 책을 참고하지 않아도 하위 호환되는 간단한 변경사항은 여러분 스스로도 관리할 수 있을 테니, 이 장에서는 보다 흥미로운 시나리오를 살펴보겠다.

제품 라이프 사이클에서 적어도 한 번은 너무 복잡해서 도메인 밑에 깔려 있는 양탄자를 걷어내고 코드베이스의 상당 부분을 고쳐야 하는 순간이 찾아온다. 이런 상황에 처하면 누구라도 지속적 배포가 두려운 나머지, 꽤 큰 변경사항 뭉치를 만들어 프리프로덕션에 보관하여 수동 테스트를 한 다음, 한꺼번에 전부 다 배포하는 **더 안전한** 방법을 추구하고픈 마음이 앞선다.

그래서 나는 여러분에게 그로서루 애플리케이션에서 실제로 복잡한 리팩터링 예시를 들어보겠다. 침습적이고 **리스크가 큰** 변경사항도 이렇게 하면 안전하게 배포할 수 있다는 것을 깨닫게 될 것이다. 재설계와 리팩터링에 접근하는 포괄적인 이 프레임워크를 활용하여 여러분의 팀이 지속적 배포를 훨씬 더 달성하기 쉬운 목표로 삼게 되길 희망한다.

그럼, 바로 예제로 들어가자.

9.1 해야 할 일

그로서루는 새로 등장한 스타트업처럼 보이지만, 실은 의외로 조금 오래된 회사다. 사업 초기에는 홈 딜리버리 서비스를 제공하려고 자체 웹사이트를 운영하던 동네 식료품점 체인 중 한곳이었다.

그러다 홈 딜리버리 서비스가 크게 성공하여 웹사이트 운영 조직이 현재의 그로서루로 분사하게 되었다. 이후 빠르게 서비스를 확장했고 많은 신규 매장과 제휴를 맺어 배송 네트워크를 구축하기 시작했다.

회사 연혁이 코드베이스랑 무슨 상관이지, 하는 의문이 들 수도 있겠지만, 복잡한 IT 시스템은 대부분 수년 동안 기업 정치, 인간의 관성, 엔트로피 등의 요인에 노출되어 왔으므로 의외로 상관이 많다.

9.2 상품 식별 체계

그로서루는 꽤 오래된 회사라서 코드베이스의 상당 부분이 기존 매장 체인의 정보 시스템을 반영하고 있다. 그중 하나가 바로 상품 식별자 넘버링 체계product identifier numbering system다.

기존 체인에 디지털 플랫폼을 도입하기 전에는, 매장 안에 진열된 상품은 6자리로 이루어진, 단순히 숫자를 하나씩 늘린 번호로 식별했다. 첫 번째 숫자는 해당 상품이 어느 부서에서 왔는지를 나타낸다. 예를 들어, 식료품의 상품 ID는 1로 시작해서 100,000에서 199,999까지다. 마찬가지로, 욕실용품 코너는 2로 시작하므로 비누나 세제는 200,000~299,999 범위의 ID가 할당될 것이다.

이런 넘버링 체계는 회사 IT 인프라에 깊숙이 박혀 있었고, 당연히 ID의 첫 번째 숫자를 상품 카테고리에 매핑하는 로직이 플랫폼 곳곳에 스며들었다. 6자리 상품 번호는 지금도 기본 상품 식별자(그리고 DB 테이블의 PK)로 사용 중이며, 새로운 상품이 추가되면 이 규칙에 따라 ID가 채번된다. 너무 뿌리 깊이 박힌 규칙이라 첫 번째 숫자를 상품 카테고리로 하드코딩한 코드도 심심찮게 눈에 띈다.

9.2.1 문제점

이러한 오래된 넘버링 체계는 기술 부채에 관한 흥미로운 고고학적 유산처럼 보이지만, 결코 그저 그런 가벼운 문제가 아니다. 그로서루는 제휴 매장뿐만 아니라 트래픽, 유저, 주문량 부문에서도 성장 가도를 달리는 중이고, 신규 매장이 추가될 때마다 매월 수만 개의 신상품이 시스템에 추가되고 있다.

카테고리별 고유 식별자는 6자리 범위(예 100,000에서 199,999까지)에 속하므로, 각 카테고리마다 상품 ID는 99,999개까지 가능하다. 당연히 ID는 얼마 못 가서 고갈될 것이다. 도대체 당초 엔지니어들은 무슨 생각으로 이리도 확장성 없는 시스템을 만들었나 싶겠지만, 기존 시스템은 아주 작은 체인을 염두에 두고 설계되었고 이렇게 상품이 많아지리라고는 미처 생각지 못했을 것이다.

그로서루의 사세는 날로 커져 상품 ID는 곧 고갈될 지경이다. 즉, 식료품 ID가 199,999에 도달하면 다음에 추가되는 식료품은 욕실용품으로 취급될 것이다. 이해관계자들은 엔지니어링 팀에 이 문제를 해결하라고 압박하는 한편, 영업 팀, 마케팅 팀에는 새로운 매장 제휴를 당분간 보류하라고 지시한다. 참 딱한 상황이다.

현재의 상품 ID 체계와 카테고리 시스템을 보다 현대적이고 확장 가능한 시스템으로 이전해야 하는 당위성은 분명하다. 이러한 재설계를 유저는 전혀 알아차리지 못하게 해야 하며, 무중단 서비스 운영이 우리가 지향하는 표준이다.

이 때문에 영향도를 최소화하면서 숫자 범위를 늘릴 꼼수는 없을까 싶겠지만, 이건 문제를 해결하는 게 아니라 잠깐 미뤄두려는 것에 불과하다. 그렇게는 안 하겠다. 더 중요한 점은, 모든 엔지니어링 팀에 인지 부하를 가중시키는 반직관적인 시스템 유산이 뿌리내리는 것이다. 우리 모두 미래에도 문제가 없고 최신 베스트 프랙티스에도 가까운, 좋은 시스템을 만들기 위해 노력해야 한다.

9.2.2 해결책

전사 기술 리더들과 상의한 결과, 현재의 숫자형 식별자를 상품 UUID와 별도의 카테고리, 두 필드로 대체하자는 의견에 모두 동의했다. 직관적인데다 무한히 늘릴 수 있으며, 기묘하기 짝이 없는 제한된 ID 공간 문제를 즉시 해결할 수 있는 방법이다.

그럼 어떻게 해야 할까? 상품은 시스템의 핵심 도메인이고 상품 ID는 거의 모든 기존 기능에서 쓰인다. 대다수 사람들은 지속적 배포 같은 프랙티스가 없다 해도 이 시스템을 재설계하기는 매우 복잡할 거라고 예상할 것이다.

이럴 때 어떤 엔지니어는 지레 겁을 먹고 프리프로덕션에서 가능한 한 많은 수동 테스트를 해보려는 본능에 굴복하여 프로덕션 게이트를 두는 게 어떻겠냐고 말할 것이다. 하지만 2장에서 말했듯이, 프리프로덕션에서 거대한 변경사항을 쌓아놓고 빅뱅 배포를 하는 것은 복잡도가 너무 높아 실제로 더 위험하다.

지속적 배포는 우리가 흔들리지 않도록 작은 규모로 조금씩 변경하는 바람직한 프랙티스로 안내한다. 따라서 이런 침습적인 리팩터링도 쉽게 해낼 수 있는데, 어떻게 가능하지는 이 예제의 나머지 부분에서 설명하겠다. 코드 대부분을 그냥 프로덕션 게이트에서 한꺼번에 변경해서 배포 후 기도하고 싶은 마음이 굴뚝 같겠지만, 작은 증분을 다루는 프레임워크를 사용하여 지속적 배포를 수행하는 방법을 자세히 살펴보자.

9.3 현재 상태

앞 장과 마찬가지로, 코드베이스의 현재 상태가 어떤지, 변경해야 할 영역이 얼마나 넓게 퍼져 있는지 살펴보자. 옛 상품 ID가 들어간 모든 코드 위치와 카테고리 간에 변환되는 부분을 찾으려는 것이다.

9.3.1 프런트엔드

이전 상품 ID에서 해당 카테고리로 매핑시키는 코드는 코드베이스 곳곳에 흩어져 있다. 프런트엔드는 이 문제점의 영향을 받는 첫 번째 사례다. 다음 productCategoryFromId 함수❶를 보자.

퍼시스턴스 < API < **UI**

```
const digitToCategoryMap = {
    "1": FRUIT_AND_VEGETABLES,
    "2": BATHROOM_PRODUCTS,
```

```
    "3": BAKERY,
    "4": DELI,
    "5": FISH,
    "6": MEAT,
    "7": PREPARED_FOODS,
    "8": PHARMACY,
    "9": FROZEN_FOODS,
}
export const productCategoryFromId ❶  =(productId) => {
    const firstDigit = productId.toString().charAt(0);
    return digitToCategoryMap[firstDigit];
}
```

이 함수는 컴포넌트 트리를 따라 사용되며, 상품 상세 정보 페이지처럼 상품 카테고리가 표시되는 곳이면 어디든지 호출된다. [그림 9-1]을 보면, 상세 정보 페이지 상단에 카테고리 정보에 해당하는 브레드크럼breadcrum[1]이 있다.

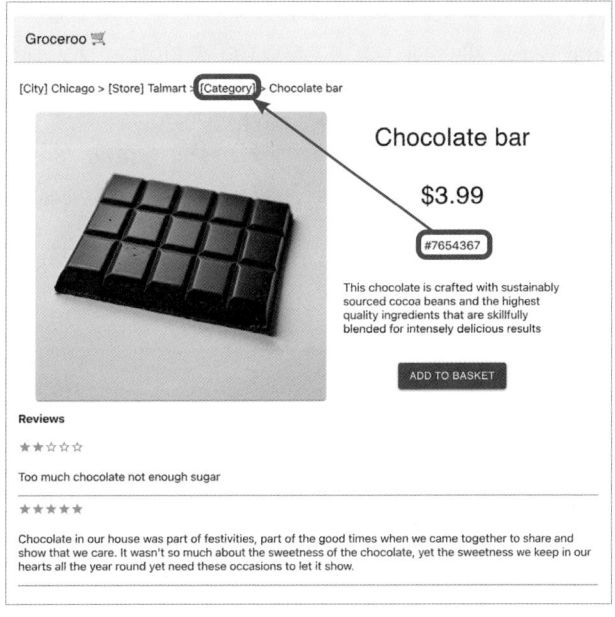

그림 9-1 카테고리와 옛 ID가 표시된 상품 상세 페이지

---

1 옮긴이_ 탐색 계층 구조를 표시하여 유저가 현재 위치를 파악하고 계층 구조의 레벨을 이동할 수 있게 해주는 컴포넌트입니다. 브레드크럼(breadcrumb, 빵 부스러기)을 통해 유저는 탐색 중인 화면의 상위 레벨 화면으로 이동할 수 있습니다.

[그림 9-1]에 표시된 정확한 카테고리는 하드코딩된 매핑❶을 사용하는 함수로 계산된다.

퍼시스턴스 < API < UI

```
export const ProductDetailPage =({product}) => {
    const store = useContext(StoreContext)

    return <>
        <AppHeader/>
        <PageContainer>
            <Box className="breadcrumb">
            [City] {store.city} >
            [Store] {store.storeName} >
            [Category] {productCategoryFromId(product.id) ❶} >
            {product.name}
            </Box>
...
```

하지만 하드코딩된 카테고리 데이터는 아직 큰 문젯거리가 아니다. 상품 ID를 바라보는 모든 기능마다 옛 상품 ID 포맷을 새 포맷으로 바꾸는 게 더 큰일이다. 상품 데이터는 그로서루의 핵심 도메인이므로 옛 ID가 모든 곳에서 쓰이는 것은 놀라운 일이 아니다. 이 ID는 대부분의 상품 읽기/쓰기 작업을 비롯해 유저의 장바구니, 주문, 리뷰, 추천 등 상품과 조금이라도 연관된 모든 엔터티마다 백엔드 API로 바로 전달된다. 실로 프런트엔드/백엔드 간 계약에서 가장 많이 사용되는 데이터가 바로 이 상품 ID다. 예를 들어, 다음은 장바구니에 상품을 추가하는 백엔드 호출 코드다❶.

퍼시스턴스 < API < UI

```
const addToBasket = async(product) => {

    const response = await fetch('${API.baseUrl}/basket/${product.id}' ❶, {
        method: "POST",
        //...
    });
    return response.json();
};
```

다음과 같이 상품 상세 정보 페이지를 채울 내용을 가져오는 코드 역시 상품 ID를 사용한다❶.

퍼시스턴스 < API < UI

```
const getProduct = async(id) => {
    const response = await fetch('${API.baseUrl}/products/${id}' ❶, {
        method: "GET"
        //...
    });
    return response.json();
}
```

그러나 상품 ID는 단지 시스템 간 통신에만 쓰이는 게 아니다. 유저가 참조할 수 있도록 많은 곳에 표시되는데, 이런 부분도 역시 이전 대상이다. [그림 9-2]의 매장 관리자용 상품 등록 페이지도 그중 하나다.

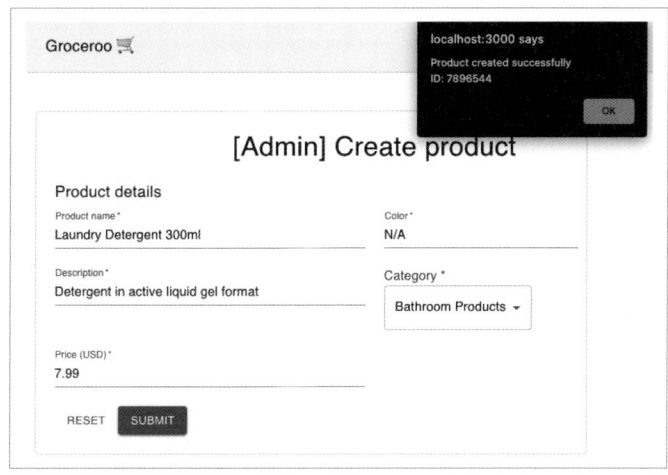

그림 9-2 이전 상품 ID를 생성하는 상품 등록 페이지

다음은 상품 등록 폼을 처리하고❶ 결과 ID를 표시하는❷ 프런트엔드 사이드 코드다.

퍼시스턴스 < API < UI

```
export const CreateProductPage =() => {
    const store = useContext(StoreContext)
```

9장 라이브 기능 리팩터링 **301**

```
        const createProduct = async(productData, store) => {
            const response = await fetch('${API.baseUrl}/products', {
                method: "POST",
                body: JSON.stringify({...productData, ...store})
                //...
            });
            alert('Product created successfully ID: ${response}') ❷
        };

        return <>
            <AppHeader/>
            <PageContainer>
                <PageTitle>[Admin] Create product</PageTitle>
                <CreateProductForm ❶
                    onSubmit={(data) => createProduct(data, store)}
                />
            </PageContainer>;
        </>
    }
```

그로서루 같은 전형적인 이커머스 애플리케이션에서 상품 ID는 거의 모든 곳에서 사용되지만, 예제 편의상 이 장의 리팩터링은 방금 소개한 장바구니 추가, 상품 등록, 상품 상세 페이지, 세 곳의 카테고리 표시로 한정한다. 지금부터 여러분이 배울 원칙은 다른 기능에도 똑같이 적용된다.

9.3.2 백엔드

프런트엔드와 마찬가지로, 백엔드에서도 카테고리는 일급 시민[2]으로 간주되지 않는다. 자체 DB 테이블에 저장되는 대신, 다음 코드 스니펫처럼 열거형^{enum} 타입으로 하드코딩되어, 상품 ID의 첫 번째 숫자를 해석하는 데 사용된다.

퍼시스턴스 < API < UI

```
public enum Category {

    FRUIT_AND_VEGETABLES("Fruit and vegetables", 1),
```

2　옮긴이_ 백엔드에서 완전히 독립적으로 자유롭게 취급할 수 있는 요소가 아니라는 뜻입니다.

```
        BATHROOM_PRODUCTS("Bathroom products", 2),
        BAKERY("Bakery", 3),
        DELI("Deli", 4),
        FISH("Fish", 5),
        MEAT("Meat", 6),
        PREPARED_FOODS("Prepared foods", 7),
        PHARMACY("Pharmacy", 8),
        FROZEN_FOODS("Frozen food", 9);

        private final String displayName;
        private final Integer digit;

        Category(String displayName, Integer digit) {
            this.displayName = displayName;
            this.digit = digit;
        }
    }
```

앞 절에서 말했듯이, 상품과 이와 연관된 엔터티의 모든 API 작업은 6자리 정수 ID로 관리한다. 이제 이 ID를 치환해야 한다. 기존 ProductController 코드에도 다음과 같이 상품 ID❶ ❷가 박혀있다.

퍼시스턴스 < **API** < UI

```
@RestController
public class ProductController {

    private final ProductRepository repository;

    public ProductController(ProductRepository repository) {
        this.repository = repository;
    }

    @GetMapping("/products/{id}")
    @ResponseBody
    public Product getProduct(@PathVariable("id") Integer id) {
        return repository.getProduct(id);  ❶
    }

    @PostMapping("/products")
    @ResponseBody
    public Integer createProduct(@RequestBody CreateProductPayload payload) {
```

```
        return repository.createProduct(payload).id(); ❷
    }
}
```

리포지터리 레이어의 `ProductRepository`는 더 놀랍다. ID로 일반적인 읽기/쓰기를 하는 것 외에도 새 상품을 등록하는 로직❶이 보인다. 매장 관리자가 새 상품을 온보딩하면 그때마다 선택된 카테고리❷에 따라 ID가 채번되는 구조다. 리포지터리는 각 카테고리 내에서 고유성을 보장하기 위해 각기 다른 DB 시퀀스를 사용한다❸. 과일과 채소에는 100000부터 시작하는 시퀀스를 쓰고, 욕실용품에는 200000부터 시작하는 시퀀스를 쓰는 식이다.

퍼시스턴스 < API < UI

```
@Repository
public class ProductRepository {

    private final JdbcTemplate jdbcTemplate;

    @Autowired
    public ProductRepository(JdbcTemplate jdbcTemplate) {
        this.jdbcTemplate = jdbcTemplate;
    }

    public Product createProduct ❶(CreateProductPayload createProductPayload) {
        String insert = "INSERT INTO " +
            "products(product_id, shop_id, name) " +
             "VALUES(?, ?, ?) " +
            "RETURNING *";

        Integer productId = productIdByCategory(
            createProductPayload.category()
        ); ❷

        return jdbcTemplate.queryForObject(
            insert,
            new ProductMapper(),
            productId,
            createProductPayload.shopId(),
            createProductPayload.name()
        );
    }

    public Product getProduct(Integer id) {
```

```
            String select =  "SELECT * FROM products WHERE product_id = ?";

        return jdbcTemplate.queryForObject(select, new ProductMapper(), id);
    }

    private Integer productIdByCategory(Integer category) {

        Category productCategory = Category.values()[category];

        String sequenceName = productCategory.name();

        String productIdQuery =
            String.format("SELECT nextval('%s');", sequenceName);  ❸

        SqlRowSet sqlRowSet = jdbcTemplate.queryForRowSet(productIdQuery);
        sqlRowSet.next();
        return sqlRowSet.getInt(1);
    }
}
```

앞서 언급했듯이, 상품 ID를 사용하는 코드는 상품을 신규 등록하여 관리하는 일 외에도 상품과 연관된 모든 엔터티에 영향을 미친다. 예를 들어, 다음과 같이 상품 ID❶를 기반으로 작동되는 BasketController 클래스도 있다.

퍼시스턴스 < API < UI

```
@RestController
public class BasketController {

    private final BasketRepository repository;

    public BasketController(BasketRepository repository) {
        this.repository = repository;
    }

    @PostMapping("/basket/{id}")
    public void createProduct(
        @RequestBody AddToBasketPayload payload,
        @PathVariable("id") Integer productId  ❶
    ) {
        repository.addToBasket(payload, productId);
    }
}
```

다음 코드는 장바구니와 관련된 DB 로직을 처리하는 `BasketRepository`다.

퍼시스턴스 < **API** < UI

```
@Repository
public class BasketRepository {

    private final JdbcTemplate jdbcTemplate;

    public BasketRepository(JdbcTemplate jdbcTemplate) {
        this.jdbcTemplate = jdbcTemplate;
    }

    public void addToBasket(AddToBasketPayload payload, Integer productId) {
        String insert = "INSERT INTO basket AS original " +
                        "(product_id, user_id, quantity) " +
                        "VALUES(?, ?, ?) " +
                        "ON CONFLICT ON CONSTRAINT pkey DO UPDATE " +
                        "SET quantity = " +
                        "original.quantity+excluded.quantity;";

        jdbcTemplate.update(insert, productId, payload.userId(), payload.
        quantity());
    }
}
```

9.3.3 퍼시스턴스

퍼시스턴스 레이어에도 다음과 같이 우리가 지양하는 ID를 PK❶로 사용한 products 마스터 테이블이 있다.

퍼시스턴스 < API < UI

```
groceroo=# \d products
                Table "public.products"
    Column     |  Type   | Collation | Nullable | Default
---------------+---------+-----------+----------+---------
 product_id ❶ | integer |           | not null |
 shop_id       | uuid    |           | not null |
 name          | text    |           |          |
 ...
```

이 ID는 basket 같은 다른 테이블에서 FK❶로 참조하며, 이 테이블에서 상품 ID는 복합 PK❷의 일부다. 다시 말해, 하나의 장바구니 엔트리는 유저 ID와 상품 ID로 고유하게 식별된다.

```
                                              퍼시스턴스 < API < UI
groceroo=# \d basket
              Table "public.basket"
   Column   |  Type   | Collation | Nullable | Default
------------+---------+-----------+----------+---------
 user_id    | uuid    |           | not null |
 product_id | integer |           | not null |
 quantity   | integer |           | not null |
Indexes:
    "pkey" PRIMARY KEY, btree(user_id, product_id) ❷
Foreign-key constraints:
    "fk_product" FOREIGN KEY(product_id) REFERENCES products(product_id) ❶
    "fk_user" FOREIGN KEY(user_id) REFERENCES users(user_id)
...
```

다음은 카테고리마다 새 ID를 생성하는 시퀀스 리스트다. 방금 전 백엔드 리포지터리에서 이 시퀀스를 사용했는데, 시작 값(start_value)이 각각 어떻게 다른지 눈여겨보자.

```
                                                       퍼시스턴스 < API < UI
+----------------+--------------------+---------+-----------+---------+
|sequence_catalog|sequence_name       |data_type|start_value|increment|
+----------------+--------------------+---------+-----------+---------+
|groceroo        |fruit_and_vegetables|bigint   |100000     |1        |
|groceroo        |bathroom_products   |bigint   |200000     |1        |
|groceroo        |bakery              |bigint   |300000     |1        |
|groceroo        |deli                |bigint   |400000     |1        |
|groceroo        |prepared_foods      |bigint   |500000     |1        |
|groceroo        |meat                |bigint   |600000     |1        |
|groceroo        |fish                |bigint   |700000     |1        |
|groceroo        |pharmacy            |bigint   |800000     |1        |
|groceroo        |frozen_foods        |bigint   |900000     |1        |
+----------------+--------------------+---------+-----------+---------+
```

이전 ID 컬럼도 그렇지만 이런 시퀀스도 앞으로 더 이상 쓸모가 없을 것이다.

9.4 목표 상태

리팩터링이 끝난 후 코드베이스의 목표 상태는, 레거시 상품 ID가 새로운 UUID 필드로 대체된 모습일 것이다. 카테고리 데이터는 `products` 테이블과 적절한 관계를 가진 테이블에 저장되는 일급 시민이 되어야 한다. 그럼, 지금부터 목표 상태를 구체적으로 살펴보자.

9.4.1 프런트엔드

프런트엔드는 다음 코드처럼 카테고리 정보를 상품에서 직접 가져와 있는 그대로 표시한다❶.

퍼시스턴스 < API < **UI**

```
...
return <>
    <AppHeader/>
    <PageContainer>
        <Box className="breadcrumb">
    [City] {store.city} >
    [Store] {store.storeName} >
    [Category] {product.category ❶} >
    {product.name}
        </Box>
...
```

마찬가지로 새 ID 필드는 모든 작업에 통용된다. 상품을 검색할 때에 쓰인다❶.

퍼시스턴스 < API < **UI**

```
const getProduct = async(uuid) => {
    const response = await fetch('${API.baseUrl}/products/${uuid}' ❶, {
        method: "GET",
        //...
    });
    return response.json();
}
```

그리고 장바구니에 추가할 때도 사용된다❶.

퍼시스턴스 < API < **UI**
```
const addToBasket = async(product) => {
    const response = await fetch('${API.baseUrl}/basket/${product.uuid}' ❶, {
        method: "POST"
        //...
    });
    return response.json();
};
```

상품 등록 시에도 새 ID 필드가 사용된다❶.

퍼시스턴스 < API < **UI**
```
const createProduct = async(productData, store) => {
    const response = await fetch('${API.baseUrl}/products', {
        method: "POST",
        body: JSON.stringify({...productData, ...store})
        //...
    });
    // 이제 옛 ID 대신 새 ID가 표시된다.
    alert('Product created successfully. ID: ${response.uuid}') ❶
};
```

네 가지 사례만 들었지만 이와 유사한 변경사항을 프런트엔드에도 전체적으로 적용할 수 있다.

9.4.2 백엔드

백엔드에서 상품은 다음 Product 레코드의 시그니처처럼 새 ID와 카테고리 필드만 가진다.

퍼시스턴스 < **API** < UI
```
public record Product(UUID uuid, String name, Category category ...) {}
```

카테고리는 더 이상 열거형 타입으로 하드코딩할 필요 없이 DB에서 바로 가져온다. 그래야 나중에 관리자가 카테고리를 쉽게 수정할 수 있고, 전체 코드베이스를 산탄총 수술Shotgun Surgery[3]하지 않고도 카테고리를 추가/삭제할 수 있어 좋다.

---
[3] 산탄총 수술은 코드베이스의 여러 곳을 동시에 고쳐야 하는 코드 스멜을 가리킨다. 자세한 내용은 https://oreil.ly/gf8Lv를 참고하자.

다시 말해, 다음 코드처럼 상품 등록 시 기존의 복잡한 ID 채번 로직을 랜덤 생성한 단순 UUID로 대체하고❶, 카테고리는 categories 테이블을 참조하는 FK로 삽입해야 한다❷.

퍼시스턴스 < API < UI

```
public Product createProduct(CreateProductPayload createProductPayload) {
    // UUID는 DB에 의해 랜덤 생성된다.
    String insert =  "INSERT INTO products" +
        "(shop_id, name, category_id) " +
        "VALUES(?, ?, ?) RETURNING *"; ❶

    Integer categoryId = categoryIdFromPayload(
        createProductPayload.category()
    ); ❷

    return jdbcTemplate.queryForObject(
        insert,
        new ProductMapper(),
        createProductPayload.shopId(),
        createProductPayload.name(),
        categoryId
    );
}
```

9.4.3 퍼시스턴스

앞 절에서 설명했지만, 퍼시스턴스 레이어에는 카테고리를 저장할, 다음 코드와 동일한 구조의 새로운 테이블을 만든다.

퍼시스턴스 < API < UI

```
groceroo=# \d categories
                Table "public.categories"
   Column    | Type | Collation | Nullable |       Default
-------------+------+-----------+----------+--------------------
 category_id | uuid |           | not null | gen_random_uuid()
 name        | text |           | not null |
 ...
```

그러나 시스템에서 가장 중단을 많이 일으킬 만한 변경은 products 테이블에서 있다. PK는 새 UUID로 대체되며❶, 카테고리를 가리키는 FK도 테이블에 포함시켜야 한다❷.

퍼시스턴스 < API < UI

```
groceroo=# \d products
                Table "public.products"
    Column    | Type  | Collation | Nullable |       Default
--------------+-------+-----------+----------+--------------------
 shop_id      | uuid  |           | not null |
 name         | text  |           |          |
 Product_uuid ❶ | uuid  |           | not null | gen_random_uuid()
 category_id  | uuid  |           | not null |

Foreign-key constraints:
    "fk_shop" FOREIGN KEY(shop_id) REFERENCES shops(shop_id)
    "products_category_id_fkey" ❷ FOREIGN KEY(category_id) REFERENCES categories(category_id)
```

products 테이블을 참조하는 다른 테이블도 UUID를 FK로 사용해야 한다❶. 예를 들어, basket 테이블은 다음과 같은 모습이 될 것이다.

퍼시스턴스 < API < UI

```
groceroo=# \d basket
                Table "public.basket"
    Column    |  Type   | Collation | Nullable | Default
--------------+---------+-----------+----------+---------
 user_id      | uuid    |           | not null |
 quantity     | integer |           | not null |
 product_uuid | uuid    |           | not null |

Indexes:
    "pkey" PRIMARY KEY, btree(user_id, product_uuid)
Foreign-key constraints:
    "fk_product" FOREIGN KEY(product_uuid) REFERENCES products(product_uuid) ❶
    "fk_user" FOREIGN KEY(user_id) REFERENCES users(user_id)
```

10.2절을 읽으며 예상했겠지만, 옛 ID는 더 이상 생성할 필요가 없으므로 DB 시퀀스는 모두 삭제해도 무방하다.

9.5 어떻게 목표를 달성할까?

3장에서 설명했듯이, 지속적 배포를 하면서 라이브 기능을 리팩터링한다는 것은, 모든 프로듀서/컨슈머를 단순히 N+1 버전('목표 상태'의 버전)으로 변경할 수 없다는 뜻이다. 배포가 일어나는 시점을 수동으로 제어할 수 없으므로 프로덕션에서 장기간 비호환성 문제가 발생할 리스크가 크다. 예를 들어, 프런트엔드/백엔드의 코드베이스만 새 ID를 사용하도록 바꾼다고 하자. 먼저 푸시되는 코드베이스(그래서 먼저 배포되는 코드베이스)는 다른 코드베이스와 호환이 안 될 것이다.

따라서 안전하게 리팩터링하려면 항상 중간에 증분을 두고 계약의 하위 호환성을 유지해야 한다. 사실 그래야 배포도 안전하게 할 수 있다. 모든 코드베이스의 N+1 버전이 프로덕션에 있는 다른 코드베이스의 버전 N과 하위 호환되도록 중간 단계를 두는 것이다.

지금까지 내가 여러 번 언급한 확장/축소 패턴은 이런 종류의 리팩터링에 안성맞춤이다. 불현듯 이 패턴이 잘 기억나지 않는 독자는 지금 3장으로 돌아가 다시 한번 이론을 공부하기 바란다. 다음 절에서는 이 패턴을 실제로 적용해보자.

9.5.1 확장/축소

자, 그로서루 예제에 확장/축소 패턴을 적용해보자. 이 리팩터링에서 가장 침습적인 변경에 해당하는, 상품 넘버링 체계의 진실 공급원의 전환 방안부터 시작하자. 현재 진실 공급원은 DB에 있으며, products 테이블의 상품 ID 컬럼을 UUID로 변경해야 한다.

'대체 필드' 확장 전략으로 리팩터링할 수 있다. 새 UUID를 보관할 DB 컬럼을 추가하고, categories 테이블에 참조 필드를 구성하는 것이다. 나는 이 방법이 그로서루 예제에 가장 실용적이라고 판단하여 선택했지만, 다른 대안도 있으니 궁금한 독자는 7장을 참조하기 바란다.

확장/축소 패턴에 따르면, 상품 ID는 다음의 논리적인 세 단계를 거쳐 대체할 수 있다.

1. 먼저, 프로듀서 시스템(DB)에서 확장 단계를 진행한다. 기존 숫자 타입 컬럼과 새로 만든 UUID 컬럼이 공존하는 모양새가 될 것이다. 이때 categories 테이블을 새로 만들고 products 테이블에 카테고리를 참조하는 컬럼을 구성한다.
2. 이전 단계에서 옛 ID를 사용하는 모든 클라이언트(백엔드)를 새 클라이언트로 전환한다. 즉, 상품 등록 엔드포인트, 상품 조회 엔드포인트, basket 테이블(FK로 옛 ID 참조)을 비롯한 모든 클라이언트가 새 ID

를 바라보도록 바꾼다. 이후로 상품을 읽는 모든 코드는 새 카테고리 필드를 사용하게 될 것이다.

3. 이전 필드를 사용하는 클라이언트가 더 이상 없으면 축소 단계로 넘어가 숫자 ID를 영구 삭제하고 성공적인 이전을 자축한다.

[그림 9-3]은 이 세 단계를 나타낸 다이어그램이다.

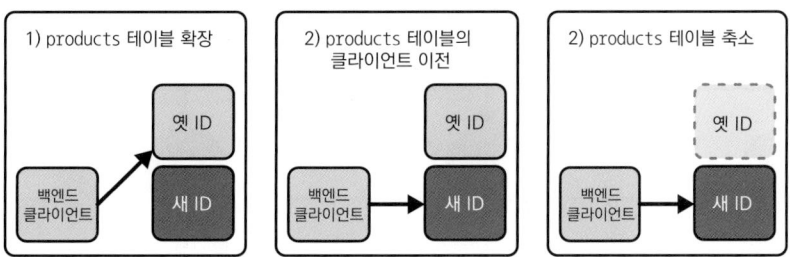

그림 9-3 이전 상품 ID를 대체하는 확장/축소 패턴의 다이어그램

이 정도면 확장/축소 전략에 대해 충분한 인사이트를 얻었으니 다시 예제로 풍덩 뛰어들 준비가 됐다. 그런데 여기서 먼저 해결해야 할 복잡한 문제가 한 가지 있다.

우리는 옛 컬럼의 클라이언트가 그냥 한 단계를 거쳐 원자적으로 이전되리라 가정하지만, 실제로는 클라이언트(백엔드) 위에 또 다른 컨슈머, 즉 옛 상품 ID에 의존하는 프런트엔드 레이어가 존재한다. 이런 까닭에 리팩터링 작업이 의외로 만만치가 않다. 하지만 우리에겐 다계층 프로듀서/컨슈머 시스템에서 확장/축소 패턴을 어떻게 적용하는지 배울 수 있는 좋은 기회다.

9.5.2 다계층: 인사이드 아웃

다계층 프로듀서/컨슈머로 이루어진 분산 시스템은 가장 안쪽에서 바깥쪽으로, 즉 가장 안쪽의 프로듀서에서 가장 바깥쪽 컨슈머 방향으로 리팩터링해야 한다. 제일 먼저 가장 안쪽의 프로듀서에서 확장 경로를 설정한다. 그럼, 이 확장 경로는 해당 프로듀서와 직접 연관된 컨슈머에도 생성된다. 그런 다음, 각 레이어의 컨슈머를 거쳐 가장 바깥쪽 컨슈머에 닿을 때까지 바깥쪽으로 확장을 반복한다. 이 레벨에서 이전migration 작업을 끝내야 이전transition이 완료된다.

그로서루 예제에서 가장 안쪽 프로듀서 시스템은 DB, 가장 바깥쪽 컨슈머는 프런트엔드다. 따라서 안에서 밖으로 진행하려면 두 시스템(먼저 DB, 그 다음에 백엔드)에 새 상품 ID(확장 경로)를 추가해야 한다. 이 작업이 끝나면 프런트엔드도 새 ID로 이전 가능하며, 그 하위 레이어에서 옛 ID를 삭제할 수 있다.

지금까지 설명한 모든 단계를 그려보면 [그림 9-4]와 같다.

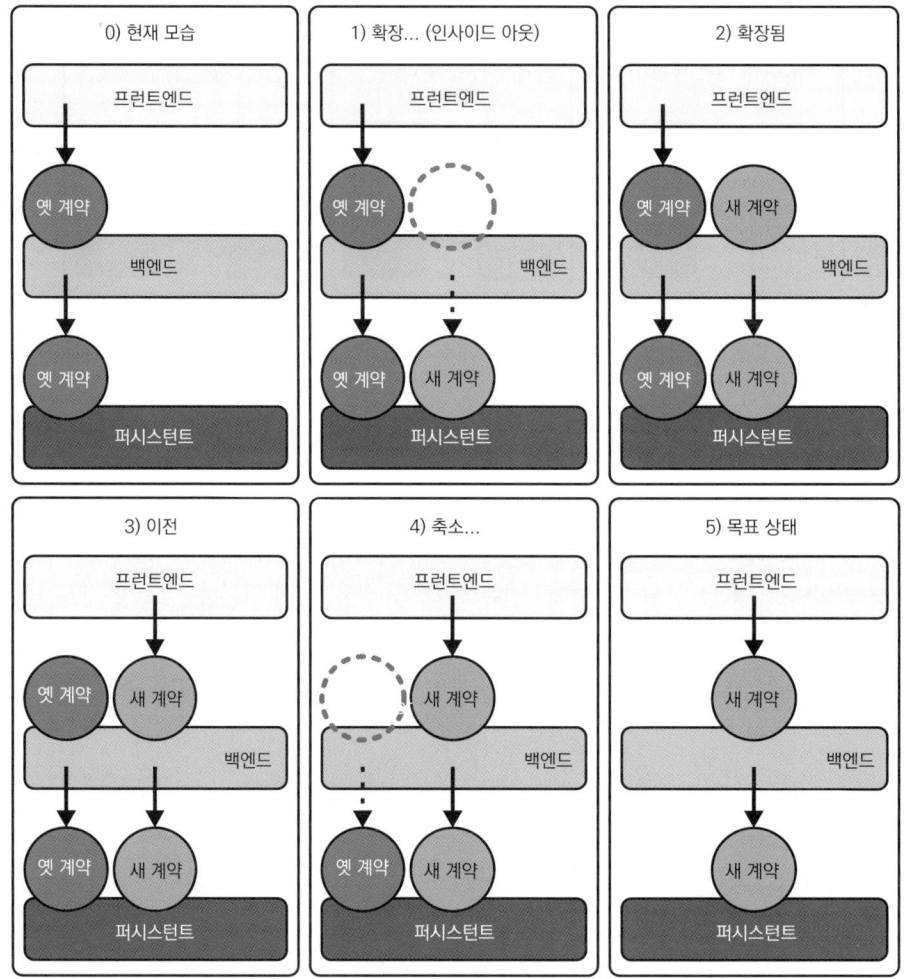

그림 9-4 다계층된 애플리케이션에서의 확장/축소 패턴

[그림 9-4]의 과정을 구체적으로 살펴보자. 가장 먼저, DB 레이어에 새 UUID 필드를 추가한다(1단계). 그 다음, 백엔드는 옛 ID를 받던 로직이 새 ID도 받을 수 있도록 확장한다(2단계).

디펜던시 순서대로 진행하고 있으므로, 모든 작업은 하위 호환이 보장되는 형태로 개별적인 프로덕션 배포가 가능하다.

여기까지 끝나면, 프런트엔드(가장 바깥쪽 컨슈머)를 새로 빌드된 코드 경로로 이전하여 더 이상 옛 코드를 사용하지 않도록 만든다(3단계). 마지막으로, 모든 레이어에서 옛 코드를 제거하면(4단계) 우리가 원하는 목표 상태(5단계)에 도달한다.

지극히 고전적인 웹 애플리케이션 아키텍처지만, 인프라의 성격과 무관하게 이런 식으로 작업할 수 있다.

사실, 이 과정은 확장과 축소가 중첩된 사이클이라고 볼 수 있다. 상품 ID(DB 레이어)에는 외부 확장/축소 사이클을 수행하고, 백엔드 레이어에는 내부 확장/축소 사이클을 감싼wrapping 형태다. [그림 9-5]는 같은 워크플로를 다르게 표현한 것으로, 이러한 중첩이 잘 나타나 있다.

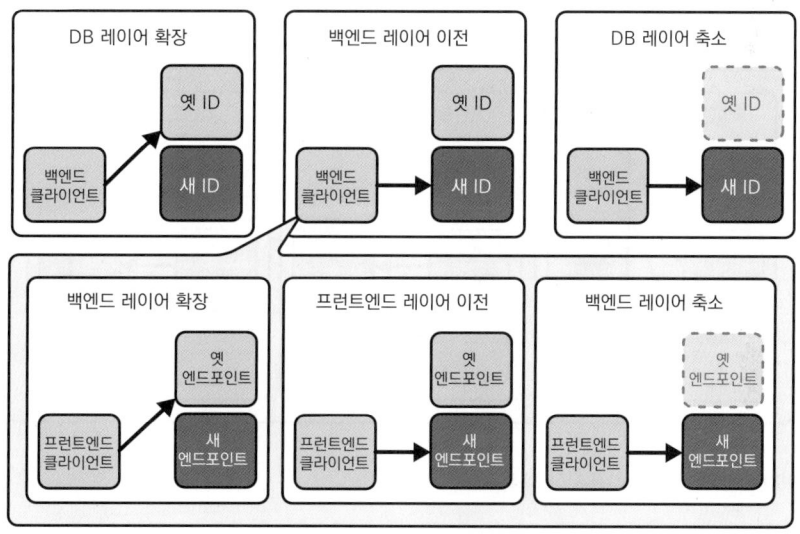

그림 9-5 중첩된 확장/축소

하지만 각 레이어마다 옛 상품 ID를 사용하는 클라이언트가 여럿 존재하는 문제점은 아직 해결되지 않았다. 실제로, 프런트엔드 곳곳에서 액세스하는 백엔드 레이어의 다양한 API 엔드포인트(예 장바구니 추가, 상품 조회, 상품 등록)에서 옛 ID가 사용되고 있다. 상품 ID는 어느 한 엔드포인트만 쓰는 게 아니라, 시스템의 거의 모든 기능이 사용한다. 인사이드 아웃으로

(즉, 중첩된 확장/축소를 통해) 진행하는 원리는 알겠는데, 그럼 프로듀서/컨슈머 간의 일대다 one-to-many 관계는 어떻게 처리해야 할까?

클라이언트가 여럿이라는 점(그리고 다계층임)을 감안하면, 그냥 옛 ID를 사용하는 클라이언트마다 한 번씩, 동일한 단계를 여러 번 밟으면 된다. 즉, 그로서루 예제는 백엔드에 있는 각각의 API 엔드포인트를 한번에 하나씩 처리하면 된다(그림 9-6).

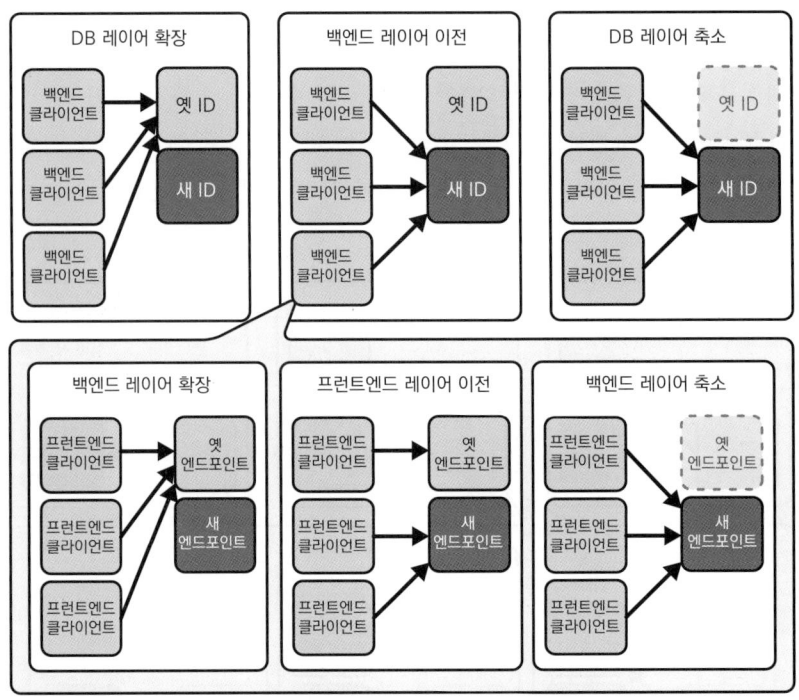

그림 9-6 여러 클라이언트에 중첩된 확장/축소 적용

컬럼을 복제한 후에는 백엔드 레이어에서 클라이언트 이전을 시작할 수 있다. 첫 번째 엔드포인트는 반드시 새 ID를 지원하도록 확장해야 한다. 그래야 프론트엔드에서 모든 클라이언트를 이전하고 축소할 수 있다. 그러나 옛 DB 컬럼은 백엔드에서 아직도 많은 엔드포인트(클라이언트)가 사용 중이므로 제거할 수 없다. 옛 컬럼을 더 이상 안 쓸 때까지 엔드포인트마다 이런 작업을 해줘야 한다. 따라서 외부 확장/축소 사이클에는 백엔드 레이어에서 이전할 엔드포인트마다 다수의 작은 확장/축소 사이클이 포함될 것이다.

자, 그럼 지금까지 설명한 패턴을 그로서루 플랫폼의 코드에 적용해보자.

9.6 확장/축소 구현

ID 필드를 전체적으로 이전하기 위해 DB 레이어에서 상품 ID 컬럼을 복제하는 외부 확장/축소 사이클부터 시작한다. 그런 다음, 첫 번째 클라이언트인 POST /product 엔드포인트를 처리한다(그림 9-7).

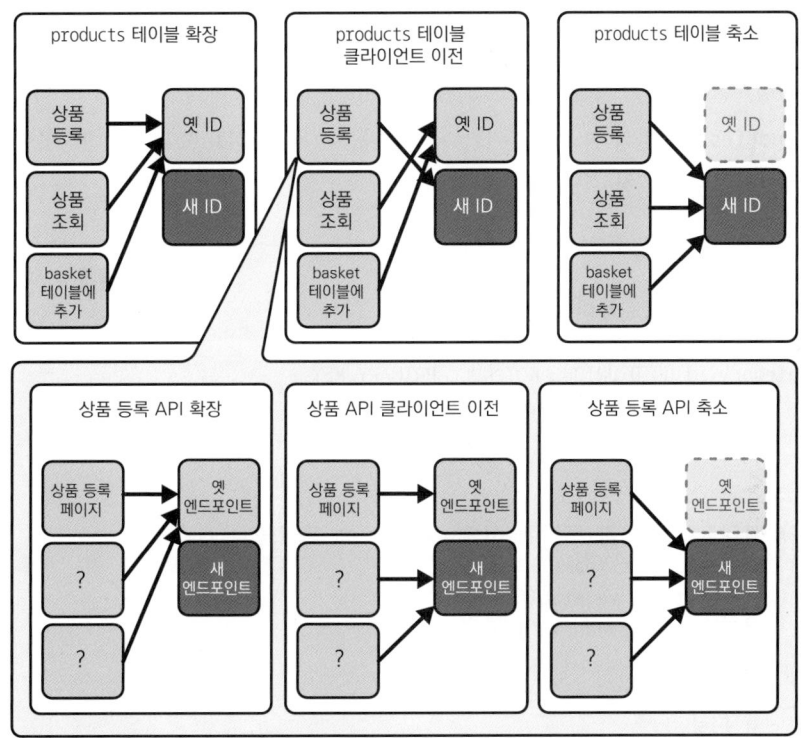

그림 9-7 상품 등록 페이지에 중첩된 확장/축소 적용

새로운 UUID를 만들어 DB 레이어를 확장한 후, POST /product 엔드포인트를 자세히 보면서 프런트엔드/백엔드 간 **내부** 확장/축소 사이클을 수행한다. 앞서 설명했듯이, 가장 내부의 시

스템에서 가장 외부의 시스템으로 이동하면서 최외곽의 클라이언트(이 예제는 상품 등록 페이지)를 이전할 때까지 대체 코드 경로를 구축한다.

차근차근 하나씩 살펴보자.

9.6.1 외부 확장 단계: products 테이블

리팩터링의 첫 단추는 products 테이블의 확장이다.

배포 1: products 테이블 확장

일단, 리팩터링하는 동안 옛 필드와 공존하게 될 categories 테이블과 새 UUID 필드를 만드는 **외부 확장/축소 패턴**을 시작한다. 또 언젠가 옛 ID를 더 이상 바라보지 않도록 차단할 때 필요한 categories 테이블과 참조를 추가한다. 즉, 다음과 같은 DDL로 DB를 변경하면 된다(여러 차례 배포하면서 수행할 수도 있다).

퍼시스턴스 < API < UI

```sql
-- 새로운 categories 테이블
CREATE TABLE categories(
    category_id UUID UNIQUE NOT NULL PRIMARY KEY
        DEFAULT gen_random_uuid(),
    NAME TEXT NOT NULL
);

-- 현재 카테고리 정보가 포함된 시드 categories 테이블
INSERT INTO categories(name)
    VALUES('Fruit and vegetables'),
        ('Bathroom products'),
        ('Bakery'),
        ('Deli'),
        ('Fish'),
        ('Meat'),
        ('Prepared foods'),
        ('Pharmacy'),
        ('Frozen food');

-- 새 상품 ID는 UUID가 기본값
ALTER TABLE products
```

```
    ADD COLUMN product_uuid UUID UNIQUE NOT NULL ❶
        DEFAULT gen_random_uuid();

-- categories 테이블을 가리키는 레퍼런스(지금은 NULL 허용)
ALTER TABLE products
    ADD COLUMN category_id UUID ❷
        REFERENCES categories(category_id);
```

우리는 지금 **대체 필드** 확장 전략을 사용 중이다. 이미 존재하는 테이블에 새 필드를 추가하려면, 그때마다 새 필드를 NULL 허용^{nullable}으로 설정하든지, 디폴트 값을 세팅하든지, 둘 중 하나는 해야 한다. 이는 기존 데이터를 채우려는 의도지만, 기존 백엔드 코드가 변경사항을 배포한 후에도 프로덕션에서 테이블에 새 엔트리를 계속 추가하며 작동해야 하므로 꼭 필요한 작업이다.

새로운 상품 ID에는 디폴트 값을 세팅하자❶. DB는 랜덤 UUID를 얼마든지 생성할 수 있는 완벽한 장소이므로 사용하지 않을 이유가 없다. NULL 허용으로 설정하면 나중에 누락된 데이터를 채워 넣느라 고생할 것이다. 다른 추가 변경사항인 products 테이블에서의 카테고리 참조는 새 엔트리의 디폴트 값을 간단히 계산할 방법이 없으므로 NULL 허용으로 설정하는 게 좋겠다❷. 나중에 백엔드에서 INSERT를 할 때마다 카테고리 ID를 쓰기 시작하면, 그 시점 이후로 누락된 값들은 UPDATE 문으로 간단히 채우면 될 것이다.

> **참고** 이 장에서는 편의상 데이터 동기화와 관련된 미묘한 부분은 다루지 않는다. 확장/축소 도중의 데이터 동기화에 대한 자세한 분석은 10장을 참조하기 바란다.

동일한 테이블이 읽기 작업의 대상이기도 하므로 대체 필드를 제공하는 데 있어서 명심할 점은, 기존 클라이언트가 읽기 작업을 할 때 대체 필드를 무시하도록 만드는 것이다. SQL를 이용하면 아주 쉽다. 쿼리에는 컬럼명을 명시해야 하므로 컬럼 추가 자체는 완벽하게 안전하다. 그러나 만약 상품 데이터가 문서 저장소$^{document\ store}$ 같은 NoSQL 시스템에 있다면? 이럴 때는 클라이언트가 엔트리를 전부 다 가져와 사용하므로 역직렬화^{deserialization} 이슈가 생기거나, 호출부 시스템에서 예기치 못한 필드를 받으면서 문제가 생길 수 있다. 더블 체크는 항상 필수다.

이제 확장은 다 끝났다. 새 ID 필드를 만들었으니 클라이언트 역시 모두 이전시켜야 한다. 여기가 바로 중첩된 확장/축소 사이클이 끼어드는 부분이다.

9.6.2 POST /product 엔드포인트 이전

이전 ID를 사용하는 첫 번째 클라이언트는 상품 등록 API와 이 API에 의존하는 프런트엔드다. 이 엔드포인트가 새 ID를 사용하게 하려면 또 다른 (중첩된) 확장/축소 패턴을 적용해야 한다.

배포 2: POST /product 엔드포인트 확장

확장 단계의 시작은 POST /product의 기능을 복제하여 새로운 상품에 대해 새 ID❶와 기존 ID❷를 모두 생성하도록 만드는 것이다. 이제 막 외부 확장 단계에서 자동 생성된 디폴트 값을 추가했으므로 새 상품 ID는 암묵적으로 생성되지만, 새 카테고리 참조❸❹ 역시 삽입해야 한다. 카테고리 데이터는 이미 요청 페이로드에 있으므로 그냥 알기 쉽게 백엔드에서 갖다 쓰면 된다(전에는 이 카테고리의 DB 시퀀스를 통해 상품 ID를 가져왔다).

이 모든 변경사항을 다음 코드와 같이 리포지터리 레이어에 적용한다.

```
                                             퍼시스턴스 < API < UI
public Product createProduct(CreateProductPayload createProductPayload) {
    // 새 ID는 gen_random_uuid()가 기본값
    String insert = "INSERT INTO products" +
                    "(product_id ❷, shop_id, name, category_id ❸) " +
                    "VALUES(?, ?, ?, ?) RETURNING *";  ❶

    Integer productId = productIdByCategory(createProductPayload.category());
    Integer categoryId = categoryIdFromPayload(
        createProductPayload.category()
    ); ❹

    return jdbcTemplate.queryForObject(
        insert,
        new ProductMapper(),
        productId,
        createProductPayload.shopId(),
        categoryId
    );
}
```

새 카테고리 ID를 DB에 추가하고, Product 레코드에도 새 ID❶를 기존 ID❷와 나란히 추가한다.

퍼시스턴스 < `API` < UI

```
public record Product(Integer id ❷, UUID uuid ❶, String name ...) {
```

그리고 이 레코드를 DB에서 가져올 때 쓰이는 로우 매퍼^{row mapper}에도 다음과 같이 추가한다.

퍼시스턴스 < `API` < UI

```
class ProductMapper implements RowMapper<Product> {

    public static final String PRODUCT_ID_OLD_COLUMN = "product_id";
    public static final String PRODUCT_ID_COLUMN = "prodct_uuid";
    public static final String NAME_COLUMN = "name";

    @Override
    public Product mapRow(
        ResultSet resultSet,
        int rowNumber
    ) throws SQLException {
        Integer id = resultSet.getInt(PRODUCT_ID_OLD_COLUMN);
        UUID uuid = UUID.fromString(resultSet.getString(PRODUCT_ID_COLUMN));
        String name = resultSet.getString(NAME_COLUMN);

        return new Product(id, uuid, name);
    }
}
```

마지막으로, 옛 엔드포인트❷ 아래에 두 번째 엔드포인트❶를 추가한다. 이제 새 버전은 다음 코드처럼 대체 UUID 포맷의 상품 ID를 리턴할 것이다.

퍼시스턴스 < `API` < UI

```
@PostMapping("/products") ❷
@ResponseBody
public Integer createProductOld(@RequestBody CreateProductPayload payload) {
    return repository.createProduct(payload).id();
}

@PostMapping("/v2/products") ❶
@ResponseBody
public UUID createProduct(@RequestBody CreateProductPayload payload) {
    return repository.createProduct(payload).uuid();
}
```

나는 이 확장 단계에서 API 버저닝을 하는 **중복 API** 전략을 구사했다. 옛 API의 클라이언트인 상품 등록 페이지는 이제 방금 전 만든 새 페이지로 전환할 수 있다.

배포 3: POST /product 엔드포인트 이전

이번에는 관리자 인터페이스의 상품 등록 페이지를 새로운 엔드포인트로 이전할 차례다. 프런트엔드는 엔드포인트가 리턴한 값을 읽어 유저가 확인할 수 있도록 화면에 ID를 표시한다. 따라서 이전 단계는 엔드포인트를 전환하고❶ 프런트엔드에서 새 포맷을 읽을 수 있도록 만드는 두 작업으로 구성된다. 자바스크립트는 타입을 별로 신경 쓰지 않는 언어라서 그로서루 예제는 아주 간단하다. 다음 상품 등록 페이지 코드를 보면 알겠지만, 사실 변경할 부분이 전혀 없다❷.

퍼시스턴스 < API < **UI**

```
export const CreateProductPage =() => {
    const store = useContext(StoreContext)

    const createProduct = async(productData, store) => {
        const response = await fetch('${API.baseUrl}/v2/products' ❶, {
            method: "POST",
            body: JSON.stringify({...productData, ...store})
            //...
        });
        // 이제 UUID가 표시된다
        alert('Product created successfully. ID: ${response}') ❷
    };

    return <>
        <AppHeader/>
        <PageContainer>
            <PageTitle>[Admin] Create product</PageTitle>
            <CreateProductForm onSubmit={(data) => createProduct(data, store)} />
        </PageContainer>;
    </>
}
```

그러나 여러분이 만약 타입스크립트를 사용 중이라면, 숫자가 문자열이 되는 경우를 고려하여 타입을 업데이트하는 코드로 변경해야 할 것이다.

배포 4: POST /product 엔드포인트 축소

프런트엔드 작업은 끝났고, 이제 API 코드를 옛 ID 대신 새 ID를 리턴하도록 변경하자. 다음 코드처럼 옛 엔드포인트를 지우면 된다.

퍼시스턴스 < **API** < UI

```
//      @PostMapping("/products") 삭제!
//      @ResponseBody
//      public Integer createProductOld(
//          @RequestBody CreateProductPayload payload
//      ) {
//          return repository.createProduct(payload).id();
//      }

    @PostMapping("/v2/products")
    @ResponseBody
    public UUID createProduct(@RequestBody CreateProductPayload payload) {
        return repository.createProduct(payload).uuid();
    }
```

이렇게 변경한 상품 등록 코드가 배포되면 이후로 모든 새로운 상품 정보는 새 ID(UUID)와 카테고리 ID가 채번된 상태로 생성될 것이다. 하지만 새로운 세계로 넘어가기 전에 만들어진 기존 데이터도 일관성을 유지해야 한다. 옛 상품의 카테고리 참조에 NULL을 남겨둔 사실을 기억하는가? 이렇게 빠진 값들은 UPDATE 문❶으로 적재하면 된다. 즉, 과거와 미래의 상품 데이터를 완전히 채워 넣고 NOT NULL 제약 조건❷을 강제하는 것이다. 다음은 반드시 별도로 배포해야 하는, 단일한 DB 변경을 구성하는 두 개의 SQL 문장이다.

```
UPDATE ❶ products
SET category_id =
    CASE
    WHEN substring(product_id::text from 1 for 1) = '1'
        THEN(SELECT category_id FROM categories WHERE name = 'Fruit and
        vegetables')
    WHEN substring(product_id::text from 1 for 1) = '2'
        THEN(SELECT category_id FROM categories WHERE name = 'Bathroom
        products')
    WHEN substring(product_id::text from 1 for 1) = '3'
        THEN(SELECT category_id FROM categories WHERE name = 'Bakery')
    WHEN substring(product_id::text from 1 for 1) = '4'
```

```
            THEN(SELECT category_id FROM categories WHERE name = 'Deli')
    WHEN substring(product_id::text from 1 for 1) = '5'
            THEN(SELECT category_id FROM categories WHERE name = 'Fish')
    WHEN substring(product_id::text from 1 for 1) = '6'
            THEN(SELECT category_id FROM categories WHERE name = 'Meat')
    WHEN substring(product_id::text from 1 for 1) = '7'
            THEN(SELECT category_id FROM categories WHERE name = 'Prepared foods')
    WHEN substring(product_id::text from 1 for 1) = '8'
            THEN(SELECT category_id FROM categories WHERE name = 'Pharmacy')
    WHEN substring(product_id::text from 1 for 1) = '9'
            THEN(SELECT category_id FROM categories WHERE name = 'Frozen food')
    END;

ALTER TABLE ❷ products ALTER COLUMN category_id SET NOT NULL;
```

이제 products 테이블의 첫 번째 클라이언트 처리는 끝났고, 최초의 중첩 확장/축소 사이클이 완성되었다! 하지만 아직 갈 길이 멀다. 클라이언트가 두 개 더 있기 때문에 테이블에서 옛 ID를 삭제할 수 없다. 이 작업이 끝날 때까지는 리포지터리 업데이트는 불가능하며, 두 종류의 ID를 계속 유지해야 한다.

9.6.3 GET /product 엔드포인트 이전

상품 정보를 조회하는 GET /product API 역시 처리 프로세스는 거의 같다(그림 9-8).

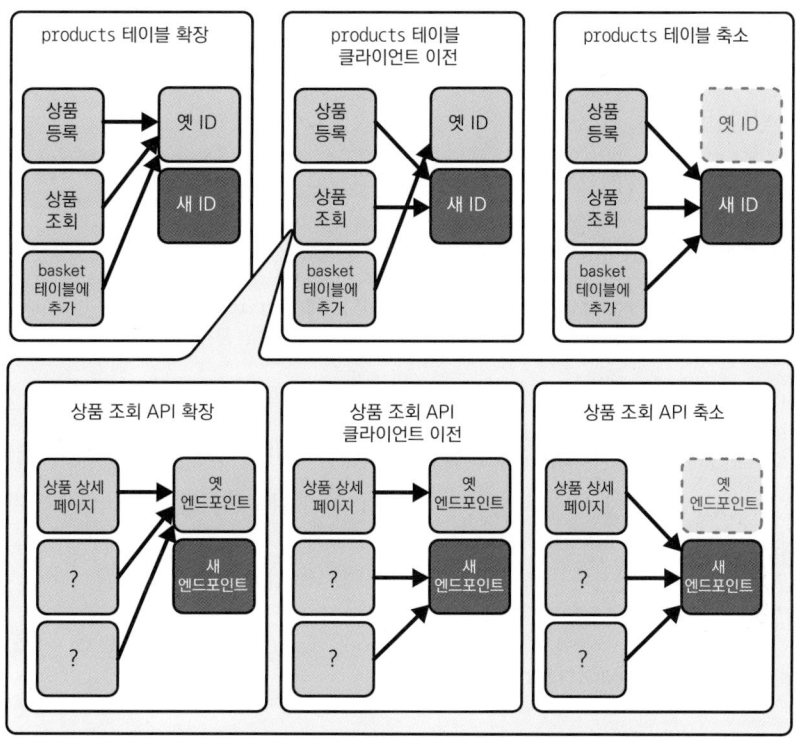

그림 9-8 상품 GET API에 중첩된 확장/축소 적용

상품 정보를 새 UUID로 가져올 수 있도록 중첩된 확장/축소 사이클을 한번 더 거쳐 프런트엔드/백엔드를 이전한다.

배포 5: GET /product 엔드포인트 확장

이전 ID와 새 ID로 상품 정보를 가져올 수 있도록 상품 조회 기능을 복제하자.

7장에서 다양한 확장 전략을 나열하면서 설명했듯이, 모든 확장을 완전히 새로운 엔드포인트나 필드로 구성해야 하는 것은 아니다. 이번에는 (예시를 위해) 이 둘을 혼합해서 뭔가 다른 작업을 수행하고, 동일한 엔드포인트 안에서 두 기능을 모두 제공하겠다. ID 매개변수가 두 포맷 중 어느 하나로 전달되도록 엔드포인트를 수정하면 된다. 이 또한 **필드 타입 제네릭화** 전략의 일례다.

이렇게 확장하려면 엔드포인트의 매개변수를 더 제네릭하게 바꾸어야 한다. 즉, 다음 코드처럼 숫자 포맷의 ID와 새로운 UUID 포맷의 ID를 모두 수용 가능한, 정수 아닌 문자열 타입❶으로 받도록 변경한다.

퍼시스턴스 < API < UI

```
@GetMapping("/products/{id}")
@ResponseBody
public Product getProduct(@PathVariable("id") String id ❶) {
    return repository.getProduct(id);
}
```

리포지터리 레이어에 있는 `getProduct` 함수도 제네릭 필드를 받도록 변경한다. `isUUID`라는 헬퍼 함수를 만들어 식별자 포맷이 정수인지 UUID인지 판단하고❶, 이에 따라 각기 다른 쿼리를 실행한다.

퍼시스턴스 < API < UI

```
public Product getProduct(String id) {

    if(isUUID(id) ❶) {
        UUID newFormatId = UUID.fromString(id);
        String select =  "SELECT * FROM products WHERE product_uuid = ?";
        return jdbcTemplate.queryForObject(
            select,
            new ProductMapper(),
            newFormatId
        );
    } else {
        Integer oldFormatId = Integer.parseInt(id);
        String select =  "SELECT * FROM products WHERE product_id = ?";
        return jdbcTemplate.queryForObject(select, new ProductMapper(),
            oldFormatId);
    }
}
```

코드가 약간 흉하게 보이지만, 임시로 기능을 복제하려고 어색한 엔드포인트 이름을 짓거나 API 버저닝을 하지 않아도 된다. 그래서 나는 이 방법을 애용하는 편이다. 중간 상태가 썩 맘에 들지 않아도 버려지는 코드가 거의 없고, 엔드포인트 이름을 억지로 바꾸려고 골치를 썩어가며 조정할 필요도 없다. 이처럼 다양한 확장 전략은 나름대로 일장일단이 있다.

ID 변경뿐만 아니라, 카테고리 필드도 나중에 프런트엔드에서 읽을 수 있게 Product 레코드에 추가한다❶.

퍼시스턴스 < **API** < UI

```
public record Product(
    Integer id,
    UUID uuid,
    String name,
    Category category  ❶
    ...
) {
```

이제 컨슈머(프런트엔드)는 기존 상품 식별자 또는 상품 페이로드에서 카테고리 데이터를 읽을 수 있다.

배포 6: GET /product 엔드포인트 이전

GET /product 엔드포인트의 클라이언트는 상품 상세 페이지가 유일하므로, 페이지를 렌더링하기 전에 상품 정보를 가져오는 프런트엔드 호출만 이전하면 된다. 앞으로는 숫자 ID 대신 UUID를 전달하도록❶ 다음과 같이 변경한다.

퍼시스턴스 < API < **UI**

```
const getProduct = async(id ❶ /* 이제 UUID가 되어야 한다! */ ) => {
    const response = await fetch('${API.baseUrl}/products/${id}', {
        method: "GET",
        body: JSON.stringify(product)
        //...
    });
    return response.json();
}
```

프런트엔드 코드도 카테고리를 옛 ID에서 계산하는 대신, 상품 데이터❶에서 가져오도록 고친다.

퍼시스턴스 < API < **UI**

```
return <>
    <AppHeader/>
    <PageContainer>
        <Box className="breadcrumb">
    [City] {store.city} >
    [Store] {store.storeName} >
    [Category] {product.category ❶} >
    {product.name}
        </Box>
```

이전 값들도 채울 수 있도록 DB를 변경했기 때문에 카테고리 데이터는 항상 존재한다고 보면 된다.

배포 7: GET /product 엔드포인트 축소

이 확장/축소 사이클은 UUID 포맷만 받도록 백엔드 엔드포인트의 계약을 고치면 마무리된다. 컨트롤러의 파라미터❶는 다음 코드처럼 단순 문자열보다 더 구체적인 UUID 타입으로 변경한다.

퍼시스턴스 < **API** < UI

```
@GetMapping("/products/{id}")
@ResponseBody
public Product getProduct(@PathVariable("id") UUID id ❶) {
    return repository.getProduct(id);
}
```

이렇게 바꾸면, 타입을 추론하려고 애쓸 필요 없이 리포지터리 코드에서 `if` 문을 간단히 제거할 수 있다.

퍼시스턴스 < **API** < UI

```
public Product getProduct(UUID id) {
    String select =  "SELECT * FROM products WHERE product_uuid = ?";
    return jdbcTemplate.queryForObject(select, new ProductMapper(), id);
}
```

코드가 훨씬 깔끔해졌다. 여기까지 마치면 클라이언트는 이제 하나만 남았다.

9.6.4 basket 테이블 이전

마지막 클라이언트는 살짝 까다롭다. 백엔드에서 테이블에 직접 쿼리를 실행하는 게 아니라, 그 자체로 또 다른 DB 테이블이다. 주문, 즐겨찾기, 장바구니 등 다른 많은 테이블이 실제로 FK로 상품 ID를 참조할 것이다. 이 장에서는 이 부분에 집중하겠다.

처음에는 과연 테이블을 어떻게 이전할까 막연하겠지만, 간단한 해결책이 하나 있다. 테이블 간의 DB 참조는 일종의 계약, 즉 프로듀서/컨슈머 관계의 확장이라고 볼 수 있다. 9.5절에서 말했듯이, 프로듀서/컨슈머와 새로운 레이어는 확장/축소 패턴의 또 다른 레이어로 처리할 수 있는데, 여기서도 동일한 로직을 사용하면 된다. 처리 가능한 디펜던시 레이어의 수는 제한이 없다. 그냥 한 번 더 중첩하면 된다. [그림 9-9]처럼 한 개가 아닌, 두 개의 확장/축소 레이어를 추가한다.

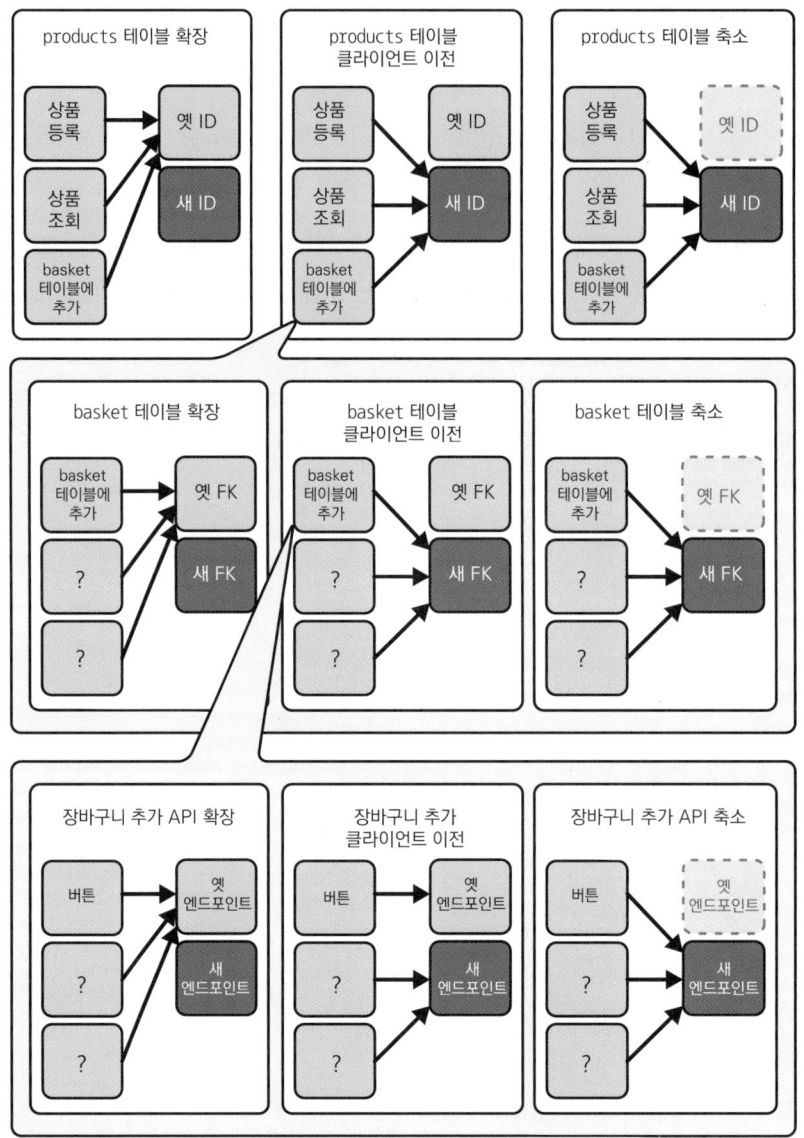

그림 9-9 basket 테이블과 백엔드 API에 이중 중첩된 확장/축소 적용

이번에도 한 단계씩 살펴보자. 우리의 목표는 products 테이블의 클라이언트인 basket 테이블을 새 ID 포맷으로 이전하는 것이다.

배포 8: basket 테이블 확장

basket 테이블을 새 ID로 이전하려면, 먼저 다음과 같이 옛 ID와 새 ID를 모두 지원하도록 테이블을 확장한다.

퍼시스턴스 < API < UI

```
ALTER TABLE basket ADD COLUMN product_uuid UUID;

ALTER TABLE basket DROP CONSTRAINT fk_product; ❶
ALTER TABLE basket ALTER COLUMN product_id DROP NOT NULL; ❷
```

여기서 새 UUID 필드에 NOT NULL 제약조건이 빠져 있는 것이 보이는가? **대체 필드 확장** 전략의 요건에 따라 값이 없는 상태를 허용한 것이다. 아직 백엔드가 업데이트되지 않았기 때문에 어쩔 수 없고, 배포 후에는 이 컬럼을 NULL로 채울 것이다. 카테고리 참조에서 NULL을 처리한 것과 동일한 방식으로, 백엔드에서 두 컬럼에 쓰기 시작한 후 누락된 엔트리를 업데이트할 것이다.

백엔드에서 한 필드가 다른 필드로 전환될 때를 대비하여 테이블❶의 FK 제약조건을 임시로 해제하고 옛 ID도 NULL을 허용하도록 세팅했다❷. 다음은 백엔드를 이전할 차례다.

배포 9: POST /basket 엔드포인트 확장

이제 한 레이어 위로 올라가 POST /basket API를 확장할 차례다. 새 ID❶ 또는 옛 ID❷로 장바구니에 아이템을 추가하는 **필드 제네릭화** 전략이다. 다음과 같이 코딩하면 두 계약 모두 지원된다. 전과 마찬가지로, 동일한 엔드포인트에서 ID 타입❸을 알아내 그 결과에 따라 다른 쿼리를 실행하는 형태로 분기 처리한다.

퍼시스턴스 < **API** < UI

```
public void addToBasket(AddToBasketPayload payload, String productId) {

    if(isUUID(productId) ❸) {

        UUID newProductId = UUID.fromString(productId);

        String insert = "INSERT INTO basket AS original " +
                "(product_uuid, user_id, quantity, product_id) " +
                "VALUES(?, ?, ?,("+
```

```
                "SELECT product_id FROM products " +
                "WHERE product_uuid = ?"  ❶ +
            "))" +
            "ON CONFLICT ON CONSTRAINT pkey DO UPDATE " +
            "SET quantity = original.quantity+excluded.quantity;";

        jdbcTemplate.update(
            insert,
            newProductId,
            payload.userId(),
            payload.quantity(),
            newProductId);

    } else {
        Integer oldProductId = Integer.parseInt(productId);

        String insert = "INSERT INTO basket AS original " +
                "(product_id, user_id, quantity, product_uuid) " +
                "VALUES(?, ?, ?,(" +
                    "SELECT product_uuid FROM products " +
                    "WHERE product_id = ?"  ❷+
                "))" +
                "ON CONFLICT ON CONSTRAINT pkey DO UPDATE " +
                "SET quantity = original.quantity+excluded.quantity;";

        jdbcTemplate.update(
            insert,
            oldProductId,
            payload.userId(),
            payload.quantity(),
            oldProductId
        );
    }
}
```

코드를 보면 알겠지만, 두 INSERT 문 모두 products 테이블에서 전달되지 않은 누락된 ID 값(이전 값 아니면 새 값)을 가져와야 한다.

프로덕션에 배포하면 백엔드에서 모든 새 레코드에 대해 두 ID를 모두 테이블에 쓰는지 확인할 수 있다. 이제 앞으로는 앞 절에서 설명한 것처럼, 이력 데이터를 동기화하는 추가적인 DB 변경사항을 배포할 수 있다. 예를 들어, 다음 쿼리는 기존 NULL을 모두 새 ID로 업데이트한다.

```
UPDATE basket b
SET product_uuid = p.product_uuid
FROM PRODUCTS p
WHERE b.product_id = p.product_id;
```

배포 10: POST /basket 엔드포인트 이전

이 엔드포인트의 유일한 클라이언트인 프런트엔드의 **장바구니 추가** 버튼을 클릭하면 다음과 같이 새 ID❶로 백엔드를 호출할 것이다.

퍼시스턴스 < API < **UI**

```
const addToBasket = async(product) => {

    const response = await fetch(
        '${API.baseUrl}/add-to-basket/${product.uuid}' ❶, {
            method: "POST",
            body: JSON.stringify(product)
            //...
        }
    );
    return response.json();
};
```

아직도 상품 ID에 의존하는 다른 엔드포인트(**예** 장바구니 콘텐츠를 가져오는 엔드포인트)가 있으면, 모두 새 ID를 사용하도록 이전하면 된다. 이 일은 독자 여러분의 숙제로 남긴다.

백엔드 호출을 새 ID로 전환함으로써 드디어 products 테이블의 마지막 클라이언트까지 모두 이전했다. 남은 모든 **축소** 단계는 백엔드와 DB 레이어에서 단계적으로 해제될 것이다.

배포 11: POST /basket 엔드포인트 축소

이전 ID로 아이템을 INSERT하는 POST /basket 엔드포인트는 이제 사용할 일이 없으니 제거해도 된다. 그 결과, 좀 전에 확장했던 리포지터리 레이어의 코드가 다음과 같이 크게 단순해졌다.

퍼시스턴스 < **API** < UI

```
public void addToBasket(AddToBasketPayload payload, UUID productId) {
    String insert =  "INSERT INTO basket AS original " +
            "(product_uuid, user_id, quantity) " +
            "VALUES(?, ?, ?) " +
            "ON CONFLICT ON CONSTRAINT pkey DO UPDATE " +
            "SET quantity = original.quantity+excluded.quantity;";

    jdbcTemplate.update(insert, productId, payload.userId(), payload.quantity());
}
```

이전 상품 ID를 NULL 허용으로 설정하고 FK 제약조건도 삭제했으므로 이 작업이 실패할 일은 없다.

백엔드에 아직도 옛 상품 ID의 참조가 남아 있으면 다음 Product 레코드의 시그니처처럼 이 단계에서 제거한다.

퍼시스턴스 < **API** < UI

```
public record Product(UUID uuid, String name ...) {
```

배포 12: basket 테이블 축소

basket 테이블❶도 옛 상품 ID 컬럼은 (처음에는 NULL로 채워지기 시작했겠지만) 삭제하고 새 UUID를 가리키는 참조만 남긴다. 다음과 같이 더 강력한 제약조건❷을 다시 걸어준다.

퍼시스턴스 < **API** < UI

```
ALTER TABLE basket DROP COLUMN product_id; ❶

ALTER TABLE basket ALTER COLUMN product_uuid SET NOT NULL; ❷
ALTER TABLE basket
    ADD CONSTRAINT fk_product
    FOREIGN KEY(product_uuid)
    REFERENCES products(product_uuid);
```

9.6.5 외부 축소 단계: products 테이블 정리

마지막으로 products 테이블에서 옛 ID를 삭제하면, 모든 외부 확장/축소 사이클이 마무리된다.

배포 13: products 테이블 축소

현 시점에서 옛 ID는 어디에서도 참조하지 않으므로 시스템에서 안전하게 삭제할 수 있다. 다음과 같이 DB 변경을 배포하여 옛 유물을 products 테이블이라는 진실 공급원에서 영영 떠나보내자.

퍼시스턴스 < API < UI

```
ALTER TABLE products DROP CONSTRAINT products_pkey;
ALTER TABLE products DROP COLUMN product_id;

ALTER TABLE products ADD CONSTRAINT pkey PRIMARY KEY(product_uuid);
```

다 끝났다! 이제 모든 코드베이스가 목표 상태에 도달했다.

프로덕션 게이트를 잠깐 틀어막고 모든 곳에서 옛 상품 ID를 들어낸 후, 한 차례 대규모 프로덕션 배포를 통해 동기화하는 리팩터링이 더 쉽지 않냐고 반문할 수도 있다. 사실 내가 지금까지 설명한 과정을 따라하면 개별 배포를 13번이나 해야 한다. 그러나 각 배포에는 아주 적은 양의 코드만 포함되어 있고, 모든 단계마다 프로덕션에서 개별 테스트가 가능했다. 무엇보다 개선 중인 기능을 유저가 계속 쓸 수 있게 만들어 제대로 작동된다는 사실이 자연스럽게 입증되었다. 이 의미를 결코 과소평가해선 안 된다.

아마도 **목표 상태** 코드를 프로덕션에 빅뱅 배포했으면, 변경된 코드가 너무 많아 리스크가 상당했을 것이다. 그 모든 코드 라인에 파묻혀 배포된 예기치 못한 버그 때문에 시스템에서 가장 중요한 테이블 데이터가 더럽혀졌을 거라고 누가 감히 상상이나 하겠는가? 누군가 나에게 이런 프로덕션 배포를 감독하라고 지시했다면 나는 먼저 신부님을 찾아갔을 것이다.

소규모의 점진적 배포는 이전하는 과정에서 다른 작업 결과물이 프로덕션으로 이동하는 것을 방해하지 않는다. 모든 변경사항은 언제나 공유된 코드베이스에 있기 때문이다. 이전하는 도중 새 기능을 추가할 때에도 일시적으로 두 ID 모두 지원할 수 있다. 빅뱅 교체를 하려면 다른 작업은 모두 잠시 보류하거나, 머지하게 되면 거의 반드시 **통합 지옥**에 빠지는, 수명이 긴 브랜치에서 작업을 할 수밖에 없었으리라.

이 장에서 설명한 예제는 내가 수행한 어느 프로젝트에서 실제로 발생한 일들을 바탕으로 한 것이다. 결국, 이런 부류의 문제들은 지속적 배포를 하는 팀이 어쩔 수 없이 맞닥뜨리게 되고 또 반드시 극복해야 한다. 분산 시스템에서 아무리 까다로운 변경사항이라도 잘게 나누어 단계적으로 개발하고, 완전하게 더 안전하게 지속적인 배포를 수행하면 어떤 긍정적인 효과가 있는지 최대한 실감나게 예를 들어 설명해봤다. 올바른 마음가짐과 약간의 계획, 그리고 IDE에 몰입해 코드가 이끄는 대로 변경하려는 유혹을 견뎌낼 용기만 있으면 된다.

9.7 정리하기

그로서루 애플리케이션을 예로 들어, 지속적 배포를 통해 라이브 기능을 변경하는 프레임워크를 살펴봤다.

하위 호환되는 리팩터링 유형의 변경에서 확장/축소 패턴은 핵심이다. 이 패턴은 프로듀서의 기능에 경로를 복제하고, 대체 경로를 사용하도록 컨슈머를 이전하고, 미사용 옛 코드를 정리하는 3단계로 구성된다.

필요 시 이 패턴은 다계층 프로듀서/컨슈머에도 적용할 수 있다. 먼저 모든 프로듀서가 인사이드 아웃 방식으로 확장 단계를 마치면, 최외곽 컨슈머부터 이전 단계를 시작할 수 있다. 이 원리를 따르면 8장의 다계층 분산 애플리케이션에서 확장/축소 사이클을 중첩시키는 것도 가능하다.

퍼시스턴스 및 상태 스토리지 시스템에서 확장/축소를 할 경우, 무슨 일이 있어도 데이터가 손실되는 일은 막아야 한다. 이 문제는 다음 장에서 이어서 살펴보겠다.

CHAPTER 10

데이터와 데이터 손실

9장에서는 지속적 배포를 하면서 라이브 기능을 리팩터링하는 방법을 배웠다. 확장/축소 패턴 덕분에 여러 코드베이스에 걸쳐 모든 변경사항이 하위 호환되도록 배포를 계획할 수 있으며, 하위 호환성이 보장되면 코드 자체는 아직 작업 중이라도 리팩터링에 의존하는 모든 기능이 유저에게 완벽하게 실행되는 것처럼 보일 것이다. 하지만 이는 DB나 상태 저장소와의 계약 범위 내에서 리팩터링을 하는 경우에만 해당되는 얘기다. 확장/축소 패턴만으로는 서비스나 데이터의 손실 없이 라이브 DB를 안전하게 리팩터링하기는 역부족이다.

9장의 예제를 다시 보면, 우리의 목표는 `basket` 테이블에서 참조되는 상품 ID를 전환하는 것이었다. 숫자 포맷의 상품 ID를 UUID 포맷의 상품 ID로 전환하고자 했고, 결과적으로 모든 고객이 새 ID로 완전히 넘어갈 때까지 이 두 가지 ID가 두 컬럼으로 공존할 수 있는 시스템을 임시로 만들었다.

표면적으로는 이런 접근 방식이 완벽해보이지만, DB와 지속적 배포에 관한 한 어떤 일시적 변경이라도 DB 내부로 흘러가는 데이터의 흐름에 영향을 미친다는 사실을 고려할 필요가 있다. 이는 결국 배포 간에 영구 저장되는(더 중요하게는, 그렇게 영구 저장되지 않는) 데이터에 영향을 미치기 때문에 데이터를 동기화하는 단계가 추가로 필요하다(이것이 이 장에서 자세히 살펴볼 주제다).

이는 그로서루 예제에만 국한된 문제가 아니다. 퍼시스턴스 레이어와 여기에 데이터를 쓰는 시스템 간의 인터랙션을 수정하는 모든 경우에 해당된다.

> **참고** 『리팩토링 데이터베이스』(위키북스, 2007)[1]는 하위 호환성을 준수하면서 DB 변경사항을 릴리스하는 방법을 자세히 다룬 책이다. 이 책은 프로덕션과 그 하부 DB(들)를 조금씩 조금씩 계속 변경하는 반복적 개발iterative development에 대한 논의가 더 활발히 진행된 요즘에도 여전히 읽어볼 만하다. 지속적 배포를 더 깊이 이해하려는 독자에게 이 책의 일독을 권한다.

이 장의 목표는 DB 분야를 너무 깊숙이 파고들지 않고 지속적 배포 중에 흔히 일어날 만한 상황에 대비하기 위해 몇 가지 기본적인 도구를 갖추는 것이다. 여기서도 그로서루 애플리케이션을 계속 예시로 들어 설명한다. 처음에는 그로서루 시스템이 사용 중인 관계형 DB에 초점을 두고, 말미에는 같은 기법을 NoSQL 저장소에 적용하는 방법까지 안내하겠다.

10.1 해야 할 일

9장에서 `basket` 테이블에 있는 상품 ID의 포맷을 전환하는 DB 리팩터링 문제를 다뤘던 것을 기억할 것이다. 여기서는 이와 비슷하지만 더 간단한 예제인 테이블 컬럼명 바꾸기를 통해 DB와 점진적 변경에 관련된 문제를 짚어보겠다.

먼저, 새로운 태스크를 수행하려면 `users` 테이블에서 사전 리팩터링을 해야 한다. 제품 이해관계자들은 새로운 상세 정보 일부를 테이블에 저장하고 싶어 하는데, 좀 더 구체적으로는 나중에 주문/배송 처리할 때 필요한 유저의 실제 이름을 보관했으면 한다. 지금은 고객이 결제할 때마다 이 정보를 매번 입력해야 하지만, 시스템이 대신 유저 프로필에서 읽어 들여 주문할 때마다 계속 사용할 수 있기를 바란다.

10.1.1 문제점

`users` 테이블에는 유저가 신규 가입 시 입력한 유저명을 나타내는 `name` 필드가 있다. 꼭 법적인 풀 네임일 필요는 없고, 시스템에서 사용하는 고유한 어떤 명칭이라도 상관없다. 이 필드는 전부터 유저 등록 및 로그인 시 사용되어 왔는데, 여기에 `first_name`과 `last_name` 두 컬럼을 새로 추가하면 이미 `name`이라는 컬럼이 있기 때문에 금세 혼동을 일으킬 것이다.

---

[1] 옮긴이_ 원서는 『*Refactoring Databases: Evolutionary Database Design*』(Addison–Wesley, 2006)이고 번역서는 정원혁, 이재범, 권태돈, 성대중, 현중균이 번역했습니다.

10.1.2 해결책

일단, 기존 컬럼명을 실제로 유저명을 나타내는 `username`으로 변경하는 게 좋겠다. 그래야 컬럼이 가리키는 대상이 명확해지고, 신규 참여자나 기존 엔지니어가 시스템 내부를 조사할 때 **분당 WTF**^{Works That Frustrate}[2]를 약간이라도 줄일 수 있을 것이다.

이 리팩터링은 따분해 보이지만 실제로는 아주 흥미롭다. 이 장의 나머지 부분에서 집중적으로 다룰 것이다. 9장과 마찬가지로, 여기서도 프로덕션 서비스의 중단 및 기존 데이터 손실 없이 점진적 배포를 통해 지속적인 전달을 달성하는 것이 목표다. 먼저 `name` 컬럼의 현재 상태 및 용도가 무엇인지 살펴보자.

10.2 현재 상태

우리의 주된 관심사는 퍼시스턴스 레이어이므로 DB와 기본 클라이언트인 백엔드만 살펴보자.

10.2.1 퍼시스턴스

다음은 `users` 테이블의 `name` 컬럼❶이다.

```
groceroo=# \d users;                          퍼시스턴스 < API < UI
               Table "public.users"
 Column  | Type | Collation | Nullable |       Default
---------+------+-----------+----------+--------------------
 user_id | uuid |           | not null | gen_random_uuid()
 name ❶  | text |           |          |
 ...
```

---

[2] 톰 홀베르다(Thom Holwerda)가 그림 만화(https://oreil.ly/w94yE)에서 처음 소개한 코드 청결도(code cleanliness)에 관한 유명한 메트릭이다.

10장 데이터와 데이터 손실 **339**

10.2.2 백엔드

다음 리포지터리 코드를 보면 알겠지만, name의 읽기/쓰기 작업은 모두 백엔드에서 처리된다. 이 컬럼은 유저를 등록할 때 쓰고❶, 유저를 조회할 때 읽는다❷. 이 두 작업에 초점을 두자.

퍼시스턴스 < API < UI

```
@Repository
public class UserRepository {

    private final JdbcTemplate jdbcTemplate;

    public UserRepository(JdbcTemplate jdbcTemplate) {
        this.jdbcTemplate = jdbcTemplate;
    }

    public User create(CreateUserPayload payload) {
        String insert = ❶ "INSERT INTO users(name) VALUES(?) RETURNING *";

        return jdbcTemplate.queryForObject(insert, new UserMapper(), payload.
        name());
    }

    public User findBy(UUID id) {
        String select = ❷ "SELECT name, user_id FROM users WHERE user_id = ?";
        return jdbcTemplate.queryForObject(select, new UserMapper(), id);
    }

    private static class UserMapper implements RowMapper<User> {

        public static final String NAME_COLUMN = "name";
        public static final String ID_COLUMN = "user_id";

        @Override
        public User mapRow(ResultSet resultSet, int rowNumber) throws
        SQLException {
            UUID uuid = UUID.fromString(resultSet.getString(ID_COLUMN));
            String name = resultSet.getString(NAME_COLUMN);
            return new User(name, uuid);
        }
    }
}
```

10.3 목표 상태

목표 상태는 아주 단순하다. 모든 레이어에 유저명을 새 컬럼(username)으로 나타내는 것이다.

10.3.1 퍼시스턴스

users 테이블은 다음과 같이 컬럼명❶을 변경해야 한다.

퍼시스턴스 < API < UI

```
groceroo=# \d users;
               Table "public.users"
   Column    | Type | Collation | Nullable |       Default
-------------+------+-----------+----------+--------------------
 User_id     | uuid |           | not null | gen_random_uuid()
 username ❶  | text |           |          |
```

10.3.2 백엔드

백엔드에서 users 테이블을 인터랙션하는 리포지터리 코드는 모두 새 컬럼명을 사용하도록 업데이트한다.❶❷

퍼시스턴스 < **API** < UI

```
@Repository
public class UserRepository {

    private final JdbcTemplate jdbcTemplate;

    public UserRepository(JdbcTemplate jdbcTemplate) {
        this.jdbcTemplate = jdbcTemplate;
    }

    public User create(CreateUserPayload payload) {
        String insert = ❶ "INSERT INTO users(username) VALUES(?) RETURNING *";
        return jdbcTemplate.queryForObject(insert, new UserMapper(), payload.
```

```
            name());
    }

    public User findBy(UUID id) {
        String select = ❷ "SELECT username, user_id FROM users WHERE user_id = ?";
        return jdbcTemplate.queryForObject(select, new UserMapper(), id);
    }

    private static class UserMapper implements RowMapper<User> {

        public static final String USERNAME_COLUMN = "username";
        public static final String ID_COLUMN = "user_id";

        @Override
        public User mapRow(ResultSet resultSet, int rowNumber) throws
        SQLException {
            UUID uuid = UUID.fromString(resultSet.getString(ID_COLUMN));
            String username = resultSet.getString(USERNAME_COLUMN);
            return new User(username, uuid);
        }
    }
}
```

10.4 어떻게 목표를 달성할까?

DB는 자신이 서비스하는 백엔드와 동떨어진, 독립적인 시스템이라고 보지 않는 편이지만, 실은 독립적인 시스템이 맞다. 결국, 백엔드와 DB는 서로 다른 머신에서 실행되는, 네트워크를 통해 서로 통신하는 개별적인 두 개의 실행체다.

따라서 둘 사이의 계약을 리팩터링하면 9장에서 언급한 온갖 복잡한 문제들이 야기된다. 단순히 DB와 백엔드를 원하는 목표 상태로 곧장 맞춰서 배포하기는 불가능하다. 여기서 하위 호환을 유지하는 상태로 리팩터링을 완료하는 방법과 9장에서 예시했던 방법이 어떻게 다른지 알아보자.

10.4.1 실패 모드: 동시에 변경

퍼시스턴스 코드(예 DB 변경)는 대개 백엔드 코드와 동일한 버전 관리 리포지터리에 보관한다. 게다가 DB 변경은 일반적으로 새 버전의 애플리케이션 코드가 배포된 서버 인스턴스 중 하나가 활성화되고 오래된 버전의 스키마를 감지하는 즉시 적용된다. 이처럼 두 시스템이 거의 동시에 가동되므로 프로덕션 경로가 단단히 커플링된다.

따라서 DB 변경과 이에 의존하는 코드를 동일한 커밋으로 추가하고 싶은 생각이 드는 것도 무리는 아니다.

그로서루 예제는 컬럼명을 변경하는 DB 변경에 적용하면 된다.

퍼시스턴스 < API < UI

```
ALTER TABLE users
    RENAME COLUMN name TO username;
```

그리고 새 컬럼명을 사용하도록 변경된 리포지터리 코드를 동일한 커밋으로 적용하면 된다.

퍼시스턴스 < **API** < UI

```
@Repository
public class UserRepository {

    private final JdbcTemplate jdbcTemplate;

    public UserRepository(JdbcTemplate jdbcTemplate) {
        this.jdbcTemplate = jdbcTemplate;
    }

    public User create(CreateUserPayload payload) {
        String insert =  "INSERT INTO users(username) VALUES(?) RETURNING *";
        return jdbcTemplate.queryForObject(insert, new UserMapper(), payload.
        name());
    }
```

이 두 코드 변경사항은 우연히 동일한 리포지터리에 있을 뿐, 사실 서로 다른 두 개의 분산 컴포넌트에 배포된다. 동시에 배포되는 것이 아니다. 언제 배포를 하든, DB 변경사항은 애플리케이션 코드와 살짝 다른 단계를 거쳐 배포된다. 또한, 대부분 무중단 배포 전략은 버전 N의 애플리케이션 인스턴스와 버전 N+1의 애플리케이션 인스턴스가 아주 짧은 시간 동안만 프로덕션에 공존하리라 기대한다. 무중단 배포를 하려면 DB 변경사항의 하위 호환성이 필수지만, 이 변경사항은 하위 호환이 안 되기 때문이다.

[그림 10-1]을 보면서 변경사항을 배포하는 도중에 무슨 일이 일어날지 생각해보자.

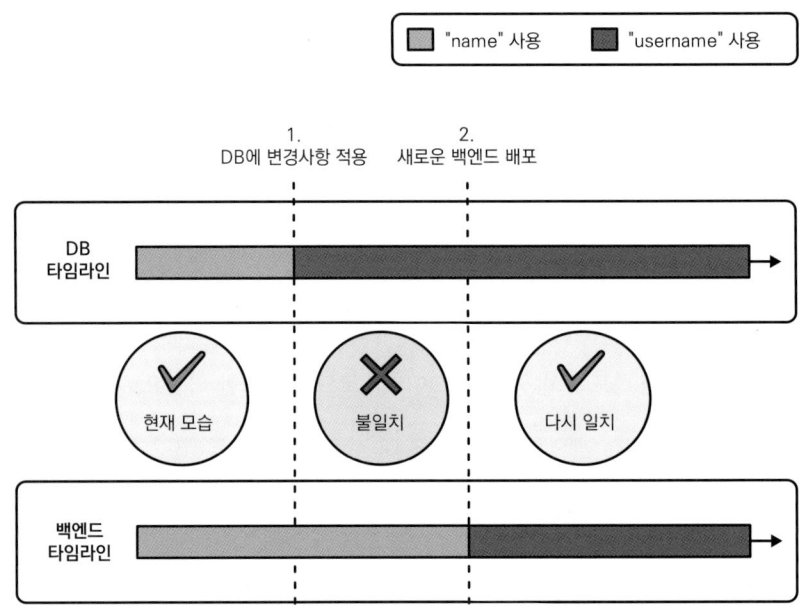

그림 10-1 동시 변경 도중 불일치가 발생하는 시간대

DB 변경이 개시된 후에도 옛 버전의 애플리케이션 인스턴스는 일부 남아 여전히 DB에서 옛 포맷(name)으로 읽기/쓰기를 할 것이다. 이는 (username을 사용하는) 새 버전의 백엔드가 전체 인스턴스에 완전히 롤아웃될 때(타임라인에서 2번으로 표시한 이벤트)까지 계속 발생한다. 롤링 배포와 블루/그린 배포, 기타 특정 기간 동안 애플리케이션 버전 N과 N+1을 공존시켜 무중단을 보장하는 배포 전략에서는 어쩔 수 없다. 짧은 기간이지만 버전 N에서 요청이 실패하여 결국 데이터가 손실될 수밖에 없는 구조다.

아마도 데이터 레벨에서는 다음과 같은 일이 일어날 것이다.

```
+------------+
| name       |  <- 옛 구현체: 백엔드에서 "name" 컬럼에 쓰기
+------------+
| alice      |
| bob        |
| shinji     |
+------------+
| username   |  <- DB 리네임 적용
+------------+
| *오류!*    |  <- 일부 백엔드 인스턴스에서 아직도 "name" 컬럼에 쓰기 시도
| *오류!*    |
| *오류!*    |
| mari       |  <- 백엔드 업데이트 전체 적용: 모든 인스턴스가 "username" 컬럼에 쓰기
| rei        |
  ...
```

결론적으로, 호환이 안 되는 시간과 인스턴스를 최소화하려면 상이한 분산 컴포넌트에 귀속된 변경사항을 별도의 배포로 분리하여 하위 호환성을 유지해야 한다. 해당 코드베이스를 함께 버저닝하는 경우에는 반드시 이 규칙을 따라야 한다.

간단히 말해, DB 변경은 언제나 그 자체로 배포하는 게 정답이라는 것이 내 경험 법칙이다. 그래야 개발자의 인지 부하를 낮추고 스키마의 하위 호환성에 집중할 수 있다.

10.4.2 실패 모드: 단순한 확장/축소

그냥 확장/축소 패턴을 적용해서 바로 문제를 해결하고픈 마음이 들 수도 있다. 결국 우리가 원하는 바는 기존 기능을 리팩터링하는 것이므로, 확장/축소 단계를 다음과 같이 머릿속에 그려볼 수 있다.

- **확장 단계**: username 컬럼을 하나 더 만들어 스키마를 확장하고, 기존 데이터를 모두 새 컬럼에 복사한다.
- **이전 단계**: 모든 클라이언트가 새 username 컬럼을 사용하도록 이전한다.
- **축소 단계**: 이전 name 컬럼을 삭제한다.

하위 호환성에 점점 다가가고는 있지만 아직 도달한 것은 아니다. 이런 식으로 확장/축소를 하면 확장과 축소의 중간 지점에서는 새 컬럼에 아무것도 쓰여지지 않으므로 데이터가 손실될 것이다(그림 10-2).

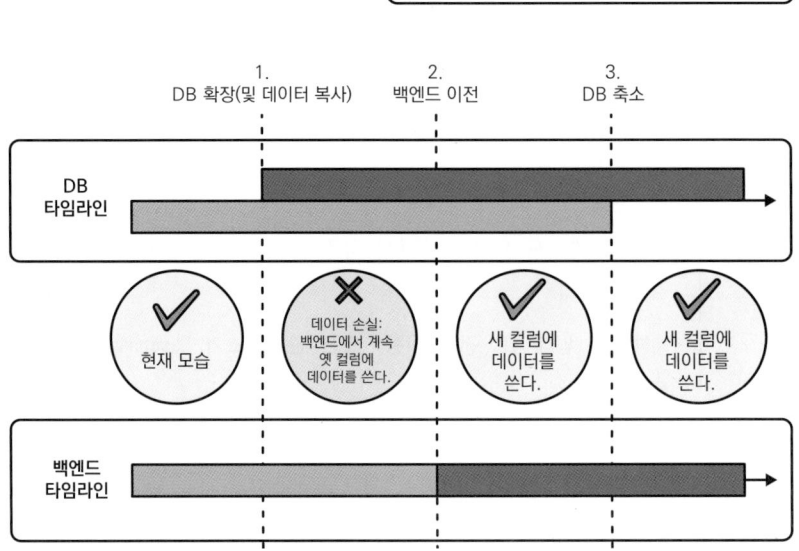

그림 10-2 단순 확장/축소 도중 불일치가 발생하는 시간대

[그림 10-2]를 보면, 1번과 2번 사이에서 새 컬럼에 데이터 간극이 발생한다. 확장 후에는 새 컬럼이 존재하지만 이전 단계를 배포할 때까지 이 컬럼에는 아무것도 기록되지 않을 것이다. 애플리케이션이 새 컬럼을 사용하기 시작하면 이렇게 끊어진 구간의 데이터를 조회할 때 빈 값이 리턴되거나 예외가 발생할 것이다.

그러면 테이블에서는 다음과 같은 일이 벌어질 것이다.

```
+------------+------------+
| name       | username   |
+------------+------------+
| alice      | alice      |   <- 확장 단계: 새 컬럼이 생성되고,
| bob        | bob        |      기존 값들은 복사된다.
| shinji     | shinji     |
+------------+------------+
| mari       | null       |   <- 확장 및 이전 단계 사이에 아무 것도
| rei        | null       |      새 컬럼에 씌이지 않는다. - *데이터 손실!*
+------------+------------+
| null       | gendo      |   <- 이전 단계: 백엔드는
| null       | misato     |      새 컬럼을 사용하기 시작한다.
```

```
            +-----------+-----------+
            | asuka     |  <- 축소 단계: 옛 컬럼은 삭제되고,
            | ritsuko   |     백엔드는 새 컬럼을 읽기/쓰기한다.
            +-----------+
  ...
```

이전 단계의 백엔드 코드를 확장 단계의 DB 코드와 함께 배포하면 문제가 해결되지 않을까? 하지만 그래도 결국 이전 시나리오('동시' 변경)로 되돌아가 여전히 작은 데이터 손실 구간이 발생할 것이다.

정말 난감한 상황이다.

10.4.3 해결책: 임시 DB 트리거

『리팩토링 데이터베이스』의 저자는 이러한 시나리오에서 DB 트리거로 컬럼 간 동기화 문제를 해결하고 데이터 간극을 메우라고 제시한다. 트리거를 활용하면 새 컬럼이 만들어지는 순간부터 옛 컬럼과 새 컬럼이 동기화되기 시작하므로 기존 확장/축소 패턴의 문제점을 보완할 수 있다. 다음은 『리팩토링 데이터베이스』의 6장에서 발췌한 단락이다.

> 다음 코드는 Customer.FName 컬럼명을 Customer.FirstName으로 바꾸고, 전환 기간 중에 데이터를 동기화하는 SynchronizeFirstName 트리거를 만들었다가, 전환이 끝나면 원래 컬럼과 트리거를 삭제하는 DDL이다.
>
> ```
> ALTER TABLE Customer ADD FirstName VARCHAR(40);
> COMMENT ON Customer.FirstName 'Renaming of FName column, finaldate =
> November 14 2007'
>
> COMMENT ON Customer.FName 'Renamed to FirstName,
> dropdate = November 14 2007';
>
> UPDATE Customer SET FirstName = FName;
>
> CREATE OR REPLACE TRIGGER SynchronizeFirstName
> BEFORE INSERT OR UPDATE
> ON Customer
> REFERENCING OLD AS OLD NEW AS NEW
> FOR EACH ROW
> DECLARE
> ```

```
BEGIN
IF INSERTING THEN
IF :NEW.FirstName IS NULL THEN

:NEW.FirstName := :NEW.FName;
END IF;
IF :NEW.Fname IS NULL THEN
:NEW.FName := :NEW.FirstName;
END IF;
END IF;

IF UPDATING THEN
IF NOT(:NEW.FirstName=:OLD.FirstName) THEN
:NEW.FName:=:NEW.FirstName;
END IF;
IF NOT(:NEW.FName=:OLD.FName) THEN
:NEW.FirstName:=:NEW.FName;
END IF;
END IF;
END;
```
"

정말 멋진 방법이다. 백엔드가 끼어들기 전까지 DB 트리거는 두 컬럼의 데이터를 동기화하는 일을 충실히 잘 해낸다(그림 10-3).

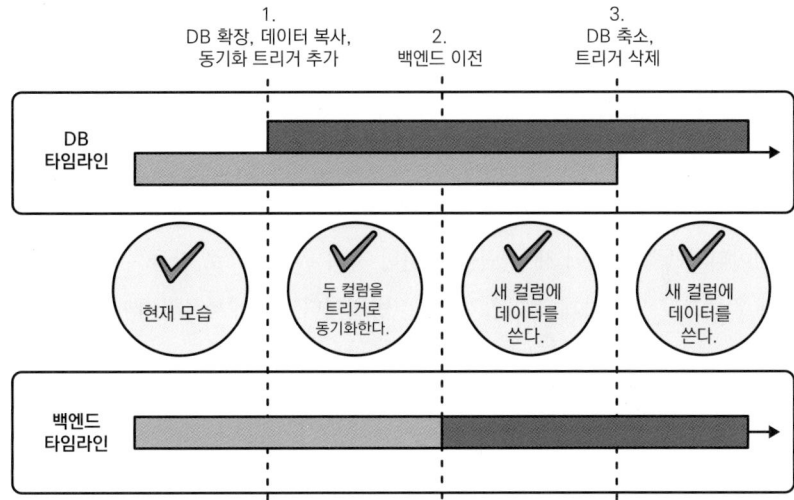

그림 10-3 DB 트리거를 이용한 확장/축소

테이블에서는 다음과 같은 일들이 벌어질 것이다.

```
+------------+------------+
| name       | username   |
+------------+------------+
| alice      | alice      |   <- 확장 단계: 새 컬럼이 생성되고,
| bob        | bob        |      기존 값들은 모두 복사되며,
| shinji     | shinji     |      트리거가 추가된다.
+------------+------------+
| mari       | mari       |   <- 백엔드가 옛 컬럼에 쓰면
| rei        | rei        |      트리거가 컬럼을 동기화한다.
+------------+------------+
| null       | gendo      |   <- 이전 단계: 이제 백엔드는
| null       | misato     |      새 컬럼에만 쓴다.
+------------+------------+
|            | asuka      |   <- 축소 단계: 옛 컬럼은 삭제된다.
|            | ritsuko    |
+------------+------------+
...
```

하지만 여러분이 만약 중요 로직을 SQL로 처리하는 방법이 썩 내키지 않는다면(DB 트리거라는 말만 들어도 몸서리가 쳐지는 독자라면) 다음 두 가지 해결책에 더 구미가 당길 것이다.

10.4.4 해결책: 이중 쓰기

DB 트리거를 쓰지 않고 문제를 해결하려면 기존 확장/축소 패턴에 뭔가를 덧붙여야 하는데, DB 컬럼을 확장한 이후 두 컬럼에 이중 쓰기$^{double-write}$ 메커니즘을 구현해야 한다. 이렇게 구현하면 과거 데이터가 동기화되어 새 컬럼을 완전히 자기 완비적으로 만들 수 있다. 실로 데이터 손실 없이 새 컬럼으로 완벽하게 전환할 수 있는 방법이다(9장에서 장바구니 컬럼에도 이 전략을 사용했다).

이중 쓰기 전략을 단계별로 살펴보자.

단계 1: DB 컬럼 확장

DB 레이어에서 컬럼을 복제하는 첫 번째 배포부터 시작한다. 현재 새 컬럼의 값은 모두 NULL이며, 아직은 옛 컬럼을 대상으로 쓰기/읽기를 한다.

백엔드에서 새 컬럼에 쓰지 않도록 준비해야 하므로, name에 NOT NULL 제약조건을 해제하도록 변경한다(그림 10-4).

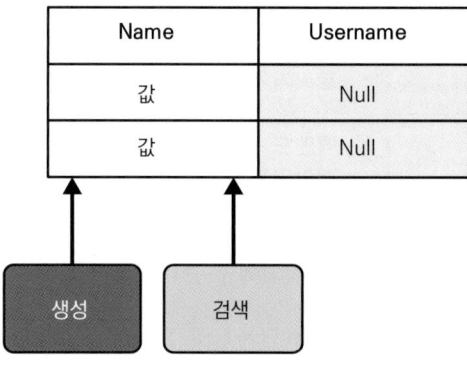

그림 10-4 이중 쓰기 전략의 확장 단계

단계 2: 두 컬럼 모두 이중 쓰기

다음으로, 새/옛 컬럼 양쪽에 모두 데이터를 쓰는 백엔드 코드를 배포한다. username은 새 값이 채워지기 시작하고, 이전 값은 일단 NULL로 남게 될 것이다. 모든 업데이트 작업은 두 컬럼 모두에 반영해야 하나, 새 컬럼은 기존의 NULL도 허용하도록 풀어준다(그림 10-5).

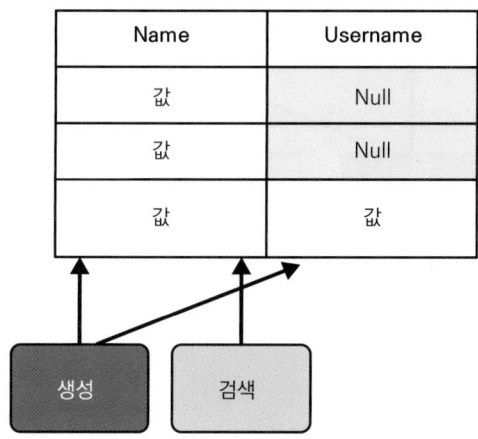

그림 10-5 이중 쓰기 전략의 이중 쓰기 단계

단계 3: 데이터 동기화

이제 새 데이터가 씌어지고 있으니 옛 엔트리를 이전할 수 있다. 새로운 DB 변경을 배포하면 기존 값들은 모두 동기화될 것이다. 새 테이블에는 더 이상 NULL(과거 또는 미래)이 들어가면 안 되므로 동일한 DB 변경을 할 때 더 강력한 제약조건을 넣는다(그림 10-6).

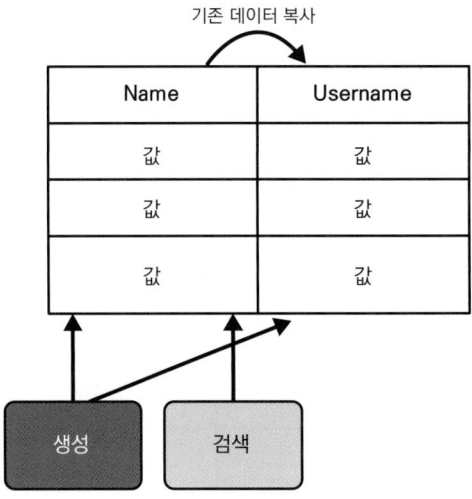

그림 10-6 이중 쓰기 전략의 데이터 동기화 단계

단계 4: 컬럼 읽기/쓰기 이전

새 컬럼은 최신으로 유지되므로(그리고 과거 데이터에 대해서도 신뢰할 수 있는 진실 공급원이므로) 지금부터 읽기/쓰기는 모두 이 컬럼을 사용할 수 있다.

새 컬럼을 읽기 시작하고 옛 컬럼에 쓰는 작업을 중지하면, 옛 컬럼은 NULL로 채워지기 시작할 것이다(그림 10-7).

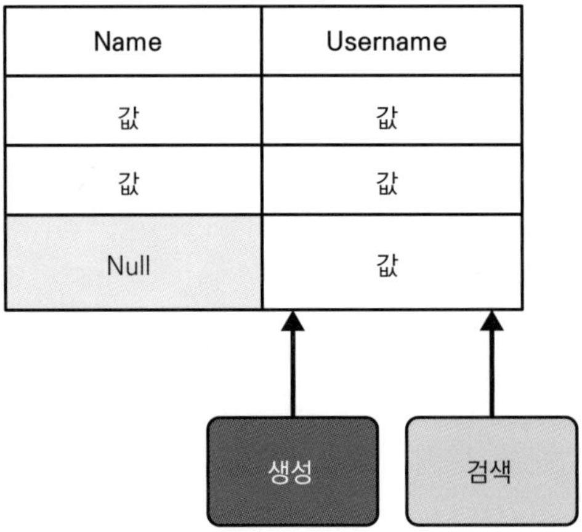

그림 10-7 이중 쓰기 전략의 읽기/쓰기 이전 단계

단계 5: 컬럼 축소

마지막으로, 사용하지 않는 옛 컬럼을 제거한다(그림 10-8).

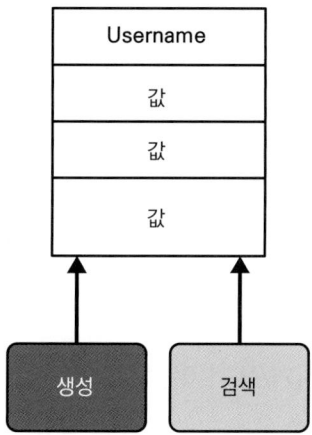

그림 10-8 이중 쓰기 전략의 축소 단계

정리하면, 과거 엔트리를 동기화하기 전에 두 컬럼에 새 데이터를 성공적으로 기록함으로써 앞 절에서 발견한 데이터 간극을 없애는 것이다. 덕분에 DB 트리거의 업데이트 로직을 애플리케이션 코드로 대체할 수 있어서 테스트성과 관찰 가능성이 향상된다.

10.4.5 해결책: 이중 읽기

이중 읽기$^{double-reading}$는 이중 쓰기 메커니즘 대신, 이전하는 동안 백엔드에서 두 컬럼을 모두 읽기 시도함으로써 옛 컬럼을 폴백^{fallback}(대체재)으로 사용하는 방법이다. 이렇게 하면 나중에 기존 데이터가 모두 동기화될 때까지 새 컬럼에 NULL을 허용할 수 있다.

단계 1: DB 컬럼 확장

앞서 했던 것처럼, 확장 단계에서는 DB를 변경하여 컬럼을 복제한다. 새 컬럼은 NULL로 채워질 것이다. 옛 name 컬럼은 쓰기를 중지하고 NOT NULL 또는 기타 제약조건을 제거할 수 있도록 준비해야 한다(그림 10-9).

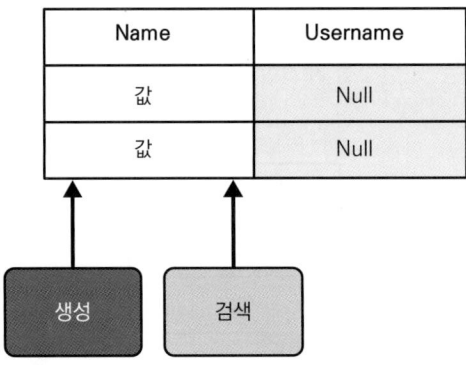

그림 10-9 이중 읽기 전략의 확장 단계

단계 2: 두 컬럼 모두 이중 읽기/쓰기 이전

이제 이중 읽기 메커니즘을 구현할 차례다. 기존 읽기 작업은 새 컬럼 또는 옛 컬럼을 서로 바꿔서 사용해야 하며, 둘 중 한쪽은 NULL 아닌 값이어야 한다(그림 10-10). 이렇게 하면 동일한 배포에도 백엔드는 새 컬럼에 바로 쓰기를 시작할 수 있다. 변경한 뒤에는 모든 값이 새 컬럼(새 데이터), 옛 컬럼(과거 데이터) 중 한쪽이 될 것이다.

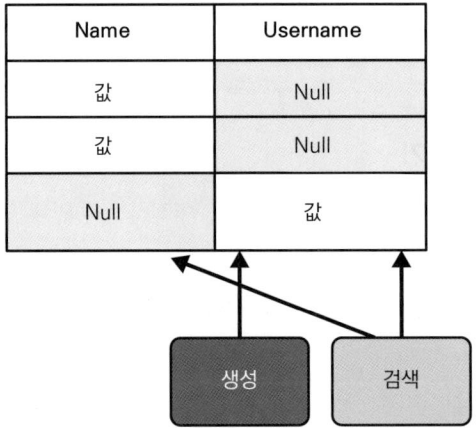

그림 10-10 이중 읽기 전략의 이중 읽기/쓰기 이전 단계

단계 3: 데이터 동기화

이제 모든 새 데이터를 새 컬럼으로 받게 되었으니 데이터 동기화, 즉 과거의 모든 값을 새 컬럼에 복사하는 DB 변경을 진행할 차례다. 물론, 여기서 NULL은 어떠한 경우에도 옛 컬럼에서 새 컬럼으로 복사해선 안 된다.

변경을 마치면 새 컬럼에는 더 이상 NULL(과거 또는 미래)이 없을 테니, 필요하다면 확실하게 NOT NULL 제약조건을 추가한다(그림 10-11).

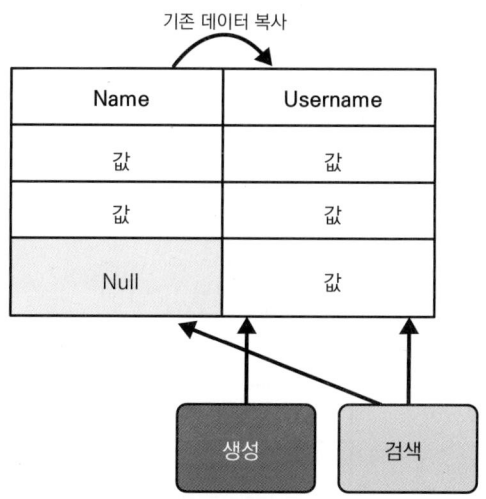

그림 10-11 이중 읽기 전략의 데이터 동기화 단계

단계 4: 읽기 이전

새 컬럼에 모든 데이터가 담겼으니 이중 읽기 메커니즘은 이제 쓸모가 없다. username만 사용하도록 읽기 작업을 이전한다(그림 10-12).

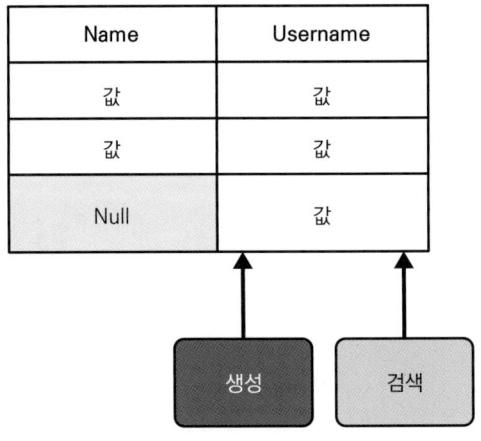

그림 10-12 이중 읽기 전략의 읽기 이전 단계

단계 5: 옛 컬럼 축소

옛 컬럼도 더 이상 사용하지 않으므로 축소한다(그림 10-13).

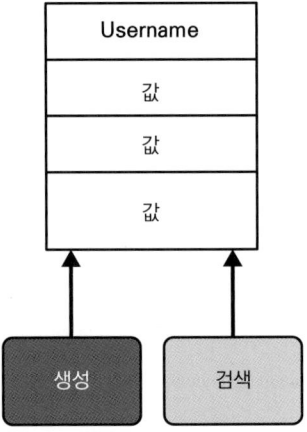

그림 10-13 이중 읽기 전략의 축소 단계

여기서도 한동안 백엔드는 두 버전의 컬럼을 모두 지원해야 한다. 하지만 중복된 로직이 쓰기 작업 대신, 읽기 작업에 영향을 미치는 중요한 차이점이 있다. 기존 확장/축소 패턴을 보완한 점은 이중 쓰기, 이중 읽기 둘 다 똑같다.

그럼, 실제 코드를 보면서 이 두 메커니즘을 어떻게 구현하는지 알아보자.

10.5 이중 쓰기 구현 전략

먼저, 이중 쓰기 전략으로 코드베이스 목표 상태에 도달하는 방법을 알아보자.

10.5.1 배포 1: DB 컬럼 확장

현재 모습은 어떨까? users 테이블(편의상 단순화했다)에는 이미 프로덕션 데이터가 들어있고, 당연히 앞으로도 이 데이터는 쭉 보존되고 지원되어야 한다.

```
groceroo=# SELECT * FROM users;
               user_id                | name
--------------------------------------+------
 5c176075-fd2c-4e92-9875-4060453de761 | rei
 887677f2-276f-4731-89ab-6acdd3a51bfc | mari
(2 rows)
```

그럼, 컬럼 확장을 진행하자. 새 컬럼 username❶을 추가하고, 옛 컬럼 name❷은 나중에 안전하게 쓰기 중지하도록 NOT NULL 제약조건을 삭제한다. 다음과 같이 DB를 변경하는 DDL을 실행한다.

퍼시스턴스 < API < UI

```
ALTER TABLE users ADD COLUMN username TEXT;        ❶
ALTER TABLE users ALTER COLUMN name DROP NOT NULL; ❷
```

이전 직후, users 테이블에는 유저명을 가리키는 두 컬럼이 공존할 것이다.

```
groceroo=# SELECT * FROM users;
               user_id                | name  | username
--------------------------------------+-------+----------
 5c176075-fd2c-4e92-9875-4060453de761 | rei   |
```

```
 887677f2-276f-4731-89ab-6acdd3a51bfc | mari  |
 32717619-cccb-4434-995a-5813aa8557aa | asuka |
(3 rows)
```

10.5.2 배포 2: 두 컬럼 모두 이중 쓰기

이번에는 백엔드에서 이중 쓰기 로직을 구현하자. 리포지터리 코드는 name, username 두 컬럼
❶ 모두에 데이터를 쓴다.

퍼시스턴스 < API < UI
```
public User create(CreateUserPayload payload) {
    String insert = "INSERT INTO users(name, username)❶ VALUES(?,?) RETURNING *";
    return jdbcTemplate.queryForObject(insert, new UserMapper(), payload.
    name(), payload.name());
}

public User findBy(UUID id) {
    String query = "SELECT name, user_id FROM users WHERE user_id = ?";
    return jdbcTemplate.queryForObject(query, new UserMapper(), id);
}
```

이 코드가 프로덕션에 배포되면, 다음과 같이 새로 생성된 레코드에 두 컬럼의 데이터가 함께 채워질 것이다.

```
groceroo=# SELECT * FROM users;
               user_id                |  name  | username
--------------------------------------+--------+----------
 5c176075-fd2c-4e92-9875-4060453de761 | rei    |
 887677f2-276f-4731-89ab-6acdd3a51bfc | mari   |
 32717619-cccb-4434-995a-5813aa8557aa | asuka  |
 7b18d979-dd4b-4b67-bfb4-ca127275547c | shinji | shinji
(4 rows)
```

물론, 배포 이전의 username 컬럼의 값은 모두 NULL이다. 이 부분은 다음 배포에서 바로잡을 것이다.

10.5.3 배포 3: 데이터 동기화

username 컬럼에 데이터가 씌어지고 있으니 옛 값들도 동기화해야 한다❶. 여기서 NULL 제약조건❷도 동일한 DB 변경으로 수행했다는 사실에 주목하자. 이 컬럼의 (과거 또는 미래의) 값이 NULL인 레코드는 없다고 볼 수 있으므로 이렇게 할 수 있는 것이다.

> 퍼시스턴스 < API < UI
```
UPDATE users SET username = name WHERE username IS NULL; ❶

ALTER TABLE users ALTER COLUMN username SET NOT NULL; ❷
```

프로덕션 데이터는 다음과 같이 채워질 것이다. 이중 쓰기를 하고 있으므로 두 컬럼에 채워진 데이터는 모두 동일하다.

```
groceroo=# SELECT * FROM users;
              user_id                 |  name  | username
--------------------------------------+--------+----------
 7b18d979-dd4b-4b67-bfb4-ca127275547c | shinji | shinji
 5c176075-fd2c-4e92-9875-4060453de761 | rei    | rei
 887677f2-276f-4731-89ab-6acdd3a51bfc | mari   | mari
 32717619-cccb-4434-995a-5813aa8557aa | asuka  | asuka
(4 rows)
```

10.5.4 배포 4: 두 컬럼 모두 읽기/쓰기 이전

이제 이전 단계로 넘어가자. 두 컬럼에 최신 데이터가 씌어지고 있으므로 읽기❶, 쓰기❷ 모두 안전하게 새 컬럼으로 갈아탈 수 있다. 다음은 우리가 상상했던 백엔드의 목표 상태다.

> 퍼시스턴스 < API < UI

```
...

public User create(CreateUserPayload payload) {
    String insert =  "INSERT INTO users(username) ❷ VALUES(?) RETURNING *";
    return jdbcTemplate.queryForObject(insert, new UserMapper(), payload.name());
}
```

```
public User findBy(UUID id) {
    String query = "SELECT username ❶, user_id FROM users WHERE user_id = ?";
    return jdbcTemplate.queryForObject(query, new UserMapper(), id);
}
...
```

새 username 컬럼에만 데이터를 쓰므로 옛 name 컬럼은 NULL을 받게 될 것이다. 확장 단계에서 NOT NULL 제약조건을 삭제했기 때문에 예외는 발생하지 않는다.

```
groceroo=# SELECT * FROM users;
              user_id                 | name   | username
--------------------------------------+--------+----------
 7b18d979-dd4b-4b67-bfb4-ca127275547c | shinji | shinji
 5c176075-fd2c-4e92-9875-4060453de761 | rei    | rei
 887677f2-276f-4731-89ab-6acdd3a51bfc | mari   | mari
 32717619-cccb-4434-995a-5813aa8557aa | asuka  | asuka
 be55336e-3e90-4e38-abc4-20a0d07058cb |        | gendo
(5 rows)
```

이전 name은 더 이상 사용하지 않는 컬럼이라고 볼 수 있다. 모든 이력 데이터가 새 컬럼으로 옮겨졌고 새 데이터도 막 추가되기 시작했다. 옛 컬럼은 미사용 상태로 시간이 지나면서 NULL로 채워질 것이다. 이제 축소를 진행할 차례라는 뜻이다.

10.5.5 배포 5: 컬럼 축소

축소 단계는 아주 간단하다. 옛 컬럼을 삭제하는 DB 변경을 배포하면 된다.

퍼시스턴스 < API < UI

```
ALTER TABLE users DROP COLUMN name;
```

다음 쿼리 결과에서 알 수 있듯이, DB 스키마도 이제 목표 상태에 도달했다.

```
groceroo=# SELECT * FROM users;
              user_id                 | username
--------------------------------------+----------
```

```
 7b18d979-dd4b-4b67-bfb4-ca127275547c | shinji
 5c176075-fd2c-4e92-9875-4060453de761 | rei
 887677f2-276f-4731-89ab-6acdd3a51bfc | mari
 32717619-cccb-4434-995a-5813aa8557aa | asuka
 be55336e-3e90-4e38-abc4-20a0d07058cb | gendo
 45343043-c710-4666-be94-c8ac77ced7d9 | misato
(6 rows)
```

안전한 지속적 배포 덕분에 프로덕션의 DB 스키마를 무사히 잘 리팩터링했고 데이터 무결성도 준수했다.

10.6 이중 읽기 구현 전략

10.4절에서 설명했듯이, 이중 컬럼을 쓰기 대신 읽기 작업으로도 백엔드를 구현할 수 있다. 이번에는 이중 읽기 전략으로 가보자.

10.6.1 배포 1: DB 컬럼 확장

users는 사용 빈도가 아주 높은 기존 테이블로 다음과 같은 모습이다.

```
groceroo=# SELECT * FROM users;
                user_id               | name
--------------------------------------+------
 5c176075-fd2c-4e92-9875-4060453de761 | rei
 887677f2-276f-4731-89ab-6acdd3a51bfc | mari
(2 rows)
```

name❶ 옆에 나란히 새 username 컬럼을 추가하고, 옛 컬럼❷의 NOT NULL 제약조건을 삭제한다.

퍼시스턴스 < API < UI

```
ALTER TABLE users ADD COLUMN username TEXT;        ❶

ALTER TABLE users ALTER COLUMN name DROP NOT NULL; ❷
```

name 컬럼에는 기존 데이터가 남아있지만 username 컬럼에는 NULL만 있다.

```
groceroo=# SELECT * FROM users;
                user_id               | name  | username
--------------------------------------+-------+----------
 46803928-1665-4c89-800c-b5d481afa729 | rei   |
 84ad1c4d-7bc6-49ae-86ba-e5ec7220423e | mari  |
 94018957-06cd-4d61-9481-5889e629baff | asuka |
(3 rows)
```

10.6.2 배포 2: 두 컬럼 모두 이중 읽기/쓰기 이전

다음은 쓰기 이전 및 이중 읽기 단계다. 다음 리포지터리 코드를 보면 알 수 있듯이, 백엔드는 username 컬럼❶에 쓰되, 두 컬럼(username이 우선 순위가 더 높다)을 모두 읽을 수 있다❷.

퍼시스턴스 < **API** < UI

```
...
    public User create(CreateUserPayload payload) {
        String insert = "INSERT INTO users(username) ❶ VALUES(?) RETURNING *";
        return jdbcTemplate.queryForObject(insert, new UserMapper(), payload.
        name());
    }

    public User findBy(UUID id) {
        String query = "SELECT COALESCE(username, name) AS name ❷, user_id
        FROM users WHERE user_id = ?";
        return jdbcTemplate.queryForObject(query, new UserMapper(), id);
    }
...
```

users 테이블을 조회하면 다음과 같다. 과거 데이터는 name 컬럼에 남아 있고, 새 데이터는 모두 username 컬럼에 저장된다. 둘 중 하나는 NULL이지만 둘 다 NULL이 되는 일은 없을 것이다.

```
groceroo=# SELECT * FROM users;
               user_id                | name  | username
--------------------------------------+-------+----------
 46803928-1665-4c89-800c-b5d481afa729 | rei   |
 84ad1c4d-7bc6-49ae-86ba-e5ec7220423e | mari  |
 94018957-06cd-4d61-9481-5889e629baff | asuka |
 6d2bf0f9-5049-4fbc-9e25-53a45b50609e |       | shinji
(4 rows)
```

이중 읽기 메커니즘 덕분에 name을 폴백으로 활용할 수 있다. 이제 username 컬럼을 자기 완비적으로 만들어 나중에 name을 제거할 준비를 해야 한다.

10.6.3 배포 3: 데이터 동기화

이중 쓰기와 마찬가지로, 다음과 같이 DB를 변경하여 옛 데이터❶를 동기화하고 NOT NULL 제약조건❷을 다시 적용한다.

퍼시스턴스 < API < UI

```
UPDATE users SET username = name WHERE username IS NULL;  ❶
ALTER TABLE users ALTER COLUMN username SET NOT NULL;  ❷
```

다음 쿼리 결과에서 알 수 있듯이, 옛 값들은 모두 자연스럽게 username으로 넘어가고 name에 더 이상 아무것도 기록되지 않을 것이다.

```
groceroo=# SELECT * FROM users;
               user_id                | name  | username
--------------------------------------+-------+----------
 46803928-1665-4c89-800c-b5d481afa729 | rei   | rei
 84ad1c4d-7bc6-49ae-86ba-e5ec7220423e | mari  | mari
 94018957-06cd-4d61-9481-5889e629baff | asuka | asuka
 6d2bf0f9-5049-4fbc-9e25-53a45b50609e |       | shinji
(4 rows)
```

10.6.4 배포 4: 컬럼 읽기 이전

새 컬럼은 이제 자기 완비적이고 이 컬럼 하나만 읽어도 전혀 문제가 없으므로 리포지터리❶에서 폴백 로직을 삭제한다.

퍼시스턴스 < **API** < UI

```
...
    public User create(CreateUserPayload payload) {
        String insert = "INSERT INTO users(username) ❶ VALUES(?) RETURNING *";
        return jdbcTemplate.queryForObject(insert, new UserMapper(), payload.
            name());
    }

    public User findBy(UUID id) {
        String query = "SELECT username, user_id FROM users WHERE user_id = ?";
        return jdbcTemplate.queryForObject(query, new UserMapper(), id);
    }
...
```

name 컬럼은 이제 쓰지 않으며, 백엔드는 목표 상태에 도달했다.

10.6.5 배포 5: 컬럼 축소

끝으로, DB 스키마를 다시 축소하여 미사용 컬럼을 삭제한다.

퍼시스턴스 < API < UI

```
ALTER TABLE users DROP COLUMN name;
```

드디어 DB도 원하는 목표 상태가 되었다.

```
groceroo=# SELECT * FROM users;
            user_id                  | username
-------------------------------------+----------
 6d2bf0f9-5049-4fbc-9e25-53a45b50609e | shinji
 46803928-1665-4c89-800c-b5d481afa729 | rei
 84ad1c4d-7bc6-49ae-86ba-e5ec7220423e | mari
```

```
94018957-06cd-4d61-9481-5889e629baff | asuka
(4 rows)
```

10.7 NoSQL

퍼시스턴스 레이어에서 관계형 DB를 사용하지 않는다면 이 장의 내용이 전혀 해당되지 않는 다고 생각할 수도 있지만, 사실 그렇지 않다. DB 시스템이 데이터를 쓸 때 엄격한 스키마를 강제하지 않는다고 해서 클라이언트가 자신이 조회하는 객체의 특정한 형상(말하자면, 읽을 때 적용되는 암시적 스키마)에 의존하지 않는다는 뜻은 아니다. 정규 스키마가 있든 없든, 언제나 배포할 때는 하위 호환성이 깨지지 않도록 주의해야 한다.

이 장에서 소개한 모든 기술은 몽고DB$^{MongoDB\,3}$, 레디스, 다이나모DB$^{DynamoDB\,4}$, 그 밖에 단순 파일 형태의 DB에도 적용할 수 있다. 물론, 실제로 단순 SQL을 사용한 그로서루 예제보다는 약간 더 까다로울 수는 있다. 이중 쓰기, 이중 읽기는 얼마든지 코드로 구현할 수 있지만, 비관계형 DB는 대부분 배치 업데이트나 스키마 변경 도구를 제공하지 않기 때문이다. 예를 들어, 몽고DB에서 컬렉션은 관계형 DB처럼 UPDATE TABLE 한 번으로 모든 도큐먼트를 즉시 이전하는 것이 불가능하다.

물론, 옛 데이터를 어떻게 동기화할 것인가, 하는 문제는 있다. 특히, 클라이언트에 의해 자주 업데이트되지 않는 레코드가 많은 경우가 그렇다. 선택지는 두 가지다. 옛 데이터가 언젠가 최종적으로 다시 씌어질(또는 사라질) 때까지 하위 호환성을 유지하거나, 컬렉션에 있는 전체 레코드를 이전하는 백그라운드 작업을 구현하는 것이다.

10.7.1 읽을 때 이전

이전 레코드를 업데이트할 수 없거나 그러고 싶지 않다면, 장기간 하위 호환성을 유지하면서 애플리케이션 코드가 스스로 계속 변환되도록 만들 수 있다. 방법은 두 가지다.

---

3 옮긴이_ https://www.mongodb.com을 참고하기 바랍니다.
4 옮긴이_ https://aws.amazon.com/ko/dynamodb를 참고하기 바랍니다.

읽을 때 영구 이전

이전 데이터는 그대로 놔두고 코드가 해당 데이터를 읽는 시점에 영구 변환하는 방법이다. 결코 이상적이라 할 수는 없지만, 설계상 데이터 저장소가 불변^{immutable}인 경우라면 어쩔 수 없다. 코드의 데이터 구조를 여러 번 리팩터링할 경우, 읽을 때 이전하는$^{\text{migrate-on-read}}$ 로직을 여러 버전으로 갖고 있어야 할 것이다.

이렇게 하면 DB를 자주 리팩터링할 수 없으니 불리하다고 생각할지 모르지만, 몇 가지 괜찮은 대비책이 있다. 나는 수년 전, 운 좋게도 명령 쿼리 책임 분리$^{\text{Command Query Responsibility Segregation}}$(CQRS)[5]와 이벤트 소싱$^{\text{event sourcing}}$[6]을 표준화한 시스템을 경험할 기회가 있었다. 이 시스템은 이벤트 저장소가 추가만 가능했고$^{\text{append-only}}$, 옛 레코드는 변경이 불가능했다. 미국 재무부가 소유한 시스템이라서 모든 트랜잭션을 완벽하게 기록하는 감사 기능이 필수였다.

하지만 팀은 코드베이스에 있는 이벤트 클래스의 형상을 바꾸고 싶어했고, 클래스명과 필드명은 이벤트 페이로드에 딱 맞게 매핑되어 있었다. 이처럼 데이터와 애플리케이션 코드가 단단히 커플링된 상태에서 도메인 언어를 수정해야 할 경우 리팩터링하기가 정말 힘들었다. 단순히 필드명을 바꾸는 것조차 복잡하기 짝이 없었고, 더구나 2회 이상 이름을 바뀌게 되면 역직렬화 트릭이 필요했다. 이보다 더 복잡한 리팩터링은 말할 나위도 없이 아예 불가능했다.

그래서 우리는 읽을 때마다 영구 이전하는 시스템을 구축하기로 했다. DB에서 원페이로드$^{\text{raw payload}}$를 읽은 직후, 도메인 객체로 변환되기 전에 시스템에서 이벤트의 형상이 변경되는 것이다. 각 이벤트 도큐먼트 안에 버전 정보를 포함하여 저장하기 시작했다(버전이 없으면 0 버전이다). 새 리팩터링을 할 때마다 버전 범프$^{\text{version bump}}$[7]가 발생했고, 이벤트의 버전 N−1을 버전 N으로 변환하는 이벤트 업그레이더$^{\text{event upgrader}}$ 기능이 필요했다. 모든 업그레이더 기능이 순서대로 적용되면 이벤트의 페이로드를 이용해 해당 클래스를 최신 코드로 인스턴스화할 수 있었다.

이런 메커니즘이 그 자체로 상당한 오버헤드처럼 보이지만(사실 그랬다!), 코드베이스의 작은 영역으로 적용 범위가 한정됐으며, 시스템은 엄격한 감사 요건을 계속 준수하면서도 알아서 클래스를 리팩터링할 결정적인 자유를 누릴 수 있었다. 요컨대, 기존 데이터를 건드릴 수 없다고 해서 만사를 다 잃는 것은 아니다.

---

5 옮긴이_ CQRS는 시스템의 쓰기(Command) 작업과 읽기(Query) 작업을 분리하여 처리함으로써, 각 작업에 최적화된 아키텍처를 설계하고 확장성을 높이는 패턴입니다.

6 옮긴이_ 애플리케이션의 상태 변화를 직접 저장하는 대신, 발생한 모든 이벤트를 순서대로 기록하여 해당 이벤트를 재생함으로써 언제든지 현재 또는 과거의 상태를 재구성할 수 있게 하는 데이터 저장 방식입니다.

7 옮긴이_ 버전 번호를 올리는 작업입니다.

읽을 때 이전하고 쓸 때 변환

다행히, 데이터 변경에 관하여 이 정도까지 엄격한 요건이 적용되는 시스템은 드물다. 실제로 업데이트를 할 수 있게 허용된 경우, 그냥 레코드를 새 포맷으로 생성/수정하도록 쓰기 작업을 변경하면 된다. 즉, 이전 데이터가 사라지고 모든 레코드가 완전히 재작성될 때까지 DB에는 두 가지 데이터 포맷이 공존할 것이다. 물론, 어느 순간까지는 애플리케이션 코드가 두 포맷 모두 읽을 수 있어야 한다.

예를 들어, 나는 상품 데이터 수집 시스템에서 이런 식으로 접근한 적이 있는데, 그 시스템은 XML 피드에서 상품 데이터를 받아 스토리지에 쓰는 일을 했다. 우리 팀은 자체 스토리지의 **스키마**를 변경할 때마다 먼저 애플리케이션이 두 포맷을 모두 읽을 수 있게 준비했다. 그런 다음 새 포맷으로 데이터를 쓰는 코드를 배포했다.

이 수집 시스템은 매일 밤 전체 상품 카탈로그를 처음부터 완전히 새로고침했기 때문에 옛 데이터가 사라진 그 다음 날에 하위 호환되는 코드를 그냥 정리하면 됐다.

'이전 데이터'의 수명이 짧거나 만료일 이후에는 쓸모가 없어지는 시나리오에 알맞은 접근 방식이다.

10.7.2 커스텀 배치 업데이트

전체 데이터를 가능한 한 빨리 새 포맷에 맞추고 싶다면, 옛 레코드를 몽땅 업데이트하는 백그라운드 잡^{ob}을 추가할 수도 있다. 이 잡은 이전이 끝난 이후에 실수로 사용 중단된 포맷의 데이터가 생성되지 않도록 항상 새 포맷으로 코드를 작성하는 배포가 끝난 다음에 실행돼야 한다. 이런 백그라운드 잡은 적어도 어느 시점에는 하위 호환되는 코드를 지워야 하겠지만 옛 데이터가 만료되지 않는 애플리케이션에서 꼭 필요하다.

예를 들어, 좀 전의 상품 데이터 수집 시스템에서 우리는 다른 누군가의 피드로부터 **복사되어 넘어오지 않고** 우리 서비스가 원본인(즉, 더 이전에 쌓인 데이터를 삭제할 수 없는) 데이터 컬렉션도 관리했다. 다른 컬렉션에도 이 전략을 채택하여 효과적으로 접근 방식을 혼용할 수밖에 없었던 것이다. 여러 소스에서 다양한 데이터를 가져올 때 NoSQL을 사용한다면 이런 일은 아주 흔하다.

10.7.3 NoSQL에 대한 결론

NoSQL DB로 데이터를 이전하는 작업이 대체로 까다로운 것은 사실이나, 그렇다고 NoSQL DB는 리팩터링을 할 수 없다는 말은 아니다. 오히려 그 반대일 것이다. 예를 들면, 이 장 전체에 걸쳐 설명한 폴백 메커니즘은 기존 관계형 DB보다 NoSQL DB이 더 관리하기 편하다. 이중 쓰기를 할 때도 일단 업데이트할 쓰기 스키마가 없으므로 백엔드에서 언제든지, 어떤 데이터도 알기 쉽게 쓸 수 있다. 이중 읽기 역시 쿼리 자체에 컬럼명을 지정할 필요가 없고 코드에서 완전히 대체할 수 있으므로 오히려 더 쉽다.

NoSQL을 사용하는 경우에도 데이터 이전 메커니즘(들)을 제대로 숙지한다면 명시적인 스키마 업데이트를 신경쓰지 않아도 이 장에서 설명한 모든 기술을 적용할 수 있다.

10.8 정리하기

프로덕션 자동 배포에 의해 일반적으로 DB와 퍼시스턴스 레이어가 어떤 영향을 받는지 이야기했다. 리팩터링 시 퍼시스턴스 레이어의 계약을 바꾸어야 할 수 있으며, 일시적인 불일치가 발생하여 데이터가 손실될 수도 있으므로 각별히 신경을 써야 할 필요가 있다.

먼저, DB와 백엔드를 동시에 변경하거나, **전통적인** 확장/축소 패턴을 적용하는 등의 전략은 별로 효과가 없음을 알았다. DB 트리거를 추가하고, 프로듀서/컨슈머 양측에서 여러 버전의 스키마를 지원하는 전략은 효과가 있었다. 특히, 후자는 확장/축소를 강화하는, 퍼시스턴스 레이어에 대한 이중 쓰기와 이중 읽기 두 가지 기술로 달성 가능하다.

이 두 전략의 구현 과정에서 데이터 손실 위험 없이 프로덕션에서 퍼시스턴스 레이어를 점진적으로 변경하는 방법을 알았다. 이러한 사고 프로세스를 익숙하게 적용하는 것은 지속적 배포를 안전하게 실행하는 관점에서 매우 중요하다. NoSQL 유형의 스토리지에도 이런 전략을 구사할 수 있지만, 대체 데이터 동기화 메커니즘이 필요하다는 점에 유의하자.

PART 4

개발 이후 단계

4부에서는 개발 이후 지속적 배포 프로세스의 결실을 수확하는 활동에 대해 이야기한다. 프로덕션에서 탐색 테스트를 안전하게 수행하는 방법과 릴리스 전략, A/B 테스트 전략을 설명한다.

PART 4

개발 이후 단계

11장 프로덕션에서 테스트

12장 릴리스

CHAPTER 11

프로덕션에서 테스트

이 장에서는 유저와 공유하는 환경인 프로덕션에서 테스트하면 어떤 이점이 있는지, 정말 그만한 가치가 있는지, 프로덕션에서 안전하게 테스트를 수행하는 방법은 무엇인지 살펴보자.

프로덕션에서 테스트할 때 프리릴리스prerelease 기능은 공개할 준비가 될 때까지 유저에게 숨기지만, 동작 자체는 별도의 배포를 통해서가 아닌, 애플리케이션에 내장된 로직을 사용하여 분리한다. 아직 완성되지 않은 기능을 플래그로 켜고 끄는 기술은 이제 여러분에게도 익숙할 것이다. 앞 장에서 나는 대부분의 기능 토글 프레임워크에서 정교하게 토글을 켜고 끄는 방법을 설명했는데, 개발자, QA 엔지니어, 기타 이해관계자가 토글을 통해 기능이 잘 작동하는지 확인할 수 있다는 점이 매우 흥미롭다. 이것이 이 장에서 살펴볼 주제다.

특히, 탐색 테스트[1]를 십분 활용할 수 있는 가장 일반적인 전략들과 각각의 장단점도 살펴보겠다(기능 토글에 대해 복습이 필요한 독자는 **3장**, **8장**을 다시 읽어보기 바란다). 그리고 테스트 데이터, 디버깅 등 갖가지 난제를 다루는 방법도 함께 살펴볼 것이다. 그러면 비로소 프로덕션이라는 가장 실제적인 환경에서 기능이 제대로 작동한다는 확신이 생길 것이다.

프로덕션에서의 기능 테스트는 사실 지속적 배포를 수행하는 팀뿐만 아니라, 일상적인 운영 업무의 일부로 정착되어야 한다. 프로덕션 탐색 테스트는 최소한 우리 모두에게 익숙한 프리프로덕션 테스트와 함께 수행되어야 하며, 프리프로덕션 테스트가 충분하다고 판단되면 팀은 테스트만으로 충분하다고 결정할 수도 있다.

---

[1] 옮긴이_ 테스터가 시스템을 직접 탐색하면서 학습, 테스트 설계, 실행을 동시에 진행하며 새로운 버그를 찾는 동적인 테스트 기법입니다.

11.1 왜 프로덕션에서 테스트를 해야 하나?

프로덕션에서 직접 테스트를 하면 소프트웨어가 실제 환경에서 어떻게 작동하는지 더 나은 인사이트를 얻을 수 있다. 또 프리프로덕션에서는 재현할 수 없는 이슈를 발견하는 데에도 도움이 된다. 프로덕션에서 기능이 작동되는 모습을 확인하면 이해관계자, 개발자 모두 확신이 생기고, 릴리스 결정에 방해가 되는 요소가 줄어들며, 훨씬 더 빠르게 실험을 해볼 수 있다.

이론적으로도 그렇고 실제로도 그렇고, 프로덕션은 제품 조건을 가장 확실하게 테스트할 수 있는 환경이다. 스테이징 환경을 아무리 잘 만들어도 구성, 데이터, 트래픽, 소프트웨어를 프로덕션과 똑같이 재현하는 것은 명백히 한계가 있다. 실제로 여러 팀이 공유하는 환경을 조율하기도 어려울뿐더러 엔지니어링 비용이 많이 들기 때문에 잘 만든 스테이징 환경은 극히 드물다. 그럼, 어떻게 하면 프로덕션 테스트를 통해 예정된 릴리스에 확신을 가질 수 있는 안정적인 조건을 제시할 수 있는지, 지금부터 몇 가지 일반적인 방법을 소개하겠다.

11.1.1 데이터 볼륨의 정확도

DB, 파일 시스템, 캐시, 큐, 기타 프로덕션의 상태 스토리지 엔진에 있는 데이터의 크기는 프리프로덕션 환경에 있는 것보다 훨씬 크다. 보통 프리프로덕션 스토리지에는 수동 테스트에 사용하는 샘플 데이터나 자동 테스트용 시드 데이터 정도만 들어 있으며 그 양도 매우 적다.

이런 차이점 때문에 프로덕션에 적용을 해보지 않으면 성능 저하를 유발하는 DB 쿼리나 변경 사항, 업데이트를 발견하기 어렵다. 쿼리의 결과로 나오는 데이터 컬렉션을 처리하는 코드도 마찬가지다. 해당 시나리오에서 실제로 실행해보기 전까지는 대량 데이터를 입력할 때 성능이 어떻게 나올지 알 수 없다. 이런 이슈는 실제적이고 규모도 훨씬 더 큰 데이터셋을 상대로 코드를 돌려봐야 눈에 띄기 시작한다.

예를 들어, 대량 데이터를 깔끔한 포맷의 .csv나 .pdf 파일로 처리하는 리포트 기능이 있다고 하자. 프리프로덕션에서는 잘 실행됐는데, 이상하게 프로덕션에서 실행하면 리포트 생성 시간이 너무 오래 걸린다. 최악의 경우 릴리스 이후에 이 사실을 발견하기도 한다.

애당초 프로덕션에서 (기능 토글을 이용해서) 기능 테스트를 했으면 성능 문제가 조기에 발견되어 조치할 시간이 충분했을 것이다. 예를 들어, 인덱스 추가 등의 성능 최적화를 시도하거나,

리포트를 비동기로 받아볼 수 있도록 기능 흐름을 재고해야 한다고 상품 소유자에게 알렸으리라.

그냥 랜덤 데이터를 꽉꽉 채워 넣고 데이터 볼륨의 불일치 문제점을 해결하려는 유혹도 느낄 것이다. 하지만 규모가 큰 데이터셋에서 특정 값(예 이름이나 상품)의 빈도 역시 캐시나 인덱싱을 할 때 성능에 영향을 미치며, 다음 절에서 설명한 다른 유형의 이슈에도 취약하므로 별로 좋은 방법은 아니다.

11.1.2 데이터 형상의 정확도

어떤 기능이 무탈히 잘 작동하리라 기대해도 유저가 실제로 생성한 데이터는 당초 예상한 범위를 훨씬 벗어날 때가 많다. 아무리 창의력이 뛰어난 QA 엔지니어라도 유저가 기능을 망가뜨릴 만큼 이상하게 입력하면 사각 지대가 생길 수밖에 없다.

프로덕션을 부유하는 과거 데이터는 훨씬 더 성가신 문제다. 유저 입력은 마치 다이아몬드처럼 (거의) 영원불멸하다. GDPR[2] 같은 프레임워크로 규제해도 데이터는 일단 저장되면 수년 동안 지워지지 않고 시스템에 쌓인다. 하지만 데이터는 늘 자신을 저장한 코드베이스가 변경되고, 한 시스템에서 다른 시스템으로 이전되는 등의 과정에서 다른 포맷으로 변천하는 등 제품의 자연스런 진화의 영향을 받는다. 이 모든 변경이 누적된 탓에, 오래된 데이터는 기괴한 모습으로 변질되고, 프로덕션에서만 볼 수 있는, 기이한 고고학적 유물이 되어 버린다.

옛 데이터든, 새 데이터든, 예기치 못한 데이터와 여기에 호환되지 않는 코드가 서로 만나면서 프리프로덕션에서 생성한 낙관적인 데이터셋으로는 잘 작동하던 기능에 아무도 예상하지 못했던 버그가 발생할 것이다.

일례로, 나와 동료들이 함께 작업했던 시스템 중에서도 날짜 정밀도 문제가 발생한 적이 있다. 소프트웨어 문제가 흔히 그런 식으로 시작되지만, 과거의 어느 시점에 누군가가(우리였나?) 코드베이스의 날짜 라이브러리를 변경한 게 발단이었다. 옛 라이브러리는 2단계 정밀도로 날짜/시간을 생성했지만, 새 라이브러리는 밀리 초 단위로 생성한다. 그래서 결국 DB에 날짜 포맷이 살짝 다른 두 가지 상품 데이터가 혼재하게 되었다. 하지만 이 시스템은 워낙 똑똑해서 두

---

[2] 옮긴이_ 유럽 연합(EU) 시민의 개인 정보 보호를 강화하고 데이터 처리 방식을 규제하는 포괄적인 법률입니다.

종류의 데이터를 모두 정확하게 읽어 들였기 때문에 이 문제는 오랫동안 드러나지 않았고, 팀원 모두가 라이브러리를 언제 변경했었나 싶게 장기간 방치되었다.

약간 다른 날짜/시간 포맷은 프로덕션에서 전혀 문제가 되지 않았다. 얼마 후, 우리는 원래 시스템의 상품 데이터를 소비하는 다른 시스템을 도입하게 되었는데, 나중에 알게 된 사실이지만 이 새 시스템은 두 가지 포맷을 알아서 처리할 만큼 똑똑하지 않았다. 그러나 현재 날짜 포맷이 지켜진다는 (합리적인) 가정 하에 테스트 데이터를 새로 만들었기 때문에 프리프로덕션에서 테스트할 때는 모든 게 정상이었다. 릴리스한 지 얼마 지나지 않아 이 기능은 프로덕션에서 드문드문 실패하기 시작했다. 정밀 조사 결과, 꼭 1년 정도 지난 상품에서만 오류가 발생한다는 사실을 알아냈다.

처음부터 프로덕션에서 테스트했으면 이런 문제는 완벽하게 방지할 수 있었으리라. 이를테면, 오래된 데이터를 새 포맷에 맞게 이전하거나, 릴리스 전에 신규 포맷을 모두 처리할 수 있게 코드를 수정하는 식으로 조치했을 것이다.

11.1.3 실제적인 요청 패턴

유저 행동 패턴에 대해 말하자면, 시스템을 사용하는 사람들은 종종 우리가 전혀 예상하지 못했던 패턴으로 요청을 생성하여 기능을 무너뜨린다.

예를 들어, 유저가 브라우저에서 어떤 작업을 하다가 아주 묘한 타이밍에 뒤로가기 버튼을 누르는 경우가 그렇다. 또는 11.1.1절의 리포트 예제에서 성질이 급한 유저가 미친 듯이 리포트 생성 버튼을 눌렀다가, 마침 해당 리포트가 리소스를 너무 많이 차지한 나머지 서비스가 거부되어 처리가 지연되는 경우도 있다. 이와 같은 일들은 리포트가 느려질 수밖에 없는 프로덕션에서만 발생하므로 프로덕션에서 직접 테스트하면 조기에 문제를 발견할 수 있다. 문제가 일찍 드러났다면 UX를 변경하거나 일시적으로 버튼을 비활성화하는 식으로 유저 1인당 동시 리포트 생성 개수를 제한했을 것이다.

이런 종류의 문제는 12장에서 설명할 A/B 테스트와 카나리 릴리스에서도 발견된다.

11.1.4 실제적인 수신 트래픽 볼륨

정상적인 환경이라면 프리프로덕션 장비에는 트래픽이 몰릴 일이 거의 없다. 파이프라인을 통해 흘러가는 모든 변경사항에 대해 철저한 로드 테스트를 수행하기란 현실적으로 (경제적으로나 시간적으로나) 불가능하기 때문에 아무리 프리프로덕션에서 테스트를 잘 해도 성능, 메모리 누수, 기타 리소스의 고갈을 유발하는 이슈는 묻혀버릴 가능성이 높다. 또 프로덕션에서는 하루 종일 특정한 트래픽 곡선, 읽기 vs 쓰기 비율, 요청 간 지연 등이 독특하게 버무려져 있기 때문에 아무리 정교하게 로드 테스트를 해도 완벽하게 현실적인 트래픽 커브$^{traffic\ curve}$를 재현할 수 없다.

토글 밑에 기능을 숨긴 상태에서는 카나리 배포, 섀도 트래픽$^{shadow\ traffic}$[3], 또는 일부 유저에게만 릴리스하는 방식으로 프로덕션에서 기능을 테스트할 수 있다.

11.1.5 실제적인 발신 트래픽 볼륨

애플리케이션이 수신하는^{incoming} 실제 트래픽뿐만 아니라, 애플리케이션이 발신하는^{outgoing} 실제 트래픽도 고려해야 한다.

어떤 시스템이 계약을 이행하기 위해 다운스트림 시스템에 의존하는 경우, 수신 요청과 발신 요청은 서로 단단히 커플링될 것이다. 이러한 발신 요청은 열린 네트워크 소켓이나 열린 파일 수, 애플리케이션의 커넥션 풀, 캐시 동작 등에 영향을 미칠 수 있는데, 이 모든 문제는 막상 애플리케이션이 유저로부터 실제 부하를 받을 때 드러나게 마련이다. 게다가 발신 트래픽의 영향을 받는 부분은 보통 애초부터 프로덕션과 다르게 구성됐을 공산이 크다.

11.1.6 실제적인 서버 크기 및 수량

프리프로덕션은 프로덕션에 비해 수신 트래픽이 매우 적어서 스케일링이 거의 일어나지 않으며, 머신이나 컨테이너 개수도 훨씬 적다. 따라서 둘 이상의 인스턴스가 실행 중인 경우에만 드러나는 버그(예를 들어, 여러 인스턴스가 외부 리소스를 서로 차지하려고 경쟁하거나, 유저가

---

3 옮긴이_ 실제 사용자 트래픽의 복사본을 프로덕션 시스템과 유사한 환경(예 새로운 시스템 버전)으로 보내 실제 서비스에 영향을 주지 않으면서 테스트하는 기법입니다.

동일한 인스턴스에 연속적인 요청을 하게 작성된 코드)가 가려지기 쉽다.

이런 문제는 머신이 항상 거의 일정한 수만큼 실행되도록 스테이징을 구성하면 해결되겠지만, 클라우드 제공업체가 보낸 청구서의 금액이 두 배로 증가한 이유를 이해관계자들에게 납득시켜야 할 것이다. 아무래도 프로덕션에서 직접 테스트하는 것이 훨씬 쉽다.

수평적 스케일링은 어느 정도 복제가 가능하지만, 수직적 스케일링$^{vertical\ scaling}$(머신 자체의 크기를 늘리는 것)은 그렇지 못한 경우가 많다. 특히, 프리프로덕션 인프라의 실제 서버나 가상 머신을 잘 살펴보면 저전력 버전인 경우가 많다. 인스턴스는 그 수가 적을뿐더러 메모리나 CPU 코어 등의 리소스 역시 적을 가능성이 높기 때문에 개발된 코드가 강력한 서버의 성능을 최대한 활용할 수 있을지 판단하기가 어렵다. 예를 들어, 프로덕션 인스턴스에서 테스트하면 어떤 태스크는 다른 방식으로 병렬화하여 여러 CPU를 최대한 활용할 수 있다는 사실이 밝혀진다. 인스턴스당 메모리가 더 많으면 애플리케이션의 캐시 정책을 더 공격적으로 쓸 수 있다는 것도 알게 된다.

11.1.7 실제적인 애플리케이션 구성

애플리케이션 구성은 여러 면에서 프로덕션과 프리프로덕션 간에 차이가 난다. 예를 들어, 커넥션 스트링, 크리덴셜, 커넥션 풀 등 DB 구성 프로퍼티가 다를 것이다. 서드파티 서비스, 인증, 액세스 권한 등의 외부 서비스 구성도 마찬가지다. 프리프로덕션에서는 샌드박스나 스텁 API를 사용하지만, 프로덕션에서는 실제 서드파티 서비스에 접속하기 때문에 계약이 똑같지 않을 수 있다. 인증 설정, 스레드 풀 크기, 내부 URL, 캐시 정책 등 프로덕션과 프리프로덕션이 서로 다른 애플리케이션 구성 파일의 한 줄 한 줄이 릴리스 시 예기치 못한 폭발을 일으킬 지뢰가 될 수 있다.

11.1.8 실제적인 네트워크 구성

프리프로덕션의 인프라는 내부 액세스만 가능하므로 실제 서비스를 하는 프로덕션의 인프라와 네트워크 설정이 사뭇 다르다. 가장 눈에 띄는 차이점은 인증 또는 IP 기반 제약의 존재 여부다. 또 스테이징에 참여하는 유저는 소수이므로 클라우드플레어Cloudflare[4], 아카마이Akamai[5] 같은 콘텐츠 전송 네트워크Content Delivery Network(CDN) 서비스를 사용하지 않거나 완전히 다르게 구성 됐을 것이다. 캐시 정책 설정도 다를 가능성이 높은데, 이를테면 프로덕션에서는 원본 서버를 보호하려고 적극적으로 캐시를 하지만, 프리프로덕션에서는 테스트 편의성을 위해 캐시를 전혀 안 쓸 지도 모른다. 이런 미묘한 부분들이 테스트 환경 간의 엄청난 차이를 가져온다.

발신 요청에 적용되는 규칙도 다를 것이다. 예를 들어, 대기업에서는 특정 도메인만 허용하는 프록시를 두는데, 이런 네트워크 구성 차이 때문에 애플리케이션을 외부의 다른 서비스에 연결시킬 때 예상치 못한 문제가 생길 수 있다.

내가 있던 팀에서도 프로덕션에만 존재하는, 제약이 많은 네트워크 구성 때문에 한 달 동안 태스크가 보류된 적이 있었다. 앱이 특정 서드파티 시스템과 통신을 못하는 문제였는데, 다행히 프로덕션에서 자주 배포하고 테스트한 덕분에 개발 도중 문제를 발견하여 조치할 수 있었고, 담당자가 문제를 해결하는 동안에도 다른 작업을 병렬 진행할 수 있었다. 만약, 마지막 순간까지 아무것도 배포하지 않고 테스트도 안 했으면 릴리스 일정에 큰 차질이 생겼을 것이다.

11.1.9 다른 팀 서비스의 실제 버전

다른 팀의 프리프로덕션 애플리케이션이 얼마나 실제와 가깝게 구성됐는지, 어떤 테스트 데이터가 마련되었는지, 테스트 도중에 배포된 버전이 라이브 버전과 일치하는지 여부 등 다른 팀이 프리프로덕션 애플리케이션을 어떻게 관리하고 있는지는 확실하게 말할 수 있는 것이 많지 않다. 프리프로덕션에서 서비스 통합을 테스트하는 팀의 대전제는, 다른 모든 팀의 서비스의 버전 N에 대하여 자신들의 서비스 버전 N+1을 검증하는 것이다(여기서 N은 현재 프로덕션 버전을 말한다). 하지만 모든 팀이 이와 동일한 전제로 테스트할 경우, 프리프로덕션 통합은 마치 N+1 버전의 클러스터가 서로 대화하는 것처럼 보이기 시작할 것이다. 따라서 그중 하나가 릴리스되면 무슨 일이 벌어질지 아무도 장담하기 어렵다.

문제는 이뿐만이 아니다. 팀에 갖가지 변경사항이 쌓이면서 어떤 서비스는 N+2나 N+10 버전이 될 수 있고, 테스트 전후에 언제든지 N-1로 되돌아갈 수도 있다. 결국, 주변 서비스의 라이

---

[4] 옮긴이_ https://www.cloudflare.com을 참고하기 바랍니다.
[5] 옮긴이_ https://www.akamai.com을 참고하기 바랍니다.

브 버전과 차질 없이 통합하는 유일한 방법은 프로덕션에서 직접 통합 결과를 확인하고 모니터링하는 것이다.

11.1.10 서드파티 서비스의 실제 버전

다른 팀의 테스트 환경에 대한 보장이 없는데, 서드파티 벤더가 제공하는 샌드박스는 말할 나위도 없다. 사실상 프리프로덕션에서 사용 가능한 것이 전부인 경우가 대부분이다. 그래서 프리프로덕션이 실제 프로덕션에 얼마나 가깝게 작동하는지 알아내기 위해 소통 오버헤드가 추가로 발생할 수밖에 없다.

프로덕션에서 테스트할 수 있다면 금상첨화겠지만, 그 체계를 구축하는 과정은 결코 쉽지 않다. 특히, 개인 정보나 금액이 오가는 민감한 트랜잭션이 서드파티 시스템에서 처리되는 경우, 프로덕션에서 수동 테스트를 어떻게 수행할 것인가, 하는 문제에 대해 확실한 협의가 선행되어야 한다. 테스트 데이터를 잘못 사용하면 비용이 더 들거나 난처한 실수를 저지를 수 있기 때문이다. 하지만 시스템 간의 이러한 교환의 중차대함이야말로 프로덕션에서 안전한 테스트 데이터를 하기 위해 더 노력하고 준비해야 하는 이유다. 한두 차례 테스트를 주고받는 과정에서 실수를 해도 추가 비용이 들고 곤란한 상황에 처하게 될 수 있지만, (부정확한 프리프로덕션 테스트 탓에) 수천 건에 달하는 실제 트랜잭션에서 같은 실수가 일어나면 상황은 훨씬 더 심각할 것이다. 프로덕션에서의 테스트는 가장 높은 수준의 신뢰도를 제공하는 환경에서 시스템 통합이 제대로 이루어지고 있음을 보장한다.

11.1.11 비용 절감

프리프로덕션에서의 로드 테스트는 어떤 기능이 문제없이 제 성능을 내며 작동하는지 확인할 때 널리 쓰이지만, 부정확할 가능성이 높고 자주 수행하려면 추가 리소스가 필요하므로 비용이 빠르게 증가하는 경향이 있다. 섀도 트래픽이나 카나리 릴리스를 사용하여 새로운 기능이 트래픽에 알맞게 반응하는지 확인하면 로드 테스트의 필요성(및 클라우드 제공업체에 지불해야 할 비용)을 줄일 수 있다. 내가 근무했던 어느 회사에서는 엔지니어링 팀이 확장성을 진지하게 고민하도록 동기 부여할 목적으로 프로덕션에서 직접 (조금 더 완만한) 로드 테스트를 하기도 했다.

인프라 비용과는 단위 자체가 다를 정도로 비싼 엔지니어링 비용도 아낄 수 있다. 실제적인 프리프로덕션 환경의 구축은 상당한 엔지니어링 시간을 요하지만, 대부분의 기능을 프로덕션에서 직접 테스트하면 이런 시간도 확 줄일 수 있다.

11.1.12 데이터 위생 개선

마지막으로 중요한 부분은 데이터 위생$^{data\ hygiene}$[6]이다. **완벽한** 스테이징 환경을 준비하려는 욕심 때문에 (실수 아니면 의도적으로) 프로덕션 데이터나 트래픽을 그냥 프리프로덕션 인프라로 복사하는 팀들이 있다. 어느 정도 실데이터를 익명화^{anonymize}할 수 있다 해도 이는 정말 위험한 발상이다. 자칫 GDPR, CCPA[7] 같은 보안 규제에 위배되는 심각한 보안 사고로 이어질 가능성이 있고, 데이터 익명화는 테스트 정확도를 떨어뜨리는 요인이기도 한다.

설상가상으로, 스테이징의 스토리지는 대개 프로덕션의 스토리지보다 액세스 제한이 덜 엄격한 편인데, 이 때문에 데이터 유출 리스크가 증가하며 스테이징 작업 시 프로덕션에 장애를 유발하는 원인이 된다. 어떤 기능이 실제 유저의 데이터를 받아도 제대로 작동하리라는 사실을 증명하는 다른 방법, 이를테면 실제 유저 데이터가 위치한 곳에서 실패하는지 확인하면 그런 문제는 없을 것이다.

11.2 어떻게 프로덕션에서 테스트를 할까?

이 장의 전반부에서는 프로덕션에서 테스트를 해야 하는 **이유**를 설명했다. 이제 그 **방법**을 알아보자.

사실, 지금까지 내가 주야장천 언급한 기능 토글이 바로 이 프랙티스의 주요 원동력이다. 가장 단순한 토글은 모든 유저에게 켜져 있거나(ON), 꺼져 있는(OFF) 두 가지 상태로 작동하지만, 기능 토글 프레임워크는 이렇게 단순한 두 가지 상태보다 훨씬 더 정교한 형태로 발전해왔

---

[6] 옮긴이_ 오류, 중복, 누락, 형식 불일치, 민감정보 노출 등을 찾아내 정제, 교정, 표준화함으로써 데이터의 정확성과 일관성, 보안성을 확보하는 과정입니다.

[7] 옮긴이_ 기업이 보유한 개인 데이터에 대해 수집, 이용 내역 고지, 열람/삭제 요청권, 판매 옵트아웃권, 권리 행사 시 차별 금지 등을 규정한 캘리포니아 소비자 개인정보 보호법입니다.

다. 특히, 이런 특징은 탐색 테스트를 할 때 유용한데, 다음 절에서는 내가 즐겨 쓰는 몇 가지 해결책을 소개하고 그로서루 애플리케이션을 예로 들어 구체적으로 설명하겠다.

11.2.1 기능 토글 활성화 전략

수동 테스트에 이상적인 기능 토글 구성 전략은 다음 두 가지 기준을 준수해야 한다.

- **정밀도**precision

  특정 유저나 특정 요청을 의도적으로 겨냥할 수 있어야 한다(그래서 트래픽 비율, A/B 그룹별 랜덤 할당, 광범위한 유저 카테고리 등의 구성은 배제할 수 있다).

- **사용 편의성**ease of use

  개발자뿐만 아니라 해당 기능이 작동하는 모습에 관심이 있는, 비기술 분야의 이해관계자도 사용할 수 있어야 한다(즉, 그런 모습을 확인하기 위해 제품 소유자가 터미널 사용법을 배워야 하는 일 따위는 없어야 한다).

완전 관리형 기능 토글 서비스부터 처음부터 하나씩 커스터마이징해서 구현하는 솔루션까지, 다양하고 광범위한 기능 토글 해결책이 이미 많이 알려져 있다. 이들의 고유한 특징을 전부 다 소개하는 것은 이 책의 범위를 벗어나므로, 여기서는 특정한 도구의 사용법보다는 일반적인 구성 전략을 추상화하여 설명하겠다. 이 절의 나머지 부분을 읽으면 어떤 상황에서 어떤 방법들이 있는지 대략적인 아이디어를 얻게 될 것이다. 여러분의 프레임워크에서 사용 가능한(또는 대체 가능한) 다른 옵션이 있는지는 직접 확인하기 바란다. 두 기준을 충족하는 한, 각자의 창의력을 마음껏 발휘하자!

이제 다시 그로서루 예제로 돌아가자. 6장에서 자세히 설명한 라스트-미닛 아이템 캐러셀 기능의 첫 번째 유저 스토리를 보면서 어떤 신기능을 추가하려고 했었는지 기억을 떠올려보자.

> **요약**
>
> 나는 유저로서,
> 내 주문을 완료하기 전 라스트-미닛 아이템을 한 번 더 확인하고 싶다.
> 혹시 내가 잊어버렸을지 모를 상품을 얼른 추가하기 위함이다.
>
> **수용 기준**
>
> 장바구니에 아이템이 담겨 있고,
> 현재 매장에 라스트-미닛 구매 기능이 구성되어 있다면,
> 내가 결제하려고 할 때,
> 현재 매장의 라스트-미닛 캐러셀이 표시되어야 한다.
> 장바구니에 아이템이 담겨 있고,
> 현재 매장에 라스트-미닛 아이템이 구성되어 있지 않다면,
> 내가 결제하려고 할 때,
> 다른 캐러셀 없이 일반 결제 페이지가 표시되어야 한다.

[그림 11-1]은 결제 페이지에 표시할 캐러셀의 목업이다.

그림 11-1 라스트-미닛 아이템 목업

[그림 11-2]는 현재 프로덕션의 결제 페이지다.

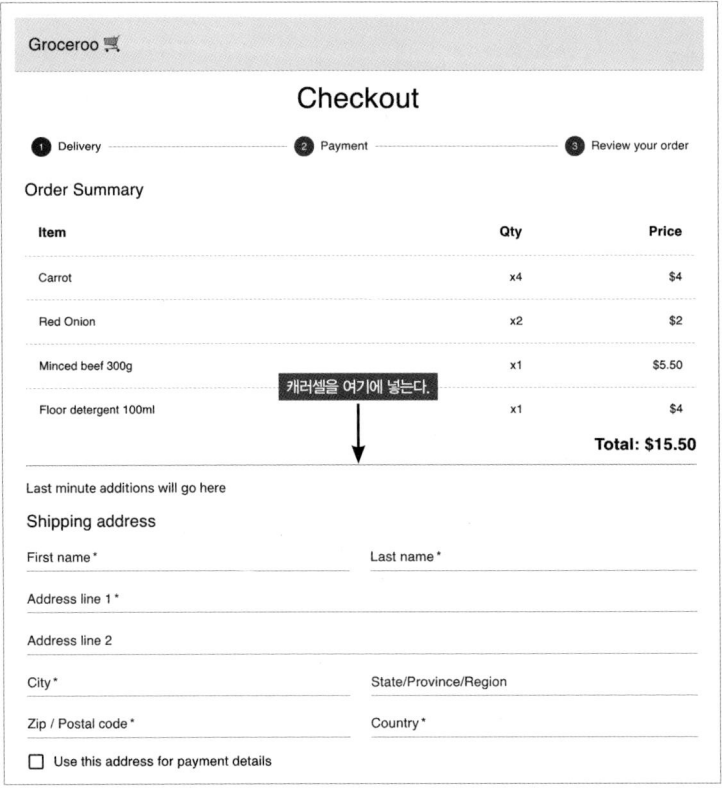

그림 11-2 그로서루 결제 페이지의 현재 모습

이미 말했지만, 우리는 유저를 방해하지 않고 프로덕션에서 새로운 기능을 테스트하고 싶다. 여러 가지 형태로 (주로 서버 사이드에서 평가되는) 기능 토글을 구성하여 테스트 중에만 캐러셀이 표시되고, 다른 일반 유저에게는 **현재** 결제 페이지가 계속 보이게 만들 것이다. **8장**에서 설명한 기능 토글을 이 예제에 적용해보자.

쿼리 파라미터

기능 토글을 사용하여 탐색 테스트를 수행하는 가장 간단한 방법은, 쿼리 파라미터를 이용해 토글을 켜고 끄는 것이다. 쿼리 파라미터에 올바른 값을 전달하면, 특정 요청이 서버에 전달될 경우에만 토글이 켜진다(그림 11-3).

	일반 요청	쿼리 파라미터를 덧붙여 요청
URL	GET http://<groceroo-domain>/checkout	GET http://<groceroo-domain>/checkout?last-minute-items=on
결과	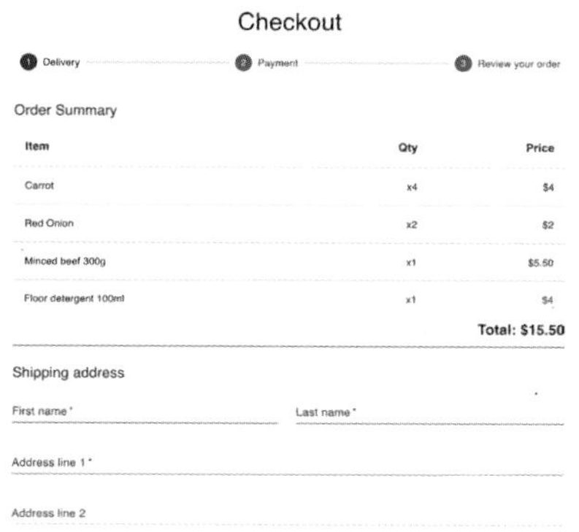 (Checkout 페이지 - Order Summary, Shipping address)	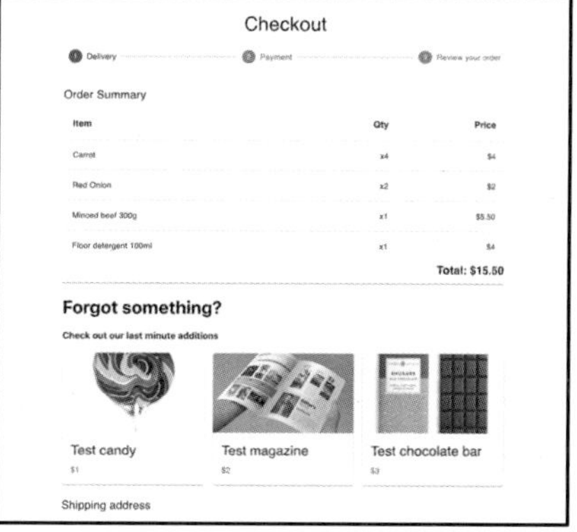 (Checkout 페이지 - Order Summary, Forgot something?, Shipping address)

그림 11-3 기능 토글을 쿼리 파라미터로 전달

적용 위치

이 전략은 매우 다목적이다. 특히, 서버 사이드에서 렌더링되는 애플리케이션 페이지에서 작동되는 기능 토글에 제격이다. 쿼리 파라미터는 한번 평가되면 그 이후로 백엔드 및 프런트엔드 코드 전체에 걸쳐 사용된다.

SPA[8]에서도 쿼리 파라미터를 사용할 수 있지만, 특정 **페이지**나 경로에 국한시키면 SPA 컨텍스트 내에서 URL을 조작하는 전략에 따라 조금 어색한 모양새가 될 가능성이 있다.

기능 토글 값을 나타낸 쿼리 파라미터는 순수한 API 엔드포인트에서도 사용할 수 있다. 하지만 기술적으로는 사용 가능할지 몰라도 GET 이외의 HTTP 메서드에서는 쿼리 파라미터가 다소 부자연스럽게 느껴질 수 있다. POST, PATCH, PUT, DELETE 엔드포인트에 플래그를 추가하는 경우, 직렬화/역직렬화에 문제가 없다는 가정 하에, 헤더나 페이로드를 통해 ON/OFF 상태를 제어할 방법은 없는지 고민해보는 게 좋겠다.

---

8 옮긴이_ 하나의 HTML 페이지로 동작하면서, 유저 인터랙션이 일어날 때마다 전체 페이지를 새로고침하지 않고 필요한 부분만 동적 로 딩하여 업데이트하는 웹 애플리케이션입니다.

적용 시점

누구나 브라우저 창 상단의 URL 표시줄에서 쿼리 파라미터를 조작해서 간편하게 기능을 제어할 수 있다. 그러나 구축하려는 기능이 일련의 여러 요청이 순서대로 실행되는 유저 흐름에 영향을 미칠 경우에는 불편해질 수 있다. 예를 들어, 모든 단계가 상이한 URL에 있는 다단계 결제 흐름을 테스트하는 상황에서는 금세 짜증이 날 가능성이 높다.

요청 헤더

커스텀 헤더는 내가 평소 아주 즐겨 쓰는 강력한 토글 활성화 전략이다. 모든 기능 토글을 제어하는 단일 헤더([그림 11-4]의 X-Toggles)를 사용하는 방식과, 토글별로 여러 커스텀 헤더(X-Toggle-last-minute-items)를 지정하는 두 가지 방식이 있다.

	일반 요청	헤더를 포함한 요청
URL	GET http://<groceroo-domain>/checkout	GET http://<groceroo-domain>/checkout X-Toggles : last-minute-items=on, other=off...
결과	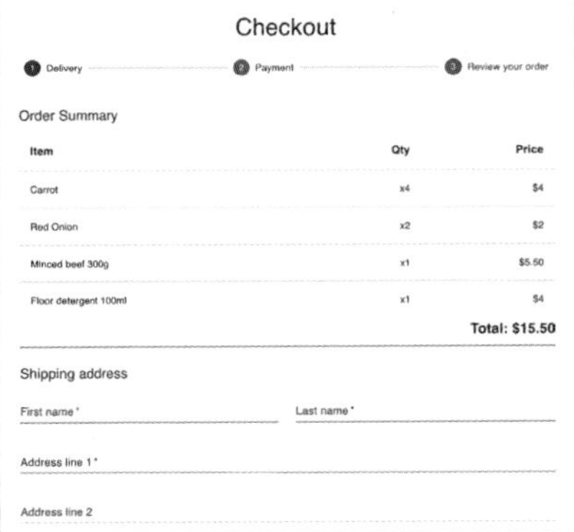 (Checkout 화면: Order Summary, Shipping address)	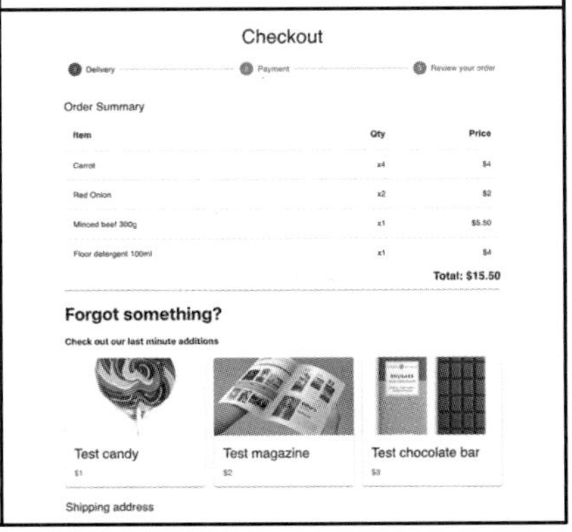 (Checkout 화면: Order Summary, Forgot something? - Test candy, Test magazine, Test chocolate bar)

그림 11-4 기능 토글을 커스텀 헤더로 전달

적용 위치

이 전략은 서버 사이드에서 렌더링되는 애플리케이션과 순수 HTTP API에는 아주 잘 맞지만, 클라이언트 사이드에서만 렌더링되는 정적 웹사이트나 앱에서는 요청 헤더를 해석하는 로직을 추가할 방법이 마땅찮기 때문에 쉽게 평가할 수 없다. 현재 페이지의 출처에 해당하는 요청 헤더를 브라우저 쪽에서 읽는 것은 기술적으로 불가능하다.

적용 시점

쿼리 파라미터와 마찬가지로, 커스텀 헤더 역시 요청 단위로 토글 상태에 영향을 미치므로 여러 요청에 걸친 긴 유저 흐름에서는 불편해질 수 있다. 하지만 쿼리 파라미터와 달리 모든 요청에 무조건 (또는 도메인별로) 커스텀 헤더를 쉽게 추가할 수 있게 해주는 브라우저 익스텐션이 많다. 필요에 따라 커스텀 헤더를 켜고 끌 수 있으므로 긴 유저 흐름을 테스트할 때는 URL을 직접 조작하는 것보다 익스텐션을 활용하는 것이 훨씬 간편할 것이다.

내 경험상 브라우저 익스텐션은 비전문가도 쉽게 사용할 수 있어서 우리 팀에서도 가장 선호했던 전략이다.

쿠키

기능 토글 활성화를 쿠키에 저장하는 것도 **헤더** 전략의 일종이다. 쿠키 자체가 헤더이기 때문이다. 다시 말하지만, 토큰을 켜고 끄는 행위는 요청 단위로 이루어지지만, 브라우저의 쿠키 관리 체계는 제법 정교한 편이어서 탐색 테스트를 할 때 아주 편리하다.

전과 마찬가지로, 모든 토글 상태를 특정 쿠키에 저장하거나(그림 11-5), 토글당 쿠키를 하나씩 사용한다.

	일반 요청	헤더를 포함한 요청

URL	`GET http://<groceroo-domain>/checkout`
	`Cookie : acookie=value;`
	`anothercookie=value...`
		`GET http://<groceroo-domain>/checkout`
		`Cookie : toggles=last-minute-items,`
		`other-toggle; acookie=value;`
		`anothercookie=value;...`

결과	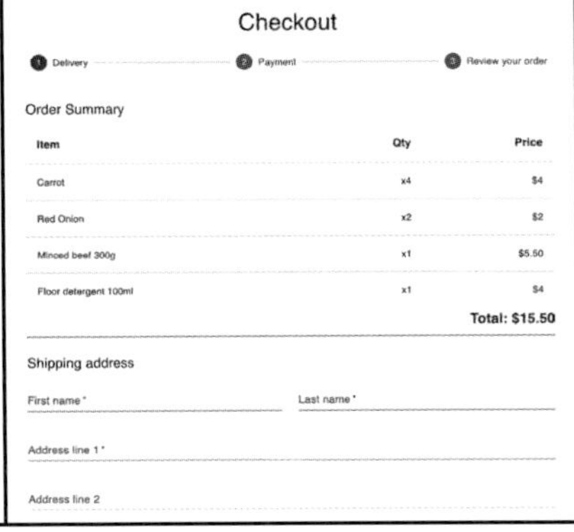 Checkout 페이지 (Order Summary: Carrot x4 $4, Red Onion x2 $2, Minced beef 300g x1 $5.50, Floor detergent 100ml x1 $4, Total: $15.50, Shipping address)	Checkout 페이지 (동일한 Order Summary 및 Total: $15.50) + "Forgot something? Check out our last minute additions" 섹션 (Test candy $1, Test magazine $2, Test chocolate bar $3)

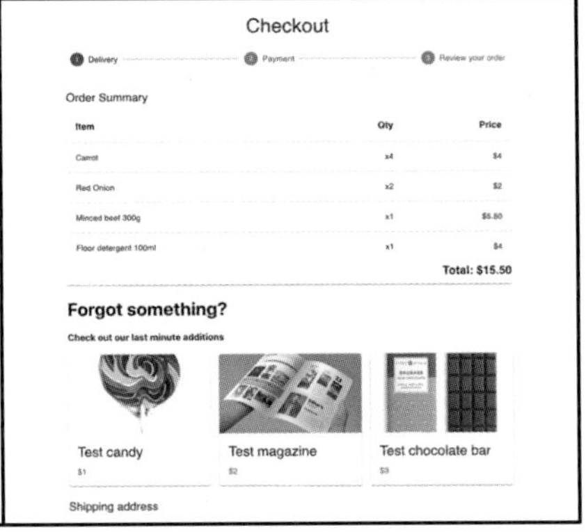

그림 11-5 기능 토글을 쿠키로 전달

적용 위치

구현 관점에서 쿠키는 그저 또 다른 헤더일 뿐이지만, 브라우저로부터 특별 대우를 받는 장점이 있다. 덕분에 여러 가지 일이 가능한데, 가장 중요한 것은 자바스크립트로 쉽게 액세스할 수 있어서 브라우저 쪽에서 평가가 가능하다는 점이다. 브라우저는 그냥 잊히는 헤더와 달리 페이지 로딩 간에 쿠키 상태를 저장한다. 쿠키는 한 번 세팅하면 무기한(또는 적어도 유저가 브라우저에 쌓인 데이터를 정리하기 전까지) 사용할 수 있다.

쿠키의 또 다른 장점은 브라우저가 전담하여 관리한다는 점이다. 따라서 개발 도구 탭에서 쉽게 세팅할 수 있고 이미 도메인별로 그렇게 설정되어 있으므로, 요청 헤더 전략 사용 시 필요한 브라우저 익스텐션을 설치하지 않아도 사용할 수 있다.

쿠키를 사용하지 말아야 할 한 가지 유스 케이스(use case)는 순수한 HTTP API다. 쿠키는 브라우저와 관련된 개념이므로, 애플리케이션이 쿠키에서 데이터를 가져오리라 볼 수 없는 경우에 쿠키를 읽는 것은 직관에 어긋나는 행위다.

> **적용 시점**
>
> 쿠키는 긴 유저 흐름에서 헤더보다 훨씬 사용하기 간편하다. 따로 브라우저에 익스텐션을 설치하지 않아도 비개발자도 쉽게 쿠키를 조작할 수 있기 때문이다.
>
> 하지만 쿠키는 여러 요청에 걸쳐 **매달려 다니는**[stick around] 경향이 있으므로, 요청 단위로 세분화되어 `toggle=on` 값을 보내는 일이 중요한 경우에는 쿠키를 권장하지 않는다. 매번 쿠키를 세팅하고 해제하는 일이 상당히 반복적이고 성가시기 때문이다.

유저 식별자

다음으로 소개할 전략은 세세한 요청 단위가 아닌, 애플리케이션의 동일한 유저가 보낸 모든 요청 단위로 토글을 켜고 끄는 전략이다. 많은 기능 토글 프레임워크는 누가 애플리케이션의 유저인가, 하는 개념을 개발자가 통합시킬 수 있도록 지원하며, 덕분에 선택된 유저 그룹에게만 토글 활성화를 적용할 수 있다. 유저는 ID, 유저명, 이메일 주소, 기타 유저를 고유하게 식별할 수 있는 애트리뷰트를 이용하여 특정한다.

요청의 맥락에서 특별히 달라지는 건 없다. 평소와 다름없이 유저는 인증을 받고, 그가 토글된 기능을 볼 수 있는 사람인지 여부는 애플리케이션이 결정한다(그림 11-6).

	일반 요청	기능을 볼 수 있는 유저가 전송한 요청
URL	`GET http://<groceroo-domain>/checkout` `Authorization : Bearer <token of normal user>`	`GET http://<groceroo-domain>/checkout` `Authorization : Bearer <token of user allowed to see the feature>`
결과	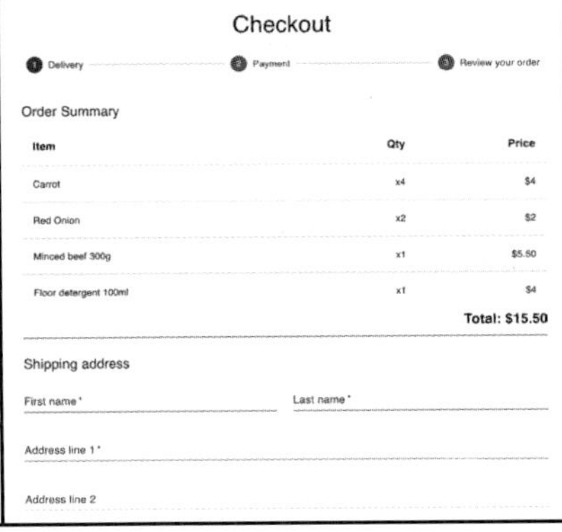 (체크아웃 페이지 - Order Summary, Total: $15.50, Shipping address 포함)	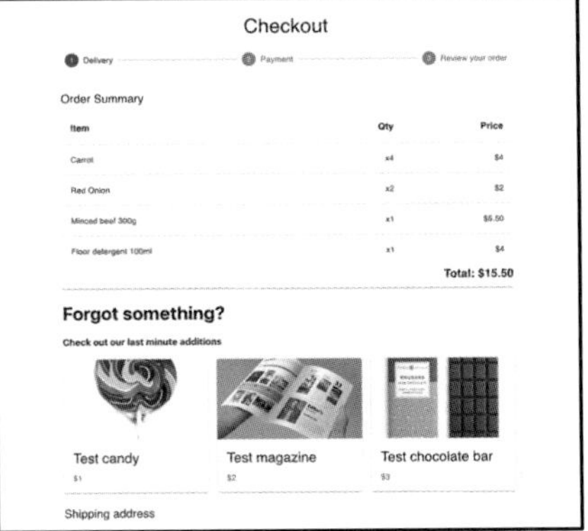 (체크아웃 페이지 - Order Summary, Total: $15.50, Forgot something? 섹션에 Test candy, Test magazine, Test chocolate bar 추가 표시)

그림 11-6 기능 토글을 유저 식별자로 전달

적용 위치

이 전략은 **유저**와 **로그인**이 유의미한 모든 애플리케이션에서 사용할 수 있다.

적용 시점

제품 소유자, QA 등의 유저가 일일이 개별 요청을 하거나 브라우저 세션을 조작하지 않아도 기능을 즉시 확인할 수 있기에 아주 유용한 전략이다. 그러나 유저 신원 개념이 강력한 시스템에만 적용 가능한 한계도 분명히 있다.

유저 역할

유저는 많은 애플리케이션에 널리 퍼진 표준 개념이지만, 애플리케이션에 따라서 프리릴리스 동작을 붙일 수 있는 다른 개념의 도메인이 있는 경우도 있다. 예를 들어, 애플리케이션에서 유저를 **역할**role로 묶고, 그중 하나에 프리릴리스 기능에 접근 가능한 권한(예 관리자, 테스터)을 부여하는 것이다.

앞서 소개한 전략들과 마찬가지로, 유저는 평소처럼 인증하고 애플리케이션은 유저가 토글된 기능을 볼 수 있는 그룹에 속한 사람인지 판단한다(그림 11-7).

	일반 요청	기능을 볼 수 있는 유저가 전송한 요청
URL	GET http://<groceroo-domain>/checkout Authorization : Bearer <token of normal user>	GET http://<groceroo-domain>/checkout Authorization : Bearer <token of user belonging to a preview group>
결과	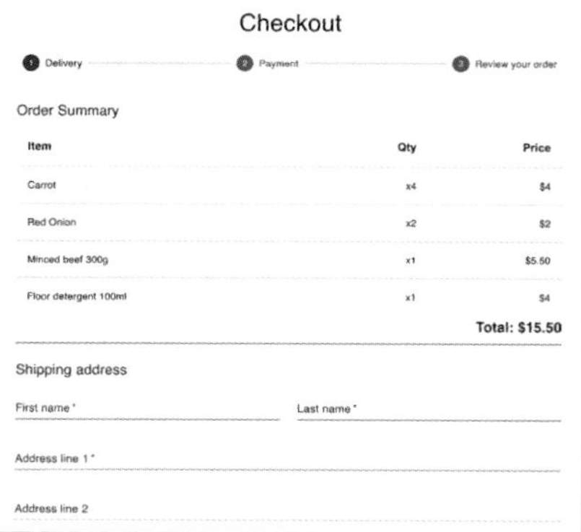 (Checkout 화면: Order Summary, Shipping address)	(Checkout 화면: Order Summary, Forgot something? - Test candy, Test magazine, Test chocolate bar)

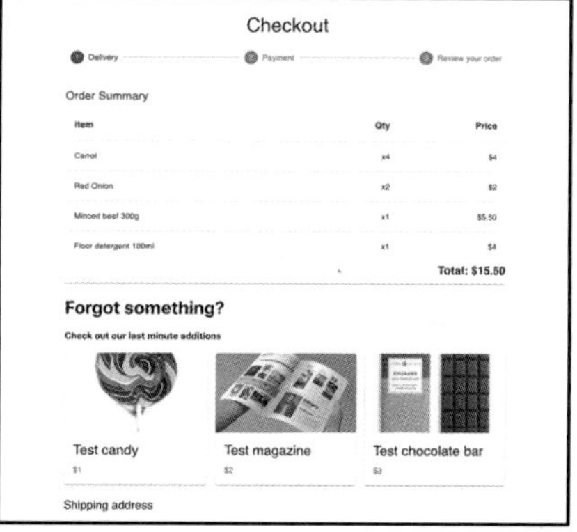

그림 11-7 기능 토글을 유저 역할로 전달

적용 위치

이 전략은 애플리케이션에 동작을 분리하기 위해 사용 가능한 간편한 도메인 개념이 있는 한 언제든지 사용할 수 있다.

적용 시점

애플리케이션 자체의 요건과 비즈니스 로직에 따라서 유저별로 사용 가능한, 기능이 상이한 애플리케이션에서 가장 알맞은 전략이다. 이러한 구성 메커니즘은 프로덕션 테스트를 할 때 재사용할 수 있고, 프리릴리스 기능을 애플리케이션 유저에게 자연스럽게 선보일 수 있다.

11.2.2 도전 과제

이 절에서는 수동 테스트 환경을 프로덕션으로 전환하는 과정에서 팀이 맞닥뜨리게 되는 난제들과 해결책을 이야기한다.

테스트 데이터 관리

불행히도, 기존 시스템에 있던 데이터로 모든 기능을 프로덕션에서 테스트할 수 있는 것은 아니다. 테스트 전용 데이터를 추가해야만 검증이 가능한 기능도 있을 것이다. 프로덕션 테스트는 데이터를 수정해야 하는 테스트와 그렇지 않은 테스트, 두 가지로 분류할 수 있다.

최초의 클러스터에서 어떤 기능을 탐색 테스트한다는 것은, 다른 유저나 요청에 영향을 줄 수 있는 데이터로 데이터를 수정/생성함을 의미한다. 예를 들어, 테스트하려는 새 애트리뷰트를 가진 페이크(가짜) 제품을 추가하거나, 결제 흐름을 트리거하기 위해 페이크 주문을 할 수 있을 것이다. 이런 탐색 테스트를 프리프로덕션에서 수행하면 문제가 안 되지만, 실제 유저가 이런 실험 장면을 목격할 수 있고 애플리케이션에서 실제 금전적인 트랜잭션이 이루어지는 프로덕션 환경으로 넘어가면 바로 문제가 될 것이다.

이런 종류의 프로덕션 테스트는 기능 토글만으로는 역부족이다. 반드시 테스트 아이템이 실제 유저가 생성한 데이터와 읽기/쓰기가 모두 분리되는 방향으로 테스트 데이터 전략을 수립해야 한다.

말은 쉬워도 사실 쉽지 않은 일이다. 자칫 실수라도 했다간 페이크(인위적으로 합성된) 트랜잭션이 실제 트랜잭션과 뒤섞여 대단히 곤란해질 수 있으므로 프로덕션에서 테스트 데이터를 돌려보기란 참 겁나는 일이 아닐 수 없다. 그러나 이는 프로덕션에서 안전한 테스트 데이터를 생성하기 위해 애써 공들여 프레임워크를 준비해야 하는 결정적인 이유다. 한두 건의 테스트 트랜잭션 도중 실수를 하게 되면 상당히 당황스럽겠지만, 그만큼 수천 건에 달하는 실제 트랜잭션에 영향을 미칠 만한 버그를 간과할 수 없을 만큼 크리티컬한 영역이라는 뜻이다.

테스트 데이터 숨기기

지금까지 나는 테스트 데이터를 유저에게 숨기는 별별 요령에 대해 재미난 이야기를 들어왔다. 예를 들면, 위치에 따라 어떤 리스트를 검색하는 회사의 한 개발자는 **테스트 전용**test-only 리스트를 유저가 찾을 가능성이 거의 없는 태평양의 한 무인도에만 표시되도록 지오태그geotag를 달았다. 정말 천재적인 발상이 아닐 수 없지만, 혹여 너무 따분한 나머지 이런 정보를 찾아다니는 유저에게조차 테스트 데이터를 들키지 않고도 숨길 수 있는 더 괜찮은 방법이 있다.

내가 본 가장 간단한 방법은, 테스트 데이터나 트랜잭션에 **테스트 전용** 플래그를 부착하는 것이다. 이렇게 하면 주어진 조건이 충족되지 않는 한 안전하게 필터링할 수 있다. 읽기 전용 작업에서 테스트 데이터를 나타내는 조건은 기능 토글 활성화와 동일한 방법으로 관리하면 된다. 예를 들어, 요청에 특수 헤더나 쿼리 파라미터를 추가할 수 있고, 특정 **수퍼유저**superuser에게만 활성화할 수도 있다. 사실, 테스트 데이터를 보이고 안 보이고는 애당초 기능 토글로 구현할 수 있지만, 이 방법이 더 영구적이다.

데이터 쓰기도 접근 방식은 비슷하다. 테스트 전용 데이터는 수작업으로 생성하거나(예 DB를 변경하여), 특수 헤더가 전송되거나 폼 필드가 체크되는 것처럼 아주 특정한 조건에서 생성된다. 예를 들어, 내 클라이언트 중 한 곳에 지불 프로세스를 무시하고 주문이 허용된 테스트 프로덕션 유저가 있었는데, 이 유저가 생성한 주문은 모두 시스템에서 즉시 무시됐으며, 이로써 개발자는 **주문 확인** 페이지와 이메일 같은 결제 이후의 유저 흐름을 대상으로 충분히 프로덕션 테스트를 수행할 수 있었다. 심지어 해당 유저의 테스트 전용 결제 수단에 **급여에서 공제**라는 재미난 이름까지 붙였다. 다른 회사에 있던 내 동료 중 한 사람은 결제 시 특정 오류 케이스를 트리거하는 매직 신용카드 번호를 찾아냈다. 어떤 전략을 구사하든지 민감한 트랜잭션에 테스트 데이터 쓰기는 허용할 것을 강력히 권장한다. 프로덕션에서 테스트하고 싶진 않겠지만 이렇게 하는 게 모든 환경에서 유용하기 때문이다.

기본적으로 시스템에서 데이터가 보이지 않을 경우, 한 번에 켜고 끌 수 있는 **테스트 전용** 데이터 그룹을 따로 만드는 것도 실행 가능한 전략이다.

테스트 데이터 유출 방지

테스트 데이터에서 한 가지 주의할 부분은, 시스템이 프로덕션 네트워크에 위치한 타 시스템과 데이터를 주고받을 때 벌어지는 일들이다. 테스트 아이템을 숨겨야 한다는 사실을 전혀 모르는 다운스트림 시스템으로 데이터를 흘리고 싶은 사람은 없으리라. 만약 우리가 API 프로듀서의 입장이라면 다음과 같은 다양한 테스트 데이터 정책 중에서 선택을 해야 할 것이다.

- 테스트 데이터는 우리 시스템에만 로컬로 저장하며, 자체 테스트에만 사용한다. 절대로 우리 API를 사용하는 컨슈머에게는 리턴하지 않는다.

- 컨슈머가 특정 플래그를 세팅하여 선택적으로 테스트 데이터를 요청하도록 허용한다. 해당 데이터를 적절히 처리하는 일은 컨슈머의 몫이다.
- 항상 플래그를 알맞게 세팅하여 실제 데이터와 함께 테스트 데이터를 리턴한다. 이 방법은 테스트 데이터의 존재 자체가 계약의 일부이고 모든 컨슈머가 항상 관리해야 하므로 커뮤니케이션이 가장 많이 필요하다.

일처리를 간단히 하고 변경을 격리하고자 한다면 1번 또는 2번을 기본 옵션으로 정하고 싶겠지만, 나는 3번을 검토하라고 여러분에게 권하고 싶다.

내가 본 중에 가장 강력한 테스트 체계를 구축한 회사가 있었다. 제품 데이터를 관리하는 팀이 있었는데, 항상 테스트 아이템을 리턴했다. 의존하는 팀들은 모두 이 사실을 알고 있었고, 테스트 데이터를 관리하고 필터링하는 책임은 각 팀에게 부여됐다. 그래서 부가적인 작업과 커뮤니케이션 오버헤드는 수반됐지만, 데이터 형상이 변경되거나 새로운 기능이 릴리스되어도 모든 팀이 자신들의 컨슈머를 적응시킬 수 있는 탄탄한 프레임워크가 구축됐다. 제품 데이터 팀이 사전에 **테스트 제품**의 샘플을 제공하면 각 팀이 일사불란하게 새 기능을 반영하여 자신들의 시스템을 업데이트하고 직접 프로덕션에서 테스트하는 구조였다.

프런트엔드 코드 디버깅

브라우저에서 실행되는 자바스크립트 코드의 디버깅을 프로덕션 환경에서 수행하기란 확실히 프리프로덕션에 비해 어려운 게 사실이다.

자바스크립트 코드를 프로덕션에서 빌드하면 번들 크기를 최대한 줄이기 위해 변수명, 함수명을 변경하는 등 철저한 축소화^{minification}, 최적화^{optimization} 과정을 거친다. 따라서 토글 밑의 기능을 테스트할 때에도 코드를 읽고 디버깅하기란 거의 불가능하다. 게다가 JSX와 타입스크립트는 트랜스파일^{transpilation}[9] 단계가 추가되므로 대부분의 최신 프런트엔드 코드는 패키징 이후 완전히 알아볼 수 없는 형태로 바뀐다.

프리프로덕션 환경에서 이 문제는 대개 소스 맵$^{source\ map}$을 퍼블리싱하는 식으로 해결한다. 소스 맵은 사람이 읽을 수 있는 원본 소스 코드와 브라우저에서 실제로 실행되는, 축소화/최적화된 코드 간의 매퍼 역할을 하는 파일이다. 소스 맵을 이용하면 브라우저 개발자 도구에서 난독화된 코드 라인을 원본 코드 라인으로 역추적하여 볼 수 있고, 읽을 수 있는 버전의 코드에 디버깅 중단점^{breakpoint}을 찍을 수 있다. 덕분에 엔지니어는 마치 원본 소스 코드를 바라보듯이 브

---

[9] 옮긴이_ 한 프로그래밍 언어에서 다른 프로그래밍 언어로, 아니면 한 언어 버전에서 다른 버전으로 소스 코드를 변환하는 프로세스입니다.

라우저 도구를 십분 활용하여 한결 쾌적한 환경에서 디버깅이 가능하다.

그러나 요즘은 대부분 **보안** 목적상 프로덕션에서 소스 맵을 배제하는 추세다. 민감한 정보나 상용 로직이 포함된, 수정되지 않은 원본 코드가 노출될 위험 때문에 많은 회사에서 소스 맵은 리스크가 있다고 판단한다. 그래서 지금은 프로덕션에서 소스 맵을 빼는 것이 표준 프랙티스다.

프로덕션에서 소스 맵을 배제

나는 개인적으로 소스 맵을 프로덕션에서 제외하는 프랙티스에 도전해야 한다고 생각한다. 일단 소스 맵은 프로덕션 수동 테스트 및 디버깅에 큰 도움이 되고, **모호함에 의한 보안**security by obscurity[10]은 정보를 안전하게 보관하는 미더운 수단이 아니며, 보안에 대한 올바른 마음가짐을 갖는 데에도 별로 도움이 안 된다.

아무리 끔찍하게 난독화된 자바스크립트 코드라도 충분한 인내심을 갖고 도구를 잘 활용하면 리버스 엔지니어링reverse engineering이 가능하다. 원작 게임보이 포켓몬스터Game Boy Pokémon 게임 코드도 리버스 엔지니어링할 수 있는데, 엄청 오래된 웹사이트의 코드라고 못할 이유는 없다. 코드에 구현된 로직 중에 실제로 민감한 영업 기밀이 포함되어 있다면, 호기심 많은 이들의 눈에 띄지 않도록 백엔드로 안전하게 옮겨 감추는 게 상책이다.

윤리적 관점에서 자바스크립트 코드는 회사가 소유한 서버가 아닌, 유저가 사용하는 기기에서 실행되지 않느냐고 주장하는 사람도 있으리라. 따라서 유저라면 누구라도 분명하고 읽기 쉬운 버전의 코드에 자유롭게 액세스할 수 있어야 한다. 이를 통해 기업은 책임감을 느끼고, 인터넷은 더 좋은 환경으로 거듭날 수 있다.

내 결론은 이렇다. 프로덕션에서 소스 맵을 활성화할 것을 적극 권장한다. 빌드 시간은 몇 초 더 걸리지만(브라우저 개발자 도구를 열 때만 내려받기 때문에), 일반 유저는 거의 성능 저하를 체감하지 못하며, 개발자와 엔드 유저 모두 프런트엔드 프로덕션 코드에 더 친근감을 느끼게 된다.

이렇게 할 수 없는 환경이라면, IP가 제한된 별도의 프로덕션 인프라에서 소스 맵 파일을 호스팅한다든지, 특별한 인증 헤더를 요구하는 등의 우회책이 있다.

---

10 모호함에 의한 보안은 시스템이나 구성 요소의 보안을 비밀에만 의존해 지키려는 방식이다.

11.3 스테이징 이후의 스토리

기능 토글을 사용해 프로덕션에서 테스트하면 완벽에 가까운, 복잡하기 이를 데 없는 스테이징 환경을 구축하려고 많은 노력과 시간을 들이지 않아도 되며, 아예 처음부터 그럴 필요를 없앨 수 있다.

나는 이 장을 시작하면서 프로덕션 테스트가 충분히 만족스러운 경우, 팀이 어떻게 스테이징 환경에 완전히 의존하지 않게 되는지 설명했다. 이제 이 **충분히 만족스러운** 벤치마크에 도달하는 데 필요한 기술을 습득한 팀원들의 삶이 어떤 모습일지 살펴보자.

개발자, QA, 제품 소유자 모두 앞으로 스테이징에 의존하지 않고 프로덕션이라는 동일한 환경에서 테스트에 전념한다. 개발자는 작업 중인 코드가 어떻게 변경되는지 확인하고, QA는 나중에 개입하여 해당 기능이 수용 기준을 충족하는지 점검하며, 팀 전체가 프로덕션을 중요한 데모에 사용하고, 제품 소유자는 릴리스할 기능을 최종 승인한다. 더 이상 팀별 전달 프로세스마다 상이한 프리프로덕션에 커플링될 일이 없고, 무엇이 어디에 배포되고 어느 기능 토글이 어떤 환경에서 켜고 꺼지는지 헷갈리지 않는다. [그림 11-8]은 이러한 팀 워크플로의 변화를 나타낸 것이다.

프리프로덕션 인프라는 자동 테스트에 최소한으로 필요한 정도만 유지하면 되므로 인프라 및 통합에 관한 변경사항을 확인할 수 있다. 예를 들어, 애플리케이션과 그에 필요한 주변 인프라를 즉시 가동하되, 스테이징을 애써 모든 서드파티 서비스에 연결하거나 프로덕션 규모에 맞추려고 **프로덕션과 유사한 데이터**를 적재할 필요가 없다. 스테이징을 모든 것과 통합되는, 과도하게 엔지니어링된 거인으로 만들지 않아도 되는 것이다.

그 결과, 지속적 배포를 실천하는 팀은 프리프로덕션 환경을 가볍게 가져갈 수 있고 그 수도 줄일 수 있다. 더 나아가 어떤 팀은 아예 프리프로덕션 인프라를 완전히 들어내고 계약 테스트와 스텁 컨테이너만 사용해서 실행 중인 애플리케이션을 감쌀 컨텍스트를 시뮬레이션한다. 스테이징을 없애면 엄청난 시간을 절약해서 다른 신뢰도 측정에 투자할 수 있다. 이런 접근 방식이 상당히 급진적으로 보일지 몰라도, 실제로 프리프로덕션에 의존하지 않는다는 것 자체가 (해당 인프라를 물리적으로 제거하기로 했든, 안 했든 상관없이) 모든 팀에게 가치 있는 목표라고 생각한다. 지속적 배포는 그간 이 업계에 계속 존재해왔지만, 지금이 투박한 스테이징 환경의 유용성에 대해 다시 한번 생각해볼 완벽한 기회라고 생각한다.

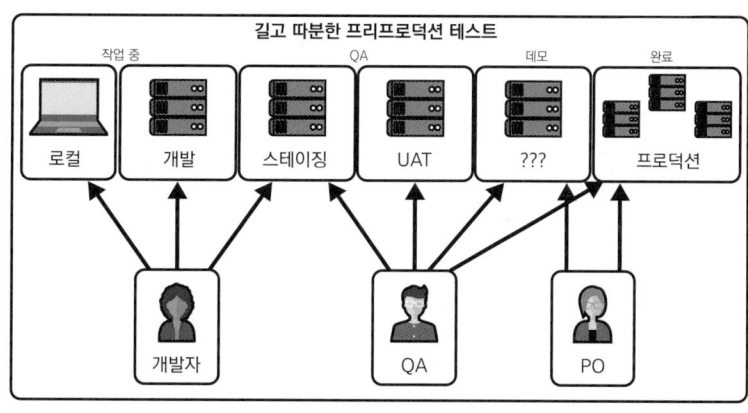

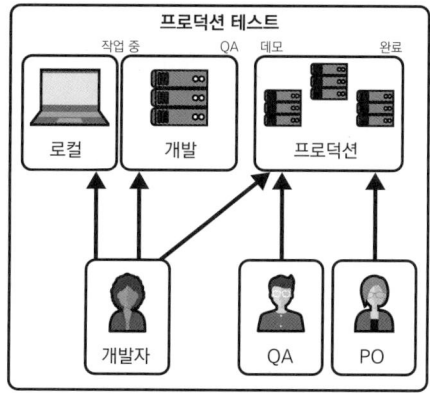

그림 11-8 환경을 팀별 프로세스에 매핑

5부에는 개발자들이 대부분의 자사 시스템에 스테이징 환경을 사용하지 않기로 결정한 클라이밋파트너^{ClimatePartner}라는 회사의 이야기가 나온다. 그들의 선택은 프로덕션 테스트의 베스트 프랙티스를 장려하고 회사의 비용 절감은 물론, 탄소 발자국^{carbon footprint}을 줄이는 효과를 가져왔다(이 회사의 문화와도 일맥상통한다).

이 장을 쓰면서 예전에 프로그래밍 포럼에서 자주 들었던 오래된 농담 하나가 기억났다. 이런 내용이었다.

> 누구나 모두 테스트 환경은 갖고 있다. 그중 일부는 운 좋게도 별도의 프로덕션 환경을 갖고 있다.

정말 오래된 농담이다. 아마도 철저한 테스트가 드물었고, 프리프로덕션 인프라에 많은 투자를 하지 않던 시절에 나온 말인 듯싶다. 당시에는 결함이 있어도 제대로 확인도 안 한 채 일단 프로덕션에 반영한 다음, 실행 중인 서버에서 바로 긴급 조치를 했다. 그러나 이후 많은 기업의 분위기가 바뀌었고, 요즘은 아주 정교한 프리프로덕션 설정과 함께 대규모의 자동 테스트 스위트가 보편적이다.

프로세스 역시 코드처럼 지나치게 단순하게 시작해서 어느 정도 복잡해진 다음에야 다시 단순화할 수 있는 경우가 있다. 하지만 결국 이 단순함은 미숙함을 나타내는 것이 아닌, 의도적으로 그렇게 설계된 것이다. 나는 소프트웨어 품질 보증 분야에서 이런 일이 참 비일비재하다고 생각한다. 과거에는 프로덕션에서 테스트한다고 하면 반쯤은 진지한 농담처럼 받아들이는 사람들이 많았다. 이후로 지난 수십 년간 기업들은 복잡한 프리프로덕션 시스템을 구축하고 총괄 QA 부서를 운영함으로써 이를 보완하고자 애썼다. 하지만 프랙티스와 기술은 이제 그 너머로 훨씬 더 진화했다(그림 11-9). 프로덕션에서의 직접 테스트는 더 이상 비전문적이고 모자라다는 뜻이 아니라, 오히려 아주 성숙한 엔지니어링 팀이라는 징표다.

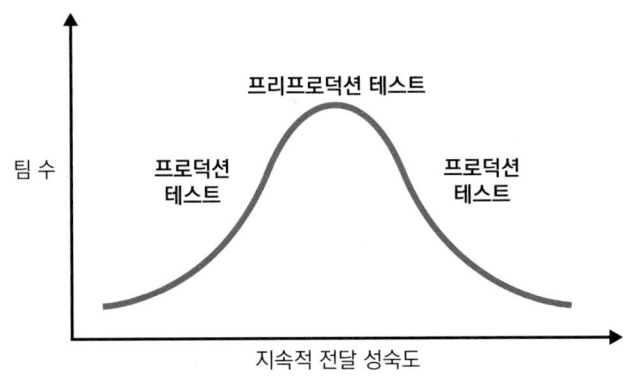

그림 11-9 프로덕션 테스트와 지속적 전달 성숙도

물론, 여러분의 팀이 프로덕션에서 테스트 중이라면 [그림 11-9]의 곡선 오른쪽에 있는지, 왼쪽에 있는지 스스로 잘 판단하기 바란다. 여러분이 복잡한 프리프로덕션 환경에 익숙해져 있다가 현대적인 테스트 접근 방식에 투자한 대기업에서 근무하는 직원이라면 쉽게 판단할 수 있을 것이다. 하지만 설립 초기부터 이 프랙티스를 채택한 스타트업 회사에 다니고 있다면, 여러분이 지속적 전달 분야에서 최고 성과를 내는 직원다운 충분한 기술적 기반을 갖추었는지 재확인

할 필요가 있다. 이에 관한 내용은 4장을 다시 참고하기 바란다.

하나의 팀이 거의 배타적인 프로덕션 테스트를 할 수 있으려면 수많은 안전 프랙티스가 성숙하게 자리를 잡아야 한다. 이런 이유로, 나는 이야말로 팀이 지속적 전달로 향하는 여정에서의 이정표이자 결승선이라고 생각한다. 다음은 방금 전 꺼낸 오래된 농담을 지속적 배포의 맥락으로 조금 수정한 것이다.

> 누구나 모두 프로덕션 환경을 갖고 있다. 그중 일부는 별도의 테스트 환경을 갖고 있지 않아도 될 정도로 훈련이 잘 되어 있다.

별로 재미는 없지만, 적어도 이렇게 업데이트할 수 있을 것 같다.

11.4 정리하기

프로덕션에서 탐색 테스트를 수행하는 방법을 자세히 살펴보았다.

프리프로덕션에 아무리 많은 투자를 해도 프로덕션을 정확하게 그대로 재현할 수는 없다. 따라서 프로덕션에서 직접 테스트하는 게 훨씬 낫다. 최종 환경에서 수동 탐색 테스트를 수행함으로써 신뢰도를 높이고 비용을 절감하며, 유저 데이터를 더욱 안전하게 보호할 수 있다.

런타임 기능 토글을 구현한 프레임워크를 활용하면 매우 특수한 요청이나 유저에 한하여 기능을 활성화할 수 있다. 덕분에 개발자, QA 엔지니어, 제품 소유자는 릴리스 이전은 물론, 개발 중에도 기능을 프로덕션에서 미리 들여다볼 수 있다. 특정한 플래그를 넣은 테스트 데이터를 프로덕션에서 사용하면 일반 유저에게는 숨기고 테스트하는 동안에만 표시하는 방식으로 보완할 수 있다.

다음 장의 주제는 프로덕션에서 탐색 테스트를 수행한 이후 해야 할 일, 즉 기능 완성도가 충분히 높고 성능이 괜찮으면 실제로 유저에게 릴리스하는 문제다.

CHAPTER 12

릴리스

축하한다! 여러분은 지속적 배포를 통해 프로덕션으로 향하는 마지막 단계에 이르렀다. 11장에서 소프트웨어를 지속적으로 빌드하고, 테스트하고, 배포하는 워크플로에 대해 알아봤으니, 이제 릴리스로 관심을 돌려보자.

3장에서 말했듯이, 지속적 배포는 배포와 릴리스를 분명하게 구분한다. 배포는 엔지니어링 니즈에 따라 하루에도 몇 번씩 일어나는 흔하디 흔한 기술적 이벤트다. 여기서 중요한 사실은, 이러한 일들이 프로덕션에서 여느 평범한 일반 유저에게 영향을 주지 않고 실행된다는 점이다. 반면, 릴리스는 배포와 독립적으로 자체적으로 주기를 자유롭게 선택할 수 있고 순수한 비즈니스 이벤트로 존재하며 제품 니즈에 따라 좌우된다. 이 책은 지금까지 대부분의 지면을 엔지니어링과 배포에 할애했지만, 마지막으로 제품 측면에서도 한번 생각해 보는 것이 좋겠다.

소프트웨어를 구축하는 궁극적인 목표는, 결국 프로덕션을 이용하는 유저에게 확실한 영향을 미치는 것이어야 하며, 이는 신중하고 계획적인 릴리스를 통해서만 가능하다. 만약 그렇지 않다면 괜히 지속적 배포를 하느라 힘 빼지 않는 편이 더 나을 수 있다. 릴리스는 단순히 코드의 가치 흐름에 있는 단계가 아니라, 소프트웨어를 구축하는 모든 활동이 결실을 맺는 유일한 순간이다. 그 중요성 때문에 릴리스는 신중하고 체계적으로 실행해야 하며, 엔지니어링 도구를 활용하여 유저가 우리한테 전달 가능한 피드백을 최대한 추출해야 한다.

이 장에서는 내가 있던 팀에서 신속하고 유의미한 피드백을 확보하는 데 핵심적인 역할을 한 카나리 릴리스와 A/B 테스트, 두 기법을 중점적으로 설명하겠다. 이들 모두 기능 토글을 이용하는 기법으로, 자신 있게 소프트웨어를 릴리스하고 리스크를 최소화하며 성능 데이터를 수집하는 데 유용하다. 여기서 성능이란 단지 애플리케이션의 응답 속도만을 뜻하는 것은 아니라, 참여도, 전환율 등 전반적인 유저 만족도의 관점에서 바라본 성능을 의미한다.

그럼, 이 책의 앞부분과 비슷한 방식으로 과거 안티패턴부터 시작해 최신 베스트 프랙티스 이면에 숨겨진 동기를 살펴보자.

12.1 안티패턴: 빅뱅 릴리스

코드 배포와 릴리스가 사실상 동의어였던 시절에는, 새 기능은 프로덕션에 존재하거나, 그렇지 않은 딱 두 가지 상태였다. 주어진 기능에 대해 그동안 축적된 코드를 전부 다 배포한다는 것은 해당 기능을 모든 유저들에게 빅뱅으로 릴리스한다는 뜻이었다.

엔지니어링 관점에서 이미 우리는 빅뱅 릴리스가 왜 나쁜 생각인지 직관적으로 알고 있다. 발견되지 않은 버그가 어떻게 한 번에 모든 유저 기반에 영향을 끼칠 위험성이 있는지, 인프라가 도저히 감내할 수 없는 트래픽이 갑자기 어떻게 들어오는지도 잘 알고 있다. 하지만 데이터 수집 프로세스가 복잡해져 데이터 분석가 및 제품 소유자의 삶이 곤란에 빠지게 되는 과정은 쉽게 이해하기 어려울 것이다.

12.1.1 빅뱅 전후 상태 비교

빅뱅 릴리스에서 어떤 기능의 성능 데이터는 **이전과 이후**를 비교하는 것이 유일하다. 하지만 이런 비교는 매주 다른 형태로 참여도에 영향을 미치는, 다음과 같은 온갖 종류의 통제 불가능한 변수들 때문에 오염되기 쉽다.

> **계절적 패턴**
>
> 계절적 패턴seasonal pattern은 연중 예측 가능 형태로 달라지는 유저 행동 패턴이다. 예를 들어, 소매업체는 보통 블랙 프라이데이Black Friday나 연말연시처럼, 많은 사람이 주목하는 이벤트 직전에 번쩍번쩍한 새 기능을 선보이는 경우가 많다. 참여도와 전환율이 증가하면 릴리스가 큰 성공을 거뒀다고 볼 수 있지만, 그런 성공이 특정 기간 동안 유저 트래픽의 다양한 특성과 기능 자체에 얼마나 기여했는지는 논의가 분분할 수 있다.

단일 이벤트

예측 가능한(적어도 우리가 통제 가능한) 계절적 이벤트 외에도 유저 행동에 중대한 변화를 일으킬 수 있는 비계절적이고 예측 불가능한 사건, 즉 실세계의 무작위성^{randomness}이 존재하는데, 이는 다음 두 그룹으로 분류할 수 있다.

- **조직 외부의 변경사항:** 코로나19 팬데믹이나 지정학적 사건 등의 국제적인 이벤트도 있고, 플레이스테이션^{PlayStation} 신제품 출시 같은 평범한 이벤트도 있을 것이다.
- **조직 내부의 변경사항:** 마케팅 캠페인, 인기 제품의 품절이나 추가 재고 확보, 또는 부서 간의 단순 소통 오류로 인해 유저가 다른 행동을 하도록 영향을 미치는 대외 활동 등이 포함된다.

갖가지 변경

릴리스가 (아마도 여러 팀에서 각자 관리하면서) 연달아 계속되면 어떤 릴리스가 참여도, 트래픽, 전환율 등의 변화를 주도하는지 파악하기 힘들다. 동일한 유저 흐름에 영향을 미치는 기능에서 특히 더 그렇다.

경쟁사 동향

세상의 모든 제품은 경쟁사로 가득한 시장에 존재한다. 경쟁사가 만든 제품에서 일어나는 일은 우리가 영향을 미칠 범위에서 완전히 벗어나 있지만, 긍정적이든 부정적이든 그들의 제품은 우리 회사 유저의 행동에 영향을 미칠 것이다. 이런 상황에서 기능을 넣고 빼거나, 가격을 변경하면 특정 릴리스의 인과관계를 파악하기가 훨씬 복잡해진다.

이 모든 변수들이 **이전 vs 이후** 시나리오에 작용하면, 새로운 기능에 따른 원인과 결과를 확실히 단언하기는 사실상 거의 불가능하다. 당연히 제품에 대한 의사 결정 프로세스도 지장을 받게 되며, 과거 이터레이션의 성과를 판단하거나 새로운 이터레이션의 성공을 예측하기가 힘들어진다.

12.1.2 동시적 상태 비교

앞 절에서 언급한 모든 오염 변수들은 시간이 지남에 따라 대부분 예측할 수 없는 방향으로 달라지는 공통점이 있다. 릴리스 중에 좀 더 의미 있는 피드백을 수집하려면, 시간 요인을 제거하고 기능에 대한 유저 행동을 순차적이 아닌, 동시적으로^{simultaneously} 비교해야 한다. 이러면 대조군과 실험군 간에 모든 변수를 똑같이 맞출 수 있으므로 훨씬 더 분명하게 비교할 수 있다.

빅뱅 릴리스 대신 부분 릴리스$^{partial\ release}$를 하면, 훨씬 더 우아하고 정확하게 피드백을 수집하는 복잡한 프로세스를 모색할 수 있다.

12.2 안티패턴: 부분 배포로 일부만 릴리스

4장에서 나는 배포 전략을 QA 도구로 사용하는 방법을 설명했다. 배포 도중에 수동 개입하여 버전 N+1이 롤아웃된 인프라 중 한곳에서 수동 테스트(예 블루/그린 배포에서 블루 스택에 대한 QA 활동)를 하는 것이다. 이렇게 하는 것이 왜 안티패턴인지, 특히 지속적 배포에서 왜 그런지는 이미 설명했다.

나는 실무에서 부분 릴리스를 할 때 이 전략을 사용한 경험이 있다. 애플리케이션 버전 N+1(기능 포함)을 일부 인스턴스에만 배포한 다음, 버전 N(기능 미포함)이 배포된 기존 인스턴스와 유저 행동이 어떻게 다른지 비교한다. 기능이 검증되면 버전 N+1을 전체 프로덕션 스택에 배포한다. 여러 위치에 프로덕션 인프라의 여러 사본이 위치한 시스템에서도 마찬가지다. 먼저 한 곳에서 새 배포를 해본 다음, 나머지도 수동으로 롤아웃한다.

그러나 이런 식으로는 여러 버전을 동시에 비교할 수 있지만, 4장에서 말했듯이 지속적 배포 프랙티스와는 잘 맞지 않는다(솔직히 내 생각에는 상당히 퇴보한 지속적 전달 프랙티스다). 제품 피드백과 코드의 기술적 라이프 사이클이 서로 커플링되어 새로운 변경사항을 롤아웃하는 프로세스가 무거워지기 때문이다. 예를 들어, 긴급 버그 픽스가 포함된 버전 N+2를 배포하는 동시에 버전 N과 N+1을 비교하는 작업을 진행한다고 하자. 한 마디로, 이런 부분 배포는 그 자체로 코드 변경에 대한 수동 프로덕션 게이트 역할을 한다.

이와 같은 제품 기반의 프로덕션 게이트는 기술적인 성격의 수동 QA 게이트보다 훨씬 더 취급하기 어려워질 수 있다. 엔지니어링 팀이 마음대로 게이트를 열거나 닫지 못하고, 제품 소유자 등 다양한 이해관계자가 이 게이트에 관여하기 때문이다. 이들은 릴리스 타임에만 관심이 있을 뿐, 부분 배포된 상태를 유지하는 기술적 어려움을 인식하지 못할 것이다. 결국, 인프라 롤아웃과 제품 실험이 한데 엮여지면서 배포 프로세스가 정말 투박해질 가능성이 크다.

이제 데이터 수집을 **이전 vs 이후** 방식으로 하든, 인프라 일부에만 배포하는 **병렬**parallel 방식으로 하든, 기능을 실험하는 도구로서 배포가 얼마나 부적절한지 이해했을 것이다. 그럼, 어떤 방법을 강구해야 할까?

12.3 릴리스에 기능 토글 응용

기능 릴리스는 코드 배포보다 훨씬 더 스마트하고 표현력이 뛰어난 런타임 기능 토글runtime feature toggle 방식으로 관리해야 한다.

지금까지는 배포와 릴리스를 디커플링하고, 진행 중인 작업을 숨기고, 프로덕션에서 테스트할 수 있게 해주는 기능 토글의 이점을 주로 엔지니어링 관점에서 바라보았다. 그러나 기능 토글 프레임워크의 진면목은 릴리스 프로세스를 정밀하게 제어하고 기능이 노출되는 트래픽을 분할하는 능력이다. 프로덕션으로 향하는 코드 흐름을 방해하지 않으면서 동시적 비교의 강력함을 십분 활용하는 것이다.

이제 런타임 기능 토글이 기능 라이프 사이클 전 단계에 걸쳐 새로운 기능을 관리하는 수단으로서 압도적인 권장 사항임은 분명하다. 기능 토글을 개발 및 프로덕션 테스트 용도로 구성하는 방법은 이미 설명했으니, 여기서는 모든 종류의 릴리스를 지원하는 방향으로 인프라에 통합하는 방법을 설명하겠다.

12.3.1 분산 시스템에서 기능 토글 릴리스 조정

대부분의 최근 시스템은 모놀리식 구조가 아니라, 여러 (마이크로) 서비스들로 찢어져 있다. 그래서 한 시스템 내부에서 어떤 기능이 동시에 둘 이상의 서비스에 걸쳐 있을 수 있고, 기능 토글 역시 둘 이상의 서비스에 걸쳐 있을 가능성이 높다.

기능 토글을 이용하여 진행 중인 작업을 숨기고 테스트하면, 각 팀이 다른 팀과 독립적으로 자체 플래그 상태를 관리할 수 있다. 테스트 도중 어느 플래그가 한 시스템에서는 켜져 있고 다른 시스템에서는 꺼져 있어도 전체 기능은 여전히 유저에게 안 보이기 때문에 상관없다. 하지만 릴리스를 할 때는 관련된 모든 시스템에서 플래그 상태를 동기화해야 유저에게 일관된 경험을 제공할 수 있다. 즉, 여러 서비스에 걸쳐 있는 기능 릴리스를 어떻게 조정할 것인가, 하는 문제가 관건이다.

[그림 12-1]의 아키텍처 구성도를 보자.

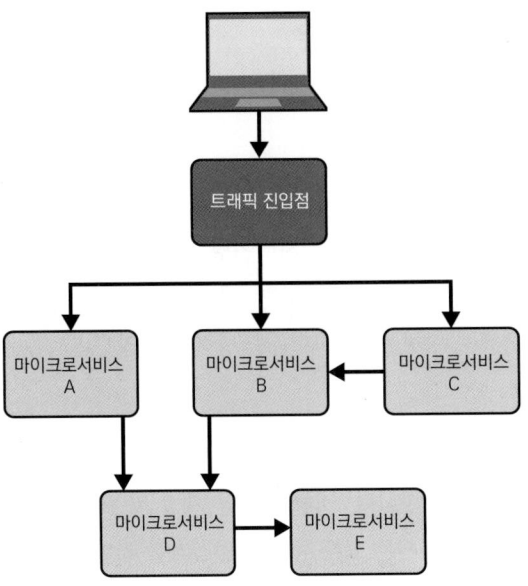

그림 12-1 마이크로서비스 아키텍처 예

만약 어떤 기능이 시스템 A, B, D에 걸쳐 있으면, 해당 서비스에서 어느 요청이 새 기능을 나타내고 어느 요청은 새 기능을 숨겨야 하는지 판단할 수 있어야 한다. 기능 토글의 상태는 여러 가지 방법으로 저장할 수 있는데, 그중 제일 간단한 방법은 애플리케이션마다 자체 플래그 상태를 두는 것이다.

12.3.2 안티패턴: 서비스마다 독립적인 플래그 상태

[그림 12-2]를 보면, 각 애플리케이션이 동일한 토글을 독립적으로 갖고 있다. 팀 간의 조정 오버헤드가 가장 적고 기술적으로 가장 간단한 해결책이다.

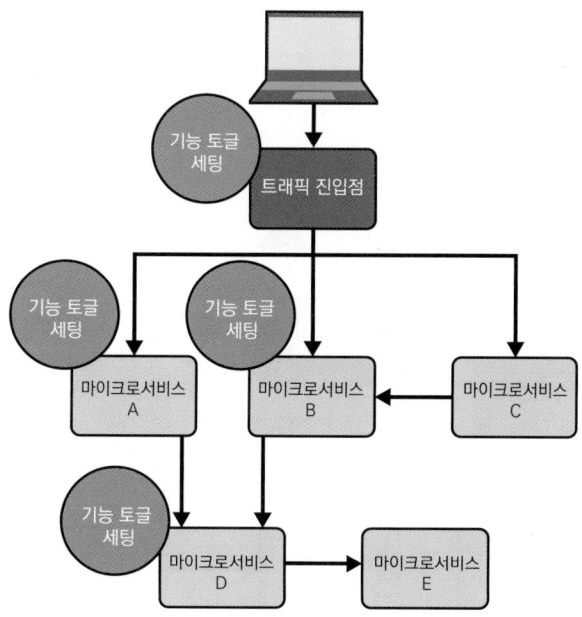

그림 12-2 서비스별로 독립적인 플래그

그러나 팀 독립성이 높아진 대가로 기술 부채가 유발되며, 이 빚은 훗날 여러 시스템에 걸친 기능을 릴리스할 때 갚아야 한다. 모든 시스템에서 동시에 플래그 상태(ON/OFF)를 변경하려면 엄청난 조정 작업이 수반되는데, 플래그가 잘못 조합되면서 오류가 발생할 가능성이 높다. 기능을 일부만 릴리스(예 트래픽의 30%만)하는 경우, 시스템 A의 테스트 그룹에 속한 유저가 시스템 B, D의 테스트 그룹에도 할당되리라 장담하기는 매우 어렵다.

이 방법은 간편하게 관리할 수 있지만(기능 토글을 한 번에 한 팀씩 도입하기 시작한 조직에서 그런 일이 잦지만), 릴리스가 여러 서비스에 두루 걸쳐 있을 때엔 섬세한 조정이 필요하다. 릴리스 타임에 너무 많은 조정을 하지 않도록 구현 단계에서 대신 플래그를 조정하면 된다.

12.3.3 플래그 상태를 호출 체인 밑으로 전파

기능 토글 구현체를 조정하는 한 가지 방법은, 여러 서비스에 걸쳐 플래그 상태가 전파되는 방식을 통일하는 것이다. 플래그 상태는 대개 유저와 가장 가까이 위치한 시스템 한 곳에만 두고,

유저가 테스트 그룹이나 제어 그룹 어느 한쪽에 할당되면, 해당 정보는 그 다음 요청부터 모든 다운스트림 시스템에 전파된다(그림 12-3).

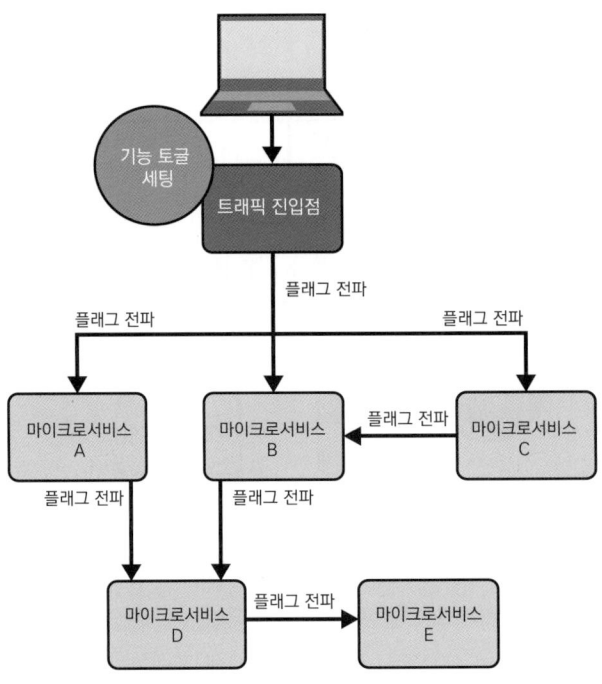

그림 12-3 플래그 상태를 호출 체인을 따라 전파

이렇게 하면 요청이 어느 그룹에 할당됐는지 정확히 알 수 있고 더 이상 할당 결정을 내릴 필요가 없다. 예를 들어, 플래그 상태를 커스텀 헤더나 URL의 일부로 집어넣는 것이다. 물론, 각 서비스가 플래그를 수신하는 방법은 사전에 서로 합의해야 하며, 이는 반드시 미리 지불해야 하는 조정 비용이다.

한 팀이 플래그 값을 변경하면 트래픽 진입점에 위치한 시스템에서도 반드시 변경해야 하므로, 이러한 작동 원리를 팀 전체가 알아야 한다는 사실도 조정 비용에 포함된다.

12.3.4 중앙 집중식 기능 토글 상태

플래그 상태별로 시스템을 조정하는 다른 방법은, 전파 대신 중앙 집중화하는 것이다. [그림 12-4]는 모든 서비스의 플래그 상태를 갖고 있고, 이 플래그 상태에 관심 있는 모든 시스템이 독립적으로 쿼리하는 중앙 집중식 기능 토글 서비스 구조다.

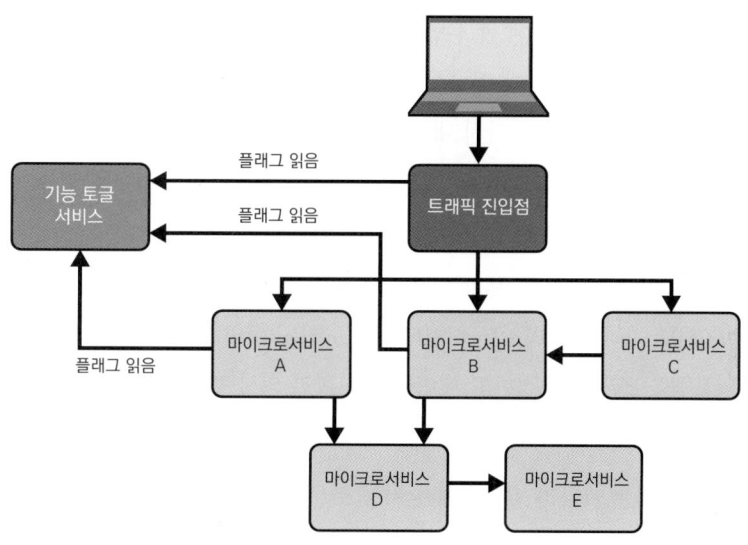

그림 12-4 기능 토글 서비스 중앙화

플래그 상태에 관심 있는 시스템만 서비스 쿼리 방법을 알고 있으면 되니 아주 유연한 방법이지만, 플래그 시스템을 구축하고 관리하는 비용이 많이 드는 단점이 있다. 이런 이유로, 많은 회사에서 (Optimizely, LaunchDarkly 등의 도구를 사용하는) 관리형 기능 토글feature toggle as a service이 매력적인 대안으로 떠오르게 되었다.

또한 호출 체인을 따라 동일한 플래그 요청을 반복하는 과정에서 성능 저하가 생기는 단점도 생각해야 한다. 그래서 일부 시스템에 한정하여 서비스를 호출하고 해당 서비스에 의존하는 다른 시스템으로 상태를 전파하는, 중앙 집중과 전파가 혼합된 형태로 구축하는 경우도 흔하다.

기능 토글 상태를 어디에 보관하고 어떻게 전파하는지 알았으니, 릴리스 타임에 단순히 켜고 끄는 것 이상으로 플래그 상태를 구성하는 방법, 특히 이런 인프라를 활용해서 어떻게 새로운 기능에 트래픽을 일부만 노출시키는지 알아보자.

12.4 카나리 릴리스

카나리 릴리스는 탄광에서 일종의 조기 경보 시스템처럼 쓰였던 카나리아 새[1]에서 영감을 받은 것으로, 런타임에 변경사항을 단계적으로 노출시키는 접근 방식이다. 전체 유저에게 공개하기 전에 미리 선별된 그룹의 유저에게만 기능을 공개한다. **탄광의 카나리아**라는 속담처럼 이들 얼리 어답터early adaptor는 팀이 자동화 및 탐색 테스트에서 미처 발견하지 못한 문제를 해결하는 데 더없이 소중한 피드백을 제공한다. 카나리 릴리스에서 발견된 이슈는 단순 버그나 구현상의 논리적 결함부터 성능 이슈와 데이터 일관성 문제까지, 새로운 기능을 실제 유저 트래픽에 상당 부분 노출시켜야만 확인 가능한 갖가지 내용들이 포함된다.

하지만 카나리 릴리스는 단순히 리스크를 낮추는 용도 외에 다른 쓸모도 있다. 특히, 시스템을 사용하는 유저의 행동을 샘플링하여 나머지 유저 레이어와 비교할 수 있는데, 이들 모두 기능만 다를 뿐 서로 동시에 제품을 사용하기 때문에 이런 비교가 가능하다. 즉, 설사 기능이 완벽하게 개발됐다 해도 카나리 릴리스는 엔지니어링 노력을 낭비하는 것이 아니다. 오히려 그 반대로, 유저 피드백을 조기에 수집하고 데이터 중심적인 의사 결정을 내릴 기회가 주어져 처음부터 기능이 잘 검토됐는지 확인할 수 있다.

이어지는 하위 절에서는 카나리 릴리스에서 기능 토글을 사용하여 연관성이 있는 대표 유저 그룹을 선정하는 몇 가지 전략을 설명한다. 앞서 말했듯이 기능 토글 프레임워크는 저마다 차이점이 있으므로 (카나리 릴리스에 런타임 플래그를 구성하는 모든 개별 수단을 설명하려는 것이 아니라) 어떤 방법들이 있는지 여러분에게 대략적인 아이디어를 제시하고자 한다.

12.4.1 기준: 트래픽 비율

트래픽 비율에 따라 카나리 릴리스를 하면, 전체 그룹의 부분 집합에 해당하는 임의의 유저 그룹에게만 기능이 노출된다. 예컨대 초기 릴리스 비율을 5%로 정하면, 전체 유저 중 5%만 새 기능을 경험하고 나머지 95%는 기존의 안정된 버전을 계속 사용하게 된다.

이 전략은 일반적으로 [그림 12-5]처럼 작은 그룹(10% 미만의 백분율)에서 시작해 새 기능이 노출되는 트래픽을 몇 시간 동안 점점 늘려간다. 트래픽이 증가할 때마다 팀은 대시보드나 기

---

[1] 이 새는 호흡이 빠르고 몸집이 작으며 신진대사가 빠르다. 그래서 탄광에서 일산화탄소의 존재를 감지하기 위해 많이 사용됐다. 광부보다 먼저 기절하여 그들이 대비할 시간을 벌 수 있었다.

타 모니터링 도구를 이용해 배포한 서비스가 늘어난 트래픽을 매끄럽게 처리하고 있는지 면밀히 지켜본다.

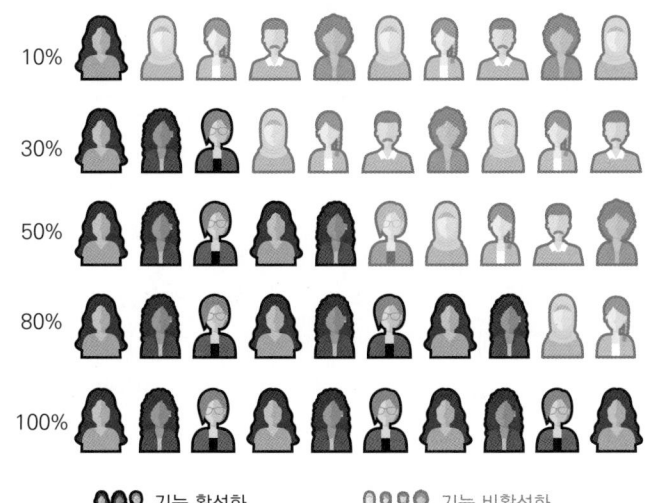

그림 12-5 트래픽 비율별 카나리 릴리스

처음에는 요청이 랜덤하게 선택되지만, 쿠키 같은 장치를 이용해서 유저가 어느 그룹에 할당됐는지 **기억**할 수 있어야 한다. 그래야 동일한 유저가 동일한 세션에서 다른 버전의 제품을 보게 되어 혼란을 느끼고 유저 경험이 나빠지는 것을 방지할 수 있다.

트래픽 비율에 따라 카나리 릴리스하는 전략은 워낙 단순해서 나도 개인적으로 즐겨 쓴다.

12.4.2 기준: 기기

데스크톱, 모바일 웹, iOS, 안드로이드 등의 특정 기기 유형이나 플랫폼별로 새 기능을 점점 드러내는 전략이다. 전체 유저층에 릴리스하기 전에 변경사항이 각기 다른 기기마다 어떤 영향을 미치는지 가늠할 수 있다.

예를 들어, 처음에는 기능 토글을 데스크톱 유저에게만 켜고, 모바일 웹, iOS, 안드로이드 유저에게는 끈 상태로 트래픽을 흘린다(그림 12-6). 한 번에 한 기기씩, 기기별로 이슈가 있는지 꼼꼼히 체크하려고 할 때 유용한 방법이다.

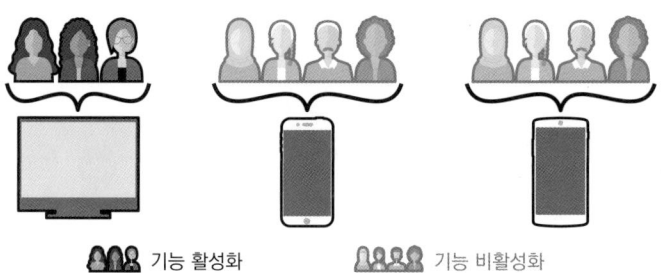

그림 12-6 기기별 카나리 릴리스

코드베이스가 공유되고 플래그가 하나뿐인 모바일 웹 생태계에서는 구현하기 쉽지만, 각 기기마다 앱이 따로따로 있는 경우에는 많은 조정 작업이 필요하다. 기기마다 실행체를 따로 유지보수하고 있다면, 각 기기/플랫폼마다 단일 토글을 사용하거나, 백엔드에서 제어되는 단일 토글을 사용하는 두 가지 방법으로 조정할 수 있다.

기기별 토글

기기별 토글을 사용할 경우, 애플리케이션의 각 프런트엔드마다 독립적으로 제어 가능한 플래그를 둔다. 전략 자체는 아주 단순하지만, 동일한 토글 코드로 여러 코드베이스를 흩어놓는 것이므로 릴리스와 정리 과정에서 더 많은 조정 작업이 필요하다.

백엔드 제어 토글

반대로, 백엔드 제어 토글은 구현하기가 약간 복잡하다. 모든 기기에서 백엔드를 호출해서 토글 상태를 조회한 후 기능을 드러낼지 여부를 결정하기 때문이다(이 과정에서 성능 저하가 발생한다). 결국 매번 호출할 때마다 백엔드에서 토글을 켜야 할지, 꺼야 할지 평가해야 하며, 기기 유형에 따라(예 User-Agent 헤더를 열어보거나 애플리케이션 자체에서 전송된 커스텀 식별 정보를 통해) 평가할 수도 있다. 이 전략은 사전에 더 많은 엔지니어링 투자가 필요하지만, 나중에 릴리스 프로세스를 중앙에서 제어할 수 있고 정리 단계를 간소화할 수 있으므로 그만한 가치는 있다.

12.4.3 기준: 국가

국가별 카나리 릴리스는 유저의 지리적 위치에 따라 기능을 켜고 끄는 것으로, 세계 시장을 무대로 활약하는 회사에 알맞은 전략이다. 국가마다 고유한 특성이나 유저 행동이 있으므로, 어떤 경우에는 시장별로 피드백을 수집해야 한다.

또 현실적으로 회사의 재무 관점에서 보면, 나머지 시장보다 더 중요한 시장이 있을 것이다. 이런 사실을 토대로 국가별로 카나리 릴리스를 하면 비핵심적이고 위험도가 낮은 시장을 초기 베타 테스터로 활용할 수 있다.

[그림 12-7]은 국가별 카나리 릴리스의 일례다.

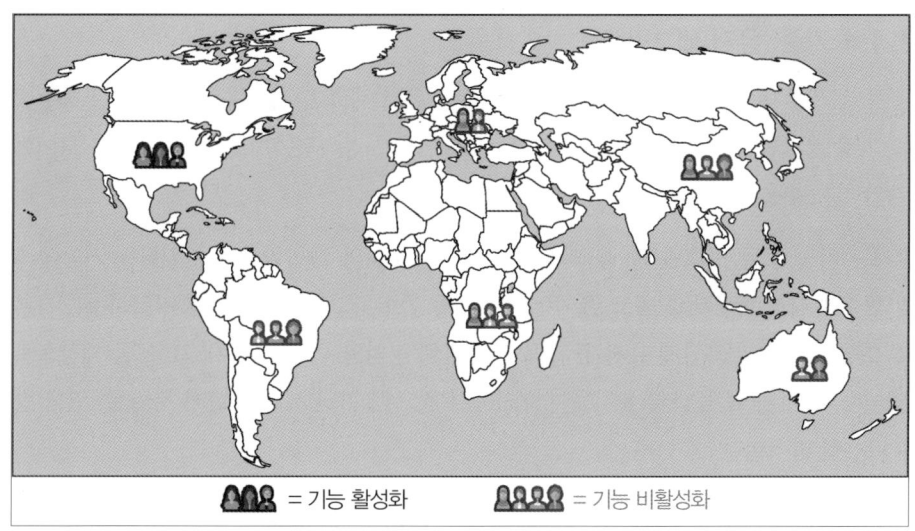

그림 12-7 미국과 캐나다를 베타 테스터 국가로 이용하는 카나리 릴리스

국가별로 기능을 켜고 끄는 방식은 다양하다. 그중 일부는 기능 토글 프레임워크에서 제공되는데, 시스템 인프라에 크게 의존하는 방식도 있다. 몇 가지 예를 들면 다음과 같다.

지리 공간 데이터
지리 공간 데이터geolocation data를 수집하면, 국가나 지역을 어느 정도 정확하게 식별할 수 있다.

IP 주소
지리 공간 데이터보다 정확도는 떨어지지만, 기기 IP 주소를 기반으로 기능을 사용하지 못하게 제한할 수 있다. 어떤 요청이든 IP는 반드시 존재한다는 게 이 방법의 장점이다.

도메인

대기업은 대개 .fr, .it, .eu, .es 등 시장마다 서로 다른 최상위 도메인(TLD)을 소유하여 운용한다. 모든 도메인의 트래픽을 처리하는 인프라는 동일해도 요청된 도메인은 다른 버전의 웹사이트를 제공하기 위한 기반으로 얼마든지 사용할 수 있다.

로케일^{locale}

여러 시장을 공략하는 기업이 .com 같은 제네릭한 TLD 하나만 운영하는 경우에도, 각 지역별 언어와 콘텐츠를 커스터마이징할 수 있는 국제화 프레임워크는 이미 플랫폼에 구축되어 있을 것이다. 요청 URL(예: my-website.com/FR-fr/some-page)이나 헤더에 로케일 정보를 넣으면 어느 시장의 유저가 요청했는지 알 수 있다.

12.4.4 기준: 유저 세그먼트

전체 유저 기반 내에서 애플리케이션에 따라 특정 유저 세그먼트를 대상으로 릴리스하는 방식으로, 가장 정교한 카나리 릴리스 전략이다. 이 방법을 사용하면 상이한 행동 패턴을 보이는 그룹 간의 기능 수용 정도를 평가할 수 있다.

개발자는 기능 토글 시스템을 애플리케이션 **유저**의 정의와 통합함으로써 원하는 기능을 도메인별 기준에 따라 마음대로 켜고 끌 수 있다. 예를 들어, [그림 12-8]처럼 무료 유저, 기본 요금제 유저, 프리미엄 요금제 유저 등 구독 등급별로 정의된 특정 유저 세그먼트를 대상으로 하는 것이다. 특정 구독 등급의 유저들이 회사에서 광고한 회원 혜택을 먼저 누릴 수 있게 할 때 아주 유용한 방식이다.

 프리미엄 구독 유저
 기본 구독 유저
 비구독 유저

기능 활성화   기능 비활성화

그림 12-8 유저 세그먼트별 카나리 릴리스

유저 세그먼트는 애플리케이션에 따라 다음과 같이 다양하다.

- **역할**: 관리자, 경영자, 일반 유저 등이다. 역할마다 플랫폼에 참여하는 수준이 다르다.
- **인구 통계**: 연령, 성별, 직업 등이다.
- **행동 또는 참여 기반**: 구매 빈도가 높은 유저, 신규 유저, 휴면 유저 등이다.
- **피드백 컨트리뷰터**: 적극적으로 피드백을 제공하거나 베타 테스트 프로그램에 참여한 유저. 이 세그먼트의 카나리 릴리스에는 새로운 기능에 대한 조기 액세스가 포함되고, 이들 유저의 피드백을 받으면 최종 버전을 다듬을 수 있다.
- **친구나 가족**: 회사 직원이나 그 가족들이다. 이런 유저는 첫 번째 베타 테스터가 될 것이다.

12.5 A/B 테스트

A/B 테스트는 좀 더 데이터 중심적으로 접근한 릴리스 방식으로, 상이한 유저 그룹에 소프트웨어를 노출시켜 다양한 변형을 평가/비교할 수 있다. 카나리 릴리스에서 트래픽 비율로 나누듯이, 유저는 기존 버전의 소프트웨어를 사용하는 대조군(A)과 새 버전을 사용하는 실험군(B) 중 한 그룹에 랜덤하게 배정된다. B 그룹의 크기는 유의미한 데이터 생성에 필요한 최소한의 트래픽 양을 확인하여 결정한다(그림 12-9).

그림 12-9 A/B 테스트 그룹

팀은 이 두 그룹의 데이터를 수집/비교하여 변경 영향도를 정확히 측정하고, 그 결과 얻은 양질의 정보를 바탕으로 기능을 유지할지 말지 결정할 수 있다. 여기서 통계적 엄밀함$^{\text{statistical rigor}}$은 랜덤한 변동성이 아닌, 통계적으로 유의미한 차이에 근거한 결론을 내리는 근간이라 할 수 있다.

12.5.1 분석

카나리 릴리스의 영향도는 대부분 애플리케이션 모니터링 및 관찰 가능성 도구로 평가하지만, 내 경험상 워크플로에서 페이지 분석 도구의 진가가 드러나는 곳은 바로 A/B 테스트다.

이 둘은 어떤 식으로 릴리스하든지 상호 보완적인 관계지만, 인사이트가 풍부한 A/B 테스트를 수행하려면 분석 설정을 잘 해놓아야 한다. 관찰 가능성 도구는 로그, 메트릭, 트레이스를 수집하여 시스템의 내부 동작 원리에 관한 인사이트를 제공하는 반면, 분석은 유저가 경험하는 시스템의 외부 동작에 더 많이 집중한다. 이는 제품 실험이라는 주목적에 더 부합하는 특징이다. 분석 도구는 세션 지속 시간, 페이지 조회 수, 클릭 히트맵, 퍼널 분석$^{funnel\ analysis}$[2] 등 종합적인 유저 행동 분석 결과를 제공한다. 이러한 인사이트를 기반으로 다양한 변형이 유저 참여율에 미치는 영향도를 평가해야 한다.

관찰 가능성 역시 어느 정도 유저 행동에 관한 인사이트는 제공하지만, 세분화된 유저 행동을 분석한다기보다 시스템 레벨의 인사이트에 초점을 둔다. 대부분의 분석 도구에는 통계 분석 기능이 내장되어 있으며 이런 기능을 하는 도구와 쉽게 연동시킬 수 있어서 A/B 그룹에서 관찰된 차이점이 통계적으로 유의미한 결과인지 판단하는 데 결정적인 도움이 된다.

엔지니어인 우리는 팀 내외부 데이터 분석가들이 분석 도구를 사용하여 여러 변형을 유의미하게 비교할 수 있도록 지원해야 한다. 따라서 분석 추적 및 이벤트 데이터를 항상 최신 상태로 유지하고, 이런 데이터를 A/B 테스트 할당 정보로 보강해야 한다. 커스텀 데이터를 전송하거나 실험 추적용 기본 기능을 잘 활용하면 된다.

12.5.2 베스트 프랙티스 실험

이 책은 한 소프트웨어 엔지니어가 다른 소프트웨어 엔지니어를 위해 썼다. 그러므로 완벽한 A/B 테스트를 준비하는 방법, 실제로 결과를 분석하는 방법을 전부 다 설명하는 것은 범위를 벗어난다. 그러나 여러분이 엔지니어링 관점에서 어떤 부분을 기대할 수 있는지 이해하도록 내가 과거에 고객들과 함께 수행한 A/B 테스트 사례를 몇 가지 간략히 소개하고자 한다. 무엇보다 이런 프랙티스가 소프트웨어의 배포 라이프 사이클에 어떤 영향을 미치는지 설명하겠다.

---

[2] 옮긴이_ 웹사이트에서 결과에 도달하는 데 필요한 단계와 각 단계를 통과하는 유저 수를 파악하는 방법인데, 일반적으로 유저의 흐름을 시각화하면 깔때기(funnel)와 비슷한 모양이어서 이런 명칭이 붙었습니다.

한 번에 하나의 변수를 테스트

영향도를 정확하게 판단하려면 변경사항을 원자적으로 적용하는 것이 매우 중요하다. 눈에 보이는 여러 행동을 동시에 수정하면 그 효과를 파악하기 어렵고, 그로 인해 유저 행동에 미치는 영향이 서로 중첩되거나 간섭을 일으키고, 때로는 상쇄되어 결과가 모호해질 가능성이 크다. 예를 들어, 버튼의 텍스트와 이 버튼의 페이지상 위치를 한 번에 수정해버리면, 둘 중 어느 변경이 관찰된 결과의 원인인지 알기 어렵다. 그러므로 A/B 테스트는 가급적 작은 표면을 커버하는 방식으로 계획을 세워야 한다.

테스트 병렬화 방지

테스트는 반드시 한 번에 하나만 (적어도 애플리케이션의 동일한 영역에서) 수행해야 한다. A/B 테스트에서 한 번에 변수 하나만 테스트해야 하는 것과 같은 이치다. 여러 테스트를 병렬로 실행하면 결국 유저가 바라보는 플랫폼의 버전의 경우의 수가 폭증하여 데이터 분석이 어렵고 오해의 소지가 생길 수 있다.

샘플 크기는 충분하게

트래픽 볼륨에 따라 A/B 테스트는 적어도 며칠 내지 몇 주 동안은 실행해야 통계적으로 타당한 인사이트를 얻을 수 있다. 샘플 크기 계산기[3]를 활용하여 어떤 효과를 테스트하는 데 필요한 데이터 포인트 수를 안정적으로 결정하면 얼마나 많은 시간이 필요할지 정확히 알 수 있다. 이런 도구는 데이터 분석가가 부실한 실험에 근거하여 성급히 결론을 내리거나 필요 이상으로 실험을 오래 끄는 것을 방지하는 데 유용하다. 유의미한 A/B 테스트가 되려면 최소 며칠 이상은 해야 하며, 이에 따라 팀원들과 함께 워크플로를 계획해야 한다.

실험에 관한 전달 스케줄링

앞 절에서 A/B 테스트가 (엔지니어링 관점에서) 세분화되고, 격리되고, 장시간 실행돼야 하는 이유를 알았다. 특히, 동일 페이지에 있는 컴포넌트가 영향을 받을 경우, 동시에 테스트할 기회가 제한되는데(**다변수 테스트** 절 참조) A/B 테스트 일정을 중앙에서 조정하여 모든 팀이 예정된 실험을 알 수 있게 조치하면 해결할 수 있다. 어느 팀이든지 기능 개발을 완료하고 실제 유

---

3 https://oreil.ly/Nna_3

저 트래픽으로 A/B 테스트를 하는 데 3개월이나 기다려야 하는 일 따위는 없어야 한다.

이렇게 수립한 계획도 효율적으로 실행하지 않으면 코드베이스의 기술적인 건강 상태에 심각한 악영향을 미칠 수 있다. 점점 더 많은 기능이 빌드되지만 활성화되지 않은 채, 토글 밑에서 코드베이스가 계속 수정되면 각 기능의 릴리스 리스크도 함께 증가할 것이다. 또 기능 토글이 합리적인 시간 내에 정리되지 않아 토글 조합이 폭발적으로 증가하면 코드를 추론하기 힘들고 테스트는 더욱 난항을 겪게 될 것이다.

이런 혼란은 제품과 사람 차원에서도 발생한다. 대기 중인 실험이 너무 많으면 테스트 간에 간섭이 생기고 조직의 우선순위도 불분명해진다. 따라서 가능한 한 실험은 빠르고 깔끔하게 그리고 온 마음을 바쳐 수행하여 다음 실험으로 넘어가기 전에 인사이트를 얻도록 노력해야 한다.

12.5.3 다양한 A/B 테스트

A/B 테스트에 대한 베스트 프랙티스를 살펴보았으니, 실무에서 접할 수 있는 갖가지 A/B 테스트에 대해 좀 더 자세히 알아보자. 가장 간단한 것부터 시작하겠다.

두 가지 변형을 사용하여 테스트

가장 단순한 A/B 테스트는 유저에게 두 가지 변형을 제시하는 것으로, 우리가 **디폴트**라고 알고 있는 방식이다. 이 두 버전은 둘 중 하나가 유저 행동에 영향을 미칠 수 있다는 점을 제외하면 사실상 비슷하다.

제품의 다양한 측면을 최적화하는 보다 전문적인 A/B 테스트도 있다. 이런 종류의 A/B 테스트는 거의 동일한 두 가지 변형을 단순 비교하는 것 이상으로 훨씬 복잡한 시나리오에 대한 인사이트를 제공한다. 다변수 테스트$^{multivariate\ test}$와 분할 테스트$^{split\ test}$가 가장 널리 알려진 두 가지 접근 방식인데, 먼저 후자부터 알아보자.

분할/전송 테스트

분할 테스트는 [그림 12-10]에서 보다시피, 변형 간에 페이지 일부가 달라지는 게 아니라, 완전히 다른 유저 흐름을 제공하는 특별한 A/B 테스트다. 이 전략은, 새 버전의 페이지가 원본 페이지와 너무 차이가 많이 나서 각각의 컴포넌트를 전부 A/B 테스트하거나 페이지의 각 엘리먼트를 토글하기가 현실적으로 불가능한 경우에 유용하다. 예를 들어, 전체 유저 흐름(예 결제 흐름)을 바꾸거나 전체 페이지와 해당 콘텐츠를 재설계할 때 적합한 테스트다.

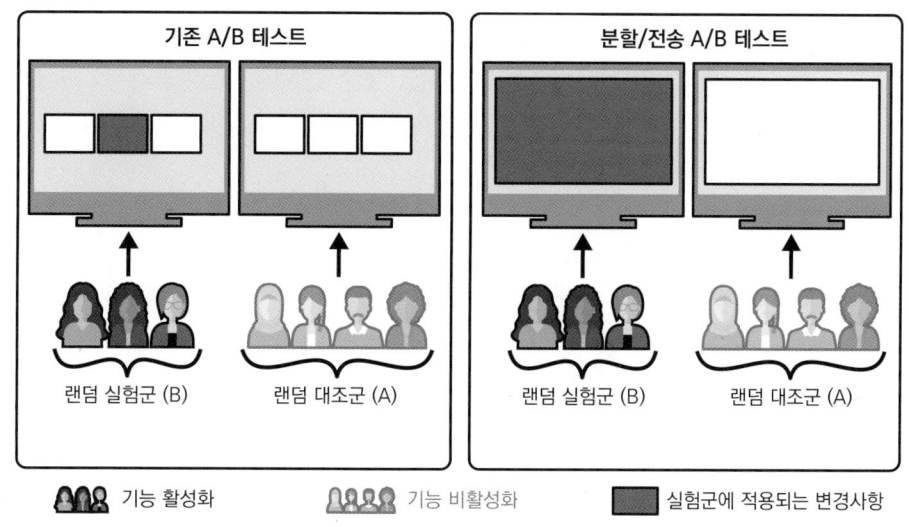

그림 12-10 기존 A/B 테스트 vs 분할/전송 A/B 테스트

분할 테스트는 유저를 그가 바라보게 될 버전에 따라 다른 URL로 보내는 방식이 기술적으로 가장 쉽다. 유저 흐름의 진입점(예 버튼의 링크)을 달리하거나 HTTP 리다이렉션redirection을 추가하는 방법도 있다. 백그라운드에서 리버스 프록시의 라우팅 규칙을 변경하는 등 URL과 무관한 다른 전략도 가능하다. 어떤 방법이든 이런 로직을 표준 A/B 테스트에 사용하는 것과 동일한 유형의 토글을 통해 제어할 수 있어야 런타임 제어와 롤백을 간편하게 수행할 수 있다.

다변수 테스트

다변수 테스트는 A/B 테스트의 일종으로, 현재 상태와 테스트 변형뿐만 아니라, 웹 페이지의 여러 엘리먼트와 기능에 대해 다양한 변형을 동시에 테스트할 수 있다. 작은 변경사항의 조합을 테스트하여 어떤 조합이 가장 성능이 우수한지 판단할 수 있으며, 전체 변형을 서로 비교하는 게 아니라, 주로 개별 엘리먼트의 영향도를 측정한다. 페이지의 텍스트와 시각적 엘리먼트가 어떻게 함께 작동하는지 파악할 때 아주 유용하다.

완전요인

다변수 테스트를 수행하는 가장 일반적인 방법은 완전요인full-factorial 접근법이다. 웹사이트 트래픽의 동일한 부분에 가능한 모든 변수 조합을 테스트하는 것이다. 예를 들어, 페이지 어느 엘리먼트에 두 가지 변형이 있고, 또 다른 엘리먼트에는 세 가지 변형이 있을 경우, 테스트해야 할 고유한 조합은 총 여섯 가지다(그림 12-11). 이들 각 조합에 16.66%의 트래픽을 공평하게 흘려보면, 다양한 변형이 어떻게 일어나고 유저 참여율에 어떤 영향을 미치는지 종합적으로 파악할 수 있다.

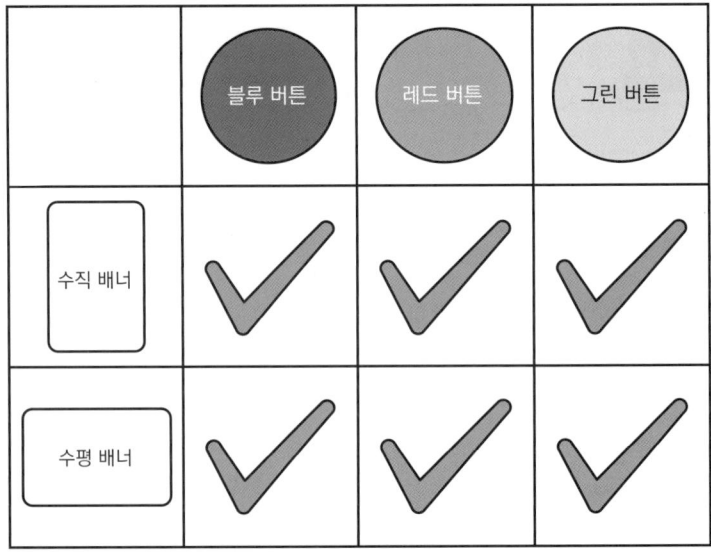

그림 12-11 다변수 완전요인 A/B 테스트

부분요인

부분요인fractional-factorial 접근법은 완전요인 테스트의 대안으로, 가능한 변형 조합의 부분 집합 또는 일부만 트래픽을 흘리는 다변수 테스트다(그림 12-12). 완전요인 테스트와 달리 모든 조합을 전부 평가하는 게 아니라, 통계적 기법을 이용하여 테스트한 조합의 결과를 토대로 테스트하지 않은 조합의 성능을 추론하는 것이다. 당연히 정확도는 떨어지지만, 테스트할 조합의 수가 줄어서 트래픽이 덜 필요하다.

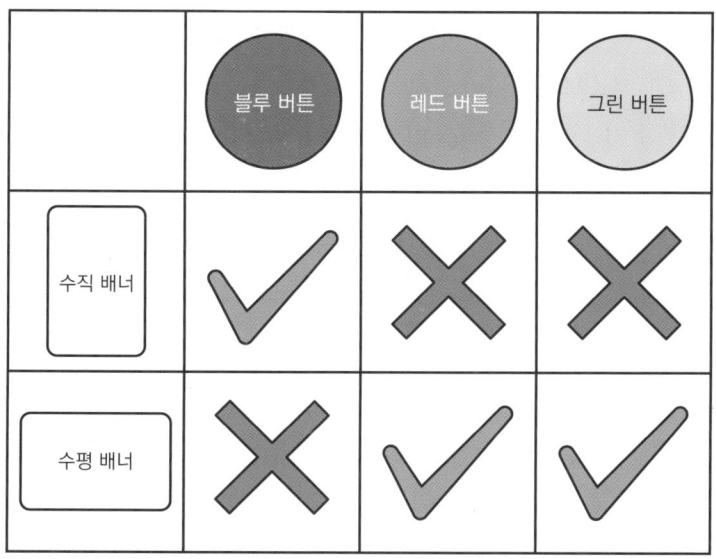

그림 12-12 다변수 부분요인 A/B 테스트

다변수 스타일의 테스트는 변형이 둘 뿐인 기존 A/B 테스트보다 구현하기는 훨씬 더 까다로울 수 있다. 대부분의 기능 토글 프레임워크는 각 요청마다 A, B, C가 아닌, ON/OFF 불리언 플래그를 처리한다. 애당초 기능 토글이 제품을 실험하는 도구라기보다는 엔지니어링 리스크를 제거하는 전략으로 탄생했기 때문이다. 내 경험으로는 이제 다변수 스타일의 플래그를 지원하는 기능 토글 플랫폼이나 프레임워크는 (론치다클리LaunchDarkly[4]를 제외하면) 많지 않다. 예전에는 어느 한 팀이 세 가지 변형으로 테스트할 때 세 가지 상태 간의 전환을 지원하려면 처음부터 모든 로직을 코딩해야 했다.

단순한 테스트 전략이 더 익숙한 사람들에게 다변수 테스트는 다소 까다롭게 느껴질 수 있지만, 신속한 실험을 위해서 아주 강력한 도구임은 틀림없다. 무엇보다 중요한 사실은, 릴리스 일정이 몇 주씩 지연될 수 있는, 장황하게 늘어진 A/B 테스트의 필요성을 덜 수 있다는 점이다. 나는 다양한 변형을 지원하는 기능 토글 프레임워크가 점점 더 많이 나오길 기대한다. 그래서 제품 실험 어휘가 엔지니어링 도구에 스며드는 방향으로 계속 발전했으면 좋겠다.

---

4 https://oreil.ly/Ef1TT

12.5.4 카나리 릴리스나 A/B 테스트가 나에게도 필요한가?

이쯤 되면 대체 A/B 테스트와 카나리 릴리스가 뭐가 다른지 궁금할 것이다. 둘 다 조기 피드백을 얻기 위해 일부 유저에게 새 기능을 노출하는 점은 똑같다. 카나리 릴리스와 A/B 테스트의 트래픽 비율 전략을 봐도 구현 방식은 대동소이하다.

내 생각에 이 둘의 가장 중요한 차이점은 프랙티스를 적용하는 의도^{intent}다. 즉, 리스크를 제거하려는 의도(카나리 릴리스)와 제품을 실험하려는 의도(A/B 테스트)의 차이다. 카나리 릴리스가 릴리스에 예기치 못한 문제가 있는지 알아보기 위한 수단이라면, A/B 테스트는 유저 행동에 대한 가설이 올바른지 검증하기 위해 설계된 도구다.

카나리 릴리스의 주요 목적은 리스크를 낮추기 위해 점점 더 많은 유저에게 변경사항을 노출시키는 것이다. 궁극적으로 회귀나 부정적인 영향이 없다고 밝혀지면 100% 모든 유저들에게 기능을 배포하는 것이 목표다.

이와 달리 A/B 테스트의 초점은 다양한 변형을 보다 엄격하게 비교하고 통계적 유의성$^{statistical\ significance}$을 통해 기능이 가치 있다는 사실을 증명하는 것이다. 그래서 보통 더 복잡하고 시간도 오래 걸리지만, 유저가 무엇을 더 좋아하는지 알고 싶을 때 주로 사용된다. 데이터 수집만 해도 몇 주씩 걸릴 때가 많고, 수집된 데이터에서 데이터 분석가가 인사이트를 도출해야 하며, 상이한 A/B 테스트가 서로 간섭을 일으키지 않도록 회사 전체적으로도 조율이 필요하다.

새로운 기능이나 이니셔티브는 철저한 A/B 테스트의 수행 결과에 따라, 카나리 릴리스의 경우처럼 단순히 **작동할 때까지 조치**$^{fixed\ until\ it\ works}$하는 것이 아니라 아예 배제할 수도 있다.

A/B 테스트, 카나리 릴리스 모두 제각기 장단점과 고유한 쓰임새가 있지만, 함께 사용하면 릴리스를 관리하는 강력한 무기가 된다. 예컨대, (고객이 명시적으로 요구했거나, 법적 구속력이 있거나, 아니면 레거시 시스템에서 새 시스템으로 이전하는 등의 이유로) 어떤 기능이 프로덕션에 살아남을 가능성이 매우 높다면, 보다 단순한 카나리 릴리스 프로세스를 선택하는 것이 좋다. 반면, 제품 팀이 참신한 아이디어에 과감하게 베팅할 경우에는 좀 더 엄격한 검증이 가능한 A/B 테스트가 더 적절한 도구다. 늘 그렇듯이, 우리 엔지니어가 할 일은, 이해관계자가 정확한 정보에 입각하여 결정을 내릴 수 있도록 모든 도구를 제시하는 것이다.

12.6 정리하기

카나리 릴리스와 A/B 테스트를 수행하는 도구로써, 기능 토글을 어떻게 활용하는지 알게 되었다. 이를 통해 팀은 제품 실험의 정밀도를 높일 수 있을 것이다.

카나리 릴리스는 새로운 기능을 일부 유저에게만 단계적으로 노출하고, 그 영향도를 모니터링하면서 잠재적인 이슈를 선조치함으로써 릴리스 리스크를 줄이는 데 유용하다. 요청 비율, 기기, 위치, 커스텀 유저 세그먼트 등 (리스크가 낮은 그룹에 새로운 기능을 선보이는 방식에 따라) 다양한 기준에 따라 릴리스 정책을 설정할 수 있다.

이와 달리, A/B 테스트는 주로 제품 실험에 초점을 맞춘 프랙티스로, 다양한 변형을 비교(대개 현재 버전과 새로운 기능을 비교)하고 제품에 영향을 미치는 핵심적인 메트릭을 측정하는 데 유용하다. 전체 페이지 또는 유저 흐름을 비교하는 분할/전송 테스트나, 여러 변수의 가장 효과적인 조합을 한번에 찾아내는 다변수 테스트 등 다소 독특한 A/B 테스트도 있다.

이 두 기술을 적시에 잘 활용하면 회사는 기능 릴리스에 따른 리스크를 최소화하고, 무엇보다 데이터 중심적인 의사 결정에 필요한 데이터를 더 많이 수집할 수 있으므로 제품 성능을 높일 수 있다. 강력한 기능 토글 프레임워크가 왜 투자할 만한 가치가 있는지, 이런 프레임워크를 제품 기능 구성에 포함시키는 것이 얼마나 대단한 가치가 있는지 이해하기 바란다.

이로써 기능 분할에서 시작해 유저 직전에 이르기까지 지속적 배포를 구현하는 전체 여정이 끝났다. 이 장에서 설명한 최종 단계는, 앞 장까지 소개한 모든 엔지니어링 프랙티스가 마침내 결실을 맺고 이해관계자들에게 투자 가치가 있음을 보여준다는 점에서 가장 중요하다. 이 엔지니어링 프랙티스의 장점을 최대한 끌어내려면 지속적 배포의 속도와 유연성을 경영진이 십분 활용할 수 있도록 만들어야 한다.

● **맺음말**

지금까지 여러분과 함께 지속적 배포의 모든 코스를 완주했다. 1부에서는 이론적인 소개를 했다. 2부에서 소프트웨어 배포 라이프 사이클의 세계로 뛰어들면서, 프로덕션 이행 준비가 완료된 견고한 백로그를 마련하고, 잘게 나눈 배포의 유연성을 바탕으로 기능을 분할하고, 처음부터 이러한 각 증분을 곧바로 프로덕션에 반영할 수 있도록 준비하는 방법을 배웠다. 3부에서는 코드의 세계로 들어가 유저 스토리를 작게 분할하여 프로덕션에 즉시 배포하는 방법, 복잡한 분산 시스템에서 하위 호환성을 유지하며 유저의 서비스 이용을 방해하지 않는 방법을 설명했다. 마지막으로 4부에서는 프로덕션에서의 탐색 테스트를 통해 변경사항을 안전하게, 점진적으로 릴리스하여 데이터 기반의 제품 실험을 수행함으로써 3부까지 배운 지식을 실무에 응용하는 방법을 알아보았다.

이 책 전반에 걸쳐 나는 지속적 배포의 이점과 도전 과제, 그리고 이 프랙티스를 완전히 받아들이기 위해 여러분이 어떻게 사고방식을 전환해야 하는지 설파했다. 내가 이 책을 쓰면서 많은 것을 배운 만큼, 독자 여러분도 이 책을 읽으며 새로운 지식을 많이 습득했다고 느끼기 바란다.

5부에서는 지속적 배포를 **실무 현장**에서 실행에 옮긴 실제 회사의 사례를 소개한다. 내가 인터뷰한 엔지니어들에게 지속적 전달은 전례 없이 빠른 속도로 고품질의 소프트웨어를 전달하게 만들어준 아주 고마운 프랙티스였다. 코드가 프로덕션에 도달하는 모든 단계를 자동화함으로써 그들의 팀은 기술적으로 가능한 범위에서 가장 빠르게, 효율적으로 반복하면서 유저에게 피드백하고 고객 가치를 실현할 수 있었다. 지금까지 내가 제시한 이론과 예제보다 더 많은 인사이트를 얻을 수 있는 구체적인 산 지식인 만큼, 가급적 시간을 내어 5부까지 완독하기 바란다.

이제 모든 공은 업계의 다른 전문가들에게 넘기고 나 대신 그분들이 멋진 글을 써주리라 기대한다. 여기까지 이 책과 함께 해준 독자(와 그렇지 않은 독자들까지도!) 여러분, 진심으로 감사드린다. 특별히 자신의 기술 실무 포트폴리오에 지속적 배포를 넣고자 하는 모든 분에게 행운이 함께 하길! 성공과 그보다 더 중요한 배움으로 가득한 즐거운 여행이 되길! 소프트웨어 개발 환경은 지금도 끊임없이 변하고 있으며, 앞으로도 지속적 배포가 조직에서 소프트웨어 개발을 어떻게 변화시켰는지 여러분의 생생한 경험담을 듣고 싶다.

켄트 벡의 명언을 남기면서 책을 마치겠다.

> 프로젝트 스타일을 설계할 때 내 목표는 소프트웨어 엔지니어링에서 내가 중요하다고 알고 있는 모든 것들을 가져와 다이얼을 10으로 돌리는 것이었다. […] 그러나 다이얼에서 10이라고 생각했던 숫자가 실제로 8이나 6밖에 안 됐다는 사실을 깨닫는 데만도 적잖은 경험이 필요했다.[5]

---

[5] 『*Extreme Programming Explained, Second Edition*』(Addison-Wesley, 2004)

PART 5

사례 연구

5부는 지속적 배포를 직접 경험한 업계 전문가들의 사례 연구 모음집이다. 지속적 배포를 향해 그들이 어떤 모험을 하면서 난제를 극복했는지, 어떤 품질 게이트를 구현했고, 소프트웨어의 프로덕션 경로를 어떻게 구성했는지 한 수 배워보자.

PART 5

사례 연구

사례 연구 A 오토스카우트24

사례 연구 B 오토

사례 연구 C N26

사례 연구 D 클라이밋파트너

사례 연구 E 모타빌리티 오퍼레이션즈

사례 연구 F 레아 그룹

사례 연구 G 메이즈

사례 연구 H 트래블퍼크

CASE STUDY **A**

오토스카우트24

첫 번째 사례는 사이먼 미터뮐로$^{Simon\ Mittermüller}$와 티아고 바가레$^{Thiago\ Vacare}$가 쓴, 유럽의 자동차 온라인 장터, 오토스카우트24^{AutoScout24} 이야기다. 사이먼은 이 회사에 2016년 입사하여 수석 소프트웨어 엔지니어로 근무하면서 제품 엔지니어링의 전략 수립 및 여러 팀 간의 의견 조율, 기술적 의사 결정을 주도해왔다. 그의 임무는 사내 업무의 신속한 진행과 신뢰성/품질 사이의 균형을 맞추는 일이다. 2020년에 플랫폼 엔지니어로 입사한 티아고는 개발 팀에서 소프트웨어 애플리케이션과 서비스 추상화 지원에 필요한 인프라 및 프레임워크를 설계, 구축, 유지보수하는 역할을 담당했다. 그는 여러 플랫폼 팀에서 근무하는 동안 400여 개의 마이크로서비스가 포함된 쿠버네티스 클러스터를 관리하면서 CI/CD 개선에 필요한 가속 메트릭$^{accelerate\ metric}$을 개발했고, AWS로 플랫폼을 이전하여 인시던트 관리 등의 업무를 수행했다. 이 사례 연구를 읽어보면 그들이 지속적 배포를 실천하면서 어떤 경험을 했는지 엿볼 수 있다.

A.1 오토스카우트24의 당시 상황

오토스카우트24는 월 3천만 명 이상의 유저와 43,000여 딜러 파트너사를 자랑하는 유럽 최대의 온라인 자동차 장터다. 유저 간에 중고차, 신차, 오토바이, 카라반, 화물차 등의 차량을 온라인으로 사고 파는 종합 플랫폼으로서, 스마트 검색, 금융, 가격 및 차량 평가 등의 기능 및 유저가 평가한 딜러 평점 정보를 공개함으로써 안전한 매매가 가능한 환경을 제공한다.

종합 자동차 장터로서 오토스카우트24는 디지털 리테일, 리스, 자동차 구독, e-모빌리티, 온라인 자동차 구매 등의 성장 분야에 집중적으로 투자하고 있다. 오토스카우트24 스마일smyle은 유저가 자동차 구매의 전 과정을 온라인에서 마칠 수 있는 환경이다. 리스 전문 업체인 LeasingMarkt.de는 2020년에, B2B 경매 플랫폼인 AUTOproff는 2022년에 각각 오토스카우트24 그룹에 인수되었다. 이로써 우리 회사의 온라인 장터는 유럽 자동차 무역의 디지털화를 크게 가속화하고 있다.

오토스카우트24는 유럽 19개 지역에 걸쳐 약 800명의 직원이 근무 중이다. 엔지니어링 조직은 200명 이상의 개발자로 구성되어 있으며, 2,000개 이상의 깃헙 리포지터리와 1,000개 이상의 서비스를 취급한다. 1,500개가 넘는 파이프라인을 통해 소프트웨어를 빌드하고 프로덕션에 릴리스하는데, 평균 빌드 시간은 15분, 평균 배포 시간은 6분 정도다. 매달 약 74,000개의 파이프라인 작업이 처리되며, 이것만 봐도 우리가 수요가 높은 기술 환경에서 광범위하고 빈번한 배포를 얼마나 효율적으로 관리하고 있는지 알 수 있다.

플랫폼 엔지니어링 그룹은 제품 엔지니어링 팀의 업무를 간소화하기 위해 사내 제품을 개발한다. 그들의 목표는 제품 엔지니어가 복잡한 인프라 때문에 고민하는 대신, 회사의 제품 개선에 집중하도록 만드는 것이다. 플랫폼 엔지니어링은 인프라 태스크를 자동화하고 안정성과 보안을 보장하면서 시스템을 들여다볼 수 있는 인사이트와 관찰 가능성을 제공하는, 강력하고 확장 가능하며 효율적인 플랫폼을 구축/관리한다.

이 목표를 달성하기 위해 우리 팀은 소프트웨어 개발 및 인프라 관리의 여러 영역을 커버하는 내부 제품을 개발하고 있다. 소프트웨어 전달, 컴퓨팅, 관찰 가능성, IaC, AWS 관리, 프로젝트 템플릿, 메시징, 인시던트 관리 등에 필요한 갖가지 도구들이 있다. 우리는 파이썬, 고랭, 타입스크립트, 배시 등의 다양한 기술과 AWS CDK[1], AWS 클라우드포메이션CloudFormation[2], 테라폼Terraform[3] 같은 IaC 도구를 사용하여 클라우드 인프라를 자동화하여 관리한다.

제품 엔지니어링 팀은 모든 고객 중심 제품의 원동력으로, 프런트엔드, 백엔드, DB, 큐 같은 각종 인프라 컴포넌트의 개발 및 유지보수를 담당한다. 그들은 AWS와 자사 플랫폼 엔지니어링 그룹, 두 거인의 어깨 위에서 자바와 타입스크립트 기반의 마이크로서비스 아키텍처를 적극

---

1 옮긴이_ https://aws.amazon.com/ko/cdk/를 참고하기 바랍니다.
2 옮긴이_ https://docs.aws.amazon.com/ko_kr/AWSCloudFormation/latest/UserGuide/Welcome.html을 참고하기 바랍니다.
3 옮긴이_ https://www.terraform.io를 참고하기 바랍니다.

활용한다. 서비스 간에는 REST나 그래프QL^{GraphQL}[4]을 통해 빠른 통신과 독립적인 제품 진화를 추구한다.

A.2 오토스카우트24의 지속적 배포 도입

2014년, 우리 회사에는 프로덕션 환경, 레퍼런스 환경(처음에는 테스트 용도로 프로덕션을 **축소시킨** 사본을 만들려고 했지만 결국 갖가지 DB와 서비스 버전이 뒤섞이고 말았다), 개발 환경(항상 깨져 있었다), 이 세 환경이 구축되어 있었다. 팀시티^{TeamCity}라는 CI/CD 도구를 사용했지만, 대부분의 파이프라인에는 레퍼런스에서 프로덕션으로 **빌드**를 승격시키는 수동 승인 단계가 있었다. 그리고 모든 서비스가 응축된 거대한 오라클 DB를 공유했다. 백업 데이터 센터가 있긴 했으나 제 구실을 못했다. 제품 일부만 바꿔도 중단 시간이 필요했고, 리소스 스케일링이 안 돼서 무조건 최대한 오버프로비저닝해야 했다. 또 모든 변경사항을 레퍼런스 환경에서 테스트한 뒤 프로덕션에서 다시 테스트하는 전담 QA 팀이 별도로 있었다. 그 밖에도 다른 이슈가 많아 우리는 소프트웨어 전달을 근본적으로 다른 시각에서 바라보게 되었다.

그래서 데이터 센터에 있는 모놀리식 애플리케이션을 클라우드의 오토스케일링 마이크로서비스('클라우드 네이티브', AWS)로 바꾸기 위해 자율적인 애자일 구축 팀을 꾸려 대전환을 꾀했다. 더 안전하게, 안정적으로 배포하기 위해 블루/그린 배포와 기능 토글을 곁들인 트렁크 기반의 개발 방식을 택했다. 새 마이크로서비스는 첫날부터 프로덕션에 자동 배포되었다.

A.2.1 조직적 장애 극복

표준을 구현하려면 늘 난관에 봉착하게 마련이다. 처음부터 왜 그래야 하는지 사람들이 모두 다 이해하는 것이 아니기 때문이다. "굳이 잘 돌아가는데 왜 바꾸려는 거지?" 하고 반감을 가지는 이들이 많다. 하지만 올바른 방식으로 접근해서 프로세스를 개선할 수 있다는 사실을 제시하면 이 정도의 어려움은 충분히 극복할 만하다.

---

[4] 옮긴이_ 페이스북이 개발한 API 쿼리 언어 및 실행 환경으로, 클라이언트가 필요한 데이터만 선택적으로 요청할 수 있습니다. 기존의 REST API와 달리 필요한 데이터만 요청하고 여러 리소스를 한 번의 요청으로 가져올 수 있습니다.

우리는 이렇게 한 걸음씩 내딛었다.

- 필요 시 표준을 적용하고 발전시킬 수 있도록 모든 팀과 더불어 학습하는 문화를 장려했다.
- 열린 소통 및 피드백 채널을 권장했다. 특히, 플랫폼 엔지니어링 팀과 제품 엔지니어링 팀 간의 명확한 소통 채널과 협업 프레임워크를 구축했다. 이는 신규 입사자를 위한 온보딩 프로세스의 일환으로, 어디에 가서 물어보고, 피드백을 주고, 새 기능의 릴리스 및 시스템 중단 시간 등에 관한 공지 사항은 어떻게 열람할 수 있는지 모두에게 알렸다.
- 전 직원이 개발 프로세스에서 자신의 역할을 이해하도록 책임을 공유하는 문화를 조성했다. 또 여러 부서에서 같은 목표를 바라보고 일하는 팀원 일부를 차출해서 다기능 팀을 구성했다.
- '직접 만들고 실행하라' 원칙을 고수했다. 테스트를 작성하고, 제품을 릴리스하고, 모든 게 제대로 작동하는지 확인하는 일은 개발자의 몫이지만, 실수를 해서 뭔가 잘못되어도 비난을 받아 모멸감을 느끼지 않도록 사고 조사 및 리뷰 프로세스를 진행한다. 직원들이 실패를 통해 교훈을 얻고 새로운 것을 시도하도록 용기를 불어넣었다. 개발 팀에 필요한 도구와 교육 세션을 제공하고, 자신이 개발한 코드에 오너십을 갖도록 고취했다. 고품질의 소프트웨어를 전달하는 일에 자부심을 느낄 수 있는, 책임감 있는 분위기를 정착시켰다.
- 성공한 파일럿 프로젝트나 사례 연구를 통해 지속적 배포의 이점을 사람들에게 부각시키려 노력했다. 우리는 수차례 통합 테스트를 하고, 배포할 때마다 단위 테스트를 하며, 더 복잡한 테스트는 플랫폼 엔지니어링 제품이 야간 통합 테스트를 실행해서 모든 게 잘 작동하는지 확인한다. 덕분에 우리는 자신감을 갖고 제품을 변경할 수 있게 되었고, 이는 제품 신뢰도를 높이고 제품을 사용하는 제품 엔지니어링 팀에도 훌륭한 베스트 프랙티스가 됐다.
- 우리는 소규모의 점진적인 변경부터 시작해 배포에 대한 자신감을 쌓아 갔고, 개발 초기부터 오류를 발견하기 위해 자동 테스트 및 품질 보증 프로세스를 갖추었다. 배포 빈도와 범위는 자신감이 생기면서 점차 늘려갔다. 개발 팀이 기능과 개선사항 전달에 집중하는 동안, 플랫폼 팀은 CI/CD 지원에 필요한 인프라 및 도구를 제공했다.
- 시간이 흘러 우리는 몇 개 회사를 인수했는데, 그간 우리가 구축해 온 프로세스가 잘 작동하는지 확인할 좋은 기회였다. 우리는 인수한 회사의 현행 프로세스와 기술을 평가하는 일이 회사 간의 격차를 식별하고 조정 기회를 모색하는 데 매우 중요하다는 사실을 깨달았다. 일례로, 인수한 회사 중 한 곳의 CI/CD는 깃헙 액션^{GitHub action}을 사용 중이었는데, 마침 오토스카우트24에서도 꽤 오랫동안 한 번 구현해보고 싶었던 기술이었다. 덕분에 그 회사에서 기술을 배우고 피드백을 반영하는 좋은 기회가 되었고, 나중에 오토스카우트24에서 깃헙 액션을 적용하기 시작할 무렵에는 꽤 많은 지식이 축적되었다. 또 신생 팀을 지속적 배포 워크플로에 통합하기 위한 교육과 기술 지원을 했으며, 조직 분위기가 상이한 팀 간의 협업 및 지식 공유 문화를 조성했다.

모든 경우에 중요한 포인트는, 인내심과 끈기, 끊임없는 개선에 초점을 두고 지속적 배포로 전환하고자 노력하는 것이다. 조직의 장애물을 체계적으로 해결하고 프로세스에 주요 이해관계자를 참여시키면 여러분의 조직에서도 지속적 배포를 성공적으로 도입할 수 있는 기반이 마련될 것이다.

A.2.2 기술적 장애 극복

지속적 배포로 항행하던 도중에 우리는 기술적인 측면에서 몇 가지 장애물에 부딪혔다.

첫째, 우리는 폭발 반경blast radius을 줄이기 위해 최소 권한 원칙least privilege principle을 준수했고, 권한이 부여된 유저나 역할만 데이터, 리소스, 애플리케이션에 액세스할 수 있도록 제한했다. 예를 들어, 민감한 정보는 시크릿 관리 도구를 사용하여 코드베이스 외부에 안전하게 저장했다. 또한 취약점 스캐닝, 디펜던시 검사, 보안 구성 관리 등 파이프라인의 일부로 실행되는 갖가지 보안 장치를 구현했고, 반자동 업데이트semiautomatic update를 통해 디펜던시와 라이브러리를 최신 상태로 맞추었다.

둘째, 우리는 평균 고장 간격Mean Time Between Failure(MTBF)에서 평균 복구 시간(MTTR)을 최적화하는 방향으로 초점을 옮겼다. 이렇게 하려면 신속한 배포를 통한 **선제 조치**fix forward가 필수인데, 이 과정에서 병목을 찾아내 없애려면 지속적인 관심과 노력이 필요하다. 우리는 파이프라인에 여러 태스크를 병렬화하고, 디펜던시를 캐시하고, 빌드 스크립트를 최적화하고, 경량 컨테이너를 사용하고자 노력했으며, 문제 발생 시 신속한 알림을 받기 위해 우수한 관찰 가능성 및 신속한 알림 기능 구축에도 투자를 아끼지 않았다.

셋째, 버그 없는 코드를 일과 중에 언제라도 프로덕션에서 별 탈 없이 배포할 수 있게 단위 테스트와 통합 테스트를 비롯하여 전반적인 테스트 자동화에 투자했다.

A.3 오토스카우트24의 지속적 배포 구현

오토스카우트24에서 PRpull request의 사용 여부는 팀별로 알아서 결정하거나, 개발 중인 서비스의 중요도에 따라 결정한다. 각 팀은 아직 완성이 안 됐거나, 테스트가 안 끝났거나, 이해도가 떨어지는 프로덕션 코드를 푸시할 때 기능 토글을 많이 쓴다. 덕분에 프로덕션에 자주 푸시할 수 있어서 변경사항을 작고 관리하기 쉽게 유지할 수 있고, 개발자와 제품 관리자가 프로덕션에서 변경사항을 테스트하면서 조기에 피드백을 받을 수 있게 됐다. 또 팀은 안전하고 효율적으로 코드 이터레이션을 수행함으로써 전체 개발 프로세스를 개선할 수 있었다. 어떤 팀은 하루에 여러 번 배포하기도 한다.

코드가 개발에서 프로덕션에 도달하기까지는 여러 단계를 거친다. 먼저, 개발자는 로컬에서 기능을 빌드하고 목으로 만들거나 도커화된^{Dockerized} 프로덕션 디펜던시를 사용하여 테스트 스위트를 실행한다. 그런 다음, 도커화된 디펜던시를 사용하거나 프로덕션에 있는 타 서비스를 호출하여 (가능한 경우) 서비스를 로컬에서 기동한다. 이후 개발자가 작업한 브랜치를 깃헙에 푸시하고 PR을 생성하면 CI 파이프라인이 트리거되며, 자동으로 테스트 스위트 및 기타 품질 검사가 수행된다. PR 리뷰 후 머지까지 끝나면 비로소 CI/CD 파이프라인을 통해 빌드, 테스트, 통합 테스트가 진행되고, 결국 AWS 클라우드포메이션^{CloudFormation}이 (CDK를 사용하여) 서비스를 자동으로 프로덕션에 배포한다.

일부 단계는 병렬 진행이 가능하다. 예를 들어, 도커화된 환경에서 무거운 통합 테스트를 하면서 일반적인 단위 테스트도 실행할 수 있다. 스모크 테스트, UI 테스트는 프로덕션 서비스에서 실행되고, 마지막에 성공 메트릭은 파이프라인을 통해서 데이터독과 슬랙으로 전송된다. 드물긴 하지만, 업그레이드(예 일래스틱서치^{Elasticsearch} 클러스터 버전 또는 기타 RDS DB 구성의 메이저 업그레이드) 실패 시 영향도를 줄이기 위해 인프라(예 서비스 또는 DB)를 복제하는 경우도 있다.

A.3.1 지속적 배포의 안정성 보장

오토스카우트24의 프로덕션 경로에서 품질 게이트 역할을 하는 주요 프랙티스를 소개한다.

코드 리뷰 프로세스

오토스카우트24에서 코드 리뷰 프로세스는 서비스 중요도와 개발을 담당한 팀마다 다르다. 우리는 프로덕션 배포 전에 철저한 코드 리뷰를 하려고 다음 같은 패턴 및 프로세스를 적용한다.

- **고전적인 PR 리뷰**
  개발자가 동료의 리뷰를 받으려고 코드 변경사항을 제출하는 고전적인 PR 리뷰다. 건설적인 피드백을 받을 수 있고 코드가 머지되기 전, 잠재적인 문제 파악에 도움이 된다.

- **페어 프로그래밍**
  페어 프로그래밍은 두 명의 개발자가 동일한 코드를 함께 작업하며 서로 작업한 결과물을 계속 실시간으로 리뷰하는 과정이다. 지식 공유를 촉진하고 코드 품질을 개선하는 데 유용하다.

- **메인 브랜치로 바로 푸시**
  경우에 따라 코드 변경사항이 기능 토글 밑에 있는 메인 브랜치로 바로 푸시하기도 한다. 덕분에 새 기능을 신속히 배포할 수 있고, 작업 완료 후 유저에게 릴리스되기 전 (토글을 켜서) 자연스러운 리뷰가 가능하다.

오토스카우트24의 코드 리뷰 프로세스는 전반적으로 유연하고 적응성이 좋아서 각 팀과 그들만의 특정한 요건에 따라 가장 알맞은 접근 방식을 선택할 수 있다.

테스트 자동화

테스트 자동화는 소프트웨어 개발 프로세스에서 필수불가결한 요소로서, 각 팀이 코드의 기능을 신속하고 안정적으로 검증할 수 있게 한다. 우리는 코드베이스의 품질 보장을 위해 개별 컴포넌트를 독립적으로 테스트하는 단위 테스트, 컴포넌트 간의 인터랙션을 테스트하는 통합 테스트 등 다양한 유형의 자동 테스트를 사용한다. 이런 테스트는 보통 지속적 통합 프로세스의 일부로 실행되며, 매번 코드가 변경될 때마다 새로운 빌드 및 테스트가 트리거된다.

우리는 **프로덕션에서의 통합**integrate in production을 지향한다. 어떤 테스트는 실행 중 프로덕션 시스템을 호출하는데, 이로 인해 CI/CD와 디펜던시의 가용성이 서로 커플링된다. 이런 문제는 테스트를 건너뛸 수 있게 허용하여 문제를 완화한다. 이런 방식이 가능한지는 산업과 비즈니스 도메인에 크게 좌우된다(예 GDPR 요건 때문에 프로덕션에서 테스트할 패턴의 일부를 제외시켜야 할 수도 있다).

그리고 우리는 프로덕션 시스템에 배포한 후 스모크 테스트를 실행하여 해당 서비스의 크리티컬 패스를 테스트한다. 또한 수많은 서비스(외부 서비스 포함)가 뒤얽힌 복잡한 비즈니스 흐름이 과연 올바른지 파악하기 위해 엔드투엔드 유저 테스트를 정기적으로 실행한다. 물론 팀별로 다른 종류의 테스트(예 로드 테스트, 재해 복구 절차 테스트)를 실행하기도 한다.

덧붙여, 우리는 AWS CDK를 IaC 표준으로 사용하고, 개발자들에게 우리가 준비한 독자적인 opinionated 템플릿을 제공한다. 이 템플릿에는 인프라 레벨의 버그를 줄이기 위해 IaC 레이어를 어떻게 테스트하는지 보여주는 테스트 스위트가 일부 포함되어 있다. 또 모든 게 매끄럽게 잘 실행되도록 CDK 테스트의 변경사항을 정확하게 검증하고 변경한다.

무중단 배포

우리 회사는 인피니티Infinity[5]를 프로덕션 서비스를 실행하는 주요 플랫폼으로 사용한다. 인피니티는 AWS EKS와 AWS 클라우드포매이션 커스텀 리소스를 사용하는 쿠버네티스 기반의 커스텀 컴퓨트 솔루션이다. 우리는 다양한 비즈니스 영역의 1,000개 이상의 파드를 실행하며, 거

---

[5] 옮긴이_ https://startinfinity.com을 참고하기 바랍니다.

의 매일 100회 이상 서비스를 배포한다. 배포할 때는 기본적으로 비가용성이 0%, 최대 서지$^{\text{max surge}}$가 25%인 쿠버네티스의 롤링 업데이트 전략을 사용한다.

쿠버네티스에 있는 서비스 X의 레플리카가 두 개 있다고 하자. 서비스 X의 트래픽이 신규 배포 시점에 당초 정의된 값의 25% 이상, 원하는 값의 0% 이하로 증가하면, 배포 중에 요청을 받을 준비가 된 최소한의 레플리카 수를 확보할 수 있다. 쿠버네티스는 옛 파드를 종결시키기 전에 새 파드의 상태를 검사하여 트래픽을 서비스할 준비가 됐는지 확인한다. 덕분에 아직 작동 불가한 파드를 배포하여 발생하는 중단 시간을 방지할 수 있다.

관찰 가능성

관찰 가능성은 프로덕션 시스템의 동작을 이해하고 관리하는 데 있어서 매우 중요하다. 우리는 메트릭, 트레이스, 알림, 로그, 대시보드, SLO 등의 관찰 가능성 도구로 데이터독을 사용한다. 데이터독은 따로 인프라 관리를 할 필요 없이 다른 시스템과 쉽게 통합할 수 있는 관찰 가능성 플랫폼이다.

우리는 투명한 조직 문화를 지향하는 회사라서 팀원 모두 교차 서비스 메트릭$^{\text{cross-service metric}}$을 볼 수 있다. 덕분에 문제를 더 빨리 디버그할 수 있고 유용한 대시보드를 구축할 수 있다. 우리는 SLO 베스트 프랙티스를 만들고 팀이 자체 SLO 대시보드를 생성할 수 있는 모듈을 제공했다. 또한 모든 크리티컬한 서비스에 적절한 SLO와 알람을 적용하고, 팀원 대상으로 SLO 베스트 프랙티스 과정을 교육하여 그들의 여정을 돕고 있다. 더 높은 레벨에서는 어떤 변경사항이 비즈니스에 언제, 어떻게 영향을 미치는지 파악할 수 있게 핵심 성과 메트릭$^{\text{Key Performance Indicator}}$(KPI) 체계도 확립했다.

A.3.2 주니어 엔지니어 지원 체계

신규 입사자에게는 온보딩 과정의 일부로, 가급적 조기에 프로덕션 시스템에 배포할 기회를 부여한다. 누구든지 직접 해봐야지 업무 프로세스와 서비스에 자신감을 가질 수 있다. 우리는 페어 프로그래밍에 진심이며, 테스트 스위트와 배포 프랙티스에 대한 확신을 바탕으로 주니어를 위한 태스크의 복잡도를 점점 높여가고 있다. 고품질의 온보딩 자료(예 교육 동영상, 예제, 참조 문서 링크 등)에도 많은 투자를 해왔으며, 지속적으로 개선해나가는 중이다.

CASE STUDY B

오토

두 번째 사례 연구는 오토^{OTTO}의 지속적 배포 적용 사례다. 톰 볼러툰^{Tom Vollerthun}은 이 회사의 총괄 전문 소프트웨어 개발자(본인은 이 직책이 도움이 된다는 확신이 별로 없는 듯하지만)로서 10년 이상 소프트웨어 엔지니어, 기술 팀 리더로 근무했다. 오토에서는 지속적 배포를 어떻게 적용했는지 그의 말을 들어보자.

B.1 오토의 당시 상황

오토는 유럽 최대의 리테일러^{retailer}이자, e-커머스 스토어다. 이 글을 쓰는 현재 6,100명 이상의 직원과 1,450만 개의 제품(변형까지 포함하면~2,600만 개), 5,000개 이상 파트너사의 20,000개에 달하는 브랜드를 보유 중이다. 이 플랫폼은 매일 최대 600만 건의 유효 방문 및 초당 최대 10건의 주문을 처리한다.

오토의 엔지니어는 `Otto.de` 웹사이트를 서비스하는 60개의 자율적인 애자일 팀에 소속되어 있으며, 이외에 백엔드 또는 IT 부서에도 팀이 있다. 이들은 지속적 배포를 통해 매일 60회 이상의 프로덕션 배포를 수행한다.

나는 최근 오토 내부에서 구글 쇼핑^{Google Shopping}, 트위치^{Twitch}, 페이스북^{Facebook} 등의 외부 마케팅 파트너와 `Billiger.de` 같은 가격 비교 포털에 제품 데이터를 전달하는 팀으로 자리를 옮겼다. 제품 데이터는 비즈니스 부서의 조정 가능한 구성에 따라 필터링 및 변환 후 70개 이상의 포맷으로 익스포트^{export}되며, 매일 수백 번 업데이트된다. 가장 최근에 근무했던 팀에서는 스토어 내 개인 맞춤형 추천 및 스폰서 제품의 실시간 입찰 시스템을 담당했다.

B.2 오토의 지속적 배포 도입

2011년, 스크럼 같은 애자일 프로세스를 활용하여 기존 인터샵 소프트웨어$^{Intershop\ Software}$를 자사에서 구축한 샵으로 대체하는 로체 프로젝트$^{Lhotse\ Project}$에 착수했고 우리는 지속적 배포를 향한 대장정에 올랐다.

지속적 배포는 그 자체가 목표는 아니다. 새로운 기능이 탄생하고 그것이 고객에게 임팩트를 줄 때에만 회사에 가치가 있다는, 가장 중요한 목표를 달성하기 위한 수단일 뿐이다. 당시에는 일상다반사였던, 수개월에 걸친 긴 QA 프로세스와 배포 사이클은 별로 도움이 되지 않았다. 변경사항은 신속하게 가치를 창출하는 동시에 리스크를 통제할 수 있어야 하므로, 어쩔 수 없이 문제가 생겨도 자동화와 테스트 스위트는 반드시 필요한 요소다. 우리는 고장 평균 시간$^{Mean\ Time\ To\ Failure}$(MTTF)을 늘리는 것보다 전달 평균 시간$^{Mean\ Time\ To\ Delivery}$(MTTD)을 줄이는 것이 더 중요하다는 사실을 깨달았다.

과도한 지연 없이 가치를 창출한다는 주요 목표의 달성 외에도 지속적 배포는 다음과 같은 긍정적인 부수 효과를 가져왔다.

- 라이브 시스템에 가하는 변경 규모가 작아서 잠재적인 영향도를 신속하게 파악할 수 있다.
- 토글을 이용해 기술 배포(코드 변경사항이 라이브 환경에 도달함)와 비즈니스 배포/릴리스(변경사항이 반영되어 고객에게 영향을 미칠 수 있음)의 연결고리를 끊을 수 있다. 그래서 모든 팀이 영향도를 모니터링할 수 있는 업무 시간 중에 변경사항을 활성화시킬 수 있다.
- 토글을 사용하면 변경사항을 신속하게 비활성화할 수 있고, 점진적인 롤아웃이나 A/B 테스트를 비교적 쉽게 수행할 수 있다. 덕분에 사람의 직감 대신, 실제 데이터를 보면서 변경사항이 미친 영향도를 구체적으로 확인할 수 있다.
- 토글을 사용하여 트렁크 기반으로 개발하면 큰 규모의 머지 리스크를 낮출 수 있다. 예컨대, 코드 리팩터링을 통해 모든 개발 팀원이 고루 혜택을 누릴 수 있고, 수명이 긴 기능 브랜치(머지, 롤아웃, 되돌리기 어려운 대형 변경사항)의 리스크도 줄일 수 있다.
- 종합적인 테스트 스위트를 수행함으로써 시스템에서 크리티컬한 기능이 손상되는 것을 방지하고 버그 픽스를 신속하게 배포할 수 있다.

B.2.1 조직적 장애 극복

오토는 꽤 오랜 전통을 자랑하는 회사로, 기술에 관한 한 얼리 어답터인 편이라서 우리 부서가 기조를 바꾸어 애자일 개발/배포 전략을 수용하기로 결정했을 때에도 정교한 QA 단계 및 배포 사이클이 길기로 악명 높은 폭포수 프로세스^{waterfall process}는 잘 정립된 상태였다. 주요 추진 과제 중 하나는, 개발 팀이 이 모든 수동 QA 테스트를 포기하고도 최고 품질의 안정적인 소프트웨어를 개발할 수 있다고 경영진이 믿고 맡길 수 있도록 문화적인 대변혁을 일으키는 것이었다.

사실, 테스트 시스템과 라이브 환경 사이에 수동 QA를 두는 것은 거의 자연스러운 본능이었다. 라이브 시스템에서 발생한 모든 버그는 QA 팀 책임이었으므로 당연히 신속한 변경사항의 릴리스는 여간 탐탁지 않았고, 그 결과 개발 팀과 이해관계자들은 기능이 기대한 만큼 빨리 릴리스되지 않아 불만을 품게 되었다.

QA 팀 입장에서는 자기네가 결과에 대해 거의 영향을 미치지 않는 변경사항에 책임을 지는 것이지만, 아무래도 한 번에 하나의 배포만 허용하기로 한 결정이 가장 큰 영향을 미쳤을 것이다. 그들은 그래야만 어느 배포를 유저의 행동 변화와 연관 지을 수 있다고 여겼으므로, 여러 가지 상황을 고려하자면 합리적인 결정이었다. 그 결과 모든 팀이 하나의 배포 파이프라인을 공유하게 되었고, 어느 한 팀의 배포가 진행되는 동안 다른 모든 팀의 배포는 일시 중지될 수밖에 없었다. 특히 배포를 롤백하는 경우, 그로 인한 팀 간의 마찰과 갈등이 엄청났다.

나는 조직에 관한 문제는 어느 한 가지 조치만으로는 해결할 수 없다고 확신하는 사람이다. QA 팀과 개발 팀 간의 갈등은 팀원 각자가 자신이 담당하는 시스템에 대한 영향력이 부족하거나, 심지어 감독조차 하지 않는 데 그 근본적인 원인이 있었다. 응당 오랜 시간이 필요하고 시행착오가 불가피했지만, 내 생각에 QA 인력을 개발 팀에 통합한 것이 가장 핵심적인 변화였다. QA 인력이 긴 프로세스의 맨 끝으로 밀려나는 대신, 새로운 기능을 처음 기획할 때부터 개발 팀 및 다른 이해관계자들과 함께 업무 조인을 하게 된 것이다. 그들이 테스트에 관한 베스트 프랙티스를 팀에 조언한 덕분에 수동 테스트를 팀 개발자가 자동화했으며, 이전에 QA 팀과 개발 팀 간에 중복됐던 테스트도 모두 없앨 수 있었다. QA 담당자는 영향력이 (거의) 없는 시스템을 떠맡아 관리하는 대신, 팀 내부에서 책임을 공유함으로써 의도치 않게 일을 지연시키는 사람이라는 소리를 더 이상 듣지 않아도 됐다.

개발 팀과 QA 팀의 관계가 돈독해지고 QA 팀원이 풀스택 개발자로 변신하면서, 팀의 작업 품질에 대한 신뢰감이 쌓이고 더 우수하고 의미 있는 테스트 스위트를 작성할 수 있었던 것 같다.

그 결과, 모든 팀원들이 오버엔지니어링과 불안정해진 프로세스에서 벗어나 마찰과 갈등을 줄이고, 궁극적으로 훨씬 더 나은 성과를 거두게 되었다.

다음은 2014~2015년의 주간 배포 횟수를 나타낸 그래프다.

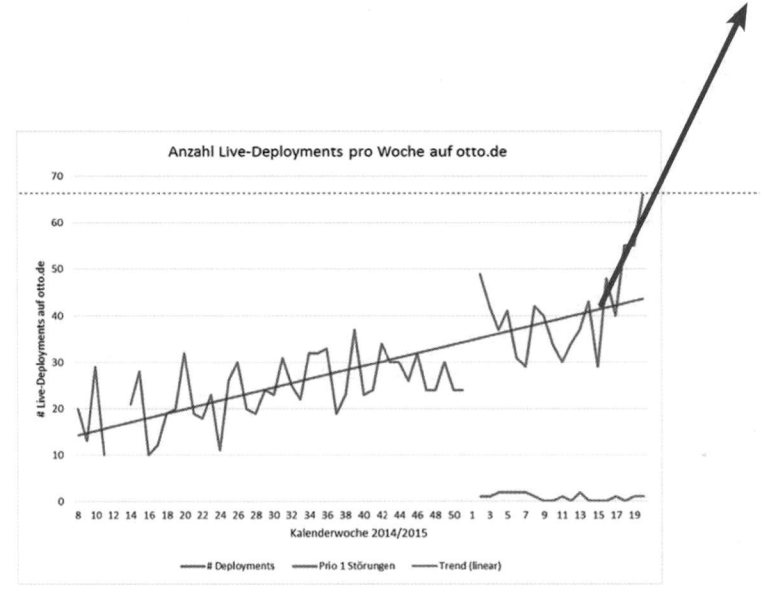

그래프에서 보다시피, 2015년 초부터 근본적인 변화가 일어났다. 라이브 배포 수가 급증하기 시작했지만, 같은 기간 라이브 인시던트 수는 큰 변동이 없다. 팀에 QA를 긴밀하게 통합하는 일은 아직도 우리 부서에서 권장하는 베스트 프랙티스다. 확실히 그렇게 통합한 이후 라이브 배포 횟수는 계속 증가했다. 공유 파이프라인에 더 이상 의존하지 않으므로(팀에서 자체 CI 서버를 실행하거나 깃헙 액션을 사용해서 배포하는 경우가 많다) 요즘은 횟수를 정확히 파악하기 어렵지만, 내가 마지막으로 확인했을 때 라이브 배포 건수는 매일 약 100건에 달했다.

B.2.2 기술적 장애 극복

우리가 지속적 배포를 처음 시작했을 때, 애자일 프로세스에 대한 신뢰 구축에 걸림돌이 되는 조직상의 문제 외에도 기술적인 이슈가 있었다. 2006년 마틴 파울러가 설명한 컨슈머 주도 계약 테스트$^{\text{Consumer-Driven Contract}}$(CDC)는 당시에도 결코 새로운 개념이 아니었지만, 이 테스트가 제공하는 가치와 안전성에도 불구하고 업계에서 잘 정립된 프랙티스는 아니었다.

그래서 우리는 아주 순진하게 첫 시도를 감행했다. 서비스 프로듀서의 파이프라인에서 실행되어야 하는 JAR 파일부터 시작했는데, 자바 메이저 버전이 바뀌면 테스트도 중단될 수 있다는 사실을 금세 깨닫게 되었다. 자바 런타임의 가용성에 의존할 수 없게 되어 일부 서비스는 나중에 노드JS로 작성하기 시작했다.

어떤 테스트는 서비스 프로듀서가 그들의 빌드 서버에서 헤드리스 브라우저를 사용할 수 있어야 가능했고, 여기서도 버전이 변경되면 테스트가 깨질 수 있었다.

서비스 프로듀서 팀에 과도한 오버헤드를 주지 않고도 안정적이면서도 탄력적으로 CDC 테스트를 트리거하고 실행할 수 있는 메커니즘을 찾아 AWS로 이전하기까지 수년이 걸렸다. 결국 우리는 컨슈머의 REST 엔드포인트를 네트워크 호출(예 람다)하여 그들의 테스트를 실행하고 리턴 코드가 테스트의 성공/실패를 알려주는 방식으로 구현했다.

B.3 오토의 지속적 배포 구현

오토에서는 팀별로 필요에 따라 자체 배포 프로세스를 정의한다. 일례로, 결제를 담당하는 팀이 안전하다고 결론을 내리려면 광고를 취급하는 팀과는 다른 테스트를 수행해야 하는 것이다.

완전 자동화한 파이프라인을 통과한 모든 커밋은 라이브 시스템에 배포되므로 커밋 횟수는 커밋 간 시간에 좌우된다. 우리는 **매 수 분에서 최대 30분마다 한 번씩** 또는 **매일 한 번만** 등으로 개발자에게 매우 자주 커밋할 것을 권장한다. 한 번은 개발자 PC에서 테스트가 전부 다 성공하면 스크립트가 실행되어 변경사항이 바로 푸시되는 자동 푸시 기능을 실험해보았지만, 코멘트 메시지가 부실한데다 수동 푸시의 이점이 거의 없어서 별다른 호응을 얻지 못했다. 미완성 기능이 다음 날까지 푸시되지 않은 상태로 개발자 PC에 남아있는 것은 아주 드문 일이었다. 특히, 우리 회사는 어린 자녀를 둔 직원들(물론, 그들만 그런 건 아니지만)이 갑작스럽게 자리를 비우는 일이 흔해서 더욱 그랬다. 정말 어쩔 수 없는 경우에는 변경사항을 메인 대신 다른 브랜치에 푸시하기도 했지만, 이렇게 하면 지속적 배포의 이점이 대부분 상쇄되므로 실제로 그렇게 한 적은 거의 없었다.

B.3.1 프로덕션 경로

다시 한번 언급하지만, 오토의 팀들은 저마다 자율적으로 움직이므로 프로덕션 경로 역시 팀마다 제각각이다. 예를 들어, 스폰서 제품(광고) 시스템에서 프런트엔드가 변경되는 과정을 단계별로 살펴보면 다음과 같다.

변경사항이 개발자의 PC에서 커밋된다. 토글은 기본적으로 꺼져 있지만 ON/OFF 두 상태 모두에 해당하는 테스트가 실행된다. 테스트 스위트의 전체 단위 테스트, 컴포넌트 테스트, 통합 테스트를 실행한 결과 그린으로 표시되면 깃헙 리포지터리에 푸시된다. 프런트엔드 코드가 포함된 리포지터리가 변경되는 것이므로 자바스크립트 코드의 테스트도 실행된다.

변경 결과, 코드를 컴파일하고, 코드 스타일 준수 여부를 확인하고, 정적 코드 분석을 통해 쉽게 딸 수 있는 과일$^{low-hanging\ fruit}$을 찾아내는 파이프라인이 트리거된다. 파인드버그^{Findbugs}나 코버튜라^{Cobertura} 같은 도구에서 강조 표시된 오탐은 오랜 시간에 걸쳐 개선되었지만, 영구적으로 빨갛게 표시되는 파이프라인 단계를 보지 못하고 지나치는 오류를 범하지 않으려면 이런 도구를 세심하게 구성해야 한다는 사실을 알게 되었다. 입맛에 맞게 구성하는 시간이 너무 많이 걸려 정적 코드 분석을 완전히 포기하고, 코드 품질을 높은 수준으로 끌어올리기 위해 다른 방법에 집중하기로 결정한 팀도 있다.

모든 단위, 컴포넌트, 통합 테스트가 포함된 동일한 개발 테스트 스위트가 빌드 서버에서 실행되고 모든 테스트가 전부 성공하면, 비로소 컴파일된 아티팩트가 담긴 도커 이미지가 생성돼 팀별 도커 리포지터리에 푸시된다.

새 도커 이미지를 라이브 아닌 환경에 배포한 후에는 더 많은 테스트를 돌려서 실행 중인 서버 상태를 살펴볼 수 있다. 예를 들어, 테스트 중인 마이크로서비스의 유형에 따라 제이라인업^{JLineUp}이나 갈렌^{Galen} 프레임워크 기반의 시각적 회귀 테스트, 셀레늄^{Selenium}을 활용한 기능적 프런트엔드 테스트, 또는 다른 팀이 의존하는 API의 변경에 대한 CDC 테스트가 있다. 우리는 변경사항의 배포 전후로 테스트 페이지의 스크린샷을 생성하는 제이라인업을 사용한다. CSS 클래스를 추가하는 기능 토글이 꺼져 있어 가시적인 변경사항은 전혀 없으므로 테스트는 성공한다.

팀의 필요에 따라 변경사항을 다른 중간 환경에 배포할 수도 있지만, 이런 경우 QA나 프리라이브 환경에 추가 배포는 하지 않는다.

이제 변경사항이 제대로 작동한다는 사실을 알았으니 라이브 환경에 배포할 수 있다. 다시 말하지만, 토글은 기본적으로 꺼져 있으므로 페이지 유저에게는 아무런 영향이 없다. 기술 배포(코드를 라이브 시스템에 가져오는 작업)는 여기까지다.

Otto.de로의 통합은 스모크 테스트로 확인한다. 스모크 테스트는 특성상 변동성이 크기 때문에 (통합하는 팀이 여럿인 점, 네트워크 불안정성 등) 많은 팀이 실패한 스모크 테스트를 자동으로 반복할 것이다. 심지어 연속 실행되도록 스케줄링을 걸어놓고 라이브 시스템의 모니터링 도구로 활용하는 팀도 있다.

비즈니스 배포/릴리스(변경사항을 유저에게 보여주는 것)는 기능 토글을 켜는 활동으로, 제품 소유자가 원하는 때 언제라도 수행할 수 있다. 보통은 개발자와 협업하여 테스트 환경에서 토글을 켜고 실제로 버튼 색깔이 제대로 바뀌었는지 확인한다.

기능에 따라 라이브 환경에서의 토글 활성화 전략은, 점진적인 롤아웃(요청 일부에 대해서만 토글 켜기) 외에도, 클릭 또는 주문 행동에 미치는 영향을 면밀히 모니터링하기 위해 수 주에 걸쳐 일부 유저만 변경사항에 노출시키는 현장 실험^{onsite experiment}까지 꽤 복잡해질 수 있다. 이 글의 예제는 간단하게 설명하기 위해 개발자가 라이브 환경에서 기능 토글을 이제 막 활성화했고, 앞으로 이 기능은 고라이브되어 정리할 준비가 됐다고 가정했다.

기능 토글이 영구적으로 켜진 상태이고 제품 소유자는 당분간 버튼을 옛 색깔로 되돌릴 계획이 없으므로, 기능 토글을 삭제하고 파이프라인을 다시 실행하면 된다.

B.3.2 지속적 배포의 안정성 보장

우리는 테스트 스위트나 QA 프로세스를 아무리 정교하게 다듬어도 완벽하게 버그를 없애기란 불가능하다는 사실을 알게 되었다. 그래서 버그 예방에서 버그 픽스를 위한 신속한 롤아웃 능력(MTBF/MTTR)으로 초점을 옮겼고, 많은 팀이 그린 파이프라인의 우선순위를 정하는 일의 중요성을 깨닫게 되었다. 이로써 언젠가 나중에 필요하게 될 버그 픽스를 신속하게 배포할 여지는 남겨두고, 팀이 불가피한 버그 조치를 라이브 시스템에 적용하기 위해 가장 중요한 게이트웨이에 집중할 수 있게 되었다.

물론, 처음부터 버그가 발생하는 리스크를 줄이거나, 버그가 발생해도 그 영향도를 제한하는 데 유용한 다양한 프랙티스와 사고방식이 있다.

팀 문화

우리 팀은 Otto.de의 특정 파트를 장기간 담당하는 기능 팀들로 구성되어 있어서 제품에 대한 책임감이 강한 편이다. 간혹 단기 프로젝트 팀이 구성될 때도 있지만, 대부분 웹사이트용 시스템 구축이 아닌, 비즈니스 부서에서 쓰이는 도구나 일회성 마케팅 콘텐츠를 개발한다.

팀의 독립성과 자율성은 우리 팀에서 무엇보다 중요한 가치이므로, 버그를 일으켜 다른 팀의 작업에 방해가 되지 않도록 팀별로 주의를 환기시킨다.

복원성 패턴

우리는 서킷 브레이커, 공격적인 타임아웃, 점진적인 성능 저하 등의 복원력 패턴을 사용한다. 또한 유저 요청을 처리하는 동안 시스템 간 통신을 방지하여 일부 시스템이 비정상인 경우에도 웹사이트를 항시 가용한 상태로 유지한다.

테스트 자동화

무엇보다 우리는 자동화와 테스트 커버리지에 많은 시간을 투자할 자유가 있고, 비감독형(unsupervised) 긴급 배포를 수행함으로써 발생 가능한 불편함이나 리스크를 감수할 필요가 없어 만족스럽다. 테스트, 파이프라인, 배포부터 인프라 및 DB 할당, 개발자 PC 설정까지 전 과정의 자동화는 장기적으로 보면 업무를 담당하는 팀에게 몇 배 이상의 성과를 보장하는 투자다.

우리는 테스트를 작성할 때 항상 테스트 피라미드를 염두에 두고 가능한 한 최소한의 코드를, 가능한 한 많은 단위 테스트를 거쳐 테스트하려고 한다. 단위 테스트는 실행 속도가 워낙 빨라서 개수는 아무리 많아도 별 상관이 없다. 단위 테스트는 테스트 피라미드를 떠받치는 기초로, 완전 자동화된 비감독형 배포에서 단위 테스트가 제공하는 안전성은 아무리 강조해도 지나치지 않다.

스프링 컨텍스트 내부에 위치한 여러 작은 유닛들 간의 인터랙션은 컴포넌트 테스트로 점검하며, 통합 테스트로는 DB, 파일 시스템, 클라우드 작업을 커버한다. 이런 테스트는 대개 어느 개발자의 PC에서건 실행 가능하며, 배포 파이프라인의 첫 번째 단계부터 실행된다. 하지만 푸시하기 전에 로컬에서 테스트하면 오류를 쉽게 조치할 수 있으므로 파이프라인에서 테스트가 실패하도록 방치하는 것은 바람직하지 못하다.

API 요청은 외부 시스템에 대한 디펜던시를 줄일 목적으로 모킹하는 경우가 많다. 보통 외부 시스템이 배포될 때 CDC 테스트를 실행해서 확인한다. 이렇게 할 수 없는 경우(예 외부 시스템에서 CDC 테스트 실행 불가)에는 페이크 서비스를 만들어 요청/응답을 검증하기도 한다.

비즈니스 로직에 대한 단위 테스트와, 브라우저 API 또는 백엔드 시스템과의 인터랙션에 대한 통합 테스트는 자바스크립트 테스트를 실행하여 프런트엔드 코드의 정확성을 검증한다. 스크린샷(제이라인업, 사이프레스Cypress) 또는 레이아웃 디스크립션(갈렌 프레임워크)이 포함된 시각적 회귀 테스트를 하여 결과가 정상 표시되는지 확인하고, 배포 이후에는 스모크 테스트로 기능이 더 큰 컨텍스트에서도 잘 작동되는지 확인한다. 이런 테스트를 정기적인 실행 모니터링 테스트의 일부로 확장시킬 때도 있다.

배포 전략

약 10년 전 우리 회사는, 모든 서버를 복제하여 그중 절반은 항시 대기시키고, 나머지 절반의 비활성화 상태의 서버에 변경사항을 배포한 다음 활성화 상태로 전환시키는 블루/그린 배포를 초기 배포 전략으로 사용했다. 아파치 메소스Apache Mesos[6]를 도입한 후, 특히 AWS로 이전한 이후에는 배포 사이에 비활성 서버를 유지시킬 필요가 없기 때문에 중복된 서버를 유지하는 비용이 전혀 들지 않았다.

그러나 요즘은 대부분의 팀에서 AWS 클라우드포메이션의 롤링 배포를 사용하여 한번에 일정 비율의 실행 중인 서버만 교체한다. 물론, 이런 프랙티스는 DB 변경 시 아주 각별한 주의가 필요하다. 그래서 오토에서는 스키마가 엄격한 관계형 DB가 드문 편이지만, 변경사항을 안전하고 통제된 방식으로 수행하기 위해 NoSQL DB를 변경할 때에도 하위 호환되는 코드를 사용하여 여러 차례 배포를 한다.

네 개의 눈 원칙

대부분의 팀들은 지식 공유뿐만 아니라 (최소한) **네 개의 눈 원칙**four-eyes principle[7]을 통한 베스트 프랙티스를 장려하기 위해 페어 또는 몹 프로그래밍을 실천한다. 그러나 오래 전부터 오토에서는 이 문제에 관하여 많은 논의가 진행되어 왔으므로 우리 팀에서 커버하는 전략의 범위가 넓은 것은 그리 놀라운 일이 아니다. 여기서는 내 개인적인 의견만 밝히겠다.

---

6 옮긴이_ 서버 여러 대를 하나처럼 관리해 컨테이너 실행이나 작업 분산을 자동화하는 클러스터 운영 도구입니다.
7 옮긴이_ 중요한 결정이나 작업을 할 때 최소 두 사람(=네 개의 눈)이 검토하거나 승인하도록 요구하는 통제 방식입니다.

나는 페어 프로그래밍을 강력히 지지하지만, 정작 페어 프로그래머들에겐 상당한 정신적인 부담이 될 수 있다고 본다. 사람마다 쉬고 싶은 욕구나 읽어야 할 문서의 니즈는 다를 수밖에 없는데, 하루 종일 다른 개발자와 같이 코드를 보면서 소통한다는 건 상당히 피로한 일이다. 물론, 긍정적인 측면도 많다. 코드 품질이 대체로 향상되고, 더 나은 유의미한 테스트가 가능하며, 버그나 복사/붙여넣기 실수가 줄고, 다른 팀원이 회의나 질병 또는 다른 팀으로 가게 되어 부재 중인 경우에도 계속 개발할 수 있다.

나는 몹 프로그래밍이 팀 내부에 지식을 전파하는 효율적인 수단임은 알고 있지만, 페어 프로그래밍의 다른 장점(코드 품질 향상, 더 나은 유의미한 테스트, 버그나 복사/붙여넣기 오류 감소)이 똑같이 확장되는 것 같지는 않다. 몹 프로그래밍은 정신적 부담을 느끼면서 감정을 상당히 절제해야 하므로 실제로는 지겹게 느껴질 때가 많다. 따라서 나는 팀 차원에서 새로운 기술이나 비즈니스 사례를 연구할 때처럼 특정한 단계에서만 사용할 것을 권장한다. 예를 들어, 몹 프로그래밍에 참여할 사람들이 사전에 문서를 읽어야 할 필요가 없도록, 또는 전원이 적극적으로 토론에 참여한다는 느낌을 받을 수 있도록, 몹 세션은 페어 프로그래밍보다 훨씬 더 철저한 준비를 요한다.

나는 코드 리뷰를 선호하는 팀에서도 일을 해보았는데, 코드 리뷰가 개발자가 진행 중인 작업을 방해하는 것처럼 인식되는 경우가 많아서 수박 겉핥기 식으로 리뷰를 하거나, 아니면 너무 엄격하게 보복성 리뷰를 하게 되는 큰 약점이 있었다.

과거에는 페어 프로그래밍을 할 때 간단한 코드 리팩터링(예 이름 바꾸기, 메서드 추출)을 하려고 해도 평가자가 요청된 변경사항을 글로 설명하고, 원개발자가 이를 읽고 변경사항을 구현하면서 평가자의 기대치에 맞거나 안 맞을 수 있는 PR을 하나 더 생성해야만 했다. 이렇게 리뷰 사이클이 늘어지면서 기능이 다음 단계로 진행되려면 며칠씩 걸리거나, 아니면 정반대로 코드 품질 향상에 비해 오버헤드가 너무 지나치다는 판단 하에 변경사항 요청을 그냥 포기해버리는 경우도 드물지 않았다.

B.3.3 주니어 엔지니어 지원 체계

우리 회사 주니어 엔지니어들은 책임감을 갖고 최선을 다해 일하기 때문에 팀 내 다른 개발자들과 대우는 동등하다. 다른 팀원과 함께 페어 프로그래밍을 하다 보면 가파른 러닝 커브를 그리게 되고, 머지 않아 다른 팀원들처럼 품질과 가치 전달에 집중하게 된다.

물론, 어느 누구도 완벽할 수 없고 실수도 하지만, 이는 경험 많은 다른 동료들도 마찬가지다. 복잡한 비즈니스 요건을 코드로 바꾸는 고된 작업에서 벗어나 충분한 수분을 섭취하고 휴식을 취하며 서로를 챙기는 것은 건강하고 실적이 우수한 팀이 되는 중요한 단계지만, 그래도 누군가는 또 다시 실수를 하게 마련이다. 그리고 어떤 변경사항에 아무리 많은 시간을 들여 세밀하게 QA 단계를 밟아도 버그는 어떻게든 유저에게 전달되므로 더딘 프로세스가 제공하는 안전은 피상적일 뿐이다.

어차피 실수와 버그를 피할 수 없다면, 평균 복구 시간을 최적화하는 일에 집중하는 것이 현명하다. 배포된 변경사항이 규모가 작기 때문에 오류는 그리 복잡하지 않고, 설령 발생한다 해도 토글을 끄거나 버그 픽스를 배포하거나, 커밋을 되돌리는 식으로 신속하게 완화할 수 있다.

자녀 병간호를 하느라 몹시 피곤하다든지, 휴가를 떠날 생각에 주의가 산만해졌다든지, 실제로 업무 경험이 부족하다든지, 오류가 발생한 원인은 천차만별이리라. 일반적으로 이런 오류는 애초에 라이브 시스템으로 전달되지 않는다. 종합적인 테스트 스위트를 실행하면 소프트웨어의 잘못된 동작이 감지되어 라이브 환경에서 버그를 일으키는 대신, 레드 파이프라인이라는 결과로 나타난다. 드물긴 하지만 정말 단순 실수(솔직히 말하면, 주니어 엔지니어가 흔히 저지를 법한 실수)가 파이프라인에서 감지되지 않았다면, 두려움이나 불신하는 마음으로 팀을 더디게 하는 대신 테스트 스위트를 개선할 절호의 기회가 온 것이다.

물론, 신속한 복구에 집중한다고 해서 오류 방지가 전혀 무관하다는 말은 아니다. 그러나 우리 회사의 프로세스와 파이프라인은 의도적으로 배포 속도를 늦추는 대신 신속하게 가치를 전달하는 것을 목표로 간소화되어 있다.

B.4 참고 자료

우리 회사의 테크 블로그(https://oreil.ly/K0Co5)를 방문하면 프로세스와 인사이트에 관한 많은 정보를 얻을 수 있다.

자세한 내용은 다음 링크를 참조하자.

- 신속한 피드백 사이클: https://www.otto.de/jobs/en/technology/techblog/blogpost/continuous-everything-fast-feedback-driven-development_2013-11-14.php
- 프로세스 자동화: https://www.otto.de/jobs/en/technology/techblog/blogpost/continuous-everything-fast-feedback-driven-development_2013-11-14.php
- 제이라인업[JLineUp]을 응용한 시각적 회귀 테스트: https://www.otto.de/jobs/en/technology/techblog/blogpost/automated-visual-regression-tests-with-jlineup.php
- CDC: https://www.otto.de/jobs/en/technology/techblog/blogpost/cdcs-fuer-otto.de-continuous-everything-jetzt-mit-cloud.php
- 기능 토글: https://www.otto.de/jobs/en/technology/techblog/blogpost/java-magazin-feature-toggles.php

CASE STUDY C

N26

다음은 N26의 지속적 배포 사례 연구다. 이 회사의 플랫폼 엔지니어링 그룹의 수석 엔지니어인 알베르토 라미레스 페르난데스^{Alberto Ramírez Fernández}는 N26에서 지속적인 프로덕션 배포를 어떤 방식으로 접근했는지 친절하게 안내한다. 그는 수석 엔지니어로 자리를 옮기기 전에 N26의 모든 엔지니어가 소프트웨어를 빌드/배포하는 도구를 관리하는 (플랫폼 엔지니어링 도메인에 속한) CI/CD 그룹에서 근무했었다.

C.1 N26의 당시 상황

오늘날 N26은 세계에서 가장 가파르게 성장 중인 디지털 은행 중 하나다. 우리 은행은 최신 기술을 기반으로 설립된 독일의 정식 라이선스 은행으로, 더 빠르고, 더 쉽고, 더 믿음직한 뱅킹 서비스를 제공한다. 2013년 설립된 이래 현재까지 24개 시장에서 800만 명 이상의 고객을 확보했으며, 2024년 현재 80여 개국에 1,500명 이상의 직원을 두고 있다.

C.2 N26의 지속적 배포 도입

지속적 배포는 2016년 무렵, 모놀리식 아키텍처에서 서비스 지향 아키텍처로 전환하는 과정의 일부로 도입되었다. 그간 모놀리식 애플리케이션은 팀이 2주간 테스트를 마치고 수동으로 변경사항을 반영하는 릴리스 트레인release train을 유지해왔다. 반면, 새로운 서비스는 프로세스와 프랙티스에 변화를 가져왔는데, 지속적 배포도 그중 하나였다. 더 많은 서비스가 등장하면서 더 나은 도구와 자동화가 절실했다. 분산 환경에서 자동 엔드투엔드 테스트를 강화하는 도구와 CI/CD 공유 라이브러리 등을 사용하면 훨씬 전환하기가 쉬웠다. 다른 프랙티스와 함께 지속적 배포를 채택하고 이를 지원하기 위해 필요한 내부 도구에 투자한 결과, 새로운 서비스가 속속 등장하면서 그것이 올바른 결정이었다는 사실이 입증되었다.

현재 N26에서 지속적 배포는 표준이다. 팀들은 지속적 배포에 익숙한 상태이고 우수한 관찰 가능성, 테스트 전략, CI와 코드 리뷰 등의 프랙티스를 통해 계속 보완 중이다. 문서화도 잘 되어 있어서 온보딩하는 신규 입사자가 아주 빠르게, 안전한 방식으로 업무에 적응하고, 작은 코드 변경으로 컨트리뷰션contribution을 하며, 고객에게 큰 리스크 없이 프로덕션에 반영할 수 있다.

N26은 100% 온라인으로 운영되는 디지털 은행이라서 기술과 베스트 프랙티스가 무엇보다 중요하다. 또 지속적 배포 덕분에 잠재적인 이슈를 조기에 신속하게 파악하여 조치할 수 있다. 내부 팀 구성 자체가 자율성과 전달 속도에 최적화되어 있어서, 소프트웨어의 점진적 구축 및 지속적 배포를 통해 더 빠른 이터레이션과 학습이 가능하다.

C.2.1 업계 규제 준수

은행업은 엄격한 규제를 받는 업종이고, N26은 독일 은행 라이선스 하에 운영된다. 보안, 컴플라이언스, 개인정보 보호, 가용성과 관련하여 고객에게 무엇이 중요한지 이해하는 것이 은행 업계 특유의 까다로운 요구 사항을 이해하는 핵심이다.

워낙 방대한 주제라 쉽게 요약할 수는 없지만, 간단히 말하면 다음과 같은 주제를 염두에 두고 지속적 배포를 수행하는 것이다.

다중 방어선
피어 리뷰를 통해 메인 브랜치에 통합되는 코드가 올바르게 작성되었는지, 기대치에 부합하는지 등을 확인한다.

추적 가능성
무엇이 고라이브되는지 기록하는 것은 필수다. 따라서 모든 버전의 릴리스와 그 프로세스, 어떤 테스트 스위트를 실행했는지, 작성자와 평가자는 누구인지, 이 모든 과정을 유발한 제품 요청의 추적도 반드시 필요하다.

잘 정의된 자동 프로세스

전체 변경 관리 프로세스를 정의하고 최대한 자동화하지 않으면 지속적 배포가 제대로 작동하지 않는다. 이런 점에서 데이비드 팔리가 지속적 컴플라이언스에 대해 쓴 글[8]이 우리에게 큰 영감을 주었다. 현재 우리는 고라이브 직전에 게이트 역할을 하는 컴플라이언스 체크 기능을 자동화했고, 여기에 추가 이터레이션을 더 진행할 계획이다.

C.2.2 기술적 장애 극복

최근 우리는 (ArgoCD를 사용하여) 서비스를 쿠버네티스에 배포하고자 선언적인 깃옵스 패러다임을 채택했다. 애플리케이션마다 선언적 구성을 서비스 리포지터리 내부 또는 리포지터리 사이드카(둘 다 지난 몇 년 동안 유행한 방식이다)에 함께 두고자 했다.

코드를 메인 브랜치에 머지하고, CI와 컴플라이언스 체크를 실행하고, 아티팩트를 리포지터리에 게시할 때마다 어느 한 프로세스가 릴리스할 버전(즉, 커밋 해시)을 애플리케이션 구성 매니페스트configuration manifest에 넣는다. 이런 식으로 쿠버네티스 조정 메커니즘에 의해 서비스가 항상 매니페스트에 선언된 버전으로 실행되도록 만드는 것이다.

여기서 큰 난관에 봉착했다. 이 컴포넌트가 플랫폼에 온보딩된 모든 리포지터리에서 푸시 퍼미션을 갖게 되면 우리에게 중요한 **네 개의 눈 원칙**이 무시되면서 메인 브랜치에 강제로 푸시될 수 있다. 이 컴포넌트가 자동화되어 있고, 감사를 받았고, 내부 프랙티스에 따라 개발됐다면 사용상 안전하다는 사실에 의문을 제기할 사람은 없을 것이다. 맞는 말이다. 하지만 어떤 악의적인 공격자가 컴포넌트에 액세스할 권한을 탈취하는 (가능성은 낮지만 완전 배제할 수 없는) 리스크를 제거하고자 우리는 모든 (이 글을 작성하는 현재 200개가 넘는) 애플리케이션 구성을 저장할 단일 리포지터리를 구축했다. 확장성이 뛰어난 솔루션도 아니고 개발자가 느끼는 경험도 최상은 아니지만, 우리 은행은 무엇보다 보안이 중요하므로 이런 식으로나마 공격 표면attack surface을 제한할 수밖에 없었다.

---

8 https://oreil.ly/WRavx

C.3 N26의 지속적 배포 구현

프로덕션에 적용되는 모든 변경사항은 티켓을 끊는 것으로 시작된다. 변경 목적(비즈니스, 제품, 기술 등)이 기술된 티켓과 연관되어야 하기 때문이다. 팀마다 작업 방식이 다르지만, N26에서는 수명이 짧은 기능 브랜치[9]를 사용하는 트렁크 기반의 개발 방식이 가장 널리 쓰이는 협업 모델이다.

로컬 브랜치에서는 보통 개발자 PC에서 코딩 후 테스트하여 제대로 개발됐는지 확인한다. 소규모의 이터레이션이 모두 커밋되고 기능 준비가 끝나면 PR을 오픈한다. 팀원들은 일시적으로 다른 동료의 작업을 중단시키지 않도록 가능한 한 빨리 PR 리뷰를 받으려는 의지가 강하다. 페어 프로그래밍을 하면서 PR은 대부분 동료가 즉시 승인하지만, 변경사항을 꼼꼼히 리뷰하려면 (메인 브랜치에 바로 커밋하지 않고) PR을 거쳐야 한다. PR에는 (리포지터리 성격에 따라 제각각인) 일련의 게이트가 포함되어 있어 해당 컴플라이언스 체크, 자동 테스트 스위트, 품질 및 보안 확인 체크가 자연스럽게 이루어진다.

PR이 승인되면 작성자는 코드 머지 후 메인 브랜치에 통합한다. 이때 CI/CD 파이프라인이 트리거되고 전에 PR에서 실행됐던 체크가 일부 다른 체크들과 더불어 실행되며, 그 결과 내부 아티팩트 레지스트리$^{\text{artifact registry}}$에 아티팩트(대부분 컨테이너 이미지)가 저장된다. 아티팩트가 준비되면 지속적 배포 파이프라인이 개시되고, DB 이전 및 갖가지 자동 체크(엔드투엔드 테스트, 보안 테스트, 헬스 체크)가 실행되며, 그 다음 환경으로 아티팩트가 전달되고 결국 마지막엔 프로덕션 환경에 도달한다.

규모가 큰 기능은 작업을 더 작은 이터레이션으로 나누어 방금 정의한 프로세스를 통해 프로덕션에 하나씩 전달해야 할 수도 있다. CI/CD에 기능 토글을 곁들여 릴리스를 전달과 디커플링하는 경우도 있다. 라이브 환경을 변경할 때는 여러 겹의 방어선이 필요하므로 이 프로세스 역시 네 개의 눈 원칙을 따른다.

이 모든 단계는 완전 자동화되어 있고 (동일한 변경 관리 프로세스에 따라) 코드에 기술되어 있다. 자신을 트리거하는 이벤트(PR 오픈, 메인 브랜치로 푸시, 아티팩트 준비 완료 등)에 따라 자동 실행되며, 대부분의 서비스에서 테스트 스위트 크기에 따라 20~40분이면 끝난다. 다른 브랜칭 및 협업 모델을 사용하는 규모가 더 큰 리포지터리는 몇 시간 정도 걸리기도 한다.

---

[9] https://oreil.ly/W64Sn

C.3.1 지속적 배포의 안정성 보장

N26 엔지니어들은 여러 단계와 레벨에서 다양한 패턴과 기술을 응용하여 안전하게 프로덕션 배포를 진행한다. 피어 리뷰가 필수인 네 개의 눈 원칙, 자동 컴플라이언스 및 보안 체크, 자동 테스트 스위트 및 품질 보증, 변경사항이 요건 일부를 충족하면 여러 환경에 자동 승격시키는 프로세스, 기능 토글로 새 기능을 켜고 끄는 방법, A/B 테스트로 점검하는 방법 등은 이미 앞에서 설명했다.

새 코드에서 불거진 문제가 전체 인프라에 심각한 영향을 미치지 않도록 접근 제어 리스트(Access Control List)(ACL)나 서킷 브레이커 등의 패턴을 네트워킹 레벨에 두는 경우도 있다. 이렇게 하면 폭발 반경을 줄일 수 있다.

마지막으로, 공급사슬(supply chain) 보안은 우리가 지속적으로 리뷰 및 평가하는 중요한 주제로, 올해에도 새로운 패턴과 추가 기술을 구현할 계획이다.

테스트 자동화

나는 테스트 피라미드의 열혈팬이다. 그래서 내가 작성한 테스트는 대부분 단위 테스트다.

보통 나는 아웃사이드-인 방식으로 테스트한다. 즉, 테스트할 퍼블릭 API에 초점을 두고 협업 상대를 목이나 페이크, 또는 인메모리/Noop(No operation)[10] 구현체로 대체하여 테스트하는데, 이는 레이어와 유스 케이스에 따라 달라진다(나는 포트와 어댑터를 적극 홍보하는 사람이다). 대개 테스트 중인 애플리케이션 서비스에는 목이나 페이크를 제공하고, 도메인 서비스는 협업자(collaborator)를 페이크나 인메모리/Noop 구현체로 대체한다. 그러나 도메인 모델이나 루트 집합체(root aggregate)는 당연히 블랙박스로 취급해야 하므로 협업자를 대체하지 않는다.

반면, 나는 DB(리포지터리 패턴 사용), REST API, 메시지 프로듀서/컨슈머 등의 인프라는 통합 테스트를 사용해서 테스트한다. 인프라 레이어의 로컬 컨테이너화된 버전(DB, 목 서버 등)을 사용하여 리포지터리/서비스가 잘 작동하는지 점검하는 식으로 통합 테스트한다.

단위 테스트, 통합 테스트 외에도 몇몇 컴포넌트 테스트를 거쳐 정상 경로를 확인하기도 한다. 예를 들어, 마이크로서비스 아키텍처에서는 전체 업스트림/다운스트림 디펜던시를 모킹한 상태로 테스트 대상 서비스를 가동시켜 놓고 정상 경로를 블랙박스로 테스트한다. 그리 흔한 경

---

[10] 옮긴이_ 메서드를 호출해도 아무런 동작을 하지 않는 빈 구현체로, 테스트나 개발 초기 단계에서 사용합니다.

우는 아니어서 두세 가지 컴포넌트 테스트가 더 필요할 수도 있다.

지금까지 설명한 모든 테스트(단위, 통합, 컴포넌트)는 로컬에서 빨리 실행돼야 하며, 메인 브랜치 내부에서 PR 머지를 하는 동안에도 신속히 실행되어야 한다(이것이 방대한 주제임을 알기에 일부러 CI라고는 안 했지만, 우리 회사 내부에서는 **CI 체크**라고 부른다).

마지막으로 엔드투엔드 테스트도 한다. 분산 아키텍처 특성상 엔드투엔드 테스트는 수행하기가 상당히 복잡하지만, N26에서는 수년간 시스템을 엔드투엔드 테스트하는 문화가 깊게 뿌리 내렸다. 시나리오를 기술하고, 모든 시나리오별로 엔드투엔드 테스트를 실행하고, 테스트 실행 기록을 (향후 추적을 위해) 보관하는 과정을 거치면서 고객의 엔드투엔드 기능에 대한 테스트 증명을 제공하는 환경과 운영 환경을 가능한 한 가깝게 맞추어야 한다고 생각한다. 이것은 엄격한 규제를 받는 비즈니스 환경에서 중요한 문제다.

배포 전략

현재 N26에서 가장 많이 투자하고 있는 런타임 플랫폼은 이미 사내에 널리 도입된 쿠버네티스다. 우리는 주로 ArgoCD와 Argo 워크플로로 쿠버네티스에 서비스를 배포한다. 선언적 깃옵스 패턴은 소스 코드뿐만 아니라 환경별 애플리케이션 구성을 추적할 때에도 유용하므로 규제가 심한 환경에서도 잘 맞는 개념이다. 또한 Argo 워크플로를 사용하면 대부분의 팀 요건에 부합하는 다양한 게이트와 승격 체제로 파이프라인을 더 정교하게 구축할 수 있다.

더구나 N26의 기술 스택은 워낙 잡다하게 구성된 까닭에, 쿠버네티스에서 실행되지 않거나 옛 런타임 플랫폼에서 쿠버네티스 및 Argo 기반의 새로운 플랫폼으로 전환 중인 시스템도 있다. 이 두 가지 유스 케이스 모두 AWS의 EC2 인스턴스(특정 내부 규칙에 따라 온디맨드 성격으로 그때그때 구성되는 스팟 인스턴스)에 일종의 블루/그린 배포를 사용하며, 대부분의 경우 애플리케이션은 도커 컨테이너로 실행된다.

테스트 스위트는 릴리스할 소프트웨어의 성격(마이크로서비스, 웹, 모바일 애플리케이션)에 따라 달라지는데, 저마다 독특한 특성이 있다. 그러나 일반적으로 엔드투엔드 테스트는 항상 프로덕션으로 보내기 직전, 스테이징 환경에서 실행된다.

네 개의 눈 원칙

우리 회사에서 클라우드에 변경사항을 반영하려면 네 개의 눈 원칙을 지켜야 한다. 프로덕션에 아무렇게나 변경을 가하는 일은 결코 없어야 한다는 강력한 규정이 있다.

우리는 PR을 피어 리뷰의 증거로 사용한다. 몹 프로그래밍과 페어 프로그래밍도 이미 많은 팀이 사용 중이고, 실시간으로 코드가 리뷰되므로 PR 승인 절차는 신속하게 이루어진다. 하지만 추적을 더 잘 하려면 명시적으로 PR을 승인하는 과정이 꼭 필요하다.

사고 발생 시 우리는 고객을 위한 시스템의 안정성을 가장 중요시하므로 대기 중인 엔지니어가 창문을 깨뜨릴 수 있다[11]는 점은 덧붙여 둔다. 그러나 이런 이벤트가 발생하면 나중에 보안팀과 함께 다른 동료가 리뷰할 수 있게 알림이 발송된다.

관찰 가능성

관찰 가능성은 애플리케이션의 특성에 따라서 구현한다. 예를 들어, 모바일 애플리케이션은 치명적인 오류나 트레이스 없이 세션 개수 위주로 관찰 가능성을 구성하는 반면, 웹 애플리케이션은 브라우저의 오류 및 성능 메트릭을 더 우선한다.

또한 백엔드 서비스는 메트릭, 트레이스, 로그를 조합해서 사용하며, 이들은 대부분 관찰 가능성 팀이 플랫폼의 일부로 기본 제공한다. 필요에 따라 팀이 조정할 수 있는 표준 모니터와 대시보드를 통해서도 확인할 수 있다. 모니터링은 대개 오류 수나 높은 레이턴시 위주로 하지만, 여러 팀에서 KPI에 기반한 모니터링이 실질적으로 가장 도움이 되므로, 최근에는 KPI를 기본 메트릭으로 사용하는 SLO를 점점 더 선호하는 추세다.

마지막으로, 모니터링과 알림은 모든 변경사항을 추적하고, 재해 발생 시 모니터링과 대시보드를 재현 및 재구성하며, 필요 시 여러 환경으로 가져올 수 있도록 각 백엔드 리포지터리에 코드로 정의한다.

C.3.2 주니어 엔지니어 지원 체계

주니어 엔지니어가 N26에 입사하면 통상 업무 전반에 관한 세션부터 팀별로 실시하는 세션까

---

11 즉, 프로덕션에 액세스하기 위해 권한(privilege)을 높인다(escalate).

지 정규 온보딩 과정을 밟는다. 이로써 내부 업무 방식, 프로세스와 프랙티스, 도구 및 내부 플랫폼을 이해하고, 처음 몇 개월 동안 사수를 지정하여 그들이 더 빨리 업무에 적응하도록 돕는다.

팀 배정을 받고 일을 시작한 주니어 엔지니어가 코드, 팀 루틴, 문서 등에 숙달되려면 선임 엔지니어 또는 테크 리더의 후속 조치가 좀 더 필요할 수도 있다. 그러나 변경 관리 프로세스가 확실하게 정의되어 있고 모든 단계가 자동화되어 있으며, 다양한 안전망, 방어선, 모니터링 체계가 잘 갖추어져 있으므로 주니어 엔지니어는 팀 합류 초기(2주나 3주)부터 별다른 지원 없이 변경사항을 프로덕션에 적용할 수 있다. 우리는 그들이 익숙해졌다고 느끼면 곧바로 컨트리뷰션을 시작하도록 권한다.

C.4 참고 자료

자세한 내용은 다음 링크를 참조하자.

- https://medium.com/insiden26
- https://n26.com/en/careers

CASE STUDY D

클라이밋파트너

다음은 일리아스 바르톨리니^{Ilias Bartolini}가 클라이밋파트너^{Climate Partner}에서 지속적 배포를 적용한 사례를 소개한다. 그는 배출 감축^{Emission Reductions} 및 인증/신원 관리^{Authorization & Identity Management} 부문의 두 팀을 이끄는 리더로서, 인력 관리, 기술 리더십, 배포 지원 등이 그의 주 임무다.

D.1 클라이밋파트너의 당시 상황

클라이밋파트너는 탄소 중립을 지향하는 기업을 돕는 단체다. 약 20년 동안 우리는 고객사가 자발적인 기후 행동 약속을 이행할 수 있도록 소프트웨어, 컨설팅, 감축 솔루션 등을 개발해왔다. 우리 회사의 산업별 솔루션은 탄소 발자국 계산부터 감축 목표 설정, 감축 방안 구현에 이르는 전 과정을 아우르며, 기업이 글로벌 및 지역 기후 프로젝트에 자금을 조달하고, 기후 행동 약속에 관하여 상세하고 투명한 소통을 하도록 지원한다. 기업의 자발적 기후 행동 조치에 대한 종합적이고 전략적인 접근 방식을 컨펌하는 표지 솔루션^{labeling solution}도 여기에 포함된다.

현재 클라이밋파트너는 12개 지사에서 약 500명의 직원이 근무 중이며, 60여 개국의 6,000여 명의 고객을 서비스하고 있다. 제품 엔지니어링 부서는 약 50명의 직원이 6개 팀으로 구성되어 3개 지역에 고루 분산되어 있다.

클라이밋파트너의 디지털 제품은 성격상 매우 다양하다. 나는 주로 B2B 고객을 대상으로 도구를 개발하는 배출 감축팀과 인증 및 신원 관리팀에서 근무했다. 우리 애플리케이션은 대부분 지속 가능성 관리자$^{\text{sustainability manager}}$ 또는 관련 전문가들이 사용한다. 탄소 발자국 계산 같은 핵심 도구의 결과물은 일반 컨슈머가 열람하는 투명성 페이지에도 통합되어 공개된다.

핵심 도구 외에도 API 통합 솔루션을 제공하는데, 가용성 요건은 좀 더 엄격한 편이다. 우리 회사 애플리케이션은 약 25개의 독립적으로 배포 가능한 유닛들로 구성되어 있으며, 각 팀은 평균 4~5개의 서비스를 지원한다.

D.2 클라이밋파트너의 지속적 배포 도입

클라이밋파트너는 2020년 초에 급격히 성장했다. 당시 우리는 새로운 기술 스택과 서비스 지향 아키텍처를 도입함으로써 모놀리스를 분할하고 팀이 보다 자율적으로 움직이도록 지원했다. 팀 리더들의 과거 경험을 바탕으로 지속적 배포는 새로운 기술 스택의 사실상 표준$^{\text{de facto standard}}$으로 굳어졌으며, 일부 레거시 서비스도 이 개발 스타일로 전환되었다.

팀원들은 변화를 빠르게 받아들였다. 어느 정도 숙련된 직원과 플랫폼 팀의 기술 지원과 노하우가 필요했지만, 최초의 지속적 배포 파이프라인이 구축된 뒤에는 모두가 순순히 받아들였다. 아직도 배포 프로세스가 다른 기존 모놀리스를 전환하는 일이 유일하게 남은 미해결 과제다. 우리는 팀에 자율성을 부여하여 각자 상황에 더 적합하다고 여겨지는 프로세스를 유지하도록 유도했다.

D.3 클라이밋파트너의 지속적 배포 구현

우리의 태스크와 스토리는 대부분 규모가 작다. 하루에 평균 두세 번 배포하면 끝나는 크기다. 열 번 이상 배포해야 끝나는 더 크고 복잡한 스토리도 있다.

엔지니어는 일상 업무를 수행하면서 직접 메인 브랜치에 코드를 커밋하고 푸시한다. 푸시할 때마다 깃헙 액션 파이프라인이 메인 브랜치에서 빌드, 테스트, 패키징 단계를 자동으로 실행하며, 이 모든 단계는 다른 스텁된 서비스와의 연동 없이 독립적으로 실행된다. 테스트가 성공하면 새 컨테이너 이미지가 생성되고 최종 깃 커밋 SHA를 애플리케이션 버전에 부착한다. 컨테이너가 성공적으로 생성되면, 기존 프로덕션 인프라에 새 이미지가 자동 배포된다.

우리는 파이프라인에서 테라폼을 사용하여 IaC를 실천한다. 즉, 애플리케이션의 빌드, 테스트, 패키징, 배포는 기본적인 애플리케이션 배포 파이프라인의 일부다.

다른 인프라 파트(예 애플리케이션 클러스터 설정, 도메인, DB)는 동일한 리포지터리에 있지만 제각기 다른 깃헙 액션 파이프라인을 적용한다. 매번 푸시할 때마다 **플랜**plan 단계가 실행되지만, 필요 시 리뷰 후 수동으로 트리거하여 변경사항을 적용할 수 있어야 한다.

소나Sonar[12]로 정적 코드 분석 및 코드 커버리지 체크 등 여타 넌블러킹nonblocking 단계를 실행하는 액션도 프로덕션 배포와 동시에 실행된다.

D.3.1 지속적 배포의 안정성 보장

다음은 엔지니어를 위한 안전망을 구성하는 3대 주요 요소다.

- 우수한 테스트 자동화 커버리지
- 프로덕션에서 주요 골든 시그널 발생 시 알림이 전송되는 우수한 시스템 관찰 가능성
- 애플리케이션에서 오류가 발생해도 수 분 내에 변경사항을 되돌릴 수 있다는 자신감

테스트 자동화

우리는 팀 프랙티스에 따라 거의 대부분의 변경사항은 TDD 방식으로 작업하며, 단위 및 서비스 레벨의 테스트 커버리지는 상당히 좋은 편이다.

테스트 피라미드는 중간 레벨에 더 초점을 두며, 프런트엔드는 브라우저 기반의 인터랙션을 시뮬레이션한다. 대부분의 서비스는 파이프라인 빌드 도중 따로 격리하여 테스트하며, 모든 디펜던시는 사전 합의된 계약에 따라 스터빙되어 있다.

서비스는 프로덕션에 바로 통합되므로 서비스 통합 오류를 잡아내려면 우수한 관찰 가능성 및 빠른 응답 시간은 필수다. 컨슈머 주도 계약consumer-driven contract(CDC) 테스트를 도입한 팀도 있었는데, CDC에 대해서는 여러 엇갈린 의견을 받았던 경험이 있다.

---

12 옮긴이_ 코드 품질을 분석하고 버그·취약점·테스트 커버리지를 정적으로 검사하는 도구(SonarQube/SonarCloud)입니다.

무중단 배포

우리 시스템은 거의 대부분 AWS ECS와 파게이트^{Fargate}에서 운용된다. 새 버전은 애플리케이션 컨테이너를 새 버전으로 롤링 업그레이드하여 배포한다.

기능 토글

우리 시스템에는 다양한 종류의 토글이 있다. 첫째, 일반적으로 제품 엔지니어링 팀에서 진행 중인 개발 작업을 숨기려고 사용하는 기능 토글이다. 둘째, 고객이 어느 애플리케이션 모듈을 사용할 수 있는지 커스터마이징하기 위해 사용하는 서비스 토글이다. 두 가지 토글 모두 액세스 관리 및 특정 고객 계정에 새 모듈을 점진적으로 릴리스하는 용도로 쓰인다.

관찰 가능성

우리 회사의 기본 플랫폼과 기술 스택상 모든 서비스에서 데이터독 연동은 필수다. 모든 서비스는 골든 시그널[13] 모니터링과 프런트엔드 애플리케이션의 종합적인 추적이 가능한 대시보드가 미리 정의되어 있다. 우리는 주로 애플리케이션 오류 알림에 신경을 쓰고, 성능과 확장성은 주요 관심사는 아니지만 유저 행동에 따라 알림을 받을 때도 있다.

네 개의 눈 원칙

공식적인 코드 리뷰 프로세스는 없는 대신, 페어 프로그래밍을 권장하며, 트렁크 기반의 개발을 바로 메인으로 푸시한다. 드물긴 하나, 필요 시 앙상블 프로그래밍$^{ensemble\ programming}$[14] 세션을 구성하거나 임시 브랜치를 만드는 경우도 있다.

프로덕션 테스트

우리 회사의 지속적 배포 철학에는 **프로덕션에서 테스트**하는 기술을 포괄한 아이디어가 포함되어 있다. 대부분의 시스템은 스테이징 환경 없이 프로덕션 환경만 있으므로 클라우드 사용 요금과 탄소 발자국을 줄이는 긍정적인 작용을 한다. 여러 팀이 각자 알아서 프로덕션에서 통합을 시도하도록 유도하는 게 가장 큰 기대 효과다.

---

13 옮긴이_ 지연 시간, 트래픽, 오류율, 포화도를 중심으로 시스템의 건강 상태를 모니터링하는 핵심 지표 집합을 말합니다.
14 옮긴이_ 한 팀이 한 자리에서 하나의 코드베이스를 함께 실시간으로 작성·검토하는 협업 방식입니다.

시스템 특성상 애플리케이션 계정은 반드시 데이터별로 엄격하게 분리되어야 한다. 따라서 데모 및 테스트 데이터는 별도 애플리케이션 계정으로 프로덕션에 직접 보관하며, 프로그래밍 방식을 통해 테스트 계정으로 표시한다. 이렇게 할 수 없는 경우에는 도메인 모델의 루트 엔터티에 테스트 프로퍼티나 애트리뷰트를 추가하여 테스트 데이터를 격리한다. 일반적으로 프로덕션에 있는 테스트 데이터는 보이지 않으며, 테스트 데이터를 배제하는 규칙이 몇 군데 하드코딩되어 있다(예 유저는 테스트 계정에 로그인한 경우에만 테스트 데이터를 볼 수 있다).

이런 접근 방식은 환경과 릴리스 주기가 다른 서드파티 시스템(예 CRM이나 ERP 도구)과 통합할 때 문제가 되었는데, 스테이징 환경을 추가하여 서드파티 시스템의 설정을 미러링하는 방법으로 해결했다. 하지만 기존 배포 프로세스와 달리, 스테이징으로의 배포는 프로덕션으로 전환 시 차단되지 않는다. 스테이징 환경과 프로덕션 환경은 파이프라인에서 병렬로 배포된다.

우리는 다른 애플리케이션과 REST API로 통합하면서, 확장 및 계약 기술을 응용하여 API 계약을 점점 발전시키고 있다.

D.3.2 주니어 엔지니어 지원 체계

주니어 엔지니어는 대부분 지속적 배포를 아주 쉽게 받아들인다. 그들의 엔지니어 온보딩은 특정한 단계를 거치는데, 처음에는 단일 코드베이스에서 시작하고, 우리가 **온보딩에 적합**good for onboarding하다고 표시한 조금 단순화한 태스크를 선택한다.

페어 프로그래밍은 PR 기반의 프로세스보다 학습과 온보딩을 더 촉진한다. 신입 엔지니어들은 지속적 배포의 빠른 피드백 덕분에 더 빨리 학습할 수 있었다고 입을 모은다.

반면, 코드를 처음으로 직접 프로덕션에 푸시할 때 적잖이 불안했다고 말하는 엔지니어도 있다. 그래서 우리는 처음 두세 달 동안 항상 주니어 팀원과 함께 작은 변경사항을 리뷰할 인력을 배정한다. 지속적 배포는 심리적 안정과 자신감이 바탕이 된 환경에서 도입되어야 한다고 생각한다.

CASE STUDY E

모타빌리티 오퍼레이션즈

다음은 줄리안 오스틴$^{Julian\ Austin}$과 로이드 존스$^{Lloyd\ Jones}$가 작성한, 영국 기업인 모타빌리티 오퍼레이션즈$^{Motability\ Operations}$(MO)의 지속적 배포 사례다. 줄리안은 이 회사의 소프트웨어 엔지니어링 및 애자일 변환팀의 책임자로서, 전사 지속적 배포 체계를 구축하고 그에 필요한 문화적 기반을 다지는 중추적인 역할을 했다. 오스틴과 함께 열정을 불사른 로이드 역시 애자일 및 소프트웨어 엔지니어링 팀 리더로서(또 지속적 배포를 효과적으로 수행하는 데 필요한 모든 엔지니어링 프랙티스를 지켜본 산 증인으로서) 그의 현장 경험을 공유하고자 한다.

E.1 모타빌리티 오퍼레이션즈의 당시 상황

모타빌리티 오퍼레이션즈는 영국 모빌리티 자동차, 전동 휠체어, 스쿠터를 제조하는 회사로, 69만 명 이상의 장애인과 그 가족들이 도로를 이용할 수 있게 도와준다.

40년 이상 합리적인 가격에 접근성이 높은 우리 회사의 모타빌리티 정책$^{Motability\ Scheme}$ 서비스는 수백만 명의 고객 이동에 큰 도움을 주었다. 우리의 목표는 저렴한 가격에 다양한 차량을 제공함으로써 장애인 고객의 다양한 요구를 충족시키는 것이다. 현재 71만 명 이상의 장애인과 그 가족들이 이 정책을 통해 마음 편히 이동하는 혜택을 누리고 있다. 자동차, 휠체어 탑승 가능 차량$^{Wheelchair\ Accessible\ Vehicle}$(WAV), 스쿠터, 전동 휠체어를 임대할 수 있고, 모든 차량에는 보험, 유지보수, 고장 수리 서비스와 60,000마일의 마일리지가 제공된다.

MO의 거래 금액은 47억 파운드에 달하며, 2022년에 9억 2300만 파운드의 영업 이익을 냈다. 모든 이윤은 장애인 고객의 혜택을 위해 모빌리티 정책에 고스란히 재투자했다.

소프트웨어 엔지니어링 팀은 회사 전체에서 사용하는 모든 맞춤형 소프트웨어를 구축하고 실행하는 일을 한다. 우리 팀은 레거시 소프트웨어의 약 95%를 제거한 뒤, 클라우드 우선$^{cloud-first}$ 마이크로서비스 및 마이크로 UI 아키텍처로 대체했다. 신규 고객을 정책에 온보딩하고, 리스 종료 시점에 차량 갱신을 신청하거나, 개인 상세 정보 및 기본 설정을 업데이트할 때 쓰이는 디지털 고객$^{Digital\ Customer}$ 소프트웨어도 여기에 포함된다.

우리는 매년 20여 만 대의 리스 종료 차량의 반납 및 판매를 효율적으로 관리하는 소프트웨어도 만들어 운영 중인데, 최근 블로그 게시물[15]에도 쓰여 있듯이, 수십 억 파운드에 달하는 수익이 창출되었다.

E.2 모타빌리티 오퍼레이션즈의 지속적 배포 도입

우리의 지속적 배포는 2018년으로 거슬러 올라간다. 처음에는 디지털 변환$^{Digital\ Transformation}$(DX)으로 시작했고, 소규모 팀을 꾸려 레드햇 연구소$^{Red\ Hat\ Labs}$로 연수를 보냈다.

E.2.1 조직적 장애 극복

처음에는 비즈니스 리스크$^{business\ risk}$ 부서의 반발, 갖가지 보안 문제, 미지의 영역에 대한 두려움, 자동화 결여 등 조직에 장애물이 너무 많아 지속적 배포를 도입하는 데 난항을 겪었다. 게다가 프로덕션과 넌프로덕션^{nonproduction} 파이프라인이 나뉘어 있었다. 우리는 난관을 극복하기 위해 다음과 같이 궁리했다.

줄리안

2023년 7월, 나는 비즈니스 리스크 부서와 소프트웨어 엔지니어링 리스크 관리를 주제로 회의

---

[15] https://oreil.ly/L9EfC

를 했는데, 이 자리에서 회의 주제의 일환으로 지속적 배포 개념을 설명했다. 그러자 그들은 즉시 이 개념이 소프트웨어 배포의 실패 리스크를 크게 높인다는 의견을 냈다. 하지만 내가 지속적 배포의 이점과 함께 우리가 무엇을 어떻게 하고 있는지 자세히 설명하자, 이 기술과 우리가 계획한 구현 방식이 실제로 리스크를 줄일 거라는 생각에 동조하기 시작했다. 지금은 지속적 배포가 더 이상 리스크가 아닌, 소프트웨어 릴리스의 실패 리스크를 줄이는 완화책이라는 사실에 모두가 공감한다.

로이드

나는 변경 및 릴리스 관리 팀과 많은 시간을 보냈다. 그들은 레거시 인프라, 물리적 하드웨어, IT 인프라 라이브러리Information Technology Infrastructure Library(ITIL)[16] 스타일의 스케줄링된 릴리스 프로세스의 세상에서 온 사람들이다. 나는 대부분의 시간을 지속적 배포 이론을 교육하고, 지속적 배포가 리스크를 줄이고 민첩성을 높이며 이슈를 신속하게 해결하는 능력을 향상시킨다는 사실을 전파하는 데 바쳤다. 나와 우리 개발자 경험 팀은 그들과 함께 진행 중인 변경사항의 가시성을 보장하는 자체 문서화 지속적 배포 파이프라인을 설계했다.

E.2.2 기술적 장애 극복

몇 가지 기술적인 어려움도 있었다. 프로덕션, 프리프로덕션, 넌프로덕션 배포를 하는 젠킨스 인스턴스가 각각 따로 존재했던 것이 주 원인이었다. 이 때문에 전체 파이프라인을 한눈에 바라보고 관리하기가 힘들었다. 그래서 처음에는 그냥 다른 젠킨스 파이프라인을 호출하는 젠킨스 인스턴스를 관리 클러스터에 구현한 다음, 여러 차례 이터레이션을 거쳐 개별 젠킨스 인스턴스에 대한 디펜던시를 제거했다.

이 문제와 엮인 다른 기술적인 난제도 있었지만, ArgoCD를 깃옵스 프로세스 도구로 구현함으로써 알기 쉽게 해결했다. 항상 그렇듯이, 새로운 도구를 도입할 때는 늘 작은 치통이 따른다.

---

[16] 옮긴이_ IT 서비스의 품질 향상을 위해 베스트 프랙티스 및 표준 절차를 정의한 프레임워크입니다.

E.3 모타빌리티 오퍼레이션즈의 지속적 배포 구현

우리가 MO에서 사용한 표준 프로덕션 경로의 몇 가지 예를 들어보겠다. 작업 단계는 대부분 팀이 유연하게 활성화/비활성화하거나 커스터마이징할 수 있으므로 팀마다 다소 다를 수 있다. 예를 들어, 우리는 아직 멀티모듈multimodule 프로젝트에 소나큐브를 적용하지 않은 상태라서, 이 단계는 몇몇 멀티모듈 프로젝트에서 생략한다.

1. 엔지니어가 소스 리포지터리에 변경사항을 푸시한다(우리는 빗버킷Bitbucket을 사용한다).
2. 젠킨스에서 웹후크로 파이프라인 실행을 트리거한다.
3. 단위 테스트 및 빌드가 끝나면 소나큐브로 푸시하고 스닉Snyk[17] 스캔을 한다. 실행 결과, 일부 단계는 실패하고 나머지 단계는 성공할 것이다.
4. 애플리케이션을 **최종** 이미지 버전으로 패키징한다.
5. 이미지가 넌프로덕션의 넥서스Nexus 리포지터리[18]로 전달된다.
6. 젠킨스는 (클라우드 인프라에 테넌트당 하나씩 있는) 깃옵스 모노리포mono-repo에 푸시한다. 이로써 최초의 넌프로덕션 상태(버전, 구성 등)가 정의된다.
7. ArgoCD는 깃옵스 리포지터리의 변경사항을 가져와 오픈시프트OpenShift[19]를 트리거해 롤아웃을 시작한다.
8. 파드는 스케일다운되고 블루/그린 방식으로 업그레이드된다.
9. 여기서 추가적인 자동 테스트가 실행될 수 있다.
10. 6~9단계는 넌프로덕션 환경에서 한두 번 더 반복될 수 있다.
11. 이미지가 프로덕션의 넥서스 리포지터리에 전달된다.
12. 젠킨스가 프리프로덕션의 상태를 정의하는 깃옵스 리포지터리에 커밋한다.
13. 7~9단계는 전과 동일하게 진행되나 테스트 방식은 다르다.
14. 12~13단계를 프로덕션에서 반복한다.
15. 활성화할 기능 토글이 론치다클리에 있을 수 있는데, 이는 작업 당시의 담당 팀과 작업 내용에 따라 달라진다.

무대 뒤편에서 젠킨스는 우리가 사용하는 도구를 조금 더 편리하게 사용할 수 있게 해주는 몇 가지 흥미로운 작업을 수행한다.

- 빌드 및 배포 정보가 포함된 원본 지라 티켓Jira ticket을 관리한다.

---

[17] 옮긴이_ 오픈 소스 라이브러리와 컨테이너 이미지의 보안 취약점을 자동으로 탐지하고 관리하는 도구입니다.
[18] 옮긴이_ 소프트웨어 개발 과정에서 생성되는 다양한 종류의 파일(예: 라이브러리)들을 저장하고 관리하는 중앙 저장소 시스템입니다.
[19] 옮긴이_ 쿠버네티스 기반의 컨테이너 오케스트레이션 플랫폼으로, CI/CD와 보안 기능이 강화된 레드햇 솔루션입니다.

- 빌드 및 배포 사실을 빗버킷에 알린다.
- 서비스의 DB 레코드, 서비스를 **소유한** 팀, 리포지터리 위치, 최신 버전, 최종 변경한 사람, 최종 배포 날짜 등의 정보를 보관한다.
- 릴리스 노트release note 지라 티켓이 생성되고 서비스의 DB 레코드, 커밋, 깃옵스 커밋, 원본 지라 티켓에 연결된다.
- 릴리스 노트는 환경별로 업데이트되며 프로덕션 배포가 끝나면 젠킨스가 닫는다.

단일 태스크나 유저 스토리를 구현하는 동안, 이 프로덕션 경로는 보통 5~25회 엔드투엔드로 트리거된다. 이 횟수는 컴포넌트와 이를 관리하는 팀의 성숙도마다 다른데, 우리는 넌프로덕션 배포 횟수를 1회로 줄이고 싶었지만 아직 그 정도 수준에는 미치지 못하며 팀마다 횟수는 조금씩 다르다. 그러나 유연성은 우리가 이 여정을 시작한 근본적인 목표 중 하나였다.

E.3.1 지속적 배포의 안정성 보장

자동 지속적 배포의 안전성을 기하고자 우리는 다양한 프랙티스와 도구를 사용한다.

테스트 자동화

우리는 단위 테스트부터 UI 기반의 여정 테스트까지 테스트를 자동화했다. 테스트 피라미드 가운데가 아직 너무 뚱뚱해서 테스트가 취약한 부분도 있지만, 지속적 배포를 도입한 후 이 문제는 크게 개선되었다.

다이나트레이스Dynatrace를 사용하여 프로덕션을 대상으로 합성 모니터링 테스트synthetic monitoring test도 수행한다.

무중단 배포

우리는 젠킨스와 ArgoCD를 이용해 CI/CD 파이프라인을 오케스트레이션하며 블루/그린 방식으로 무중단 배포를 한다. 인프라는 AWS 기반의 레드햇, 오픈시프트, 쿠버네티스를 사용한다.

지속적 코드 리뷰

소프트웨어 엔지니어링 팀은 주로 페어 프로그래밍을 하는데, 인원이 충분치 않아 비공식적인 코드 리뷰나 PR을 충분히 활용할 수 없는 경우가 많기 때문이다. 우리는 **모든 것을 두 사람이 직접 두 눈으로 확인한다**는 원칙을 갖고 있다.

관찰 가능성

관찰 가능성 영역은 아직 과도기 단계로, 주로 다이나트레이스, 옵스지니^{Opsgenie}, 스플렁크 같은 도구를 사용한다. 오류를 담당 팀에 전달하고 대응하는 일은 참 잘 해내고 있다.

최근, 우리의 역량과 약점을 더 잘 이해하기 위해 SRE 이니셔티브에 착수했다. 적절한 SLO 및 시간 경과에 따른 트렌드 모니터링 같은 요소를 이해하는 일에 좀 더 집중할 필요가 있다고 본다.

기능 토글

예전에 내부적으로 구축한 도구를 론치다클리 기반의 기능 토글로 대체한 바 있다. 블루/그린 배포와 최근에는 카나리 릴리스를 사용하고 있다.

컨트리뷰션 장려

우리 회사에는 Path to Prod 라이브러리의 관리자 역할을 하는 DevX 팀이 있다. 그들은 이 라이브러리를 기술 지원하고 기능을 계속 추가하면서 다른 직원을 교육하는 일도 한다. 또 다른 사람들이 컨트리뷰터로 참여하는 것도 적극 환영이다.

E.3.2 사내 팀 지원 체계

MO는 사내 지속적 배포의 여러 단계에서 익숙하지 않아 어려움을 겪는 엔지니어를 적극 지원한다.

주니어 엔지니어

우리는 주니어 엔지니어를 집중적으로 페어링하고, 페어가 된 사람을 순환 배치하여 지원한다. 덕분에 그들은 다양한 엔지니어링을 경험할 기회를 누린다. 우리는 주니어 엔지니어가 가능한 한 빨리 전체 개발 라이프 사이클과 지속적 배포의 일원으로 참여하도록 북돋운다.

채용

우리는 늘 열정 많고 참여 의지가 강한 엔지니어를 찾고 있다. 필요 기술을 모두 갖춘 인재를 찾는 게 아니다. 지속적 배포 경험도 여기에 포함되는데, 사실 지속적 배포를 일관되게 실천하는 회사는 그리 많지 않다. 많은 기업이 완전한 지속적 배포를 꿈꾸지만, 이를 달성한 기업은 얼마 없는 것 같다. [발렌티나의 노트: 이 책이 여러분에게 도움이 되길!]

온보딩

신입 엔지니어가 입사하면 간극을 빨리 메우도록 스킬업을 지원한다. 우리 회사에는 지속적 배포를 쉽게 도입할 수 있도록 자동화한 템플릿을 갖고 있는 DevX 지원 팀이 있는데, 주로 페어 프로그래밍을 통해 지원한다.

Path to Prod는 우리 회사 엔지니어로부터 많은 세부 사항을 추상화한 라이브러리로, 우리 팀을 위해 지속적 배포를 상품화한 것이다. 누구나 이 라이브러리를 그대로 사용하여 일관된 경험을 얻을 수 있다. 변칙적인 유스 케이스에 사용하든, 아니면 그냥 관심만 조금 있든, 세부 사항을 뜯어보고 얼마든지 커스터마이징할 수 있다. 최고의 아이디어는 다른 사람들이 재사용할 수 있도록 코어 라이브러리에 다시 구워진다.

CASE STUDY F

레아 그룹

다음은 앨리슨 로즈완[Alison Rosewarne]이 레아 그룹[REA Group]에 지속적 배포를 도입했던 경험을 공유한다. 그녀는 이 회사의 아키텍처 및 테크 L&D[Learning and Development] 총괄 매니저다.

F.1 레아 그룹의 당시 상황

호주의 대표적인 스타트업 성공 사례로 꼽히는 레아 그룹은 호주 증권 거래소[Australian Stock Exchange](ASX)에 상장된 부동산 전문 디지털 비즈니스 기업이다. 우리는 전 세계가 부동산을 경험하는 방식을 우리가 가진 기술로 바꾸는 중이다. 디지털 플랫폼을 통해 가장 큰 규모의 참여도가 높은 부동산 수요자에게 접근하여, 우수한 고객 가치를 창출하면서 호주 주택 시장에 대한 종합적인 인사이트를 제공한다.

이 글을 쓰는 현재, 레아 그룹은 ASX 기준 상위 20개 상장 기업 중 하나로, 시가총액은 238억 1,000만 달러다. 호주와 인도에 3,000명 이상의 직원들이 근무 중이며, 1,600명의 호주 직원 중 1,000명은 디지털 제품 전달을 전담한다.

나는 레아에서 기술 커뮤니티를 지원하는 학습과 개발, 그리고 아키텍처 기능을 총괄하고 있다. 우리의 아키텍처 기능은 프로세스(예 기술 의사 결정, 시스템 헬스 프레임워크)를 촉진하고, 전략적 이니셔티브에 기여하며, 전체적인 아키텍처 프랙티스를 주도함으로써 기술 전략을 실현하는 데 도움을 준다. 기술 L&D 기능은 보다 범위가 넓은 학습 기능의 일부로, 소셜 학습 지원, 셀프 스터디 리소스, 전용 훈련 이벤트 등의 서비스를 제공한다.

나는 레아에 입사하기 전, 분당 평균 1,000~2,000건의 요청을 처리하는 Realestate.com.au 웹사이트를 비롯한 다양한 시스템을 운영한 경험이 있다.

F.2 레아 그룹의 지속적 배포 도입

레아는 전통적으로 업계 트렌드와 신기술을 적극 수용하는 얼리 어답터로, 이미 품질 향상을 위해 2010년부터 CI와 테스트 자동화를 도입했다. 2012년 배포 자동화 실험에 성공했고, 빌드 단계를 자동화하여 여러 그린필드 이니셔티브greenfield initiative를 온디맨드 기반으로 배포해왔다. 이런 빌드 방식은 아직도 장황한 문서에 따라 격주로 릴리스 프로그램을 조정하는 다른 팀들의 부러움을 받았다. 이러한 이니셔티브는 대규모 배포를 할 때마다 반복되는 고생과 리스크를 줄이고 실제 유저에게 더 규칙적으로 가치를 제공하는 것을 지향했다.

2013년, 레아는 지속적 학습, 사고방식의 전환, 더 잦은 기능 릴리스를 위해 발빠르게 움직여 지속적 배포를 실험해보기로 했다. 클라우드 도입은 순조롭게 진행 중이었고, 우리는 데브옵스가 아주 상호보완적인complementary 기술임을 알게 되었다. 2014년까지 데브옵스는 직원 모두가 선호하는 업무 방식으로 굳혀졌고, 점점 더 크리티컬한 핵심 시스템으로 무대를 넓혀갔다.

이때부터 지속적 전달은 우리 회사의 기본 작업 방식이 되었다. 모두들 자동 빌드, 테스트, 모니터링 및 간단한 롤백 장치가 마련된 지속적 배포 파이프라인에 환호했다.

우리는 배포 방식과 무관하게 항상 메인 브랜치를 배포 가능한 상태로 유지하며, 기능 토글과 다크 코드dark code[20]를 활용하기에 온디맨드 릴리스 및 지속적인 업무가 가능하다. 이러한 변화는 데이터 센터에서 클라우드로 이전하면서 모든 팀이 **직접 만들고 실행**하는 방식으로 전환하는 시점에 이루어졌다. 덕분에 우리는 더 자주, 더 안전하게 기술을 연마하고 배포할 기회를 잡을 수 있었다.

2021년, 드디어 새로운 아키텍처 원칙에 **지속적으로 배포한다**는 문구를 넣어 우리의 견해를 공식화했다. 전문은 다음과 같다.

---

20 옮긴이_ 기능은 비활성화된 채로 코드에 포함되어 있지만, 추후 활성화를 위해 미리 배포된 코드입니다.

> 애자일 소프트웨어를 구축함에 있어서 피드백 루프를 짧게 하는 일은 매우 중요한 요소다. 변경 작업에 착수하여 프로덕션에 적용하는 시간을 최소화하면 누적된 리스크를 줄이고, 코드베이스 경합을 최소화하며, 학습 기회를 앞당길 수 있다. 변경사항은 실제로 고객이 만져봐야만 완전한 검증이 가능하며, 짧은 피드백 루프는 이를 가능케 하는 핵심 요소다. 이러한 짧은 피드백 루프는 새로운 기능 요청, 버그 픽스, 보안 업데이트 등 신속한 대처 능력의 밑거름이다.

소프트웨어에 대한 기대치를 명시하고 개선 목표로 나아가는 진척 상황을 체크하기 위해 우리는 레아의 방식에 따라 시스템 헬스 프레임워크에 명문화했다. 완전히 스크립트화한 빌드 단계 및 효율적인 테스트 스위트에 기반한 CD가 이러한 기대치의 근간이다. 2022년부터는 엔지니어링 우수성에 대한 최고 수준의 기대치의 일부로 지속적 배포의 도입 역시 추적하기 시작했는데, 이 글을 쓰는 현재 전체 제품군의 80% 이상이 지속적 배포로 서비스되고 있다.

F.2.1 조직적 장애 극복

돌이켜보니, 지속적 배포 도입의 핵심 요소는 다기능 팀에 의한 조기 실험이었다. 우리 QA도 제품 관리자와 함께 이 팀에 배정되어 있었다. 처음부터 QA를 참여시켜 프로세스 초기부터 팀원들이 품질을 고려하는 사고방식으로 전환할 수 있게 도와주면서 함께 설계하며 지도할 기회가 있었고, 킥오프 시 더 많은 시나리오를 고려하고 더 종합적인 자동 테스트를 작성하는 데 도움이 되었다. 이러한 교훈 덕분에 전담 QA 인력이 없는 팀이 지속적 배포를 더 적극적으로 도입하게 되었다.

팀에 합류한 제품 관리자는 최종적인 실현 가치에 집중함으로써 변화를 통해 Go-To-Market 팀을 리드하여 프로덕션 문제를 지원할 수 있었다.

우리 회사는 팀마다 문화가 달라서 별도의 QA 단계라는 **안전망**을 없앴는데, 과거에는 개발자가 프로덕션에서 코드 작동을 보장하는 책임을 다른 누군가에게 떠넘길 수 있었지만, 앞으로는 그럴 수가 없게 되어 분위기가 잔뜩 움츠러들었다. 우리는 **일단 한 번 해보자**는 긍정 메시지를 일관되게 불어넣었고, 개발자가 작업한 결과물을 더 빨리 고라이브할 수 있으니 모두에게 이로우며 문제가 생겨도 더 빨리 조치가 가능하다고 설파했다. 이 점이 주효했던 것 같다.

실제로 우리는 프로덕션에서 문제가 생겨도 팀이 사후 리뷰 시 **비난을 하지 않는**no blame 방식을 택했다. 또 조치 과정에서 배운 바를 다른 관심있는 외부인과 공유함으로써 프로덕션 이슈를 더욱 효과적으로 관리했다. 이러한 초기 실험 덕분에 우리는 무엇이 필요한지 알게 되었고 그 가치를 피부로 느낄 수 있었다. 이러한 가치는 공통 프레임워크에서 크리티컬한 취약점이 발견됐을 때 여실히 빛을 발했다. 실제로 지속적 배포 팀은 하루 안에 패치를 적용했지만, 다른 팀은 길게는 몇 주씩 걸렸다.

F.2.2 기술적 장애 극복

우리가 맞닥뜨린 기술적 장애물은 대부분 데브옵스 옛 시절의 기술과 연관되어 있었다. 일반적으로 배포는 사람들이 수많은 가정을 바탕으로 작성한 표준 운영 절차standard operating procedure(SOP) 문서에 따라 수행됐는데, 뛰어난 모니터링과 우수한 IaC 프랙티스에도 불구하고 **클릭옵스**ClickOps라는 접착제는 어디에나 있었고 많은 환경이 **반려 동물이 아닌 가축**cattle, not pets [21] 취급을 받았다. 우리는 기존 시스템을 개선하면서 동시에 그린필드 시스템으로 기술을 실험하고 검증하는 접근 방식을 병행해야 했다.

그래서 개발자와 운영 팀원이 한 조가 되어 배포를 진행했고, 그 과정에서 문서를 개선하고 꾸준히 자동화했다. IaCinfrastructure as code를 도입하여 시스템의 코드가 가능한 한 중앙 집중식 리포지터리와 가까운 곳에 있도록 위치를 옮겼고, 배포 단계를 스크립트로 작성하여 구성 변경 시 릴리스가 자동으로 트리거되게 했다. 모두에게 적합한 CI 서버를 찾기까지 정말 많은 실험을 했는데, 허드슨Hudson, 젠킨스, 고Go, 뱀부Bamboo를 써보다 결국 빌드카이트BuildKite로 결론을 내렸다. 빌드 파이프라인 구성이 인프라 구성만큼 중요하며, 동일한 방식으로 관리되어야 한다는 사실을 깨닫기까지 빌드 파이프라인이 통째로 사라지는 등 심각한 사고도 발생했다.

우리는 배포 오케스트레이션을 할 때 액세스 제어와 보안 강화를 할 수 있는 새로운 패턴이 필요했다. 키는 버전 관리 스토리지에 넣기 전에 암호화하고 프로덕션 내부에서 그때그때 복호화해야 했다. 확실히 이 모든 구성, 자동화, 로깅을 통해 감사 가시성audit visibility이 좋아지고 사고 대응 속도가 빨라지는 효과가 나타났다.

마침내 무중단 배포를 달성한 우리는 사내 도구를 개발하여 능력을 강화했다. 또 CSS나 자바스크립트처럼 자주 캐시되는 소스를 배포하고 서비스하는 접근 방식을 다시 돌아보게 되었다.

---

21 옮긴이_ 반려 동물처럼 아끼는 존재가 아니라, 가축처럼 대량으로 관리하면서 필요할 때마다 바로 교체 가능한 존재여야 한다는 철학입니다.

시간이 지나면서 다른 환경(예 스테이징)의 의존도는 줄었다. 프로덕션은 끊임없이 진화하는 대상이므로 API 하위 호환성에 더욱 중점을 두었는데, 이 문제를 해결하려고 당시 만든 것이 바로 팩트^{Pact}[22]라는 컨슈머 주도 계약(CDC) 테스트 도구다. 오늘날 많은 회사에서 프리프로덕션이나 스테이징 환경은 로드 테스트 같은 작업이 필요할 때만 가동한다. 대신 그들은 프로덕션과 CI, 머신에 의존한다.

원하는 상태를 화이트보드에 적고 MVP나 얇은 슬라이스로 계획을 세우면서 어려움도 있었고, 그 과정에서 예상치 못한 장애물이나 벽에 부딪히기도 했다. 다른 애자일 팀처럼 우리는 적응하고 배우면서 유머 감각을 잃지 않도록 노력했다.

F.3 레아 그룹의 지속적 배포 구현

단일 태스크나 유저 스토리를 구현하기 위한 코드 변경의 배포 빈도는 작업 카드를 얼마나 잘게 나누는지, 팀원들이 지속적 배포에 얼마나 익숙한지, 팀이 소유한 시스템(아니면 다른 팀의 시스템)에서 하는 작업인지 등의 팀이 작업하는 방식에 크게 좌우된다.

일반적으로 새 코드는 적어도 한 번은 프로덕션에 반영되며, 우리는 개발 기간 내내 점진적으로 릴리스되는, 장기 실행 카드보다는, 가치를 전달하고 릴리스할 수 있는 최소 단위로 카드를 쪼개는 방법을 선호한다. 수명이 짧은 브랜치에서 개발하고 작업이 끝나면 PR을 만든다. PR이 머지되면 빌드가 트리거된다.

빌드 첫 번째 단계는 변경사항을 확인한다. 이 과정에서 보통 병렬 실행되는 여러 빌드 단계를 거치는데, 보안 취약점, 린팅, 정적 분석 검사, 자동 테스트 실행, 구성 유효성 체크 등을 한다. 일반적으로 전체 빌드 시간을 줄이기 위해 빌드 아티팩트(예 도커 컨테이너)는 병렬로 배포한다.

다음으로, 빌드 중 일부를 프로덕션에 카나리 배포한다. 이 빌드는 프로덕션 트래픽의 하위 집합에 변경사항을 릴리스하거나, 프로덕션에서 다크 론칭$^{dark\ lauching}$하여 추가적인 자동 테스트를 수행한다.

---

[22] https://oreil.ly/soOHY

여기까지 끝나면, 내부 도구를 사용해서 변경사항을 프로덕션에 릴리스하고 레드/블랙 방식의 무중단 릴리스를 제공한다. 새로운 서비스는 서비스되기 전에 헬스 체크에 응답해야 한다. 레아는 높은 전송량을 지원하기 위해 캐시를 폭넓게 사용하므로 어떤 변경사항은 몇 시간이 걸리지만 보통 수 분 내에 표시된다.

이후부터는 모니터링 및 알림을 통해 이슈를 감지한다. 늘 비상 인력이 대기하고 있다가 문제 발생 시 호출을 받으면 릴리스를 롤백할지, 아니면 다른 부분이 문제인지 판단한다. 롤백은 전에 **문제가 없다고 알려진**known good 버전으로 빌드하여 트리거하거나, `git revert` 후 프로덕션에 새로 배포를 하며, 아예 수동으로 옛 버전을 재배포하기도 한다.

대개 주 단위로 릴리스하는 모바일 코드베이스도 이런 프랙티스 덕을 톡톡히 보고 있다. 빌드를 지속적으로 내부 앱 라이브러리로 배포한 다음, 테스트 기기에 흩뿌려 각 변경사항을 짧은 시간 내에 실제 유저에게 선보이는 것이다.

F.3.1 지속적 배포의 안정성 보장

릴리스를 자주, 안전하게 수행하기 위해 레아 팀은 다양한 패턴과 기법을 사용한다.

우리는 품질 시프트 레프트 사고방식, 사고가 나도 상대방을 비난하지 않고 대응하는 체계, 그리고 자동화의 토대가 탄탄하게 갖추어졌다는 전제 하에 세부적인 사항들을 살핀다. 기능 토글은 지속적 배포 추진에 필요한 가장 일반적인 장치로, 범위는 카드 한 장 분량 정도로 작게, 또는 소규모 이니셔티브라고 할 만큼 크게 정할 수 있다. 기능 토글은 웹, 네이티브, 데이터 처리를 빠르게 하려고 구축한 모든 내부 플랫폼에 장착되어 있다.

더 큰 규모의 이니셔티브에는 다크 론칭을 사용하는데, 엔드 유저에게 영향을 미치지 않고 지속적 배포를 경험하거나 Go-To-Market(GTM) 캠페인에 발맞춰 진행하는 데 효과적이다.

API는 컨슈머에 따라 다양한 접근 방식으로 구현한다. 일반적으로 중단을 최소화하려면 하위 호환성을 아주 긴 시간 유지하는 것이 바람직하다. 여러분이 API 프로듀서/컨슈머 모두에게 많은 영향력을 미치는 사람이거나 API 변경 관리에 대한 강한 의지와 능력을 갖는 경우, API 버저닝과 확장/축소는 유용한 기술이다.

이전 또는 사용 중단deprecation은 API 컨슈머를 파악할 수 있는 내부 시스템 카탈로그 및 관찰 가능성 도구로 관리한다. 경우에 따라 하부에서 플랫폼을 재단장한 사실을 API 클라이언트가 알아채지 못하게 퍼사드^{facade}[23]를 두기도 한다. 파트너 API나 모바일 플랫폼을 지원하는 API에서는 하위 호환성과 소비 패턴을 모니터링하는 일이 사용 패턴의 롱테일 관리에도 도움이 된다.

테스트 자동화

우리는 마이크 콘$^{Mike\ Cohn}$의 테스트 피라미드를 기반으로 테스트를 자동화한다. 엄청나게 많은 수의 격리된 (그래서 빠른) 테스트를 중요시하며, 통합과 실행 속도가 느린 테스트는 가급적 적게 두려고 한다. 자동 테스트로 뭔가를 검증하기 위해 의존 관계를 가진 시스템까지 실행하는 경우는 드물다. 이런 경우에는 컨슈머 계약 테스트가 더 낫다고 생각한다.

무중단 배포

요즘은 대부분 배포를 레드/블랙(블루/그린의 동의어) 방식으로 수행한다. 즉, 새 버전의 컴포넌트가 프로덕션에 배포되고 상태가 정상이라고 자체 리포팅되면 (프로덕션 트래픽을 수신하는) 서비스에 반영한다.

이런 배포를 오케스트레이션하기 위해 우리는 각각 서버리스 워크로드에 특화된 내부 도구, 장기 실행 워크로드에 특화된 내부 도구를 구축했다. 컴퓨팅 인프라는 보통 아마존의 EC2, 파게이트, ECS를 사용하며, 현재 쿠버네티스를 열심히 실험하고 있는 중이다.

코드 리뷰

우리는 다양한 메커니즘으로 코드 리뷰를 한다. 사내 기본 개발 방식은 페어 프로그래밍이다. 가끔 몹 프로그래밍도 사용하지만, 사례는 많지 않고 주로 학습 도구로만 사용한다. 프로덕션에 반영할 준비가 다 된 코드는 PR로 묶는다.

각 PR은 확인 작업을 하는 빌드를 트리거하므로 평가자는 실제 증분에 집중할 수 있다. PR은 주로 전체 코드베이스 내부에서 설계와 일관성에 문제는 없는지, 다른 팀원(이나 페어)이 살펴보고 승인한다. 그런 다음, 코드 작성자는 PR을 머지하여 프로덕션 배포를 트리거한다.

관찰 가능성

우리 인프라 환경의 관찰 가능성은 로깅, 메트릭, 트랜잭션 요청 추적에 기반한다.

---

[23] 옮긴이_ 내부 변경을 감추고 클라이언트에는 동일한 API 인터페이스를 유지하기 위한 중간 계층입니다.

모든 시스템 컴포넌트는 로그(예 액세스 로그, 애플리케이션 로그)를 기록하며, 편의상 모든 로그는 중앙으로 수집된다. 대용량 시스템을 운용하려면 보존 기간 등의 전략 수립이 필요하며, 로그가 너무 장황해지지 않도록 주의를 기울여 최적의 디버깅을 지원해야 한다.

기본 메트릭은 어느 정도 합리적인 디폴트 값이 배포 도구에 내장되어 있으며 커스터마이징도 가능하다. 대표적인 디폴트 값은 응답 시간, SSL 인증, 오류율인데, CPU 사용률은 오토스케일링을 할 때 중요한 요소다. 핵심 커스텀 메트릭을 지정하여 올바른 방향으로 가고 있는지, 사전 설정된 임곗값이나 이상 징후를 모니터링할 수 있다.

트랜잭션 ID는 추적해야 할 요청에 넣는다. 중앙에 수집된 로그에서 이 ID로 검색하면 시스템의 상관관계를 파악할 수 있다.

우리는 여러 가지 방식으로 모니터링 실험을 해봤지만, 유저 작업을 굳이 시뮬레이션하지 않아도 사용성이 높고 일관적이라는 사실을 발견했다.

과도한 오류율이나 응답 시간은 대개 알림을 보내고 즉시 사람이 대응한다. 일반적으로 로그를 분석하거나 애플리케이션 성능 모니터링Application Performance Monitoring(APM) 도구의 데이터만 봐도 보다 근본적인 원인에 대한 깊이 있는 이해가 가능하다.

F.3.2 주니어 엔지니어 지원 체계

우리 회사의 기술 온보딩은 (주니어뿐만 아니라) 모든 담당자가 거쳐야 한다. 주로, 지속적 배포가 무엇이고, 왜, 어떻게 수행해야 하는지를 중점적으로 다룬다. 덕분에 전 직원이 지속적 배포의 접근 방식과 가치를 모두 함께 이해하며, 사내 시스템과 문화에 안정성이 배어 있다.

주니어 엔지니어는 다른 직원과 똑같이 관리자, 학습 지원, 진로 서비스를 이용할 수 있다. 우리 팀은 의도적으로 경력이 아주 다양한 팀원들로 구성하는데, 페어 프로그래밍 위주로 업무 트레이닝을 지원하는 데 주력한다.

또한 다양한 그룹의 신규 입사자를 지원하기 위해 **엔트리 투 레아**Entry to REA 프로그램을 운영하고 있다. 여기에는 최근 대학 졸업생을 위한 대학원 프로그램과, 진로를 바꾸거나 경력 단절 후 복귀하는 여직원의 스킬업을 위한 **스프링보드 투 테크**Springboard to Tech 프로그램이 있다. 2023년에는 **그래드 걸스**[Grad Girls][24]와 파트너십을 맺고 최초의 여성 시스템 엔지니어링 인턴십 프로그램을 시범 운영했다. 이 프로그램은 다양한 학습 경험을 제공하며, 여러 팀을 순환 근무하고 지속적인 프로그램 멘토링을 받게 함으로써 참여자들의 더 보다 쉬운 학습을 지원한다.

---

[24] 옮긴이_ https://women4stem.com.au/grad-girls를 참고하기 바랍니다..

CASE STUDY G

메이즈

이번에는 이미 스타트업 시절부터 지속적 배포를 시작한 메이즈[Maze]라는 유저 리서치 회사의 사례다. 다음 글은 아테 후타캉가스[Atte Huhtakangas](엔지니어링 매니저)와 마틴 애커먼즈[Maarten Ackermans]가 작성했다.

G.1 메이즈의 당시 상황

메이즈는 사람들을 위한 제품을 만드는 유저 리서치 플랫폼이다. 기업의 제품 개발 속도에 맞춰 유저 인사이트를 제공함으로써 적절한 제품을 더 신속하게 개발할 수 있도록 지원하는 회사다. 메이즈는 연구원, 디자이너, 제품 관리자가 쉽게 사용할 수 있도록 설계되었고, 유저 인사이트를 수집하고 공유하여 이들의 의사 결정에 결정적인 도움을 준다.

우리 회사는 100여 명의 직원이 근무하고 있고, 그중 35명이 일곱 개 엔지니어링 팀에 분산 배치되어 있다.

메이즈의 코드 리포지터리, 개발자 도구, CI/CD 파이프라인 관리는 플랫폼부[Platform department]에 소속된 개발자 경험[developer experience] 팀에서 담당하고 있다. 우리의 목표는 개발자의 경험과 생산성을 제고하여 고품질의 제품 전달에 필요한 도구 및 리소스를 확보하는 것이다.

G.2 메이즈의 지속적 배포 도입

오랫 동안 우리는 지속적 배포를 **언젠가는** 손에 넣어야 할 성배처럼 여겼지만, 그 목표 달성에 필요한 작업의 우선순위를 도저히 정할 수 없었다. 당시 배포 파이프라인은 우리 니즈에 충분한 편이었다.

지속적 배포로 전환하는 과정에서 갖가지 어려움에 부딪혔다. 팀 규모가 커지면서 코드를 모노레포로 옮길 때 배포 파이프라인에 첫 번째 균열이 생기기 시작했다. 릴리스마다 점점 더 많은 PR이 포함됐고, 준비, 테스트, 배포 작업을 하느라 공수가 많이 들었다. 1년 이상 이 워크플로를 가지고 옥신각신했는데, 결국 우리는 깃플로 워크플로에서 트렁크 기반의 깃 워크플로로 전환했다. 이 새로운 워크플로는 지속적 전달을 하는 동시에 자동으로 각 커밋을 트렁크 브랜치에 릴리스로 준비한다. 그러나 최종 단계는 여전히 수동이었다. 모든 빌드 및 테스트를 통과한 이후 배포 버튼을 눌러 릴리스를 프로덕션에 배포하는 것은 각 개발자의 몫이었다. 그래도 릴리스 빈도는 주당 한두 번에서 매일 수 회로 크게 증가했다.

지속적 배포는 우리의 최종 목표였지만, 안타깝게도 CI/CD 플랫폼 프로듀서의 한계 탓에 해결해야 할 문제들이 더 크게 느껴졌다. 그러나 지속적 배포의 이점이 너무 커서 도저히 무시할 수 없었다. 특히, 지속적 배포를 하려면 트렁크 브랜치에 릴리스할 커밋을 할 때마다 순차적인 빌드/배포 큐가 필요했는데, 이 누락된 기능은 반드시 필요했기 때문에 다른 CI/CD 플랫폼을 찾아볼 수밖에 없었다. RFC 문서 하나를 읽고 수 차례 PoC를 거친 후, 지속적 배포에 필요한 모든 게 보장된 깃헙 액션이 바로 우리가 찾던 플랫폼이라는 결론에 다다랐다. 그 다음 분기에 우리는 구현을 마치고 모노레포 배포를 새로운 깃헙 액션 파이프라인 체제로 전환했다. 마침내 지속적 배포를 달성한 것이다.

G.2.1 조직적 장애 극복

배포 자동화 도중에 극복해야 할 가장 큰 문화적 장애물은 테스트에 대한 신뢰감이 부족하다는 사실이었다. 전혀 근거 없는 두려움은 아니었고, 일부 제품 파트에서는 더 높은 테스트 커버리지가 필요했다. 또 우리가 구축한 배포 파이프라인을 불안하게 만든 취약한 인수 테스트도 제대로 소화하지 못했다. 사세가 확장되고 제품 규모가 커지면서 수동 테스트는 사실상 불가능에 가깝다는 사실이 분명해졌고, 앞으로는 자동화에 의존할 수밖에 없었다. 시간이 흐르고 두려움의 안개는 차차 걷히기 시작했다. 앞서 언급한 트렁크 기반의 깃 워크플로로 전환한 것이 큰 도움이 됐고, 자동 배포 테스트를 더 자주 실행하면서 자신감을 얻게 되었다. 그러나 직원들이 자동 배포를 당연시하기까지는 더 많은 시간이 필요했다. 배포 시 수동 트리거를 제거하는 것이 합리적이라고 주장하기 전에 우리의 배포 파이프라인이 안정적이라는 사실을 입증해야 했다.

새로운 CI/CD 플랫폼으로 이전하는 과정에서 테스트 커버리지와 안정성 문제를 해결하려면 더 폭넓은 엔지니어링 부서의 참여가 절실하다는 사실을 깨달았다. 우리는 테스트 커버리지와 안정성 문제가 해결될 때까지 그들과 함께 일했고, 이렇게 협업한 결과 마침내 새로운 플랫폼에서 지속적 배포를 구현해냈다. 우리가 구축한 두 스테이징 환경이 여전히 프로덕션에 배포 중인 기존 파이프라인과 병행하여 잘 작동하는지 확인하는 작업에 착수했다. 일단 확신이 생기자 이후로는 프로덕션 배포로 전환했는데, 혹여 재빨리 되돌려야 할 경우를 대비하여 옛 배포 파이프라인을 백업하면서 각 커밋을 **섀도 빌드**shadow-build[25]했다.

일종의 추가 안전장치로, 누구나 필요 시 트리거 할 수 있는 CI 워크플로도 만들었다. CI 워크플로는 이슈 발생 시 안전핀 역할을 하기 때문에 마음놓고 작업할 수 있는 환경이 조성됐다. 덕분에 특정 커밋을 단일 서비스에 배포하거나 전체 제품을 옛 릴리스로 쉽게 롤백할 수 있어서 문제 발생 시 아주 요긴했다.

G.2.2 기술적 장애 극복

기술적으로 가장 어려웠던 부분은, 모노레포에 포함된 수많은 패키지를 함께 배포하는 것이었다. 우리는 프로그래밍 방식으로 최종 릴리스 이후 변경된 패키지만 골라내 빌드/배포한다. 이러한 변경 감지는 디펜던시도 마찬가지다. 즉, 여러 서비스가 참조하는 공유 라이브러리가 변경되면 해당 서비스를 모두 다시 빌드/배포한다. 엔드투엔드 테스트도 까다롭다. 변경된 서비스를 로컬 CI 컨테이너에서 실행하고 스테이징 환경 중 한곳에서 다른 공유 서비스와 메시를 형성한다. 이러한 메시 방식은 몇 가지 단점이 있는데, 주로 작업이 진행 중인 다른 기능 브랜치의 테스트도 이 스테이징 환경을 사용하기 때문에 발생하는 문제다. 모든 릴리스에 대해 수명이 짧고 격리된 환경을 가동시키면 최선이겠지만, 아직은 그렇게 못하고 있다.

---

[25] 옮긴이_ 실제 배포 없이 빌드와 테스트만 수행해 변경사항의 영향을 사전 검증하는 과정입니다.

G.3 메이즈의 지속적 배포 구현

우리는 개발자가 변경사항을 쉽게 리뷰하고 배포 시 리스크를 줄일 수 있게 소규모 PR을 점진적으로 생성하고 가급적 서로에게 PR을 제출하도록 권장한다. 대규모 PR을 방지하기 위해 기능 토글을 활용하여 미완성 기능을 프로덕션에 머지하고 내부 테스트 후 유저에게 점진적으로 롤아웃하는 방법도 사용한다.

특히, 엔지니어는 작업 중인 모든 태스크마다 브랜치를 만든다. 대개 엔지니어는 자신이 만든 브랜치를 깃헙에 푸시한 직후, 바로 드래프트^{draft} PR을 오픈한다. 커밋할 때마다 PR CI 파이프라인이 개시되어 테스트 실패, 정적 분석 오류 등 이슈 여부를 **PR 체크**로 리포트한다. PR 작성자는 변경사항에 대해 확신이 들면 PR 상태를 **드래프트**에서 **오픈**으로 바꾼다. 그러면 깃헙이 해당 패키지의 작성자와 코드 소유자에 해당하는 팀원들에게 알림을 발송하고 PR 리뷰를 요청한다.

PR을 누군가 한 사람이 승인해서 PR 리뷰가 통과되면 작성자는 PR을 머지하고 머지 큐에 넣는다. 이 머지 큐는 PR에서 최종 실행된 CI와 머지 간 트렁크 브랜치에 충돌되는 변경사항이 있는지 확인한다. 이 머지 큐에서 추가적인 CI 체크도 실행된다. 머지 큐에 여러 PR을 넣을 수도 있는데, 이렇게 하면 각 PR을 상대로 CI 체크를 할 수 있다. 머지 큐에서 CI 체크가 통과되면 깃헙은 PR을 트렁크 브랜치에 스쿼시 머지$^{squash\ merge}$하며, 커밋 한 번으로 최대 다섯 개의 PR을 (각각 CI 체크를 통과했다는 전제 하에) 일괄 처리할 수 있다. 머지 큐에 있는 PR 중 하나라도 CI 체크가 실패하면 해당 PR은 머지 큐에서 퇴출되고, 추가 리뷰가 필요한 **오픈** 상태로 리셋된다. 그러면 깃헙은 머지 큐에 있는 다른 PR을 자동으로 리베이스함으로써 더 이상 퇴출된 PR은 이력에서 사라지며 CI 체크는 처음부터 다시 시작된다.

트렁크 브랜치에 커밋을 하면 모두 CI에서 새로운 릴리스가 트리거된다. 릴리스 하나만 동시 실행이 가능하므로 릴리스 큐가 있다. 릴리스는 일단 변경된 서비스를 빌드한 다음 스테이징 환경에 배포하고 여기서 인수 테스트를 수행한다. 테스트가 통과된 후에는 서비스를 프로덕션에 배포한다. 릴리스가 시작될 때 락을 획득하는데, 이 락은 해당 릴리스가 프로덕션에 성공적으로 배포되면 다시 해제된다. 락이 있기 때문에 릴리스가 실패해도 엔지니어 누구라도 수동으로 릴리스를 다시 시작할 수 있으며, 현재 릴리스가 불완전한 경우에도 큐에서 대기 중인 새 릴리스가 실행될 일은 없다.

G.3.1 지속적 배포의 안정성 보장

우리는 동일한 릴리스에서 잘못된 변경사항을 우회하는 방식으로 API 변경사항을 안전하게 배포한다. 즉, API 엔드포인트를 사용 중단된 것으로 표시하고 기존 엔드포인트를 기반으로 API 스키마를 생성한다. 이렇게 만들어진 스키마는 변경사항을 자동 감지하고 PR 리뷰 시 API 엔드포인트에 어떤 변경이 이루어졌는지 더 눈에 잘 띄게 보여주는 역할을 한다. 이렇게 사용 중단된 API 엔드포인트는 클라이언트가 더 이상 사용하지 않을 때 정리 PR을 만들어 지우면 된다.

우리 회사의 테스트 자동화는 패키지별로 실행되는 단위 테스트, 통합 테스트, 엔드투엔드 테스트로 구성된다. 여기에 모든 서비스를 총괄하여 제품 전체를 테스트하는 인수 테스트가 있다.

단위 테스트는 가장 규모가 작은 테스트로, 단일 함수나 클래스, 프런트엔드 컴포넌트가 그 대상이다. 통합 테스트는 유저를 만들고 DB의 인메모리 표현형을 사용하여 데이터 존재 여부를 확인하거나, 댓글을 작성하고 프런트엔드 애플리케이션 상태가 업데이트됐는지 점검하는 등 단일 도메인 내부의 로직을 커버한다. 엔드투엔드 테스트는 해당 서비스와 통신하는 다른 서비스의 관점에서 바라보는 서비스 엔드포인트 테스트다. 인수 테스트는 유저 관점에서 제품을 테스트하는 브라우저 테스트다.

PR 커밋을 할 때마다 CI 빌드가 트리거되어 변경된 각 패키지를 대상으로 단위, 통합, 엔드투엔드 테스트가 실행된다. 인수 테스트는 변경된 패키지와 독립적으로 실행되며, CI는 언제나 각 PR 커밋에 대해 이들 테스트를 실행하여 신뢰도를 최대로 끌어올린다.

머지 큐는 단위 테스트, 통합 테스트만 실행한다.

우리는 변경된 서비스를 릴리스하기 위해 스테이징 환경에 배포하고 인수 테스트만 실행한다. 이 테스트가 통과돼야 변경된 서비스를 프로덕션에 배포할 수 있다.

배포 파이프라인은 12가지 앱 방법론^{Twelve-Factor App methodology}[26]에 따라 모든 환경에서 동일한 아티팩트를 재사용하며, 전체 도커 아티팩트를 빌드하여 AWS ECR로 푸시한다. 그런 다음 ArgoCD를 통해 쿠버네티스에 롤링 업데이트 방식으로 배포한다. 일부는 서버리스 프레임워크를 활용하여 AWS 람다 함수를 배포하는 직접 배포^{direct deployment} 전략도 구사한다.

---

[26] 옮긴이_ 클라우드 환경에서 확장성과 유지보수가 뛰어난 앱을 만들기 위한 12가지 개발 원칙입니다. https://12factor.net

모든 변경사항을 리뷰하려면 PR은 적어도 한 번은 살펴봐야 한다. 페어 프로그래밍, 몹 프로그래밍은 선택 사항이지만 장려하는 분위기다. 다른 팀보다 적극적으로 실천 중인 팀도 있다.

프로덕션 서비스는 데이터독으로 모니터링하며, 종합 모니터링, 데이터독 와치독Datadog Watchdog, APM/RUM 오류 트래킹 등을 활용하여 이슈를 감지하고 인시던트를 선언한다. 무엇보다 중요한 사실은, 모든 텔레메트리telemetry에 배포된 버전이 포함된다는 점이다. 이 버전 주석을 보면 특정 릴리스와 문제를 쉽게 연관지을 수 있다.

G.3.2 주니어 엔지니어 지원 체계

사내 지속적 배포 프로세스는 문서화되어 모든 신입 엔지니어가 열람하는 온보딩 자료로 활용된다. 지속적 배포 덕분에 PR 머지 이후 배포 파이프라인이 완전 자동화되어 있어 주니어 엔지니어는 배포의 기술적인 세부 사항까지 몰라도 개발에 전념할 수 있다. 마지막으로, 우리 팀은 모든 엔지니어가 슬랙으로 질문하면 바로바로 응답한다.

CASE STUDY **H**

트래블퍼크

마지막으로, 트래블퍼크^{TravelPerk}라는 급성장 중인 스타트업의 지속적 배포 사례다. 하비에르 테헤로$^{Javier\ Tejero}$(아키텍처 책임자)와 로베르토 모스카$^{Roberto\ Mosca}$(수석 소프트웨어 엔지니어)가 회사 초창기부터 시작하여 함께 성장한 트래블퍼크의 지속적 배포 문화에 대해 쓴 글을 읽어보자. 두 사람 모두 전사 플랫폼 및 인프라를 담당하는 파운데이션즈^{Foundations} 팀 소속이다.

H.1 트래블퍼크의 당시 상황

트래블퍼크는 가파르게 성장 중인 비즈니스 출장 관리 플랫폼이다. 출장자에게는 자유를, 회사에는 더 많은 통제권을 부여하는 엔드투엔드 솔루션으로, 비즈니스 출장 업계에 일대 혁신을 불러일으켰다. 본사는 바르셀로나에 있으며, 런던, 버밍엄, 에든버러, 베를린, 시카고, 보스턴, 마이애미에도 비즈니스 허브가 있다.

2024년 1월, 신규 투자사인 소프트뱅크의 비전 펀드 2호 및 기존 투자사인 키네빅^{Kinnevik}과 펠릭스 캐피털$^{Felix\ Capital}$에서 1억 4,000만 달러를 투자 유치한 데 이어 최근 D1 확장 투자 라운드$^{extension\ investment\ round}$를 통해 14억 달러 이상의 가치를 인정받고 있다. 이번 투자 유치로 트래블퍼크는 플랫폼 투자를 늘려 새로운 인벤토리 기능을 제공함으로써 고객 경험을 개선하고 신규 비즈니스 여행 서비스를 론칭하는 한편, AI를 응용하여 제품 자동화를 확대할 계획이다.

엔지니어링, 제품, 데이터 설계, 보안 등의 직무를 통폐합한 **빌더**builder 350여 명을 비롯해 약 1,200명의 직원이 근무하고 있다.

고객은 웹 애플리케이션, iOS 및 안드로이드 모바일 앱, 이렇게 세 가지 클라이언트 앱을 통해 코어 비즈니스 서비스에 액세스한다. 클라이언트 앱은 메인 모놀리스와 수십 개의 마이크로서비스를 포함한 다양한 백엔드 서비스에 의해 구동되며, 이들 서비스는 매일 총 수백만 건에 달하는 요청을 처리한다. 엔지니어링 부서는 한 마디로 **당신이 만든 건 당신 소유**You build it, you own it 라는 강한 주인의식을 갖고 있다. 실제로 팀별로 각자 서비스와 애플리케이션을 소유해서 운영한다. 프런트엔드와 백엔드로 모놀리스가 두 개면 오너십을 여러 팀으로 나누되, 각 코드 라인을 누가 소유했는지 확실히 밝힌다. 이런 식으로 각 팀은 자신이 맡은 서비스/앱의 배포를 책임지며, 각자 소유한 인프라 및 CI/CD 파이프라인의 상태 관리도 알아서 담당한다.

H.2 트래블퍼크의 지속적 배포 도입

스타트업 초창기 시절인 2017년경, 우리는 프로덕션 환경을 헤로쿠Heroku에서 AWS로 전환하면서 지속적 배포 체제를 구축하기로 했다. 변화에 대한 적응력과 대응력을 높이고 빠른 혁신 문화를 조성하려는 고심 끝에 내린 전략적인 결정이었다. 당시 업계는 **빠르게 움직여 기존 질서를 파괴하라**Move fast and break things는 개발 프로세스에 속도와 유연성의 중요성을 강조하는 철학이 지배적이었다. 그래서 우리도 지속적 배포로 매끄럽고 안전하게 전환하기 위해 테스트 자동화에 집중적으로 투자했다.

지속적 배포로 전환하는 동안, 조직상의 걸림돌은 거의 없었다. CTO와 부사장의 승인을 받고 우리는 AWS로 전환하고 적응하는 일을 추진했다. 당시 우리 팀은 전담 QA 부서가 없는 작은 엔지니어 팀이었다. 우리가 구현한 모든 기능은 프로덕션에 배포하기 전에 자동 테스트는 물론, 철저한 수동 테스트로 커버했다. 이런 환경에서 메인 브랜치에 머지할 때 직접 자동 배포하는 것은 자연스러운 선택이었고, 이를 조기에 도입한 덕분에 사세가 확장되면서 지속적 배포 프랙티스를 유기적으로 발전시킬 수 있었다.

지속적 배포로 전환 시 최우선 과제는 플랫폼의 신뢰성과 안정성을 보장하는 것이었다. 배포된 변경사항으로 애플리케이션의 기능이 망가지지 않게 하려면 파이프라인 내부에서 종합적으로, 중립적으로 변경사항을 테스트하는 일이 관건이었다. 이미 광범위한 단위 테스트와 통합 테스트가 준비되어 있었기에 우리는 엔드투엔드 테스트를 통합하여 크리티컬한 유저 워크플로를 보호하기로 결정했다. 그 결과 애플리케이션의 기능을 최적으로 커버할 수 있는 일련의 엔드투엔드 테스트를 설계 및 개발하는 데 성공했다.

H.3 트래블퍼크의 지속적 배포 구현

새로운 기능을 구현하는 데 필요한 작업을 얼마나 잘게 쪼갤지는 작업의 규모에 따라 달라진다. 커밋 한 번으로 끝날 수도 있고, 개발 기간이 길어 상당히 많은 PR이 생성될 수도 있다. 후자의 경우, 진행 중인 작업은 기능 토글이나, 유저·계정·회사 단위로 켜고 끌 수 있는 다른 유형의 스위치로 숨긴다. 우리는 유저 개인, 유저 그룹, 지정된 비율의 유저 또는 전체 회사(회사나 계정에 속한 유저)에 대해 기능 토글을 적용할 수 있도록 유연한 기능 토글 구현체를 갖고 있다. 그래서 PR이 머지될 때마다 프로덕션 경로가 엔드투엔드로 트리거된다.

각 증분에 대한 프로덕션 경로는 시간이 지남에 따라 변경되며, 이 또한 개발자가 작업 중인 프로젝트의 규모에 따라 달라진다.

작은 프로젝트/리포지터리는 처음부터 우리가 지속적 배포를 구현한 방식을 잘 나타낸다. 개발자가 깃헙 브랜치에 변경사항을 커밋하고 PR을 오픈하면 (코드를 적절하게 리뷰하는 데 필요한 전문 지식의 유형에 따라) 같은 개발 팀의 다른 동료나 다른 팀의 팀원들이 리뷰한다. PR을 열고 브랜치를 업데이트하면 빌드 단계(코드가 빌드 가능한지 체크), 여러 검사(예 린팅, 타입 체크, 디펜던시 체크, 포맷 체크, 보안 체크), 전체 자동 단위 테스트로 구성된 CI 파이프라인이 트리거되어 실행된다. PR이 승인되고 해당 CI 빌드가 그린으로 표시되면 개발자는 PR을 메인 트리거에 머지할 수 있다. 이 머지 작업까지 끝나면 일반적으로 PR에서 실행됐던 모든 체크와 모든 환경에 배포하는 작업을 동시에 재실행하는 CD 파이프라인이 트리거된다(언제나 프로덕션/넌프로덕션에 동시 배포되므로 모두 동일한 코드가 실행된다). 배포 단계가 완료되면 프로덕션을 비롯한 모든 환경에서 변경사항을 감상할 수 있다.

하지만 지속적 배포가 적합하지 않은 프로젝트도 있다. 우리 회사 모놀리스가 그렇다. 이런 프로젝트에서는 메인 브랜치에 머지되는 PR 양이 꽤 많아서 모든 커밋에 대해 CD 파이프라인을 실행하는 것은 문제가 있다. 그래서 변경사항이 다른 PR과 결합돼도 안전한지 확인하고, 매 20분마다 최종 성공한 배포 이후 머지된 모든 변경사항을 배포하는 예약된 배포 프로세스를 실행하기 위해 머지 큐를 두어야 하는 식으로 프로세스가 한층 복잡해진다. 또 메인 브랜치에 머지할 때마다 배포 아티팩트를 생성하는 빌드가 트리거된다. 예약된 배포 프로세스는 가장 최근 아티팩트를 체크한 뒤 해당 환경에 배포한다.

우리는 아티팩트를 불변immutable으로 만들고 환경별 구성을 통해 커스터마이징한다. 웹 애플리케이션의 경우, 모든 배포에 대한 관찰 가능성을 높이고 배포 실패 시 신속하게 자동 롤백할 수 있는 릴리스 매니저를 만드는 작업이 현재 진행 중이다.

H.3.1 지속적 배포의 안정성 보장

트래블퍼크에서는 지속적 배포 시 회귀 오류가 발생하지 않도록 기능 토글, API 버저닝, 확장/축소 패턴, 관찰 가능성 등 다양한 기술을 활용한다.

진행 중인 작업 숨기기

기능 토글 덕분에 먼저 내부적으로 소규모 유저 그룹을 대상으로 기능을 테스트한 후 더 넓은 레이어의 유저에게 선보일 수 있게 됐다. 우리는 중대한 변경사항에 API 버저닝을 사용하지만, 필드를 제거하기 전에 대체하거나 중복된 필드로 만들어 하위 호환성을 준수하는 방식으로 변경사항을 구현하는 방법을 더 선호한다.

코드 리뷰

코드 리뷰는 사내 리뷰 정책에 따라 PR 리뷰를 통해 이루어진다. 모든 리포지터리의 모든 파일은 CODEOWNERS 파일 덕분에 해당 파일을 소유한 팀에 귀속된다. 그래서 해당 팀이 소유한 파일을 PR이 변경하려고 하면, 해당 팀의 리뷰를 받으라고 안내된다. 특정 리포지터리나 민감한 변경사항(예 결제 도메인)의 경우에는 무조건 파일 소유자의 리뷰를 받도록 강제한다. 그 밖에는 엔지니어링 우수성 문화를 유지한 상태로 자동 린팅 및 코드 정적 분석을 통해 베스트 프랙티스를 장려하며, 엔지니어링 부서에서 온갖 종류의 기술 토픽을 주제로 지속적인 교육을 제공하는 데 아낌없이 투자하고 있다. 우리가 채택한 가이드라인과 베스트 프랙티스는 상세히 문서화하여 보관 중이며, 지식을 공유하고 프랙티스를 지속적으로 리뷰하기 위해 사내 길드를 운영 중이다.

자동 테스트

우리는 단위 테스트, 통합 테스트, 엔드투엔드 테스트, 계약 테스트 등 여러 레벨의 테스트를 사용한다. 시스템 설계 프로젝트를 할 때는 시각적 회귀 테스트도 함께 사용한다. 마이크로 프런트엔드로 이전한 이후, 마이크로 프런트엔드의 변경사항이 다른 모든 마이크로 프런트엔드와 서로 잘 맞물리는지 확인하는 통합 테스트를 도입했다. 이 통합 테스트는 백엔드 요청을 스터빙하여 더 빠르고 안정적으로 수행할 수 있으며, 테스트에 사용한 스텁의 신뢰성을 보장하기 위해 계약 테스트를 사용한다.

여기에 코드 안전성을 보장하기 위해 코드 보안 분석도 한다. 모든 테스트는 CI/CD 파이프라인의 여러 레벨에서 각각 실행된다. 단위 테스트와 통합 테스트는 항상 (PR 그리고 메인 브랜치로 머지한 직후) 실행되며, 엔드투엔드 테스트처럼 비용이 더 드는 다른 테스트는 메인 브랜치로 머지하기 전에 머지 큐에서만 실행된다. AWS 클라우드와치에 구현된 합성 테스트[synthetic test]는 프로덕션 환경을 상대로 직접 실행된다.

무중단 배포

백엔드 서비스는 대부분의 코드를 ECS에 배포하는데, 중단 시간을 없애려고 블루/그린 배포를 한다. DB 레이어가 최종 코드 릴리스와 어긋나지 않도록 몇 가지 메커니즘을 구현했으며, 하위 호환되는 DB 이전만 수행한다(예 심각한 영향을 미칠 수 있는 작업이라도 실행 중인 코드가 이런 작업에 의존하지 않으면 적용 가능하다). 또 AWS 람다에서 실행되는 서비스도 지속적 배포를 한다.

프런트엔드 에셋은 S3에 배포되고 CDN을 통해 분산시킨다. 여기에 버저닝을 사용하여 현재 릴리스를 추적하고 신속하게 롤백할 수 있다. 우리는 합성 테스트와 통합하여 프런트엔드 자산의 카나리 릴리스, 배포 관찰 가능성 향상, 문제가 있는 릴리스의 자동 롤백이 가능한 릴리스 관리 시스템을 구축하는 중이다.

관찰 가능성

이렇게 노력해도 간헐적으로 프로덕션에서 회귀가 발생할 때가 있다. 이런 경우, 다양한 모니터링 시스템을 활용하여 프로덕션에서 발생한 문제를 최대한 빨리 감지할 수 있다. 매분 실행되는 AWS 클라우드와치[CloudWatch]의 합성 테스트 덕분이다.

관찰 가능성은 우리 회사 전략의 핵심으로, 플랫폼 전반에 걸쳐 효율적이고 실행 가능한 메트릭을 만들려고 노력 중이다.

HTTP 오류, 느린 엔드포인트, 느린 쿼리, 큐 적체, DB 리소스 등 알려진 오류 및 예상치 못한 오류의 원인을 커버하는 1,000개 이상의 모니터가 있는데, 이를 인시던트 관리 프로세스에 연결시켜 신속한 개입 및 복구가 가능하다. 단일 엔드포인트의 저수준 응답 시간부터 유저 워크플로의 고수준 메트릭까지 여러 레벨의 SLO를 모니터링하면서 응답 시간을 줄이기 위해 투자를 했다. 이로써 어떤 변경사항 때문에 엔드포인트의 성능이나 워크플로 실행 속도가 떨어지면 재빠르게 피드백을 받을 수 있으며, 곧바로 개입하여 문제를 해결할 수 있게 되었다. 앞서 언급했듯이, 우리는 프로덕션에서 합성 테스트를 사용하기 때문에 프로덕션에 영향을 미치는 문제를 빠르게 파악하여 조치할 수 있다.

H.3.2 주니어 엔지니어 지원 체계

새로 합류한 개발자는 엔지니어링 온보딩 프로세스를 거쳐 며칠 만에 코드를 푸시할 수 있고, 자신이 푸시한 코드가 프로덕션에 고라이브된 모습을 아주 빨리 확인할 수 있다.

지속적 배포는 이제 기본으로 취급될 정도로 우리 엔지니어링 문화에서 필수적인 요소가 되었다. 신규 입사자는 자신에게 배정된 엔지니어 동료와 팀원들의 지원을 받아 자신감을 갖고 배포 프랙티스에 적응할 수 있다. 동시에 이러한 프랙티스를 자신 있게 수용하고 자신이 컨트리뷰터로 참여한 모든 코드 및 기능에 대해 소유자(책임자) 역할을 할 수 있도록 가이드라인이 마련되어 있다.

INDEX

가속 메트릭　427
가축　46
강제 업데이트　188
개인 식별 정보　250
거래 비용　68
게이트키핑　54, 143
계속성　45
계절적 패턴　400
계층 케이크　210
고라이브　55
고장 평균 시간(MTTF)　436
골든 시그널　169
공격 표면　449
과대 최적화　253
과소 최적화　253
교차 서비스 메트릭　434
구성 매니페스트　449
국소 과잉 생산　66
국소 최적화　66
규모의 경제　68
그래드 걸스　477
그레이스풀 셧다운　180
그레이존　189
그로서루　215
그린필드 이니셔티브　470
기능 발견 게시판　71
기능 토글　101
기술 부채　292
깃 리모트　83
넌이벤트　199
넌코딩 활동　40
넌프로덕션　462
네 개의 눈 원칙　443
논리적 정점　38

누적 레이아웃 시프트(CLS)　259

다계층 케이크　210
다기능　45
다기능 요건(CFR)　91, 235
다기능 측면　93
다변수 테스트　416
다크 코드　470
다크 론칭　473
단일 장애점(SPOF)　105
단일 진실 공급원(SSOT)　49
단일 페이지 애플리케이션(SPA)　156
대기 지점　167
대체 구현체　106
대체 시스템　241
대체 필드　242
더미　162
데브옵스 핸드북　43
데이터 위생　379
데이터 형상　112
도요타 생산 방식(TPS)　64
동기　114
동료 평가　150
드레이닝　178
디지털 고객　462
떠넘기기　44
라스트-미닛 아이템　215
래퍼 애플리케이션　189
램프업　104
런타임 기능 토글　403
러닝 커브　201
런던 스타일　281
레아 그룹　469

찾아보기　491

INDEX

로우 매퍼   321
론치다클리   419
롤링 배포   164
롤아웃   84
리 어댑터   408
리드 타임   54
리버스 엔지니어링   393
리뷰 증명   195
리프 컴포넌트   284
린 생산   64
릴리스 노트   465
릴리스 트레인   448
릴리스 후보   51

마이크로릴리스   239
마이크로서비스 지향 아키텍처   146
머지 타임   195
머지/릴리스 지옥   41
멀티모듈   464
메이즈   479
메트릭   39
명령 쿼리 책임 분리(CQRS)   366
모타빌리티 오퍼레이션즈(MO)   461
목업   71
몹 프로그래밍   150
무중단 배포   162
문서 저장소   319
물리적 비용   66
바운디드 컨텍스트   198
반려동물   46
반복성   50
반복적 개발   338
배출 감축   455

배치   72
배포 빈도   81
배포 시간대   122
백로그   71
버그 표면   211
버전 범프   366
번들   48
번아웃   54
벌크헤드   252
베이스라인   38
벽에다 물건 던지기   44
변경 실패율   88
변경 증분   39
병목   37
보안 의식   96
부가 레이어   236
부분요인   418
분산 쓰기 작업   178
분할 테스트   416
브레드크럼   299
블루/그린 배포   163
비계획 작업   80
비동기   114
비호환 증분   123
비휘발성   181
빅뱅 릴리스   36
빗버킷   464

사용 편의성   380
산탄총 수술   309
상품 식별자 넘버링 체계   296
상호 합의   49
상호의존성   56

INDEX

샤딩 254
섀도 빌드 481
섀도 트래픽 375
서버 사이드 렌더링 114
서비스 수준 목표(SLO) 79
서킷 브레이커 252
설정 가능성 291
설치 가능한 웹사이트 190
세션 스티키니스 180
세이브 포인트 202
소나 457
수동 탐색 테스트 55
수직 분할 208
수평 분할 208
수평적 스케일링 179
스마트 토스터 192
스모크 테스트 166
스위스 치즈 모델 157
스케일다운 178
스쿼시 머지 482
스토리 킥오프 93
스티키 세션 180
스프링보드 투 테크 476
스피네이커 166
스핀업 163
시프트 레프트 64
신속 경로 84
실행체 47
아카마이 377
아티팩트 35
아티팩트 레지스트리 450
아파치 메소스 443
안정성 80
앙상블 프로그래밍 458
애자일 전환 152

애자일 프레임워크 210
애트리뷰트 242
어플라이언스 186
언리시 103
업무 분리(SoD) 195
에지 케이스 72
엔드투엔드 오너십 93
엔지니어링 건전성 63
엔지니어링 우수성 38
엔트리 투 레아 476
역기능적 분리 43
예비 리팩터링 109
예측 불가능성 57
오너십 38
오류 예산 79
오토 435
오토스카우트24 427
온보딩에 적합 459
온스크린 키보드 227
우회책 98
원피스 플로 64
월드 가든 48
월드 코드 가든 74
윈도우 클릭원스 187
웹뷰 190
유저 수용 테스트(UAT) 51
유저 앞에서 실행되는 코드 36
유저 행동 39
이니셔티브 42
이벤트 소싱 366
이벤트 업그레이더 366
이전 단계 106
이중 쓰기 350
이중 읽기 353
이해관계자 41

INDEX

익스트림 프로그래밍(XP) 40
인시던트 80
인적 요인 61
인젝션 공격 249
인지 부하 83
인피니티 433
일급 앱 190

진행 중인 작업(WIP) 63
처리량 80
최소 기능 제품(MVP) 213
추상화 레이어 46
추상화 브랜치 100
축소 단계 106

자동 빌드 파이프라인 48
자가 적용 업데이트 187
자동화 37
자체 문서화 47
장기 실행 프로세스 178
전달 평균 시간(MTTD) 436
전이적 디펜던시 251
정규 계약 112
정밀도 380
정보 확산기 48
제조 큐 71
제품 개발 큐 71
젠킨스 47
조기 최적화 253
조직 개혁 45
중복성 98
중첩 토글 239
즉각적인 책임감 93
즉시 배포 56
지리 공간 데이터 411
지속적 전달 50
지속적 통합 41
지속적 흐름비 78
지적 아티팩트 71
직접 만들고 실행하라 45

카나리 배포 165
칸반 시스템 64
커밋된 코드 36
컨슈머 주도 계약(CDC) 110
컨트리뷰터 35
코드 결정점 101
코드 드리프팅 148
코드 커밋 72
코드십 47
코드를 담장 너머로 던지기 92
코드형 인프라(IaC) 47
콘텐츠 전송 네트워크(CDN) 181
쿠버네티스 165
클라우드 우선 462
클라우드플레어 377
클라이밋파트너 455
클릭률(CTR) 258
클릭옵스 472
타임라인 66
탄소 발자국 395
태스크 209
테스트 스위트 101
테스트 주도 개발(TDD) 40
통계적 엄밀함 413
통계적 유의성 420
투트랙 84

INDEX

트래블퍼크 485
트래비스 47
트래픽 진입점 163
트래픽 커브 375
트렁크 48
트렁크 기반 개발(TBD) 48, 149
특성화 테스트 162
팀시티 429

ㅍ ㅎ

파이프라인 에이전트 38
패스트-포워드 병합 147
퍼널 분석 414
퍼사드 475
퍼시스턴스 레이어 101
페어 프로그래밍 40, 152
페이지네이션 253
평균 고장 간격(MTBF) 431
평균 복구 시간(MTTR) 63, 86
폐기 코드 274
폭발 반경 431
폭포수 프로세스 437
폴백 353
표준 운영 절차(SOP) 472
품질 시프트 레프트 91
프로그레시브 웹앱(PWA) 190
프로덕션 35
프로덕션 경로 36
프로덕션 레디니스 60
프로덕션 레디한 43
프로덕션에서의 통합 433
프리-커밋 후크 154
프리릴리스 371
플레이스테이션 401

피닉스 프로젝트 43
피라미드 모델 156
피자 두 판 팀 규칙 198
하이럼의 법칙 112
합성 모니터링 테스트 465
핵심 성과 메트릭(KPI) 434
현장 실험 441
확장 단계 106
확장 투자 라운드 485
회귀 60
휠체어 탑승 가능 차량(WAV) 461

A B C

abstraction layer 46
accelerate metric 427
Agile framework 210
Agile transformation 152
Akamai 377
alternative field 242
alternative implementation 106
alternative system 241
Apache Mesos 443
appliance 186
artifact 35
Artifact Registry 450
asynchronous 114
attack surface 449
attribute 242
automated build pipeline 48
automation 37
AutoScout24 427
backlog 71
baseline 38
batch 72

INDEX

big-bang release   36
Bitbucket   464
blast radius   431
blue/green deployment   163
bottleneck   37
bounded context   198
branch by abstraction   100
breadcrum   299
bug surface area   211
bulkhead   252
bundle   48
burnout   54
canary deployment   165
carbon footprint   395
cattle   46
change delta   39
change failure rate   88
characterization testing   162
circuit breaker   252
ClickOps   472
Click-Through Rate(CTR)   258
Climate Partner   455
cloud-first   462
Cloudflare   377
code commit   72
code committed   36
code drifting   148
code running in front of users   36
CodeShip   47
cognitive load
Command Query Responsibility Segregation(CQRS)   366
configurability   291
configuration manifest   449
Consumer-Driven Contract(CDC)   110

Content Delivery Network(CDN)   181
continuous delivery   50
continuous flow ratio   78
Continuous Integration   41
contract phase   106
contributor   35
cross-functional   45
crossfunctional aspects   93
Cross-Functional Requirement(CFR)   91, 235
cross-service metric   434
Cumulative Layout Shift(CLS)   259

dark code   470
dark lauching   473
data hygiene   379
data shape   112
database evolution   225
DB 변경   225
decision point   101
deployment frequency   81
deployment window   122
DevOps Handbook   43
Digital Customer   462
distributed write operation   178
diversion   98
document store   319
double-reading   353
double-write   350
draining   178
dummy   162
dysfunctional separation   43
early adaptor   408
ease of use   380

INDEX

economies of scale　68
edge case　72
Emission Reductions　455
end-toend ownership　93
engineering excellence　38
engineering health　63
ensemble programming　458
Entry to REA　476
error budget　79
event sourcing　366
event upgrader　366
executable　47
expand phase　106
expedited path　84
exploratory test　55
extension investment round　485
extra layer　236
eXtreme Programming(XP)　40
facade　475
fallback　353
fast-forward merge　147
feature discovery board　71
feature toggle　101
first-class app　190
force update　188
formal contract　112
four-eyes principle　443
fractional-factorial　418
funnel analysis　414

gatekeeping　54, 143
geolocation data　411
git remote　83

golden signal　169
Golive　55
good for onboarding　459
graceful shutdown　180
Grad Girls　477
greenfield initiative　470
greyzone　189
Groceroo　215
handover　44
horizontal scaling　179
horizontal slicing　208
human factor　61
Hyrum's Law　112
immediate accountability　93
immediate deployment　56
incident　80
incompatibility delta　123
Infinity　433
information radiator　48
Information Technology Infrastructure Library(ITIL)　463
Infrastructure as Code(IaC)　47
initiative　42
injection attack　249
installable website　190
integrate in production　433
intellectual artifact　71
interdependency　56
IT 인프라 라이브러리(ITIL)　463
iterative development　338

Jenkins　47
Kanban system　64

INDEX

Key Performance Indicator(KPI)　434
Kubernetes　165
last-minute item　215
LaunchDarkly　419
layer cake　210
lead time　54
leaf component　284
Lean manufacturing　64
learning curve　201
local overproduction　66
localized optimization　66
logical culmination　38
London style　281
long-running process　178

manufacturing queue　71
Maze　479
Mean Time Between Failure(MTBF)　431
Mean Time To Delivery(MTTD)　436
Mean Time To Failure(MTTF)　436
Mean Time To Recover(MTTR)　63, 86
merge time　195
merge-and-release hell　41
metric　39
microrelease　239
microservices-oriented architecture　146
migrate phase　106
Minimum Viable Product(MVP)　213
mob programming　150
mockup　71
Motability Operations(MO)　461
multi-layer cake　210
multimodule　464

multivariate test　416
mutual agreement　49
N26　447
nested toggle　239
noncoding activities　40
nonevent　199
nonproduction　462
nontransient　181
one-piece flow　64
on-screen keyboard　227
onsite experiment　441
organizational reshuffling　45
OTTO　435
over-optimizing　253
ownership　38

pagination　253
pair programming　40, 152
path to production　36
peer review　150
permanence　45
persistence layer　101
Personally Identifiable Information(PII)　250
pet　46
Phoenix Project　43
physical cost　66
pipeline agent　38
PlayStation　401
precision　380
pre-commit hook　154
premature optimization　253
preparatory refactoring　109
prerelease　371

INDEX

product development queue 71
product identifier numbering system 296
production 35
production readiness 60
production-ready 43
Progressive Web Apps(PWA) 190
Proof of review(PoRev) 195
queuing point 167
ramp-up 104
REA Group 469
redundancy 98
regression 60
release candidate 51
release note 465
release train 448
repeatability 50
reverse engineering 393
rolling deployment 164
rollout 84
row mapper 321
runtime feature toggle 403

S T

save point 202
scale-down 178
seasonal pattern 400
Segregation of Duties(SoD) 195
self-applying update 187
self-documentation 47
sense of security 96
server-side rendering 114
Service-Level Objective(SLO) 79
session stickiness 180
shadow traffic 375

shadow-build 481
sharding 254
shifting quality left 91
shift-left 64
Shotgun Surgery 309
Single Page Application(SPA) 156
Single Point Of Failure(SPOF) 105
Single Source Of Truth(SSOT) 49
smart toaster 192
smoke test 166
Sonar 457
spin up 163
Spinnaker 166
split test 416
Springboard to Tech 476
squash merge 482
stability 80
stakeholder 41
standard operating procedure(SOP) 472
statistical rigor 413
statistical significance 420
sticky session 180
story kickoff 93
Swiss cheese model 157
synchronous 114
synthetic monitoring test 465
task 209
TeamCity 429
tech debt 292
Test Driven Development(TDD) 40
test suite 101
testing pyramid model 156
throughput 80
throw code over the fence 92
throwaway code 274

INDEX

throwing stuff over the wall   44
timeline   66
Toyota Production System(TPS)   64
traffic curve   375
traffic entry point   163
transactional cost   68
transitive dependency   251
TravelPerk   485
Travis   47
trunk   48
Trunk Based Development(TBD)   48, 149
Twelve-Factor App methodology   483
Two Pizza Team rule   198
twotrack   84

under-optimizing   253
Unleash   103
unplanned work   80
unpredictability   57
user acceptance test(UAT)   51
user behavior   39
version bump   366
vertical slicing   208
walled code garden   74
walled garden   48
waterfall process   437
WebView   190
Wheelchair Accessible Vehicle(WAV)   461
Windows ClickOnce   187
Work in Progress(WIP)   63
wrapper application   189
You build it, you run it   45
zero-downtime deployment   162

12가지 앱 방법론   483